主　编：叶　青
副主编：王　戬　张　栋　王晓华
撰稿人：（按编写章节顺序）

　　叶　青　王　戬　吴思远　许　燕
　　刘东晓　张　栋　袁义康　周子星
　　孔祥伟　邓晓霞　郭夏菁　李　凤
　　李　智　苏晓欣　王晓华　庞恺晔
　　杨　惠

·高等学校法学教学参考用书·

刑事诉讼法学教学研究资料汇编

第三辑：2011—2015年

叶 青 主编

北京大学出版社
PEKING UNIVERSITY PRESS

图书在版编目(CIP)数据

刑事诉讼法学教学研究资料汇编.第三辑,2011—2015年/叶青主编.—北京:北京大学出版社,2017.7
(高等学校法学教学参考用书)
ISBN 978-7-301-27945-8

Ⅰ.①刑… Ⅱ.①叶… Ⅲ.①刑事诉讼法—法学—中国—高等学校—教学参考资料 Ⅳ.①D925.201

中国版本图书馆 CIP 数据核字(2017)第 011277 号

书　　　名	刑事诉讼法学教学研究资料汇编（第三辑：2011—2015 年） XINGSHI SUSONG FAXUE JIAOXUE YANJIU ZILIAO HUIBIAN
著作责任者	叶　青　主编
责任编辑	朱梅全　孙维玲
标准书号	ISBN 978-7-301-27945-8
出版发行	北京大学出版社
地　　　址	北京市海淀区成府路 205 号　100871
网　　　址	http://www.pup.cn
电子信箱	sdyy_2005@126.com
新浪微博	@北京大学出版社
电　　　话	邮购部 62752015　发行部 62750672　编辑部 021-62071998
印刷者	三河市北燕印装有限公司
经销者	新华书店
	730 毫米×980 毫米　16 开本　34.25 印张　652 千字 2017 年 7 月第 1 版　2017 年 7 月第 1 次印刷
定　　　价	98.00 元

未经许可，不得以任何方式复制或抄袭本书之部分或全部内容。
版权所有，侵权必究

举报电话：010-62752024　电子信箱：fd@pup.pku.edu.cn
图书如有印装质量问题，请与出版部联系，电话：010-62756370

编写说明

本书是继 2007 年、2011 年分别由北京大学出版社作为"高等学校法学教学参考用书"出版的《刑事诉讼法学教学研究资料汇编》(第一辑：2000—2005 年、第二辑：2006—2010 年)后的第三辑，即 2011—2015 年所有公开出版发行的由中国刑事诉讼法学学者和司法实务工作者撰写的有关中外刑事诉讼法学的主要代表性论文、专著、译著、教材和典型性案例汇编的连续出版物。它也是华东政法大学法学学科刑事诉讼法学方向作为上海市人民政府资助的二类高峰学科建设计划的阶段性成果之一。

本书的编写体例如旧，为编章节结构，共由六编 31 章组成，分别为刑事诉讼法学基本理论、审前程序、审判程序、刑事执行程序与特别程序、刑事证据法学和域外刑事诉讼程序。每编专设一章为本编参考书目，其余每章基本上下设三节，分别为本章观点综述、相关论文摘要和案例精解；刑事执行程序、刑事赔偿程序以及特别程序概述三章因内容较少只设相关论文摘要一节。需要特别说明的是：一、各编所收录的论文均为中国法学创新期刊网所列的核心期刊及其扩展版期刊的论文；二、每编的参考书目系该编内容有关的所有公开出版的专著；三、有关公开出版的教材、译著、资料汇编、案例集等均集中以索引的形式放在附录部分。总的编辑原则是力求与通用教材相配套，力求为刑事诉讼法学课程的教学与研究提供较为权威和完整的学术资讯支持与帮助。

本书由华东政法大学诉讼法学研究中心主任叶青教授担任主编，华东政法大学诉讼法学研究中心的王戬教授、张栋教授、王晓华博士担任副主编。华东政法大学诉讼法学研究中心的邓晓霞博士以及吴思远、许燕、刘东晓、袁义康、周子星、孔祥伟、郭夏菁、李凤、李智、苏晓欣、庞恺晔、杨惠等在读博士生、硕士生分别撰写了各编各章内容。全书由主编与副主编共同统稿，由主编最终定稿。由于 2012 年 3 月 14 日第十一届全国人大第五次会议通过了《全国人民代表大会关于修改〈中华人民共和国刑事诉讼法〉的决定》，该决定共有 110 条，修正后的刑事诉讼法共五编 290 条，比 1996 年《刑事诉讼法》增加了 65 条。为此，刑事诉讼法学教材也相应作了较大的扩容与改写，相关理论研究成果自然也随之增多，精彩纷呈。囿于我们编著人员的学术视野与编辑水平，面对资料庞杂、卷帙浩繁，工作量大，难免挂一漏万，还望各位同仁和广大读者多多批评指教。

本书所收录的刑事诉讼法学教学研究资料的时间为 2011 年至 2015 年，这个五年时间，一方面是我国刑事诉讼法第二次修改前后与颁布实施的重要时期，另一方面也是我国司法体制改革不断深入推进之际。广大法学界与司法实务界的专家学者在中国特色社会主义理论的指引下，立足中国国情，以问题为导向，围绕提高司法公信力、确保依法独立公正行使审判权和检察权、以审判为中心的诉讼制度改革、司法职权优化配置、保障人民群众参与司法、加强人权司法保障和加强对司法活动的监督等诸多重大现实司法问题展开了卓有成效的理论研究与实践探索，公开发表与出版了一大批观点鲜明、内容创新、方法科学的论著。司法实践中，本着无罪推定、疑罪从无原则平反了一批诸如海南陈满案、福建念斌案、内蒙古呼格吉勒图案、杭州张氏叔侄案、河北聂树斌案等具有司法进步标杆意义的冤假错案。这些都为我们的法学教育教学活动提供了十分丰富和鲜活的素材。在此，我要代表编写组的全体成员，向本书所摘录到其论文（论点）、案例的所有专家学者表示诚挚的谢意和崇高的敬礼；向为本书出版给予精心指导与帮助的北京大学出版社的王业龙先生和责任编辑朱梅全、孙维玲表示衷心的感谢。同时，我们也要感谢上海市教育委员会法学高峰学科建设计划的经费资助。

叶 青

2016 年 8 月 31 日

目 录

第一编 刑事诉讼法学基本理论

第一章 刑事诉讼法理论基本范畴 ……………………………… (1)
  第一节 本章观点综述 ……………………………………… (1)
  第二节 相关论文摘要 ……………………………………… (5)
  第三节 案例精解 …………………………………………… (13)

第二章 刑事诉讼的基本原则 …………………………………… (16)
  第一节 本章观点综述 ……………………………………… (16)
  第二节 相关论文摘要 ……………………………………… (21)
  第三节 案例精解 …………………………………………… (36)

第三章 刑事诉讼的基本制度 …………………………………… (41)
  第一节 本章观点综述 ……………………………………… (41)
  第二节 相关论文摘要 ……………………………………… (49)
  第三节 案例精解 …………………………………………… (69)

第四章 刑事诉讼法修改专题 …………………………………… (72)
  第一节 本章观点综述 ……………………………………… (72)
  第二节 相关论文摘要 ……………………………………… (78)

第五章 本编参考书目 …………………………………………… (88)

第二编 审前程序

第一章 立案侦查程序 …………………………………………… (93)
  第一节 本章观点综述 ……………………………………… (93)
  第二节 相关论文摘要 ……………………………………… (96)
  第三节 案例精解 …………………………………………… (139)

第二章 刑事强制措施 …………………………………………… (143)
  第一节 本章观点综述 ……………………………………… (143)
  第二节 相关论文摘要 ……………………………………… (146)
  第三节 案例精解 …………………………………………… (178)

第三章　审查起诉程序与检察监督权理论……………………………(181)
　　第一节　本章观点综述………………………………………………(181)
　　第二节　相关论文摘要………………………………………………(183)
　　第三节　案例精解……………………………………………………(200)
第四章　本编参考书目……………………………………………………(205)

第三编　审　判　程　序

第一章　审判程序概述……………………………………………………(210)
　　第一节　相关论文摘要………………………………………………(210)
　　第二节　案例精解……………………………………………………(225)
第二章　一审程序…………………………………………………………(228)
　　第一节　本章观点综述………………………………………………(228)
　　第二节　相关论文摘要………………………………………………(235)
　　第三节　案例精解……………………………………………………(245)
第三章　二审程序…………………………………………………………(247)
　　第一节　本章观点综述………………………………………………(247)
　　第二节　相关论文摘要………………………………………………(248)
　　第三节　案例精解……………………………………………………(250)
第四章　死刑复核程序……………………………………………………(253)
　　第一节　本章观点综述………………………………………………(253)
　　第二节　相关论文摘要………………………………………………(254)
　　第三节　案例精解……………………………………………………(258)
第五章　审判监督程序……………………………………………………(260)
　　第一节　本章观点综述………………………………………………(260)
　　第二节　相关论文摘要………………………………………………(261)
　　第三节　案例精解……………………………………………………(265)
第六章　刑事附带民事诉讼程序…………………………………………(268)
　　第一节　本章观点综述………………………………………………(268)
　　第二节　相关论文摘要………………………………………………(270)
　　第三节　案例精解……………………………………………………(272)
第七章　单位犯罪程序……………………………………………………(274)
　　第一节　本章观点综述………………………………………………(274)
　　第二节　相关论文摘要………………………………………………(275)
　　第三节　案例精解……………………………………………………(276)

第八章　本编参考书目……………………………………………(279)

第四编　刑事执行程序与特别程序

第一章　刑事执行程序…………………………………………………(281)
　　相关论文摘要………………………………………………………(281)
第二章　刑事赔偿程序…………………………………………………(283)
　　相关论文摘要………………………………………………………(283)
第三章　特别程序概述…………………………………………………(284)
　　相关论文摘要………………………………………………………(284)
第四章　未成年人刑事诉讼程序………………………………………(287)
　　第一节　本章观点综述……………………………………………(287)
　　第二节　相关论文摘要……………………………………………(290)
　　第三节　案例精解…………………………………………………(302)
第五章　当事人和解的公诉案件诉讼程序……………………………(305)
　　第一节　本章观点综述……………………………………………(305)
　　第二节　相关论文摘要……………………………………………(307)
　　第三节　案例精解…………………………………………………(318)
第六章　犯罪嫌疑人、被告人逃匿、死亡案件违法所得的没收程序………(320)
　　第一节　本章观点综述……………………………………………(320)
　　第二节　相关论文摘要……………………………………………(323)
　　第三节　案例精解…………………………………………………(332)
第七章　依法不负刑事责任的精神病人的强制医疗程序……………(336)
　　第一节　本章观点综述……………………………………………(336)
　　第二节　相关论文摘要……………………………………………(339)
　　第三节　案例精解…………………………………………………(349)
第八章　本编参考书目…………………………………………………(351)

第五编　刑事证据法学

第一章　刑事证据法……………………………………………………(354)
　　第一节　本章观点综述……………………………………………(354)
　　第二节　相关论文摘要……………………………………………(357)
　　第三节　案例精解…………………………………………………(389)

第二章　诉讼证明学	(391)
第一节　本章观点综述	(391)
第二节　相关论文摘要	(394)
第三节　案例精解	(408)
第三章　本编参考书目	(415)

第六编　域外刑事诉讼程序

第一章　域外刑事诉讼法介绍	(419)
相关论文摘要	(419)
第二章　比较刑事诉讼法学	(421)
相关论文摘要	(421)
第三章　本编参考书目	(429)
附录	(432)
附录一　中国法学会诉讼法学研究会年会综述(2011—2015年)	(432)
附录二　刑事诉讼法学教材与资料汇编索引(2011—2015年)	(504)

第一编 刑事诉讼法学基本理论

第一章 刑事诉讼法理论基本范畴

第一节 本章观点综述

一、刑事诉讼法学研究方法

2011年至2015年,刑事诉讼法学界开始关注实证研究方法。相较于传统的研究方法,实证研究要求研究者主动地通过社会调查、参与观察、数理统计或类实验分析等方式获取经验资料,根据研究需要进行归纳分析,并在此基础上形成科学认识。近年来,刑事诉讼法学界基于实证研究方法而产生的研究成果不计其数,越来越多的研究者开始重视使用实证研究方法,逐渐地突破或调整现有的研究方法,拓展研究视野;实务界越来越注重实践调查与数据分析,力求实务与理论并重。与此相关联,刑事诉讼法的研究也重视我国的本土语境,以构建我国刑事诉讼理论为目标。① 也有学者认为,对于未来的刑事诉讼制度变革,"拿来主义"式的法律移植效果恐怕不佳。在理论研究层面,便需要更多扎实的实证研究和基于中国问题的理论创新。②

另外,也有学者呼吁未来刑事诉讼法学的研究应强化沟通与交流的深度与广度,营造更为真实、充分的交流与争鸣的氛围,促进学术共同体的形成与刑事诉讼法学的良性发展。③ 这一论断是该学者基于对《法学研究》1985—2009年间所有刑事诉讼法学论文引证状况的统计分析所得出的。应当注意到,这一观点

---

① 参见左卫民:《迈向实践:反思当代中国刑事诉讼知识体系》,载《中外法学》2011年第2期。
② 参见艾佳慧:《刑事诉讼的制度变迁与理论发展——从〈刑事诉讼的中国模式〉切入》,载《法律科学》2011年第5期。
③ 参见左卫民:《从引证看中国刑事诉讼法学研究》,载《法学研究》2013年第5期。

本身也是基于实证研究的方法所得出的。

除了研究方法外,对于刑事诉讼法本身的价值或定位亦有不少有益探讨。比如,有论者从实体法与程序法的角度探讨了如何处理刑事诉讼中实体公正与程序公正关系的问题,并提出了利益最大化与科学权衡的原则。① 这一讨论的本质便在于触及刑事诉讼法本身的价值及其限度。另有论者提出了"主观程序正义"的概念,认为主观程序正义影响到民众对司法机构的信任和对司法决定的服从,并影响到民众对司法正当性的判断。② 据此,了解民众对正义的感知并重视主观程序正义的作用具有重要意义。

近年来,刑事诉讼法解释的问题也得到了众多学者的关注。这些研究成果的产生意味着刑事诉讼法学科的研究正在不断突破学科之间的分界,跨学科方法与思路的引入将刑事诉讼法的研究带进了崭新的时期。针对刑事诉讼法解释,有学者提出了构建独立的刑事诉讼法解释学的创想。这一观点是基于我国当前刑事诉讼法解释存在的诸多问题而提出的,例如一些解释文件或其条款的合法性与合理性存疑。同时,该学者也指出了我国刑事诉讼法解释学的研究相对滞后,学界缺乏对刑事诉讼法解释的原则、程序和方法等问题的研究,甚至对刑事诉讼法解释存在的必要性和功能也没有统一认识。因此,该学者主张,在厘清刑事诉讼法解释目的的基础上,明确解释的原则,重新审视关于解释制定的程序,研究解释方法等基本问题。③ 也有学者从现实文本出发进行分析,着重围绕司法解释的合法性和科学性进行探讨,提出司法解释应当遵守法律提供的解释界限,在法律提供的解释空间内进行解释,防止自我扩权,也不必畏葸缩权,注重以司法规律和诉讼原理为依据进行科学解释。④ 还有学者针对类推解释进行了研究,其研究视野跨越于刑法与刑事诉讼法两者之间,在这一视野下基于刑事诉讼法的独特价值明确了类推解释的适用限度。即在刑事诉讼法中,即使承认程序法定原则,也只是禁止扩张国家权力的类推解释,而不应禁止保障公民权利的类推解释。⑤ 这一研究的视野与结论都彰显了刑事诉讼法作为程序法的特殊价值与意义。

二、刑事诉讼模式

一直以来,刑事诉讼模式都是刑事诉讼法学界热烈关注与探讨的问题之一。近年来,亦有不少学者围绕此问题展开了探讨。

---

① 参见陈学权:《论刑事诉讼中实体公正与程序公正的并重》,载《法学评论》2013年第4期。
② 参见苏新建:《主观程序正义对司法的意义》,载《政法论坛》2014年第4期。
③ 参见汪海燕:《刑事诉讼法解释论纲》,载《清华法学》2013年第6期。
④ 参见张建伟:《刑事诉讼司法解释的空间与界限》,载《清华法学》2013年第6期。
⑤ 参见杨文革:《刑事诉讼法上的类推解释》,载《法学研究》2014年第2期。

批判我国职权主义诉讼模式并主张予以改造的学者不为少数。有学者指出,目前我国这种国家权力主导下的诉讼模式导致庭审教化。这种教化型庭审由于缺乏认罪自愿性的保障,会使无辜者面临着极大的定罪甚至从重处罚的风险。因此,未来我国刑事庭审的改革方向不在于彻底放弃庭审的教化功能,而是将真相、权利、效率和教化融为一体,实现多元价值的有机结合。① 另有学者从职权主义模式缺乏预断机制的视角进行分析,提出了其与当事人主义刑事诉讼之间所存在的五大差异。②

从相对的观点来看,有学者则认为,基于我国因国家权力主导的制度背景、追求客观真实的司法传统以及原有职权主义诉讼的基本构架,我们既应避免进入"当事人主义"或"对抗制"的陷阱,也不应设立理念混乱、制度杂糅的"混合式诉讼",而应坚持走职权主义的道路。③

除却这两种相对对立的观点,也有学者另辟蹊径,主张将民事诉讼中的协同主义诉讼模式导入到刑事诉讼中,通过审辩之间从对立走向一定程度的协作来实现辩护权对裁判权的制约,逐步实现"庭审中心主义"和"审判中心主义",发挥审判守护公正的作用,防范冤假错案的发生。④

有学者抛开从应然性角度探讨我国应确立何种诉讼模式,而是从刑事诉讼程序的本质来对刑事诉讼模式这一问题进行研究。他认为,刑事诉讼包括了国家本位主义和社会本位主义下两种不同的刑事诉讼本质观,前者意在推行国家外造秩序,因此必然由国家官员主导,采职权调查模式;后者力图恢复社会内生秩序,因此必然由冲突双方主导,采当事人对抗模式。前者的目的在于准确地实现国家刑罚权,因此其价值也就在于发现真相;后者的目的则在于妥善地解决社会冲突,因此其价值在于利益平衡。我国当前的刑事诉讼呈现出了从国家本位主义向社会本位主义过渡的转型期特征。⑤

正如学者所言,当代中国的刑事诉讼模式正酝酿着突破与转型。⑥ 党的十八届四中全会决定明确提出了"推进以审判为中心的诉讼制度改革"的要求。在这一大背景下,我国刑事诉讼模式的改革与转型也是势在必行。从这一角度为切入点对我国刑事诉讼模式展开研究,多集中于探讨庭审实质化的问题。比如,有学者基于较为缜密与详细的实证研究,直指我国庭审虚化的问题,并认为其主

---

① 参见李昌盛:《刑事庭审的中国模式:教化型庭审》,载《法律科学》2011年第1期。
② 参见莫丹谊:《职权主义诉讼中预断排除质疑》,载《政治与法律》2012年第4期。
③ 参见施鹏鹏:《为职权主义辩护》,载《中国法学》2014年第2期。
④ 参见亢晶晶:《协同主义诉讼模式在刑事诉讼中的导入——兼谈我国控辩审关系的反思与重构》,载《法律科学》2015年第3期。
⑤ 参见孙锐:《刑事诉讼本质论》,载《政法论坛》2012年第4期。
⑥ 参见梁欣:《当代中国刑事诉讼模式的变迁》,载《政法论坛》2012年第4期。

要表现在举证的虚化、质证的虚化、认证的虚化、裁判的虚化四个方面。①

三、刑事诉讼的目的

2012年,我国《刑事诉讼法》迎来了第三次修改。其中,尊重和保障人权被明确写入了《刑事诉讼法》,这可谓是我国法治进步的一大标志性事件。在此背景下,不少学者围绕刑事诉讼之保障人权的目的进行了分析和探讨。

在新刑诉法修改前,有学者从《刑事诉讼法修正案(草案)》(以下简称"《修正案(草案)》")的角度进行了阐述,认为《刑事诉讼法修正案》的完善应当彰显人权保障的主旋律,并将这一立法目的贯穿始终。基于刑事诉讼活动的特殊力量对比关系,特别需要加强对公权力的制约,将其作为修法的首要任务;应坚持从诉讼的特有规律和要求进行程序设计,通过诉权对裁判权的有效制约,实现程序的诉讼化,切实维护当事人的合法权益;在提高诉讼效率的同时,应关注当事人基本权利的保障,在程序设计上体现出程序公正的基本要求;立法的目的在于实施,通过程序性救济及程序性制裁机制的完善,强化程序刚性,促进程序正义的实现。②

还有不少学者从不同的角度对刑事诉讼法人权保障的目的进行研究。有学者从我国侦查机关权力的角度切入探讨,认为应当细化限制刑事警察权的相关规定,兼顾人权保障,设置违反程序的后果,以实现刑事警察权与公民权之间的平衡。③ 也有学者从司法公正的角度进行考察,主张通过程序机制来合理界定法院审判权与当事人诉权之间的程序角色,为当事人诉权实现提供便利的程序机制,充实对当事人实现诉权之程序制度,适当强化法院对当事人诉权实现之程序保障义务,从而为司法公正之实现奠定程序基础。④ 还有学者从被告人与被害人的关系入手,对刑事诉讼人权保障的主体身份进行了界定,批判了被告人人权和被害人人权进行权衡的立场,认为在被告人人权和被害人之间进行权衡的观点是错误的。⑤

此外,也有学者从法社会学的视角对刑事诉讼人权保障的问题进行研究。其具体的切入点是社会基本单位——家庭,指出了刑事诉讼对家庭的影响。在其看来,近年来,刑事诉讼开始突破国家/被追诉者关系中心主义并更加重视保障人权,国家追诉犯罪对人证的依赖减弱以及家庭在社会保障中地位的下降,

---

① 参见何家弘:《刑事庭审虚化的实证研究》,载《法学家》2011年第6期。
② 参见闵春雷:《〈刑事诉讼法修正案(草案)〉完善的基本方向——以人权保障为重心》,载《政法论坛》2012年第1期。
③ 参见陈卫东:《刑事诉讼法再修改后刑事警察权与公民权的平衡》,载《法学家》2012年第3期。
④ 参见唐力:《司法公正实现之程序机制——以当事人诉讼权保障为侧重》,载《现代法学》2015年第4期。
⑤ 参见易延友:《刑事诉讼人权保障的基本立场》,载《政法论坛》2015年第4期。

未来刑事诉讼将对家庭更为宽容,并在相关制度设置上更具实质性和合理性。①

第二节 相关论文摘要

法律事实建构论的主体之维——以刑事诉讼为对象的分析
杨 波
《政法论坛》,2011年第1期
关键词: 刑事诉讼事实 法律事实 建构
摘要: 事实发现理论围绕发现客观事实而构筑其理论框架,对于主体的地位和价值缺乏应有的考虑和关注。法律事实建构论突破了主客二分的思维定式,着眼于具有差异性的认识主体在认识过程中的相互关系,从而发现了主体的真实价值。在刑事诉讼活动中,不同的主体在法律事实建构活动中的作用是不同的:检察官是法律事实建构活动的主要承担者;被告人则主要是攻击、改写控方的事实内容;法官是法律事实建构活动的组织者,间接影响法律事实的形成。

刑事庭审的中国模式:教化型庭审
李昌盛
《法律科学》,2011年第1期
关键词: 刑事庭审 中国模式 教化型庭审
摘要: 我国刑事庭审的主要功能不在于查明案件事实,而在于以"表态——展示——教育——忏悔"四部曲的方式来教化被告人和其他公民。这种教化型庭审并非毫无意义的"形式",它不仅有利于实现刑罚的特殊预防功能,而且有利于罪犯复归社会、被害人的精神康复及社会重新接纳罪犯。但是,目前我国这种国家权力主导下的教化型庭审由于缺乏认罪自愿性的保障,会使无辜者面临着极大的定罪甚至从重处罚的风险。未来我国刑事庭审的改革方向不在于彻底放弃庭审的教化功能,而是将真相、权利、效率和教化融为一体,实现多元价值的有机结合。

迈向实践:反思当代中国刑事诉讼知识体系
左卫民
《中外法学》,2011年第2期
关键词: 刑事诉讼 知识体系 意识形态
摘要: 当代中国刑事诉讼知识体系呈现出四大特征:首先,知识内容过度理

---

① 参见肖仕卫:《刑事诉讼如何对待家庭?》,载《清华法学》2015年第2期。

想化;其次,与提供知识的生产者主要是法学家密切相关;再次,研究方法从"元理论"作为研究的出发点,并以演绎方法推演出具体的刑事诉讼制度、规则,从而导致构建的刑事诉讼知识有一种自治性、系统性特点;最后,如此背景下的知识必然是功利的、实用主义的。中国刑事诉讼知识的这些特征与中国刑事诉讼研究带有强烈的非实践性和意识形态性有着密切关系。要突破现有知识格局,则必须调整现有的研究方法和视野,亦即:首先,需要包括实务者和法学家在内的多元知识提供者;其次,研究方法要关注实践,注重归纳、经验与实证,同时保持一种开放的、多元的心态,建立一种可争论、可反驳的刑事诉讼理论;再次,在生产目的上要求理论与实务并重,在内容上要求以本土中国为关注语境,从而构建中国刑事诉讼理论。

刑事诉讼的制度变迁与理论发展——从《刑事诉讼的中国模式》切入

艾佳慧

《法律科学》,2011年第5期

关键词:刑民边界　司法正义观　刑诉制度变迁

摘要:根据《刑事诉讼的中国模式》一书展示的两个理论命题(合作性司法模式和案卷笔录中心主义),以一种制度变迁的大历史观和理性行动者视角,站在社会科学研究的立场,分别从刑民边界模糊还是清晰、两种司法正义观的冲突以及时空交错背景下的刑事诉讼制度变迁三个角度对刑事诉讼法学中的一些重要的学理问题进行了深入探讨。基于此,对于未来的刑事诉讼制度变革,"拿来主义"式的法律移植效果恐怕不佳。在司法实践层面,我们可能需要更多地方性的制度创新和试错;在理论研究层面,则需要更多扎实的实证研究和基于中国问题的理论创新。

刑事诉讼认识论研究中的基本范畴

韩　阳

《政法论坛》,2011年第6期

关键词:刑事诉讼　法哲学　认识论

摘要:我国刑事诉讼法的知识体系由三部分组成:基础性制度知识、教义性知识和反思性知识。刑事诉讼法哲学应当探讨的问题域和基本范畴在于两个方面:一是在基础性知识和教义性知识的基础上凝练出能够涵摄和解释这些基础制度知识和教义性知识的刑事诉讼法原则、原理或一般理论,进而确定原则性或原理性知识的知识边界,以期寻找我们可以论证的对象;二是在获得上述原则性或原理性知识的基础上,探讨如何以确信的方式从哲学层面对其加以论证。

刑事庭审虚化的实证研究

何家弘

《法学家》,2011 年第 6 期

关键词:刑事庭审　庭审虚化

摘要:在刑事诉讼过程中,庭审本应是中心环节,但是在当下中国却被"虚化"了。刑事庭审虚化主要表现在举证的虚化、质证的虚化、认证的虚化、裁判的虚化四个方面。导致刑事庭审虚化的原因包括:以侦查为中心的流水线诉讼模式;以案卷为中心的法官审理模式和下级服从上级的行政决策模式。确立直接言词原则和改良人民陪审员制度是实现刑事庭审"从虚转实"的可行路径。

刑事诉讼法再修改后刑事警察权与公民权的平衡

陈卫东

《法学家》,2012 年第 3 期

关键词:刑事诉讼法　刑事警察权　公民权

摘要:刑事诉讼中的警察权是维护社会安全的公共权力,然而,如果其行使越过法律的界限,就会侵犯公民的合法权利。《刑事诉讼法》再修改过程中社会上出现的对"秘密拘捕"的质疑,就反映出公众对刑事警察权不当行使的担忧。因此,在《刑事诉讼法》修改之后制定司法解释时,应再细化限制刑事警察权的相关规定,兼顾人权保障,设置违反程序的后果,以实现刑事警察权与公民权之间的平衡。

刑事诉讼本质论

孙　锐

《政法论坛》,2012 年第 4 期

关键词:刑事诉讼本质　社会冲突解决方式　国家权力(刑罚权)实现方式

摘要:刑事诉讼是"国家权力(刑罚权)的实现方式",还是"社会冲突的解决方式",反映了国家本位主义和社会本位主义下两种不同的刑事诉讼本质观。前者意在推行国家外造秩序,因此必然由国家官员主导,采职权调查模式;后者力图恢复社会内生秩序,因此必然由冲突双方主导,采当事人对抗模式。前者的目的在于准确地实现国家刑罚权,因此其价值也就在于发现真相;后者的目的则在于妥善地解决社会冲突,因此其价值在于利益平衡。我国当前的刑事诉讼呈现出了从国家本位主义向社会本位主义过渡的转型期特征。

当代中国刑事诉讼模式的变迁

梁　欣

《政法论坛》,2012 年第 4 期

关键词:无罪推定原则　法律虚无主义　职权主义诉讼　实体真实主义

摘要:刑事诉讼模式变迁是指刑事诉讼模式所发生的新变化。从刑事诉讼历史发展来看,伴随着社会变迁的刑事诉讼模式变迁可分为两大类:一类是微型变迁,其中有的表现为潜移默化,难以察觉;有些表现为剧烈变动,但它们都不是与传统体制决裂,所以是量的变化。另一类是巨型变迁,是突破传统体制束缚的变化,所以是质的变化。总体上来看,当代中国刑事诉讼模式的变迁属于微型变迁,其中既有潜移默化的刑事诉讼文化的传播,也有规模较大的制度移植,由于世界范围的制度变革和全球化趋势,当代中国的刑事诉讼模式也正酝酿着突破与转型。

职权主义诉讼中预断排除质疑

莫丹谊

《政治与法律》,2012 年第 4 期

关键词:职权主义　预断防止　当事人主义　陪审团

摘要:与当事人主义中典型的预断防止做法相比,职权主义刑事诉讼有五个明显的差异,说明职权主义刑事诉讼中没有预断防止机制。法国和德国的做法都不能反驳这一点。预断防止机制的缺失,并不必然导致职权主义刑事诉讼审判不公。英美法国家当事人主义刑事诉讼产生预断防止的原因是为了维护陪审团裁决的权威性。职业法官审理和陪审团审理有许多地方不同,尤其是审判责任追究的压力,导致法官审理时必然采取"刨根问底"的方式,使预断防止失去意义。

论我国刑事诉讼客体内容的确定——案件事实及其法律评价的双重确定

刘仁琦

《法律科学》,2012 年第 5 期

关键词:实体法事实　程序法事实　法律评价

摘要:作为刑事诉讼基本要素之一的刑事诉讼客体,其内容理论系统庞杂,且我国理论界对刑事诉讼客体的内容素有争论,时至今日也并未达成一致。这阻滞着公诉变更、法院变更罪名、"一事不再理"等问题的解决。应结合刑法与刑事诉讼法规范的目的,并以刑事实体法与刑事程序法为双重基础,确立包含实体内容与程序内容在内的案件事实、对案件事实的法律评价为刑事诉讼客体的内容。

论刑事诉讼中实体公正与程序公正的并重

陈学权

《法学评论》,2013 年第 4 期

关键词:刑事诉讼　实体公正　程序公正

摘要:如何处理刑事诉讼中实体公正与程序公正的关系,理论界有实体公正优先论、程序公正优先论和实体公正与程序公正并重论三种不同的学说。我们既要反对"重实体轻程序",又要警惕"重程序轻实体";坚持实体公正与程序公正并重,既是诉讼规律的客观要求,也符合我国当前的国情。在刑事诉讼中,坚持实体公正与程序公正并重,应尽力追求两者同时实现的理想状态,极力杜绝引发两者同时不公的情形发生,在两者发生冲突时须根据利益最大化原则作出科学权衡。

从引证看中国刑事诉讼法学研究

左卫民

《法学研究》,2013年第5期

关键词:引证　刑事诉讼法学

摘要:学术论文的引证情况能够体现学界的学术交流与争鸣状况。通过对《法学研究》1985—2009年间所有刑事诉讼法学论文引证状况的统计分析发现,其引证数量不断增加,但与社会学、经济学等学科相比依然较低;主要引证的是法学尤其是刑事诉讼法学文献;对域外文献的引用虽然总量不低,但语种为外语的较少;佐证式引证较多且逐步增加,讨论式引证较少且逐渐减少,运用式引证较少,反对式引证比例较低并不断下降。这些现象表明:我国刑事诉讼法学界的沟通与交流广度有限、实质性与深度不够。未来刑事诉讼法学研究应强化沟通与交流的深度与广度,从而营造更为真实、充分的交流与争鸣氛围,促进学术共同体的形成与刑事诉讼法学的良性发展。

刑事诉讼法解释论纲

汪海燕

《清华法学》,2013年第6期

关键词:刑事诉讼法　刑事诉讼法解释的原则　刑事诉讼法解释方法

摘要:相关解释性文件在刑事诉讼法适用中扮演着重要角色。但是,我国刑事诉讼法解释学的研究相对较为滞后。学界不仅对刑事诉讼法解释的原则、程序和方法等问题基本没有研究,甚至对刑事诉讼法解释存在的必要性和功能也没有统一认识。另外,一些解释文件或其条款的合法性与合理性也存在问题。在此背景下,有必要在厘清刑事诉讼法解释目的的基础上,明确刑事诉讼法解释的原则,重新审视关于解释制定的程序,研究刑事诉讼法解释方法等基本问题,以构建我国刑事诉讼法解释学。

刑事诉讼司法解释的空间与界限

张建伟

《清华法学》,2013年第6期

关键词:司法解释　立法空白　过度诠释

摘要:对于刑事诉讼法进行总体、全面的司法解释,是在法律简约和修改滞后的前提下存在的,具有使立法概括的内容具体化甚至弥补立法罅漏的作用,遂言废除为时尚早。人民检察院刑事诉讼规则中属于严格司法解释的内容,应当遵守法律提供的解释界限,在法律提供的解释空间内进行解释,防止自我扩权,也不必畏葸缩权,同时应当注重以司法规律和诉讼原理为依据进行科学解释。本文从最新颁布的《人民检察院刑事诉讼规则(试行)》中选样分析,着重就司法解释的合法性和科学性进行探讨,提出判断司法解释合法性的依据并对司法解释的科学性表达自己的立场。

刑事诉讼权利的类型分析——以分析实证主义法学为视角

万 毅

《政法论坛》,2014年第2期

关键词: 权利类型 人权保障 豁免

摘要: 2013年1月1日生效的新《刑事诉讼法》在总则中明确规定了"尊重和保障人权",这标志着我国《刑事诉讼法》从此步入"人权保障法"的序列。但是,作为抽象意义上立法与司法目标的"人权保障",要转化为实践层面的现实权利,尚需具体的立法制度与司法技术予以支撑。而在立法制度与司法技术层面确保诉讼参与人各项法定权利实现的前提则是在法理上正确区分、厘清刑事诉讼中各项权利的具体内涵与内容。因此,对刑事诉讼权利类型进行分析就显得尤为重要。

刑事诉讼法上的类推解释

杨文革

《法学研究》,2014年第2期

关键词: 类推解释 程序法定原则 法律保留原则

摘要: 类推解释在刑法和刑事诉讼法上具有不同的形式和意义。刑法基于罪刑法定原则的要求,原则上禁止类推解释,尤其是相似条文之间的类推解释;只有在有利于被告的前提下,才允许事实比较意义上的类推解释。但在刑事诉讼法上,即使承认程序法定原则,也只是禁止扩张国家权力的类推解释,而不应禁止保障公民权利的类推解释。

为职权主义辩护

施鹏鹏

《中国法学》,2014年第2期

关键词: 职权主义 当事人主义 法律传统

摘要: "职权主义"最早起源于欧陆,最初的含义系查清案件事实的方法,后演变为大陆法系国家普遍的诉讼形态。"职权主义"与"当事人主义"的对立并非历史的产物,实系诉讼法学者的理论创设。"职权主义"的核心内涵也非一成不变,而是随着时代的发展在不断丰富。当代的"职权主义"可界定为"诉讼以社会利益优先为导向、国家权力为主导、实质真实为目标,审前程序凸显侦检机关的优势侦查权、审判程序凸显法官主导控制权的正当程序模型"。时下学界对"职权主义"存在较多的批评,这主要源于对传统职权主义诉讼的误解以及对当事人主义的理想化。中国因国家权力主导的制度背景、追求客观真实的司法传统以及原有职权主义诉讼的基本构架,既应避免进入"当事人主义"或"对抗制"的陷阱,也不应设立理念混乱、制度杂糅的"混合式诉讼",而应坚持走职权主义的道路。

刑事诉讼法实施中的若干问题研究
朱孝清
《中国法学》,2014年第3期
关键词:刑事诉讼法实施　核实证据　非法证据排除
摘要:辩护律师向犯罪嫌疑人、被告人核实证据时,除了可以将有罪的实物证据告诉犯罪嫌疑人、被告人之外,其他的证据都不能告诉;"两个基本"应当坚持,但要防止误读和滥用;只有使犯罪嫌疑人、被告人在肉体上或精神上遭受剧烈疼痛或者痛苦的程度与刑讯逼供相当,迫使其违背意愿供述时,获取的供述才应予以排除;在规定的办案场所以外讯问和未依法对讯问进行全程录音录像的行为属于违法,但所取得的供述依法不在排除之列;对指定居所监视居住期间没有违反规定的犯罪嫌疑人,只要其符合逮捕条件,可以转捕;羁押必要性审查的范围包括一切影响羁押条件成立的情况;纪委在查办案件中收集的证据,可以参照刑诉法关于行政机关在行政执法和查办案件过程中收集的证据的规定办理。

主观程序正义对司法的意义
苏新建
《政法论坛》,2014年第4期
关键词:主观程序正义　纠纷解决　司法
摘要:与根据特定规范性标准来判定某个程序是否正义的客观程序正义不同,主观程序正义关注程序参加者或观察者对程序的主观感受,以及基于此对程序的公正性的评断。以民众对正义的感知和心理预期为中介,主观程序正义可以把纠纷解决程序和解决效果有机地联系起来。主观程序正义影响到民众对司法机构的信任和对司法决定的服从,并影响到民众对司法正当性的判断。了解民众对正义的感知,重视主观程序正义的作用,可以为提升司法形象、改进司法工作提供新的思路。

程序正义对司法信任的影响——基于主观程序正义的实证研究
苏新建
《环球法律评论》,2014年第5期
关键词:主观程序正义　司法满意度　司法公信力

摘要: 程序正义有两个维度:客观程序正义和主观程序正义,传统的法学研究主要关注客观程序正义。司法信任及其评估与民众的主观认知是无法割舍的,所以主观程序正义可以成为研究司法信任问题的一个重要视角。基于法学和心理学交叉的实证研究发现,主观程序正义影响到人们对司法的反应和态度,如果人们感到司法机关的运作符合程序正义的要求,他们便会更乐意接受该结果、遵从该结果。对浙江、江西、四川等地的实证调研和数据分析发现,程序性因素明显地影响着人们对司法的信任。

刑事诉讼如何对待家庭?

肖仕卫

《清华法学》,2015 年第 2 期

关键词: 刑事诉讼　家庭　诉讼观念

摘要: 无论从现实需要还是从宪法规则层面来讲,家庭都是我国刑事诉讼必须认真对待的社会基本单元。当前我国刑事诉讼对待家庭呈现形式上全面关照并有一定独特性、实质上态度复杂并存逻辑混乱之处的特点。影响刑事诉讼如此对待家庭的关键因素,一是诉讼观念层面的,即国家/被追诉者关系中心主义和仍居相对优先地位的犯罪控制理念;二是国家能力层面的,即国家追诉犯罪过度依赖人证与国家保障能力不足,尚须借力家庭。随着这两组关键因素发生转变,即刑事诉讼开始突破国家/被追诉者关系中心主义并更加重视保障人权,国家追诉犯罪对人证的依赖减弱以及家庭在社会保障中地位的下降,未来刑事诉讼将对家庭更为宽容,并在相关制度设置上更具实质性和合理性。

协同主义诉讼模式在刑事诉讼中的导入——兼谈我国控辩审关系的反思与重构

亢晶晶

《法律科学》,2015 年第 3 期

关键词: 协同主义诉讼模式　商谈理论　司法能力　释明权　裁判理由公开

摘要: 协同主义诉讼模式是民事诉讼中的一个重要理论,将其导入到刑事诉讼中有利于审辩之间从对立走向一定程度的协作,实现辩护权对裁判权的制约,并逐步实现"庭审中心主义"和"审判中心主义",发挥审判守护公正的作用,防范冤假错案的发生。虽然将协同主义诉讼模式导入刑事诉讼还面临一些障碍,但不能从根本上阻碍其导入。在协同的路径选择上,控审之间和审辩之间应采用不同模式,控审协同受审辩协同的制约,审辩协同处于中心地位。

司法公正实现之程序机制——以当事人诉讼权保障为侧重

唐 力

《现代法学》,2015年第4期

关键词: 诉权保障 司法公正 程序机制

摘要: 司法公正需要通过一定的程序机制来表达和实现,法院审判权与当事人诉权构成司法程序的基本要素,当事人诉权的程序保障直接影响司法公正的实现。通过程序机制合理界定两者的程序角色,建立为当事人诉权实现提供便利的程序机制,充实对当事人实现诉权之程序制度,适当强化法院对当事人诉权实现之程序保障义务,司法公正之实现便具备了程序基础。

刑事诉讼人权保障的基本立场

易延友

《政法论坛》,2015年第4期

关键词: 自然权利 人权 平等自由主义

摘要: 现代人权概念起源于启蒙时代的自然权利观念。当代西方主流人权理论认为,人权应当是普遍人权、消极人权和个体人权,这一主流人权理论主要以罗尔斯的自由主义哲学为其理论基础。刑事诉讼人权应当是普遍人权、消极人权和个体人权。刑事诉讼人权的基本含义是指正当程序权,具体应包括无罪推定、不受任意逮捕拘禁、不受任意搜查和扣押、由中立而无偏倚的法庭审判、迅速审判、公开审判、被告知指控性质及原因、获得律师帮助权、反对强迫自证其罪、对质权、强制程序取证权、反对双重归罪等12项权利。既然刑事诉讼人权仅包含正当程序权,其享有的主体当然也就仅限于刑事被追诉人,也就是犯罪嫌疑人、被告人。由于刑事诉讼人权主体的限定性,自然也就不存在被告人人权和被害人人权进行权衡的问题,因此主张在被告人和被害人人权之间进行权衡的观点无疑是错误的。又由于人权的基础性、消极性和无比重要性,它应当被作为个体抗衡社会的最后防线,因此,人权也不受所谓以公共利益为名的多数人利益的权衡。

第三节 案例精解

邱某某案中的人权保障[①]

一、案情介绍

2006年6月18日至7月2日,被告人邱某某因怀疑女儿不是其亲生,与其

---

① 参见叶青主编:《案例刑事诉讼法学》,中国法制出版社2013年版,第26页。

妻何某某两次到陕西省汉阴县铁瓦殿抽签求卦,并留宿于殿堂内。在此期间,邱某某因私自移动殿内两块石碑,与殿内管理人员宋某某发生争执,又因怀疑殿内主持熊某某调戏其妻,遂对宋某某与熊某某两人心怀怨恨,产生了杀人灭殿的恶念。2006年7月14日晚,被告人邱某某在铁瓦殿举行观音会之际赶到殿内。趁主持熊某某等5名管理人员和吴某某等5名香客在火炉边烤火之际,邱某某从厨房偷走了砍柴用的弯刀,待上述10人熟睡后,依次到房间内向10名被害人头部各砍数刀。随后,邱某某又找来斧头向每个被害人头部砍击,造成10名被害人全部死亡。尔后,被告人邱某某又将熊某某的器官剐出烹炒。次日天亮后,被告人邱某某从熊某某房内搜出黑色帆布包内的钱财共计722.2元据为己有,并写下署名为"邱金发"的借据。随后,邱某某将杀人工具等物品放在柴堆上,放火燃烧。并于7月15日下午7时许逃离铁瓦殿。

2006年7月30日晚11时,在湖北省随州市曾都区万福店农场,武汉至安康铁路复线施工地一临时工棚内,被告人邱某某持一把铁铲劈向正在照看工地材料的周某某。周某某躲避后,背部仍被划伤。被告人邱某某将棚内的一黑色旅行包抢走。因包内无钱,遂将包丢弃于路边的棉花地内。

2006年7月31日上午,被告人邱某某逃至随州市万福店农场魏岗村二组村民魏某某家中,以帮其补盆和合伙做鱼干生意为由,骗得了魏的信任。后在其家用餐时,发现魏家有钱,便于当日下午再去魏家,晚饭后用弯刀朝三人头部砍去。将三人砍伤后,被告人邱某某取得现金1302元以及雨伞、手提灯,并逃离现场。魏某某因伤势过重医治无效死亡,其妻女两人的伤情经鉴定系重伤。8月1日凌晨,被告人邱某某乘坐K357次列车返回安康。19日在潜逃回家时被公安机关抓获归案。

2006年8月20日,被告人邱某某因涉嫌故意杀人罪被陕西省汉阴县公安局刑事拘留,同月29日,经汉阴县人民检察院批准,由汉阴县公安局执行逮捕;10月19日,陕西省安康市中级人民法院作出一审判决,被告人邱某某犯故意杀人罪,判处死刑,剥夺政治权利终身;犯抢劫罪,判处死刑,剥夺政治权利终身,并处没收财产人民币五元。数罪并罚,决定执行死刑,剥夺政治权利终身,并处没收财产人民币五千元。

一审宣判后,邱某某提起了上诉。2006年12月8日,陕西省高院二审,二审庭审主要围绕两大争议焦点进行,即对犯罪原因的认定和是否采纳司法精神病鉴定申请。控辩双方在庭审中展开激烈的辩论。邱某某的辩护律师提出请求对其进行司法精神病鉴定的要求,因未提交有说服力的证据而未被法庭采纳。经过审理,二审法院认为原审判决认定上诉人的犯罪事实清楚、证据确实充分,定罪准确,量刑适当,审判程序合法。故依照《刑事诉讼法》的有关规定作出驳回上诉、维持原判的终审裁定。

二、案件争议

邱某某杀人案曾在国内引起较大轰动。案件一经媒体曝光,便引起了全国民众的关注。尤其是被告人犯罪手法之残忍,令人愤慨。但从刑事诉讼专业的角度来看,本案争论的焦点问题为:是否应该对邱某某做精神鉴定?

邱某某的妻子及二审辩护人向法院提交了为邱某某做司法精神病鉴定的申请以及家族成员有精神病史的证据材料。有着50多年精神病临床和司法鉴定经验的刘锡伟教授及我国司法精神病鉴定领域的泰斗杨德森教授等人也公开呼吁:邱某某可能有精神病,司法机关应当为其做精神病鉴定。然而,出席一审、二审庭审的检察官都认为邱某某精神正常,没有必要为其做精神病鉴定。在此情况下,二审法院最终也没有委托鉴定机构为邱某某做精神病鉴定,直接维持了判处邱某某死刑的一审判决,并在宣判后立即执行了死刑。

由此,这一巨大的争议引发了司法实务界及理论界的激烈讨论。

三、案件分析

根据我国《刑事诉讼法》的规定,法院直接进行判决的做法并不违法。因为根据我国《刑事诉讼法》的规定,有权直接启动司法鉴定的主体是侦查机关、公诉机关和审判机关,当事人及其代理人、辩护人既没有直接启动司法鉴定的权利,也没有申请司法鉴定的权利,他们只有在对公安、司法机关现有的鉴定结论不服的情况下,才有申请重新鉴定和补充鉴定的权利。除此之外,在公安、司法机关对当事人的重新鉴定或补充鉴定申请不予批准的情况下,立法也并没有赋予当事人有效的救济途径。显然,这一规定使公安、司法机关垄断了刑事诉讼中启动司法鉴定程序的权力,这不利于发现事实真相,也严重欠缺程序正义,难以做到控辩平等以及人权保障。

邱某某案暴露了我国刑事程序上的不足,也从根本上反映了我国对刑事诉讼目的理解的偏差。刑事诉讼除了要惩罚犯罪之外,也不能忽视人权保障。而被告人的人权保障之实现便是通过程序规则对具体的诉讼权利加以确保,防止其受到强大的国家公权力的侵害。

第二章 刑事诉讼的基本原则

第一节 本章观点综述

刑事诉讼的基本原则是人民法院、人民检察院和公安机关及诉讼参与人进行刑事诉讼时必须遵守的基本行为准则或基本行为规范。体现了刑事诉讼活动的基本规律,并贯穿于刑事诉讼的全过程,对于刑事诉讼的各个阶段有着指导与引领作用,也是实现刑事诉讼目标的基本保障。

除了法律规定以外,党的十八届四中全会报告也明确指出了刑事诉讼活动应当坚持的几项基本原则,其中包括了依法独立行使审判权和检察权、审判公开、疑罪从无、证据裁判等。坚持刑事诉讼基本原则对于实现公正司法、提高司法公信力具有重要意义。因此,研究刑事诉讼的基本原则也就显得尤为重要。近年来,许多学者针对刑事诉讼的基本原则都进行了颇为有益的研究与探讨。

一、依法独立行使审判权、检察权

依法独立行使审判权、检察权是我国《宪法》《刑事诉讼法》所明确规定的基本原则。然而,这一原则的适用在实践中却不尽如人意,是造成司法腐败严重、司法公信力不高、司法权威不彰等不良现象的重要原因。若这一重要原则长期被侵蚀或架空,将对我国法治建设带来巨大的危害。党的十八届四中全会决定明确提出"完善确保依法独立公正行使审判权和检察权的制度"的要求,而在这前后,刑事诉讼法学界已经先后涌现了许多研究成果。依法独立行使审判权、检察权是近年来刑事诉讼基本原则部分最受关注的问题。

有学者提出,司法独立并不是区分资本主义与社会主义国家的标志,司法独立是各国普遍建立的刑事诉讼基本原则。有学者从历史、理论与实践等角度对司法独立进行了阐述,批判了认为司法独立是错误观念的主张。[①] 然而,作为刑事诉讼的基本原则,司法独立根据不同国家、不同情况而有所不同,探讨司法独立原则时,必须要考虑一国的本土资源、历史和社会条件等。因此,有学者便从理论和实践的角度厘清了有关司法独立原则相关迷思,基于国际相关重要数据库和指标,对全球尤其是典型发展中国家司法独立制度运行实践进行了初步考察,并着重将各国运行状况最基本的经验事实考虑在内。在其看来,司法独立原

[①] 参见李步云:《为"司法独立"正名》,载《环球法律评论》2013年第2期。

则在绝大多数第三世界国家移植的实践并不成功,说明仅有法律和政治制度的保障并不足够,真正实现司法的独立性还需要一系列内在条件,以及物质与经费、法官任职保障等机制的支撑,并受历史和社会条件的影响。对于第三世界国家的司法改革而言,需要做出清醒而认真的区辨与选择。简言之,确立和完善司法独立原则必须充分考虑到每个国家的国情。①

关于司法独立的内涵,有学者认为其本质是依法办案。而在我国语境下,这一问题的关键在于如何处理党的领导和司法独立之间的相互关系。如果能破解这一难题,司法独立就有望突破,有望取得实质的进展。②也有学者认为,应当解决实践中司法地方化、行政化的异化问题。这就要求淡化司法独立的政治色彩,构建以依法独立行使职权为核心的司法独立,并排斥案外因素的影响,以司法的法律效果为根本追求。③

除此以外,也有学者从应然角度探讨如何保障我国司法机关独立行使权力。比如,有些学者直指一些较为敏感的体制性问题,认为体制问题才是影响司法机关依法独立行使职权的制度保证,④这对于我们反思司法改革的深入推进也有着非常重要的启示作用。也有学者从实践中存在的干预法院独立审判的现象入手,批评了案件请示制度和审批制度。该观点认为这一阻碍审判独立实现的现象之所以存在,至少涉及法官素质与司法廉洁等因素。因而,其主张整体推进司法独立。⑤

也有学者专门研究了依法独立行使检察权的问题,⑥这一尝试是非常有意义的。一方面,检察权与审判权存在本质区别,因而独立行使检察权与独立行使审判权也必然存在着不同之处;另一方面,我国检察制度的内容具有特殊性,与域外检察制度存在较大差异。因而,专门对检察机关如何独立行使检察权进行研究是非常有必要的,对于司法实践也是有益的。该学者从我国检察制度的产生入手,着重研究了我国垂直领导制的内核与结构,对依法独立行使检察权制度进行了教义学反思。在其看来,中国现行检察制度有关地方各级检察机关应向本级国家权力机关负责并报告工作的规定缺乏理论根据。在党的十八届三中全会提出省以下地方检察院人财物统一管理的背景下,应更加全面地考察现行制度,严肃而认真地思考重建垂直领导制的可能性与必要性。

---

① 参见支振锋:《司法独立的制度实践:经验考察与理论再思》,载《环球法律评论》2013年第5期。
② 参见陈卫东:《司法独立的本质是依法办案》,载《环球法律评论》2013年第2期。
③ 参见陈卫东:《司法机关依法独立行使职权研究》,载《中国法学》2014年第2期。
④ 参见韩松:《司法机关依法独立行使职权的制度保证》,载《法学》2012年第1期。
⑤ 参见范明志:《司法独立须整体推进》,载《环球法律评论》2013年第2期。
⑥ 参见田夫:《依法独立行使检察权制度的宪法涵义——兼论重建检察机关垂直领导制》,载《法制与社会发展》2015年第2期。

二、无罪推定原则

无罪推定原则是现代法治国家刑事诉讼所通行的一项基本原则,是国际公约确认和保护的基本人权,也是联合国在刑事司法领域所制定和推行的最低限度标准之一。简单来说,任何人在未经依法判决有罪之前,应当被视为无罪;同时,被告人不负有证明自己无罪的义务。对于我国是否已经确立了无罪推定原则,刑事诉讼法学界是存在争议的。我国《刑事诉讼法》第 12 条明确规定,"未经人民法院依法判决,对任何人都不得确定有罪"。这一原则包含了无罪推定原则的精神。近年来,不少学者对此争议问题进行了深入的研究。

有关无罪推定原则的研究,学者的视角各有不同。有学者从"无罪推定"与"不得强迫自证其罪"的关系入手,反思了我国确立与适用无罪推定原则的相关问题。他认为,修改后的《刑事诉讼法》实质上已体现或贯彻了无罪推定原则,但保留"犯罪嫌疑人应当如实回答侦查人员提问"的规定,则有违无罪推定原则,修改时没有删除,令人遗憾。[①] 也有学者从证据法与诉讼法两个角度出发,对这一原则进行了较为完整的研究,同时辨析了无罪推定原则与实事求是之间的关系。他提出,无罪推定在证据法上的含义在于将证明责任分配于控诉方,在诉讼法上的含义在于保障被告人的程序性权利,约束政府权力,体现司法公正。无罪推定并非基于事实或经验的推定,而是基于政治、法律、道德的规范原则,它与有罪推定并非同一个层面的概念,因此不存在非此即彼的关系。无罪推定既非对过去事实的总结,亦非对将来事实的判断,因此它并不违反实事求是。此外,他认为我国当前的无罪推定原则与通行的原则还是有差距,应从具体设计上予以完善。[②] 还有学者运用比较研究的方法对这一问题进行了研究。他主要分别考察了无罪推定原则在英美法系与大陆法系国家的渊源与演进过程,通过对比,得出了无罪推定原则的现代意义。两大法系都转入了对审前羁押与无罪推定关系的关注,审前羁押的性质是否为刑罚的问题颇具争议,其背后反映的则是国家对未被证明犯罪的人何以有惩罚权,这也成为无罪推定的根本问题。[③]

单纯从证据法角度考察无罪推定原则的,也有不少有益尝试。有学者便从刑事推定与无罪推定的关系入手分析,进而得出了刑事推定完全契合作为证明责任分配准则的无罪推定的精神、二者不相矛盾的结论。其主要依据在于,刑事推定的适用中,被告人承担证明责任的属性为主观证明责任,符合客观证明责任始终固定于控诉方的无罪推定要求;被告人针对推定事实有效反驳的标准低至

[①] 参见顾永忠:《〈刑事诉讼法修正案(草案)〉中无罪推定原则的名实辨析》,载《法学》2011 年第 12 期。
[②] 参见易延友:《论无罪推定的涵义与刑事诉讼法的完善》,载《政法论坛》2012 年第 1 期。
[③] 参见孙倩:《无罪推定的外国法溯源与演进》,载《环球法律评论》2014 年第 4 期。

"真伪不明"的程度,亦与控诉方对于基础事实与全案事实的证明必须达到法定最高标准的要求一致。①

还有学者关注了无罪推定原则在我国司法实践中的适用,聚焦的重点是我国无罪化处理的机制及其失灵。我国现有刑事诉讼制度对有罪证据存疑的案件倾向于持续追诉,而非对案件进行即时无罪化处理。在有罪推定理念之下,持续追诉的程序潜规则盛行,其背后存在着容许部门利益膨胀的体制空间。司法体制产生的现实阻力,是无罪化机制过程性失灵的根本原因。与之相比,公安、司法机关内部的工作机制只是附随因素,因此,克服无罪化机制的过程性失灵的途径在于程序裁量中的即时无罪化策略、无罪化机制的制度完善、司法体制等程序外阻力的消解。②

也有不少学者集中从疑罪从无这一角度来进行研究。疑罪从无是无罪推定原则所引申出来的一条重要准则,其落脚点在于保障被告人的权利,彰显了刑事诉讼法"小宪法"的定位。有学者指出,疑罪从无是现代刑事司法体系的重要规则。作为处理疑案的技术性手段,该规则在尊重和保障人权、防范冤假错案、维护刑事司法公正、促进司法文明进步中发挥了不可替代的作用。结合我国的司法实践,进一步完善和落实疑罪从无的思路是着力强化控、辩、审三方相互制约的作用,切实提升专门机关的办案能力,健全、完善配套程序规则和证据制度体系,努力为落实疑罪从无营造宽松、理性的氛围提供坚实可靠的保障。③ 另有学者从程序法的角度研究疑罪从无。其提出应当解决疑罪从无处理程序规范不足与司法实践随意性大等问题。依法规制疑罪从无的处理权,依法规制证据不足的判断标准,依法规制疑罪从无的处理过程。④ 另外,也有学者认为当前疑罪从无在我国实务界和学术界存在着扩张式的解读,因而模糊了其应有的界限。在其看来,疑罪从无的适用应首先以证据裁判规则、严格证明规则、自由心证原则等为制度性前提,并受到主体、对象、时点等诸多方面的限制。除此之外,疑罪从无还受到裁判文书说理、裁判者良心等内外机制的约束。理性观之,疑罪从无既非当下防范冤假错案的唯一出路,亦非祛除刑事司法顽症的万能良药。⑤ 应当说,这些关于疑罪从无问题的研究对于无罪推定原则的研究是非常有益的。

三、证据裁判原则

证据裁判原则是刑事诉讼证据法中的"帝王条款",是指对于诉讼中事实的

---

① 参见张云鹏:《刑事推定与无罪推定之契合》,载《法学》2013年第11期。
② 参见徐阳:《我国刑事诉讼中无罪化机制的过程性失灵及应对》,载《现代法学》2015年第2期。
③ 参见沈德咏:《论疑罪从无》,载《中国法学》2013年第5期。
④ 参见姚显森:《疑罪从无处理的程序法规制》,载《现代法学》2014年第5期。
⑤ 参见王星译:《反思疑罪从无及其适用》,载《环球法律评论》2015年第4期。

认定,应依据证据作出;没有证据,不得认定事实。我国《刑事诉讼法》并未明确将证据裁判原则写入法条中,但明确了"以事实为根据,以法律为准绳"的基本原则。不过,证据裁判原则作为现代法治国家刑事诉讼所必须遵循的原则已经得到学界的一致认可。2010年出台的《关于办理死刑案件审查判断证据若干问题的规定》首次明确规定"认定案件事实,必须以证据为根据",在规范性文件中确立了证据裁判原则。党的十八届四中全会决定也明确了证据裁判原则是刑事诉讼中应当坚持的基本原则,肯定其对于公正裁判的决定性作用。

鉴于证据裁判原则的重要性,刑事诉讼法学界对其研究与探讨始终未停止过。有学者从诉讼证明方式的演进历史入手,梳理了证据裁判原则产生、确立与发展的过程,并对证据裁判原则的内涵进行了深入解读。此外,他还结合了我国司法实践的具体情况研究了证据裁判原则的适用问题,提出我国非法证据排除规则的主体为法院和检察机关,侦查机关不宜作为排除主体。定罪证明标准应以"结论唯一"为最高标准,以"排除合理怀疑"为降低标准,两者在实践中互补适用。[①]

四、审判公开原则

"阳光是最好的防腐剂。"审判公开原则是司法公正的重要体现,其对于保障当事人诉权、维护法院权威都有着重要的意义。我国《刑事诉讼法》明确规定了审判公开原则,但其实践中的适用却存在着许多问题。学者们围绕审判公开原则在我国司法实践中存在的问题做了如下有益的研究。

有学者指出,由于我国审判公开的不完善,导致实践中法官的独立决断和嫌疑人的权利保护受到影响。要改变当前法官在审判中的尴尬境地,应当构建比较健全的刑事案件公开机制,科学划定公众权利与司法裁判之间的合理界限。[②] 也有学者以实证研究的方法对审判公开原则进行了探析,深入剖析了审判公开原则在实践中所存在的问题,其中既有理论认识方面的原因,也有法律规定本身不完善、司法人员在适用法律中的偏差等诸多因素。在此基础上,该学者提出了裁判文书公开、构建审委会委员回避制度、旁听制度及媒体直播的完善等来作为推进审判公开原则的对策建议。[③] 还有学者是从审判方式的角度切入阐述这一问题,指出我国当前审判方式存在过分倚重书面、过度注重形式的问题,司法公正无法以看得见的方式实现。该学者提出了审判方式的相关改革建议,包括:尊重当事人的主体地位,法官的职权服务于当事人的权利;发挥法律职业共同体的

[①] 参见陈光中、郑曦:《论刑事诉讼中的证据裁判原则——兼谈〈刑事诉讼法〉修改中的若干问题》,载《法学》2011年第9期。
[②] 参见姚剑:《刑事诉讼案件公开的反思与重构》,载《法律科学》2011年第5期。
[③] 参见叶青、张栋、刘冠男:《刑事审判公开问题实证调研报告》,载《法学》2011年第7期。

作用,实现控辩力量的平衡;维护法官独立审判的权力,限制法官的任性。①

第二节 相关论文摘要

控辩平等视角下检察官刑事庭审角色定位
方　臻
中南林业科技大学学报(社会科学版),2011 年第 1 期
关键词:控辩平等　公诉权　法律监督权
摘要:控辩平等是整个刑事诉讼的价值追求,它是构建科学诉讼结构、体现司法公正及保护人权的需要,这已在我国法学界和实务界达成共识,并在现行《刑事诉讼法》中得到一定程度的体现。但在某些权力的设置上,特别是无法正确界定检察官庭审角色,影响到控辩平等原则的有效贯彻,亟须在立法中加以完善,并在司法实践中加以落实。文章以此为切入点,从当事人和法律监督者两个角度,提出对检察官在刑事庭审中科学的权力配置设想,保障控辩平等的实现。

法律监督与控辩平等探析
傅宽芝
《法学杂志》,2011 年第 2 期
关键词:法律监督　控辩平等
摘要:法律监督与控辩平等是两个完全不同的概念,但人民法院审判活动是否不折不扣地依法遵守本阶段关于控辩平等的规范,却是人民检察院对刑事审判法律监督的重要内容。因此,人民检察院的法律监督是控辩平等理念规范得到贯彻的重要保障。现行《刑事诉讼法》关于控辩平等的规范和保障存在不足,特别是关于人民检察院对此类规范实施法律监督的操作程序的规定十分欠缺,同时,办案人员对于控辩平等在刑事诉讼中的意义和价值认识存在不足。尽快完善《刑事诉讼法》和进一步提高司法人员的素质,已成当务之急。

半纯粹刑事程序公正的内涵——兼论修改我国刑事诉讼法的原则
谢安平
《政法论坛》,2011 年第 4 期
关键词:主体性　普遍性　科学性
摘要:半纯粹刑事程序公正理论认为,刑事诉讼程序公正和程序所生结果公正分别有独立的标准和内涵。一般情况下,公正的刑事诉讼程序也能得到公正的结果,它包括两个基本原则:第一个原则,将人作为人看待的原则;第二个原

---

① 参见魏胜强:《司法公正何以看得见——关于我国审判方式的思考》,载《法律科学》2013 年第 6 期。

则,刑事诉讼程序的结果——刑罚和非刑罚方法适当的原则。第一个原则优先于第二个原则。根据半纯粹刑事程序公正理论,修改我国《刑事诉讼法》应遵守主体性、普遍性和科学性的原则。

刑事诉讼案件公开的反思与重构

姚　剑

《法律科学》,2011年第5期

关键词:刑事诉讼　公开　司法独立

摘要:尽管法律文本对刑事诉讼案件公开已有初步的规定,但因为其尚不完善,导致司法运行中产生了诸多问题。其严重后果是影响了法官的独立决断和对嫌疑人的权利保护。要改变当前法官在审判中的尴尬境地,应当构建比较健全的刑事案件公开机制,保障公众权利与司法裁判之间的合理界限。

检察机关法律监督职能的"表达"与"实践"——以宪法定位与实践的背离为视角

张翠松

《犯罪研究》,2011年第6期

关键词:法律监督　表达　背离

摘要:"检察机关是国家法律监督机关"的宪法定位与检察机关的法律监督实践存在较大差距和背离,这种背离现象引起了理论界关于检察制度的质疑和争论。导致法律监督职能"表达"与"实践"之间背离的原因是法律监督立法本身不协调、法律现代化转型过程中"移植法治"的路径造成检察制度多元混合体的弊端、制度变革中"立法推动主义"路径的局限以及检察基础理论研究的"内卷化"倾向等。"表达"与"实践"之间的背离对检察工作的影响是双重的,既可能引起理论争议,从而削弱检察机关的权威,也可能促使检察机关采取推动法律监督立法、成立专门的诉讼监督机构等多种措施强化法律监督,以逐渐找回自身正当性的定位。

控辩平等原则下证据开示制度之反思

苑宁宁

《法学杂志》,2011年第6期

关键词:控辩平等　证据开示　阅卷制度

摘要:控辩平等原则作为现代刑事诉讼的基本理念之一,已为大多数法治发达国家所吸收。当前,我国《刑事诉讼法》面临再次修改,在考虑我国国情的基础上,应当借鉴吸收控辩平等原则的合理内涵。由于人们对其确切含义的认识并不完全一致,导致在设计控辩关系的一些具体问题上出现违背控辩平等的主张或做法。本文对控辩平等的含义进行了探讨,继而反思证据开示制度,以正本清源、回归理性。

刑事审判公开问题实证调研报告
叶 青 张 栋 刘冠男
《法学》,2011年第7期

关键词: 审判公开 隐私保护 庭审直播

摘要: 从近年来的司法实践来看,刑事审判公开在我国未能充分实现其制度价值,课题组通过走访、座谈、问卷等形式开展实际调研,就审判公开原则在我国立法、司法实践中存在的问题进行分析,其中既有理论认识方面的原因,也有法律规定本身不完善、司法人员在适用法律中的偏差等诸多因素。鉴于此,课题组针对发现的问题提出相应的对策,其中包括裁判文书的公开、审委会委员的回避、旁听制度及媒体直播的完善等,力图为理论研究提供新的视角,为实践部门提供可行的方案。

论刑事诉讼中的证据裁判原则——兼谈《刑事诉讼法》修改中的若干问题
陈光中 郑 曦
《法学》,2011年第9期

关键词: 证据裁判 证明方式演进 口供与定罪证据

摘要: 证据裁判原则是现代法治国家刑事诉讼中认定犯罪事实时必须遵循的原则。诉讼证明方式的演进历史,不应以欧洲大陆为中心,而应扩展至世界范围,将其分为神明裁判、口供裁判和证据裁判三个阶段。证据裁判原则要求以口供以外的证据作为认定案件事实的主要根据。证据必须具有客观性、关联性、可采性。我国非法证据排除规则的主体为法院和检察机关,侦查机关不宜作为排除主体。定罪证明标准应以"结论唯一"为最高标准,以"排除合理怀疑"为降低标准,两者在实践中互补适用。

《刑事诉讼法修正案(草案)》中无罪推定原则的名实辨析
顾永忠
《法学》,2011年第12期

关键词: 无罪推定 不得强迫自证其罪

摘要: 《公民权利和政治权利国际公约》中规定的"无罪推定"与"不得强迫自证其罪"特权是相互包容的,"不得强迫自证其罪"特权的存在,并不妨碍无罪推定原则的确立。《修正案(草案)》内容实质上已体现或贯彻了无罪推定原则。然而该草案第117条"犯罪嫌疑人应当如实回答侦查人员提问"的规定有违无罪推定原则,应予取消,而只保留"侦查人员在讯问犯罪嫌疑人的时候,应当告知犯罪嫌疑人如实供述自己罪行可以从宽处理"的规定,以达鼓励犯罪嫌疑人自愿回答提问并自愿认罪之效。

法律监督略论

崔 伟

《人民检察》,2011 年第 12 期

关键词:法律监督　法律监督属性　法律监督完善

摘要:法律监督是检察机关根据宪法和法律的规定,依照法定程序,对法律实施进行监督。检察职权对外体现为法律监督权和司法权,法律监督权是检察职能的核心。彰显法律监督职能主要体现于构建科学体制、合理配置职权、机制运转协调等。

检察解释的法律监督作用

周永年

《人民检察》,2011 年第 16 期

关键词:检察解释　司法解释　法律监督

摘要:检察解释,即检察机关司法解释,它与审判解释一起构成我国司法解释的体系。检察解释极大地拓展了检察机关法律监督的覆盖面、充实了法律监督的内涵,同时具有积极追求公平正义的价值取向。检察解释属于法律监督体系中的重要一环,具有法律监督的功用。检察机关应充分发挥检察解释的法律监督作用,创新工作机制,丰富法律监督的实践。

论无罪推定的涵义与刑事诉讼法的完善

易延友

《政法论坛》,2012 年第 1 期

关键词:无罪推定　证明责任　程序性保障

摘要:无罪推定在证据法上的含义在于将证明责任分配于控诉方,其诉讼法上的含义在于保障被告人的程序性权利,约束政府权力,体现司法公正。无罪推定并非基于事实或经验的推定,而是基于政治、法律、道德的规范原则,它与有罪推定并非同一个层面的概念,因此不存在非此即彼的关系。无罪推定既非对过去事实的总结,亦非对将来事实的判断,因此它并不违反实事求是。中国古代经籍中不乏无罪推定思想,遗憾的是未能在近现代发扬光大并形成制度;新中国成立后,无罪推定原则几经沉浮,1996 年修正后的《刑事诉讼法》最终还是确立了无罪推定原则,只是在表述上与西方通行的原则略有差距,在具体制度设计方面则仍待完善。因此,当此《刑事诉讼法》再次修改之际,我们应当从立法上重新斟酌无罪推定之表述,从制度上彻底贯彻无罪推定之要求,以完善我刑事司法之体制,文明我刑事司法之实践。

司法机关依法独立行使职权的制度保证

韩 松

《法学》,2012 年第 1 期

关键词:司法机关　工作机制改革　实务层面

摘要:2008 年 11 月 17 日,以中共中央政治局通过《中央政法委员会关于深化司法体制和工作机制改革若干问题的意见》为标志,新一轮司法改革启幕。中央政法委员会出台的《司法改革意见》,提出了优化司法职权配置、落实宽严相济刑事政策、加强政法队伍建设、加强政法经费保障等四个方面改革任务。这些改革多侧重司法政策、人员和经费等实务层面,对于争议较大的一些体制性问题却未过多触及。因此,司法改革虽然有一定的推进,但目前司法腐败严重、司法公信力不高、司法权威不彰的问题依然存在,表明司法改革并未取得明显的效果。因此,应当反思司法改革到底应当改什么。

论我国国情下的最优司法独立度:一个制度经济学的视角

康 娜

《清华法学》,2012 年第 3 期

关键词:司法独立　司法体系绩效　最优司法独立度

摘要:司法独立本身不是目的,而仅仅是达成司法体系绩效最大化的手段。事实上,司法独立并非一个非此即彼的概念,各国的司法独立度差别很大。为此,本文提出了一个有关最优司法独立度的理论框架,并证明适合当前我国国情的最优司法独立度介于"完全不独立的司法"与"完全独立的司法"之间。进一步,我国具备趋向最优司法独立度的政治基础。实现我国最优司法独立度的政策路径,应从最大化司法体系绩效的全局出发,根据国情,先从阻力小而成效大的方面切入,实行渐进的司法改革。

守望法治:法律监督的价值分析与机制变革

田宏杰　温长军

《政法论坛》,2012 年第 3 期

关键词:法律监督　检察权配置　人民监督员制度

摘要:检察机关通过诉讼活动中检察权的独立行使履行法律监督职能,在我国既具有合法性,又具有正当性;正是检察独立与审判独立在宪政语境下的并行不悖,不仅构成了我国司法独立的完整内涵,而且成为人民代表大会制度的重要组成和有力保障。因此,检察权的合理配置,才是决定我国检察体制改革科学发展的关键所在。而由法律监督的本质所决定,检察权的科学配置与高效运行,不仅应当刚性控权与柔性激励并重,而且应当自我约束与外部监督并行,人民监督员制度的法制化无疑是法律监督外部监督机制变革的重要途径。

刑事诉讼法律监督制度的健全与完善

卞建林　李晶

《国家检察官学院学报》，2012年第3期

关键词：法律监督　诉讼监督　非法证据排除

摘要：作为调整刑事诉讼活动的基本法律，我国《刑事诉讼法》关于检察机关法律监督职能的规定经历了一个逐步发展和强化的过程。本次《刑事诉讼法》修改围绕"强化法律监督、实现公平正义"这一基本宗旨，扩展了诉讼监督的范围，增添了诉讼监督的内容；丰富了诉讼监督的手段，明确了诉讼监督的效力；强化了诉讼监督的责任，健全了诉讼监督的程序。当然，检察机关的法律监督工作在迎来新机遇的同时，更是面临着新的问题和挑战，需要加强理论研究和制度创新。

检视与改革：论控辩平等

冉强

《山西财经大学学报》，2012年第3期

关键词：控辩平等　诉讼结构　司法公正

摘要：控辩平等作为刑事诉讼领域里的一项重要制度，是法治国家刑事诉讼制度中的通行做法。检视我国的立法和司法实践，我国控辩关系失衡的现象比较严重，应通过确立无罪推定原则、强化辩护权、确立审前司法审查机制等立法改革来实现控辩双方的诉讼地位平等。

法律监督权与检察权"重合与分离"考论

蔡杰　汪容

《甘肃政法学院学报》，2012年第6期

关键词：法律监督权　检察权　分离

摘要：检察制度在我国的发展经历了一个特殊的历史过程。人民检察院始终是我国检察制度中的主角，而检察权则是贯穿检察制度发展的一根红线。法律监督权与检察权从重合走向分离，并最终成为人民检察院的基本权力之一，既是历史的选择，也是《宪法》《人民检察院组织法》的题中之意。让法律监督权与检察权各自名至实归，并对它们加以完善，是关乎国家司法体制改革乃至国家宪政体制建设的宏伟目标能否实现的重要理论课题。

科层行政化管理下的司法独立

王申

《法学》，2012年第11期

关键词：科层制　行政化管理　司法独立

摘要：科层官僚制就其功能而言即是行政管理。司法行政化就是法院相互关系的行政化、法院内部模式的行政化、法院内部人事管理的行政化等。传说中

的司法独立的神话式功能影响是如此之大,而其对于司法的实际作用却又是如此有限。即使在西方国家,法院也被牢牢地放置在议会中的国王之下。司法独立是指每个法官都可以对所支持的判决方式最为充分地提出自己的理由。任何的制度创制都是一种归纳的选择,而非演绎的结果。我们对司法制度的选择只能是更好的选择而不是最好。法官地位独立、行为超然和思想理性是司法职业本色,也是司法威信之基础。我们对法院管理中的理性官僚制之改造,只能以政府模式向治理模式过渡,用合法、合理、符合中国本土特征的方式来过渡。

比较法视野下的中国特色司法独立原则
陈光中
《比较法研究》,2013 年第 2 期
关键词: 司法独立　外国宪法规定　中国特色司法独立原则
摘要: 司法独立原则作为一项重要法治原则,已为世界各国宪法所确立,但表述不一,或仅规定司法权属于法院而不作明确规定;或明确规定法院、法官独立;或强调法院、法官独立的同时,也涉及其他司法主体的独立。司法独立是实现司法公正的首要保障,是树立司法权威的必要条件,也是法官职业化的题中之意。中国特色司法独立原则在司法独立主体、司法机关的上下级关系以及独立的程度上有别于西方国家。要确保中国特色司法独立原则的有效实施,必须理顺司法机关与党的领导、司法机关与权力机关、司法机关与行政机关、上下级法院之间、法院内部合议庭与院长、庭长以及司法独立与法官职业稳定性等几个方面的关系。

司法独立的本质是依法办案
陈卫东
《环球法律评论》,2013 年第 2 期
关键词: 司法独立　依法办案　政治体制
摘要: 在中国语境下,在官方文件中,司法独立是以人民法院、人民检察院依法公正行使审判权、检察权来表述的。从十五大的报告就开始这样表述,一直到十八大。怎么理解在中国这样的一个政治体制下坚持司法独立,这个问题最敏感的落脚点就在于如何处理党的领导和司法独立的关系问题。这是中国独有的问题,在西方根本不存在这样的问题。而在中国,如果能破解这一难题,司法独立就有望突破,有望取得实质的进展。

为"司法独立"正名
李步云
《环球法律评论》,2013 年第 2 期
关键词: 司法独立　政治智慧　法治理念

摘要: 目前,有些人认为,"司法独立"是一个错误的观念,应当否定。这种主张显然是缺乏历史知识、法治理念和政治智慧的。对于当代中国司法独立的理论和实践,中外学术界和法律实务界正予以特别的关注。

司法独立须整体推进
范明志
《环球法律评论》,2013 年第 2 期
关键词: 司法独立　审批制度　司法体制
摘要: 不管是案件请示制度还是审批制度,都是我国整个司法体制的必然反映。在法院内部是很难解决这个问题的,就像我们很难阻止和消除膝盖弯曲一样。案例请示制度涉及很多问题,至少涉及以下几个因素:第一,法官素质。如果没有案件请示制度,目前的法官是否能让当事人放心？第二,司法廉洁。如果让法官享有更大的权力,民众不放心。

司法独立的制度实践:经验考察与理论再思
支振锋
《环球法律评论》,2013 年第 5 期
关键词: 司法独立性　保障机制　经验考察
摘要: 当今世界,关于司法独立制度存在着许多理论和实践的迷思,但忽略了其在各国运行状况最基本的经验事实。文本基于国际相关重要数据库和指标,对全球尤其是典型发展中国家司法独立制度运行实践进行初步考察,发现司法独立有着诸多与人们的日常认知不完全一致的方面。迄今为止,司法独立制度在绝大多数第三世界国家移植的实践并不成功,说明仅有法律和政治制度的保障并不足够,真正实现司法的独立性还需要一系列内在条件,以及物质与经费、法官任职保障等机制的支撑,并受历史和社会条件的影响。当然,对于第三世界国家的司法改革而言,其中也蕴含了许多值得重视和借鉴的积极因素与科学设计,需要做出清醒而认真的区辩与选择。

论疑罪从无
沈德咏
《中国法学》,2013 年第 5 期
关键词: 疑罪从无　保障人权　司法公正
摘要: 疑罪从无是由无罪推定原则引申出来的一条金科玉律,其源自于自古就有的"有利被告"原则,目前已成为各国刑事司法领域的重要共识。不论是从理论逻辑还是从实践理性上看,疑罪从无都是现代刑事司法体系的重要规则,且作为处理疑案的技术性手段,在尊重和保障人权、防范冤假错案、维护刑事司法公正、促进司法文明进步中发挥了不可替代的作用。但受制于种种因素,疑罪从

无在司法实践中的落实情况尚不够理想,亟待我们从思想观念入手,着力强化控、辩、审三方相互制约的作用,切实提升专门机关的办案能力,健全、完善配套程序规则和证据制度体系,努力为落实疑罪从无营造宽松、理性的氛围提供坚实可靠的保障。

司法公正何以看得见——关于我国审判方式的思考

魏胜强

《法律科学》,2013 年第 6 期

关键词: 审判方式　司法公正　改革

摘要: 我国当前审判方式的缺点是,不能以看得见的方式实现司法公正:开庭方式无须当庭宣判,难免引人质疑;闭庭方式偏重书面材料,具有神秘色彩;特殊方式情形过于特殊,淡化外在标准。司法公正以看得见的方式实现,对审判方式提出的要求在于:尊重当事人的主体地位,法官的职权服务于当事人的权利;发挥法律职业共同体的作用,实现控辩力量的平衡;维护法官独立审判的权力,限制法官的任性。围绕司法公正以看得见的方式实现改革我国的审判方式,应当从内外两方面入手。内在方面是使审判方式改革与司法制度改革同步进行,关键是改革审判管理体制和陪审制度,并推行公开审判制度。外在方面是赋予现有的审判方式以新的活力,即突出开庭审判和当庭宣判的主导地位,闭庭方式与特殊方式限于基层人民法院在简易程序中合并适用,高级以上人民法院实行巡回审判。

刑事推定与无罪推定之契合

张云鹏

《法学》,2013 年第 11 期

关键词: 刑事推定　无罪推定　证明责任

摘要: 刑事推定与无罪推定的关系关涉推定在刑事法领域的适用是否具有正当性的根本问题,理顺二者的关系对于促进刑事推定理论研究意义重大。刑事推定规范具有专门的结构和效力特征。在规范的适用中,被告人承担证明责任的属性为主观证明责任,符合客观证明责任始终固定于控诉方的无罪推定要求;被告人针对推定事实有效反驳的标准低至"真伪不明"的程度,亦与控诉方对于基础事实与全案事实的证明必须达到法定最高标准的要求一致。刑事推定完全契合作为证明责任分配准则的无罪推定的精神,二者不相矛盾。

司法机关依法独立行使职权研究

陈卫东

《中国法学》,2014 年第 2 期

关键词: 司法机关　独立行使职权　司法改革

摘要: 我国的司法机关依法独立行使职权原则强调法院整体的独立性,实践中依法独立行使职权原则异化为司法的地方化以及司法的行政化。在司法改革的背景下,应当把握改革契机,推动司法机关依法独立行使职权。在我国,应当淡化司法独立的政治色彩,构建以依法独立行使职权为核心的司法独立,并排斥案外因素的影响,以司法的法律效果为根本追求。依法独立行使职权原则要处理好与党的领导的关系。为了确保独立司法,还必须结合司法改革的社会背景,从内、外两个方面统筹协调,整体推进司法机关依法独立行使职权。

无罪推定的外国法溯源与演进

孙 倩

《环球法律评论》,2014年第4期

关键词: 无罪推定 审判模式 审前羁押

摘要: 无罪推定在英美法系和大陆法系学者论述里,各有自己的历史渊源,而对这些历史渊源的追溯,恰恰反映了他们各自关注问题的不同。大陆法系国家从应对审前程序中被告人的处遇角度阐释无罪推定;而英美法系国家则为应对中世纪长期存在的、在陈述式审判模式下被告承担证明责任以及诬告、伪证问题,来阐释无罪推定。进入当代以后,两大法系都转入了对审前羁押与无罪推定关系的关注,审前羁押的性质是否为刑罚的问题颇具争议,其背后反映的是国家对未被证明犯罪的人何以有惩罚权,这也成为无罪推定的根本问题。

疑罪从无处理的程序法规制

姚显森

《现代法学》,2014年第5期

关键词: 疑罪从无 程序法 法律规制

摘要: 疑罪从无处理程序的法治化,是贯彻疑罪从无原则的客观需要,又是提升疑罪案件从无处理过程及结果社会认同度与司法公信力的必然要求。为解决疑罪从无处理程序规范不足与司法实践随意性大等问题,应依法规制疑罪从无处理权,明确赋予侦查机关疑罪从无处理建议权,类型化配置存疑不起诉决定权,完善审判机关证据不足无罪判决权以及司法救济权;应依法规制证据不足的判断标准,重视证据不足判断标准的相对独立性,完善与细化现行证据不足的判断标准,强化证据不足无罪判决与存疑不起诉决定的说理制度;应依法规制疑罪从无处理过程,设立相对独立的疑罪处理程序,全面实现疑罪处理程序的多重功能。

刑事诉讼中的有效辩护问题

陈瑞华

《苏州大学学报(哲学社会科学版)》,2014年第5期

关键词: 辩护 律师 有效辩护

摘要：将有效辩护奉为被告人的宪法权利，并将无效辩护与程序错误并列为上级法院撤销原判、发回重审的依据，这是美国刑事诉讼制度的特殊经验。在可预见的将来，我国引入无效辩护制度的可能性是很小的。但是，确立有效辩护的理念，并推动辩护制度的改革，却很有现实意义。基于有效辩护的理念，法律应当确立最基本的辩护质量标准，并为律师辩护活动确立一种质量控制体系。我国法律不能仅满足于保障被告人获得律师的帮助，而且要促使律师提供一种尽职尽责的辩护，从而使委托人可以获得高质量的法律帮助。

论中国刑事司法语境下的有效辩护问题
汪家宝
《河南财经政法大学学报》，2014 年第 5 期
关键词：有效辩护　障碍　对策
摘要：我国单轨制侦查模式、"轨道平行模式"的控辩关系、付之阙如的证据规则、非理性的实用主义诉讼价值观，深刻地影响着律师辩护的实质性。在我国实现有效辩护，应当在有效辩护的理论构成、有效辩护入法、有效辩护的程序性权利供给及其保障机制、辩护律师业务能力、无效辩护制度等方面有所突破。

为刑事审限制度辩护——以集中审理原则之功能反思为视角
于增尊
《政法论坛》，2014 年第 6 期
关键词：集中审理原则　审限　效率
摘要：针对废除刑事审限制度改采集中审理原则的建议，现有的回应主要从保留审限制度必要性的角度展开论述，缺乏对集中审理原则的正面检视。考察域外司法实践可知，集中审理原则并无明显的价值优势，不仅未达防范诉讼拖延、提高审判效率的功效，保障裁判者心证新鲜和判决公正的功能也遭到冲击。理性的做法是，在保留审限制度的基础上，吸收集中审理原则合理内容、完善我国刑事诉讼法制。

试论法律监督司法化的定位
龚培华　李建波
《人民检察》，2014 年第 6 期
关键词：法律监督　司法化　审判权
摘要：修改后的刑诉法的有关规定在很大程度上推动了法律监督权的司法化，检察机关的司法属性得到明显增强。应正确处理司法化的法律监督权与法院审判权的关系；法律监督的司法化重心在于强化制衡、保障司法公正和推进依法行政；法律监督司法化的着力点在于程序设置的科学化、公正化、司法化；应当明确法律监督司法化与传统司法化的差异，针对不同的诉讼阶段、不同的职能部

门,司法化改造的方式也应有所差异。

程序法定原则对刑事司法的规范意义

徐　阳

《法学》,2014 年第 10 期

关键词:程序法定原则　授权性程序规范　比例原则　诉讼行为无效

摘要:在法治时代,程序法定原则是刑事诉讼中不言而喻的"铁律"。我国《刑事诉讼法》适用中存在偏离程序法定原则的现象。在程序法定观念缺位的社会环境下,将程序法定原则的贯彻转化为法律解释技术问题,尤为重要。依照程序法定原则,法律适用应遵循如下边界:禁止突破国家机关处分性职权的授权规范,不得自我授权;国家机关必须恪守法律明示的程序操作义务,不得违反程序操作规范,不得擅自取舍、选择性适用;对于禁止性规范,应严格遵守立法精神,不得曲意释法加以规避、变通;以比例原则、类推适用等确定授权性程序规范的解释边界。诉讼行为无效机制不但将禁止性规范、义务性规范的程序刚性实定化,而且还将程序法律规范的刚性扩张至授权性规范,强化了法律对裁量权的规约效力。我国应建立完整的诉讼行为无效机制。

诉讼不及时的三种模式与双层认定标准

郭　晶

《东方法学》,2015 年第 1 期

关键词:诉讼及时原则　迅速审判权　程序性违法

摘要:在我国的刑事司法实践中,刑事诉讼的运转难以普遍性地控制在一个相对正当的速度,诉讼速度畸快或畸慢的现象频发,屡屡引发法学界、法律界乃至一般公众的质疑。诉讼速度的妥当性问题,关联复杂的价值判断和利益衡量,涉及一系列的理论疑难亟待解释。关注域内域外的制度实践,可提炼出"诉讼不及时"现象的三种模式,分别是微观不及时、宏观不及时与强制处分不及时,从而作为分析程序速度妥当性问题的理论工具。就认定标准来说,诉讼不及时呈现为以损害认定标准和责任追究标准为核心的双层次递进形态。

检察管理与检察权的公正行使

向泽选

《政法论坛》,2015 年第 1 期

关键词:检察管理　检察权　应然功能

摘要:检察管理通过对直接影响或者制约检察权公正行使的各项要素的调配和组合,间接地推动检察权的公正行使。由于传统的行政式的检察管理模式背离了检察规律的基本要求,导致检察管理在推动检察权公正行使中的功能发挥受阻。要通过对检察管理相关内容的革新,为检察权的公正行使提供高素能的主体、高效的决策机制、有效的监督机制以及科学的物资保障机制。

我国刑事诉讼中无罪化机制的过程性失灵及应对
徐　阳
《现代法学》,2015 年第 2 期

关键词:有罪证据存疑案件　无罪推定　无罪化机制

摘要:无罪推定原则要求通过刑事诉讼中的无罪化机制维护被追诉者实体利益,避免冤案发生。目前我国刑事司法中的典型案例让我们认识到我国刑事诉讼中无罪化机制过程性失灵的现状。我国现有刑事诉讼制度对有罪证据存疑的案件倾向于持续追诉,而非对案件进行即时无罪化处理。在有罪推定理念之下,持续追诉的程序潜规则盛行,其背后存在着容许部门利益膨胀的体制空间。司法体制产生的现实阻力,是无罪化机制过程性失灵的根本原因。与之相比,公安、司法机关内部的工作机制只是附随因素。克服无罪化机制的过程性失灵应着眼于:程序裁量中的即时无罪化策略、无罪化机制的制度完善、司法体制等程序外阻力的消解策略。

依法独立行使检察权制度的宪法涵义——兼论重建检察机关垂直领导制
田　夫
《法制与社会发展》,2015 年第 2 期

关键词:依法独立行使检察权　内在结构　外在限制

摘要:我国宪法中的依法独立行使检察权制度滥觞于苏联。在苏联,垂直领导制构成了依法独立行使检察权制度的必要前提;而在中国,依法独立行使检察权制度在废除垂直领导制之后实现了本土化。从苏中宪法层面看,存在着依法独立行使检察权制度的内在结构与外在限制,前者指依法独立行使检察权的独立性与排他性,后者指国家权力机关等机关与检察机关的关系;两者之间存在着结构性的共生关系。对依法独立行使检察权制度的教义学反思表明,我国现行检察制度中,有关地方各级检察机关应向本级国家权力机关负责并报告工作的规定缺乏理论根据。在十八届三中全会提出省以下地方检察院人财物统一管理的背景下,应更加全面地考察现行制度,严肃而认真地思考重建垂直领导制的可能性与必要性。

反思疑罪从无及其适用
王星译
《环球法律评论》,2015 年第 4 期

关键词:合理怀疑　疑利被告　疑罪从无

摘要:我国实务界和学术界对疑罪从无的性质、辐射范围、适用后果等问题存在一定的误解,对其进行扩张式解读,从而模糊了其应有的界限。作为一项具

有实体法、证据法面向的裁判规则,疑罪从无的适用首先以证据裁判规则、严格证明规则、自由心证原则等为制度性前提,并受到主体、对象、时点等诸多方面的限制。除此之外,疑罪从无还受到裁判文书说理、裁判者良心等内外机制的约束。"从无罪"并非疑罪从无适用的唯一后果,"从轻罪""从轻刑"亦符合该原则的基本要义。不加区分地拒绝对疑罪的"从轻处置"是狭隘的,将其等同于我国司法实践中"留有余地的疑罪从轻"判决并加以批判也是不理智的。理性观之,疑罪从无既非当下防范冤假错案的唯一出路,亦非祛除刑事司法顽症的万能良药。

审判独立与权利保障:两岸语境、差异与共识——第六届海峡两岸公法学论坛综述

苏绍龙

《法学评论》,2015 年第 5 期

关键词:审判独立　权利保障

摘要:审判独立与权利保障都是法治的重要面向,第六届海峡两岸公法学论坛以此为主题展开研讨。论坛举行期间,两岸公法学人通过对审判独立的现实与展望、权利保障的理论与实践、行政诉讼和司法改革等方面的深入探讨,展现了审判独立与权利保障在海峡两岸的各自语境和差异,更为重要的是,反映出公平正义是两岸公法学人的共同追求。

事实认定"难题"与法官独立审判责任落实

侣化强

《中国法学》,2015 年第 6 期

关键词:证据裁判主义　自由心证　司法责任

摘要:受基督教"血罪"观念影响,中世纪及近代普通法法院的英国法官与欧洲大陆的刑事法官一样,往往为了避免地狱之灾而遵循"规则依赖"的行为逻辑,"依证据裁判"而不是"依良心或确信的真相裁判"。当下中国的法官,在遇有压力和涉及职业风险的案件中,也往往遵循"规则依赖""机构依赖"和"制度依赖"的行为逻辑进行裁判,这不仅造成人为的错案,还导致审委会制度、上诉制度扭曲。十八大以来实施的司法改革措施,有助于克服和消解法官的"依赖惰性"。但是,三大诉讼中大量的证明力规则和最高人民法院近期制定的《关于完善人民法院司法责任制的若干意见》的两个条款,不仅构成了"谁裁判谁负责"的制度性障碍,还可能让法官重回"规则依赖"的旧途。因此,废止或改造证明力规则、修改司法责任制中的相关条款成为当务之急。

有利被告的当下中国程序话语——兼及《刑事诉讼法》相关规定之评价

邢馨宇

《环球法律评论》,2015 年第 6 期

关键词:疑罪从无　禁止双重危险　一事不再理

摘要:在刑事程序法领域,有利被告是作为无罪推定原则的伴生原则与严格解释规则的补充规则而存在的,对于案件事实的认定、刑事再审的提起与刑事诉讼规范的解释具有重要制约作用。就犯罪事实的认定而言,有利被告要求疑罪从无,并以排除合理怀疑作为刑事证明标准。但我国刑事诉讼制度因受"罪疑惟轻"传统观念的影响而未能贯彻疑罪从无的理念。本次《刑事诉讼法》修改因引入排除合理怀疑规则而使疑罪从无得以初步践行,但却未能以排除合理怀疑取代"证据确实、充分"作为证明标准,使有利被告的话语在犯罪事实的认定领域难以得到最大限度的表达。就刑事再审而言,有利被告要求禁止双重危险,允许有利被告的再审而(附条件)禁止不利被告的再审。我国《刑事诉讼法》的修改因固守有错必纠的原则仍将禁止双重危险原则拒之门外,因而使有利被告的话语也未能在刑事再审领域得到应有的表达。就刑事诉讼规范的解释而言,有利被告要求,在穷尽严格解释的一切努力但对程序性法律规定的准确含义仍不得其解时,采对被告有利的解释。为避免规范明确性的缺失而导致公权力扩张,保障犯罪嫌疑人与被告人的诉讼权利,有必要在恪守严格解释的前提下,反对不利被告的解释,坚持有利被告的解释。

无罪推定生成模式对刑讯逼供之反制

莫洪宪　罗　钢

《人民检察》,2015 年第 6 期

关键词:刑讯逼供　无罪推定　刑事错案

摘要:实证表明,刑讯逼供是冤错案件发生的最主要原因,刑讯逼供的成因复杂,但最根本的原因是有罪推定的思维模式作祟。制度的完善与观念的革新是我国遏制刑讯逼供的两条主要进路,当前制度层面的改进已然空间不大,后续成效有限,必须在观念层面上有所突破。应通过批判和厘清有罪推定及相关错误观念,强化错案自我发现与纠错机制,推动无罪推定的生成、推进和扎根。

"以审判为中心"与"分工负责、互相配合、互相制约"关系论

樊崇义

《法学杂志》,2015 年第 11 期

关键词:以审判为中心　互相配合　互相制约

摘要:"以审判为中心"是对"分工负责、互相配合、互相制约"原则的创新和发展,彼此之间不矛盾。理解"以审判为中心"与"分工负责、互相配合、互相制

约"之间关系的三大理论基础是坚守法律正当程序、树立人权司法保障的刑事诉讼目的观和新型的诉讼法律关系。坚持"以审判为中心",需要对"分工负责、互相配合、互相制约"原则作出以下新的诠释和理解:依法独立行使审判权,为"互相分工"原则树立榜样;加强侦诉协作,构建科学的"互相配合"格局;以"递进制约"为主线,为"互相制约"注入新元素;坚持证据裁判原则,为"分工负责、互相配合、互相制约"提供"证据链"。

推进司法公开问题的思考

肖沛权

《法学》,2015 年第 12 期

关键词:司法公开　审判公开　检务公开

摘要:司法公开是指国家专门机关在办理案件过程中依法向社会和诉讼参与人公开有关诉讼活动和信息。在推进司法改革的过程中,应当进一步明确审判不公开的范围,采取有效措施排除公开审理的人为阻力,并防止审判程序"内部化",探索以互联网技术进行审判公开的新途径;进一步扩大检察机关终结性法律文书的公开范围,增强文书的说理性,健全和完善检察机关重要案件信息统一发布制度,对审查逮捕程序进行"公开听审"化改造,并建立不起诉听证制度,以进一步推进司法公开。

第三节　案例精解

从陈满案看无罪推定原则

一、案情介绍

1992 年 12 月 25 日,海南省海口市上坡下村 109 号楼房突然起火,消防人员扑灭大火后,发现了楼房看管人钟某某的尸体。经法医鉴定,被害人钟某某身上有多处锐器伤,死亡原因为颈动脉被割断造成失血性休克。租住在 109 号楼房的陈满被海口市公安局确认为犯罪嫌疑人。

1994 年 11 月 9 日,海口市中级人民法院以故意杀人罪判处陈满死刑,缓期二年执行,剥夺政治权利终身,以放火罪判处有期徒刑九年;决定执行死刑,缓期二年执行,剥夺政治权利终身。

海口市中级人民法院刑事判决书认定:陈满因未交房租等与钟某某发生矛盾,钟声称要向公安机关告发陈私刻公章帮他人办工商执照之事,并要求陈搬出 109 号楼房。陈怀恨在心,遂起杀害钟的念头。1992 年 12 月 25 日晚 7 时许,陈发现上坡下村停电并得知钟要返回四川老家,便从宁屯大厦窜至上坡下村 109 号,见钟正在客厅喝酒,便与其聊天,随后陈从厨房拿起菜刀一把,趁钟不备,朝钟连砍数刀,致钟当即死亡。接着,陈将厨房的煤气罐搬到钟的卧室的门口,用打火机点着焚尸灭迹。

海南省高级人民法院二审认定的事实与一审基本相同,认为陈满的行为已分别构成故意杀人罪和放火罪,手段残忍,情节恶劣,后果严重,依法应予严惩。

判决发生法律效力后,陈满父母和陈满始终不服,坚持向相关政法机关申诉。2014年4月14日,陈满委托代理律师向最高检提出申诉。陈满向最高检申诉的理由主要包括:一是陈满根本没有作案时间,也没有实施被指控的犯罪,应当宣告陈满无罪;二是原审裁判认定陈满犯罪的证据没有达到确实充分的标准;三是陈满的供述是在刑讯逼供下作出,应当予以排除。

2015年2月10日,最高检在复查后认为,该案事实不清、证据不足,依法向最高法提起抗诉。4月27日,最高法指令浙江省高级人民法院再审陈满案。

2015年12月8日,合议庭根据刑诉法和相关司法解释的规定,召集公诉人、陈满的辩护人召开庭前会议,就回避、原裁判据以定罪和量刑的证据、是否有出庭证人和新证据等问题了解情况,听取意见。鉴于陈满在海南省美兰监狱服刑,考虑提押方便、便利诉讼等因素,在海南高院支持配合下,再审法院于同月29日,在陈满服刑地较近的海口市琼山区人民法院,依法对陈满一案进行了公开开庭审理。

2016年2月1日,浙江省高级人民法院依法对陈满故意杀人、放火再审案公开宣判,决定撤销原审判决,宣告陈满无罪。

二、案件分析

浙江省高级人民法院撤销原审判决,宣告陈满无罪的理由有两点。其一,原裁判据以定罪的原审被告人陈满的有罪供述不能作为定案的根据;其二,除原审被告人陈满的有罪供述外,无其他证据证明陈满作案。

首先,陈满的有罪判决存在如下问题:1. 原审被告人陈满的有罪供述不稳定。经再审查实,陈满在侦查阶段的供述经历了从不承认犯罪,到承认犯罪,又否认犯罪,再又承认犯罪的多次反复;到检察机关审查起诉阶段和原一、二审审理时又全面翻供。2. 原审被告人陈满关于作案时间、进出现场、杀人凶器、作案手段、作案过程以及对作案时着装的处理等主要情节的供述不仅前后矛盾,而且与在案的现场勘查笔录、法医检验报告、证人证言等证据所反映的情况不符。如陈满供称,其持平头菜刀趁被害人钟某某不备朝钟的头部、颈部、躯干部等处连砍数刀,该供述与现场勘查笔录及照片、法医检验报告及照片,以及再审阶段浙江省人民检察院技术处出具的《技术性证据审查意见书》等证据反映的情况不符。上述证据证实,钟某某尸体头面部、双手等部位的多处损伤系由带有尖端和锋利面凶器所形成,不可能由平头菜刀形成。3. 原审被告人陈满供述将自己工作证留在现场的动机得不到合理解释。侦查机关将本案凶手锁定为陈满的关键证据,是在钟某某的裤口袋里发现了陈满的工作证。陈满曾供述,将自己原来的工作证放在钟的裤袋里是为了让人误以为死者是自己,以逃避他人追债。但多名证人证言表明,未发现案发后陈满有任何异常,陈满也不存在有意躲藏、躲避他人的情形。因此,原裁判据以定案的主要证据即陈满的有罪供述及辨认笔录的客观性、真实性存疑,依法不能作为定案依据。

其次,原判认定陈满作案的其他证据也有很大的问题:1. 案发现场的勘查笔录、法医检验报告等证据不能证明原审被告人陈满作案。火灾原因认定书、现场勘查笔录及照片、物证照片、法医检验报告书及照片、法医物证检验报告书等证据仅能证明被害人钟作宽被人杀害,作案现场被人为纵火的事实。2. 案发现场提取的物证无法对原审被告人陈满的有罪供述起到印证作用。据现场勘查笔录等证据反映,侦查人员在案发现场收集到大量物证,包括带血的白衬衣、海南日报、卫生纸、破碎的酒瓶、散落在现场的多把刀具、陈满的工作证等,案内证据未显示公安机关是否对上述物证进行过指纹、血迹鉴定,对白衬衣、工作证等物证没有进行照相留存。上述物证在原一审庭审前均已丢失,控方在原一、二审庭审中没有出示上述物证,这些物证也没有经过辩护方质证,不能作为定案的根据。3. 原裁判认定的作案凶器难以确认。原审裁判认定被告人陈满杀死被害人钟作宽的凶器,是案发当日侦查人员从案发现场厨房砧板上提取并经陈满辨认的一把锈迹斑斑的木柄平头菜刀。但根据现场勘查笔录和法医检验报告书及照片、《审查意见》等证据证实,被害人钟某某被害前曾遭挟制并与作案人发生过剧烈地打斗,其头、面、颈部及双手有二十多处损伤,这些损伤均系有尖端的凶器造成。死者尸体颈部有一横行切割创口,长度约 25 厘米,深至颈椎前缘,气管、左侧颈总静脉和右侧颈总动脉被割断,是其死亡主因。平头菜刀难以形成导致钟作宽死亡的相关损伤。4. 在案证人证言只是证明了发案时的相关情况、案发前后原审被告人陈满的活动情况以及陈满与被害人钟某某的关系等,无法证明陈满实施了杀死钟某某并焚尸灭迹的行为。

综上所述,原审裁判认定被告人陈满杀死被害人钟某某并焚尸灭迹的事实不清,证据不足,指控其犯罪不能成立,依法应予改判纠正。据此应当改判陈满无罪。

三、案件评判

陈满案受到了社会各界的广泛关注。从 1992 年 12 月底被捕至今,他失去自由已经长达 23 年之久,被称为"国内已知被关最久的冤狱犯"。类似陈满这样冤案的发生,不仅使无辜的人蒙冤,也对其家庭造成毁灭性的打击;不仅如此,还使真正的罪犯逍遥法外,对社会安定造成威胁。更为严重的后果在于,冤案频发动摇了公民对司法公正及司法权威的信任,产生了极其恶劣的影响。正如最高检办公厅主任、新闻发言人王松苗所言,"司法活动中万分之一的失误,对当事人就是百分之百的伤害。冤错案件虽然是极少数,但一个错案的负面影响足以摧毁上百个公正裁判积累起来的法治信仰。"①

　　我们应当反思陈满这样的冤案为什么会发生。可以说,该案暴露了我国刑事司法的诸多不足。最为突出的一点就是司法机关没有守住无罪推定原则的底线。从我国当前的司法实践来看,《刑事诉讼法》的相关规定吸收了无罪推定的精神内涵,比如"未经法院依法判决,对任何人都不得确定有罪""不得强迫任何人证实自己有罪"等,但是无罪推定原则并未真正确立。尤其是公安、司法人员长期以来形成的"重打击犯罪、轻保障人权"司法观念,导致习惯性地对犯罪嫌疑人进行有罪推定。先抓人、后逼供,再找其他证据加以印证,导致侦查机关的刑讯逼供、检察机关的高起诉率、法院留有余地的"疑罪从轻"判决的发生,这也是导致许多冤假错案的根源所在。

　　从陈满案来看,陈满前后8次供述在作案地点、作案工具、作案方式等问题上存在多处矛盾,全案其他证据也疑点多多,公安机关更是在审判前弄丢了包括工作证、勘验笔录中记载的带血白衬衫、黑色男西裤、带血白色卫生纸及带血的海南日报碎片等关键物证。这些没有经过当庭举证、质证的证据又怎么能作为定案的依据呢?综合这些事实证据来看,控方并没有对陈满有罪的事实证明达到确实充分、排除合理怀疑的程度,本案的证据也未达到相互印证的地步,根据无罪推定的要求,法院应当依法判决陈满无罪。但从最后的结果来看,海口市中级人民法院显然没有遵守这一原则的要求。

　　守住无罪推定这条底线原则,需要从以下三个方面加以改善:一是尊重被追诉人的诉讼主体地位。尊重被追诉人的诉讼主体地位,承认被追诉人在刑事诉讼中享有主体而非客体的地位,充分保障和落实其辩护权及其他诉讼权利,不得任意剥夺和限制,保证诉讼中控辩平等对抗。二是落实不得强迫自证其罪的特权。不得强迫自证其罪的权利是无罪推定原则的应有之义,其内涵是任何人没有义务提供任何可能使自己陷入不利境地的陈述和证据,并有权对办案人员的讯问保持沉默。为了保障被追诉人享有不得强迫自证其罪的特权,除了坚持由控诉方承担举证责任外,还应当赋予被追诉人沉默权。虽然新《刑事诉讼法》规定了"不得强迫任何人证实自己有罪",但同时仍保留了犯罪嫌疑人如实供述的义务,两者在逻辑上存在矛盾,无法遏制司法实践中刑讯逼供的现象,也有悖于世界刑事诉讼制度发展的趋势。三是坚持疑罪从无。从刑事责任证明的角度来

---

① 参见梁波、唐金龙:《海南高院院长:陈满案是司法的一个痛点,造成冤案令人痛心》,http://www.thepaper.cn/newsDetail_forward_1443784,2016 年 3 月 14 日访问。

看,被告人不承担证明自己无罪或者罪轻的责任,同时享有自白自由,不能强迫被告人自证其罪或因其保持沉默而作出不利于被告人的推定。从这个角度来看,法院应当守住司法公正的最后一道防线,坚持证据裁判原则,只有证据确实充分的案件才可定罪;证据不足的案件,应当坚持疑罪从无原则,依法宣告被告人无罪,不得降格作出"留有余地"的判决。对此,就应当以庭审为中心,坚持在庭审中查明案情、认定证据,防止庭审"走过场",加强控辩双方的对抗,保证法院能够作出客观、正确的裁判。

陈满案是值得反思的。但值得一提的是,陈满案是自 1979 年《刑事诉讼法》实施以来最高人民检察院向最高人民法院首起提出无罪抗诉的案件,在我国法治进程中具有标杆意义。同时,相比以往冤假错案中以亡者归来、真凶再现等方式改判无罪,陈满案则是通过再审认定事实不清、证据不足而直接改判无罪。这一点是极具有程序法的价值和意义的。相信终有一天我国将真正确立无罪推定原则,守住司法公正的底线。

第三章 刑事诉讼的基本制度

第一节 本章观点综述

一、管辖制度

在管辖制度方面,有论者对近些年来我国司法实践中频繁出现的集中管辖制度进行了评论及反思。该论者认为,所谓集中管辖,是指上级司法机关改变法定的地域管辖或级别管辖,将某一类刑事案件集中到区域内某一(些)特定的司法机关进行管辖或直接提级管辖。目前主要集中在知识产权犯罪案件、环保刑事案件、未成年人刑事案件、涉台刑事案件及外国人犯罪案件等五类犯罪案件中,这是近些年司法机关为应对司法需求在管辖领域采取的颇具灵活性的举措,以期通过整合管辖资源达到提升案件质量的制度目的。司法机关采取集中管辖,基本上遵循了以下逻辑进路:某一区域内特定刑事案件总量少或分布不均衡——分散型管辖难以保证类案质量——将案件集中到某个(些)司法机关管辖——全面提高类案的审理(办理)质量。该论者经分析得出结论认为,这种由案件数量的分布情况来决定管辖走向的措施,看似灵活,但在理论上却有违背管辖制度设定的基本原理之嫌,表面看属于管辖权的调整,实质上属于无法律授权的预定管辖与确定管辖,缺乏合法性基础。集中管辖的出现,其深层次的原因是管辖规则丧失了其普遍化的属性而被司法机关功利化地纳入了司法管理的制度框架中。为了保障案件管辖的稳定性,同时兼顾基层司法质量,应当回归刑事诉讼管辖规则的本原,并在确有必要改变管辖时对传统的管辖制度资源进行创造性转化,而不是摒弃基本的管辖权规则。[1]

另外,还有论者分析了我国司法实践中常出现通过改变案件审理者而影响审判结果的现象,认为这与我国缺乏法定法官原则有关。"法定法官"原则要求在某一法律纠纷诉诸法院后,法院按照法律预先设定的标准确定案件的管辖法院和审判法官,而根据标准确定的法院和法官应当是明确、具体的。"法定法官"原则在实现立法对司法的制约,保障当事人基本权利及防止司法行政干预司法等方面发挥着重要作用。我国缺乏"法定法官"原则主要体现在:设立了很多具有较大随意性和非理性的专门法院与特别法院、管辖权移送和指定管辖的随意

---

[1] 参见张曙:《刑事诉讼集中管辖:一个反思性评论》,载《政法论坛》2014年第5期。

性、级别管辖的模糊任意性以及审判法官的任意选择等几个方面。该论者认为，我国管辖制度改革的传统逻辑往往是从保障审判权的有效行使、维护社会秩序出发，仅仅关注实体正义，而未从防止权力滥用的角度出发，未从程序正义、法治等理念出发，这已经导致我国严重的地方保护主义和司法不公。进一步的改革，应当将"法定法官"原则作为改革的理论基础，从专门法院的合法化与禁止"特别法庭"、级别管辖标准的具体化、限制管辖权上移和废除管辖权下移、规范指定管辖、规范案件分配程序等几个方面对我国包括刑事诉讼管辖在内的管辖制度进行管辖，这将有利于防止地方保护主义，保障法官独立审判。①

二、回避制度

有论者对包括刑事诉讼回避制度在内的三大诉讼的回避制度进行实证调查后发现，囿于申请回避法定事由的局限、当事人举证能力的不足和对于裁判者相关信息的缺乏等诸多因素，司法实践中当事人成功申请回避的案件极为少见。因此，尽管可考虑通过扩充并具体化回避事由的范围、公开审判人员有关回避方面的信息，并借助举证责任倒置、证明标准降低等多种途径来缓解当事人收集证据的难度，但上述举措都不可避免地存在这样那样的局限。因此，应引入限定型无因回避制度，即在引入无因回避中"只要裁判者的中立性受到质疑，即应退出对该案的审理"的基本内核的基础上，通过对申请时间、次数和"无因"本身进行限定，不仅能最大限度地防止申请的"滥用"，保障裁判者的中立性，强化裁判结果的正当性和可接受性，更为重要的是，可有效推动法官与律师的良性关系，并从根本上解决当事人申请回避难这一困境。②

还有论者将我国刑事诉讼中的回避与管辖制度结合在一起研究，认为我国刑事诉讼中的法官回避制度不仅在回避的法定事由及回避的申请、裁判程序、证明责任、证明标准以及相关的救济制度等方面存在一系列问题，更重要的地方在于，无论是现行《刑事诉讼法》还是有关司法解释，都没有建立起针对管辖异议的程序性裁判制度，这会导致一旦当事人以某一法院的任何法官都无法保证公正审判为由，提出法院整体回避的申请，往往会被法院以"没有法律规定"为由加以拒绝，这就导致回避制度只能适用于具体的法官、陪审员，而无法与审判管辖的变更发生有机的联系。因此，应当以诉权来制约裁判权的思路对我国的回避制度进行诉讼化改造，并以此为思路对我国的变更管辖制度进行重构——即当一个法院的全体法官都不适合充当公正的裁判者，则应通过变更管辖制度来实现全体退出案件的审判，赋予当事人就法官的审判管辖权提出异议的权利，并考虑

---

① 参见谢小剑：《法定法官原则：我国管辖制度改革的新视角》，载《法律科学》2011年第6期。
② 参见张友好：《论我国申请法官回避的现状及改革》，载《清华法学》2012年第4期。

裁决机构的组成问题。但是,要实现上述目标,还存在着司法行政化、地方化、法院审判流于形式及检察机关"法律监督"地位破坏刑事诉讼中的平等对抗和公平游戏原则等几个方面的困难,改革任务因此任重而道远。①

三、刑事辩护与代理制度

2012 年通过的《刑事诉讼法》对刑事辩护及代理制度作出了重大改革与完善,使得刑事辩护律师的阅卷权、会见通信权、调查取证权等一系列权利及犯罪嫌疑人、被告人的辩护权得到了更为充分的保障。新《刑事诉讼法》与《律师法》进一步衔接,修改了两法很多矛盾之处,解决了《律师法》修改以来的很多争议,为落实律师的辩护权提供了进一步的法律依据保障。随着党的十八大以来数十起冤假错案的曝光、平反,十八届三中、四中全会以来新一轮司法改革的开启和全面依法治国方略的推行,律师的辩护权更加受到社会各界的重视。2015 年 9 月 16 日,最高人民法院、最高人民检察院、公安部、国家安全部、司法部联合印发《关于依法保障律师执业权利的规定》(以下简称"《规定》"),《规定》强调,公安、司法机关及司法行政机关应当尊重律师,健全律师执业权利保障制度,依照有关法律规定,在各自职责范围内依法保障律师各方面执业权利,不得阻碍律师依法履行辩护、代理职责,不得侵害律师合法权利;《规定》进一步明确了各项律师执业权利保障措施、便利律师参与诉讼的措施及律师执业权利保障的救济机制和责任追究机制;《规定》还提出,要依法规范法律服务秩序,严肃查处假冒律师执业和非法从事法律服务的行为,这是深化律师制度改革、促进律师事业发展的重要举措,对保障律师执业权利、充分发挥律师作用,建立中国特色社会主义律师制度具有重要意义。②

刑事辩护与代理制度一直是我国刑事诉讼学界的热点讨论问题,随着近些年来我国该方面制度的不断变革与进步,讨论的重点主要集中于制度本身运行存在的问题及可能的解决方案、律师独立辩护权的反思、公设辩护人制度的设立等几个方面,下面分别论述:

(一)制度本身运行存在的问题及可能的解决方案

一些论者从理论上对以上问题作出了回应,涉及《刑事诉讼法》及其司法解释的规定。有论者认为,2012 年刑诉法修改在刑事辩护制度上取得显著进步,通过分析宪法、刑事诉讼法、律师法中刑事辩护规范之间的关联性,以及对刑诉法中的刑事辩护规范进行类型化研究,可以看到我国刑事辩护的规范体系已经

---

① 参见陈瑞华:《刑事诉讼中的问题与主义》,中国人民大学出版社 2013 年版,第 132—174 页。
② 参见邹伟、陈菲:《两院三部联合出台〈关于依法保障律师执业权利的规定〉》,http://news.xinhuanet.com/legal/2015-09/20/c_1116616747.htm,最后访问时间 2015 年 12 月 1 日。

基本形成。宪法、刑诉法、律师法中的刑事辩护规范在总体上相互呼应、彼此促进,但其中也有不协调、不一致之处,有待通过法律解释乃至修法予以解决。在刑诉法中,有关刑事辩护的规范从原则到规则,从条件、行为到后果,从授权性规范、义务性规范到保障性规范,其规范体系渐趋成熟,但也存在部分规范在表述上具有不确定性,存在明显的遗漏,对律师权利保障不足或者存在较大争议等瑕疵。刑事辩护规范的有效运行离不开相应的制度环境和司法环境,刑事法治的进步将会在权力(权利)主体不断的价值冲突和利益冲突、不断地沟通和协调中逐步达成。① 还有论者认为,要贯彻好2012新修订的《刑事诉讼法》中的刑事辩护制度,还必须从理论及规范体系的角度警惕公、检、法机关对刑事辩护制度的若干新规进行"曲意释法",即公安、司法机关有意或无意违背《刑事诉讼法》的立法原意,利用其解释和适用《刑事诉讼法》的"话语权",曲解《刑事诉讼法》的条文内涵,对《刑事诉讼法》作出有利于自己却不利于辩方的解释,以扩张自身权力并压缩辩护权行使的空间、抑制辩护权的行使。因此,应当从体制上推动全国人大常委会积极行使法律解释权,在制度上建立《立法理由书》公开制度,公开、公正制定司法解释、部门规章,在技术上重视并强调法律解释学在实务中的运用,构建刑事诉讼法法律解释方法的操作体系及加强刑事诉讼法解释学的研究,注重对刑事诉讼法条文的规范分析,加大对"曲意释法"现象的批判力度等几个方面遏制"曲意释法"的现象。②

在理论分析的同时,也有一些学者专注于司法实践中刑事辩护的问题。例如有论者认为,目前我国律师的辩护活动并非以说服裁判者接受其辩护意见为目标,只是一种"表演性辩护"。根据律师的行为方式及其与公安、司法机关的关系,"表演性辩护"可以分为"配合性表演"和"对抗性表演"两种模式,其形成的主要原因是刑事庭审的空洞化和刑事审判权的异化,辩护律师的执业环境依然没有得到明显的改善,辩护律师不尽职责的情况也时有发生,等等。解决"表演性辩护"的关键是,在遵循司法规律的基础上,继续改革和完善我国的刑事审判制度乃至司法制度。此外,还应针对辩护律师构建起特殊的保护机制和符合我国现实情况的质量控制标准与机制。③ 还有一些论者则通过实证调研的方式对我国刑事辩护问题进行了考察,例如有论者通过调研发现,律师不同辩护方式的效果差异明显:律师会见、举证、质证等辩护方式的形式化与有限性,致使这些活动难以成为辩护作用的主要发挥方式。相反,为人们所忽视的研究、撰写、提出、表

---

① 参见熊秋红:《刑事辩护的规范体系及运行环境》,载《政法论坛》2012年第5期。
② 参见万毅:《"曲意释法"现象批判——以刑事辩护制度为中心的分析》,载《政法论坛》2013年第2期。
③ 参见李奋飞:《论"表演性辩护"——中国律师法庭辩护功能的异化及其矫正》,载《政法论坛》2015年第2期。

达律师辩护意见则为重要的实质性方式。这形成一种表面上的悖论：这种相对有限但却有效的辩护效果，并非以学理上、法理上所主张的应当中心化的辩护方式实现。该论者认为，实证研究揭示了悖论所掩盖的实质：中国式的辩护效果是以中国式的方式达至的。中国刑事辩护的程序性活动方式和实体性结果具有"中国特色"的基本特征，中国刑事辩护未来的改革走向可能在于强化律师发表辩护意见的方式，而不能简单沿着对抗化的思路推进改革。[①]

(二) 律师独立辩护权（地位）的反思

律师的独立辩护权通常是指作为辩护人的律师有权不受委托人的意志左右，而是根据自身对案件事实和证据的把握独立为当事人进行辩护，这是传统上占主流的辩护理论。但近些年来，这一理论受到了不少论者的质疑与批评。在他们看来，绝对的独立辩护论会在被告人和辩护律师之间形成分歧，导致辩护效果自相抵消，破坏控辩平衡，同时强化被告人证据来源的诉讼角色，使其沦为诉讼程序的客体，破坏现代诉讼构造。[②] 同时，独立辩护论将律师与法官的职业伦理错误地加以混淆，无助于对被告人权利的有效保障，扭曲了律师与委托人的法律关系。[③] 更有论者总结指出，无论是从律师制度设计的目的、在与我国诉讼模式契合度、法律职业主义角度，抑或是被告人利益保护的角度出发，绝对独立辩护都有不尽人意之处。[④] 因此，有必要对其加以限制，可以要求律师在忠诚于委托人利益、实现有效辩护的前提下，遵循一些特殊的职业伦理规范，即律师的独立辩护应当建立在委托人授权和信任的基础上。[⑤] 独立辩护论还必须有一定边界，应更多强调辩护人独立于外部干扰，而非独立于当事人，在辩护目标上应当尊重被告人意志，但在辩护策略上可适度独立于当事人，在事实问题上应尊重被告人意见，在法律问题上可适度独立于当事人。[⑥] 在以上限制的基础上，更有论者明确指出，我国的律师独立辩护观应该走向由被告人主导的辩护观。如有论者强调，辩护观的选择是由被告利益的保护方式，对被告利益、律师利益以及社会利益的价值排序以及其他社会因素的发展变化决定的。在被告利益的保护方式、各种利益的价值排序已发生重大变化的大背景下，在律师过度商业化的今天，我国有必要实现从独立辩护观向最低限度的被告中心主义辩护观的转变。[⑦]

---

① 参见左卫民、马静华：《效果与悖论：中国刑事辩护作用机制实证研究——以 S 省 D 县为例》，载《政法论坛》2012 年第 2 期。
② 参见陈虎：《独立辩护论的限度》，载《政法论坛》2013 年第 4 期。
③ 参见陈瑞华：《独立辩护人理论的反思与重构》，载《政法论坛》2013 年第 6 期。
④ 参见宋远升：《律师独立辩护的有限适用》，载《法学》2014 年第 8 期。
⑤ 参见陈瑞华：《独立辩护人理论的反思与重构》，载《政法论坛》2013 年第 6 期。
⑥ 参见陈虎：《独立辩护论的限度》，载《政法论坛》2013 年第 4 期。
⑦ 参见吴纪奎：《从独立辩护观走向最低限度的被告中心主义辩护观——以辩护律师与被告人之间的辩护意见冲突为中心》，载《法学家》2011 年第 6 期。

也有论者认为,在特殊情形下采取律师独立辩护方式,一般情况下采取以被告人为主导的辩护方式是由我国法律制度、法律传统、律师职业素质、职业惯例、职业心理以及法律服务市场的竞争机制等多种因素所决定的,这是基于我国律师执业环境而采取的现实主义的做法。①

(三) 公设辩护人制度

近些年来,还有一些论者从完善刑事法律援助的角度对我国的辩护制度提出了改革设想,这些设想集中于对公设辩护人制度的研究上。有论者经对美、英等国的实证研究发现,公设辩护人制度具有辩护服务质量保障与法律援助成本控制两大基本功能,理论上说,公设辩护人制度较私人律师模式更具专业性、协调性、对抗性、保障性、监管性、工作热情高等优势,有助于其提供优质的辩护服务;而公设辩护人制度运作的专业化及"官僚方式"、可控性及可预测性、注重服务效率等特征,使其更能实现国家对刑事法律援助成本控制的功能。② 因此,面对目前我国刑事司法体系中存在律师辩护率低下和辩护效果不佳的问题,我国应当实现从社会律师主导的一元模式到公职律师与社会律师并存的多元格局,积极承担国家刑事法律援助义务,探索实施公设辩护人制度,充分发挥公设辩护人制度实现贫困者律师辩护权,实现犯罪嫌疑人、被告人律师辩护权的普遍性与有效性方面的需求,以维护司法正义。③

四、刑事法律援助制度

(一) 基于实证的研究

在刑事法律援助制度研究领域,近些年来实证研究蓬勃兴起。有论者对其进行了广泛而全面的实证研究,认为在辩护率尤其委托辩护率持续低迷的情境下,逐步扩大刑事法律援助的适用范围以提高辩护率已成为维护被告人权利的重要进路。新《刑事诉讼法》虽然将应负刑事责任的精神病人犯罪案件与可能判处无期徒刑的案件纳入法律援助范围,但效果相当有限。综合考量诸方面因素,未来应逐步增加财政支持,建构起针对可能判处十年以上有期徒刑的重罪案件或普通程序审理的刑事案件法律援助制度,长远看甚至可考虑将其普适化。④ 同时,实证试点中被告人选择免费辩护的意愿较高,同时也有一定比例的被告人未认为律师辩护是"必需品"而放弃免费辩护机会,对于不同的辩护方式,试点案

---

① 参见宋远升:《律师独立辩护的有限适用》,载《法学》2014 年第 8 期。
② 参见谢佑平、吴羽:《公设辩护人制度的基本功能——基于理论阐释与实证根据的比较分析》,载《法学评论》2013 年第 1 期。
③ 参见谢佑平、吴羽:《刑事法律援助与公设辩护人制度的建构——以新〈刑事诉讼法〉第 34 条、第 267 条为中心》,载《清华法学》2012 年第 3 期。
④ 参见左卫民:《中国应当构建什么样的刑事法律援助制度》,载《中国法学》2013 年第 1 期。

件中援助辩护的积极程度差异明显。针对这些现象,我国的刑事法律援助制度除了应对援助范围主体进行适度扩张外,还应当明确被告人有尽早、全面地被告知获得法律援助的权利,并加强对援助案件的质量监控。① 在以上实证调研的基础上,该论者进一步就我国都会区的刑事法律援助制度进行了专门实证研究,鉴于都会区的刑事被告人对试点刑事法律援助的需求愿望低于农村地区的被告人,且都会区试点结果证明,法律援助既未带来辩护率的较大提升,也未在定罪与量刑方面带来显著的辩护效果,因此,该论者认为,我国应根据被告人个体情况确立差别化的法律援助制度,并优先在农村地区推动普遍的刑事法律援助制度。②

（二）基于比较研究的思考

除了实证调研之外,还有论者基于比较法的角度对我国的刑事法律援助制度进行了考察。例如,有论者通过对我国刑事法律援助的相关数据与日本、英国、荷兰、美国、加拿大等发达国家及同属发展中国家的南非刑事法律援助数据进行了多方面比较,认为与其他国家和地区相比,我国刑事法律援助存在适用范围过窄、经费极为紧张、经费配置不合理等严重问题。无论是同经济发达国家历史上的困难时期相比,还是同与我国处于同一发展阶段的发展中国家相比,这些问题的存在绝不是因为我国经济发展水平较低,而是有关决策部门对刑事法律援助乃至整个法律援助重要性认识不足的问题。因此,在未来进一步完善我国刑事司法制度时,有关部门应采取有效措施解决这些问题。③

五、专题:以审判为中心的诉讼制度改革

2014年10月,党的十八届四中全会明确提出了"推进以审判为中心的诉讼制度改革",在诉讼法学界乃至整个法学界引起了探讨的热潮,讨论的中心主要有三个:一是"以审判为中心"的准确内涵,二是实行"以审判为中心"的诉讼制度改革的意义,三是如何进行"以审判为中心"的诉讼制度改革,下面分别予以论述。

（一）"以审判为中心"的准确内涵

总体来看,目前对"以审判为中心"内涵的讨论主要围绕以下两个层面展开:

1. 侦查、起诉及审判之间的关系,这是有关"以审判为中心"问题讨论得最多的层面。目前多数论者认为,"以审判为中心"强调审判阶段的核心地位,即审判是整个刑事诉讼的中心环节,被告人是否有罪只有在审判阶段才最终产生法

---

① 参见左卫民、马静华:《刑事法律援助改革试点之实证研究——基于D县试点的思考》,载《法制与社会发展》2013年第1期。
② 参见左卫民:《都会区刑事法律援助:关于试点的实证研究与改革建言》,载《法学评论》2014年第6期。
③ 参见陈永生:《刑事法律援助的中国问题与域外经验》,载《比较法研究》2014年第1期。

律效果。① 同时,侦查、审判对侦查和审查起诉具有制约与引导作用,侦查和审查起诉需接受审判的检验,②侦查、起诉阶段为审判做准备,其对事实认定和法律适用的标准应参照适用审判阶段标准。③ 此外,鉴于我国目前侦查权一家独大的现状,有论者在论述该方面关系时还特意强调了司法权对侦查权进行有效控制④。

2. 就审判本身而言,有论者认为,"以审判为中心"的要求是以审判活动为中心,而不是以审判权、法官或者以审判阶段为中心;⑤也有论者认为,以审判为中心必然意味着以庭审为中心和以一审为中心,⑥庭审实质化在其中起了决定性作用;⑦但针对此观点,也有论者认为,以庭审为中心的内涵十分丰富,不能将其仅仅限缩为以庭审为中心、增强庭审的实质化。⑧

(二) 实行"以审判为中心"的诉讼制度改革的意义

实行"以审判为中心"的诉讼制度改革的意义可以从宏观和微观两个层面来解读,从宏观方面来说,其重大意义在于能够最大限度保证司法公正,提升司法公信力及尊重司法规律等等。⑨ 从微观层面观察,实行"以审判为中心"的诉讼制度改革,是对侦查中心主义的纠偏、对案卷中心主义的矫正、对诉讼阶段论的检讨。⑩

(三) 如何进行"以审判为中心"的诉讼制度改革

对于如何进行"以审判为中心"的诉讼制度改革,学界及实务界提出了许多有针对性的措施,总结起来,大概有以下几个方面:一是严格遵循直接言词原则、证据裁判原则、⑪无罪推定原则及控辩平等原则⑫等一些刑事诉讼基本原则;二是在宏观层面,应该在侦查、审查起诉和审判的关系上实现"以审判为中心",抑制案卷移送制度的不良影响,并确立第一审在事实认定方面的权威地位,同时合理界定和调整第二审和死刑复核程序的功能,确保第一审在整个刑事程序体系中居于"重心"地位;⑬三是在具体制度层面,需要对一系列刑事诉讼制度进行完

---

① 参见叶青:《以审判为中心的诉讼制度改革之若干思考》,载《法学》2015年第7期。
② 参见张吉喜:《论以审判为中心的诉讼制度》,载《法律科学》2015年第3期。
③ 参见陈光中、步洋洋:《审判中心与相关诉讼制度改革初探》,载《政法论坛》2015年第2期。
④ 参见张建伟:《审判中心主义的实质内涵与实现途径》,载《中外法学》2015年第4期。
⑤ 参见闵春雷:《以审判为中心:内涵解读及实现路径》,载《法律科学》2015年第3期。
⑥ 参见张吉喜:《论以审判为中心的诉讼制度》,载《法律科学》2015年第3期。
⑦ 参见陈光中、步洋洋:《审判中心与相关诉讼制度改革初探》,载《政法论坛》2015年第2期。
⑧ 参见张建伟:《审判中心主义的实质内涵与实现途径》,载《中外法学》2015年第4期。
⑨ 参见陈光中、步洋洋:《审判中心与相关诉讼制度改革初探》,载《政法论坛》2015年第2期。
⑩ 参见叶青:《以审判为中心的诉讼制度改革之若干思考》,载《法学》2015年第7期。
⑪ 参见张吉喜:《论以审判为中心的诉讼制度》,载《法律科学》2015年第3期。
⑫ 参见叶青:《以审判为中心的诉讼制度改革之若干思考》,载《法学》2015年第7期。
⑬ 参见魏晓娜:《以审判为中心的刑事诉讼制度改革》,载《法学研究》2015年第4期。

善,如对审前程序中关涉被追诉人基本权利的强制性措施的采用进行司法审查,①完善有效辩护以及强制辩护、独立辩护制度,②完善法律援助制度及证人出庭制度等等。③

第二节 相关论文摘要

刑事诉讼制度变迁的实践阐释
左卫民
《中国法学》,2011年第2期
关键词: 刑事诉讼制度 实践 变迁 中国道路
摘要: 当下中国的刑事诉讼制度正在发生深刻的变化,这些变化不仅来自于多种主体的实践参与,更源于这些主体复合、交叉的作用与共同推进。这表明中国刑事诉讼制度变迁的动力机制与变革方式都与此前有很大不同。此格局的形成有着自身内在的深层逻辑。未来中国刑事诉讼制度的变迁,应在克服多种主体实践活动本身缺陷的基础上,延展成功的实践活动,发展出新的技术与方式,走出一条中国式的变迁之路。

理性、务实完善刑事辩护制度
顾永忠
《国家检察官学院学报》,2011年第2期
关键词: 完善刑事辩护制度 举证责任 辩护人职责 刑事法律援助
摘要: 刑事诉讼法再修改正在全力推进,完善刑事辩护制度势在必行。刑事诉讼法应明确规定控方的举证责任,并由此进而规定犯罪嫌疑人享有沉默权,确立犯罪嫌疑人、被告人与律师的会见一般不受限制、监控的原则,赋予犯罪嫌疑人、被告人及其辩护律师知悉控方证据的权利;重新界定辩护人的职责,取消辩护人应当承担举证责任的要求,并增加和强化程序辩护的内容,承认侦查阶段律师的"辩护人"身份和地位;强化刑事法律援助制度,以突破刑事辩护的现实瓶颈。

特困刑事被害人救助实证研究
宋英辉 陈剑虹 王君悦 薛国俊 郭云忠 王贞会 何挺 宋浕沙 滕秀梅
《现代法学》,2011年第5期

---

① 参见闵春雷:《以审判为中心:内涵解读及实现路径》,载《法律科学》2015年第3期。
② 参见张建伟:《审判中心主义的实质内涵与实现途径》,载《中外法学》2015年第4期。
③ 参见陈光中、步洋洋:《审判中心与相关诉讼制度改革初探》,载《政法论坛》2015年第2期。

关键词：被害人　救济　补偿　救助

摘要：我国特困刑事被害人救助的实践大致经历了初步探索、逐步规范与地方立法等阶段。实地调查显示，各地检察机关开展救助的初衷有所不同，但都收到了较好的法律效果和社会效果：保证被害人及其家属的基本生活和保障公民的基本权利；化解加害人与被害人的矛盾，修复被破坏的社会关系；防止被害人的二次被害和向犯罪人的转变；维护司法权威与社会和谐等。问卷调查显示，社会公众对被害人救助的知悉度并不高，却有很高的认可度；普遍认为不宜以犯罪类型作为确定救助对象的标准，而应在遵循救急原则的基础上，根据被害人的实际情况确定是否救助；大多数被调查者对是否给予被害人精神性救助持肯定意见。

刑事诉讼的制度变迁与理论发展——从《刑事诉讼的中国模式》切入

艾佳慧

《法律科学》，2011年第5期

关键词：刑民边界　司法正义观　刑诉制度变迁

摘要：根据《刑事诉讼的中国模式》一书展示的两个理论命题（合作性司法模式和案卷笔录中心主义），以一种制度变迁的大历史观和理性行动者视角，站在社会科学研究的立场，分别从刑民边界模糊还是清晰、两种司法正义观的冲突以及时空交错背景下的刑事诉讼制度变迁三个角度对刑事诉讼法学中的一些重要的学理问题进行了深入探讨。基于此，对于未来的刑事诉讼制度变革，"拿来主义"式的法律移植效果恐怕不佳。在司法实践层面，我们可能需要更多地方性的制度创新和试错；在理论研究层面，则需要更多扎实的实证研究和基于中国问题的理论创新。

法定法官原则：我国管辖制度改革的新视角

谢小剑

《法律科学》，2011年第6期

关键词：法定法官　管辖　地方保护主义　司法公正

摘要：我国司法实践中，常出现通过改变案件审理者而影响审判结果的现象，这与我国缺乏法定法官原则有关。法定法官原则要求法院按照预先设定的标准确定案件的管辖法院和审判法官，而不能在纠纷诉诸法院后自由裁量。我国管辖权制度改革也应当贯彻此原则，规范管辖权转移、明确级别管辖标准、禁止随意分配案件的审判法官。

中国刑事诉讼制度变迁的多重逻辑：一个分析框架

郭　松

《法律科学》，2011年第6期

关键词：刑事诉讼制度　制度变迁　制度逻辑

摘要: 中国的刑事诉讼制度正在发生深刻的变迁。这种变迁来自于中央司法机构、地方司法机构与民间主体这三类群体具体行为的推动,而这些群体的行为受各自所处场域的制度逻辑支配。支配这些群体行为方式的制度逻辑在很大程度上也是中国刑事诉讼制度变迁的制度逻辑。中国刑事诉讼制度变迁的轨迹与方向在很大程度上取决于参与其中的多重制度逻辑的作用。从"多重制度逻辑"来解释中国刑事诉讼制度的变迁,不仅可以更好地把握这一复杂的变迁过程,也具有一定的方法论意义。

从独立辩护观走向最低限度的被告中心主义辩护观——以辩护律师与被告人之间的辩护意见冲突为中心

吴纪奎

《法学家》,2011年第6期

关键词: 独立辩护观 被告中心主义辩护观 知情的同意辩护观 辩护观模式选择

摘要: 长久以来,独立辩护观在世界各国一直牢牢地占据着统治地位。但是,近年来,在有些国家,独立辩护观受到了批判,被告中心主义辩护观越来越受到理论界和司法实务界的青睐。说到底,辩护观的选择是由被告利益的保护方式,对被告利益、律师利益以及社会利益的价值排序以及其他社会因素的发展变化决定的。在被告利益的保护方式、各种利益的价值排序已发生重大变化的大背景下,在律师过度商业化的今天,我国有必要从独立辩护观向最低限度的被告中心主义辩护观的转变。

刑事辩护的几个理论问题

陈瑞华

《当代法学》,2012年第1期

关键词: 法律意义上的辩护 程序性辩护 量刑辩护 权利主体

摘要: 刑事诉讼制度的改革和发展,对传统的刑事辩护理论提出了挑战。根据裁判者是否参与的标准,辩护可以区分为"自然意义上的辩护"和"法律意义上的辩护"。根据近年来刑事证据制度发展和量刑制度改革的实际进程,我国刑事辩护逐步具有了包括"无罪辩护""量刑辩护"和"程序性辩护"在内的多元化辩护形态。基于辩护律师与被追诉者之间所具有的委托代理关系,应当重视被追诉者直接行使辩护权的必要性,允许其自行行使会见权和阅卷权。

刑事辩护律师之法律伦理思考——涉黑案件中的正义、道德、尊严之辩

徐 岱 刘 佩

《当代法学》,2012年第1期

关键词: 黑社会性质有组织犯罪 刑事辩护律师 职业伦理

摘要：黑社会性质有组织犯罪是刑事辩护律师法律伦理研究的特殊语境,黑社会性质有组织犯罪具有侵犯法益的多层次性、侵害法益手段的残暴性、侵害法益认定的关联性等特点。律师制度是建立在保障人权基础上的刑事诉讼制度的关键一环,"打黑除恶"过程中律师危机的显现,凸显出法律正义与公众正义、角色道德与一般道德、被告人人格尊严与被害人人格尊严的冲突。其解决之道在于权利的让位,提高律师的职业伦理。

效果与悖论：中国刑事辩护作用机制实证研究——以 S 省 D 县为例

左卫民　马静华

《政法论坛》,2012 年第 2 期

关键词：律师辩护　实证研究　作用方式　辩护意见

摘要：以 S 省 D 县为样本的研究发现,律师的辩护对案件的实体处理具有一定影响力,尤其鲜明体现在量刑辩护方面。进一步考察辩护效果的形成机制则发现,律师通过多种方式达到辩护效果,但不同方式的效果差异明显。律师会见、举证、质证等辩护方式的形式化与有限性,致使这些活动难以成为辩护作用的主要发挥方式。相反,为人们所忽视的研究、撰写、提出、表达律师辩护意见则为重要的实质性方式。这形成一种表面上的悖论:这种相对有限但却有效的辩护效果,并非以学理上、法理上所主张的应当中心化的辩护方式实现。实证研究揭示了悖论所掩盖的实质:中国式的辩护效果是以中国式的方式达至的。中国刑事辩护的程序性活动方式和实体性结果具有"中国特色"的基本特征,中国刑事辩护未来的改革走向可能在于强化律师发表辩护意见的方式,而不能简单沿着对抗化的思路推进改革。

我国刑事辩护制度的回顾与展望

顾永忠

《法学家》,2012 年第 3 期

关键词：刑事辩护　律师权利

摘要：修改后的《刑事诉讼法》在完善刑事辩护制度方面取得了重大进步,一些困扰刑事辩护的突出问题基本获得解决。值此之际,回顾过去,展望未来,一方面为立法上取得进步而欣慰;另一方面也应当清醒地认识到,完善后刑事辩护制度的切实贯彻实施还任重道远。

刑事法律援助与公设辩护人制度的建构——以新《刑事诉讼法》第 34 条、第 267 条为中心

谢佑平　吴羽

《清华法学》,2012 年第 3 期

关键词：刑事法律援助　公设辩护人制度

摘要：我国新修正《刑事诉讼法》第 34 条、第 367 条关于法律援助的规定较现行法有较大进步，但是刑事案件律师辩护率低下及辩护效果不佳仍是亟待解决的客观问题。公设辩护人具有公职性、专职性、全职性及专业性等特征，其基本属性为辩护律师；公设辩护人制度有助于实现贫困者律师辩护权，同时，也是国家承担刑事法律援助义务的重要方式。因此，建构我国的公设辩护人制度具有重要的现实意义。

刑事辩护准入制度与有效辩护及普遍辩护

冀祥德

《清华法学》，2012 年第 4 期

关键词：刑事辩护准入制度　有效辩护　普遍辩护　死刑辩护

摘要：刑事辩护在国家法治建设与人权保障中的应然重要性与我国允许非律师承担辩护职责的实然性之间存在明显反差。实证调查证明，无论是从律师的数量上还是辩护质量上，在我国取消非律师担任辩护人的规定，建立刑事辩护准入制度的时机和条件已经成熟。这一制度既可实现有效辩护的目的，也不违背普遍辩护的要求。故应当在现实国情允许的情况下，从死刑案件开始，分步骤、分层次地设立刑事辩护的准入制度；同时，设置与准入制度配套的管理监督机制、惩戒机制以及退出机制，并从辩护律师执业环境和刑事辩护收费制度等方面为刑事辩护准入制度的构建与实施营造良好的制度运行环境。

论我国申请法官回避的现状及改革

张友好

《清华法学》，2012 年第 4 期

关键词：申请回避　回避事由　无因回避

摘要：实证调查表明，囿于申请回避法定事由的局限、当事人举证能力的不足和对于裁判者相关信息的缺乏等诸多因素，实践中当事人成功申请回避的案件极为少见。因此，尽管可考虑通过扩充并具体化回避事由的范围、公开审判人员有关回避方面的信息，并借助举证责任倒置、证明标准降低等多种途径来缓解当事人收集证据的难度，但都不可避免地存在这样那样的局限。限定型无因回避，即通过对申请时间、次数和"无因"本身进行限定，不仅能最大限度地防止申请的"滥用"，保障裁判者的中立性，强化裁判结果的正当性和可接受性；更为重要的是，可有效推动法官与律师的良性关系，并从根本上解决当事人申请回避难这一困境。

刑事辩护的规范体系及其运行环境

熊秋红

《政法论坛》，2012 年第 5 期

关键词：刑事辩护　规范体系　运行环境

摘要：2012年刑诉法修改在刑事辩护制度上取得显著进步。通过分析宪法、刑事诉讼法、律师法中刑事辩护规范之间的关联性，以及对刑诉法中的刑事辩护规范进行类型化研究，可以看到我国刑事辩护的规范体系已经基本形成。宪法、刑诉法、律师法中的刑事辩护规范在总体上相互呼应，彼此促进，但其中也有不协调、不一致之处，有待通过法律解释乃至修法予以解决。在刑诉法中，有关刑事辩护的规范从原则到规则，从条件、行为到后果，从授权性规范、义务性规范到保障性规范，其规范体系渐趋成熟，但也存在部分规范在表述上具有不确定性，存在明显的遗漏，对律师权利保障不足或者存在较大争议等瑕疵。刑事辩护规范的有效运行离不开相应的制度环境和司法环境，刑事法治的进步将会在权力（权利）主体不断的价值冲突和利益冲突、不断的沟通和协调中逐步达成。

辩护制度基本问题的反思——以苏俄、中国、俄联邦的相关刑事法修改为视角

元　轶

《政法论坛》，2012年第6期

关键词：辩护制度　会见权　阅卷权　调查权

摘要：包括辩护制度在内的中国刑诉程序一直受到苏联法学的严重影响，两者在犯罪控制理念上的同质性使这种影响的深刻性是英美、德日法学所不能比拟的。因此，对苏俄1960年刑诉法、苏俄1980年律师法、中国1996年和2012年刑诉法、俄联邦2001年刑诉法中辩护制度的演进进行动态的全面考察，具体分析辩护人独立地位、介入时间、诉讼权利等基本问题，有可能窥测到我国辩护制度发展的一些规律。

刑事辩护律师调查取证权的宪法分析

刘淑君

《甘肃政法学院学报》，2012年第6期

关键词：辩护权　调查取证权　人权保障

摘要：律师调查取证权是宪法辩护权原则的重要内容，是以平等权为基础的制衡性权利，是人权保障的根本要求，该权利的有效行使，对全面收集证据、保障控辩平衡和实现刑事诉讼目的具有重要意义。现行刑事诉讼法律对律师调查取证权的规定性缺陷及《刑法》第306条的规定，使律师调查取证权的行使面临诸多限制，形成了律师调查取证难及风险过大的难题，不但背离了宪法的相关原则性规定，也导致了刑案辩护率的持续下降。从立法上完善律师刑事辩护调查取证权，有助于宪法辩护权原则和人权保障原则的有效实施，有益于推进刑事诉讼立法的进一步完善。

中国应当构建什么样的刑事法律援助制度

左卫民

《中国法学》,2013 年第 1 期

关键词: 刑事法律援助 《刑事诉讼法修正案》 实证研究

摘要: 在辩护率尤其委托辩护率持续低迷的情境下,逐步扩大刑事法律援助的适用范围以提高辩护率已成为维护被告人权利的重要进路。不久前公布的《关于修改〈中华人民共和国刑事诉讼法〉的决定》虽对此作出努力,将应负刑事责任的精神病人犯罪案件与可能判处无期徒刑的案件纳入法律援助范围,但基于实证调研的分析表明,这一进步的实践作用仍然相当有限。综合考量诸方面因素,未来中国应逐步增加财政支持,构建起针对可能判处十年以上有期徒刑的重罪案件或普通程序审理的刑事案件法律援助制度,长远看甚至可考虑将其普适化。

刑事法律援助改革试点之实证研究——基于 D 县试点的思考

左卫民　马静华

《法制与社会发展》,2013 年第 1 期

关键词: 刑事法律援助 改革试点 实证研究

摘要: 课题组在一个中等地区 D 县法院,为所有需要律师帮助但因经济贫困无力聘请律师的被告人提供刑事法律援助。试点中,被告人选择免费辩护的意愿较高,由此使辩护率明显提高,但也有一定比例的被告人不认为律师辩护是"必需品"而放弃免费辩护机会,而法官对待普遍刑事法律援助的心态复杂。无论是客观性评估还是主观性评价,试点案件中的援助辩护都有一定效果,但对于不同的辩护方式,试点案件中援助辩护的积极程度差异明显。鉴于改革试点中发现的诸多问题,刑事法律援助制度的改革应进一步拓展刑事法律援助的主体范围,明确被告人有尽早、全面地被告知获得法律援助的权利,加强对援助案件的质量监控。

公设辩护人制度的基本功能——基于理论阐释与实证根据的比较分析

谢佑平　吴羽

《法学评论》,2013 年第 1 期

关键词: 公设辩护人 公设辩护人制度 辩护服务质量 法律援助成本

摘要: 公设辩护人制度具有辩护服务质量保障与法律援助成本控制两大基本功能,理论上讲,公设辩护人(制度)较私人律师模式更具专业性、协调性、对抗性、保障性、监管性、工作热情高等优势,有助于其提供优质的辩护服务;而公设辩护人制度运作的专业化及"官僚方式"、可控性及可预测性、注重服务效率等特征,使其更能实现国家对刑事法律援助成本控制的功能;在一定程度上,美、英、

加等国的实证研究佐证了上述理论分析。

律师辩护权的弃权与失权

郑　旭

《政法论坛》,2013年第1期

关键词:律师辩护权　弃权　默示放弃　失权

摘要:我国《刑事诉讼法》中没有关于律师辩护权弃权与失权的规定,但相关司法解释规定了某些情况下律师辩护权不得放弃,某些情况下会丧失律师辩护权。律师辩护权在法庭上可以自愿地且明知后果地放弃;对被追诉人频繁更换律师、辱骂殴打律师等拖延诉讼的行为,应当予以继续实施此类行为可能会导致被认为默示弃权的警告,如果被追诉人继续实施,则认为其放弃了律师辩护权。同时,对被追诉人的极端行为,应当由法院认定为妨害诉讼的行为予以处罚。

未成年人刑事法律援助的实践与新发展

叶　青

《青少年犯罪问题》,2013年第1期

关键词:未成年人　法律援助　现实困境　对策建议

摘要:未成年人因其生理、心理方面发育不完全等原因,而致其辨别和控制自己行为的能力、感知和表达的能力与成年人存在较大的差距。因此,在刑事诉讼中更应该注重对未成年人权益的保护,为涉案未成年人提供刑事法律援助也就显得尤为重要与迫切。

"曲意释法"现象批判——以刑事辩护制度为中心的分析

万　毅

《政法论坛》,2013年第2期

关键词:《刑事诉讼法修正案》　刑事辩护　法解释　曲意释法

摘要:2012年3月《刑事诉讼法修正案》正式通过,我国刑事辩护制度取得了长足的发展与进步。但是,理论上仍然要警惕公、检、法机关对刑事辩护制度的若干新规进行"曲意释法",所谓"曲意释法",即公、检、法机关利用其解释和适用刑事诉讼法的"话语权",故意违背刑事诉讼法的立法原意,曲解刑事诉讼法的条文内涵,对刑事诉讼法作出有利于自己却不利于辩方的解释,以扩张自身权力并压缩辩护权行使的空间、抑制辩护权的行使。为此,应当对辩护律师的调查取证权、阅卷权、辩护人的举证责任、辩护律师的惩戒权等争议问题上作出妥当的解释。

论刑事辩护的普遍性和有效性

汤景桢

《云南大学学报(法学版)》,2013年第1期

关键词：辩护率 辩护质量 普遍辩护 有效辩护

摘要：在刑事司法实践中，刑事辩护率低迷和辩护质量低下是刑事辩护存在的两大问题。为了保证刑事诉讼中控辩双方的平等，刑事辩护的普遍性要求被追诉人在形式上获得律师辩护的平等机会，刑事辩护的有效性强调被追诉人在实质上获得有质量的律师辩护。对于当前刑事辩护制度的改革来说，刑事辩护的普遍性和有效性不是对立矛盾而是协调统一的，共同影响和促进刑事辩护的发展。在提高刑事辩护的普遍性和有效性的制度构建中，应考虑司法资源的有限性，分清辩护率与辩护质量在不同类型的刑事案件和刑事诉讼不同阶段的主次关系，最大限度保证被追诉人获得辩护权的同时，切实保障辩护质量，逐步推进刑事辩护的改革和完善。

我国案卷移送制度功能的重新审视

郭　华

《政法论坛》，2013 年第 3 期

关键词：起诉一本主义 案卷移送制度 复印件移送制度 制度功能

摘要：在 1996 年《刑事诉讼法》修改中，我国公诉案件的起诉制度吸收了"起诉状一本主义"因素，将"案卷移送制度"改造为"复印件移送制度"。这种具有折中主义的"中间道路"，因遗留影响法官产生预断的可能，被有些学者视为导致庭审空洞化的祸首。2012 年的《刑事诉讼法》修改又退回到 1979 年《刑事诉讼法》"案卷移送制度"的原位。从刑事诉讼程序正义视角来看，"复印件移送制度"并非是审判程序改革错接病枝的集大成者，新《刑事诉讼法》在扩大辩护律师阅卷范围、增加庭前会议制度后，"案卷移送制度"在新的诉讼环境和制度下如何发挥功能，如何保障退回的制度与新设置的制度之间不发生功能上的冲突，仍需在程序正义的框架下进行探索，以免立法对实践的尊重转化为实践对修法的异化，出现屡改屡败的现象。

刑事辩护律师豁免权及其合理限制

吴　鹏

《河南财经政法大学学报》，2013 年第 3 期

关键词：辩护律师 豁免权 合理限制

摘要：辩护制度是刑事诉讼制度的重要组成部分，关系到刑事诉讼所追求的程序正义价值目标能否达到。辩护律师在保障人权，实现司法公正的同时，也承担了巨大的风险。而辩护律师豁免权则能够使辩护律师免受不当法律责任的困扰，并因此切实保障律师在刑事诉讼过程中尽职尽责。为了避免辩护律师滥用其豁免权，危害诉讼秩序和司法秩序，对辩护律师豁免权也应当进行合理限制。

独立辩护论的限度

陈　虎

《政法论坛》,2013 年第 4 期

关键词: 独立辩护　有效辩护　固有权　传来权

摘要: 我国传统辩护理论认为,辩护人具有独立诉讼地位,不受被告人意志的左右。但是,绝对的独立辩护论会在被告人和辩护律师之间形成分歧,导致辩护效果自相抵消,破坏控辩平衡,同时强化被告人证据来源的诉讼角色,使其沦为诉讼程序的客体,破坏现代诉讼构造。独立辩护论必须设置一定的边界,应更多强调辩护人独立于外部干扰,而非独立于当事人,在辩护目标上应当尊重被告人意志,但在辩护策略上可适度独立于当事人,即在事实问题上应尊重被告人意见,在法律问题上可适度独立于当事人。

刑事被害人的权利保护——以复仇愿望的实现为中心

李奋飞

《政法论坛》,2013 年第 5 期

关键词: 被害人　复仇　刑事政策　刑事和解

摘要: 遭受犯罪行为侵犯后,被害人会或多或少地产生复仇的心理。在提倡"和谐司法"、贯彻"宽严相济"、呼吁"司法救助"的同时,我们也不应忽视被害人复仇心理的正常满足。被害人的复仇心理,需要通过参与案件的处理过程得以疏导,但是更需要通过案件的处理结果得以满足。目前被害人的复仇心理得不到满足主要体现在刑事诉讼各个阶段的处理结果上,这其中除了有被害人诉讼权利的缺失、相关刑事诉讼程序的设计不够合理等因素外,还有包括以犯罪人为中心的刑事政策、盛行在公检法内部的各种不合理的考评机制、公检法三机关的关系不顺在内的诸多"非程序"因素。

独立辩护人理论的反思与重构

陈瑞华

《政法论坛》,2013 年第 6 期

关键词: 独立辩护　法律代理人　忠诚义务　有效辩护

摘要: 根据"独立辩护人"理论,律师独立进行辩护,不受委托人意志的限制。这一理论存在着逻辑上的缺陷,将律师与法官的职业伦理错误地加以混淆,无助于对被告人权利的有效保障,扭曲了律师与委托人的法律关系。这一理论也对律师的辩护效果造成了一些负面的影响。根据《律师法》对律师职业定位所作出的调整,也考虑到刑事辩护制度的改革趋势,我们应当为律师的独立辩护设置一些外部的限制,那就是要求律师在忠诚于委托人利益、实现有效辩护的前提下,遵循一些特殊的职业伦理规范。据此,律师的独立辩护应当建立在委托人授权和信任的基础上。

论被告人的自主性辩护权——以"被告人会见权"为切入的分析

陈瑞华

《法学家》,2013 年第 6 期

关键词:律师会见权　被告人会见权　被动性辩护权　自主性辩护权

摘要:现行《刑事诉讼法》将会见权仅定位为"律师会见权",具有局限性。完整意义上的会见权还应包括"在押犯罪嫌疑人、被告人要求会见辩护律师"。不仅如此,我国法律只承认犯罪嫌疑人、被告人的"被动性辩护权",即交由辩护律师行使的辩护权,犯罪嫌疑人、被告人作为辩护权的享有者,在很多场合都被剥夺了自行行使辩护权的机会,成为在行使辩护权利方面的"无行为能力人"。为确保被告人获得"有效辩护"的机会,并使被告人对律师辩护进行有效的督促,有必要确立"被告人的自主性辩护权",确保被告人有机会亲自行使会见权、阅卷权、申请调查权,从而与律师辩护权形成一种合力。

公设辩护人制度的价值分析

谢佑平　尹晓红

《中国刑事法杂志》,2013 年第 11 期

关键词:公设辩护人制度　人权保障　司法平等　司法公正

摘要:公设辩护人制度的价值体现在国家与公民关系以及刑事诉讼两个层面。就前者而言,该制度有助于促进民众对政府合法性的认可、有助于实现被告人的基本人权,以及彰显了法律面前人人平等的基本原则;就后者而言,该制度较之其他刑事法律援助模式具有无可比拟的优势,如能够确保辩护质量及效率、能够节约司法成本、以及能够借助"公设"身份,与司法行政机关建立良性的沟通平台,达到改善整体刑事辩护制度的目的,以实现司法公正。因此,公设辩护人制度是解决我国刑事案件辩护率低下及辩护品质不高的重要途径,也是国家承担法律援助义务的重要方式,更是落实《宪法》第 125 条"被告人有权获得辩护"规定的重要制度设计。

刑事法律援助的中国问题与域外经验

陈永生

《比较法研究》,2014 年第 1 期

关键词:刑事法律援助　中国问题　域外经验　范围　经费

摘要:我国法律援助制度自 20 世纪 90 年代正式建立以来发展迅猛,2012 年修正的《刑事诉讼法》又适当扩大了刑事法律援助的适用范围,这使我国刑事法律援助制度的发展面临新的契机。然而,与其他国家和地区相比,我国刑事法律援助存在适用范围过窄、经费极为紧张、经费配置不合理等严重问题。无论是

同经济发达国家历史上的困难时期相比,还是同与我国处于同一发展阶段的发展中国家相比,我国解决以上问题都不存在经济上的困难。在未来进一步完善我国刑事司法制度时,有关部门应采取有效措施解决这些问题。

刑事卷宗移送制度的轮回性改革之反思

蔡 杰 刘 晶

《法学评论》,2014 年第 1 期

关键词:卷宗移送 庭前预断 公诉审查 庭前准备

摘要:在庭前卷宗移送方式上,我国刑事诉讼经历了全案移送主义——主要证据复印件主义——全案移送主义的改革轮回。我国法律界一直将全案移送主义与庭前预断画上等号。解决我国刑事诉讼庭前预断的出路不在于采用何种方式的卷宗移送制度,关键在于完善公诉审查和庭前准备程序,以及进一步理顺诉审关系,实现审判中心主义等。

刑事审级制度的两种模式:以中美为例的比较分析

王 超

《法学评论》,2014 年第 1 期

关键词:刑事审级制度 纠纷解决 规则治理 审级制度模式

摘要:根据审级制度的功能结构、初审程序与上诉程序之间的功能划分、审级制度的构造等方面的差异,可以将中美两国的刑事审级制度分别归结为纠纷解决主导型的刑事审级制度和规则治理主导型的刑事审级制度。中美两国之所以实行不同的刑事审级制度模式,与两国的法律传统具有重要关联。规则治理主导型的刑事审级制度有助于充分发挥初审法院和上诉法院的各自优势,促进不同审级之间的功能区分。尽管纠纷解决主导型的刑事审级制度体现了法院解决纠纷的审慎态度,但是容易导致初审程序与上诉程序之间的恶性循环。

刑事诉讼管辖协商机制研究

张 曙

《华东政法大学学报》,2014 年第 1 期

关键词:管辖协商 功能替代 规范性机制

摘要:通过协商确定管辖权是我国刑事诉讼管辖的重要特征,其形成与地域流动性刑事案件的增多、管辖规范的不明确以及侦查指定管辖约束力有限有关。实践中管辖协商的运用呈现诸多乱象,规范性严重不足。在其他制度无法根本替代管辖协商相关功能的情况下,需要完善管辖协商,使之成为一种正式的、规范性的刑事司法办案机制,以促进司法的公正与效率。

比较法视域中的公设辩护人制度研究

吴 羽

《东方法学》,2014 年第 1 期

关键词:公设辩护人制度　律师辩护权

摘要:公设辩护人制度建立的正当性基础在于:实现公民律师辩护权、兑现国家刑事法律援助义务以及矫正辩护服务的过分商品化。公设辩护人具有公务人员与辩护人的双重身份,从诉讼构造、立法规范及历史沿革上看,公设辩护人的基本属性是辩护人,他们应首先遵循律师职业伦理,而非公务人员的行为规范。实际运作中,公设辩护人组织的隶属关系影响到其独立运作;其受案范围的确定既存在根据贫困与案件性质的双重标准模式,也包括与强制辩护制度相结合的模式;从保障被告人权利角度上看,公设辩护人的纵向代理方式优于横向代理方式。通过借鉴公设辩护人制度的成功经验,形成社会律师与公设辩护人多元并存的刑事法律援助模式,以维护我国公民的律师辩护权。

刑事诉讼制度的地方性试点改革

郭 松

《法学研究》,2014 年第 2 期

关键词:刑事诉讼制度　地方司法机关　司法改革试点

摘要:地方司法机关围绕刑事诉讼制度进行的试点改革,其兴起并趋于活跃不是偶然的,而是中国特有的刑事司法环境所形塑出来的多种因素与多重机制综合作用的结果。由于这些试点改革由地方司法机关主导,所以,它们在具体的实施中表现出了一些中国司法管理与司法制度的运行特点。实践中各种类型的试点改革共享类似的制度逻辑,具有共通的内在特质。它们最大的价值在于,可以充当全国层面刑事诉讼制度改革的"实验室",为刑事诉讼立法提供实证依据与经验素材。作为一种高度技术化的法律改革活动,地方司法机关的试点改革存在诸多必须为我们所正视的技术缺陷。未来应该突破价值论的意识形态藩篱,采取有针对性的弥补措施,促进地方司法机关试点改革的发展。

辩护权制约裁判权的三种模式

陈瑞华

《政法论坛》,2014 年第 5 期

关键词:诉权控制模式　裁判权控制模式　强影响模式　弱影响模式

摘要:在辩护权制约裁判权的方式上,存在着三种模式,分别是"诉权控制模式""裁判权控制模式"和"诉权影响裁判权模式"。根据辩护权对裁判权施加影响的程度,上述最后一种模式又可以被细分为"强影响模式"和"弱影响模式"。在这些诉讼模式中,被告人和辩护律师诉讼权利的实现方式和实现程度都各不相同。作为一种行使诉权的方式,被告人的诉讼请求不一定都能为法院所接受,但至少,被告人及其辩护人一旦提出某一诉讼请求,法院就应在程序上给予必要的回应,对该项请求是否成立进行讨论,给出一项附理由的裁决,并给予被告人获得救济的机会。这应当是辩护权得以实现的最低程序保障。

刑事诉讼集中管辖:一个反思性评论

张 曙

《政法论坛》,2014 年第 5 期

关键词:集中管辖 案件数量 确定管辖 司法管理

摘要:近些年,我国刑事司法实践中频繁出现的集中管辖,虽有通过整合管辖资源以提升案件质量的制度目的,但其以案件数量决定案件管辖的内在逻辑进路,不符合管辖制度设计的基本原理。在合法性方面,集中管辖是上级司法机关自行采取的预定管辖和确定管辖,缺乏法律授权。集中管辖的出现,其深层次的原因是管辖规则丧失了其普遍化的属性而被司法机关功利化地纳入了司法管理的制度框架中。为了保障案件管辖的稳定性,同时兼顾基层司法质量,应当回归刑事诉讼管辖规则的本原,并适度对传统的管辖制度资源进行创造性转化。

都会区刑事法律援助:关于试点的实证研究与改革建言

左卫民

《法学评论》,2014 年第 6 期

关键词:都会区 刑事法律援助 试点 实证研究

摘要:中国的刑事案件主要发生在都会区,都会区的刑事法律援助需求与实践状况更具有代表性,对都会区刑事法律援助进行试点实证研究也更具有理论和现实意义。通过在 A 区为期半年的刑事法律援助试点发现,都会区的刑事被告人对试点刑事法律援助的需求愿望低于农村地区的被告人,试点期间仅有 18% 左右的无律师被告人申请了试点项目组提供的法律援助。试点刑事法律援助带来律师辩护率一定但幅度不大的上升。因此,作者认为当下中国都会区的刑事法律援助范围可适当扩大,并主要面向那些可能判处 5 年以上有期徒刑或者非本地籍、文化程度较低的刑事被告人。从整体上而言,中国刑事法律援助制度的发展应当优先考虑农村地区。

论无律师帮助被追诉人之弱势处境及改善——以刑事法律援助制度的完善为视角

罗海敏

《政法论坛》,2014 年第 6 期

关键词:被追诉人 无律师帮助 弱势处境 改善

摘要:我国新《刑事诉讼法》多项改革举措是以被追诉人能够获得辩护律师

帮助为适用前提的。这些举措有利于进一步加强辩方力量、保障被追诉人权利，但也加剧了有律师帮助与无律师帮助被追诉人在刑事程序中的处境差异。要改善无律师帮助被追诉人的弱势处境，刑事法律援助制度的有效实施是根本途径，而我国刑事法律援助制度在基本定位、适用范围、适用阶段、可操作程度以及对法律援助质量控制的重视程度等方面仍有进一步完善的必要。

从死刑错案反观死刑案件中的刑事辩护——以五例典型的故意杀人罪死刑错案为样本

刘 娜

《犯罪研究》，2014 年第 6 期

关键词：刑事辩护 死刑错案 缺位 完善

摘要：刑事辩护的价值在于均衡控辩双方的力量，从而查明案件，避免刑事错案。死刑案件的复杂性、重大性和死刑的不可撤销性，使得刑事辩护在死刑案件中具有举足轻重的意义。死刑错案是目前发现死刑案件中刑事辩护所存在问题的重要途径，对完善死刑案件刑事辩护制度也有重要价值。死刑案件辩护制度的改进方向应由"有辩护"转向"有效辩护"，而这需要通过设立死刑案件刑辩律师专门管理制度和特殊参与机制来予以实现。

律师独立辩护的有限适用

宋远升

《法学》，2014 年第 8 期

关键词：独立辩护 冲突 有限适用 以被告人为主导的辩护

摘要：律师独立辩护具有内在法理支撑及外在依据，在德国等法治进步国家的实际司法运作中运行良好，在我国也具有一定的法律依据。然而，绝对的独立辩护则存在缺失。在律师制度设计的目的方面，在与我国诉讼模式契合度方面，在法律职业主义角度方面，以及在被告人利益保护方面，绝对的独立辩护都有不尽人意之处。这也是合理利用律师独立辩护制度的优秀成分，同时对其进行有限制适用的基本理据。因此，在特殊情形下采取律师独立辩护方式，一般情况下采取以被告人为主导的辩护方式，是由我国法律制度、法律传统、律师职业素质、职业惯例、职业心理以及法律服务市场的竞争机制等多种因素所决定的，这是基于我国律师执业环境而采取的现实主义的做法。

论"表演性辩护"——中国律师法庭辩护功能的异化及其矫正

李奋飞

《政法论坛》，2015 年第 2 期

关键词：表演性辩护 刑事庭审 有效辩护

摘要：目前中国律师的辩护活动并非以说服裁判者接受其辩护意见为目标，

这种带有"表演"性质的辩护,可称为"表演性辩护"。根据律师的行为方式及其与公安、司法机关的关系,"表演性辩护"可以分为"配合性表演"和"对抗性表演"两种模式。造成律师辩护"表演化"的主要原因是,刑事庭审的空洞化和刑事审判权的异化,辩护律师的执业环境依然没有得到明显的改善,辩护律师不尽职责的情况也时有发生,等等。解决律师辩护"表演化"的关键是,在遵循司法规律的基础上,继续改革和完善中国的刑事审判制度乃至司法制度。此外,还应针对辩护律师构建起特殊的保护机制和符合中国现实情况的质量控制标准与机制。

审判中心与相关诉讼制度改革初探

陈光中　步洋洋

《政法论坛》,2015 年第 2 期

关键词: 以审判为中心　诉讼制度改革　审判独立　直接言词原则

摘要: 党的十八届四中全会决定提出"推进以审判为中心的诉讼制度改革"。"以审判为中心"不仅是刑事司法规律的体现,也是对现行公、检、法三机关"分工负责、互相配合、互相制约"关系的完善和发展。为实现以审判为中心,我们首先应当对审判中心的内涵及意义进行阐述,并从以下四个方面进行相关诉讼制度的改革:保证审判权依法独立行使,完善辩护制度特别是法律援助制度,完善证人出庭制度、探索贯彻直接言词原则以及保证侦查、审查起诉质量,为公正审判奠定坚实基础。

论刑事辩护的价值重构

杨兴培

《法治研究》,2015 年第 2 期

关键词: 刑事辩护　刑事法律关系　司法公正　程序公正

摘要: 中国传统的政治法律制度决定了刑辩律师和刑事辩护的艰难起步。这是因为:它长期处于历史发展过程中时代定位的缺失、刑事审判议席上应有角色的缺席和面对大量刑事被告人急需刑事辩护而它却面临着自身数量、力量和能量缺乏的状态。在进行现代化法治建设的过程中,如何看待刑事辩护制度是一个国家现代化法治成熟程度的一个重要参照系数。尽快建立和确认刑事法律关系新概念,从而使刑事辩护的价值能够在平等、公正的刑事法律关系确立和追求正义的过程中得到体现。审判机关必须跳出刑事法律关系的冲突范围,只是居中审理发生矛盾冲突的刑事法律关系,而不与其中任何一方发生直接的对立或者结盟。在这种刑事法律关系的结构中,刑辩律师的社会价值就会随着其法律地位的确立而得到有效的反映和体现。

论以审判为中心的诉讼制度改革

沈德咏

《中国法学》,2015年第3期

关键词:以审判为中心 刑事诉讼 司法审判标准

摘要:《中共中央关于全面推进依法治国若干重大问题的决定》提出,要推进以审判为中心的诉讼制度改革。这一重大决策符合诉讼规律、司法规律和法治规律,是破解制约刑事司法公正突出问题、加强人权司法保障的必由之路。以审判为中心,其实质是在刑事诉讼的全过程实行以司法审判标准为中心,核心是统一刑事诉讼证明标准。此项改革有利于更好贯彻"分工负责、互相配合、互相制约"的刑事诉讼原则。改革要坚持循序渐进,规划近景、中景和远景三个目标,并分段加以推进。

论以审判为中心的诉讼制度

张吉喜

《法律科学》,2015年第3期

关键词:刑事诉讼 审判 改革

摘要:《中共中央关于全面推进依法治国若干重大问题的决定》是提出"以审判为中心"的第一个官方文件,对指引我国未来的刑事诉讼制度发展具有里程碑意义。以审判为中心必然意味着以庭审为中心和以一审为中心。以审判为中心需要遵循直接言词原则和证据裁判原则。我国《刑事诉讼法》在保障审判的中心地位上取得了一定的成就,但是也存在一定的不足。为了推进以审判为中心的诉讼制度改革,除了主要围绕贯彻直接言词原则和实现以庭审为中心来完善我国的刑事诉讼制度之外,还需要完善相关的配套措施。以审判为中心与人民检察院的法律监督权、三机关"分工负责、互相配合和互相制约"原则以及我国的案卷移送制度并不矛盾。

以审判为中心:内涵解读及实现路径

闵春雷

《法律科学》,2015年第3期

关键词:侦查中心主义 以审判为中心 以庭审为中心 以裁判为中心

摘要:"以审判为中心"是针对我国"以侦查为中心"的刑事诉讼现实提出的极具时代意义的理论命题。"以审判为中心"应以审判活动为中心,而不是以审判权、法官或以审判阶段为中心,侦查、提起公诉等活动应围绕审判进行并接受审判活动的审查和检验,其重心在于保障被告人的公正审判权。"以审判为中心"通过"庭审中心主义"得以实现,即通过贯彻证据裁判原则实现庭审的实质化,发挥庭审防止错判、保护无辜的功能。不仅被告人有罪的判决需由审判做出最终裁决,在审前程序中关涉被追诉人基本权利的强制性措施的采用亦应接受司法审查,构建"以裁判为中心"的刑事诉讼结构。

以审判为中心的刑事诉讼制度改革

魏晓娜

《法学研究》,2015 年第 4 期

关键词:以审判为中心　侦查案卷　以庭审为中心　对质权

摘要:十八届四中全会决定提出"推进以审判为中心的诉讼制度改革",这触及了中国刑事诉讼结构中一个由来已久的症结。"以审判为中心"观念的缺失,造成了同一审级诉讼流程中审判的"离心化"和实际上的"侦查中心主义",进而导致垂直审级结构中第一审的"失重",在实践中引发了较为严重的后果和特殊的政治风险。推进"以审判为中心"的刑事诉讼制度改革,应当从两个方向上着手:在水平方向上,首先,应当在宏观的侦查、审查起诉和审判的关系上实现"以审判为中心",其中的关键在于抑制案卷移送制度的不良影响,同时为"审判中心主义"发掘更大的制度空间;其次,在审判阶段应当做到"以庭审为中心",其核心要求是保护被告方的对质权;法院判决的权威性来自公正的庭审,法院自身也不能脱离庭审来进行事实认定。在纵向的审级结构上,在打造坚实的第一审的基础上,确立第一审在事实认定方面的权威地位,同时合理界定和调整第二审和死刑复核程序的功能,确保第一审在整个刑事程序体系中居于"重心"地位。

"以审判为中心"的改革及其限度

龙宗智

《中外法学》,2015 年第 4 期

关键词:以审判为中心　改革限度　司法权威　司法公正

摘要:"以审判为中心"要求侦查、起诉活动面向审判、服从审判,同时发挥审判在认定事实、适用法律上的决定性作用。此项要求体现司法规律,有利于克服固有弊端,实现司法公正,但其受到三机关配合、制约原则、检察监督制度,以及政治性领导、监督和协调制度约束,从而被形塑为"技术型审判中心论"。可操作的改革包括控诉、审判和诉讼程序"三个面向",即控方证明责任的有效履行、法院审判的严格把关,以及庭审实质化。"以审判为中心"的逻辑延伸,含法律适用的和程序监控的审判中心,要求确立法院司法解释的权威性与独立性,以及强制侦查的司法审查和司法救济。落实"以审判为中心",需采取必要工作措施,实现"三个面向"要求;逐步推进法律适用和程序监控的审判中心;推进司法体制和司法权运行机制改革;以务实的态度和适当的方式,向刑事司法的"线型结构"发起冲击。

审判中心主义的实质内涵与实现途径

张建伟

《中外法学》,2015 年第 4 期

关键词: 审判中心主义　诉讼阶段论　侦查重心主义　起诉状一本主义

摘要: "以审判为中心"已经成为司法改革中的热词,审判中心主义的含义要比当前司法机关诠释"以审判为中心"内涵更为丰富。本文试图解释审判中心论与诉讼阶段论的对应关系,揭示"以审判为中心"内涵限缩为以庭审为中心、增强庭审实质化背后的原因,以及侦查重心形成的深层结构原因,就以庭审为重心涉及的庭审实质化的各种因素进行分析,指出要使审判变成真的审判,需要具备起诉状一本主义等一系列配套改革措施,不进行这些改革,以审判为中心难以持久和固化。

论刑事辩护制度的起源

何勤华　王　涛

《现代法学》,2015 年第 4 期

关键词: 英国刑事诉讼制度　辩护律师　对抗制诉讼　证据规则

摘要: 近现代刑事辩护制度产生于英国,其过程艰难而曲折。在英国早期的刑事审判中,被告人面对控方的指控必须亲自回应,不可委托律师辩护。17 世纪末,律师始被允许进入法庭为被告人作有限辩护,进而开始了衡平被告人弱势诉讼地位的进程。至 19 世纪上半叶,辩护律师的权能从询问、交叉询问证人、评论法律问题发展到可以为被告人就事实和法律问题进行全面的辩护。在与控方的诉讼抗衡中,辩护律师影响了法院的诉讼程序,促进了被告人权利的保护,奠定了证据规则的基础。

检察机关保障律师刑事辩护权利机制研究

甄　贞　闫俊瑛　侯晓焱　邓洪涛　黄福涛　张　倩

《人民检察》,2015 年第 4 期

关键词: 会见许可　听取辩护意见　核实证据　权利救济

摘要: 调研表明,修改后刑诉法实施以来,检察机关在保障律师会见权、阅卷权、调查取证权等方面还存在一些不足。这与相关规范不够明确、控辩双方尚未充分形成与修改后刑诉法相适应的工作理念、信息沟通机制不够顺畅等因素有关。应进一步构建辩护律师知情权、会见权的保障机制,明确可被查阅、摘抄和复制的案件材料范围,完善辩护律师调查取证权的保障机制,规范听取辩护律师意见的时间、场所和形式。

论我国的慎诉制度及其完善——兼评以审判为中心的诉讼制度改革

谢小剑

《法商研究》,2015 年第 6 期

关键词：慎诉　逮捕　公诉　证明标准　以审判为中心

摘要：我国刑事诉讼中的慎重追诉表现为对逮捕、公诉采取近似于定罪的证明标准，并以"跨栏式"的诉讼程序防止滥诉。这种独特的制度建立在诉讼阶段论的基础上，体现了对发现事实真相的不懈追求，有助于保障犯罪嫌疑人的实体性权利，但对其程序权利关注不够。在慎诉制度影响下，高逮捕率和高入罪率都具有相对合理性，在内在成因不变的情况下，降低逮捕、公诉的证明标准，改变"跨栏式"诉讼程序的机制改革，都无法实现制度完善的初衷。我国以审判为中心的诉讼制度改革，仍应在维持慎诉制度基础上，有效地保障犯罪嫌疑人的程序性权利。

以审判为中心的诉讼制度改革问题初步研究

王敏远

《法律适用》,2015年第6期

关键词：审判中心　刑事诉讼体制

摘要：党的十八届四中全会决定提出，推进以审判为中心的诉讼制度改革。作者认为，推进以审判为中心的诉讼制度改革是司法改革的重要组成部分。这项改革，应当在确定的司法理念的指引下推进，即按照司法的规律及坚持"司法是社会公平正义的最后一道防线"推进改革；这项改革所要解决的问题，不仅仅是充分发挥法庭审判的功能，更重要的是为了促进司法公正、更加有力地保障司法公正、更加有效地维护司法公正。为此，通过改革，应当有利于从源头治理司法不公正的问题，即针对以往的刑事诉讼实践中的"以侦查为中心"的问题，确立"以审判为中心"的新的诉讼制度，以便于解决这些问题。本文以认识推进以审判为中心的诉讼制度改革的意义为基础，分析这项改革所要解决的问题，探讨这项改革应当注意的关键环节，以期有助于积极推动这项改革。

以审判为中心的诉讼制度改革之若干思考

叶　青

《法学》,2015年第7期

关键词：审判中心主义　侦查中心主义　庭审实质化

摘要：党的十八届四中全会《决定》提出，"推进以审判为中心的诉讼制度改革，确保侦查、审查起诉的案件事实证据经得起法律的检验。"以审判为中心的诉讼制度改革，是对侦查中心主义的纠偏、对案卷中心主义的矫正、对诉讼阶段论的检讨。应当认识到审判中心主义改革对司法工作带来的现实挑战，并适时变革诉讼理念，提升办案能力以及完善诉讼机制。为适应以审判为中心的诉讼制度改革所带来的挑战，应推进庭审实质化，发挥审判的关键性作用。

第三节 案例精解

检察官离任后在原任职检察院办理的案件中担任辩护人是否违反了回避制度？
——章某某等聚众扰乱社会秩序案评析①

一、案情介绍

被告人章某某,男,1944年10月21日出生,小学文化,农民。因涉嫌聚众扰乱社会秩序罪于2008年7月16日被逮捕。

被告人周某某,男,1945年3月24日出生,小学文化,农民。因涉嫌聚众扰乱社会秩序罪于2008年7月16日被逮捕。

被告人王某某,男,1974年12月10日出生,初中文化,农民。因涉嫌聚众扰乱社会秩序罪于2008年7月16日被逮捕。

被告人王×某,男,1949年11月20日出生,文盲,农民。因涉嫌聚众扰乱社会秩序罪于2008年7月10日被逮捕。

安徽省绩溪县人民检察院以被告人章某某、周某某、王某某、王×某犯聚众扰乱社会秩序罪,向安徽省绩溪县人民法院提起公诉。

安徽省绩溪县人民法院经审理查明:绩溪县钨业公司际下矿区与际下村村民因补偿款和安全问题发生矛盾,村民多次阻止公司开工。2008年6月6日,村民再次阻止公司开工,在际下村村委会委员、被告人章某某的煽动下,周某某、王某某、王×某等人殴打了钨业公司总经理蔡某某并扯破其衣裤,对矿区生产、生活用品进行打砸,造成钨业公司财物损失共计人民币14788元。安徽省绩溪县人民法院认为,被告人章某某等人聚众扰乱社会秩序,情节严重,其行为已构成聚众扰乱社会秩序罪。依照《刑法》第25条第1款、第290条第1款之规定,判决如下:

被告人章某某犯聚众扰乱社会秩序罪,判处有期徒刑三年,缓刑三年。

被告人周某某犯聚众扰乱社会秩序罪,判处有期徒刑三年,缓刑三年。

被告人王某某犯聚众扰乱社会秩序罪,判处有期徒刑一年,缓刑一年。

被告人王×某犯聚众扰乱社会秩序罪,判处有期徒刑一年,缓刑一年。

宣判后,被告人章某某、周某某提出上诉,认为一审认定的事实错误、定性错误。二审出庭检察员提出,章某某一审辩护人陈某某律师原系绩溪县人民检察院检察官,离任后担任章某某的辩护人,违反了《检察官法》第20条第2款之

---

① 参见中华人民共和国最高人民法院刑事审判第一、二、三、四、五庭/主办:《中国刑事审判指导案例——妨害社会管理秩序罪》(增补版),法律出版社2012年版,第37—39页。

规定。

安徽省宣城市中级人民法院经审理,依法裁定:撤销原判,发回绩溪县人民法院重新审判。

二、案件争议

本案的争议问题在于,该案被告人章某某的一审辩护人陈某某律师曾任一审公诉机关安徽省绩溪县人民检察院检察官,后离职担任律师。他在原任职人民检察院办理的案件中担任辩护人是否适用我国刑事诉讼有关回避的规定?如适用,如何处理?

本案的争议在于,陈某某是不是《刑事诉讼法》第28条及第31条规定的回避主体。有观点认为,陈某某担任辩护人的行为虽然违反了《检察官法》第20条关于"检察官从人民检察院离任后,不得担任原任职检察院办理案件的诉讼代理人或者辩护人"的相关规定,但由于辩护人不是我国《刑事诉讼法》规定的应当回避的主体,因此,陈某某担任辩护人的行为仅属于一般性程序违法,不适用我国刑事诉讼的回避制度。那么,我们到底应当如何看待这一问题呢?

三、案件分析

首先,我们需要澄清一个基础问题:刑事诉讼中的回避制度的法律依据是否仅限于《刑事诉讼法》之规定。

我国的刑事诉讼法广义上的法律渊源包括《宪法》《刑事诉讼法》《法官法》《检察官法》等在内的基本法律以及"两高"司法解释等法律规范,这些规范共同组成了包括回避在内的刑事诉讼的相关程序、制度。《检察官法》第20条的关于"检察官在离任后不得担任原任职检察院办理案件的辩护人"的规定当然属于刑事诉讼回避制度中的组成部分。因此,陈某某律师的做法并非一般程序性违法,而是违反我国刑事诉讼回避制度的行为。

同时,我们应当注意到,《刑事诉讼法》第227条关于一审违反法定程序,应当撤销原判,发回重审的情形中关于违反回避制度的表述是"违反回避制度的";而关于违反公开审判制度的表述是"违反本法有关公开审判的规定的"。两相比较我们可以发现,《刑事诉讼法》中对回避制度的界定显然不仅仅局限于《刑事诉讼法》中的有关规定,而是扩展到了所有和刑事诉讼回避制度有关的规定。因此,本案二审法院对陈某某律师在一审中违反回避制度的问题以《刑事诉讼法》第227条的相关规定为依据撤销原判,发回重审的做法于法有据。

基于上述案件,我们在此想要纠正人们长期以来的一个误区,即对于我国回避制度的范围认识问题。众所周知,回避制度在理论上可分为公务回避与任职回避两种。长期以来,我国关于刑事诉讼回避制度问题的认知与学理讨论多集中于《刑事诉讼法》及其司法解释中规定的公务回避行为,而对于《法官法》《检察官法》中关于法官、检察官的任职回避问题则着墨不多,这不能不说是我国学界及实务界对刑事诉讼回避制度研究的一个缺失。这一方面与我国刑事诉讼研究视野的相对狭窄有关,另一方面也与我国缺乏关于公安、司法人员统一的回避规则有关,即对于回避制度,我国对其法律规定散见于刑事、民事、行政等三大诉讼法与《法官法》《检察官法》等相关法律中。并且,《法官法》《检察官法》中关于违反任职回避的后果及处理程序并没有任何规定,相比《刑事诉讼法》及其司法解释,显然是有不足之处的。

因此,我国刑事诉讼法应当对回避制度作进一步的完善,建立相对统一、完善,横跨刑事、民事、行政等各类诉讼制度的回避制度,真正使我国的回避制度能够发挥其保证公正审判的重要作用。

第四章 刑事诉讼法修改专题

第一节 本章观点综述

一、总论

2011年—2015年,刑事诉讼法学领域最重要的事件之一莫过于2012年3月14日十一届全国人大第五次会议通过的《关于修改〈中华人民共和国刑事诉讼法〉的决定》,对我国《刑事诉讼法》进行了第二次全面修订。我国现行《刑事诉讼法》颁布于1979年,于1996年进行了第一次全面修订。然而,1996年《刑事诉讼法》实施十余年来,当年修法的目标不但没能实现,一些新的问题也随着社会发展逐步出现。同时,我国各地司法机关基于解决现实司法问题所需而自发进行的司法改革探索也亟须得到法律层面的确认。基于以上原因,全国人大常委会法工委于2009年正式启动了《刑事诉讼法》的再次修订工作,在多方调研和广泛征求人大代表、政法机关意见的基础上,形成了《修正案(草案)》,并于2011年8月及12月两次提交十一届全国人大常委会第二十二次、第二十四次会议审议。在此期间,全国人大还面向全社会广泛征求对于草案的修改意见,并根据意见反馈对草案进行了充分修改。2012年1月11日,全国人大常委会办公厅将《修正案(草案)》发送给全国人大代表审阅,随后根据人大代表的意见、建议对草案进行了进一步修改。[①] 2012年3月,经过多次修改的《修正案(草案)》提交十一届全国人大第五次会议审议,并于3月14日获得通过。2013年1月1日,修订后的新《刑事诉讼法》正式实施。

刑事诉讼法学界对《刑事诉讼法》第二次修订的整个历程高度关注,并对修改内容进行了充分的讨论,形成了众多富有真知灼见的学术成果。学术界讨论的内容、阶段与整个法律的修改进行基本同步:2012年3月之前,讨论对象集中于《修正案(草案)》;3月14日,修正案正式通过,学界开始纷纷对《刑事诉讼法修正案》本身及如何贯彻该修正案发表自己的意见建议。同时,也有部分学者基于两次《刑事诉讼法》修改的经历、经验对我国刑事诉讼法今后的发展展开了有益的思索。随着2013年新《刑事诉讼法》正式实施和2014年新一轮司法改革大幕的拉开,学界关注的重点开始转向新的法律实施的效果及实施中遇到的问题,

---

[①] 参见《关于〈中华人民共和国刑事诉讼法修正案(草案)〉的说明》,http://www.gov.cn/2012lh/content_2086875.htm,最后访问时间2015年12月1日。

更有学者已经前瞻性地提出了《刑事诉讼法》第三次修改的观点,下文将对这些学术动态进行逐一评述。

二、过去时:《修正案(草案)》述评

对《修正案(草案)》的述评可大概分为两个方向,一是对其整体作出评价,二是针对《修正案(草案)》中的某个问题展开集中的评述。

(一)整体评价

针对前者,有论者通过对《修正案(草案)》内容在对待控制犯罪及保障人权两个方面进行分析,尤其是对若干重要变化进行重点阐释与剖析后,认为《修正案(草案)》内容既非进步,也非倒退,而是介于左右之间、中间略显保守。因此,《刑事诉讼法》未来的修改应在实证研究的基础上采取渐进主义的路径,体现可操作性,兼顾打击犯罪与保障人权的双重价值,以现实问题为导向,略有超前地推进。[①] 也有论者认为,《修正案(草案)》虽然在人权保障方面取得了较大的进步,但也存在因公权力加强(如《修正案(草案)》对技术侦查措施的规定)而使得被追诉人权利更易受到侵害的可能,因此,刑事诉讼法《修正案(草案)》的完善应当彰显人权保障的主旋律,并将这一立法目的贯穿始终。基于刑事诉讼活动的特殊力量对比关系,应特别需要加强对公权力的制约,将其作为修法的首要任务。应坚持从诉讼的特有规律和要求进行程序设计,通过诉权对裁判权的有效制约,实现程序的诉讼化,切实维护当事人的合法权益。在提高诉讼效率的同时,应关注当事人基本权利的保障,在程序设计上体现出程序公正的基本要求。最后,立法的目的在于实施,通过程序性救济及程序性制裁机制的完善,强化程序刚性,促进程序正义的实现。[②]

(二)专题评述

在对《修正案(草案)》展开整体评价的同时,也有学者针对其具体修改的某项或某几项问题展开了探讨。比如,有论者就对《修正案(草案)》中针对审判程序的六个方面的改革提出了自己的见解:(1)《修正案(草案)》对案卷移送制度的恢复在有助于充分保障辩护人阅卷权实现的同时,也存在着危害法官庭审中立性,甚至全面摧毁抗辩式庭审方式的制度基础。(2)对于《修正案(草案)》确立的庭前预备程序,虽具有正当性,但因适用范围过于狭窄,该程序能否发挥预期的效果令人怀疑。(3)《修正案(草案)》对于法院审判期限的进一步规范和确定,对于维护审判的公正性和提高审判效率都具有积极意义,但对审判期限限定过于严格也存在着以下两方面的负面影响:第一,不分案由和案件复杂程度,整齐划一地确立统一的审判期限,这容易造成诉讼资源配置的不合理和不均衡;第

---

① 参见左卫民:《进步抑或倒退:刑事诉讼法修改草案述评》,载《清华法学》2012年第1期。
② 参见闵春雷:《〈刑事诉讼法修正案(草案)〉完善的基本方向》,载《政法论坛》2012年第1期。

二,办案时间的设置不应仅仅考虑法院审判的便利和效率的提高问题,还应充分考虑程序正义的维护和冤假错案的防止问题。因此,刑事诉讼法应当将未决羁押期限与审判期限加以分离。(4)对于简易程序的全面修正与完善,也存在着一些值得反思的地方,如没有将法律援助的适用范围扩大到适用简易程序的案件中,这不利于被告人自愿、明智地选择简易程序。(5)在量刑程序方面,立法部门对我国量刑程序改革的现状及其积极效果视而不见,在《修正案(草案)》中没有将那些达成共识并取得积极效果的改革成果吸收进来,这不仅对下一步的量刑程序改革难以起到积极的引导作用,而且还会造成一种客观上的"司法改革合法性的危机",说明一些参与立法决策的人士至今还停留在"立法推动主义"的思维之中,拒绝接受"司法推动主义"的制度形成思路。(6)《修正案(草案)》适度扩大二审开庭审理的范围,以及将以事实不清为由发回重审的适用明确限制为一次的改革令人赞许,这么规定虽可有效地解决二审流于形式及防止二审法院滥用发回重审权等问题,但是在二审书面审理的条件方面还沿袭着对公诉方与辩护方进行明显差别对待的成例,应该予以反思,应该让当事人拥有自愿选择开庭与否的权利。在对以上六个方面的改革成果进行分析后,该论者得出结论认为,《修正案(草案)》对于一审程序和二审程序所提供的改革方案,对于有效维护审判的公正性,提高诉讼效率,解决冤假错案问题,都将发挥一定的积极作用,然而立法者仍然固守一些传统的司法理念,在诸多程序的设计上显得保守有余、制度创新性不足,甚至出现制度变革的一定倒退。同时,对于那些在司法实践中已经被证明无法实施的制度,立法者仍然固执己见,不作出原则性的调整。因此,立法者除了要对国外相关立法例进行参考和借鉴以外,更应该对中国司法机关的司法改革经验认真地总结和提炼,使那些被实践证明行之有效的制度安排转化为普遍的法律规范。①

三、现在时:对《刑事诉讼法修正案》的评价及实施方法、效果述评

2012 年 3 月,《刑事诉讼法修正案》通过后,随即在学界引起了研究的大潮。总体看来,研究主要集中于对新《刑事诉讼法》进行评价及对其实施方法和效果的述评等几个方面。

(一)新《刑事诉讼法》述评

对于新《刑事诉讼法》,多数专家学者给予了积极肯定的评价,如有论者认为,新《刑事诉讼法》坚持稳中求进的指导思想,坚持惩罚犯罪与保障人权并重、实体公正与程序公正并重的理念,使刑事诉讼制度进一步民主化、法治化和科学化,取得了重大的进步;但也存在权力制约不足、可操作性不强等问题,有待通过制定司法解释或规范性文件予以弥补和解决,以保证新《刑事诉讼法》得到良性

---

① 参见陈瑞华:《评〈刑事诉讼法修正案(草案)〉对审判程序的改革方案》,载《法学》2011 年第 11 期。

第四章　刑事诉讼法修改专题

运作和有效实施。① 还有论者认为,《刑事诉讼法》的成功修改凝结着立法机关、刑事执法机关和全国人民的心血,而其中刑事诉讼法学的研究更是功不可没。回顾前后两次《刑事诉讼法》修改的漫长经历,刑事诉讼法学研究的理想、理性和执着对于推动刑事司法现代化的步伐是何等重要,理想、理性和执着是刑事诉讼法学研究应有的品格和态度。② 还有论者从我国《刑事诉讼法》两次修改的过程中对我国刑诉法自身的研究方法及以后的发展路径进行了思索,该论者认为,在参与刑事诉讼法修改的过程中,现有研究方法上存在的诸多问题直接阻碍或者限制了学术界与立法机关、实务部门之间的对话,学术界的话语逻辑与立法机关、实务部门的思维路径存在不少的抵牾或者隔阂。推进我国刑事诉讼法治的持续进步,需要学术界与立法者、实务界富有成效的对话。其中,对于刑事诉讼法学界而言,在坚持学术底线、学术研究自足的前提下,有必要反思两个根本性问题:刑事诉讼法学已有的研究方法是否足以产出推进、引领我国刑事诉讼法治前行的优秀成果?何种话语论证进路能够获得公众与决策者的认同,进而对解决中国的问题、推进实践的进步产生实质性的影响?③ 还有论者认为,纵观《刑事诉讼法》近三十年变迁,法律移植无疑是贯穿其间的一条主线,并呈现如下特征:首先,制度与背景的"弥合—断裂—再弥合";其次,内容的"整体—碎片化"过程;再次,改造式与照搬式并用;最后,周期相对较长。中国式移植的原因:首先,"以强者为师"逻辑,西方尤其美英正当程序理念更符合当代中国需求;其次,有限移植、整体照搬、学习不同背景的域外制度困难重重;再次,改造式移植愈发受主体中国意识觉醒影响;最后,周期较长,因移植共识达成的艰难性。就效果而言,目前我国刑事诉讼的移植利弊互现。当代中国的移植经验一定程度上可证实达玛斯卡命题,但也对其提出修正:成效有限、与既有制度冲突的部分移植能小规模促进法治进步,并能熏染与改变作为制度背景的文化和社会环境;在信息社会兴起、全球化趋势加速情境下,这一改变并非异常艰难,由此,移植的可接受性也大为提高。④

在赞扬和肯定的同时,也有学者对此次新《刑事诉讼法》提出了批评和质疑。如有学者认为,从类型学出发,刑事诉讼立法表现为对立的两种理想类型:一是价值导向性立法模式;二是技术性立法模式。《刑事诉讼法修正案(二)》的修法活动实为一种类价值导向性的立法。其特征为:政策与法理短路相接导致法律内部的紧张与对立,进而造成致力于精确性和明晰性的立法技术在立法中的有限应用,乃至反向利用。最终致使该修正案在形式、结构与内容上均存在明显的

---

① 参见陈光中、曾新华、刘林呐:《刑事诉讼法制建设的重大进步》,载《清华法学》2012年第3期。
② 参见李建明:《刑事诉讼法学研究的品格与态度》,载《法学研究》2012年第5期。
③ 参见陈卫东:《从刑诉法修看刑诉法学研究方法的转型》,载《法学研究》2012年第5期。
④ 参见左卫民:《当代中国刑事诉讼法律移植:经验与思考》,载《中外法学》2012年第6期。

技术缺陷,因此,欲对其予以弥补和完善,须从价值导向性立法转向技术性立法。①

(二)新《刑事诉讼法》实施方法、效果述评

对于新《刑事诉讼法》如何实施,一些学者也给出了自己的意见和建议。有论者认为,对于检察机关而言,要贯彻好新《刑事诉讼法》,应围绕执法理念、工作机制、执法能力和保障措施等方面的问题,采取切实有效的措施转变和更新执法理念、完善配套工作机制、切实提高执法能力、加强配套保障措施,确保新刑诉法全面正确实施。② 还有论者认为,要保证新《刑事诉讼法》真正实施好,就必须做好司法解释的修改工作。总的说来,司法解释的功能主要有三:具体化、清晰化与弥补性。对新《刑事诉讼法》进行司法解释应当遵循以下三项原则:忠于法律本意、坚持"两个并重"(惩罚犯罪与保障人权并重、程序公正与实体公正并重)、防止部门扩权。只有坚持这些原则,司法解释才能妥善地解决好指定居所监视居住、辩护律师会见、侦查阶段律师取证权、证人出庭作证、非法证据排除、在特别情形下延长审限以及如何有效加强检察法律监督等具体问题。③

同时,随着新《刑事诉讼法》的实施,一些学者也对其实施效果作出了评价,并对实施中的问题提出了自己的意见建议。有论者认为,新《刑事诉讼法》执行状况总体上应予肯定,但仍存在一些矛盾和问题:如加强权利保障,使打击犯罪与保障人权的矛盾更为突出;在非法证据排除、辩护权保障与辩审关系、强制措施应用、证人出庭及书面证言使用、庭前会议程序、行政执法证据应用等问题上,也存在有待解决的矛盾和问题。诉讼效率有待提高,特别程序的立法精神和规范也需进一步贯彻。为进一步贯彻《刑事诉讼法》,改善法律实施状况,需要强化法治思维,采取有效措施;要研究解决法律实施中的难题,改善执法状况;要继续转变执法方式和办案机制;检察机关要加强法律实施监督。还应当推动司法体制改革,为《刑事诉讼法》有效实施和良性运作创造基本条件。④

四、将来时:《刑事诉讼法》未来修正之展望

随着党的十八届四中全会开启全面依法治国的新征程及新一轮司法改革的起步,近年来已有论者提出对《刑事诉讼法》进行第三次修改的设想。如有论者认为,为了推动我国刑事诉讼制度的现代性转型,确保《刑事诉讼法》与《宪法》的

---

① 参见牟军、张青:《刑事诉讼的立法模式与立法技术批判——以〈刑事诉讼法第二修正案〉为中心》,载《法制与社会发展》2012年第6期。
② 参见叶青:《检察机关贯彻实施修改后刑事诉讼法的若干思考》,载《政治与法律》2012年第12期。
③ 参见陈光中、于增尊:《关于修改后〈刑事诉讼法〉司法解释若干问题的思考》,载《法学》2012年第11期。
④ 参见龙宗智:《新刑事诉讼法实施:半年初判》,载《清华法学》2013年第5期。

良性互动,回应社会各界已经达成的程序正义共识;贯彻党的十八届四中全会公正司法战略部署,我国有必要对《刑事诉讼法》进行第三次修改。修改的重点应当集中在以下几个方面:打造充分体现宪法精神与人权保障优先的刑事诉讼制度,真正构建以审判为中心的刑事诉讼制度,推行普遍有效的刑事法律援助制度以及契合中国国情的陪审制度,并着力解决非法证据排除难的问题。[1]

五、他山之石:域外对《刑事诉讼法》修改的评述

我国《刑事诉讼法》的修改也引起了一些国外学者的关注,他们的见解对于我国刑事法制的进步不无裨益。数十年来一直十分关注并热情支持中国刑事诉讼法改革进程的德国奥格斯堡大学前副校长、著名刑法学和刑事诉讼法学教授约阿西姆·赫尔曼就曾先后对我国《刑诉法(草案)》和获得人大通过的新《刑事诉讼法》进行了评述。在前文中,赫尔曼教授将《草案》与德国和其他法治发达国家刑诉法律相比较,在讯问犯罪嫌疑人、调查阶段辩护律师的帮助权、非法证据的排除规则、逮捕及其他强制性措施和搜查、扣押以及技术侦查等几个方面对《草案》进行了中肯的评价,提出了自己的意见。如对于非法证据排除规则,赫尔曼教授认为,非法证据排除规则是迈向实现保障人权的重要一步,但不是解决一切问题的灵丹妙药。为使警察不再滥用权力,对公安机关进行重新教育,并将每个警官置于严格的纪律监督之下,可能更为重要。同时,《草案》中的非法证据排除规则,尤其是非法言词证据排除规则,没有对违法行为的程度作出区分,这将导致一些违反了一个不重要或技术性规则的言词证据也要被排除,这是不可行的,将导致刑事司法机关在司法实践中很可能不严肃对待这一规则。因此,赫尔曼教授认为,对于成功破获的刑事案件,究竟刑事侦查机关所取得的证据是否应当予以排除,可以留待法官进行权衡,法官可以在保护公众利益与侵犯人权的严重性之间进行均衡考察,并就非法取得的证据是否应当予以排除作出裁量。法官应予以排除的非法取得的证据,限定在该非法取得的证据侵犯了公民的基本权利与自由的范围之内。[2]在新《刑事诉讼法》得以通过后,赫尔曼教授又对该新《刑事诉讼法》进行了评价。赫尔曼教授认为,中国《刑事诉讼法》总体发展方向,与世界上其他国家刑事诉讼法的发展方向是基本一致的,2012年中国《刑事诉讼法》修改,带来了前所未有的根本性变革,是在一种民主开放的氛围中酝酿的,是中国近些年来快速发展和民众权利意识提高及公民权利与政府权力之间应当寻求平衡的理念更加深入人心的有力反映。具体评述的对象基本围绕前文所指

---

[1] 参见左卫民:《背景与方略:中国〈刑事诉讼法〉第三次修改前瞻——基于全面推进依法治国战略的思考》,载《现代法学》2015年第4期。
[2] 参见〔德〕约阿西姆·赫尔曼:《关于中国〈刑事诉讼法修正案(草案)〉的报告》,颜九红译,载《比较法学》2012年第1期。

的几个问题,如认为我国的非法证据排除规则及技术性侦查措施适用条件规定得过于宽泛,同时,对于警察广泛而不受控制的裁量权仍没有进行有效限制;对于由检察官决定逮捕这一违背世界通行做法的规定也没有作出改变。他认为,应当仿效强制医疗决定中的做法,只赋予检察机关类似措施的申请权而不是决定权等等。总体上,赫尔曼教授认为,2012年中国《刑事诉讼法》修改取得了令人瞩目的重要进步,同时也存在明显的退步。改革也遗漏了一些必要的、本来应当取得的进步。他还认为,为了实现此次修法的目标,必须从法院及时发布相关司法解释,刑事司法的执法部门及时发布指导规则,并对刑事司法执法人员尤其是警官进行培训,使他们学会如何不仅根据修改后法律的字面意义开展工作,并且学会根据修改后法律的精神而开展工作。①

第二节 相关论文摘要

修改刑事诉讼法的理性思考

樊崇义

《国家检察官学院学报》,2011年第2期

关键词: 刑事诉讼法再修改 理性思考 正当

摘要: 要使《刑事诉讼法》达到正当、科学的水准,在《刑事诉讼法》的再修改中,要注意与时俱进,吃透国情,修改要有针对性;司法改革成效显著,改革的成果要进法典;区别对待,宽严相济,程序的设计要落到实处;放眼世界,遵循规律,修改的内容要正当、科学。

刑事诉讼中公安机关定位问题之探讨——对《刑事诉讼法修正案(草案)》中"司法机关"规定之商榷

陈光中

《法学》,2011年第11期

关键词: 刑事诉讼 司法机关 公安机关

摘要:《修正案(草案)》把公安机关定性为司法机关的规定不仅与国际通例相左,而且不符合我国《宪法》规定的中国特色政治体制与司法体制的内涵。根据我国《宪法》、相关法律以及中央有关重要文件,刑事诉讼中的人民法院、人民检察院是司法机关,而公安机关是行政机关。公安机关在刑事诉讼中所进行的侦查活动属于司法活动,但不能因此把负责侦查任务的公安机关及其他专门机关升格为司法机关。在我国现实的政治体制之下,不宜在此次《刑事诉讼法》修

---

① 参见〔德〕约阿西姆·赫尔曼:《2012年中国刑事诉讼法改革:带来多少变革?》,颜九红译,载《比较法学》2013年第4期。

改中贸然将公安机关确认为司法机关。

评《刑事诉讼法修正案(草案)》对审判程序的改革方案
陈瑞华

《法学》,2011 年第 11 期

关键词: 案卷移送　庭前预备程序　简易程序

摘要: 《修正案(草案)》对第一审程序和第二审程序做出了一些新的制度安排,这对于有效保障当事人的诉讼权利、增强审判程序的公正性都有望发生积极的效果。但也有一些制度设计既没有经过充分的论证,也缺乏实证的基础,存在"头痛医头,脚痛医脚"的问题,在注重解决某一问题的同时,可能放任了另外一些新问题的产生。

进步抑或倒退:刑事诉讼法修改草案述评
左卫民

《清华法学》,2012 年第 1 期

关键词: 《修正(草案)》　进步　倒退

摘要: 2011 年的《修正(草案)》内容以有利于控制犯罪抑或有利于人权保障为标准,可大致分为两类。通过对修正案内容尤其是若干重要变化进行重点阐释与剖析可以发现,此次修改既非进步,也非倒退,而是介于左右之间、中间略显保守的改革。《刑事诉讼法》未来的修改,应在实证研究的基础上采取渐进主义的路径,体现可操作性,兼顾打击犯罪与保障人权的双重价值,以现实问题为导向,略有超前地推进。

《刑事诉讼法修正案(草案)》完善的基本方向
闵春雷

《政法论坛》,2012 年第 1 期

关键词: 人权保障　权力制约　程序分流

摘要: 《修正案(草案)》的完善应当彰显人权保障的主旋律,并将这一立法目的贯穿始终。基于刑事诉讼活动的特殊力量对比关系,应特别需要加强对公权力的制约,将其作为修法的首要任务。应坚持从诉讼的特有规律和要求进行程序设计,通过诉权对裁判权的有效制约,实现程序的诉讼化,切实维护当事人的合法权益。在提高诉讼效率的同时,应关注当事人基本权利的保障,在程序设计上体现出程序公正的基本要求。最后,立法的目的在于实施,通过程序性救济及程序性制裁机制的完善,强化程序刚性,促进程序正义的实现。

论我国《刑事诉讼法》再修改中需要注意的几个问题
黄生林

《政治与法律》,2012 年第 1 期

关键词：刑事诉讼法　修改策略　平衡方法

摘要：《刑事诉讼法》的再修改应当汲取我国以往修法的经验和教训，同时借鉴世界各国尤其是西方发达国家法制建设的经验和教训。《刑事诉讼法》的修订应体现刑事诉讼不同层次的目的、体现诉讼效益原则，刑事诉讼具体规则修订不能脱离我国刑事诉讼体系，既要重视制度设计也要重视制度执行规则设计，刑诉法修订应与刑法规定相协调并注意其现实可行性，寻求平衡点，以推进形成符合中国实际、具有中国特色的社会主义刑事诉讼法。

我国《刑事诉讼法》修正三论

柯葛壮

《政治与法律》，2012年第1期

关键词：沉默权　出庭作证义务　简易程序

摘要：《修正案（草案）》明文确立了"不得强迫任何人证实自己有罪"的原则，为避免立法冲突，建议将《刑诉法》第93条中的"犯罪嫌疑人对侦查人员的提问，应当如实回答"修改为"犯罪嫌疑人回答侦查人员的提问，应当如实。"针对修正草案在规定证人强制出庭制度方面存在的两点不足，建议：其一，适当扩大证人出庭作证的除外范围，将"被告人的配偶、父母、子女除外"修改为"被告人的直系血亲、被告人的配偶及其直系尊亲属、被告人的兄弟姐妹除外"；其二，调整对违反出庭作证义务的处罚力度，并增加经济处罚规定。对证人没有正当理由逃避出庭或者拒绝作证的行为，原则上应当一律予以处罚，但处罚幅度可酌情调节。《修正案（草案）》将可以适用简易程序审判的案件范围扩大到可能判处三年以上有期徒刑的犯罪，范围过大，不符合"简易审判只适用于轻微罪行"的国际准则，建议修改为"适用简易程序审理案件，由审判员一人独任审判；对可能判处一年以下有期徒刑、拘役、管制、单处罚金刑罚的公诉案件，可以采用不开庭的方式审判（即采用书面审加当面讯问核对的方式），人民检察院可以不派员出席；对可能判处一年以上五年以下有期徒刑的公诉案件，应当进行开庭审判，人民检察院应当派员出席法庭。"

关于中国《刑事诉讼法修正案（草案）》的报告

约阿西姆·赫尔曼　颜九红

《比较法研究》，2012年第1期

关键词：证据排除规则　技术侦查措施　强制措施

摘要：任何立法活动，都必须对刑事诉讼法的两大功能——即通过刑事侦查与处罚犯罪而保护公众利益和保障公民个人权利——予以妥当均衡。为了达致这一目标，不同的国家采取了不同的解决方案。构成这些解决方案之基础的主要理念，都一直是——并应当总是——去找寻那些为该国国民所普遍接受的答案。与此同时,这些解决方案应当为构建和谐的社会生活奠定基础;而且,这些解决方案还必须与世界各国接受的保障个人权利的国际准则相一致。本文将草案提出的解决方案与外国法进行比较时,基于比较而提出的意见,不仅包括与德国法的比较,而且包括与其他国家法律的比较。

《刑事诉讼法(修正案)》的进步与展望

谢佑平　陈莹莹

《东方法学》,2012 年第 2 期

关键词: 人权保障　无罪推定　三审终审制

摘要:《刑事诉讼法(修正案)》以惩罚犯罪与保障人权并重的司法理念为指导,明确规定"尊重和保障人权",完善了证据制度、强制措施、辩护制度以及审判程序等,强化了对公民人权的保护,是刑事诉讼立法的里程碑。同时,尚未获得立法确认的无罪推定、司法审查等原则,公设辩护人、被害人国家补偿以及三审终审制等制度,将是未来修订的重点内容。

刑事诉讼法制建设的重大进步

陈光中　曾新华　刘林呐

《清华法学》,2012 年第 3 期

关键词:《刑事诉讼法》修改　尊重和保障人权　刑事诉讼法实施

摘要:《刑事诉讼法》再修改是我国民主法制发展的需要,是解决司法实践中突出问题的需要,也是适应我国犯罪活动新变化和加强惩罚犯罪能力的需要。此次修改幅度大、内容多,增、删、改条文共 149 条。此次修改坚持稳中求进的指导思想,坚持惩罚犯罪与保障人权并重、实体公正与程序公正并重的理念,使刑事诉讼制度进一步民主化、法治化和科学化,取得了重大的进步;但也存在权力制约不足、可操作性不强等问题,有待通过制定司法解释或规范性文件予以弥补和解决,以保证新《刑事诉讼法》得到良性运作和有效实施。

如何打造一部好的刑事诉讼法:以实证研究为视角

左卫民

《清华法学》,2012 年第 3 期

关键词:《刑事诉讼法》修改　方法　实证研究

摘要:《刑事诉讼法》再修改一方面依循理念先行的法律修改逻辑,另一方面得到经验主义式的调查方法及结论的支撑,导致对于现有机制与新设制度的认识均不充分。我们应当针对拟修改的条文和制度做实证研究,同时针对可能的改革方案做预测型与试点型的实证研究,并深入了解国外相关制度的实践面貌,由此建立起立基于实证研究的《刑事诉讼法》修改范式。

《刑事诉讼法》修改对检察工作的影响

陈瑞华

《国家检察官学院学报》,2012 年第 4 期

关键词:非法证据排除　技术侦查　简易程序

摘要:此次《刑事诉讼法》修改对检察机关的职务犯罪侦查、审查逮捕、公诉、监所监督、民行检察等各个方面的工作都有很大的影响,既是机遇也是挑战。其中,关于非法证据排除规则、技术侦查措施、简易程序、刑事和解制度等方面的规定与改革,对检察工作的影响尤为重大,需要检察机关调整观念、创新方法、积极应对。

"敌人刑法"思潮影响下的《刑事诉讼法》修改——新《刑事诉讼法》修法理念的解读与反思

陈珊珊

《东方法学》,2012 年第 4 期

关键词:"敌人刑法"　新《刑事诉讼法》　合宪性　人权保障

摘要:从"敌人刑法"学说论证剥夺重罪嫌疑人诉讼权利不具有正当性,因为相当多重罪嫌疑人并非"敌人"。我国新《刑事诉讼法》迎合了两极化的刑事政策,对涉嫌重罪的刑事被告人剥夺、限制其诉讼权利,"敌人刑法"的思潮已经影响到现实中的《刑事诉讼法》修法。对重罪刑事被告人程序权利的剥夺或限制虽然符合侦查机关的短期利益,不过却可能与《宪法》相冲突,对于刑事程序法的人权保障功能也可能造成冲击。保障重罪刑事被告人的诉讼权利是我国刑事诉讼改革的纵深问题之一,通过构建"修复性司法""赋予救济权利",通过各项措施提升侦查效能,方能有效地平衡犯罪控制与人权保护的关系。

《刑事诉讼法修正案(草案)》的哲理之思

樊崇义

《人民检察》,2012 年第 5 期

关键词:《修正案(草案)》　权利平衡　价值平衡　人本主义

摘要:对《修正案(草案)》的争点、难点要进行哲理思维,以法律哲学之思维,统一修法标准、正确理解和认识修法内容,化解矛盾、平衡各方利益和体现刑事诉讼法律的最大价值。首先,各方权力(利)的平衡,需要对刑事诉讼职权的配置和诉讼结构进行科学调整;其次,实现价值平衡,必须坚持既要坚持打击和控制犯罪的力度,又要尊重和保障人权;再次,坚持以人为本、人文关怀,把立法和教化人心相结合,把"公平、正义、诚信、友爱、人性、人伦、人格"等基本的诉讼理念与道德理念作为立法的指导原则,在诉讼制度和机制的改革方面,加强对人权尤其是特殊群体人权的诉讼保护,实现制度和机制的创新、发展和完善;最后,把诉

讼制度和机制作为社会创新管理的重要组成部分,使诉讼更加人性化,讲人性,讲人伦,讲人格,促进人之善性的萌生和回归。

刑事诉讼法学研究的品格与态度

李建明

《法学研究》,2012年第5期

关键词: 刑事诉讼法学 刑事执法 刑事司法改革

摘要: 2012年《刑事诉讼法》的第二次重大修改在经历了十多年反复地讨论、试验、设计、审议后终于落下帷幕,开花结果。《刑事诉讼法》的成功修改凝结着立法机关、刑事执法机关和全国人民的心血,而其中刑事诉讼法学的研究更是功不可没。回顾前后两次《刑事诉讼法》修改的漫长经历,刑事诉讼法学研究的理想、理性和执着对于推动刑事司法现代化的步伐是何等重要,理想、理性和执着是刑事诉讼法学研究应有的品格和态度。

从刑诉法修改看刑诉法学研究方法的转型

陈卫东

《法学研究》,2012年第5期

关键词:《刑事诉讼法》修改 体系解释 思维路径

摘要: 2012年的《刑事诉讼法》修改,大幅度推进了我国刑事诉讼制度的发展与完善。在参与《刑事诉讼法》修改的过程中,现有研究方法上存在的诸多问题直接阻碍或者限制了学术界与立法机关、实务部门之间的对话,学术界的话语逻辑与立法机关、实务部门的思维路径存在不少的抵牾或者隔阂。推进我国刑事诉讼法治的持续进步,需要学术界与立法者、实务界富有成效的对话。对于刑事诉讼法学界而言,在坚持学术底线、学术研究自足的前提下,有必要反思两个根本性问题:刑事诉讼法学已有的研究方法是否足以产出推进、引领我国刑事诉讼法治前行的优秀成果?何种话语论证进路能够获得公众与决策者的认同,进而对解决我国的问题、推进实践的进步产生实质性的影响?

刑事诉讼的立法模式与立法技术批判——以《刑事诉讼法第二修正案》为中心

牟军 张青

《法制与社会发展》,2012年第6期

关键词:《刑事诉讼法》 修正案 立法技术

摘要: 从类型学出发,刑事诉讼立法表现为对立的两种理想类型:一是价值导向性立法模式;二是技术性立法模式。《刑事诉讼法第二修正案》的修法活动实为一种类价值导向性的立法。其特征为:政策与法理短路相接导致法律内部的紧张与对立,进而造成致力于精确性和明晰性的立法技术在立法中的有限应用,乃至反向利用。最终致使该修正案在形式、结构与内容上均存在明显的技术缺陷。欲对其予以弥补和完善,须从价值导向性立法转向技术性立法。

当代中国刑事诉讼法律移植:经验与思考
左卫民
《中外法学》,2012年第6期

关键词:刑事诉讼　法律移植　达玛斯卡命题

摘要:达玛斯卡关于刑事诉讼法律移植的论述隐含了一个有待验证的命题:由于制度背景改变艰难,不同法系国家间的制度移植难以成功。对此,当代中国的经验与教训似乎可作回答。纵观《刑事诉讼法》近三十年变迁,法律移植无疑是贯穿其间的一条主线,并呈现如下特征:首先,制度与背景的"弥合—断裂—再弥合";其次,内容的"整体—碎片化"过程;再次,改造式与照搬式并用;最后,周期相对较长。中国式移植的原因:首先,"以强者为师"逻辑,西方尤其美英正当程序理念更符合当代中国需求;其次,有限移植,整体照搬、学习不同背景的域外制度困难重重;再次,改造式移植愈发受主体中国意识觉醒影响;最后,周期较长,因移植共识达成的艰难性。就效果而言,目前中国刑事诉讼的移植利弊互现。当代中国的移植经验一定程度上可证实达玛斯卡命题,但也对其提出修正:成效有限、与既有制度冲突的部分移植能小规模促进法治进步,并能熏染与改变作为制度背景的文化、社会环境;在信息社会兴起、全球化趋势加速情境下,这一改变并非异常艰难,由此,移植的可接受性也大为提高。

检察机关贯彻实施修改后《刑事诉讼法》的若干思考
叶　青
《政治与法律》,2012年第12期

关键词:《刑事诉讼法》　检察机关　刑事司法

摘要:《刑事诉讼法》的修改对检察工作意义重大,具体包括完善刑事司法制度、彰显人权保障理念、强化法律监督职能、拓展检察机关的社会管理职能。检察机关要围绕执法理念、工作机制、执法能力和保障措施等方面的问题,采取切实有效的措施转变更新执法理念、完善配套工作机制、切实提高执法能力、加强配套保障措施,确保新《刑诉法》全面正确实施。

关于修改后《刑事诉讼法》司法解释若干问题的思考
陈光中　于增尊
《法学》,2012年第11期

关键词:《刑事诉讼法》　司法解释　具体问题

摘要:修改后的《刑事诉讼法》于2013年1月1日开始施行,要保证其真正实施好,就必须做好司法解释的修改工作。司法解释的功能主要有三:具体化、清晰化与弥补性。对《刑事诉讼法》进行司法解释应当遵循三项原则:忠于法律本意、坚持"两个并重"、防止部门扩权。只有坚持这些原则,司法解释才能妥善地解决好指定居所监视居住、辩护律师会见、侦查阶段律师取证权、证人出庭作证、非法证据排除、在特别情形下延长审限以及如何有效加强检察法律监督等具体问题。

2012 年中国刑事诉讼法改革:带来多少变革?

约阿西姆·赫尔曼　颜九红

《比较法研究》,2013 年第 4 期

关键词:《刑事诉讼法》　欧洲人权法院　上诉法院

摘要: 2012 年中国《刑事诉讼法》修改,带来了前所未有的根本性变革。近年来,中国迅速发展,因为发展而带来的生机与活力,深刻影响了中国的政治、社会和经济生活。而 2012 年中国《刑事诉讼法》修改,或许正是这一发展的有力见证。与此同时,对于中国公民而言,他们更加重视个人权利;在公民权利与政府力之间应当寻求平衡的理念,更加深入人心。本文对 2012 年中国《刑事诉讼法》修改带来的重要变革,逐一予以评论;本文还对那些本应予以变革却并未变革的方面,提出意见和建议;另外,其他国家的刑事诉讼改革措施,如果对于分析中国的问题和不足有所裨益的话,本文也予以介评。

新刑事诉讼法实施:半年初判

龙宗智

《清华法学》,2013 年第 5 期

关键词: 程序公正　打击犯罪　保障人权

摘要: 新刑诉法实施半年,执行状况总体上应予肯定。但仍存在一些矛盾和问题,如加强权利保障,使打击犯罪与保障人权的矛盾更为突出;在非法证据排除、辩护权保障与辩审关系、强制措施应用、证人出庭及书面证言使用、庭前会议程序、行政执法证据应用等问题上,也存在有待解决的矛盾和问题。诉讼效率有待提高,特别程序的立法精神和规范也需要进一步贯彻。为进一步贯彻《刑事诉讼法》,改善法律实施状况,需要强化法治思维,采取有效措施;要研究解决法律实施中的难题,改善执法状况;要继续转变执法方式和办案机制;检察机关要加强法律实施监督。还应当推动司法体制改革,为《刑事诉讼法》有效实施和良性运作创造基本条件。

从国家垄断到社会参与:当代中国刑事诉讼立法的新图景

左卫民

《清华法学》,2013 年第 5 期

关键词: 刑事诉讼立法　国家垄断　社会参与

摘要: 2011 至 2012 年《刑事诉讼法》修改呈现前所未有的新景象,包括立法的公开性进一步强化,立法过程与内容具有回应性,社会公众参与的主动性、批判性以及参与形式的多样化。这表明刑事诉讼立法开始从国家意志的单方展现演变成各方(包括公众在内)广泛关注并积极参与、博弈的社会工程,甚至昭示一种意蕴深远的立法新模式正在成长。此图景的形成与我国政治和社会层面的变迁紧密相连,其间的逻辑深藏于此。作为一种正在成长的新型立法模式,它还存在诸如参与不平衡、沟通不畅、专业理性欠缺、公开化程度不够等问题。未来应该有针对性地解决这些问题,以促进这种新型立法模式的形成。

法庭内的正义如何实现——最高人民法院刑事诉讼司法解释中法庭纪律及相关规定

韩 旭

《清华法学》,2013 年第 6 期

关键词: 庭审传播　另案处理　拒绝辩护

摘要: 最高人民法院新《刑事诉讼法》司法解释对"法庭纪律与其他规定"相关条文的解释不尽合理,且与现行法律相冲突,存在着超越法律的自我授权、越权解释等问题。其中,禁止诉讼参与人、旁听人员发送邮件、博客、微博传播庭审情况的规定过于僵化,不利于公众司法知情权、监督权和表达权的行使,且在具体操作上存在着技术难题。而对新闻记者报道所实行的许可制度也面临着许可条件的明确化、许可对象的平等性等问题。有关驱逐出庭的规则,存在着如何看待和界定"扰乱法庭秩序"的问题、公诉人是否受法庭规则约束的问题、被告人被驱逐出庭后的程序设置问题以及辩护人被驱逐出庭后能否继续参与本案辩护的问题。"解释"还在法律之外创设了"另案处理"制度,由于缺乏操作性规则,执行中必然会面临一系列程序问题,对这种新型案件处理方式亟待予以规范。有关辩护人不受限制地当庭拒绝辩护的规定,不仅与我国《律师法》规定相抵牾,而且会损害被告人利益、降低审判效率,从长远看也不利于我国法律援助制度的健康发展,应尽快作出修正。

2012 年《刑事诉讼法》"总则"部分修改若干争议问题述评

兰跃军

《上大法律评论》,2014 年第 1 期

关键词: 2012 年《刑事诉讼法》　总则　争议问题

摘要: 2012 年《刑事诉讼法修正案》已经全国人大审议通过并生效实施。该修正案有许多亮点和进步,但部分条款也存在争议,有的至今尚未平息。对"总则"部分修改曾经出现的主要争议问题进行总结评析,有助于更好地理解和准确执行新《刑事诉讼法》,及时化解实施过程中遇到的各种问题。

2012年《刑事诉讼法》修改后的司法解释研究

王敏远

《国家检察官学院学报》,2015年第1期

关键词: 司法解释　特点　原则

摘要: 我国《刑事诉讼法》的解释性规范文件,主要由刑事诉讼中的职能部门颁布,旨在落实修改后的《刑事诉讼法》。以刑事诉讼的基本原理为基础,本着制定和修改《刑事诉讼法》的立法宗旨,对我国特有的这些解释性规范文件进行研究,探讨其特点,确定其原则,分析其存在的问题,并为问题的解决提出相应的解决方法,进一步推动相关的司法解释性规范的完善,促进我国刑事诉讼实践更好地贯彻落实修改后的《刑事诉讼法》,以积极推进我国的刑事程序法治。本项研究共有五个部分,包括:引言,我国《刑事诉讼法》司法解释之特点,关于《刑事诉讼法》司法解释之原则,关于《刑事诉讼法》司法解释之总体评价,关于《刑事诉讼法》司法解释之问题分析。

背景与方略:中国《刑事诉讼法》第三次修改前瞻——基于全面推进依法治国战略的思考

左卫民

《现代法学》,2015年第4期

关键词: 依法治国　《刑事诉讼法》　立法改革

摘要: 为了推动中国刑事诉讼制度的现代性转型,确保《刑事诉讼法》与《宪法》的良性互动,回应社会各界已经达成的程序正义共识,贯彻十八届四中全会公正司法战略部署,中国需要进一步修改《刑事诉讼法》。具体改革应该着眼于以下方面:打造充分体现宪法精神与人权保障优先的刑事诉讼制度,真正构建以审判为中心的刑事诉讼制度,推行普遍有效的刑事法律援助制度以及契合中国国情的陪审制度,并着力解决非法证据排除难的问题。

第五章 本编参考书目

1. 卞建林、陈旭主编:《法治中国视野下的刑事程序建设》,中国人民公安大学出版社 2015 年版。

2. 卞建林、敬大力主编:《刑事诉讼法的实施、问题与对策》,中国人民公安大学出版社 2014 年版。

3. 卞建林、文晓平主编:《建言献策:刑事诉讼法再修改》,中国人民公安大学出版社 2011 年版。

4. 卞建林主编:《中华人民共和国刑事诉讼法最新解读》,中国人民公安大学出版社 2012 年版。

5. 陈国庆、王佳编:《外国诉讼程序》,江苏人民出版社 2015 年版。

6. 陈国庆、王佳编著:《司法制度》,江苏人民出版社 2015 年版。

7. 陈敏编著:《公民参与司法研究:以刑事司法为视角》,西北工业大学出版社 2012 年版。

8. 陈瑞华、黄永、褚福民:《法律程序改革的突破与限度:2012 年刑事诉讼法修改述评》,中国法制出版社 2012 年版。

9. 陈瑞华:《刑事诉讼中的问题与主义》(第二版),中国人民大学出版社 2013 年版。

10. 陈少林、顾伟、廖礼仲:《刑事诉讼基本原则研究》,中国地质大学出版社 2012 年版。

11. 陈业宏、唐鸣:《中外司法制度比较》,商务印书馆 2015 年版。

12. 陈泽宪、熊秋红主编:《刑事诉讼法修改建议稿与论证——以人权保障为视角》,中国社会科学出版社 2012 年版。

13. 程龙:《法哲学视野中的程序正义:以程序正义研究中的分析模式为主的考察》,社会科学文献出版社 2011 年版。

14. 崔永东:《司法学论纲》,人民出版社 2014 年版。

15. 崔永东:《司法学原理》,人民出版社 2011 年版。

16. 杜宝庆:《刑事实体公正研究》,法律出版社 2015 年版。

17. 樊崇义主编:《公平正义之路——刑事诉讼法修改决定条文释义与专题解读》,中国人民公安大学出版社 2012 年版。

18. 樊崇义主编:《2012 刑事诉讼法:解读与适用》,法律出版社 2012 年版。

19. 樊崇义主编:《走向正义:刑事司法改革与刑事诉讼法的修改》,中国政法大学出版社 2011 年版。

20. 范愉、黄娟、彭小龙编著:《司法制度概论》(第二版),中国人民大学出版社 2013 年版。

21. 冯军、丁建军:《司法制度的历史样态与现代图景》,人民出版社 2011 年版。

22. 高丽蓉:《我国刑事司法改革研究》,中国检察出版社 2015 年版。

23. 高树勇主编:《修改后刑事诉讼法适用与应对研究》,中国检察出版社 2013 年版。

24. 郭书原主编:《刑事诉讼法修改的深度访谈》,中国检察出版社 2012 年版。

25. 国际刑罚改革协会编著:《制定有成效的法律和政策——法律、政策制定者的刑事司法改革和刑罚立法、政策及实践手册》,冯建军、张红玲译,浙江工商大学出版社 2014 年版。

26. 韩阳、高咏、孙连钟:《中美刑事诉讼制度比较研究》,中国法制出版社 2013 年版。

27. 韩阳:《刑事诉讼的法哲学反思——从典型制度到基本范畴》,中国人民公安大学出版社 2012 年版。

28. 何文燕教授七十华诞祝贺文集编委会(中国)编:《诉讼与社会正义》,湘潭大学出版社 2013 年版。

29. 何永军:《政法传统与司法理性》,中国政法大学出版社 2014 年版。

30. 贺寿南:《司法裁判中的理性实现研究》,中国社会科学出版社 2013 年版。

31. 黄豹:《刑事诉权研究》,北京大学出版社 2013 年版。

32. 季卫东:《法律程序的意义》,中国法制出版社 2012 年版。

33. 冀祥德等:《新刑事诉讼法实施状况实证研究》,方志出版社 2015 年版。

34. 冀祥德、方洁主编:《中国刑事诉讼法学发展与瞻望》,方志出版社 2013 年版。

35. 柯葛壮:《刑事诉讼法比较研究》,法律出版社 2012 年版。

36. 李奋飞:《程序合法性研究:以刑事诉讼法为范例》,法律出版社 2011 年版。

37. 李奋飞:《失灵:中国刑事程序的当代命运》,上海三联书店 2013 年版。

38. 李国强主编:《新刑事诉讼法理解与适用探索——一个基层检察院的视角》,中国检察出版社 2014 年版。

39. 李辉:《论司法能动主义》,中国法制出版社 2012 年版。

40. 李卫红:《刑事司法模式的生成与演进》,中国社会科学出版社 2012 版。

41. 李游:《和谐社会的司法解读:以中西方司法传统的演变为路径》,法律出版社 2013 年版。

42. 李忠诚、王建林主编:《新刑事诉讼法实施中的人权保障机制建设》,中国检察出版社 2013 年版。

43. 梁欣:《刑事诉讼文化论》,北京大学出版社 2011 年版。

44. 林喜芬:《中国刑事程序的法治化转型》,上海交通大学出版社 2011 年版。

45. 林鈺雄:《刑事程序與國際人權(二)》,台湾元照出版有限公司 2012 年版。

46. 刘辉:《刑事司法改革试点研究》,中国检察出版社 2013 年版。

47. 刘练军:《司法要论》,中国政法大学出版社 2013 年版。

48. 刘文峰主编:《新刑事诉讼法新增新改条文精解与立法理由》,人民法院出版社 2012 年版。

49. 刘向东:《2012 刑事诉讼法修改决定理论探析》,中国法制出版社 2012 年版。

50. 马可:《刑事诉讼法律关系客体研究》,方志出版社 2014 版。

51. 屈新:《刑事诉讼中的权力制衡与权利保障》,中国人民公安大学出版社 2011 年版。

52. 沈红卫等:《探求刑事正当程序——刑事诉讼基本问题研究》,法律出版社 2015 年版。

53. 宋英辉等:《法律实证研究本土化探索》,北京大学出版社 2012 年版。

54. 宋英辉、刘广三、何挺等:《刑事诉讼法修改的历史梳理与阐释》,北京大学出版社 2014 年版。

55. 宋英辉、刘广三、何挺等:《刑事诉讼法修改的历史梳理与阐释》,北京大学出版社 2014 年版。

56. 宋英辉、孙长永、朴宗根等:《外国刑事诉讼法》,北京大学出版社 2011 年版。

57. 孙彩虹、潘牧天:《刑事诉讼法理论与实务专题研究》,苏州大学出版社 2014 年版。

58. 孙茂利主编:《刑事诉讼法修改的主要内容和贯彻执行的基本要求》,中国人民公安大学出版社 2012 年版。

59. 孙锐:《冲突与调适:国家在刑事诉讼中的角色分析》,中国检察出版社 2012 年版。

60. 陶杨:《刑事诉权研究》,中国人民公安大学出版社 2011 年版。

61. 田文昌、陈瑞华主编:《〈中华人民共和国刑事诉讼法〉再修改律师建议稿与论证》(增补版),法律出版社 2012 年版。

62. 童建明主编:《新刑事诉讼法理解与适用》,中国检察出版社 2012 年版。

63. 万毅等:《刑事诉讼法 2012 年修正案实施情况调研:以四川省眉山市人民检察院为样本》,上海三联书店 2015 年版。

64. 万毅:《微观刑事诉讼法学:法解释学视野下的〈刑事诉讼法修正案〉》,中国检察出版社 2012 年版。

65. 汪海燕:《刑事诉讼法律移植研究》,中国政法大学出版社 2015 年版。

66. 王达人、曾粤兴:《正义的诉求:美国辛普森案与中国杜培武案的比较》,北京大学出版社 2012 年版。

67. 王佳:《追寻正义:法治视野下的刑事错案》,中国人民公安大学出版社 2011 年版。

68. 王戬:《论宪政与权利维度的刑事诉讼》,法律出版社 2012 年版。

69. 王建平主编:《新刑事诉讼法的实施与完善》,方志出版社 2013 年版。

70. 王明明:《诉讼程序若干前沿问题研究》,哈尔滨工业大学出版社 2015 年版。

71. 魏晓娜:《背叛程序正义:协商性刑事司法研究》,法律出版社 2014 年版。

72. 吴光升:《刑事诉讼程序的人性分析》,中国人民公安大学出版社 2011 年版。

73. 伍浩鹏:《刑事诉讼中权力与权利的冲突与平衡——以当事人诉讼权利保护为分析视角》,湘潭大学出版社 2012 年版。

74. 肖仕卫、冯露、成安:《新刑事诉讼法适用问答》,法律出版社 2012 年版。

75. 熊秋红主编:《刑事诉讼法学的新发展》,中国社会科学出版社 2013 年版。

76. 姚建涛主编:《刑事诉讼法理论与实务》,山东人民出版社 2011 年版。

77. 尤志安:《晚清刑事司法改革整体性探究》,中国政法大学出版社 2013 年版。

78. 于南生主编:《在理论的边际——检察官眼中的新刑事诉讼法实施》,中国检察出版社 2014 年版。

79. 虞浔、潘国华:《刑事司法改革制度创新研究》,吉林大学出版社 2012 年版。

80. 张忻如:《判裁 理性 酌量——疑案与思辨》,中国法制出版社 2012 年版。

81. 张艳丽、彭海青、丛青茹:《诉讼程序与制度前沿专论》,中国法制出版社 2012 年版。

82. 张艳丽、彭海青、丛青茹:《诉讼程序与制度前沿专论》,中国法制出版社2012年版。

83. 赵长江、刘冉冉编:《刑事诉讼法最新修改实用问答》,法律出版社2012年版。

84. 甄贞主编:《刑事诉讼法修改与诉讼监督·上卷》,法律出版社2011年版。

85. 甄贞主编:《刑事诉讼法修改与诉讼监督·下卷》,法律出版社2011年版。

86. 周登谅编著:《中国刑事诉讼:理论与实践》,华东理工大学出版社2015年版。

87. 周欣、张小玲编:《外国刑事诉讼特色制度与变革》,中国人民公安大学出版社2014年版。

88. 最高人民法院课题组:《司法改革方法论的理论与实践》(第二版),法律出版社2014年版。

89. 最高人民法院刑事审判第一庭编著:《新刑事诉讼法及司法解释:案例精析与理解适用》,法律出版社2013年版。

90. 左卫民、马静华等:《中国刑事诉讼运行机制实证研究(六):以新〈刑事诉讼法〉实施中的重点问题为关注点》,法律出版社2015年版。

91. 左卫民:《现实与理想:关于中国刑事诉讼的思考》,北京大学出版社2013年版。

92. 左卫民、周长军:《刑事诉讼的理念》,北京大学出版社2014年版。

第二编 审前程序

第一章 立案侦查程序

第一节 本章观点综述

一、立案程序

立案，是指公安机关、人民检察院或人民法院对报案、举报、控告或自首的材料进行审查后，判明有无犯罪事实存在和应否追究刑事责任，并决定是否将案件交付侦查或审判的诉讼活动。[1] 针对我国的刑事立案机制，有学者提出初查程序废除论的观点，认为初查是指侦查机关为确定案件是否符合刑事立案条件而进行的初步调查活动。在司法实践中，初查行为不宜作统一定性，有些"具有社会调查性质"，有些则是"准侦查行为"，"以初查代替侦查，侦查阶段前移"的现象时有存在，废除初查程序实有必要。但为保障立案质量，时下的刑事立案机制应作相应调整，包括改革立案审查标准以及改革绩效考核机制。[2] 也有学者从"念斌案"的角度研究立案问题，认为念斌被再度确定为犯罪嫌疑人，缺乏达到法律要求的新证据，因此对其再度立案缺乏法律依据，损害当事人合法权利，冲击裁判既判力和审判权威，立案机关应当及时纠正，检察机关亦应实施法律监督。由此案反思，应当完善我国刑事诉讼中的立案及确定犯罪嫌疑人程序；完善既判力法则，有条件地确认"禁止双重危险"原则；还应当完善司法监督和司法救济制度。[3] 立案是刑事诉讼的起始环节，对于司法公正具有重要意义，但司法实践中

---

[1] 参见叶青主编：《刑事诉讼法学》（第三版），上海人民出版社、北京大学出版社2013年版，第237页。
[2] 参见施鹏鹏、陈真楠：《初查程序废除论——兼论刑事立案机制的调整》，载《社会科学》2014年第9期。
[3] 参见龙宗智：《念斌被再度确定为犯罪嫌疑人问题法理研判》，载《法制与社会发展》2015年第1期。

出现了很多问题，改革已成必然。有学者提出，公安机关比较典型的受、立案模式主要有统一归口管理、分散层级管理和警种归口管理三种。改革的方向和模式，应当在参考我国各地公安机关以及国内外受、立案实践做法的基础上，充分考虑各地的经济社会发展现状，区分不同类别刑事案件的特点，兼顾执法规范和执法效率的平衡，采用分警种归口管理模式较为妥当。①

对于我国刑事立案监督问题，有学者认为，立案监督权是检察机关所享有的诉讼监督权的重要组成部分，但在司法实务中，因立法规定粗疏、缺失导致监督信息有限，监督手段乏力，监督效果差弱，同时，受检察机关绩效考评机制和人员短缺等影响，导致立案监督效果差强人意。应在原有规定之下，扩展立案信息的线索来源，加强检察机关内部各部门配合与人员调剂整合，充分发挥监督权的功能②。也有学者认为，案源少、纠正难、效果差、发展不平衡等已成为制约刑事立案监督深入发展的几大瓶颈，除了人们主观上不愿接受监督之外，客观上还受我国检警侦查权配置模式、检察机关监督手段的有限、不合理的业务考评制度以及专门监督机构和监督人员缺乏等因素的影响。在我国现有法律框架下，可以考虑加强行刑衔接以拓展案源，完善立案监督案件调查权以丰富监督手段，实行建议更换办案人制度以增加监督的强制力，合理制定业务考评制度以正确导向等破解路径。③

二、侦查程序

在侦查权上，有学者提出，我国现有的侦查权程序性控制表现为以内部自律的科层制控制为主、外部他律的分权式控制为辅的基本制度格局，使我国侦查权的程序性控制陷入了理念上的"内卷化"，并逐步消解着以现有制度为对象进行的种种机制性改良尝试。立足于未来发展，我国侦查权程序性控制的制度远景应该是建立合乎我国国情的司法审查模式，使侦查权的控制走向彻底的法治化和专业化。在既有的法律框架下，侦查权程序性控制的制度近景则是以非法证据排除规则为后盾，通过与检察监督的衔接，建立审前程序以检察机关为中心、审判程序以法院为中心的二阶层控制模式；并通过与案例指导、国家赔偿、司法建议等制度的配套运行，形成制度合力，倒逼侦查方式和技术的改善，进而促进制度远景目标的实现。④ 有学者基于警察权控制的视角，提出现行公安行政权与侦查权错位的问题。一方面，公安行政权不断向侦查程序渗透；另一方面，公

---

① 参见洪浩、罗晖：《论我国刑事预审制度的重构——以立案登记制的改革为视角》，载《学术论坛》2015年第5期。
② 参见季美军、单民：《论刑事立案监督的困境与出路》，载《法学评论》2013年第2期。
③ 参见孙琴、邓勇：《刑事立案监督的困境及破解途径》，载《中国刑事法杂志》2013年第5期。
④ 参见詹建红、张威：《我国侦查权的程序性控制》，载《法学研究》2015年第3期。

安行政程序与侦查程序的转换也过于随意。从警察权控制的角度来看,治理公安行政权与侦查权的错位现象要从不同层面入手,进行良好的制度安排与协调,通过警察权控制"内卷化"的祛离与耦合机制的阻断来实现错位现象的整饬。①同时,有学者提出,可借鉴德国通过侦查法官司法审查、检察官监督制约以及被指控者的抗辩与救助机制等多个方面,形成对侦查权的制约,我国可以考虑设置中立机构对侦查行为进行司法审查,限制侦查权的肆意发动;推行检察引导侦查机制,强化对侦查行为的监督;进一步加强侦讯法制建设,更好地遏制违法侦讯行为;完善辩护与抗告机制,形成反向制约合力。②

2012年《刑事诉讼法》修订,将技术侦查纳入法律规制是一大亮点。但是,技术侦查在提升侦查效率、助推刑事侦查从重主观证据向重客观证据模式转变的同时,具有公权滥用、侵犯公民隐私、危及社会互信等潜在风险。有学者在肯定技术侦查的积极作用时提出,我国技术侦查制度应在国际通行法律规制原则的基础上,立足实践层面,从实体、程序和证据可采性等三方面探讨进一步完善我国技术侦查的法律规制措施,以期实现技术侦查在打击犯罪和保护人权两大刑事诉讼价值上的总体均衡。③ 此外,有学者对"技术侦查"与"乔装侦查"进行了比较解读,认为《刑事诉讼法》在技术侦查措施的立法技术上采取了"概括授权"的方式,即仅笼统规定侦查机关在相关案件中经过严格的批准手续后有权采取技术侦查措施,但并未明确列举可采取的技术侦查措施的具体种类和手段。同样,《刑事诉讼法》规定,公安机关在必要的时候,可以由有关人员隐匿其身份实施侦查,此即"乔装侦查措施",乔装侦查只是列举性地规定了"控制下交付"这一种措施,除此之外,并没有进一步的规定,其结果是造成《刑事诉讼法》中"技术侦查措施""乔装侦查措施"等基础概念含义不清、相关法条内容模糊,减损了法条的可操作性,威胁到司法的确定性,可能直接或间接地冲击《刑事诉讼法》保障人权和打击犯罪的终极目的。因此,应运用法律解释的方法对"技术侦查措施"和"乔装侦查措施"这两个基础性概念进行规范解释,勘定"技术侦查措施"和"乔装侦查措施"的合理内涵与外延。④

同时,不少学者对于新《刑事诉讼法》新增加的电子数据的收集、侦查活动进行了论述。有学者认为,基于电子数据的特殊性,电子数据搜查扣押多采用"二阶段搜索模式"进行,即首先搜查扣押电子数据存储介质,然后在存储介质内搜

---

① 参见蒋勇、陈刚:《公安行政权与侦查权的错位现象研究——基于警察权控制的视角》,载《法律科学》2014年第6期。
② 参见董邦俊:《侦查权行使与人权保障之平衡——德国侦查权制约机制之借鉴》,载《法学》2012年第6期。
③ 参见王东:《技术侦查的法律规制》,载《中国法学》2014年第5期。
④ 参见万毅:《解读"技术侦查"与"乔装侦查"——以〈刑事诉讼法修正案〉为中心的规范分析》,载《现代法学》2012年第6期。

索电子数据。我国《刑事诉讼法》没有明确电子数据可以作为搜查扣押的对象,实践中多以勘验、检查、鉴定等方式来收集电子数据。从权利侵害的角度,于存储介质内收集电子数据的行为直接影响到公民的隐私权和财产权,成立实质意义上的搜查。[1] 因此,必须对电子数据的搜查、扣押提出更加严格的要求:首先,在搜查、扣押之前,侦查机关必须申请司法机关签发令状;在搜查、扣押过程中,无论是对电子设备的搜查、扣押还是此后对电子设备中存储的电子数据的进一步搜查,都必须受到令状原则有关合理根据和特定性要求的约束。其次,侦查机关搜查、扣押电子数据之后,必须允许辩护方对被搜查、扣押的电子数据进行查看、审查和复制,从而防止侦查机关滥用权力,保护辩护方的合法权利。另外,为保障电子数据的客观性和原始性,还必须建立严密的证据保管链制度。[2]

对于侦查监督问题,有学者认为,侦查监督的中国模式是实行检察机关对侦查的一元化监督。在该模式下,侦查讯问监督机制缺失可能导致刑讯发生,逮捕因审查程序中法官缺位和律师参与不足而沦为追诉的附庸,搜查、扣押、监听等强制处分亦未能建立起外部审查监督机制。以上种种不足,致使自由、财产、隐私诸权处于侦查机关的完全控制之下。为实现对侦查的监督,应落实法治和保障人权宪法原则,根据诉讼结构理论建立对强制侦查的法院监督机制和律师监督机制,并完善程序规则约束侦查行为。[3] 为了完善我国侦查权监督机制,有学者从对中德侦查权监督机制的比较提出,德国对侦查权进行监督的方式是设置侦查法官,建立司法审查制度,而我国对侦查权的监督制约主要是通过侦查机关的内部约束和检察机关的外部控制两个方面来实现。因此,可以借鉴德国侦查权监督机制,建立司法审查制度,通过司法权监督制约侦查权,完善我国侦查权的监督机制。[4]

第二节 相关论文摘要

初查程序废除论——兼论刑事立案机制的调整

施鹏鹏 陈真楠

《社会科学》,2014 年第 9 期

关键词:初查 立案 绩效考核

摘要:初查是指侦查机关为确定案件是否符合刑事立案条件而进行的初步

---

[1] 参见骆绪刚:《电子数据搜查扣押程序的立法构建》,载《政治与法律》2015 年第 6 期。
[2] 参见陈永生:《电子数据搜查、扣押的法律规制》,载《现代法学》2014 年第 5 期。
[3] 参见刘计划:《侦查监督制度的中国模式及其改革》,载《中国法学》2014 年第 1 期。
[4] 参见施业家、罗林:《中德侦查权监督机制之比较与我国侦查权监督机制的完善》,载《法学评论》2011 年第 5 期。

调查活动。该程序机制最早为提高立案质量而设,此后因"实质性的立案审查标准"及"计件式的绩效考核机制"而逐渐发生异变。在司法实践中,初查行为不宜作统一定性,有些"具有社会调查性质",有些则是"准侦查行为"。司法实践中"以初查代替侦查,侦查阶段前移"的现象时有存在,废除初查程序实有必要。但为保障立案质量,时下的刑事立案机制应作相应调整,包括改革立案审查标准以及改革绩效考核机制。刑事诉讼中"自然演进"所形成的制度虽具有一定的合理性,但必须严格以正当程序为依托。

改革我国刑事立案标准问题的探讨

陈　冬

《中国刑事法杂志》,2011 年第 8 期

关键词: 立案标准　立法困境　考量因素

摘要: 我国刑事立案标准问题在很长一段时期都是刑事诉讼领域内讨论的一个热点话题。当前刑事立案标准无论是在立法上还是在实践上都存在诸多问题,亟待解决。在对刑事立案标准的立法困境有所了解的基础上进行必要的原因分析,明确确立刑事立案标准时应当予以考量的因素,以进行有针对性的改革。

刑事立案监督的困境及破解路径

孙　琴　邓　勇

《中国刑事法杂志》,2013 年第 5 期

关键词: 刑事立案监督　行刑衔接　破解路径

摘要: 案源少、纠正难、效果差、发展不平衡等已成为制约刑事立案监督深入发展的几大瓶颈,这除了受人们主观上不愿监督所限之外,客观上还受我国检警侦查权配置模式、检察机关监督手段的有限、不合理的业务考评制度以及专门监督机构和监督人员缺乏等因素的影响。在我国现有法律框架下,可以考虑加强行刑衔接以拓展案源,完善立案监督案件调查权以丰富监督手段,实行建议更换办案人制度以增加监督的强制力,合理制定业务考评制度以正确导向等破解路径。

论刑事立案监督的困境与出路

季美君　单　民

《法学评论》,2013 年第 2 期

关键词: 立案监督　困境　出路

摘要: 在刑事诉讼过程中,立案监督权是检察机关所享有的诉讼监督权的重要组成部分。但在现实中,该监督权的行使却遇到了因立法规定粗疏、缺失而导致的监督信息有限,监督手段乏力,监督效果差弱等困境,再加上检察机关自身

的绩效考评机制和人员短缺等所带来的种种影响,立案监督的效果更是差强人意。但是,在新《刑事诉讼法》保持原有规定的情况下,仍然可以拓展立案信息的线索来源,充分发挥现有监督权的功能,同时加强检察机关内部各部门的配合与人员调剂整合,从而走出目前立案监督所面临的重重困境。

刑事立案、侦查监督问题试探

崔永东

《法治研究》,2012 年第 11 期

关键词:立案监督　侦查监督　侦查权

摘要:从刑事立案监督与刑事侦查监督两个方面考察检察机关对侦查机关的法律监督问题,指出刑事立案监督的范围过窄,立案监督中的某些缺陷对保障人权有所妨碍,这就影响了立案监督目的的实现。为了保证立案活动的准确与合法,使无罪者不被非法追诉,《刑事诉讼法》仅仅规定对公安机关应当立案而不立案加以监督是不够的,还应将不应当立案而立案的情况纳入立案监督的范围。除赋予检察机关立案备案权外,还应赋予检察机关审批权、复查权、销案权、纠错权,以强化检察权的行使。目前检察机关对侦查机关的法律监督是"柔性监督多""刚性监督少",这是监督不力、监督偏软、监督无效的直接原因。这一现象应当引起我们的重视,并切实加以改变。

日本侦查程序中的强制处分法定主义

绿大辅　肖　萍

《国家检察官学院学报》,2014 年第 2 期

关键词:日本侦查程序　强制处分法定主义　任意处分

摘要:日本强制处分包括对物和对人的强制处分。从"强制处分法定主义"与"令状主义"两方面规制强制处分,在理论上产生了各种各样的问题。应以日本侦查程序中由侦查机关实施的"强制处分"作为研究对象,论述"强制处分"需要法律规定的理由及"强制处分"法定主义的争点问题,并探讨与"令状主义"的关系问题。

程序性制裁措施遏制公安侦查程序性违法的可行性分析

王国喜

《犯罪研究》,2014 年第 1 期

关键词:侦查程序性违法　非法证据排除　程序性制裁

摘要:近年来,程序性制裁措施越来越受到学界和实务界的高度重视。它真的能有效抑制公安侦查中违反侦查程序的潜规则吗?从实践的角度出发,对侦查程序性违法的原因、程序性制裁的利弊和面临的困境进行了分析和探讨。

论侦查程序中的媒体自由——一种政治社会的解读

施鹏鹏

《东南学术》，2013 年第 1 期

关键词：侦查程序　媒体自由　政治社会分析

摘要：侦查程序中的媒体自由并非简单的程序技术问题，而是涉及无罪推定、实体真实与舆论自由等价值目标的优先序列。从比较法的角度看，各国依不同的司法价值取向采用了三种程序模式。但中国的情况更为复杂，不能仅限于法律制度层面的分析，而必须追溯中国刑事司法体制背后的权力运作模式，即作政治社会的比较分析。媒体与侦查之间的依附性、排斥性以及互为工具化源自于时下的权力策略，而唯有功能复位、重构话语系统方可回归比较法意义上的模式选择，进而实现公共空间的功能互补。

我国侦查程序分流的制度化构建

亢晶晶

《犯罪研究》，2013 年第 2 期

关键词：程序分流　程序性制裁　社区矫正

摘要：侦查程序分流顺应了近代刑罚观的转变，有利于缓解沉重的司法压力和有限的司法资源之间的矛盾。其在两大法系国家已经得到了不同程度的肯定，并且发挥了重要的作用，但是我国至今仍未在侦查阶段确立分流制度，而其在我国确立是必然的和可行的。因此，应该在借鉴相关国家做法的基础上，从适用条件、适用范围、适用程序以及配套制度的完善上来构建我国的侦查程序分流制度。

公民宪法权利在侦查程序中的实现

柴艳茹

《法学杂志》，2013 年第 8 期

关键词：宪法权利　侦查程序　人权保障

摘要：我国《宪法》规定的公民基本权利与侦查程序的运作密切相关，侦查作为常态社会下最深刻影响公民权利的国家权力运作方式，极易侵犯到公民的宪法权利，导致影响宪法人权保障功能的实现、阻碍法治国家建设的进程、妨碍刑事诉讼任务的完成、降低刑事侦查的效益、妨碍相对人其他权利的行使等不利后果。完善相关法律，培养公民宪法意识，提高侦查人员宪法意识，加强侦查管理、切实贯彻实施法律，严格违法官员惩戒制度、强化律师辩护职能等是保障公民宪法权利不受侵犯的有效对策。

论侦查程序中的会见权

闵春雷

《当代法学》，2012 年第 1 期

关键词：会见权 自由会见 交流权

摘要：会见权作为辩护权的重要组成部分，是被追诉人最为重要的防御性权利之一，我国立法应以被追诉人为基点完善对会见权的设计。首先，应明确规定会见权的权属，在侦查阶段赋予在押犯罪嫌疑人会见律师的权利；其次，应确立自由会见的原则，对少数限制会见的例外情形，立法应予以明晰准确的界定；再次，会见权的本质是交流权，应在侦查程序中赋予律师阅卷权和调查取证权，以促进会见权的实现；最后，应赋予被追诉人及律师程序救济的权利，通过程序性裁判，及时排除侦查机关侵犯会见权所获取的供述。

语境与困境：侦查程序完善的未竟课题

周长军

《政法论坛》，2012年第5期

关键词：侦查程序 完善 未竟课题

摘要：由于没有遵循利害相关者不得参与和主导修法活动的原则，同时受现行政治体制、司法体制和社会治安形势的制约，新《刑事诉讼法》对侦查程序的修改具有明显的妥协性和阶段性特征。侦查与立案、审判之间的关系仍未理顺；侦查程序的行政化、准诉讼化构造基本没有改观；侦辩失衡，侦辩之间的实质关系依然是求情而非对抗；选择性不执法、刑讯逼供、超期羁押、律师辩护难等当下侦查实践中突出存在的问题亦未得到立法的有效解决。从人权、法治的视角分析，侦查程序的完善还有许多未竟的课题。

职务犯罪侦查程序中犯罪嫌疑人人权保障探析

曾国勇

《法学杂志》，2011年第6期

关键词：职务犯罪嫌疑人 人权保障 检察机关

摘要：职务犯罪的侦查阶段是查办职务犯罪诉讼程序中惩治犯罪与保障人权两种利益最容易发生冲突的阶段。随着我国政府签署《公民权利和政治权利国际公约》，以及我国十届人大二次会议通过的《宪法修正案》把"尊重和保障人权"的规定写入《宪法》，如何保障职务犯罪嫌疑人的人权问题正日益引起法学界和司法实务部门的关注。1996年《刑事诉讼法》虽然在保障犯罪嫌疑人人权问题上有了很大改进，但是相对于国际标准仍存在着诸多不足和差距。这就需要对保障职务犯罪嫌疑人人权存在的问题和困惑进行理性分析和思考，并通过赋予其一系列保障性权利和限制检察机关的追诉权及提升检察官素质等来加以完善。

我国侦查权的程序性控制

詹建红 张 威

《法学研究》，2015年第3期

关键词：司法审查　检警关系　二阶层控制模式

摘要：我国现有的侦查权程序性控制表现为以内部自律的科层制控制为主、外部他律的分权式控制为辅的基本制度格局。从制度构造的表象看，传统的线性分工模式、功利导向的控制方式和不彻底的程序性救济，暴露了侦查权程序性控制体系的残缺和现有制度的赢弱。在社会文化和制度环境的作用下，长期的科层制控制和检察监督所形成的固化观念，使我国侦查权的程序性控制陷入了理念上的"内卷化"，并逐步消解着以现有制度为对象而进行的种种机制性改良尝试。立足于未来发展，我国侦查权程序性控制的制度远景应该是建立合乎我国国情的司法审查模式，使侦查权的控制走向彻底的法治化和专业化。在既有的法律框架下，侦查权程序性控制的制度近景则是以非法证据排除规则为后盾，通过与检察监督的衔接，建立审前程序中以检察机关为中心、审判程序中以法院为中心的二阶层控制模式；并通过与案例指导、国家赔偿、司法建议等制度的配套运行，形成制度合力，倒逼侦查方式和技术的改善，进而促进制度远景目标的实现。

论政府部门内设警察机关侦查权的优化配置

高　博

《当代法学》，2015 年第 5 期

关键词：政府部门　内设侦查权　优化配置

摘要：我国现行的在政府部门内设警察机关行使侦查权，存在侦查主体合法性依据不足、侦查权权能扩张与萎缩并存、一般侦查与专门侦查交织、受政府行政改革影响大等弊端。基于其具有侦查专业犯罪的比较优势和对当前刑事犯罪侦查的有效分担，应重点通过严格侦查权立法授权程序、确立侦查主体资格条件和禁止性规定、改进完善侦查管辖制度等，对其进行合理化改造和优化配置。

近代中国侦查权独立的历史考量

应旭斌

《犯罪研究》，2014 年第 4 期

关键词：侦查权　检察厅　独立

摘要：作为一种具有司法色彩的特殊行政权，刑事侦查必须独立于司法审判权和普通行政权；作为一种刑事诉讼权力，它也必须具有排除党派等政治势力干扰的独立性。但在清末民初的中国，虽然也设置了如其他大陆法系国家的检察、司法警察等机构组织，但行使侦查权的检察和警察都带有浓郁的政治色彩，法律并未能够保证它们依法独立侦查犯罪，侦查权的独立性无法获得保障。

公安行政权与侦查权的错位现象研究——基于警察权控制的视角

蒋　勇　陈　刚

《法律科学》，2014 年第 6 期

关键词：错位现象　耦合机制　整饬路径

摘要：公安行政权与侦查权的实践错位一直以来未能得到足够的学术关切。一方面，公安行政权不断向侦查程序渗透，另一方面，公安行政程序与侦查程序的转换也过于随意。警察权失范的耦合机制造就了公安行政权与侦查权错位的面相，而警察权控制中的内卷化趋势则是公安行政权与侦查权错位所反映的本相。从警察权控制的角度来看，治理公安行政权与侦查权的错位现象不是要争论公安行政权与侦查权的权力属性，而是要从不同层面入手，进行良好的制度安排与协调，通过警察权控制内卷化的祛离与耦合机制的阻断来实现错位现象的整饬。

职务犯罪侦查权独立性研究——以法律监督为视角

刘广三　马云雪

《法学杂志》，2013年第6期

关键词：法律监督　侦查权　独立性

摘要：检察机关是国家的法律监督机关，检察机关通过对职务犯罪进行侦查实现对国家工作人员的监督。我国法律明确规定，检察机关作为国家法律监督机关，不受个人、社会团体的干涉，但在司法实践中，检察机关的独立性问题并没有得到保障。检察机关的独立性受到其他国家权力的干涉，尤其是受到国家行政权力的干涉，因此，从法律监督的角度来看，保障检察机关的独立性是非常必要的。保障职务犯罪侦查权独立性主要涉及三个方面的问题，一是机构独立，二是人事独立，三是财政独立。

论刑事侦查阶段侦查权与辩护权的动态平衡

周永胜

《法学杂志》，2012年第5期

关键词：辩护职能　侦查权　辩护权

摘要：刑事诉讼职能对于刑事诉讼各个阶段控、辩、审三方权力（利）的配置有理论和实践上的指导作用。从刑事诉讼职能出发，在探讨辩护理论基础和职能本质的基础上，以律师会见权的保障与合理限制为视角，探讨侦查阶段辩护权与侦查权的互动关系。由于侦查程序的特殊性，在辩护权与侦查权关系的问题上，要求我们不能"平均用力"，也不能"厚此薄彼"，而应实现辩护权与侦查权的动态平衡。

侦查权行使与人权保障之平衡——德国侦查权制约机制之借鉴

董邦俊

《法学》，2012年第6期

关键词：侦查法官　检警关系　侦讯法制化

摘要: 侦查权依法行使是刑事诉讼目的实现的基本保障,合理制约侦查权是刑事诉讼文明与科学发展的基本要求。我国修改后的《刑事诉讼法》在加强侦查权力制约,实现人权保障方面向前迈进了一大步,这得益于对侦查权制约的反思与制度革新。德国通过侦查法官司法审查、检察官监督制约以及被指控者的抗辩与救助机制等多个方面来实现对侦查权的制约,其中一些做法值得我们借鉴。我国可以考虑设置中立机构对侦查行为进行司法审查,限制侦查权的肆意发动;推行检察引导侦查机制,强化对侦查行为的监督;进一步加强侦讯法制建设,更好地遏制违法侦讯行为;完善辩护与抗告机制,形成反向制约合力。

应赋予检察机关完整的职务犯罪技术性侦查权

韩成军

《河南社会科学》,2012年第5期

关键词: 职务犯罪　技术性侦查措施　法律规制

摘要: 检察机关是法定的职务犯罪侦查机关,应当享有采用与其职能相适应的侦查手段的权力,但我国法律并没有针对检察机关职务犯罪侦查的特殊性规定相应的完整的技术性侦查权,这使得职务犯罪侦查步履维艰。由于技术性侦查措施事关犯罪嫌疑人的人身权利,一旦使用不当极易导致犯罪嫌疑人权利遭受不当侵害,因此,在赋予检察机关使用技术性侦查措施权力的同时,必须考虑犯罪嫌疑人的权利保障问题,即做到惩罚犯罪与保障人权相统一。

论职务犯罪侦查权的完善——以新《刑事诉讼法》为视角

任海新　蔡艺生

《中国刑事法杂志》,2012年第9期

关键词: 职务犯罪侦查　新《刑事诉讼法》

摘要:《刑事诉讼法》的修改,既给检察机关提出了严峻的挑战,同时也是检察机关完成转型的一次重大机遇。新刑诉法扩大了职务犯罪侦查的证据来源;完善并拓展了侦查措施;延长传唤和拘传的期限;加强取保候审的监管;完善监视居住的执行和监控;延长自侦案件的拘留期限。同时,新刑诉法继续对职务犯罪侦查权力进行制约与规范,包括通过权力制约权力及通过权利制约权力。故职务犯罪侦查工作应该转变观念、树立信心、积极应对;加强"情报导侦"信息化;初查工作合理强化;侦查行为规范化和创新管理科学化;加快推进侦查信息化建设和装备现代化建设;提高侦查人员素质,实现侦查人才精英化。

侦查权内部控制实证研究——以法制部门审核刑事案件为视角

陈　涛　王　俊　李　森　闫永黎

《犯罪研究》,2011年第3期

关键词: 侦查权　控制　实证研究

摘要：基于对侦查权被滥用的风险和权力正确使用的规范，国家建构了内外两大监督系统，即外部以检察机关为主的法律监督和内部以科层制审批实施的监督。在目前侦查权外部监督尚待完善的现状下，作为侦查权主要适用主体的公安机关，以内部法规、规章约束侦查权行使，构建侦查权内部监控机制。为了解内部侦查权控制机制运行情况，本课题组对S省的四个县市公安机关的刑侦法制部门进行了问卷和座谈相结合的实地调研。调研结果分析反映出目前法制部门对刑事案件侦查监督控制的权力控制规则。

职务犯罪特别侦查权探究——以检察机关侦查权的优化为视角

李晓鹏　邵星满

《西南政法大学学报》，2011年第4期

关键词：内涵　作用现状　实施原则

摘要：近年来，职务犯罪始终处于易发高发态势，虽然检察机关运用职务犯罪侦查权有力地打击了腐败现象，但由于我国尚未制定专门的反腐败法，检察机关的职务犯罪侦查权存在诸多缺失，难以适应打击职务犯罪的需要，在一定程度上影响和制约了反腐败工作的深入开展，这与党的要求和民众的期望尚有不小的距离。借鉴国外的职务犯罪特别侦查权，赋予我国检察机关职务犯罪特别侦查权，并对其加以程序控制，才能更有力地打击职务犯罪。

我国"抗辩式"侦查讯问模式构建的必要性及可行性探究

宁平

《犯罪研究》，2015年第4期

关键词："抗辩式"侦查讯问模式　刑讯逼供　非法证据

摘要：2012年新《刑事诉讼法》首次将"尊重和保障人权"写入法条；而与此同时，各地频频报道多起冤假错案。这些冤假错案背后往往存在着严重的非法讯问手段；而这些非法讯问手段存在的根源在于我国"职权式"侦查讯问模式的弊端。"抗辩式"侦查讯问模式的构建，意在增强犯罪嫌疑人的诉讼主体地位，在讯问程序中加强对侦查人员行为的制约，从而保障犯罪嫌疑人在侦查讯问阶段的基本权益。

职务犯罪侦查信息化与侦查模式转变研究

陈重喜　肖力

《法学评论》，2014年第6期

关键词：职务犯罪　侦查信息化　侦查模式

摘要：在信息技术和计算机网络都得到广泛运用的信息化时代，国家机关的各项工作，尤其是职务犯罪侦查工作，都必须顺应这一时代要求。信息技术的发展，对职务犯罪侦查工作产生了深远的影响和巨大的挑战，对职务犯罪侦查部门的侦查活动提出了更高的要求。职务犯罪侦查部门必须根据形势变化,更新办案理念,转变侦查模式,探索和使用"信息引导侦查"的职务犯罪侦查的新机制、新手段,化被动为主动,以更好地引导职务犯罪侦查工作向质量效益型的方向发展。

维多克模式对狱内侦查工作的启示

陈顺良　申秋夏　董　成

《犯罪研究》,2014年第1期

关键词: 维多克模式　狱内侦查　启示

摘要: "维多克侦查模式"(以下简称"维多克模式")是18世纪末19世纪初法国巴黎警察厅刑事警察局的开山鼻祖埃森·费朗索瓦·维多克在狱内侦查中创设的"罪犯对罪犯"的模式,此种侦查模式在当时取得重大成绩。虽经过两百余年,此模式理念对我国的狱内侦查工作来说,仍有较大的借鉴意义。以"维多克模式"为引子,着眼于研究当前新形势下监狱狱内侦查工作存在的问题和对策,以期对目前的狱内侦查工作有所裨益。

律师调查取证权对职务犯罪侦查模式的影响及应对

钱学敏　李和杰

《中国刑事法杂志》,2012年第9期

关键词: 新《刑事诉讼法》　律师调查取证权　国家侦查权

摘要: 刑事辩护制度是现代法治国家法律制度的重要内容,调查取证权是律师能否发挥辩护效能的关键所在。修改后的《刑事诉讼法》完善了辩护制度,将律师的辩护人身份提前到了侦查阶段,也即意味着将律师的调查取证权提前到了侦查阶段。律师调查取证权的前置,有权申请调取有利证据等规定在一定程度上会给侦查工作带来困难。如何解决律师调查取证权与国家侦查权之间的冲突成为现实问题。从修改后的《刑事诉讼法》对律师调查取证权的修订入手,结合职务犯罪侦查工作实际,希望探索出一条可以兼顾惩治犯罪与保护公民权利的道路。

论职务犯罪侦查过程中的思维模式

郭　哲　尹冠林

《法学杂志》,2011年第11期

关键词: 职务犯罪　侦查　思维特点

摘要: 目前,职务犯罪已经成为影响我国经济社会全面发展的重点问题之一,而职务犯罪侦查不同于其他普通犯罪侦查,其思维特点与侦查其他普通犯罪有很大的不同。通过探讨职务犯罪侦查过程中各阶段的思维特点,构建职务犯罪侦查过程中的动态思维系统,以期为侦办职务犯罪案件的检察官提供逻辑思维指导。

论控方双轨侦查模式

马海舰　王赵军

《犯罪研究》,2011 年第 5 期

关键词: 控方　双轨　侦查

摘要: 控方双轨侦查模式是指侦查活动由同属于控方的官方侦查机关和被害人及其委托的民间侦查机构同时进行的一种侦查模式,强调官方侦查主体与被害人之间的配合、协作和制约。建立控方双轨侦查模式的依据有三:弥补公力救济之不足,保障被害人之权益,监督、制约官方侦查。在考察国外控方双轨侦查模式的基础上,针对我国侦查模式现状,提出我国应建立控方双轨侦查模式,并列举了具体理由。

侦查取证中强制询问证人探析

何　挺

《中国刑事法杂志》,2011 年第 3 期

关键词: 任意询问　强制询问　强制性

摘要: 侦查取证中对证人的询问包括任意询问与强制询问。询问证人应当以任意询问为原则,但在必要情况下也应当允许强制询问。强制询问证人的强制性主要表现为一种后果上的强制。应当通过法定程序对强制询问的适用进行控制,包括主体、启动条件、时间、强制手段、律师在场、赋予证人申请救济的权利等方面。我国侦查取证中询问证人也应当区分任意询问与强制询问,并明确强制询问证人的具体程序。

论侦查询问中的交流技巧——以证人和被害人为中心

方　斌

《中国刑事法杂志》,2013 年第 1 期

关键词: 侦查　询问　交流技巧

摘要: 在侦查询问中,侦查人员与证人缺乏效率的交流严重制约着证言提取的数量与质量。良好的交流技巧有助于促进询问双方亲和关系的建立,实现询问控制权的平衡,改善证人的描述质量以及提升证人参与刑事司法程序的意愿,从而实现询问双方互动与交流的最大化,确保侦查人员获取言词证据的完整性与准确性。

美国法律和法院对警察讯问精神折磨的规制

郑　曦

《法律适用》,2015 年第 3 期

关键词: 侦查讯问　精神折磨　法律规制

摘要： 如何有效禁止侦查讯问中精神折磨的使用，是各国面临的共同难题。在美国，讯问中警察使用精神折磨的现象也是现实存在的。这种现象的存在，不仅缘于侦查讯问本身的秘密性、封闭性特征，也与警察不当使用讯问技巧有关。美国立法者和联邦最高法院以供述自愿性为基础，以"明知"与"明智"的要求作为程序性保障，试图规制乃至禁绝精神折磨的讯问方式。这样的法律规制方式，对于我国消灭侦查讯问中的非肉体刑讯现象有很好的借鉴意义。

中国古代讯问制度简论：一部刑讯的历史

郑　曦

《中国政法大学学报》，2015 年第 2 期

关键词： 讯问　刑讯　口供

摘要： 中国古代讯问制度最基本的特征在于刑讯的广泛使用，历朝历代均有关于讯问时使用刑讯手段的相关规定，而在司法实践中，有时不但依法律规定实施刑讯，甚至在法律规定之外"创造性"地采用刑讯手段。刑讯的直接目的在于取得口供，被追诉人的口供被认为是查明案件事实最重要的证据，也是案件能否作出最终判决的基础性要件。在这样的理念下，刑讯成为我国古代讯问制度的核心要素，中国古代讯问史不妨被看作一部刑讯的历史。

违反录音录像规定讯问笔录证据能力研究

董　坤

《法学家》，2014 年第 2 期

关键词： 录音录像　讯问笔录　证据能力

摘要： 全程同步录音录像不仅可以担保讯问笔录的证据能力，还可以提高讯问笔录的证明力。在"强制性录音录像"案件中，不规范的录音录像行为复杂多样，"不合理"的违法录音录像行为会对讯问笔录的证据能力产生较大影响，但并不必然使讯问笔录丧失证据能力，有时也有可能导致证据能力出现瑕疵，此时，对讯问笔录的证据能力需要予以补正。补正的路径是通过证明讯问程序的合法性来保证供述的自愿性，从而恢复讯问笔录的证据能力。讯问程序合法的举证方是检察机关，证明方式采自由证明，证明标准达到优势证据即可。

讯问过程中的未成年人权利保护——美国的经验和教训

董开星

《青少年犯罪问题》，2014 年第 3 期

关键词： 未成年人　讯问　权利

摘要： 尽管美国联邦最高法院在米兰达一案中认定，侦查人员在讯问之前必须告知犯罪嫌疑人的宪法权利，但是，对未成年人是否应该适用更加严格的标准一直是理论和实务界争论的话题。详细分析美国的司法和立法实践后认为，对

未成年人刑事案件的处理,既要考虑未成年人区别于成年人的特点,又要兼顾社会各方的利益,通过对讯问予以全程录像、规范讯问策略等手段达到权利与利益的平衡。

论德国刑事诉讼中的禁止欺骗性讯问规则——兼论我国禁止"欺骗取证"规定在侦讯中的适用

艾 明

《证据科学》,2014 年第 4 期

关键词: 刑事诉讼 欺骗性讯问 欺骗取证

摘要: 借助司法裁判的方式,德国对何为刑事诉讼法禁止的欺骗性讯问发展出了一些判断标准。这些判断标准对解决禁止"欺骗取证"规定在我国侦讯中的适用问题具有一定的借鉴价值。在我国《刑事诉讼法》已确立不得强迫自证己罪原则,增强对犯罪嫌疑人口供自愿性保护的背景下,我国司法实务界应借鉴德国经验的合理内核,确立判明禁止欺骗性讯问的基准,以指引侦查人员以合法的方式开展侦讯活动。

论讯问方法运用的正当性及其界限——以口供获取为视角

黄金华 黄 鹂

《法学》,2014 年第 10 期

关键词: 讯问方法 正当性 口供

摘要: 根据"无罪推定原则"以及"人权保护"的理念,学界对讯问方法的使用大多持否定态度。这种理论上的浪漫主义塑造了理想化的空中楼阁,完全忽视了侦讯实践对讯问方法科学规范使用的真实需要。讯问方法的使用应被重新正名,以寻求其在现代国家所具有的正当性。当然,正当性也有其界限。为了克服实践中对讯问方法使用界限把握不清的局限,应当以合法性原则为先,以合理性原则作为补充。而在我国法律规定较为模糊的情况下,应进一步明确合理性判断标准,是否"导致无罪自陷"应作为讯问方法正当性的检验标准。

侦查讯问录音录像制度研究

杨宇冠

《中国刑事法杂志》,2013 年第 9 期

关键词: 讯问时录音录像 非法证据排除 问题和建议

摘要: 侦查讯问录音录像是我国司法改革的重要成果。2013 年 1 月实施的《刑事诉讼法》正式确立了侦查讯问录音录像制度。该制度有利于规范侦查讯问行为,遏制刑讯逼供等非法取证活动,保障诉讼参与人的合法权益,还能够真实全面地反映侦查讯问活动的情况,对非法证据排除规则的实施具有重要意义。在系统研究新《刑事诉讼法》中关于讯问时录音录像的规定和司法实践情况的基

础上,有必要探讨实施讯问录音录像制度和非法证据排除规则并提出建议。

从规范执法到诉讼证据——以检察机关侦查讯问全程同步录音录像为视角

潘申明　魏修臣

《证据科学》,2012 年第 1 期

关键词: 检察机关　侦查讯问　全程同步录音录像

摘要: 对检察机关讯问犯罪嫌疑人全程同步录音录像,在刑事诉讼中具有证据的属性,而且不会突破现行法定证据种类。赋予全程同步录音录像证据效力,对检察机关既是机遇,也有挑战。赋予全程同步录音录像证据资格,必须规范全程同步录音录像的制作过程、确立统一的技术规范、确定事前告知义务、完善事后全程和档案保存制度等。基于其特殊性,全程同步录音录像作为证据,应该在示证提起权、举示决定权、示证过程等方面作特别规定。

论合适成年人在普通刑事案件侦查讯问中的引入

陈海锋　邹积超

《青少年犯罪问题》,2012 年第 4 期

关键词: 律师在场权　合适成年人在场权　侦查讯问

摘要: 律师在场制度是制衡侦查权的重要手段,但其普及受到实务界的诟病、人数不平衡和不足、成本太高等问题困扰;而合适成年人在场制度在未成年人刑事程序中取得了一定的发展,其与律师在场制度在目的、职责或权利、立场和价值等方面具有契合性,可以考虑在律师在场有困难的地方实施合适成年人在场,以解决普通刑事案件中律师在场的困境。

证据规则视野下职务犯罪讯问录音录像制度运行若干问题探析

王天正　林清红

《犯罪研究》,2012 年第 3 期

关键词: 录音录像　言词证据　讯问犯罪嫌疑人

摘要: 讯问职务犯罪嫌疑人全程同步录音录像制度(以下简称"讯问录音录像制度"),自 2005 年 12 月 15 日最高检出台《人民检察院讯问职务犯罪嫌疑人实行全程同步录音录像的规定(试行)》而在法律规范层面上予以确立。随着 2006 年 3 月 1 日起在全国检察机关的分步实施和分级推进,该项制度在司法实践层面上开始运行。而在制度实施前后,最高检陆续出台的《技术规范》《技术工作流程》《系统建设》等文件,以及主持的设备测试工作,又为此项制度的运行在技术层面上提供了支持。2010 年 6 月 13 日,两高三部联合制发了《关于办理死刑案件审查判断证据若干问题的规定》和《关于办理刑事案件排除非法证据若干问题的规定》(以下简称"两个《证据规定》")并于 7 月 1 日起施行,两个《证据规定》在有关证据审查的规则中均涉及讯问录音录像制度,这意味着讯问录音录像制

度中又加入了层级更高、适用范围更广的法律规范。但是,司法实践中对于讯问录音录像的具体运用存在较大的争议,比如讯问录音录像属于何种证据类型、讯问笔录与讯问录音录像不一致应如何处理、讯问录音录像应当如何在法庭上展示等。

浅析侦查讯问既得实体价值和程序性价值的平衡问题——以超社会正常评价体系为根本视角

陈慧慧

《犯罪研究》,2012 年第 4 期

关键词: 侦查讯问　价值　超社会正常评价体系

摘要: 公正和效率作为刑事诉讼的两个基本价值目标,在侦查讯问中有其具体体现和要求。在侦查讯问中,公正和效率之间的本质关系是侦查讯问既得实体价值和程序性价值之间的平衡问题。在方兴未艾的世界法治化潮流和建设社会主义法治社会目标的推动下,如何在侦查讯问中秉承效率与公正并重,更加注重公正之理念,实现侦查讯问既得实体价值和程序性价值的平衡,是司法体制改革当中的一个重要课题。从超社会正常评价体系的视角来看,对于这个问题应当做一些初探。

非法证据排除与讯问策略——以《刑事诉讼法》第 50 条中"欺骗"的理解为例

董开星

《中国刑事法杂志》,2012 年第 10 期

关键词: 讯问策略　非法证据排除　欺骗

摘要: 2012 年《刑事诉讼法》中"不得强迫自证其罪"和非法证据排除的入法和细化对于实务部门的影响将会展现。在实践中,通过采取特定策略(比如"欺骗")讯问犯罪嫌疑人、被告人获取证据经常被采用。而我国对于通过讯问获取的言词证据的排除标准不明确导致在实践中无法有效界定哪些通过特定讯问手段获取的证据应当予以排除。借鉴美国通过"欺骗"策略获取证据的可接受性标准,将有利于我国在实务中界定通过"欺骗"等讯问策略获得证据的排除标准,并且有利于促进侦查活动向专业化方向发展。

合适成年人讯问时在场的形式化倾向及其纠正

何挺

《中国刑事法杂志》,2012 年第 11 期

关键词: 合适成年人　讯问时在场　实证研究

摘要: 合适成年人讯问时在场是指讯问未成年犯罪嫌疑人时由适格的成年人到场给予特殊保护。实证研究发现,在我国各地的探索中,合适成年人讯问时在场在基本实现预设功能的同时,却由于一系列具体操作方式上的不完善而导

致其形式化倾向,例如合适成年人在场表现过于消极,承担的各项职责因各种原因难以实质履行等。2012年修改后的《刑事诉讼法》明确规定了法定代理人以外的合适成年人可以在讯问未成年犯罪嫌疑人时在场。为有效贯彻《刑事诉讼法》的规定,实现合适成年人讯问时在场的实际效果,应当针对导致形式化倾向的各方面原因,设计合理的具体制度和操作方法,纠正和防范形式化倾向,保障合适成年人在讯问过程中实质性地履行职责。

正当程序视角下侦查讯问程序改革

夏 红

《法学杂志》,2012年第11期

关键词: 正当程序 侦查讯问程序"三项制度"

摘要: 作为指导刑事诉讼程序的核心性原则之一,正当程序蕴含着丰富的机理,包括权利应当得到充分的尊重和保障、权力应当受到严格的制约和监督、程序本身应当符合人性的基本要求、程序运行过程应当有主体的参与、经由正当程序产生的结果具有广泛的可接受性、正当性的程序应当是符合社会整体发展水平的程序等等。在侦查讯问程序中引入和推广"三项制度",符合正当程序的有关基本原理,是侦查讯问程序正当化的必由之路。

德国刑事诉讼中的"讯问"与"犯罪嫌疑人"界定

何赖杰

《人民检察》,2012年第11期

关键词: 讯问犯罪嫌疑人 主观说 客观说

摘要: 讯问犯罪嫌疑人必须由人民检察院或者公安机关的侦查人员负责进行。类似规定在各国刑事立法和司法实践上并无不同。考察规定中"犯罪嫌疑人"与"讯问"两个要件在解释适用上可能引发的问题,尝试提出定义性看法。《刑事诉讼法》就讯问犯罪嫌疑人与询问证人予以分别规定,两者在适用上自然存在区别。在概念上,讯问或询问,皆指国家机关为取得被讯问人供述所进行的发问及质问行为。讯问与询问的区分,主要是立法政策上的因素,而非实质内容上的不同。不过,就质问对象而言,犯罪嫌疑人与证人,无论在形式用语,还是实质内容上,皆有重大不同,存在区分的必要与可能。由于侦查具有灵活性、隐密性、不确定性等性质,且受办案策略、侦查技巧、社会舆论等主客观因素的影响,导致侦查机关在界定犯罪嫌疑人或证人时,判断上仍有诸多困难。

论英国警察讯问权的发展

夏 菲

《犯罪研究》,2011年第2期

关键词: 英国警察 讯问 沉默权

摘要：英国警察最初与普通公民一样，基本上不具有对犯罪嫌疑人的讯问权。司法判例以及 20 世纪前期发展的法官规则认可了事实上存在的警察讯问权并确立了基本的适用规则。由普通法调整的状况持续到 20 世纪 80 年代，制定法开始在规范警察讯问程序的同时也在一定程度上对公民的沉默权予以限制。警察讯问权总体上不断扩张，在这个过程中，普通法和制定法都努力保持警察侦查权与公民权利之间的平衡。

侦讯程序对权利保障与讯问效率的兼顾

李建明　汤茂定

《中国刑事法杂志》，2011 年第 5 期

关键词：侦查讯问　权利保障　讯问效率

摘要：我国现行的侦讯制度与侦讯实务偏重侦讯效率，对犯罪嫌疑人的权利保障不足。理论界提出的侦讯改革方案偏重权利保障，有碍侦讯效率的提高。合理规制侦查讯问，需要更新理念，正确处理犯罪嫌疑人的侦讯程序主体与证据来源的关系，有效化解犯罪嫌疑人与被追诉人在侦讯中的目标冲突，适当矫正侦讯人员与犯罪嫌疑人力量严重失衡的状况。构建事前预防、事中监督和事后制裁相结合的综合机制，为侦讯制度提供配套制度保障，以利于实现侦讯制度兼顾讯问效率与保障犯罪嫌疑人权利的双重目标。

侦查讯问权的正当性及其制约机制

郭　华

《中国刑事法杂志》，2011 年第 1 期

关键词：侦查讯问　正当性　制约机制

摘要：侦查讯问在侦查活动中具有特殊的功效。基于权力立场设立的犯罪嫌疑人权利保障制度却在侦查实践中一直失败，而从权利的立场构建的遏制侦查讯问权滥用制度也在实践中总是失灵。在追问侦查讯问正当性过程中发现，只有分解侦查讯问权形成"权力对权力"的制约机制以及借助于犯罪嫌疑人"权利对权力"的抑制机制，才能使侦查讯问权得以正当地运行。

目击证人错误辨认的立法防范——英国《1984 年警察与刑事证据法·守则 D》解读

陈晓云

《中国刑事法杂志》，2011 年第 2 期

关键词：目击证人　辨认　警察与刑事证据法

摘要：现代心理学研究结果表明，由于各种因素的影响，目击证人的证言有时并不准确。为了防止目击证人错误辨认可能带来的消极后果，英国《1984 年警察与刑事证据法·守则 D》在吸收心理学最新研究成果的基础上，不定期进行

修改,从而最大程度地确保目击证人辨认结果的可靠性。2008年重新修订后的《守则D》从限制主持辨认的警官资格、减少辨认程序本身固有的暗示性、控制事后信息、保障犯罪嫌疑人权利行使等角度作了科学、细致的规定,对于预防和减少目击证人的错误辨认具有重要意义。

辨认笔录证据能力问题研究——以新《刑事诉讼法》为视角

韩　旭

《证据科学》,2012年第2期

关键词: 辨认笔录　照片辨认　证据能力

摘要: 辨认笔录作为新型的证据种类为新《刑事诉讼法》所确认,在辨认程序缺乏立法规制的情况下,如何对其可靠性和合法性进行审查判断成为实践中的难题。两高三部联合制定的《关于办理死刑案件审查判断证据若干问题的规定》初步确立了辨认结果的审查判断规则,为法庭审查和采信辨认证据提供了一定的根据。但是,在辨认录像制度、见证人在场制度以及警察出庭作证制度尚未有效确立的情况下,对具有"传闻证据"性质的辨认笔录采用书面审查的方法仍具有相当大的局限性,不但难以发现辨认过程中存在的程序瑕疵和程序违法问题,而且无法完成对辨认结果可靠性的实质审查任务。针对我国侦查实践中常用的列队辨认和照片辨认程序,提出了具体的审查内容和方法,对"暗示性辨认"提出了具有可操作性的判断规则。对于辨认结果证据能力的认定,可以借鉴美国的"总体情况规则",采用"可靠性"判断标准,对于违反辨认规则获得的辨认结果,并不当然否定其证据能力,当该结果获得了"真实性的情况保障"时,仍可以作为定案根据。

侦查辨认失真:错案形成的心理学因素分析

倪晓峰

《犯罪研究》,2013年第3期

关键词: 侦查辨认　失真　错案

摘要: 侦查辨认是常用的侦查措施之一,侦查辨认的可信度和有效度可以直接影响办案的结果,错误的侦查辨认结论可能导致错案的发生。通过重点探讨辨认人对案件发生过程中客观刺激物各元素的原感知以及对辨认对象各元素的感知比较的误差,分析导致侦查辨认失真的心理学因素,最后提出防止侦查辨认失真的有效策略。

被害人辨认错误及其防范

兰跃军

《证据科学》,2014年第5期

关键词: 被害人辨认　错误成因　辨认规则

摘要： 被害人辨认错误是导致刑事错案发生的主要原因之一。被害人"身临其境"和"身受其害"的当事人身份,决定了被害人体验案件事实和辨认犯罪嫌疑人存在局限性,容易出现某些"诚实"的错误。分析被害人辨认错误的成因,进一步完善辨认规则,健全辨认程序,有助于提高被害人辨认的准确性和可信性,防范错误辨认,保护被害人权利。

技术侦查措施合宪性审查中的动态平衡保障理论

田 芳

《比较法研究》,2015 年第 1 期

关键词： 技术侦查措施　合理隐私期待　动态平衡关系

摘要： 科技的发展是一把双刃剑,它既可以使警察更快速地侦破案件,也可以使犯罪分子更方便地实施犯罪。美国判例法发展出公民隐私权的动态平衡保障理论,强调技术中立原则,认为侦查技术的发展不应改变公民隐私权与警察保障公共安全之间的平衡关系。我国新《刑事诉讼法》用专章规范了技术侦查措施的适用范围和审批程序,但对什么是技术侦查措施予以了回避。技术侦查措施的界定应从平衡公民基本权利和警察侦破案件能力两者之间的关系入手。

微表情分析技术在侦查讯问工作中的应用研究

彭玉伟

《中国刑事法杂志》,2015 年第 2 期

关键词： 微表情　分析技术　侦查讯问

摘要： 微表情分析技术源起于国外对于人类表情中的微表情研究。微表情是一种特殊的面部表情,具有短暂时间性、生理自发性和真实情绪性三大特性。这种特殊表情的发现对于侦查讯问工作具有尤为重要的实战意义。微表情分析技术具有确定嫌疑程度、掌控应讯心理、识别口供真伪、审核证据材料、扩大取证线索五大应用价值。目前,这项侦查技术在个别办案机关已经得到了较好的应用,显现出了广阔的应用前景。为充分发挥微表情分析技术的侦查应用价值,建议:建立犯罪嫌疑人微表情数据库;开发犯罪嫌疑人微表情自动分析软件;加强对侦查人员的技术培训;改善讯问室的硬件配置。

反贪技术侦查的制约因素分析

缪晓琛

《犯罪研究》,2015 年第 2 期

关键词： 技术侦查　贿赂犯罪　证据使用

摘要： 多年来,无论是学界还是实务部门,都强烈呼吁应当赋予检察机关采取技术侦查的权力,从而有效打击贪污贿赂等职务犯罪。新《刑事诉讼法》第148 条第 2 款规定:"人民检察院在立案后,对于重大的贪污、贿赂犯罪案件以及

利用职权实施的严重侵犯公民人身权利的重大犯罪案件,根据侦查犯罪的需要,经过严格的批准手续,可以采取技术侦查措施,按照规定交有关机关执行。"这一立法进步值得庆贺,然而要使技术侦查措施真正为办案实践服务,仍然存在着一些法律、实践操作上的障碍。

职务犯罪技术侦查的困境与对策
龚培华
《法学》,2014 年第 9 期

关键词: 职务犯罪 技术侦查 困境

摘要: 为惩治职务犯罪,检察机关呼吁赋予其技术侦查权。然而,新刑诉法实施后,职务犯罪技术侦查却基本处于"休眠状态",这不能不说是一种尴尬的困境。认识上的偏差、界限不清、审批程序缺失、立案过于苛刻、执行上的担忧、滥用的隐患等是引起这种困境的主要原因。为克服这种困境,应当采取树立正确的理念、清晰界定技术侦查、完善审批程序、科学执行立案标准、健全执行机制、严密法律规制等对策。

论德国对技术侦查措施的法律规制
艾 明
《刑事法评论》,2014 年第 2 期

关键词: 技术侦查措施 比例原则 提起公诉

摘要: 2012 年 3 月 14 日,十一届全国人大第五次会议通过《关于修改〈中华人民共和国刑事诉讼法〉的决定》,新《刑事诉讼法》在第二编"立案、侦查和提起公诉"第二章"侦查"中增订第八节"技术侦查措施"共五个条文,这标志着在我国侦查实践中一直处于神秘状态的技术侦查措施开始浮出水面,驶入法治化的轨道。在肯定新《刑事诉讼法》增加技术侦查措施条文的同时,学术界应清醒地看到,技术侦查措施的法典化只是实现技术侦查措施运用法治化的第一步,欲进一步推动技术侦查措施运用的法治化,我国仍需借鉴域外法治国家的理论和经验。

技术侦查的法律规制
王 东
《中国法学》,2014 年第 5 期

关键词: 技术侦查 过程监管 证据可采性

摘要: 技术侦查纳入法律规制是《刑事诉讼法》修订的一大亮点。技术侦查在提升侦查效率、助推刑事侦查从重主观证据向重客观证据模式转变的同时,具有公权滥用侵犯公民隐私、危及社会互信等潜在风险。美国"棱镜计划"和王立军滥用技术侦查措施等事件的曝光,也引发了公众对技术侦查侵犯人权的普遍担忧。在肯定技术侦查的积极作用及国际通行法律规制原则的基础上,立足实践层面,从实体、程序和证据可采性等三方面探讨进一步完善我国技术侦查的法律规制措施,以期实现技术侦查在打击犯罪和保护人权两大刑事诉讼价值上的总体均衡。

论我国职务犯罪技术侦查措施适用与人权保障之平衡——以与国外职务犯罪技术侦查措施适用比较研究为视角

张云霄　温树飞

《法学杂志》,2014年第7期

关键词:职务犯罪　技术侦查措施　人权保障

摘要:目前,我国刑事诉讼法对检察机关适用职务犯罪技术侦查措施予以了明确规定,但是仍有一些不完善之处。通过与国外职务犯罪技术侦查措施适用比较研究,在借鉴国外关于职务犯罪技术侦查措施适用的法律规定和侦查实践的基础上,应注意四个平衡点的把握:首先,在基本概念方面,应做到对职务犯罪技术侦查措施内涵、外延的明确;其次,在实体审查方面,应注重职务犯罪技术侦查措施适用条件的严格;再次,在执行程序方面,应确保职务犯罪技术侦查措施适用过程的正当性;最后,在公民权利方面,应保障公民私人权利救济的实现,从而最大限度地达到职务犯罪技术侦查措施适用与人权保障之平衡。

技术侦查中的通讯截取:制度选择与程序规制——以英国法为分析对象

郭　华

《法律科学》,2014年第3期

关键词:技术侦查　通讯截收　行政令状

摘要:英国作为典型的英美法系国家,却在通讯截取制度上丢弃了欧美普遍实行的司法令状主义,在秉承传统侦查秘密观念下实行"行政令状"制度。该制度在欧洲人权法院败诉后逐渐构建了相对完备的通讯截取监督制度体系。我国技术侦查的内控模式与英国的行政令状制度极为相似,尽管2012年修改的《刑事诉讼法》将其法定化,但因未合理、清晰地指明侦查机关行使决定权的程序及适用的种类而不具有完全的"法律样态"。在我国现有的司法体制下,完善技术侦查制度不仅需要吸收英国法的教训,还要借鉴有益经验进一步构建技术侦查"必要性和最后性"的动态监督制度、获取证据材料作为定案根据的辩护制度以及向人大报告制度,在制度约束和程序控制上体现规制的严格性。

读解双规侦查技术视域内的反贪非正式程序

刘　忠

《中外法学》,2014年第1期

关键词:等功能替代物　基础结构能力　刑事法总体性

摘要:"双规"在1996年刑诉法修改后成为反贪案件强制措施等功能替代

物。此现象的直接原因在于,相对于普通刑事案件的反贪案件所具有的自然属性和证据、法律处遇的差异性,更为根本的原因则在于我国基础结构能力的薄弱和刑事法总体性的不足。刑事政策与检察院自身的考量也与之具有部分因果性。未充分关注到此制度结构导致了齐一的刑事侦查立法设计,从而形成事实上对侦查的管制,"双规"由此作为非正式程序弥合了侦查力不足。挣脱此境地的根源在于基础结构能力的增强和刑事法总体性的改变。否则,即使刑事政策等因素被消除,侦查能力不足之功能需要也会不断催生新的非正式程序。

英法德荷意技术侦查的程序性控制

胡 铭

《环球法律评论》,2013 年第 4 期

关键词:技术侦查 程序性控制 欧洲人权公约

摘要:以英法德荷意五国为代表,欧洲的技术侦查经历了逐步演进的过程,从而形成了具有共性并各有特色的程序性控制机制。欧洲人权法院的判决对上述国家的技术侦查制度产生了重要影响。五国对于技术侦查的决定程序远未达成共识,司法审查、准司法审查和行政审查三种模式是各国在本国刑事司法特点的基础上所作出的选择。技术侦查的适用范围经历了从立法限制到有限度扩张的变化,从传统的秘密监控领域扩展到新兴领域,并为应对有组织犯罪、恐怖主义等极端犯罪而表现出扩张的趋势。比例原则和必要性原则成为基本准则,体现出欧洲公法的特点。通过执行的具体程序来规制技术侦查的适用,从操作性和细节上防止技术侦查的滥用。相关比较可以为我国的技术侦查法治化提供借鉴。

何谓"严格的批准手续"——对我国《刑事诉讼法》技术侦查条款的合宪性解读

孙煜华

《环球法律评论》,2013 年第 4 期

关键词:技术侦查 批准手续 互相制约

摘要:批准手续是控制技术侦查权、保障公民权利的关键所在。尽管新《刑事诉讼法》要求技术侦查经过严格的批准手续,但是对批准手续的内容、主体、程序等均没有明确。历史上,技术侦查批准手续完全呈封闭状态,从批准权的设置、运行到批准文件的备案都由侦查部门自行决定,不受其他任何机关的监督和审查。这既不利于落实宪法中的公、检、法互相制约原则,又可能侵犯公民受宪法保护的通信权、住宅不受侵犯权、言论自由等基本权利。鉴于国内外在技术侦查领域的利弊得失,这个"批准手续"一定不能是只受侦查部门自我控制的、粗疏的、不受外部监督的批准手续,而应该是一个中立的、细化的、受到外部监督的批准手续。具体来看,批准主体宜由法院充任,而申请主体应当为侦查机关的高级

主管人员或得到其授权的人员;申请时应提供具体的事实和理由,而在批准时应当遵循"重罪原则""必要性原则"和"相关性原则"。

比较法视野中的技术侦查措施
兰跃军

《中国刑事法杂志》,2013年第1期

关键词:技术侦查　秘密侦查　实体限制

摘要:技术侦查措施在我国司法实践中早已得到适用,但"可做不可说",极具神秘化。2012年《刑事诉讼法》将其增设为一种法定侦查行为,并从实体和程序两个方面进行了规制,这有利于防止其滥用而侵犯侦查相对人的基本人权。但从比较法视角进行审视,许多规定还有待进一步完善。

试论职务犯罪技术侦查措施的批准与执行
甄　贞　张慧明

《法学杂志》,2013年第3期

关键词:职务犯罪　技术侦查　检察机关

摘要:新修订的《刑事诉讼法》首次赋予检察机关对特定职务犯罪的技术侦查权,但没有对该措施的批准与执行给出具体规定,仍需有关规范性文件对其进一步规范。技术侦查措施强制性强,目前多数国家将该措施交由中立的法院审查批准。考虑到我国的历史传统和司法实际状况,尚不宜由法院对技术侦查措施进行审查批准,而是由上级检察机关批捕部门审查批准为宜。同时,建议由申请技术侦查措施检察机关的同级公安机关负责执行。

理论共识与规则细化:技术侦查措施的司法适用
詹建红

《法商研究》,2013年第3期

关键词:技术侦查措施　《刑事诉讼法》　重罪原则　程序法定

摘要:2012年3月14日修正通过的《刑事诉讼法》在侦查一章中增加规定了技术侦查措施,这对防范侦查权力滥用和实现刑事诉讼中的人权保障无疑具有重要的意义,也必将对我国侦查制度的法治化带来深远的影响。但由于条文表述的过于粗略,因理解歧义和规则不明所带来的司法困惑不容忽视。为推进法律的顺利实施,不仅应从概念解读、适用范围、适用原则等方面结合立法原意寻求理论上的共识,还应从可操作性的角度对相关内容进行补充和细化。

检察机关技术侦查权限的界定与规范
郭　华

《人民检察》,2013年第3期

关键词:技术侦查　权限界定　程序控制

摘要：修改后的刑诉法对检察机关的技术侦查权进行了规定。然而，这一授权性规定与《联合国反腐败公约》存在何种关系，以及对修改后的《刑事诉讼法》第148条第3款"用于追捕的技术侦查措施"执行权作何理解等，并未达成共识。此问题需要理论上从权力制约及配置的立场予以合理解读，以明晰其权力边界，通过程序控制来保证检察机关的技术侦查权从立法规定的范式转化为实践中行之有效的职权。

技术侦查：模糊授权抑或严格规制——以《人民检察院刑事诉讼规则》第263条为中心

胡 铭

《清华法学》，2013年第6期

关键词：技术侦查 刑事诉讼 司法解释

摘要：技术侦查写入我国新《刑事诉讼法》及相关司法解释的出台，可谓技术侦查法治化的新开端。但以《人民检察院刑事诉讼规则》第263条为典型代表，司法解释仍然采用了模糊授权的做法，对于技术侦查适用范围和对象，何为"经过严格的批准手续"，什么是执行中的"有关机关"等问题需要深入思考。技术侦查的特殊性决定了相对模糊的规定具有现实合理性，但严格规制又是技术侦查法治化的必然要求。在对两者权衡之下，结合国际上技术侦查的走向与我国的司法现状，应进一步明确并限缩技术侦查的适用对象，授权检察机关技术侦查执行权，改革技术侦查的审批程序，完善技术侦查的法律监督。

论我国技术侦查措施的法定化

李慧英 徐志涛

《中国刑事法杂志》，2012年第7期

关键词：犯罪控制 保障人权 技术侦查措施

摘要：《刑事诉讼法》的再修改，增加了"技术侦查措施"一节，技术侦查措施法定化是控制犯罪的需要，同时也体现了人权保障的价值。但是应当规范技术侦查措施的名称、种类及实施方法，建立审查监督制度，对技术侦查措施予以审查监督，对获得的材料的证据资格严格审核，赋予当事人获得救济的权利。

技术侦查证据使用问题研究

王新清 姬艳涛

《证据科学》，2012年第4期

关键词：技术侦查 技侦证据 证据采信

摘要：随着技术侦查手段的广泛应用，技侦证据在司法实践中的具体使用问题受到了法学理论界和实务界越来越多的关注。为解决实践中的各种问题，以及规范技侦证据在诉讼中的具体应用，2012年新《刑事诉讼法》明确规定了技侦证据的法律效力以及技侦证据使用的具体规则和法律程序。本文就该规定的相关修改背景、具体内涵进行了评析和论述,并就其未来具体实施可能出现的问题提出了相关的意见和建议。

简论反腐技术侦查程序制衡机制构建
倪　铁
《犯罪研究》,2012 年第 4 期

关键词:职务犯罪　技术侦查　法治程序

摘要:当前,我国腐败现象较为严重,职务犯罪处于高发态势,犯罪手段不断升级,证据获取困难重重,这与检察机关缺乏有效的技术侦查措施有内在联系。可借鉴其他国家的做法,赋予检察机关职务犯罪技术侦查权,并严格规定其适用范围、审批程序、执行程序和救济程序。相关程序的合理建构,有利于有效收集诉讼证据,落实刑事程序法治,顺应科技强检趋势,对接国际公约。

检察机关技术侦查权相关问题研究
程　雷
《中国刑事法杂志》,2012 年第 10 期

关键词:技术侦查　秘密侦查　隐匿身份侦查

摘要:检察机关技术侦查权是此次《刑事诉讼法》修改中的重要新增内容,应全面整理出其立法出台的背景,同时对于立法中的规定应当进一步分析并作出相应的解释,包括检察机关技侦权的适用对象、适用案件范围应当进一步明晰,对于决定权与执行权之间的衔接性规定应当细化,对于证据的使用应当坚持最后使用原则。

解读"技术侦查"与"乔装侦查"——以《刑事诉讼法修正案》为中心的规范分析
万　毅
《现代法学》,2012 年第 6 期

关键词:技术侦查措施　乔装侦查措施　控制下交付

摘要:新《刑事诉讼法》第二编第二章第七节后增加了第八节"技术侦查措施"。但是,《刑事诉讼法修正案》在技术侦查措施的立法技术上采取了"概括授权"的方式,即仅笼统规定侦查机关对于危害国家安全犯罪、恐怖活动犯罪、黑社会性质的组织犯罪、重大毒品犯罪或者其他严重危害社会的犯罪案件,根据侦查犯罪的需要,经过严格的批准手续,有权采取技术侦查措施,而并未明确列举可采取的技术侦查措施的具体种类和手段。与此相关,《刑事诉讼法修正案》在"技术侦查措施"这一章节下同时授权公安机关为了查明案情,在必要的时候,经公安机关负责人决定,可以由有关人员隐匿其身份实施侦查,此即"乔装侦查措

施"。问题在于,《刑事诉讼法修正案》在乔装侦查措施的立法技术上同样采取了概括授权的方式,除列举性地规定了作为乔装侦查方式之一的"控制下交付"之外,并未在立法上明文列举乔装侦查措施的具体类型和方式,其结果是造成《刑事诉讼法修正案》中"技术侦查措施""乔装侦查措施"等基础概念含义不清、相关法条内容模糊,减损了法条的可操作性,威胁到司法的确定性,可能直接或间接地冲击《刑事诉讼法》保障人权和打击犯罪的终极目的。《刑事诉讼法修正案》施行在即,上述基础概念的界定问题不解决,司法实务中将无法正确操作《刑事诉讼法修正案》中与"技术侦查措施"和"乔装侦查措施"相关的程序与制度。因此,应运用法律解释的方法对"技术侦查措施"和"乔装侦查措施"这两个基础性概念进行规范解释,勘定"技术侦查措施"和"乔装侦查措施"的合理内涵与外延。

我国技术侦查的法律困境与出路选择

王瑞山

《犯罪研究》,2011 年第 1 期

关键词:技术侦查　法律困境　立法

摘要:技术侦查措施,是指侦查机关为了侦破特定犯罪行为的需要,根据国家有关规定,经过严格审批,采取的一种特定技术手段。因具有较强的强制性和侵犯性,亟须相应的法律从技术侦查的适用范围和条件,技术侦查的审批程序,技术侦查所获信息的保存、运用和处理以及技术侦查行为的侵权救济等方面来规范。

论技术侦查措施在我国职务犯罪侦查中的适用

孙启亮　金颖晔

《华东政法大学学报》,2011 年第 1 期

关键词:技术侦查　刑事侦查措施　职务犯罪

摘要:随着社会的发展和科技的进步,职务犯罪越来越趋于专业化、智能化、现代化,传统的侦查手段和措施已难以适应当前职务犯罪侦查工作的需求,而法律并没有赋予检察机关技术侦查的职权,从而在一定程度上削弱了对职务犯罪的打击力度。因而,我国应根据目前职务犯罪的特点及侦查工作的状况,完善法律规定,明确职务犯罪技术侦查措施的适用主体、适用范围、适用条件和适用程序,同时注意保护人权与防止权力滥用。

控制下交付侦查措施研究——以毒品犯罪为视角

陈　蕾

《犯罪研究》,2014 年第 6 期

关键词:控制下交付　证据法　既遂与未遂

摘要:控制下交付是我国 2012 年刑诉法新确定的一种特殊侦查措施,其具

有博弈行为的特征,应追求侦查效益最大化。在司法实践中面临其启动标准的设置和获取证据的使用问题。控制下交付的实施对犯罪的既遂与未遂的认定造成一定影响,应当区别情形具体对待。

控制下交付案件中犯罪既遂与未遂的认定——以贩卖毒品罪为研究对象

陈京春

《法学论坛》,2012 年第 3 期

关键词:控制下交付　贩卖毒品罪　犯罪未遂

摘要:贩卖毒品罪是抽象危险犯。控制下交付对于贩卖毒品罪的犯罪停止形态产生影响。在控制下交付的案件中,应区别有害的控制下交付与无害的控制下交付,具体认定卖方和买方犯罪行为的停止形态,不应一律认定为犯罪既遂。

诱惑侦查的程序控制

程　雷

《法学研究》,2015 年第 1 期

关键词:特情引诱　隐匿身份侦查　合法性判断标准

摘要:为应对日益严峻的隐形化犯罪的挑战,在过去二三十年间的侦查实践中,诱惑侦查得到了更多的应用。尽管在 2012 年修改的《刑事诉讼法》中,通过新增第 151 条的规定试图提升此类侦查手段的法治化程度,但由于法律规定的宽泛与模糊、司法处断原则的失当与片面,诱惑侦查适用过程中凸显出执法无序与司法失范的弊端。解决问题的出路是,在法律解释论层面,应当对合法性判断标准、适用对象、程序控制机制与违法制裁后果予以明确;在司法裁断方面,应当跳出"犯意引诱"与"机会提供"二分法的窠臼,基于我国特有的侦查权规制现状,采用控权最为严格的分离式混合模式,即无论是违反诱发他人产生犯意的主观标准,还是僭越客观标准,即侦查人员使用了过度且令普通人难以抵御的诱惑手法,均属违法。

诱惑侦查的正当性及其适用限制

田宏杰

《政法论坛》,2014 年第 3 期

关键词:诱惑侦查　正当性　限度

摘要:权利对权力体制的构建是现代国家的逻辑起点,也是权力行使的边界。以社会契约论为核心,通过权利让渡、防御救济、刑罚目的等方面可看出诱惑侦查在法律上和道德上皆具正当性。当然,作为"必要的恶",符合必要性标准、比例标准、意志自由标准和法定程序标准是其正当适用的应有之义。

贩卖毒品案件中的诱惑侦查:默认现实抑或法律规制——以四川省成都市 W 区、X 区及 J 县为研究样本

薛　培　郑家明

《中国刑事法杂志》,2012 年第 3 期

关键词:诱惑侦查　数量引诱　犯意引诱

摘要:诱惑侦查是侦查机关设置陷阱而诱使侦查对象犯罪,在侦查对象犯罪时对其适用强制措施或收集证据的一种特殊侦查方法,普遍使用在贩卖毒品案件的侦破过程中。通过对毒品犯罪诱惑侦查的实证考察,可以发现诱惑侦查在实践中经常被滥用,而其根源在于欠缺法律规定。因此,有必要从实践与理性的角度对诱惑侦查重新进行审视,在认真分析存在问题的基础上,从立法的高度建立起我国的诱惑侦查制度。

诱惑性侦查比较研究

谢安平

《法学杂志》,2012 年第 4 期

关键词:诱惑性侦查　禁止　例外情况

摘要:诱惑性侦查违背了罪刑法定原则,违反了刑事诉讼的被动性和程序正义理念,并且通过诱惑性侦查所取得的证据是非法证据。因而,原则上应当禁止诱惑性侦查。但是,为了打击犯罪的需要,在例外情况下,可以允许有条件地使用诱惑性侦查手段。

预备贩毒案件中的诱惑侦查行为

高洁峰　李志勇

《犯罪研究》,2012 年第 2 期

关键词:毒品犯罪　预备贩毒案件　诱惑侦查

摘要:诱惑侦查的核心是国家作为诱惑者诱使被诱惑者实施犯罪,此种激励型侦查实践的核心在于,需要刺激犯罪的实际发生。与卧底侦查相比,诱惑侦查并不是一种对付有组织犯罪和职业型犯罪分子的专用武器,而是可以广泛利用于各种犯罪。

论诱惑侦查的合法化及其底限——修正后的《刑事诉讼法》第 151 条释评

万　毅

《甘肃社会科学》,2012 年第 4 期

关键词:《刑事诉讼法修正案》　诱惑侦查　犯意诱发型　机会提供型

摘要:对于修正的《刑事诉讼法》第 151 条究竟是否属于对诱惑侦查的法律授权,学界存有争议。从程序法理、侦查实务和法条解释的角度讲,该条款所谓"不得诱使他人犯罪"一语应当解释为仅仅是禁止"犯意诱发型"诱惑侦查,而未

禁止"机会提供型"诱惑侦查。在判断和认定是否构成"犯意诱发型"诱惑侦查时,关键应当是看犯罪行为是否系国家主导、支配的结果,国家(侦查机关)可以介入、推动犯罪行为的发生,但却不能主导、支配犯罪行为的发生。从诱惑侦查的法律后果来看,根据新《刑事诉讼法》第151条的规定,采取"机会提供型"诱惑侦查所收集的材料在刑事诉讼中可以作为证据使用,而采取"犯意诱发型"诱惑侦查所收集的材料应当排除。在实体法上,对于被采取诱惑侦查的被告人应当认定为犯罪未遂从轻处罚。

刑法视野中的"诱惑侦查"

李晓杰　杨　斌

《犯罪研究》,2011年第2期

关键词:机会提供型诱惑侦查　犯意诱发型诱惑侦查　结果无价值

摘要:诱惑侦查可分为机会提供型诱惑侦查与犯意诱发型诱惑侦查。前者是合法的、狭义的诱惑侦查,其以结果无价值和法益衡量说为法理基础而合法化;后者是非法的、广义的诱惑侦查,其表面上符合陷害教唆,但实质上应属于滥用职权。将刑法原理引入侦查学领域,有利于增强侦查学的学科基础。

诱惑侦查的应用与控制

徐静村

《人民检察》,2011年第14期

关键词:诱惑侦查　有限应用　严格控制

摘要:诱惑侦查是刑事案件侦查中的一种特殊的调查取证手段,使用这一措施存在极大风险,用之不慎,必使国家利益和公民合法权益两受其害。诱惑侦查的正确应用取决于立法授权和严密的程序规制。在我国尚未建立对强制侦查行为的司法审查制度的情况下,对诱惑侦查行为的审查决定权可由检察机关行使。建立和完善对诱惑侦查措施合法性审查的制度和对违法侦查行为的制裁制度,是保障这一侦查措施合法有效应用的关键所在。

电子数据搜查扣押程序的立法构建

骆绪刚

《政治与法律》,2015年第6期

关键词:电子数据　搜查　扣押

摘要:基于电子数据的特殊性,电子数据搜查扣押多采用"二阶段搜索模式"进行,首先搜查扣押电子数据存储介质,然后在存储介质内搜索电子数据。我国《刑事诉讼法》没有明确电子数据可以作为搜查扣押的对象,实践中多以勘验、检查、鉴定等方式来收集电子数据。从权利侵害的角度,于存储介质内收集电子数据的行为直接影响到公民的隐私权和财产权,成立实质意义上的搜查。有必要从电子数据搜查扣押的对象、范围、程序的启动、搜查的程序和方式、违法搜查扣押的救济等方面构建我国电子数据搜查扣押程序,规范电子数据搜查扣押行为,保障公民的合法权益。

美国警察无证裸身搜查的法律控制及其对中国的启示
吴　玲　张德淼
《比较法研究》,2015 年第 3 期
关键词: 裸身搜查　警察权力　法律控制
摘要: 裸身搜查是保护警员安全和发现物证的一种重要方式,但缺乏法律控制的搜查行为可能会严重侵犯公民的人身权利与人格尊严。裸身搜查法律控制需要在人权保护与犯罪防范这两种价值取向上找到平衡点,并为警察日常执法行为设定明确的边界。通过分析美国联邦法院判决的裸身搜查典型判例,考察美国法如何控制警察的裸身搜查行为,特别是其在搜查范围、方式、地点、依据等方面的控制特点,以揭示其控制人身搜查的程序性原则与司法裁量标准,并在此基础上提出完善我国相关法律制度的对策。

电子数据搜查、扣押的法律规制
陈永生
《现代法学》,2014 年第 5 期
关键词: 电子数据　特征　令状原则　证据展示　证据保管链
摘要: 我国 2012 年修正的《刑事诉讼法》将电子数据增列为证据的法定种类,这要求我国刑事诉讼法学界对电子数据的相关问题,如电子证据的搜查与扣押、出示与质证、审查判断等问题进行深入研究。与传统证据相比,电子数据具有以下四大特征:存储内容的海量性、形态的易变性、变动的可察觉性以及内容的难以直接感知性。电子数据的以上特征对电子数据的搜查、扣押提出了更加严格的要求:首先,在搜查、扣押之前,侦查机关必须申请司法机关签发令状;在搜查、扣押过程中,无论是对电子设备的搜查、扣押还是此后对电子设备中存储的电子数据的进一步搜查,都必须受到令状原则有关合理根据和特定性要求的约束。其次,侦查机关搜查、扣押电子数据之后,必须允许辩护方对被搜查、扣押的电子数据进行查看、审查和复制,从而防止侦查机关滥用权力,保护辩护方的合法权利。另外,为保障电子数据的客观性和原始性,还必须建立严密的证据保管链制度。我国在以上方面都存在严重问题,在有些方面甚至完全空白,立法机关在未来修正《刑事诉讼法》时必须进行完善与重构。

对搜查、扣押、冻结等强制性侦查措施检察监督有关问题研究
天津市河北区人民检察院课题组　王玉良　李诗江　韩庆祥　白春安
《法学杂志》,2011 年第 2 期

关键词：强制性侦查措施　司法审查　非法证据排除

摘要：我国《刑事诉讼法》及有关司法解释对强制性侦查措施的立法规定存在严重不足，缺乏完备的监督制约机制，容易导致权力滥用。在我国现有刑事法律框架内，依据刑事司法权力配置原则，应当建立以检察机关为主导的强制性侦查措施司法审查制度、非法证据排除规则和对违法强制性侦查措施行为的惩罚规定，完善刑事相对人的救济途径，以确保强制性侦查措施的规范、公正、高效使用。

搜查与隐私权保护——加拿大宪法与美国宪法第 4 修正案之比较

向　燕

《环球法律评论》，2011 年第 1 期

关键词：宪法刑事诉讼　隐私权　搜查

摘要：《加拿大权利与自由宪章》第 8 条赋予公民反对不合理的搜查和扣押的权利。与美国宪法第 4 修正案的发展历程类似，经由加拿大最高法院的判例解释，《宪章》第 8 条确立了隐私权的宪法保护。基于对美国宪法判例的批判和借鉴，《宪章》第 8 条下的隐私权在判断标准、保护范围方面体现了本国特色。第 8 条下隐私权具备的丰富内涵，不仅得益于加拿大最高法院确立的隐私权旨在倡导的诸项基本价值，也与加拿大较为宽泛的非法证据排除规则有关。

困境与完善：论我国通缉制度

王秋杰

《法学杂志》，2012 年第 11 期

关键词：通缉　困境　完善

摘要：通缉作为一项强制性措施，在司法实践中被广泛运用，能够有效地打击犯罪、防止犯罪蔓延、保障诉讼活动的顺利进行。当前，我国通缉制度面临通缉对象模糊、行使主体不明确、发布范围尴尬、撤销程序有瑕疵、救济机制缺失等困境，一定程度上影响了其效能的发挥。因此，欲完善通缉制度，需要界定通缉对象、明确行使主体、调整通缉范围、完善撤销制度、建立救济机制等。

通缉制度史略考

李　绘

《犯罪研究》，2011 年第 3 期

关键词：侦查措施　通缉　制度史

摘要：通缉是历史上出现最早的侦查措施之一，早在奴隶社会后期，便出现了追捕逃亡奴隶的制度，成为通缉制度的雏形。封建社会以后，为满足维护阶级统治和镇压反抗的需要，通缉的制度和措施得到了极大的完善和发展，相继出现了悬赏、协作、画像、通报和海捕等形式和特征。到了近现代，通缉更在残酷的阶

级斗争中发挥了巨大作用。当前,我国通缉制度传承历史,形成了独特的通缉体系,但在实践中还存在一些问题,亟待通过研究历史、完善立法加以解决。

论法庭犯罪现场勘验的规范结构和内容

陈麒巍

《中国刑事法杂志》,2012年第5期

关键词: 公判勘验　犯罪现场　规范结构

摘要: 刑事案件事实审理者可依当事人申请或依审判职权启动对犯罪现场的勘验。由于法官借助感官作用直接就犯罪现场之客观性进行考察并形成心证,与现代刑事诉讼证明体系的形成是由一个个口头证言来构建的要求相违背(如交叉询问规则、直接言词原则),因而是一种比较特殊的证据调查方法。为保证此种调查方法的正当性,各国法律均对法庭现场勘验设置严密的程序。以此为借鉴,我国需着重就庭外现场勘验的启动、当事人的参与、法官的勘验记录三个方面进行补充和完善。在法庭实施现场勘验时,法官应当依证据规则或自由裁量对犯罪现场的合法性、真实可靠性和证据适格性进行审查判断。

命案中案犯刻画的法医现场勘验

兰樟彩　林发生

《法医学杂志》,2013年第6期

关键词: 法医病理学　案犯刻画　现场勘验

摘要: 法医在命案侦破中的作用是为侦查提供线索,为诉讼提供证据。命案侦破中最关键的环节是法医对命案现场的勘验和分析,主要包括对血迹的发现和提取,遗留物和附着物等生物检材的搜寻和提取,尸体以及尸体周围相关物品的勘验分析等。这些技术手段在某种意义上已经突破了传统的法医病理学概念,即主要解决死亡原因、死亡时间、死亡性质以及致伤工具等关于受害人的问题,而要通过现场勘验来刻画案犯,即关于案犯的分析。

刑事人身检查性质辨析

王志刚

《中国刑事法杂志》,2011年第5期

关键词: 刑事人身检查　范围界定　关系辨析

摘要: 刑事人身检查(以下简称人身检查)作为一种侦查措施,在国内外侦查实践中被广泛运用,且在生物痕迹比对、人身同一性认定方面发挥了重要作用。从实施范围看,人身检查既包括对被检查人身体外表特征与身体内部的检查,也包括对被检查人身体样本的采集;从基本属性看,人身检查则兼具任意侦查与强制侦查的双重属性;从与其他相关刑事诉讼措施的关系看,刑事人身检查则既有别于人身搜查,又区别于刑事勘验或鉴定,具有鲜明的独立性。

侦查实验笔录简论

杨东亮

《证据科学》,2011 年第 5 期

关键词:侦查实验笔录　证据能力　证明力

摘要:侦查实验是指侦查人员在刑事诉讼过程中按照科学的原则和方法,在模拟案件原有条件基础上所设计、实施的,旨在查明与案件有关的事实的存在、发生的可能性或其状态、过程的法科学活动。侦查实验笔录是侦查实验过程及结论的载体,是侦查人员按照法定格式制作的,用于描述和证明实验过程中发生的具有法律意义的事实状况的书面记录。在证据法学视野内探讨侦查实验笔录的证据能力与证明力是司法实践与法学研究的紧迫需求。从抽象角度观察,侦查实验笔录具有证明案件事实的价值,具备证据的关联性与合法性属性,具有证据能力。侦查实验笔录及其所记载的内容并非直接来源于案件事实,此系其与其他证据种类的本质区别,该属性决定了其证明的或然性特征。侦查实验笔录证明力的判断系事实判断问题而非法律判断问题,故应结合具体案件具体分析。

论侦查实验笔录证据能力的审查判断

韩　旭

《法商研究》,2015 年第 1 期

关键词:侦查实验笔录　证据能力　条件相似性

摘要:最高人民法院的司法解释虽然将"实验条件相似"确立为侦查实验笔录是否具有证据能力的判断规则,但由于侦查实验程序规范性不足,已有的制度规范缺乏协调性以及外部监督制约机制和证明机制的双重缺失,导致该类证据在审查判断上的操作困难。实验结论的可靠性依赖于实验条件的实质相似性,具体包括实验场所的一致性、实验工具的同一性、实验环境的相近性、实验主体的同质性、实验过程的完整性以及实验活动的反复性等方面的内容。为充分发挥实验结论在诉讼中的证明作用,有必要将侦查实验改造成为一种控、辩、审三方均可实施的司法证明手段,以此为基础,完善实验规则,并建立证明规则、见证规则以及专家辅助人出庭规则等相关的制度规范。

《俄罗斯联邦国家司法鉴定活动法》评述

郭金霞

《证据科学》,2015 年第 4 期

关键词:俄罗斯　国家司法鉴定活动法　评述

摘要:《俄罗斯联邦国家司法鉴定活动法》是该国从分散走向统一的立法模式选择。国家司法鉴定活动以国家司法鉴定活动法为统领,与诉讼立法相衔接,以维护权利与客观公正为中心的司法鉴定活动原则,鉴定人鉴定与委员会鉴定相结合的鉴定形式等内容,构成俄罗斯联邦国家司法鉴定活动法的亮点。尤其是对被鉴定人权利和自由保障的优先性考虑,对鉴定结论公正与可靠的双向追求,成为支撑俄罗斯联邦国家司法鉴定活动法的全新价值理念。透过俄罗斯国家司法鉴定活动法全貌,管窥俄罗斯司法鉴定立法的特点,吸取其成功的经验,以期为我国司法鉴定统一立法所借鉴。

司法鉴定专家委员会制度刍议

杨晓薇

《犯罪研究》,2014年第5期

关键词: 司法鉴定 专家委员会 争议解决机制

摘要: 当前,司法鉴定专家委员会在解决鉴定意见争议方面发挥着不小的作用。但理论与实务界对于专家委员会的设立目的、职能权限乃至组成人员资质等方面均存在分歧,以致引发了人们对于专家委员会存在必要性与合理性的质疑。对这一鉴定意见争议解决机制展开研究,从该制度的产生渊源、各地的相关规定入手,从现状、存在必要性、发展困境等方面进行分析讨论,从而对该制度的未来发展趋势和改进完善提出看法与建议。

越南司法鉴定法

梁礼华

《证据科学》,2014年第1期

关键词: 越南 司法鉴定 翻译

摘要: 2012年6月20日,越南国会第八届第三次会议通过了《司法鉴定法》,于2013年1月1日起生效实施。该法共分为8章46条。规定全面,覆盖了司法鉴定管理和鉴定程序等方方面面的内容,对我国从事司法鉴定研究和实务工作的专业人员有很大的借鉴价值。

论司法鉴定的科学性

刘 鑫

《中国政法大学学报》,2014年第5期

关键词: 司法鉴定 鉴定结论 科学性

摘要: 无论是英美法系还是大陆法系,乃至我国的司法鉴定制度,科学性都是鉴定结论的本质属性。科学的本意是分科之学,是系统知识的集合,但在证据学领域,基本上把科学等同于正确。鉴定结论的科学性实际上就是要注重科学精神,把鉴定结论的科学性绝对化、极端化、万能化的行为,有违科学的本质,背叛了科学的精神。鉴定结论具有科学性的论断是有问题的,其中还包含着技术和经验。法庭在遴选鉴定人的时候,不仅要对鉴定人的资格做形式审查,更要对鉴定人的鉴定能力做实质审查。对鉴定结论的科学性的审查还应当排除伪科学的东西。唯有如此,才可能将鉴定结论回归到证据的层面,通过法庭质证,符合证据采信标准的鉴定结论才能作为定案依据。

专家证据的价值与我国司法鉴定制度的修改
季美君
《法学研究》,2013年第2期

关键词:专家证据　司法鉴定　专家辅助人

摘要:随着科学技术的飞速发展,专家证据在诉讼中发挥着越来越重要的作用。在英美法系国家,专家证据制度在专家证人资格规定上的广泛性和选任上的自由性,使其在适用上具有灵活性和实用性的特点,其详细而完备的专家证据可采性规则,更是司法经验的积累与法官智慧的结晶。英美法系国家的专家证据制度和大陆法系的鉴定制度,在近些年的改革中呈现出共同的趋向,如启动程序的多样化、过错责任的严格化和庭审对抗的强化,这为完善我国司法鉴定制度、准确适用新刑诉法中有关专家辅助人的规定以及充分发挥专家证据的作用开启了新的思路。面对我国司法鉴定中依然相当混乱的鉴定主体问题,构建鉴定人、专家顾问和专家辅助人三位一体的司法鉴定主体格局,或许是一条比较合理可行的出路。

司法鉴定主体格局的中国模式——以刑事诉讼法为范本的分析
赵珊珊
《证据科学》,2013年第1期

关键词:司法鉴定制度改革　司法鉴定主体格局　中国模式

摘要:2012年修正的《刑事诉讼法》对司法鉴定制度作出了修改。司法鉴定制度改革选择了一种新路径,即初步确立了司法鉴定主体格局的中国模式:选择了一种以鉴定人为主、专家辅助人为辅的司法鉴定主体格局,由二者共同为案件中涉及的专门知识问题服务。然而,配套制度的缺失可能造成这种模式选择希冀凸显的立法理念不能完全表达,期盼达到的目标不能完全实现。

精神病司法鉴定若干法律问题研究
郭　华
《法学家》,2012年第2期

关键词:精神病司法鉴定　精神病人　刑事责任能力

摘要:精神病鉴定因涉及精神病医学、心理学、法学以及社会学等诸多领域的专门知识而呈现出复杂性。与其他医学学科相比,精神病医学的发展相对缓慢,在一定程度上制约了精神病鉴定制度的发展,甚至影响了鉴定程序启动的正常展开。精神病鉴定制度的不完善及其程序启动的失当又导致实践中出现精神病鉴定的乱象。从司法鉴定实践中可以发现,精神病鉴定本身的可靠程度以及刑事责任能力的评定与鉴定启动、鉴定结果选择等具有内在的互动性。尽管精神病鉴定制度无力解决精神病医学不发达的根本性问题，但科学的精神病鉴定制度对精神病鉴定技术、鉴定能力与鉴定质量的提高有较大的助益。

司法鉴定制度与专家证人制度交叉共存论之质疑——与邵劭博士商榷

郭　华

《法商研究》，2012 年第 4 期

关键词：司法鉴定制度　专家证人制度　交叉共存论

摘要：我国司法鉴定制度改革是依靠自身体制的完善还是以专家证人制度替代抑或与之交叉共存，是深化司法鉴定体制改革必须直面的问题。在我国司法改革日益注重吸收借鉴英美法系国家法律制度的语境下，这一问题极易被所谓"兼顾"或者"互补"的"中间道路"论者所强调，致使理论上认为鉴定制度与专家证人制度交叉共存应作为当下最佳的路径选择。这种不考虑专家证人生存的制度背景以及不顾及我国诉讼制度总体框架的改革设想，在实际运行中不仅会遇到难以兼容的制度"抵抗"，使相关制度之间的摩擦增大，而且还会将司法鉴定制度改革引入困境，最终断送两种制度的优势，因此应该慎行。

切实保障刑事诉讼法中司法鉴定条款的实施

郭　华

《法学》，2012 年第 6 期

关键词：《刑事诉讼法》修改　侦查　鉴定问题

摘要：2012 年全国人大对《刑事诉讼法》中有关鉴定问题的大幅修改，其进步意义毋庸置疑。如何保障纸面上的法律不折不扣地转化为行动中的法律，尤其是如何保障修改的内容与未触及问题的协调，促进新增专门知识的人出庭与证据制度间的融合，以及修改后的问题不因歧义而影响其在规范意义上的运行，是《刑事诉讼法》实施亟待解决的问题。合理解决这些问题，需要职权机关遵循规范职权行为与保障当事人权利的精神，对《刑事诉讼法》的鉴定条款作出细化解释。

我国刑事司法鉴定启动程序的改革与完善

顾静薇　郭　振

《中国刑事法杂志》，2012 年第 7 期

关键词：司法鉴定　启动程序　完善

摘要：当前我国司法鉴定启动程序存在许多问题，包括立法的缺失，司法机关启动司法鉴定缺乏应有的程序制约，当事人司法鉴定程序的参与权被弱化，司法机关启动鉴定程序缺乏合理有效控制等问题。我国刑事司法鉴定启动程序应从四个方面进行完善，即增加对刑事司法鉴定启动条件的立法规定，加强对司法

机关启动鉴定的制约,弱化审判机关对鉴定启动的控制,强化当事人对鉴定启动程序的参与权。

涉讼司法鉴定收费制度的检视与重构

拜荣静

《证据科学》,2012 年第 3 期

关键词:司法鉴定　鉴定成本　收费

摘要:我国司法鉴定机构正经历着体制性的变革,新的运作方式使现在的鉴定机构已成为市场主体,鉴定人也成为从鉴定费中获取收益的个体。过高的鉴定费用成为公民运用法律保护其合法权益的瓶颈,因而对鉴定费规制问题必须引起足够的重视。我国鉴定费问题突出表现在收费法律依据、收费标准、收费管理以及司法鉴定法律援助几个方面。鉴定收费制度应沿此问题的解决路径出发进行建构,其实质是公民诉权的保障和合法权益的维护。

司法精神鉴定的证明风险防范

詹建红

《法学》,2012 年第 8 期

关键词:司法精神鉴定人　司法证明　认证

摘要:司法精神鉴定的科学性、综合性使得法官对其进行审查认定显得力不从心,导致鉴定专家在此问题上成了案件事实的裁决者,医学诊断因此替代了司法证明。这种证明风险的形成不仅与司法精神鉴定的对象与内容有关,也是法律制度的不完备所致。为维护程序的制度功能,保证审判权的完整,有必要在区分医学问题与法律和事实问题的基础上,对司法精神鉴定意见依照证据规则进行审查和认证,通过制度化的机制建构防止鉴定人由法官的"助手"变成法官的"主人",避免司法精神鉴定中案件事实裁决的专家垄断。

对我国国家级鉴定机构功能及意义的追问与反省——评我国国家级司法鉴定机构的遴选

郭　华

《法学》,2011 年第 4 期

关键词:司法鉴定制度　国家级鉴定机构　鉴定制度改革

摘要:我国将遴选国家级司法鉴定机构作为解决"重复鉴定"以及"涉鉴上访"等司法鉴定制度改革后依然存在的老问题的途径。这种改革措施的实施必然会与科学无行政等级的基本规律以及鉴定机构法律地位平等的要求发生冲突。尽管这种措施能否解决司法鉴定领域的诸多问题还有待于实践的检验,但从深化司法鉴定体制改革的制度层面与司法鉴定作为证据的本质来看,其措施不仅难以解决人为虚高的"重复鉴定",还会诱发制度内的"重新鉴定"向非制度化的"重复鉴定"蔓延,致使"重复鉴定"在更高层次的"国家级鉴定机构"之间循环进行。

司法鉴定人自主判断权的理性思辨——以法医临床司法鉴定为视角
鲍现宝　张纯兵　沈臻懿
《犯罪研究》,2011年第4期

关键词: 法医临床司法鉴定　司法鉴定人　自主判断权

摘要: 法医临床司法鉴定领域中,标准规定笼统、术语弹性较大以及技术规范差异等因素,使得鉴定人在一定程度上享有对某些特定问题的自主判断权。自主判断权的应用有其存在的必要性,但需通过必要的措施予以约束与制衡。否则,很难保证司法鉴定的科学、客观、公正,同时也会损害作为证据的司法鉴定意见的证明效力,妨碍司法公正的实现。

司法鉴定模式与专家证人模式的融合——中国刑事司法鉴定制度改革的方向
汪建成
《国家检察官学院学报》,2011年第4期

关键词: 司法鉴定　改革　技术

摘要: 中国司法鉴定制度的改革应当以人权保障为核心,兼顾中国国情,循序渐进地进行。在结构层面上,应当注意吸收和借鉴大陆法系司法鉴定模式中的一些成功做法;在技术层面上,则应当引进英美法系专家证人模式中的一些合理因素。司法鉴定模式与专家证人模式的融合才是中国刑事司法鉴定制度改革的方向。

司法鉴定的证据能力及其审查——以"两高三部""两个证据规定"为视域
卢乐云
《中国刑事法杂志》,2011年第9期

关键词: 两个证据规定　司法鉴定　证据能力

摘要: 沿用"鉴定意见"法律称谓的"两个证据规定"规制鉴定意见的证据能力,体现实体真实和程序公正的价值取向。相比于两大法系司法鉴定(专家证言)证据能力规则体系及《全国人大常委会关于司法鉴定管理问题决定》,"两个证据规定"运用逆向的方法,通过鉴定证据排除规则,初步构建了我国鉴定意见的证据能力规则体系,对作为刑事诉讼中的鉴定意见进行了系统规制。而要实现司法鉴定的应然价值,就必须依据现有的规则体系对鉴定意见进行审查判断,以阻断冤假错案的发生。

论刑事司法鉴定制度的基本原则——以刑事诉讼法的修改为视角
陈心歌
《证据科学》,2011年第5期

关键词：刑事司法鉴定　基本原则　程序失灵

摘要：刑事司法鉴定制度的基本原则有丰富的内容，既包括《刑事诉讼法》的基本原则，也包括《证据法》的原则，还包括鉴定制度所特有的原则。其中，无论是《刑事诉讼法》中的基本原则，还是《证据法》的原则，在鉴定问题上又都有其特殊的要求。本文以《刑事诉讼法》的修改为视角，从解决刑事司法鉴定程序失灵等疑难问题出发，选取其中不可替代的三个原则，即权利保障原则、程序法定及规范职权原则、中立与科学原则进行简要论述，重点在于揭示上述基本原则对于刑事司法鉴定制度建构和运行的指导作用和重要意义。

论司法鉴定人员职业规则

杜国栋

《证据科学》，2011年第5期

关键词：司法鉴定人员　行为规则　伦理

摘要：如何理顺司法鉴定中各个主体的关系，如何规范司法鉴定活动，使司法鉴定活动可以发挥其制度设计中本应具备的职能，是司法鉴定制度进一步完善的重点。在可供选择的多种方式之中，司法鉴定人员职业规则是必不可缺的一环。自从2005年司法鉴定体制改革以来，针对司法鉴定人员职业规则的研究和制定规则的实践均刚刚起步，急需进行系统而具体的探索。

司法鉴定制度改革的基本思路

郭　华

《法学研究》，2011年第1期

关键词：司法鉴定　可信性　可靠性

摘要：司法鉴定制度基于鉴定结论证明案件事实的证据功能而产生。鉴定结论作为鉴定人的判断更需要制度控制和程序检测。然而，我国的司法鉴定制度未能很好地完成这一任务，即使进行了相应改革，改革后的司法鉴定制度仍未能发挥应有的作用。深化司法鉴定制度改革，应当以鉴定结论的证据性质、功能及其应然性作为基础，建立具有保障鉴定结论可信性功能的鉴定制度和具有检测鉴定结论可靠性功能的诉讼程序，以使司法鉴定制度能够满足诉讼证明的高标准要求。

退回补充侦查与冤假错案防范

李　新　余响铃

《人民检察》，2014年第2期

关键词：退回补充侦查　冤假错案　法律监督

摘要：退回补充侦查是刑事诉讼中补充完善证据、促进公正执法、强化法律监督的重要手段，是防范冤假错案的一道安全阀。作为司法实践中检察机关运用较多、行使较为充分的权力,要进一步发挥作用,必须切实规范退回补充侦查的内容、方式,强化对侦查机关补充证据的监督,防范因退查致使嫌疑人羁押期限过长,保证刑事诉讼更加有效、规范运行。

起诉阶段退回补充侦查程序运行情况调查

齐冠军　杨蕊　刁飞腾　常俊朋　何江江

《人民检察》,2014 年第 22 期

关键词: 补充侦查　审查起诉阶段　程序运行

摘要: 退回补充侦查作为检察机关行使侦查监督权的一种形式,其合理性与存在的价值已无须质疑,但在实际运行过程中却存在一定问题。以天津市河东区人民检察院的调研数据为样本,对退回补充侦查问题进行实证分析,并有针对性地提出建议,以期对该制度在实践中的完善有所裨益。为全面了解审查起诉阶段退回补充侦查运行的实际情况,需要对样本——天津市河东区检察院公诉部门 2010 年到 2014 上半年退回补充侦查的全部案件进行统计,对一些具有指向意义的数据进行系统分析,通过这些指标或指标组合来客观反映该制度的运行情况及其背后的问题。

侦查监督权配置的现状与改革构想

韩成军

《法学论坛》,2011 年第 4 期

关键词: 侦查监督　立案监督　审查批捕

摘要: 侦查监督是刑事诉讼的必要程序,是确保刑事侦查活动的正当性、合法性的必要手段,也是诉讼规律的必然要求。尽管理论界对侦查监督的具体含义存在争议,但刑事立案监督、侦查活动监督、审查逮捕构成了侦查监督的三项主要职责。由检察机关行使侦查监督权,无论从理论还是从司法实践来说,均有其不可比拟的合理性。为适应当前司法实践的需要,应当从强化立案监督、侦查活动监督和完善审查批捕程序等方面探寻侦查监督权优化配置的合理路径。

侦查监督制度的中国模式及其改革

刘计划

《中国法学》,2014 年第 1 期

关键词: 侦查监督　同体监督　异体监督

摘要: 检察机关对侦查实施一元化监督,构成侦查监督制度的中国模式。检察监督侦查模式具有重大缺陷:对自行侦查的监督陷入同体监督的困局,对公安侦查的监督则存在追诉主导的局限性。其实质是自我监督、控方内部监督,弊端在于规避、排斥异体监督,即来自控方之外的法院监督和律师监督。在该模式下,侦查讯问监督机制缺失致刑讯发生,逮捕因审查程序中法官缺位和律师参与不足而沦为追诉的附庸,搜查、扣押、监听等强制处分亦未能建立起外部审查监督机制。以上种种,致自由、财产、隐私诸权处于侦查机关的完全控制之下。为实现对侦查的监督,应贯彻法治和保障人权宪法原则,根据诉讼结构理论建立对强制侦查的法院监督机制和律师监督机制,并完善程序规则约束侦查行为。

人权保障理念视角下的侦查监督改革

陈卫东　赵　恒

《人民检察》,2014年第9期

关键词: 人权保障　侦查监督　司法救济

摘要: 修改后的刑诉法明确写入"尊重和保障人权",成为刑事诉讼活动的基本原则,对侦查监督提出了新的要求。鉴于侦查活动对公民权利存在侵害的危险性,必须从传统限制公权力为主的监督理念转换为保障人权与限制公权并重的观念,并通过限制公权力实现保护公民合法权益的目的,提升司法救济能力。就检察机关的侦查监督改革而言,应当以专门化、专业化的改革监督举措来提升侦查监督工作水平。

我国检察机关侦查监督模式的问题及完善路径——基于诉讼模式进化原理的分析

何秉群　陈玉忠　王　雷

《中国刑事法杂志》,2013年第10期

关键词: 检察机关　侦查监督　准司法审查

摘要: 尽管2012年我国《刑事诉讼法》的再修改使得检察机关侦查监督模式有了一定的进步,但问题的存在仍然使我国检察机关侦查监督模式具有进一步完善的必要和空间。对我国现行检察机关侦查监督模式的完善,既不能脱离当下的刑事诉讼模式和司法制度而空谈设计,也不能忽视国情而盲目模仿、照搬他国制度。我国检察机关侦查监督模式应以"准司法审查"为改进与完善方向,这不仅与我国刑事诉讼的法治理念相符合,也和刑事诉讼模式的法律进化原理相一致。

违法侦查行为投诉处理机制实务探究——以检察机关法律监督为视角

梁田　谭金生　肖波

《西南政法大学学报》,2013年第6期

关键词: 违法侦查行为　处理机制　检察监督

摘要: 2012年修改的《刑事诉讼法》进一步强化了以检察监督为主的违法侦查行为投诉处理模式,使我国违法侦查行为权利救济制度的建立和完善取得了实质性进展和突破。但是,修改后的《刑事诉讼法》对违法侦查行为权利救济的规定仍然比较原则,为增强实践中的可操作性,有必要进一步细化和完善,特别是在程序设计上要解决好一系列问题,主要包括违法侦查行为投诉主体、受理条件、利害关系人的范围、调查处理方式、侦查机关自我审查程序、违法侦查行为的处置等。

日本检察侦查权监督制约机制及其启示——以邮费优惠案为例
吴常青
《中国刑事法杂志》,2013年第4期
关键词: 检察侦查权　监督制约　非法讯问
摘要: 日本检察官素有"刑事司法脊梁"之美誉,不过,2009年发生的邮费优惠案中检察官大量滥用侦查权力的行为,使得日本检察机关遭到广泛质疑,声誉扫地。该案反映出检察侦查过程中的非法讯问难以遏制、内部监督在防止侦查权滥用方面乏力等问题。进一步分析,这些问题与日本检察官"成果主义"司法文化、法官对检察官的顺从等深层次原因密切关联。中日两国在司法传统、诉讼文化、检察侦查权配置及其监督制约方面有诸多共性,这使得日本检察侦查权监督制约机制及其实践对我国相关制度的改革与完善有着重要的参考价值。

论职务犯罪技术侦查中的检察监督
何邦武　张磊
《法学杂志》,2012年第12期
关键词: 职务犯罪　检察监督　司法解释
摘要: 在目前的刑事司法体制下,为了使新修订的《刑事诉讼法》有关职务犯罪技术侦查的规定符合正当程序的理念并得到有效实施,通过司法解释进行"创制性解释",弥合制度中的罅隙,检察监督技术侦查的启动、实施是较为可行的方法。这种监督还应考虑到技术侦查行为的各种特殊形式,尤其是紧急情况下的侦查和附带型技术侦查。因此,必须结合我国职务犯罪的侦查监督体制设定可裁量性标准,以利于检察监督。

论宽严相济刑事政策在侦查监督中的运用
王文生
《当代法学》,2011年第3期
关键词: 刑事政策　宽严相济　侦查监督
摘要: 在建设社会主义和谐社会的进程中,应充分运用宽严相济的刑事政策,在控制犯罪、保障人权、促进经济社会发展、维护社会稳定方面发挥积极作用。但是,宽严相济刑事政策在侦查监督部门中运用时存在着逮捕数量过大、"以捕代侦"普遍、目的手段错位、贯彻难以到位、处理有失公允、缺乏协调统一等问题。这些问题的存在影响了宽严相济刑事政策的正确运用。在检察工作中,如何把握好宽严相济的刑事政策在侦查监督中的"严"和"宽"的正确运用,做到不枉不纵,是新时期检察干警所面临的一个严峻课题。

中德侦查权监督机制之比较与我国侦查权监督机制的完善

施业家　罗　林

《法学评论》,2011年第5期

关键词: 刑事诉讼　侦查权　监督机制

摘要: 德国的刑事诉讼程序是现代询问制诉讼模式的典型代表,对完善我国刑事诉讼制度具有借鉴意义。侦查权基于其行政权的性质具有扩张性、主动性,容易造成对公民权利的侵害,必须进行监督制约。德国对侦查权进行监督的方式是设置侦查法官,建立司法审查制度。我国对侦查权的监督制约主要是通过侦查机关的内部约束和检察机关的外部控制两个方面来实现,由于立法上的不足,以及业已形成的实践套路与立法精神的严重背离而存在诸多缺陷。借鉴德国侦查权监督机制的合理因素,完善我国侦查权监督机制的根本措施是建立司法审查制度,通过司法权监督制约侦查权。

检察机关自侦案件中贪污贿赂犯罪追诉标准应予调整

韩成军

《河南社会科学》,2011年第6期

关键词: 检察机关　自侦案件　贪污贿赂犯罪

摘要: 刑事诉讼中的追诉标准是侦查起诉中应重点把握的问题,应对追诉标准与定罪标准进行准确界分。立法是司法实践的反映,对贪污贿赂犯罪的追诉标准反映出检察机关对贪污贿赂犯罪定罪情节的认识,是在立案、侦查、提起公诉阶段从刑事实体法的角度分析贪污贿赂犯罪的认定问题,因而探讨其定罪情节在侦查起诉阶段的特征以及准确适用问题,对于检察机关惩治贪污贿赂犯罪有着极其重要的指导作用,并且也有利于从理论上对贪污贿赂犯罪进行研讨。我国《刑法》中的贪污贿赂犯罪的追诉标准缺乏一定操作性。从刑法理论上看,深化侦办此类犯罪的细则研究,对于增强《刑法》分则相关罪刑条文的实务操作性,将罪刑原理融合到刑事司法活动中,促进贪污贿赂犯罪立法的与时俱进,有效地惩治和全面地预防贪污贿赂犯罪,具有积极的时代意义。

自侦案件审查逮捕程序改革实证分析

薛海蓉　毛光明　曹蓓蓓

《人民检察》,2011年第21期

关键词: 审查逮捕　自侦案件　法律监督

摘要: 2009年9月,最高人民检察院决定在省级以下人民检察院推出职务犯罪案件逮捕权上提一级的改革举措(以下简称"批捕权上提"),这对于强化职务犯罪案件审查决定逮捕权的法律监督,优化犯罪嫌疑人的救济程序,确保逮捕权的正确履行意义重大。现改革实施已两年有余,结合批捕权上提改革运行的实际状况,对自侦案件逮捕工作进行分析研究,对于解决工作中的问题,进一步提升自侦案件逮捕工作的规范化水平,促进自侦案件审查逮捕程序改革的深入推进和健康运转具有重要意义。

第三节　案　例　精　解

特情介入对毒品犯罪量刑的影响——刘某某贩卖毒品案评析

一、案情介绍[①]

2009年1月14日12时许,李某某电话联系被告人刘某某求购20克海洛因,双方约定在重庆市江北区石马河转盘交易,价格为每克450元。当日13时许,刘某某携带两包海洛因在石马河转盘等待时被公安民警抓获,民警从刘某某左手戴的手套内查获20.1克海洛因。随即,公安民警在刘某某的住地查获海洛因138.2克。刘某某此前曾因贩卖毒品罪于2000年7月8日被判处有期徒刑七年,2005年5月11日刑满释放。

重庆市第一中级人民法院审理认为,被告人刘某某贩卖毒品海洛因158.3克,其行为已经构成贩卖毒品罪。刘某某曾因贩卖毒品罪被判刑,且供述本次案发前有多次贩卖海洛因行为,其贩卖毒品的主观故意并非因他人引诱或者促使行为产生,本案虽有特情介入,但并不存在犯意引诱。故刘某某的辩护人关于本案系犯意引诱的辩护意见不能成立。刘某某携带毒品前往交易现场,虽未实际交易,但贩卖毒品罪的犯罪构成要件已全部具备,其犯罪行为已既遂。故其辩护人关于本案系犯罪未遂的辩护意见不能成立。被告人刘某某曾因贩卖毒品罪被判刑,系毒品再犯,依法应从重处罚。鉴于毒品尚未流入社会及查获的部分毒品系用于刘某某自己吸食等因素,可对刘某某酌情从轻处罚。综上,依照《刑法》第347条第1款、第2款第1项,第356条,第57条第1款的规定,判决被告人刘某某犯贩卖毒品罪,判处无期徒刑,剥夺政治权利终身,并处没收个人全部财产。

二、问题与争议

对于侦查机关查办毒品犯罪等疑难复杂案件的特殊侦查措施,如何区分特情引诱与特情介入的区别?在具体适用控制下交付等技术侦查措施时,如何把握住罪与非罪的界限?特情介入对毒品犯罪案件的量刑又有哪些影响?

---

① 参见沈德咏主编:《人民司法案例重述·刑事卷》,法律出版社2012年版,第193—201页。

三、评析与理由

技术侦查措施,俗称秘密侦查措施或特殊侦查措施,指侦查机关在侦查相对人知情的情况下将难以开展或无法完成的、而以隐藏或欺骗方式实施的非强制性侦查活动。① "技术侦查措施"是 2012 年《刑事诉讼法》修改新增的规定。当时制定该条规定有两个背景,一是考虑到为打击严重、恶劣犯罪活动,警察部门需要采取一定的特情技术,这是当代世界各主要法治国的普遍做法;另一方面,我国 1993 年制定的《国家安全法》、1995 年制定的《人民警察法》均规定侦查机关因侦查犯罪的需要,根据国家有关规定,经过严格的批准手续,可以采取技术侦查措施。② 但 1996 年《刑事诉讼法》虽然在时间上晚于上述两部法律,却并没有吸收上述两法中关于技术侦查措施的规定,造成了公安部门适用混乱的局面,也造成了特情介入与特情引诱、罪与非罪难以界定的困境。有鉴于此,2012 年《刑事诉讼法》用一节的篇幅对此作出了规定。③

根据 2012 年《刑事诉讼法》的规定,可以采取技术侦查措施的案件范围为公安机关立案侦查的危害国家安全犯罪、恐怖活动犯罪、黑社会性质的组织犯罪、重大毒品犯罪或者其他严重危害社会的犯罪案件,以及人民检察院立案侦查的重大的贪污、贿赂犯罪案件和利用职权实施的严重侵犯公民人身权利的重大犯罪案件。这其中,又以毒品犯罪案件为特甚。众所周知,毒品犯罪活动不同于其他一般的犯罪活动,这种犯罪通常发生在极为隐蔽的状态和环境下,由毒贩和购买者单线联系,以一对一的交易模式完成犯罪。整个购买和贩卖的过程外界难以知悉。因而,毒品犯罪案件侦查难度极大,其隐蔽性的特征给侦查机关查明案件事实真相的工作造成了极大障碍。从 21 世纪以来西方各国以及打击毒品犯罪较有力的东南亚各国的司法实践经验来看,特情侦查措施显著提升了侦查效率。这种新型的侦查措施渐渐为各国立法所承认和规制,并不断在现代刑事案件侦查活动中发挥越来越重要的作用。特情侦查措施的合法有效实施,有利于侦查人员打入贩毒组织、黑社会性质组织等有计划的犯罪集团内部,消弭其隐蔽性之屏障。

侦查阶段的一个显著特点是侦查行为的公开性和侦查内容的保密性相结合,而特情侦查措施却是犯罪嫌疑人在毫不知情的情况下与化装侦查的公安刑侦人员或所谓的"警方人员"接洽,并以此作为日后庭审中对其定罪量刑的证据,

---

① 参见叶青主编:《刑事诉讼法学》(第三版),上海人民出版社、北京大学出版社 2013 年版,第 279 页。
② 参见郎胜主编:《中华人民共和国刑事诉讼法释义》,法律出版社 2012 年版,第 326 页。
③ 技术侦查措施规定在《刑事诉讼法》第二编"立案、侦查和提起公诉"的第二章"侦查"的第八节里。

可见,公安人员在特情侦查中把握合法与非法的边界是区分罪与非罪的重要依据。特情介入分多种情况,如"毒品贩子已持有毒品待售或已准备实施大宗毒品犯罪,而仅仅通过特情来贴靠、接洽毒品犯罪分子,即特情介入仅提供给被告人毒品犯罪可能成功实现的一个机会",即是特情介入。特情引诱包括犯意引诱与数量引诱。犯意引诱是指行为人本来没有毒品犯罪的故意,但在特情人员的引诱和促成下形成犯意进而实施毒品犯罪;数量引诱是指行为人本来只有实施数量较小的毒品犯罪的故意,但在特情人员的引诱下,实施了数量更大的毒品犯罪。[①] 为了规范侦查行为,同时为了在审判阶段能明确判断被告人实施犯罪行为时的主客观要件,进而为确定其罪与非罪、罪轻罪重奠定基础,最高人民法院对《2004年全国法院审理毒品犯罪案件工作座谈会纪要》(又称"南宁纪要")进行重新修正后,于2008年12月印发新版《全国法院审理毒品犯罪案件工作座谈会纪要》(以下简称《纪要》)。依照该《纪要》的精神,对特情介入侦破的毒品案件,不存在犯意引诱的,应当依法处理。对因犯意引诱实施毒品犯罪的被告人,应当依法从轻处罚。对因数量引诱实施毒品犯罪的被告人,应当依法从轻处罚。对不能排除犯意引诱和数量引诱的案件,在考虑是否对被告人判处死刑立即执行时,要留有余地。

综合上述《纪要》中的规定和我国法学理论界目前较为一致的意见,我们以为,在审理该类案件时,可以从下列几个方面审查判断犯意引诱和特情介入的界分:(1)须考虑此案中犯罪嫌疑人所为犯罪行为之主观要件犯罪故意系出自其本意还是产生自化装侦查的公安刑侦人员或所谓"警方人员"的刻意教唆、怂恿甚至鼓励。(2)在犯罪嫌疑人的主观故意难以判断时,需考虑警方截获的毒品数量,是仅供一人吸食还是可供大宗买卖,用以判断其是否具有进行毒品交易的客观物质条件。(3)法庭还需查明,侦查机关对犯罪嫌疑人实施技术侦查措施前,侦查机关是否有明确的线索或合理理由足以使其怀疑该犯罪嫌疑人可能正在实施或将要实施毒品犯罪,从而决定对其采用此种侦查行为。

依据上述判断标准,结合本案而言,被告人刘某某在本案案发前曾多次贩卖海洛因,且因贩卖毒品罪被判处过刑事处罚,此番再度进行毒品交易,系累犯,依照刑法理应从重处罚。据其供述,在本次毒品交易被警方破获之前,被告人刘某某亦有过多次与他人进行的毒品买卖行为。由此可初步推知其主观意图,即其在此次贩卖毒品时的主观故意是其内心犯意的真实表现,并非因他人的引诱或者促使行为而产生。再者,观其贩毒数量,在司法实践中,警方侦查活动所截获的毒品数量,是判断犯罪嫌疑人、被告人是否具备进行毒品交易的客观物质条件

---

① 参见汪礼滔、陈娥:《刘泽贵贩卖毒品案——特情介入对毒品犯罪量刑的影响》,载《人民司法·案例》2010年第12期。

的重要依据:量小者,可以判断为仅供自身吸食;量大者,自然是用于大宗买卖。本案中,被告人刘某某被警方抓获时随身携带有两包海洛因等待交易,重计20.1克。随即,侦查人员又在刘某某的住处查获海洛因138.2克。海洛因是半合成的阿片类毒品,它与鸦片和吗啡虽同为神经麻醉药物,但海洛因因其提炼于鸦片,工艺复杂,故纯度较高,相较于鸦片和吗啡而言,危害更大、更广,因而我国《刑法》第347条将走私、贩卖、运输、制造海洛因或者甲基苯丙胺达50克以上之行为,作为走私、贩卖、运输、制造毒品罪法定刑升格的情节来定罪量刑[①]。侦查人员在被告人刘某某住处查获到海洛因138.2克,早已达到数量较大的标准,仅将其视为刘个人吸食的存货,可能性较低。就此案而言,被告人刘某某平日持有大量毒品,处于伺机等待上下游交易机会的状态中,而公安特情人员的介入,恰恰提供给被告人刘某某一个毒品犯罪得以成功实现的机会。综合全案情况来看,本案虽有特情介入因素,但并不存在犯意引诱,更没有数量引诱的情形。因此,被告人刘某某的辩护人关于本案系犯意引诱的辩护意见不能成立。刘某某携带毒品前往交易现场,虽未实际完成交易,但实属控制下交付,其交易过程完全为警方所控制、监视,如若排除警方特情介入因素,则被告人刘某某的此次交易必然会顺利完成。因此,本案审理法院作出的被告人刘某某贩卖毒品罪的犯罪构成要件已全部具备,犯罪行为业已既遂的认定是合理、合法的。

[①] 《中华人民共和国刑法》第347条第2款规定:"走私、贩卖、运输、制造毒品,有下列情形之一的,处十五年有期徒刑、无期徒刑或者死刑,并处没收财产:(一)走私、贩卖、运输、制造鸦片一千克以上、海洛因或者甲基苯丙胺五十克以上或者其他毒品数量大的;(二)走私、贩卖、运输、制造毒品集团的首要分子;(三)武装掩护走私、贩卖、运输、制造毒品的;(四)以暴力抗拒检查、拘留、逮捕,情节严重的;(五)参与有组织的国际贩毒活动的。"

第二章　刑事强制措施

第一节　本章观点综述

刑事强制措施是指公安机关、人民检察院和人民法院为了保证刑事诉讼的顺利进行，对犯罪嫌疑人、被告人依法采取的暂时限制或剥夺其人身自由的各种强制方法。① 因刑事强制措施是公安司法机关在犯罪嫌疑人、被告人未被终局判决前即对其宪法性权利做出的处分，它与人身自由等公民基本权利直接相关，故而，刑事强制措施可以在一定程度上反映出一个国家的法治文明程度和宪政现状。

2012年新《刑事诉讼法》对刑事强制措施制度进行了重大修正，但有学者指出，新《刑事诉讼法》在立法体例上仍然沿袭了现行《刑事诉讼法》的做法，在立法思路上并未认真检讨传统强制措施概念的缺陷。该论者认为，一直以来，我国刑事诉讼法学界关于刑事强制措施概念的通说缺乏准确性和科学性，并未能准确揭示其本质和目的。我国的刑事强制措施的概念应修正为：公安、司法机关在刑事诉讼过程中为保障刑事诉讼顺利进行而干预（限制或剥夺）公民基本权利的各种强制性行为。② 刑事强制措施这一概念的内涵和外延与刑事强制措施的体系和内容直接关联。有学者在对新刑诉法中的刑事强制措施体系和内容进行认真分析后提出，现代刑事强制措施体系的形成以逮捕与羁押的分离为逻辑起点；后因人权保障理念的深入人心，使得以保释为代表的非羁押性刑事强制措施制度地位凸显。该学者将他所论述的现代刑事强制措施体系对照我国刑事诉讼制度规定，特别是从以五种人身强制措施构建的强制措施体系来看，发现二者有着相当大的差距。该论者认为，如果现阶段一步到位式地建立对人、对物、对隐私权的刑事强制措施体系还有困难，那么完善现有的针对人身权利的强制措施体系就显得既可行又必要，在"依法治国""人权保障"的语境下就更是如此。③ 此外，在现代刑事诉讼的强制措施体系中，对物的强制应该占有一定的地位，而我国刑事诉讼法的强制措施部分明显未将对物的强制措施纳入。故有学者还指出，作为一项常用的强制性措施，刑事扣押对于收集和保全证据，保证诉讼活动顺利进

---

① 参见叶青主编：《刑事诉讼法学》（第三版），上海人民出版社、北京大学出版社2013年版，第177页。
② 参见万毅：《论强制措施概念之修正》，载《清华法学》2012年第3期。
③ 参见郭烁：《新刑诉法背景下的强制措施体系》，载《政法论坛》2014年第3期。

行,尽量减少国家和被害人的经济损失有着十分重要的作用。为了保证将来的判决能够执行,犯罪嫌疑人的合法财产可以成为扣押的对象。侦查机关、检察机关、审判机关都应有权依职权或依刑事诉讼被害人的申请对涉案款物、犯罪嫌疑人的其他财产实行保全措施。但应当强化对物的处分的程序化和正当性,建立和完善合理的对物的强制措施制度。①

具体来看,2012年刑诉法修改调整了"强制措施"这一章的有关规定,主要体现在以下方面:(1)细化逮捕条件,完善审查批准程序。(2)新增指定居所监视居住措施,明确规定适用条件。(3)严格限制采取强制措施后不通知家属的例外情况。(4)扩展了被取保候审人的义务类型,规定了适用于特定案件中被取保候审人的特殊义务。②刑诉法的这些修改也是学者们对各种具体类型刑事强制措施的大讨论推动的结果。

关于拘传,有学者指出了我国刑事拘传存在以下问题:首先,对拘传的适用条件没有明确规定。其次,对拘传的执行主体没有明确规定。再次,对拘传法律文书的名称上,三机关的规定也有不同。最后,也是最为重要的是,对于变更或者解除拘传的措施问题,公安机关及最高人民检察院均有规定,但最高人民法院相关司法解释中则忽略了此点。该论者进而提出了改革的构想,即改革的思路不是直接取消留置制度的简单化做法,而应在正确厘定"刑、行"边界的基础上,进一步完善两种制度。③

关于监视居住,有学者以实地调研的实证研究方式发现,在地方公安、司法机关的工作中,指定居所监视居住的实践呈现积极适用与消极适用的两极化现象。出现这种局面的原因主要在于公安机关对于指定监视居住执行场所和执行方式的理解存在不同的认识。而积极适用指定居所监视居住措施的公安机关基本采用非羁押化的执行方式,这种方式不仅成本较低、实施难度较小,还具有较强的诉讼保障功能。④ 2012年新《刑事诉讼法》新增指定居所监视居住的规定,对于此种刑事强制措施所隐含的一定的羁押性或半羁押性质,不少学者提出了不同的观点。如有学者就指出,指定居所监视居住是一种适用于一些特殊且严重的罪行的、为了防范有碍侦查的情况而采取的、在侦查部门批准的居所内执行的监视居住但可折抵刑期的羁押性强制措施。指定居所监视居住背后潜藏着基本权利危机,其比拘留和逮捕更容易失控,不能体现法院、检察院和公安机关互

---

① 参见张栋:《刑事诉讼法中对物的强制措施之构建》,载《政治与法律》2012年第1期。
② 参见卞建林主编:《中华人民共和国刑事诉讼法最新解读》,中国人民公安大学出版社2012年版,第83—84页。
③ 参见郭烁:《中国刑事拘传存在的问题及其变革》,载《比较法研究》2013年第4期。
④ 参见马静华:《公安机关适用指定监视居住措施的实证分析——以一个省会城市为例》,载《法商研究》2015年第2期。

相制约的程序控制精神。为了化解指定居所监视居住背后的基本权利危机,立法必须首先将指定居所监视居住定位为一种羁押措施,并比照拘留和逮捕这类羁押措施的人权保障要求,建立互相制约的决定、审查和救济程序,提高指定居所的保障程度,压缩指定居所监视居住的时间,让辩护权、申诉权和控告权的行使更加充分,并且与其他羁押措施实行同等的抵扣和赔偿制度。①

我国刑事拘留的期限较长的问题一直饱受学界争议。近年来,较多学者开始将视角转往域外,采用比较法的观点分析拘留改革的问题。有学者考察了法国拘留制度改革的最新动态后指出,法国拘留制度改革扩充了被拘留人的获得律师帮助权的内容,具体包括以下几项内容:① 聘请律师的权利;② 与律师会见的权利;③ 在接受询问和对质时有律师在场的权利;④ 律师对案情的知悉权;⑤ 被害人获得律师帮助的权利。同时,法国拘留制度改革还扩大了向犯罪嫌疑人进行权利告知的范围。② 有学者在分析法国拘留制度改革的基础上得出对中国的启示:应该从宏观和微观两个角度来进行制度设计。从宏观来说,首先应以刑事诉讼国际准则的有关规定为参照;其次,应该从《宪法》的角度对刑事拘留制度进行设计,使之具有合宪性。从微观角度来看,首先,应引入司法审查制度;其次,引入听证程序,注入抗辩元素;最后,应当明确列举被拘留人所应享有的各项权利并规定侦查机关应负有告知义务,同时还应建立相关的救济机制。③

逮捕是刑事强制措施中最为严厉的一种。逮捕措施通过将犯罪嫌疑人、被告人的人身自由予以完全剥夺从而达到保障刑事诉讼的顺利进行、防范被捕人的社会危险性继续发生之目的。正因为逮捕与公民基本的宪法性权利息息相关,一旦被滥用或错用,将导致犯罪嫌疑人的人身权利遭受重大损害,所以学界对于被逮捕人的救济权利研究较为关注。有学者指出,律师介入权是被捕人权利保障的重要手段,《刑事诉讼法》及其司法解释虽为审查逮捕程序中律师的介入提供了法律基础,但仍存在操作性不强、权利救济不完善、检方应对程序不明确、律师介入后的实体权利未落实及法律援助范围有瑕疵等问题,因而,很有必要构建听证式逮捕程序及相关配套制度,以避免律师介入审查逮捕程序的虚置。④ 为保证逮捕强制措施的正确适用,《刑事诉讼法》第 78 条规定,逮捕犯罪嫌疑人、被告人,必须经过人民检察院批准或者人民法院决定。然而,在我国的司法实践中,检察机关审查批准逮捕的活动却存在异化的倾向。有学者指出,我国检察机关审查逮捕时会在一定程度上参与侦查、引导侦查甚至补充侦查,内部考核制度等因素又"倒逼"审查逮捕公诉化。这使得审查逮捕权异化为侦查权、

---

① 参见孙煜华:《指定居所监视居住的合宪性审视》,载《法学》2013 年第 6 期。
② 参见俞亮:《法国拘留制度改革最新动态》,载《比较法研究》2012 年第 2 期。
③ 参见王洪宇:《借鉴与反思:法国刑事拘留改革对中国之启示》,载《比较法研究》2012 年第 3 期。
④ 参见叶青:《审查逮捕程序中律师介入权的保障》,载《法学》2014 年第 2 期。

公诉权和"纠错型"侦查监督权。为使我国审查逮捕权回归程序裁决权之"本性",应改革审查逮捕侦查化、公诉化的相关规则和考核制度,将侦查性质的行为从审查逮捕中剥离,并将审查逮捕与"纠错型"侦查监督活动分离,禁止"捕诉机关合一"的做法。①

2012年《刑事诉讼法》修改新增了一条关于"羁押必要性审查"的规定。② 但羁押必要性审查的时间、频次,审查的具体内容、材料,刑诉法本身并没有对此作出细化的规定,由此可见,羁押必要性审查之规定仍属立法者的试验性立法举措,其具体做法还需待实践经验成熟后上升为法律。有学者以某省会市十二个基层检察院为对象调研后发现,羁押必要性审查制度实施近两年后,既有对权利保障予以促进的良性效果,但同时也存在诸如审查范围过窄、裁量空间有限以及审查方式单一等不足。通过调研,该学者还阐述了制约羁押必要性审查制度的深层次问题,包括制度本身的不健全、权力运行机制的限制以及打击犯罪优先的诉讼理念的困扰。③ 可见,"羁押必要性审查"要想在我国形成一套有效、周全的制度体系还有诸多障碍待以克服。还有学者从羁押必要性审查的配套制度角度出发,构思完善羁押必要性审查机制,指出新设的羁押必要性审查制度要发挥预期功能,在科学的程序构架之外,要注重配套机制建设。未来应完善羁押必要性证明机制和取保候审保障机制,通过明确羁押必要性证明标准、证明责任以及创新取保候审监管方式等措施化解必要性难以证明、替代性强制措施不足等难题。④

第二节　相关论文摘要

新刑诉法背景下的强制措施体系

郭烁

《政法论坛》,2014年第3期

关键词: 2012年《刑事诉讼法》　刑事强制措施体系　非羁押性强制措施

摘要: 通过现代刑事司法制度演进历史可以很明显地看到,现代刑事强制措施体系的形成以逮捕与羁押的分离为逻辑起点;后因人权保障理念的深入人心,

---

① 参见汪海燕:《检察机关审查逮捕权异化与消解》,载《政法论坛》2014年第6期。
② 这是指新《刑事诉讼法》第93条之规定:"犯罪嫌疑人、被告人被逮捕后,人民检察院仍应当对羁押的必要性进行审查。对不需要继续羁押的,应当建议予以释放或者变更强制措施。有关机关应当在十日以内将处理情况通知人民检察院。"
③ 参见胡波:《羁押必要性审查制度实施情况实证研究——以某省会市十二个基层检察院为对象的考察和分析》,载《法学评论》2015年第3期。
④ 参见曾勉:《中国境遇下羁押必要性审查的难题及其破解——以羁押必要性审查配套制度的构建为中心》,载《政治与法律》2013年第4期。

使得以保释为代表的非羁押性刑事强制措施制度地位凸显。对照我国刑事诉讼制度规定的以五种人身强制措施构建的强制措施体系来看，就会发现相当大的差距。如果现阶段一步到位式地建立对人、对物、对隐私权的刑事强制措施体系还有困难，那么完善现有的针对人身权利的强制措施体系就显得既可行又必要，在"依法治国""人权保障"的语境下就更是如此。

刑事诉讼法中对物的强制措施之构建

张　栋

《政治与法律》，2012 年第 1 期

关键词：《修正案（草案）》　对物的强制措施　保全性扣押

摘要：《修正案（草案）》延续了以前的做法，在强制措施部分并未将对物的强制措施纳入，这是草案的一大遗憾。作为一项常用的强制性措施，刑事扣押对于收集和保全证据，保证诉讼活动顺利进行，尽量减少国家和被害人所受的经济损失有着十分重要的作用。我国刑事附带民事诉讼的执行难，一定程度上也与我国没有确立保全性扣押制度密切相关。为了保证将来的判决能够执行，犯罪嫌疑人的合法财产可以成为扣押的对象。侦查机关、检察机关、审判机关都应有权依职权或依刑事诉讼被害人的申请对涉案款物、犯罪嫌疑人的其他财产实行保全措施。应在修改《刑事诉讼法》过程中，强化对物的处分的程序化和正当性，建立和完善合理的对物的强制措施制度，以切实保护刑事诉讼当事人的财产权。

刑事强制措施体系及其完善

易延友

《法学研究》，2012 年第 3 期

关键词：强制措施　逮捕　拘留　监视居住

摘要：刑事强制措施可以分为以抓捕、截停、带到为目的的措施和以保证被告人出席审判为目的的措施两大类。为防止政府权力的滥用，西方国家从正当根据、令状主义、迅速带见法官等方面对羁押之前的抓捕、截停进行了规制；从羁押适用的法定理由、决定主体、上诉救济以及迅速审判等多个角度对审判前的羁押进行了规制。在我国，刑事强制措施也涵括了以拘留为中心、以留置盘问、公民扭送为补充的抓捕、截停、带到措施，以及以逮捕为术语标志的审前羁押措施和以取保候审、监视居住为形式的审前释放措施，并对这些措施设置了与西方大体相当而又略有差别的规制机制。尽管我国现行刑事强制措施体系较为完备，但仍需从拘留的临时化、逮捕羁押的司法化以及监视居住的自由化等方面进行完善。

刑事强制措施的基本范畴——兼评新《刑事诉讼法》相关规定

王贞会

《政法论坛》,2012 年第 3 期

关键词:刑事强制措施　羁押　羁押替代性措施

摘要:刑事强制措施是通过对基本权之干预来实现程序保障目的的行为。强制性和程序性是刑事强制措施的基本属性,共同构成强制措施发挥作用的内在机理。依对人身自由的干预程度,可以将刑事强制措施分为羁押与羁押的替代措施。二者在目的指向上具有同一性,但在实现方式上存有区别。新《刑事诉讼法》将监视居住定位为逮捕的替代措施,理顺了刑事强制措施的层次性和内在关联,有利于减少逮捕措施的适用,保障犯罪嫌疑人、被告人基本权利。

论强制措施概念之修正

万　毅

《清华法学》,2012 年第 3 期

关键词:强制措施　公民基本权利　刑事诉讼

摘要:《刑事诉讼法修正案》虽然对强制措施制度进行了重大修正,但在立法体例上仍然沿袭了现行《刑事诉讼法》的做法,在立法思路上并未认真检讨传统强制措施概念的缺陷。一直以来,我国刑事诉讼法学界关于刑事强制措施概念的通说缺乏准确性和科学性,并未能准确揭示其本质和目的。与我国当前的强制措施概念相比,大陆法系职权主义诉讼模式下的强制处分概念不仅包括人身保全措施、证据保全措施,还将其拓展到了暂时处分措施,此内涵与外延更符合该项措施的本质,更具解释力,也更能凸显刑事诉讼人权保障的功能。据此,我国的刑事强制措施的概念应修正为:公安、司法机关在刑事诉讼过程中为保障刑事诉讼顺利进行而干预(限制或剥夺)公民基本权利的各种强制性行为。

我国刑事强制措施的功能回归与制度完善

卞建林

《中国法学》,2011 年第 6 期

关键词:强制措施　诉讼保障　人权保障

摘要:诉讼保障和人权保障是我国刑事强制措施的双重功能,惩罚教育、刑罚预支、证据发现以及犯罪预防等强制措施功能异化或者泛化的现象应当予以避免。未来我国强制措施的制度完善,应当以实现诉讼保障和人权保障功能回归为主线,秉持宪政视野、实践视野和国际视野,从整体上将强制措施区分为羁押措施和非羁押措施,实现逮捕与羁押相分离,设置独立的羁押程序,强化羁押的审查与救济,丰富羁押替代措施的种类并对其加以权利化改造,完善监视居住制度等。

中国刑事拘传存在的问题及其变革

郭烁

《比较法研究》,2013 年第 4 期

关键词:拘传　强制措施　到案措施

摘要:在刑事强制措施体系中,拘传应该是一种到案手段,与羁押性措施及羁押替代性措施并列。在中国刑事司法实践中,作为刑事强制措施的拘传制度被作为行政强制措施的留置制度基本架空,产生了诸多与刑事诉讼的人权保障基本理念相悖的现象,亟待解决。然而,改革的思路绝不是直接取消留置制度的简单化做法,而应在正确厘定"刑、行"边界的基础上,进一步完善两种制度。

公安机关适用指定监视居住措施的实证分析——以一个省会城市为例

马静华

《法商研究》,2015 年第 2 期

关键词:指定监视居住　执行方式　非羁押化

摘要:通过在某省会城市 C 市公安机关的调查发现,指定监视居住的实践呈现积极适用与消极适用的两极化现象。出现这种局面的原因主要在于公安机关对于指定监视居住执行场所和执行方式的理解存在不同的认识。积极适用指定监视居住措施的公安机关基本采用非羁押化的执行方式,这种方式不仅成本较低、实施难度较小,还具有较强的诉讼保障功能。指定监视居住制度的改革完善,应以彻底消除羁押化倾向为目标,明确监视方式强制性的权力限度,对权力主体和执行方式进行调整,并容忍较低比例的危险性结果的发生。

监视居住制度改革得与失——兼评新《刑事诉讼法》第 73 条及相关规定

庄乾龙　李卫红

《法学杂志》,2014 年第 1 期

关键词:监视居住　得与失　刑事诉讼法

摘要:监视居住本身的优势与弊端使得保留论与废除论两派论者展开了激烈争论。而《刑事诉讼法》两次修正均站在保留论立场,对该制度予以立法完善。尤其以新《刑事诉讼法》为代表,充分体现出该制度的人权保障精神。此次立法改革得大于失,但为防止该制度在司法实践中异化为侦查犯罪的工具,宜对监视居住制度进行实质解释,即以人权保障为核心进行限权(力)解释,使其发挥应有的惩罚犯罪与保障人权之刑事诉讼功能。

监视居住制度评析——以 2011 年《刑事诉讼法修正案(草案)》为视角

李钟　刘浪

《法学杂志》,2012 年第 1 期

关键词:《修正案(草案)》　监视居住　立法完善

摘要: 2011年《修正案(草案)》充分注意到了现行监视居住制度在实施过程中暴露出的问题,并对监视居住制度进行了一系列的改造。《修正案(草案)》的立法初衷是将监视居住确立为一种减少羁押的替代性措施,但具体的条文设计却使监视居住制度产生了内部的分裂。在嫌疑人、被告人自己住所执行的监视居住可以被认为是一种非羁押性的强制措施,但指定居所的监视居住显然已成为一种羁押性的强制措施。因此,为了防止权力的滥用和充分保障嫌疑人、被告人的人权,对指定居所的监视居住需要进行更为严格的审查与控制。具体的审查、控制方法可以参照对逮捕的审查、控制方法,同时也需要确立对其进行定期羁押必要性审查的制度。另外,还需确立错误指定居所监视居住的国家赔偿制度作为最后一道"防线"。

指定居所监视居住的合宪性审视

孙煜华

《法学》,2013年第6期

关键词: 指定居所监视居住 合宪性 基本权利

摘要: 指定居所监视居住是一种适用于一些特殊且严重的罪行的、为了防范有碍侦查的情况而采取的、在侦查部门批准的居所内执行的监视居住,可折抵刑期的羁押性强制措施。《刑事诉讼法》的修改迁就了原法律执行中监视居住羁押化的现实,让名监实押的"潜规则"成为法定的"明规则"。指定居所监视居住背后潜藏着基本权利危机,比拘留和逮捕更容易失控,不能体现法院、检察院和公安机关互相制约的程序控制精神。为了化解指定居所监视居住背后的基本权利危机,必须首先将指定居所监视居住定位为一种羁押措施,并比照拘留和逮捕这类羁押措施的人权保障要求,建立互相制约的决定、审查和救济程序,提高指定居所的保障程度,压缩指定居所监视居住的时间,让辩护权、申诉权和控告权的行使更加充分,并且与其他羁押措施实行同等的抵扣和赔偿制度。

指定监视居住的制度性思考

左卫民

《法商研究》,2012年第3期

关键词:《刑事诉讼法》 指定监视居住 强制措施

摘要: 新修正的《刑事诉讼法》第73条对涉嫌危害国家安全犯罪、恐怖活动犯罪、特别重大贿赂犯罪规定了指定监视居住制度。由于在适用条件、适用内容及法律后果等方面均与现行法律规定的五种强制措施存在重大差异,指定监视居住事实上已经成为法定的第六种强制措施。但是,由于其在适用对象、适用机制、适用成本以及公平性方面都存在隐忧,因此,有必要在肯定其现实合理性的同时,秉承打击犯罪与保障人权相平衡的理念,对其进行公正化改造。

法国拘留制度改革最新动态

俞 亮

《比较法研究》,2012 年第 2 期

关键词:刑事诉讼法 侦查阶段 刑事诉讼制度

摘要:受拘留数量连年持续攀升引发社会争议之巨大影响,法国自 2009 年下半年就开始推进关于拘留制度的改革。总体来看,本次改革无论从涉及的范围还是变化的程度上都是相当彻底和深刻的,在一些关键问题上的变动可以说是"颠覆性"的,甚至对整个法国刑事诉讼制度的未来发展都具有指向意义。鉴于我国与法国同属大陆法系国家,在刑事诉讼制度的历史传统和发展轨迹方面多有相似之处,而我国当前的刑事司法体制也正处于重大历史性变革的关键时期,通过向国内学界介绍法国拘留制度改革的最新进展这一方式,可以为我国刑事司法改革的决策者作出最终正式抉择时提供一定的参考和借鉴。

未成年人审前拘留刍议

张鸿巍

《比较法研究》,2012 年第 6 期

关键词:审前羁押 羁押期限 问题少年

摘要:我国未成年人审前拘留存在的主要问题是:(1)未成年人审前拘留的性质认定及法律地位尚不明晰,与审前羁押、逮捕等术语纠结不清。(2)未成年人审前拘留的适用条件、对象及范围过于笼统,缺乏司法审查制度制约。(3)未成年人审前拘留的羁押期限过长,缺乏针对未成年犯罪嫌疑人的特殊规定。(4)未成年人拘留的决定、执行缺乏有效监督与制约,被拘留者之合法权利的保护多有缺失。完善我国未成年人审前拘留的建议:(1)界定未成年人审前拘留的法律属性,完善、细化有关规定。(2)建立健全未成年人审前拘留的司法审查,确立拘留听证制度。(3)增强未成年人审前拘留的法律监督,强化违法责任及救济措施。(4)探索、创新及完善未成年人审前拘留的替代措施。

借鉴与反思:法国刑事拘留改革对中国之启示

王洪宇

《比较法研究》,2012 年第 3 期

关键词:欧洲人权法院 《刑事诉讼法》 拘留期限

摘要:法国刑事拘留的改革不是一蹴而就的,关于刑事拘留的讨论从未停止过,尤其是刑事拘留中涉及的被拘留人人权、律师的地位以及司法机关职权等问题一直是学术界及实务界关注的焦点。自 2009 年起,法国宪法委员会、欧洲人权法院以及法国最高法院刑事法庭通过一系列的决定、判决及判例,加快并促成了 2011 年 4 月 14 日第 2011-392 号有关刑事拘留法律改革的出台。法国刑事拘留最新立法改革,从宏观上回应了人权保障的呼声,充分考虑国际刑事司法最低标准及欧洲人权法院的要求,顺应了现代刑事司法理念的发展;从微观角度进行审视,法国刑事拘留的立法改革在某些层面上仍显得不够彻底,未能摆脱传统大陆法系职权主义刑事诉讼模式的影响,如仍保留了对刑事拘留的检察审查制度,而未能彻底适用对刑事拘留的司法审查原则等等。

逮捕率变化的影响因素研究——以新《刑事诉讼法》的实施为背景

马静华

《现代法学》,2015 年第 3 期

关键词:逮捕率影响因素　逮捕瑕疵　指控式审核机制

摘要:新《刑事诉讼法》实施以来,逮捕率的下降趋势十分明显。据初步分析发现,逮捕数、逮捕率的下降与犯罪率的自然变化无关,相关逮捕制度和管理制度改革很可能是真正发挥作用的影响性因素。以 C 市为例的研究揭示,检察机关对逮捕瑕疵案件考核控制的增强引起轻罪逮捕数量的急剧下降,是导致逮捕数和逮捕率下降的关键性因素;由于指控式审核机制的作用,逮捕必要性审查对减少不当逮捕发挥了一定作用,但效果低于预期;至于"司法化"的审查逮捕程序,无论是讯问犯罪嫌疑人,还是听取辩护律师的意见,对逮捕决定的影响均较为有限。为了进一步控制不当逮捕,需要对现行的逮捕审查程序进行全面改革,逮捕审查应从采取指控式审核转向综合式评估,从行政化的准司法程序逐渐迈向控辩式的司法程序;与此同时,为了兼顾保障诉讼的价值目标,也有必要对轻罪案件羁押控制的策略作出重大调整,以全程性速审程序的构建取代行政考核管理。

审查逮捕程序中律师介入权的保障

叶青

《法学》,2014 年第 2 期

关键词:审查逮捕程序　律师介入　立法与实践

摘要:逮捕对于审前程序中的犯罪嫌疑人人身自由权利的剥夺是最为彻底的,且持续的时间最长,使得审查逮捕程序中律师的介入成为必要。《刑事诉讼法》及其司法解释虽为审查逮捕程序中律师的介入提供了法律基础,但仍存在操作性不强、权利救济不完善、检方应对程序不明确、律师介入后的实体权利未落实及法律援助范围有瑕疵等问题,很有必要构建听证式逮捕程序及相关配套制度,以避免律师介入审查逮捕程序的虚置。

审查逮捕听证制度研究

肖中华　饶明党　林静

《法学杂志》,2013 年第 12 期

关键词:审查逮捕　听证制度　诉讼性

摘要： 为完善审查逮捕的诉讼结构，增强审查逮捕环节的诉讼性、公开性和公正性，提高审查逮捕质量，化解社会矛盾，有必要在审查逮捕环节建立听证制度，充分听取侦查机关、犯罪嫌疑人及辩护律师和被害人的意见，以准确作出逮捕与否的决定。我国新修订的《刑事诉讼法》《律师法》、检察机关提前介入制度和审查逮捕律师介入制度为审查逮捕阶段建立听证制度提供了法律依据和现实可能。审查逮捕听证制度的形式构造主要包括听证的案件范围、听证的程序、听证的内容等。

检察机关审查逮捕权异化与消解

汪海燕

《政法论坛》，2014 年第 6 期

关键词： 审查逮捕权　侦查化　公诉化

摘要： 审查逮捕权是一种裁决性权力，具有中立性。我国检察机关审查逮捕权的正当性基础是其与侦查权、公诉权的分离。然而，我国检察机关审查逮捕时在一定程度上参与侦查、引导侦查甚至补充侦查，其内部考核制度等因素又"倒逼"审查逮捕公诉化，同时，审查逮捕还兼具"纠错型"侦查监督功能。这使得审查逮捕权异化为侦查权、公诉权和"纠错型"侦查监督权。为使我国审查逮捕权回归程序裁决权之"本性"，应改革审查逮捕侦查化、公诉化的相关规则和考核制度，将侦查性质的行为从审查逮捕中剥离，并将审查逮捕与"纠错型"侦查监督活动分离，禁止"捕诉机关合一"的做法。

逮捕的中国问题与制度应对——以 2012 年《刑事诉讼法》对逮捕制度的修改为中心

陈永生

《政法论坛》，2013 年第 4 期

关键词： 逮捕率　羁押期限　审查批捕程序

摘要： 逮捕在我国实践中一直存在适用率过高、羁押期限过长、超期羁押非常严重等问题。为解决这些问题，本次修正的《刑事诉讼法》细化了逮捕的适用条件，强化了审查批捕程序的言词性，修改了逮捕的执行制度，建立了逮捕后继续羁押必要性审查制度。这些修改对解决我国逮捕的诸种问题具有重要意义，但也存在严重不足。譬如，对逮捕条件的修改未能体现降低羁押率的根本方向；审查批捕未能建立侦查机关与辩护方同时到场的言词听证程序；逮捕后继续羁押必要性审查程序的建构存在主体不中立，启动方式不合理，审查决定的效力不足等问题。

职务犯罪案件审查逮捕权"上提一级"改革研究——以某省改革实践为分析样本

葛　琳

《政法论坛》,2013 年第 6 期

关键词:职务犯罪案件　审查逮捕　上提一级

摘要:职务犯罪案件审查逮捕权"上提一级"改革使逮捕决定的理性化程度有所提高、下级院侦查部门的侦查行为得到规范,但也出现了立案下沉、上下级院之间配合甚于监督、分歧难以弥合等问题。影响"上提一级"改革效果的关键因素包括上下级检察机关之间的科层制关系、上下级检察机关在程序运转中的风险考量、上下级检察院的工作量。应当有针对性地通过明确指导理念、引导利益考量、健全工作机制等方面对改革进行完善。

论我国审查逮捕阶段的非法证据排除问题——基于刑诉法修订与实践语境的分析

林喜芬

《当代法学》,2013 年第 6 期

关键词:两个《证据规定》　审查逮捕　证据排除权

摘要:2010 年两个《证据规定》明确规定"检察机关批捕阶段的非法证据排除权能",2012 年刑诉法却未将其写入,"人民检察院刑诉法规则"又予以增加。规范的变动不居带来了理解的混乱,未来实践效果也有待观察。从学理、制度及语境分析,审查批捕阶段排除非法证据,可能遭遇检察官追诉性方面的障碍以及价值定位方面的困境;将证据听审放置在审前阶段与我国程序分流机制不匹配,同时也缺乏听证程序与配套机制的补充;我国检察机关在批捕实践中的信息获取乃受制于侦查机关,使排除非法证据沦为"无源之水"。

职务犯罪案件审查逮捕程序改革之反思

程相鹏

《法学》,2012 年第 7 期

关键词:职务犯罪案件　逮捕权"上提一级"　异地同级审查逮捕程序

摘要:两年多来,职务犯罪案件决定逮捕权"上提一级"的改革实践暴露出很多问题,如存在宪法法律障碍、损害司法公平、增大司法成本、降低诉讼效率以及犯罪嫌疑人权利救济途径缺乏等。法学理论界提出的其他改革方案也利弊参半,不具有可行性。综合借鉴各种方案的优劣,实行职务犯罪案件异地同级审查逮捕程序改革模式可能是较好的选择。异地同级审查逮捕改革方案有利之处甚多。根据就近原则、"一传一"原则、参考办案数量原则确定异地同级审查逮捕的检察院,并从移送审查逮捕程序、审查决定逮捕程序、侦查活动监督程序、发现不应当逮捕纠正程序、不服不逮捕决定异议程序、犯罪嫌疑人权利救济程序及其他程序等七个方面进行程序设计。

逮捕审查制度的中国模式及其改革
刘计划
《法学研究》,2012 年第 2 期

关键词:逮捕　程序正义　审查逮捕模式

摘要:"侦查中由人民检察院批准、决定逮捕",构成逮捕审查制度的中国模式,其理论基础是检察监督理论。定量分析表明,逮捕在我国刑事诉讼中被普遍适用,有违法定逮捕要件,对公正审判与有效辩护造成不利影响;定性分析表明,逮捕被普遍适用的根源在于,享有批准、决定逮捕权的检察机关实为追诉机关,其执行的实体标准、审查程序及"快捕快诉"的追诉性指导思想,挤压了取保候审等羁押替代措施的适用空间。解决逮捕普遍化问题,应依据"互相制约"的宪法原则确立法院审查模式,由法院统一行使逮捕决定权,即在检察机关初次审查的基础上,增加法院审查程序,以制约公安机关、检察机关行使的追诉权,更好地实现保障人权的刑事诉讼目的。

审查逮捕主要程序问题研究
王延祥　张雅芳
《政治与法律》,2011 年第 7 期

关键词:检察机关　审查逮捕　程序

摘要:审查逮捕具有自身的特点,其审查过程是以报捕书为"索引",通过审阅案卷,形成发散性、开放性思考和证据甄别、筛选、分析的过程。审查逮捕应当每案必讯,复核关键证据,在此基础上形成捕与不捕的正确决断。审查逮捕案件终结报告是案卷的浓缩,应当达到"报告在手如同案卷在手"的效果。作为检察机关对刑事案件进行审查的第一道关口,审查逮捕应当根据现有证据,作出科学预判,合理预测捕后证据可能发生的变化,提出补充或补强证据的意见。必须正确厘清批准逮捕、不批准逮捕、不予批准逮捕和逮捕决定、不予逮捕决定的含义,区分绝对不捕、相对不捕、存疑不捕的适用对象,纠正对象模糊、文书混用的局面。

审查逮捕程序改革的进路——以提高逮捕案件质量为核心
李昌林
《现代法学》,2011 年第 1 期

关键词:逮捕　正当化　改革

摘要:我国审查逮捕程序存在的最突出的问题是错捕和不当逮捕比例过高,这主要是由于侦查机关没有对逮捕的全部条件承担证明责任和犯罪嫌疑人诉讼地位客体化造成的。调整批捕权的职权配置,将其交给法院行使,并不能达成以审查逮捕的正当程序控制逮捕的目标。我们应当以树立检察官在审查逮捕程序中的裁判者角色为核心,维系审查逮捕程序的诉讼构造,强化对逮捕全部条件的审查,改进检察机关审查逮捕的工作机制,创造犯罪嫌疑人及其律师在审查逮捕程序中发挥作用的条件,推行不捕理由双重说明机制,强化侦查机关对逮捕条件的证明责任,以实现审查逮捕程序的正当化,达到防止错捕、减少不当逮捕,并为公诉程序、审判程序纵深改革创造条件的目的。

对我国人大代表不受逮捕权的几个问题的探讨

李 莉

《政治与法律》,2011 年第 3 期

关键词:人大代表 不受逮捕权 问题

摘要:在我国,人大代表享有未经特别许可不受逮捕的人身特别保障制度。就我国目前《宪法》和法律对该制度的规定而言,还存在进一步探讨和完善的必要。例如人大代表是从具备代表身份开始还是从正式行使代表职权开始享有"不受逮捕权";不受逮捕权中的"逮捕"是否涵盖一切限制人大代表人身自由的强制性措施;对于院内现行犯是否完全不适用"不受逮捕权";人大主席团或人大常委会对逮捕的许可仅仅是形式上的一种同意程序,抑或可以对逮捕的理由依据等进行实质性审查,以及这种许可是否可附带期限或条件;对乡级人大代表的逮捕采用事后报告的方式是否有不合理之处。

逮捕中心化的危机与解困出路——对我国刑事强制措施制度的整体检讨

梁玉霞

《法学评论》,2011 年第 4 期

关键词:逮捕中心化 危机 制度死结

摘要:逮捕中心化在司法中表现为逮捕率高、逮捕羁押期长、逮捕具有观念上的至上性。逮捕中心化给我国刑事司法带来了严重的内外危机,包括司法压制社会生产力创造性危机,司法过度消耗物质资源危机,司法再生产能力严重受损的危机,群体性扼杀司法公正的危机,人权危机等。其形成有环境、心理和制度效用三大死结,不破解之则难以走出当今的困局。学界提出许多较好的解困措施,但解构逮捕中心化不能仅等待立法,还需根据社会转型的价值内涵重塑人权观、效益观,在司法上用强力控制逮捕率。

未成年人案件羁押率高低的反思

张栋

《中外法学》,2015 年第 3 期

关键词:未成年人案件 羁押率 校园欺凌

摘要:在当今社会大力倡导降低未成年人案件羁押率的背景下,鉴于未成年人案件的特殊性,其羁押率并不是越低越好,尤其是并不必然应当低于成年人案件的羁押率。未成年人"羁押率"高的原因在于国家较之成年人案件往往表现得更加积极主动,介入的范围更加宽泛,其中人身拘束措施作为非常有效的一种干预手段,不仅要承担保障诉讼的功能,同时还有教育、辅导、考察等功能。应针对未成年人不同性质的行为,明确国家责任,改变过窄的司法保护模式,尤其对于社会危害性很大的校园欺凌问题,应采取更有进取性的司法干预措施。

涉罪未成年人审前非羁押支持体系实证研究
宋英辉　上官春光　王贞会
《政法论坛》,2014年第1期
关键词:涉罪未成年人　审前非羁押　支持体系
摘要:对涉嫌犯罪的未成年人应当以非羁押为原则,严格限制适用羁押措施。在司法实践中,有的地区尝试建立以观护基地为基础的审前非羁押支持体系,为涉罪未成年人提供适用非羁押措施的保证条件,协助对其进行监管并提供一定社会服务,以减少对涉罪未成年人的审前羁押,促其顺利复归社会。调查显示,观护基地在减少审前羁押、刑罚宽缓化、帮助复归社会等方面取得良好效果,并促成办案人员观念和认识上的改变。建立和完善以观护基地为基础的审前非羁押支持体系,应当从制度上进一步明确观护基地的职能定位,厘清观护基地与办案机关的关系,平衡观护基地的权利与义务,落实观护前的风险评估和观护期间对未成年人的有效监管,改革办案机关有关业务考评机制。

我国羁押替代性措施设计之革新
姚　莉　王　方
《法商研究》,2014年第2期
关键词:羁押替代性措施　权利化　比例原则
摘要:羁押替代性措施作为刑事强制措施的重要组成部分,是刑事诉讼中各种非羁押性方法的总称,其制度功能在于限制审前羁押的适用,从而达到人权保障的价值目标。2012年修订的《刑事诉讼法》对我国羁押替代性措施的设计进行了一定程度的完善,但并未从根本上改变其适用的困境,对此,应当因应羁押替代性措施适用的国际趋势,从理念、原则和程序等方面进行优化。

徘徊中前行:新刑诉法背景下的高羁押率分析
郭　烁
《法学家》,2014年第4期
关键词:羁押　高羁押率　取保候审
摘要:2012年《刑事诉讼法》对刑事强制措施部分的条文作了大幅度修改,

有降低审前羁押适用的意图。20 年来,我国审前羁押率在波动中下行,但依旧在高位徘徊。人权保障意识的觉醒及相关国际刑事司法准则的贯彻,使我国各地逐渐重视逮捕(羁押)必要性的审查工作,这当然会使超高羁押率的局面得到一定程度的缓解,但若想根本转变局面,需要贯彻"等候审判的人受监禁不应作为一般规则"的原则,建立完善的现代刑事强制措施体系。

羁押替代性措施的涵义、模式与功能省思
王贞会

《比较法研究》,2013 年第 2 期

关键词: 羁押替代性措施　人权保障　监视居住

摘要: 羁押替代性措施是用以代替羁押而实现诉讼保障目的的各种非羁押方法。羁押替代性措施以满足羁押条件为前提,却与羁押存在本质区别,是通过附加一定的义务规范而在审前释放犯罪嫌疑人、被告人,强制性明显弱于羁押。羁押替代性措施分为权力主导型和权利主导型两种模式,侧重点有所不同,但均以诉讼保障和人权保障为目的,同时具有诉讼效益功能。我国《刑事诉讼法》将监视居住界定为逮捕的替代措施,可以有效减少逮捕适用,在保证刑事诉讼顺利进行之外,很好地实现人权保障目的。

论羁押理由与羁押事实
林志毅

《政法论坛》,2013 年第 2 期

关键词: 羁押　羁押理由　羁押事实

摘要: 未决羁押是剥夺公民人身自由基本权利的特别强制方法。羁押决定的作出需要具备羁押理由和羁押事实,羁押理由包括涉嫌犯罪和羁押必要性理由,相应的羁押事实包括涉嫌事实和羁押必要性事实两部分。由此,在羁押适用上建立起了双重审查机制。我国 1996 年刑诉法存在羁押理由过于抽象、羁押理由与羁押事实区分不彻底、羁押事实在一定程度上缺失等问题,2012 年刑诉法及相应的司法解释在羁押理由与羁押事实问题上取得重大进步。但是,这些成果需要相应机制予以完善和保障。

未决羁押人员人身安全保障制度研究——基于实证分析与比较法的考察
周健宇

《现代法学》,2012 年第 5 期

关键词: 未决羁押　人身安全权　刑讯逼供

摘要: 近年来,偶有发生的看守所未决羁押人员非正常死亡事件背后蕴含的未决羁押人员人身安全保护问题,应当引起我们的重视。通过考察英、德、日三国未决羁押人员人身安全保障的立法与实践,并借鉴其先进经验,我国应在变更

羁押场所隶属、出台《看守所法》、推行全程录音录像等方向上逐步推行改革,力图既能保障未决羁押人员人身安全,又不会显著降低侦查效率。

论我国审前羁押制度的完善
卞建林
《法学家》,2012年第3期

关键词: 审前羁押 逮捕 羁押替代措施

摘要: 审前羁押在我国成为对待犯罪嫌疑人的常态化处置方式,其主要原因在于混同了逮捕与羁押,从而导致司法审查的缺失以及司法救济的虚无。应当从根本上对审前羁押制度进行改革,实现逮捕与羁押相分离,将逮捕定位于羁押的前置程序并设置独立的羁押审查程序,以控制羁押的适用。在秉持司法授权原则、司法审查原则、司法救济原则以及比例原则等现代审前羁押制度通行原则的基础上,我国审前羁押制度可通过如下具体进路予以完善:坚持检察机关的审查主体定位,完善羁押审查程序,厘清羁押期限问题,强化羁押救济程序,丰富羁押替代措施。

英国独立羁押巡视制度的确立及实践新发展
彭海青
《比较法研究》,2012年第1期

关键词: 巡视制度 实施规则 警察权力

摘要: 在羁押场所中,环境相对封闭,被羁押者的人权极易遭受侵犯。特别在我国目前看守所与刑事侦查部门共同设置于同一级公安机关内部,并接受相同负责人领导,关系如此紧密的情况下,被羁押者所面临的危险性更大。近年来,我国看守所非正常死亡事件频发,2009年2月,云南"躲猫猫事件"所引发的"蝴蝶效应"在持续震荡之后,又波及2010年。2010年,全国范围内看守所非正常死亡事件不论在数量还是恶性程度方面,都毫无减弱之势。看守所非正常死亡事件不仅影响到受害人及其家庭,更严重影响了司法权威与政府形象,亟待解决。在解决思路上,应该看到,既然这类事件在全国范围内持续不断地发生,表明其已绝非个别执法人员素质不高所致,因而不能止于对个别执法人员的教育与处罚,而必须拷问与羁押有关的制度设置。虽然有关部门已经意识到了这一点,并采取了一些措施,但似乎见效甚微,所以对我国羁押制度还有继续探讨的必要与空间。他山之石,可以攻玉。在英国,独立羁押巡视作为旨在保障被羁押者合法权益的制度,经过多年实践,积累了若干经验,已经纳入立法并还在不断完善。因英国的独立羁押巡视制度在警察羁押、监狱羁押以及移民羁押等多种情形下适用,情况复杂,本文主要是针对英国与警察羁押有关的独立羁押巡视制度的立法与实践进行考察,以期对我国相关问题的解决有所助益。

制度与试验:羁押决定与变更中的律师参与

朱桐辉

《法学杂志》,2011 年第 12 期

关键词:取保候审 律师参与 听证

摘要:逮捕及羁押是最严重的剥夺公民人身自由的强制措施,亟须法律控制,也需引入辩护力量防止其滥用。我国羁押决定与变更是职权化的,基本排斥律师参与,对犯罪嫌疑人取保候审很困难。律师参与试验启示我们,它能显著减少不必要的羁押,并让侦检机关得到更多理解。欲提高我国侦查法治化程度,减少刑讯、长期羁押及冤假错案,需要一方面完善与强制措施法定、比例原则的相关保障,另一方面需吸纳律师参与,并在时机成熟时对羁押适用进行中立审查。

分段审查抑或归口审查:羁押必要性审查的改革逻辑

林喜芬

《法学研究》,2015 年第 5 期

关键词:羁押必要性审查 检察审查 分段审查

摘要:羁押必要性审查制度的确立是检察审查逻辑的延伸,其并未在根本上改变以往缺乏司法审查的制度安排和"一押到底"的司法实践。基于参与式观察、对五十余名司法实务人员(包括检察官、法官、警察、律师)的深度访谈以及一系列司法数据,一方面,通过透视我国检察机关(系统)内部不同部门(条线)之间在羁押必要性审查制度确立过程中的发展竞争与权力博弈,指出《人民检察院刑事诉讼规则(试行)》所确立的分段审查模式主要兼顾了侦查监督、公诉等办案部门(务线)的职能安排。另一方面,通过对 H 省试行归口审查模式的实践进行考察指出,该模式的试点效果得以彰显,在很大程度上是因为基层检察院协调了检察院内部和外部的权力关系,但这种促生或支撑归口审查模式的基层司法生态并不稳定,因此试点改革的长期可持续性存疑。在我国,一项旨在保障被追诉人权益的改革举措,其落实和成效在很大程度上要受制于司法权力博弈和司法生态。

美国的审前羁押必要性审查制度及其借鉴

蓝向东

《法学杂志》,2015 年第 2 期

关键词:审前羁押 羁押必要性审查 审前服务机构

摘要:美国实行逮捕与羁押分离的制度,羁押必须由法官进行审查并作出决定。在美国,审前服务机构客观地收集被告人的背景信息并对风险进行量化评估,使得法庭的裁决更加准确、合理;保释听证程序的当事人主义提高了程序的对抗性、参与性、合意性;对被释放人员的高强度监管确保了被告人严格遵守保释义务,提升了非羁押措施的适用效果。借鉴美国的经验,我国的审前羁押必要性审查制度应当从以下几个方面进行完善:一是对审查程序进行诉讼化改造,建立符合本国司法实际的羁押必要性审查听证程序;二是建立类似美国审前服务机构的组织对羁押必要性进行调查,对释放的风险进行量化评估,检察机关根据调查和评估的结果作出是否羁押的决定;三是强化对取保候审的犯罪嫌疑人的监管,确保其及时到案并遵守取保候审的法律义务。

未成年人羁押必要性审查模式研究
侯东亮
《法学杂志》,2015年第9期

关键词: 未成年人　羁押必要性　检察中心主义

摘要: 2012年我国《刑事诉讼法》的修改对未成年人羁押必要性审查作出了框架性规定,但仍然面临着高度依赖成人刑事司法、立法规定不明确以及专业司法机关缺乏等现实困境。然而,实践中的未成年人羁押必要性审查的"检察中心主义"模式体现了少年司法的改革成果,其目的在于检察阶段建立分流程序。社会调查报告制度实际上为分流程序提供前提条件,刑事和解、符合监护条件成为羁押必要性的阻却理由。当然,建构未成年人羁押必要性审查模式或者"检察中心主义"的未来有待于社会化支持机制的完善。

捕后羁押必要性审查制度的完善路径
张云鹏
《法学》,2015年第1期

关键词: 逮捕　羁押　必要性审查

摘要: 捕后羁押必要性审查制度设立的初衷在于保证检察机关正确行使批准逮捕权和保障被羁押者人身自由权。伴随现行《刑事诉讼法》的生效实施,捕后羁押必要性审查工作也在各地检察机关得到不同程度的开展,并取得较好的效果。但是,实务操作中也暴露出诸多层面的问题亟待解决。调整工作绩效考核标准与强化执法风险防范、合理配置审查主体权力、细化和丰富审查程序规则以及多举措提升检察建议的可接受性,是完善捕后羁押必要性审查制度的有效路径。

羁押必要性审查制度实施情况实证研究——以某省会市十二个基层检察院为对象的考察和分析
胡波
《法学评论》,2015年第3期

关键词: 羁押必要性　未决羁押　社会危险性

摘要: 羁押必要性审查作为2012年刑诉法设立的制度之一,在某省会市十二个基层检察院实施近两年后,既有对权利保障促进的良性效果,但同时也存在诸如审查范围过窄、裁量空间有限以及审查方式单一等不足。通过调研,还发现了制约羁押必要性审查制度的深层次问题,即制度本身的不健全、权力运行机制的限制以及打击犯罪优先的诉讼理念困扰。羁押必要性审查要在我国形成效应还有诸多障碍,因而将是一个漫长的过程。

"羁押必要性审查"的理解与适用

王树茂

《法学评论》,2013年第6期

关键词:羁押必要性审查　制度内涵　司法适用

摘要:2012年《刑事诉讼法》确立的羁押必要性审查制度,赋予检察机关对刑事诉讼全过程羁押必要性的审查职责,为一定程度上实现羁押状态与逮捕措施的分离、羁押期限与办案期限的分离提供了制度支撑,为降低未决羁押率和缩短羁押期限提供了司法路径。羁押必要性审查制度的适用,应当立足规范文本和制度环境,综合考量实施主体、启动方式、审查内容、方法路径和配套措施。

中国境遇下羁押必要性审查的难题及其破解——以羁押必要性审查配套制度的构建为中心

曾勉

《政治与法律》,2013年第4期

关键词:羁押必要性　取保候审　证明机制

摘要:羁押不节制在我国屡受诟病,不佳的治理效果暴露出羁押必要性证明难、替代性强制措施不足等深层次机制瓶颈。新设的羁押必要性审查制度要发挥预期功能,在科学的程序构架之外,还要注重配套机制建设。未来应完善羁押必要性证明机制和取保候审保障机制,通过明确羁押必要性证明标准、证明责任以及创新取保候审监管方式等措施,来化解必要性难以证明、替代性强制措施不足等难题。

论捕后羁押必要性审查——以新《刑事诉讼法》第93条为出发点

姚莉　邵劭

《法律科学(西北政法大学学报)》,2013年第5期

关键词:人权保障　权力制衡　比例原则

摘要:新《刑事诉讼法》增加的捕后羁押必要性审查制度,是人权保障理念在刑事诉讼领域的落实和展开,是对权力制衡理论和比例原则的顺应,将有助于防止超期羁押和随意羁押。但新《刑事诉讼法》对捕后羁押必要性审查机制的规定过于原则,需要从审查主体、程序的启动、运行以及救济等方面进行细化。为了使捕后羁押必要性审查机制有效运作,需要采取一些配套措施,如加强侦查取证

能力以切断对羁押的依赖,加强部门合作拓展必要性判断的信息来源,探索羁押必要性判断方法的客观量化和判断主体的专业化等。

中国的羁押必要性审查——法制生成意义上的考量

徐鹤喃

《比较法研究》,2012 年第 6 期

关键词:逮捕制度　羁押期限　超期羁押

摘要:2012 年 3 月 14 日,十一届全国人大第五次会议通过了《关于修改〈中华人民共和国刑事诉讼法〉的决定》,对我国 1979 年制定、1996 年第一次修正的刑事诉讼法典进行了第二次修正。修正后的《刑事诉讼法》秉持中国特色社会主义法治理念,坚持惩罚犯罪与保障人权并重,贯彻宽严相济刑事政策,强调贯彻落实中央关于司法体制和工作机制改革的要求,在借鉴现代刑事诉讼制度的先进理念和制度的基础上,对我国刑事诉讼制度作了重大修改和完善,是我国社会主义法律体系建设工程的又一重大成果。当下,理论与实务界正全体致力于学习、领会新法的精神和要求,积极筹划、应对 2013 年 1 月 1 日新法的正式实施。这个过程,是一个制度与实践、理想与现实、必要性与可行性纵横交错,相互碰撞、实现再度整合,生成新秩序的过程。它是法律变革的有机组成部分,其重要和值得关注程度,丝毫不亚于法律修改过程本身。为此,以羁押必要性审查制度为例,可以进行一个过程性的思考,希望能对分析中国法治的推进过程,促进刑事法治的实现有所裨益。

人权保障观念下羁押必要性审查制度的诉讼化构造

项　谷　姜　伟

《政治与法律》,2012 年第 10 期

关键词:羁押必要性　逮捕　审前羁押

摘要:2012 年修改的《刑事诉讼法》第 93 条规定了检察机关逮捕后羁押必要性审查制度,目的在于使审前羁押制度独立于办案期限制度,兼顾人权保障和诉讼保障两种价值,使取保候审成为常态,羁押成为例外,审查模式上减少审批色彩,加强诉讼化改造。羁押必要性审查应当定位于诉讼监督,适用于所有逮捕案件,并实现相对诉讼化。羁押必要性的判断标准应当排除绝对羁押必要条件,建立符合比例原则的个案评价体系,引入必要的外部监督形式,还要完善保障诉讼的羁押替代措施。

刑事强制措施限制适用的宪政基础

王贞会

《中国刑事法杂志》,2012 年第 1 期

关键词:社会契约　权力节制　羁押替代措施

摘要： 制度存在的价值在于内在具有的正当性证成。权力与权利构成宪政的核心话语。现代法治的理想状态应当是一种权利之治，而非权力之治。一国的法治化进程，皆应围绕权力规范与权利彰扬二路径展开。强制措施是刑事诉讼中的一项重要制度，牵涉到公民的人身自由权利，折射出国家权力与公民权利的紧张关系。国家权力源自于公民权利之让与，即使少数人的权利亦应得到有效保障。权力节制和权利至上的观念为限制强制措施的适用提供了宪政依据。

论我国刑事强制措施的立法完善

宋英辉　王贞会

《人民检察》，2012 年第 13 期

关键词： 取保候审　监视居住　逮捕

摘要： 强制措施是刑事诉讼中的一项重要制度，修改后《刑事诉讼法》对强制措施制度作了大幅修正，在侧重实现诉讼保障功能的同时，愈加关注对犯罪嫌疑人、被告人的权利保障。主要内容包括：完善取保候审的适用范围和被取保候审人的义务体系；将监视居住定位为逮捕的替代措施，规定监视居住区别于取保候审的适用情形，严格限制指定居所监视居住的适用，增加对被监视居住人的监视方法；进一步明确逮捕的适用条件，规定逮捕、拘留后立即送看守所和通知家属，扩大诉讼参与人对审查逮捕程序的参与和明确逮捕后对继续羁押必要性的审查。在司法实践中，办案机关应当准确理解修改后《刑事诉讼法》关于强制措施的修改要点，正确适用各项强制措施，切实发挥诉讼保障与人权保障功能。

我国强制措施制度的进步与发展

樊崇义　赵培显

《人民检察》，2012 年第 17 期

关键词： 强制措施　人权保障　惩罚犯罪

摘要： 修改后的刑诉法对我国强制措施制度作出了进一步完善，明确了强制措施的法律性质，体现了尊重和保障人权的原则要求，平衡了惩罚犯罪与保障人权的刑事诉讼价值目的，体现了人文关怀，贯彻了宽严相济刑事政策精神，形成了较为完善的强制措施体系，充分体现了我国立法的进步。贯彻落实修改后的强制措施，需要正确认识和理解规定，矫正强制措施异化现象，促进强制措施法律功能的实现，明确权力与责任，慎用强制措施，探索灵活多样的强制措施执行方式。

对我国刑事强制措施制度改革完善之思考

郑锦春　任勇飞

《中国刑事法杂志》，2011 年第 5 期

关键词:刑事强制措施　逮捕　取保候审

摘要:我国刑事强制措施体系目前由拘传、取保候审、监视居住、拘留和逮捕五种组成,存在着功能定位模糊,羁押与到案措施不分,以及缺乏对物和隐私的强制措施等体系性缺陷。司法实践中,这五种强制措施均存在不同程度的适用困境。修改《刑事诉讼法》,构建刑事强制措施体系时,应当坚持立足现实、适当超前的原则,全面协调、体系完整、层次分明的原则,将羁押与到案措施分离,构建羁押候审制度,改良拘传、拘留、逮捕、取保候审、监视居住制度,确立羁押为例外、非羁押为一般的原则,使之成为科学、完整、可操作性强的制度体系。

非羁押性强制措施的立法改革

李建明

《人民检察》,2011年第23期

关键词:强制措施　非羁押措施　人权保障

摘要:刑事诉讼强制措施体系中的非羁押性措施具有替代羁押措施的功能,其首要价值在于保障被追诉人的人权。《修正案(草案)》对非羁押性强制措施的改革,有望增强这些措施适用上的可操作性,从而有利于发挥非羁押性强制措施对未决羁押的替代功能。但由于非羁押性强制措施的适用基于办案机关的自由裁量,以及仍然未能形成合理有效的对强制措施的监督制约机制,非羁押性强制措施的扩大适用仍可能非常有限。让非羁押性强制措施充分发挥保障人权的功能,立法上应重在为非羁押性强制措施的扩大适用提供条件,同时,应当规定被追诉人在适用非羁押性强制措施中的权利或者规定执行机关的相应义务。

论取保候审适用的基础及其完善

张剑峰

《中国刑事法杂志》,2013年第5期

关键词:取保候审　权力　权利

摘要:我国近年来一直将限制适用逮捕强制措施作为司法改革的目标,而取保候审作为替代逮捕的强制措施,必将得到扩大适用。新《刑事诉讼法》已经对取保候审的法律规定进行了完善,通过实务调研,能够发现取保候审的扩大适用具备了一定的社会土壤。构建以检察机关为审查主体的取保候审司法审查制度,将取保候审设置为权利与权力的结合,加强对违反取保候审义务行为的处罚,建立全社会连动的信息平台,并辅之以科学的考评机制,可以促进取保候审的扩大适用,更好地实现这一制度的价值。

论我国取保候审制度的完善——基于大陆、香港、台湾三地的比较分析

卞建林　廖森林

《学术交流》,2012年第9期

关键词：未决羁押　取保候审　犯罪嫌疑人和被告人

摘要：未决羁押严重背离无罪推定原则，但在我国却极为盛行。西方成熟的做法是限制未决羁押的适用，取保候审制度是减少未决羁押的有效路径。但在我国司法实践中，取保候审比例过低，我国取保候审制度不华也不实，究其根本，原因在于取保候审适用条件的正向规定，穷尽式的肯定情形与案件形态的多样性、有限的制度供给与无限的案件需求之间产生巨大鸿沟，唯有彻底颠覆取保候审的适用条件才能改变过度未决羁押的现状。将符合条件方可取保候审改为符合条件才能羁押，如司法机关不同意取保候审申请的，应当承担证明责任以证明其未决羁押的合法性。在实体上，为平衡取保候审的积极适用和保障诉讼程序的顺利进行之间的冲突，应当将在取保候审期间逃匿的行为定为犯罪行为。香港特区和台湾地区与我国大陆在法域背景上存在较多相似之处，且两地在刑事司法正当程序方面蕴含优秀经验，我国应当借鉴香港和台湾地区保释制度规定，完善取保候审制度。

取保候审判处缓刑案件实证调研报告

刘兴军

《中国刑事法杂志》，2011年第4期

关键词：取保候审　缓刑　实证研究

摘要：取保候审作为刑事强制措施的一种，主要适用于可能判处管制、拘役或者独立适用附加刑的，以及可能判处有期徒刑以上刑罚、不羁押不致发生社会危害的犯罪嫌疑人、被告人。而缓刑属于刑罚暂缓执行，即对原判刑罚附条件不执行的一种刑罚制度。前者属于程序性的强制措施，后者则是实体性的处罚手段；从立法例上考量，二者之间并不具有天然的因果关系；但从司法实践中看，二者间却有着千丝万缕的联系，即取保候审时要考虑缓刑判决的预期，而作出缓刑的决定以前法官往往考虑是否是取保候审的强制措施，这种公安机关强制措施考虑法院的判决、法院判决受制于公安机关强制措施的"潜规则"在实践中出现了一些问题，使得对缓刑的追求转变成对强制措施是取保候审进行"投资"。通过对取保候审、缓刑的运行现状的总结、特点的分析及二者间的实际联系的探究，可以得出取保候审在实践中的轻罪化、实体化、金钱化、缓刑在实践中的功利化、虚无化等结论，并提出针对性的完善建议：一是进行权力化改造，规范取保候审的适用条件及程序；二是延伸检察职能，将取保候审纳入法律监督的范围；三是推行权力化运作，明确缓刑的适用标准。

2013年桂林市检察机关适用指定居所监视居住强制措施的调查报告

邹定华　蔡春生

《中国刑事法杂志》，2014年第1期

关键词：贿赂案件　指定居所　监视居住

摘要：2013 年是新修改的刑诉法正式实施的第一年。桂林市反贪办案致力于修改后的刑诉法的学习、贯彻。在运用该法关于查办特别重大贿赂案件过程中，注意结合实际，深入开展调查研究，对于存在的七个方面的突出问题，从加强队伍建设和检务保障、完善立法、司法解释的角度提出了相应的解决途径，一方面，要注重加强检察机关的执法办案的能力建设和办案的物质、人员、技术保障等方面的建设，另一方面，又要根据实施刑诉法和检诉规则中遇到的困难和问题，从实情出发，创造性地借鉴国外先进经验，修订完善刑诉法和检诉规则中与实际情况不相适应的某些规定。

指定监视居住法律属性之辨——兼论"剥夺人身自由"的审查

叶　宁

《西南政法大学学报》，2014 年第 3 期

关键词：指定监视居住　羁押　剥夺人身自由

摘要：在 2012 年《刑事诉讼法》中，指定监视居住被定性为羁押替代措施。但是，指定监视居住的制度性特征与传统的非羁押性措施格格不入。立法上指定监视居住的定位混乱，一定程度上源于非羁押措施的传统理论界定不清晰。世界范围内人身性强制措施的发展早已模糊了传统理论划分的羁押与非羁押的边界。根据国际人权法的相关规定，对一项人身性强制措施进行定性，不依据该措施的法律称谓，而是审查该措施是否会造成被追诉人处于被剥夺人身自由的状态。以"剥夺人身自由"的具体标准审视指定监视居住制度，可以认定，指定监视居住实际上已经等同于逮捕后的羁押措施。指定监视居住的立法定性是失当的，由此会带来诸多负面后果。

新《刑事诉讼法》视野下指定居所监视居住之审视与检察规制

孙曙生　沈小平

《西南政法大学学报》，2013 年第 6 期

关键词：监视居住　指定居所　检察监督

摘要：新《刑事诉讼法》的立法初衷是将监视居住从非羁押性强制措施转变为减少羁押的替代性措施，但具体的条文设计却使监视居住制度产生了内部的分裂：在嫌疑人、被告人自己住所执行的监视居住可以被认为是一种非羁押性的强制措施，但指定居所的监视居住却演变为一种准羁押性的强制措施。我们应立足司法实践，以程序正义与人权保障的价值博弈为切入点，以构建刑事强制措施体系的层次性、完整性为视角，提出通过加强检察机关的监督使该项制度更加完善与更加具有可操作性。

论监视居住制度的司法完善
汪建成　胡星昊
《中国刑事法杂志》,2013年第6期
关键词: 监视居住　立法重构　司法完善
摘要: 在新《刑事诉讼法》和司法解释的修改过程中,监视居住制度在许多方面都有了重大变革,但其规定仍有可进一步商榷、不清晰之处。应坚持司法完善,将不清晰的制度构建解释清楚:指定居所监视居住执行地点可以由司法行政部门建立集中的监视居住宾馆,监视居住再次向逮捕转化应按照不同情形、不同诉讼阶段采取不同的态度,而且在电子监控、侦查期间通信监控中应注意保障公民的隐私权。

特别重大贿赂犯罪适用指定监视居住问题研究
李丁涛
《西南政法大学学报》,2013年第5期
关键词: 强制措施　指定监视居住　重大贿赂
摘要: 根据新修订的《刑事诉讼法》第73条的规定,检察机关在查处涉嫌特别重大贿赂犯罪时,可以在侦查阶段对犯罪嫌疑人适用指定监视居住的强制措施。在肯定检察机关适用指定监视居住措施必要性的前提下,侦查机关在具体运用该措施时应当在坚持其适用原则的基础上,准确领会立法精神,重点把握指定监视居住的适用条件、适用场所、监督机制等问题,从而在司法实践中将该措施的良性效益发挥到最大。

"指定居所监视居住"的法律适用研究
尹　吉
《中国刑事法杂志》,2012年第6期
关键词: 指定居所　监视居住　法律适用
摘要: 新《刑事诉讼法》增加"指定居所监视居住",引起了社会各界广泛议论。如何有效防止侦查机关权力滥用,保障犯罪嫌疑人的人权,成为贯彻新《刑事诉讼法》中的重大问题。根据惩罚犯罪与保障人权有机统一的立法精神,需要明确"居所"的范围,适用罪名的种类,强制性的程度,检察机关和公安机关如何建立内部制约工作机制,完善相关的国家赔偿制度和刑罚制度。

反思监视居住:错乱的立法与尴尬的实践
左卫民
《学习与探索》,2012年第8期
关键词: 监视居住　取保候审　逮捕
摘要: 一般监视居住的立法经历了与取保候审从趋同走向分化的过程。在

2012年出台的新《刑事诉讼法》中,一般监视居住已成为一种重于取保候审但轻于逮捕的强制措施。一般监视居住与取保候审在适用对象上的相似性以及执行措施规定的摇摆,凸显了监视居住立法的混乱与多变。而且,实践中监视居住适用率低下、操作不当等问题,也导致了其虚无化和羁押化两种极端模式。为使一般监视居住继续发挥适当的作用,应当在否定其作为消化案件和惩罚被监视居住人的一种方式的基础上有限使用,同时,注入司法化因素,借助科技手段发展、完善监视居住的执行手段。

监视居住措施及其适用

李建明　汤茂定

《华东政法大学学报》,2012年第5期

关键词: 监视居住　附带民事诉讼　交纳保证金

摘要: 新《刑诉法》对监视居住措施作了重要修改,对这一措施的适用条件和执行作出了具体的规范,增强了监视居住措施的可操作性。监视居住措施曾有过不小的争论,《刑诉法》修改予以保留,其合理性何在?监视居住措施适用中有可能发生哪些侵犯公民人权的风险?如何保证监视居住措施适用的合法性、公正性与有效性?本文将对这些问题进行探讨。

制度供需失衡与低质量的高逮捕率再生产——基于2013年A市检察院逮捕制度运行的实证分析

何永福

《中国刑事法杂志》,2015年第3期

关键词: 检察机关　高逮捕率　制度失衡　审查逮捕

摘要: 通过对2013年A市检察院审查逮捕工作的实证分析发现,新《刑事诉讼法》实施后A市检察院逮捕率稍有降低,但效果有限。导致逮捕率降低的真正原因是刑罚条件的提高。逮捕制度立法与实践背离的主要原因在于逮捕制度供给不足和外部过度依赖逮捕。不改变制度失衡的现状,低质量高逮捕率的再生产不可避免。需采取进一步完善逮捕条件、加强律师辩护作用、完善取保候审措施、提高取证水平等,促进逮捕制度有效运行。

刑事诉讼中的"逮捕中心主义"现象评析

王　彪

《中国刑事法杂志》,2014年第2期

关键词: 逮捕中心主义　具体表现　原因　利弊　启示意义

摘要: "逮捕中心主义"是我国刑事司法实践中特有的一种现象,对逮捕措施的高度依赖、逮捕证据标准的高要求以及逮捕对三机关的重大影响是其具体表现形式。制度环境的有形压力和具体制度的无形诱导是"逮捕中心主义"现象产生的两大主要原因。"逮捕中心主义"现象的存在有利有弊,但弊大于利。走出"逮捕中心主义"误区需优化现有的制度环境,对一些诱导"逮捕中心主义"现象产生的具体制度进行合理重构。"逮捕中心主义"是在不成熟的制度背景下,公检法三机关面对种种压力作出的一致选择的结果,其对于未来的刑事司法改革有一定的启示意义。

逮捕条件中社会危险性评估模式之构建

杨秀莉 关振海

《中国刑事法杂志》,2014 年第 1 期

关键词: 社会危险性 司法经验 理论基础

摘要: 新修订的《刑事诉讼法》细化了逮捕条件中社会危险性的若干情形,对于司法人员正确把握逮捕必要性具有重要的指引作用。囿于司法规范内容的有限性与案件事实无限性之间的张力,办案人员在自由裁量范围内形成了自身的"司法经验"。通过对某基层检察院的 100 个审查逮捕意见书进行归纳,发现这些"司法经验"存在五个较为突出的问题。为此,建立社会危险性评估机制,将社会危险性的各种规范予以量化,按照一定的规则,评估犯罪嫌疑人社会危险性的大小,实现评估因素、评估程序的标准化和客观化,无疑具有重要的理论意义和实践价值。

附条件逮捕制度实证分析

刘福谦

《国家检察官学院学报》,2014 年第 1 期

关键词: 审查逮捕 逮捕标准 侦、捕、诉衔接

摘要: 附条件逮捕制度是整个逮捕制度的有机组成部分。司法实践中,各地在适用附条件逮捕过程中还存在一些标准不明确、机制不完善的问题。最高人民检察院侦查监督厅发布的《关于人民检察院审查逮捕工作中适用"附条件逮捕"的意见(试行)》,对于实践中附条件逮捕的规范适用具有重要的指导意义。未来应通过逮捕标准的层次性适用,建立案件风险评估机制和分类办理制度,建立有效的侦、诉衔接机制来保障附条件逮捕的规范适用。

试析审查逮捕环节排除非法证据的程序构建

冯兴吾 刁岚松

《中国刑事法杂志》,2013 年第 3 期

关键词: 审查逮捕 非法证据 程序

摘要: 非法证据是影响审查逮捕质量的重要因素之一,在审查逮捕环节必须要排除据以定案的非法证据,切实提高审查逮捕质量。但是,审查逮捕环节书面审查的局限性、讯(询)问取得的言词证据片面性以及缺乏排除非法证据的程序

保障,使得这一环节排除非法证据带有主观性,存在一定风险,为此,在审查逮捕环节就应当充分发挥法律监督职能,设置启动排除非法证据的程序,保障各方权利得到充分行使,有效排除非法证据,尽可能地将据以定罪的非法证据排除在庭审之外,以减少非法证据排除成本,节约司法资源,提高司法效益,有效保障人权。

新刑诉法实施后审查批准逮捕制度运行的调研报告

李　强　朱　婷

《中国刑事法杂志》,2013年第12期

关键词: 逮捕条件和程序　径行逮捕　转捕

摘要: 逮捕作为在一定时限内剥夺犯罪嫌疑人人身自由的强制措施,其适用应该慎重。实践中一直存在着逮捕权滥用,未决羁押率过高的问题,不少地方的逮捕率长期徘徊在95%左右。这些问题的存在,除了关于逮捕条件尤其是逮捕必要性的规定过于笼统外,实践中对这些问题的认识偏差,也导致了逮捕措施的异化与泛化。2012年刑诉法对逮捕的条件和审查程序修改很大。但是具体执行与立法原意还有差距。因此,如何针对实践中的有关问题提出解决方案,恢复逮捕的价值与功能则是审查批准逮捕制度面临的重大问题。

审查逮捕程序诉讼化改革的路径考量——以《刑事诉讼法》的修改为背景

陈庆安　林雪标

《西南政法大学学报》,2013年第1期

关键词: 审查逮捕程序　《刑事诉讼法》修改　诉讼化改革

摘要: 审查逮捕程序诉讼化强调逮捕程序应当由控辩审三方主体参与,检察机关在侦查机关及犯罪嫌疑人之间保持中立地位,保障犯罪嫌疑人及其辩护人的有效参与,决定逮捕的过程须遵循正当程序的要求。当前我国的审查逮捕程序普遍存在行政化、追诉化、救济虚无化、"一劳永逸"化等诸多问题,2012年修改通过的《刑事诉讼法》已经对此做出了适当的回应。但是,审查逮捕程序的诉讼化是今后我国刑事诉讼改革发展的必然趋势,仍需要对审查逮捕程序进行理念重构和制度创新。

审查逮捕听取律师意见工作实证分析——以A市检察机关为考察样本

张　军　陈运红

《中国刑事法杂志》,2012年第10期

关键词: 审查逮捕　听取律师意见　程序

摘要: 最高检、公安部《关于审查逮捕阶段讯问犯罪嫌疑人的规定》确立了审查逮捕听取律师意见制度,2012年3月通过的《刑事诉讼法》对该制度予以了确认。通过实证分析,当前听取律师意见工作存在比率过低、律师意见发挥作用不够充分、工作制度不够健全等问题。建议健全刑事侦查阶段的律师援助制度,强化保障律师执业刑事辩护的工作力度,从听取程序、核实证据、反馈意见等方面着力完善该听取制度。

逮捕的法定事由研究

刘学敏

《中国刑事法杂志》,2012年第12期

关键词:逮捕事由　重罪羁押　预防性羁押

摘要:刑事诉讼中,逮捕及随之而来的羁押是对公民基本权利最严厉的限制措施,应当符合法律保留原则。《刑事诉讼法修正案》对逮捕事由作了列举的、详细的规定,公安、司法机关只有出现法律规定的逮捕事由,才能采取逮捕措施。逮捕事由是否存在,应当依据具体的事实认定。重罪逮捕应当限缩适用。预防性羁押应贯彻比例原则,不能太过宽松,尤其以剥夺犯罪嫌疑人、被告人人身自由方式来防止财产犯罪,不符合公共利益的优越性。实践中隐藏的逮捕事由——押人取供应当禁止。至于如何以逮捕、羁押方式避免被害人、举报人、控告人再次受害,我国未来立法与司法还需进一步的思考。

论审查逮捕制度的分流听证式改造

彭志刚

《中国刑事法杂志》,2012年第1期

关键词:逮捕　听证　分流式

摘要:逮捕制度设立的根本目的都是为了保障刑事诉讼活动的顺利进行。作为一种最严厉的强制措施,逮捕审查听证制度具有平衡诉讼效率与人权保障双重诉求的效果。在现有刑诉法架构下,检察机关实施审查逮捕分流式听证是防范错捕、滥捕的最佳选择。将提请逮捕的案件针对不同对象,以科学分流的方式进行听证,有利于实现司法资源的有效配置和刑事诉讼的顺利进行。

附条件逮捕的体系性地位新论

谭　刚

《中国刑事法杂志》,2011年第12期

关键词:附条件逮捕　一般逮捕　制度构建

摘要:附条件逮捕制度是基于实践需要,经过试点推广并上升到规范层次的一项创新制度,具有非常重要的理论和实践意义。学界和实务界对附条件逮捕颇有争议,理论分析的停滞与实践需要的扩张之间的极大落差,凸显了对附条件逮捕进行重新审视和定位的需要。因此,要对附条件逮捕制度进行从前提到条件的层次性剖析,进而探讨其与一般逮捕的关系,以概念和体系两个维度来搭建附条件逮捕在法律上的体系性地位。

不批准逮捕案件说理机制之探讨

薛 培 杨辉刚

《中国刑事法杂志》,2011年第6期

关键词:不批准逮捕 法律说理 司法权威

摘要:对不批准逮捕案件实行法律说理在检察机关推行之初是为了尽力消弭检察机关行使不批准逮捕决定权与公安机关行使侦查权之间的疑问、矛盾与冲突,也是消解案件当事人(尤其是被害人)内心存在疑问,尽力减少不和谐因素的重要举措,其在司法实践中取得了解决异议争端、节约诉讼资源、降低诉讼成本、提升案件质量、减少涉诉信访等诸多明显效果。不批准逮捕案件法律说理,作为检察机关探索的新型法律诠释制度隐含了一种制度性的变革进路,改变了基于目前状况下检察机关行使检察权执法办案过程中不说理或者说理不充分、并且在短时间内不能改善的弊端,既能维护检察权的权威,又能提升检察机关的执法公信力。

逮捕权运行的实证分析

张海峰

《西南政法大学学报》,2011年第3期

关键词:逮捕 权利 平等

摘要:逮捕权是检察机关的一项重要权力,运用得恰当与否,既关系到打击犯罪的力度,又涉及犯罪嫌疑人的权利,必须慎之又慎。我们通过实证分析的方法,用数据解释了当前逮捕权运用中存在的逮捕率偏高、逮捕人员处轻刑比例偏高、外地人与本地人适用不平衡、未成年人逮捕比例偏高等问题,分析上述问题的深层次原因,并提出通过转变司法观念、完善捕后变更强制措施、利用社区矫正制度等相应方案,解决这些问题。

撤回提请批准逮捕情况的实证分析

王永法 曹大波

《中国刑事法杂志》,2011年第2期

关键词:撤回提请批准逮捕 隐形程序 程序倒流

摘要:在审查批准逮捕实践中,公安机关出于灵活处理案件的动机,将没有法律依据的撤回提请批准逮捕作为一种隐形的程序运用,其结果是造成了审查批准逮捕阶段的程序倒流,对不批准逮捕制度造成了直接的冲击,扰乱了正常的刑事诉讼进程,妨碍了检察监督的开展,对犯罪嫌疑人的合法权益造成了现实的威胁。因此,只有废止撤回提请批准逮捕,才能圆满完成审查批准逮捕阶段的刑事诉讼任务。

合理规制轻罪案件适用逮捕措施——曹县人民检察院审查逮捕工作的调查

周文伟　张跃华

《中国刑事法杂志》,2011 年第 1 期

关键词: 适用逮捕措施　轻罪案件　调查

摘要: 曹县人民检察院 2006—2009 年存在适用逮捕措施过多的问题。究其原因,主要是受重打击、轻保护的执法理念影响,非羁押性强制措施不完善以及检察机关为避免社会负面评价而为。合理规制轻罪案件强制措施,应提高逮捕案件的程序准入关,建立逮捕必要性证明制度和捕后继续羁押必要性审查制度,实行律师介入审查逮捕,推动法院直接受理轻罪自诉案件,加强刑事和解,推动社区监管,对外来犯罪人员实行同城司法处遇。

论重罪羁押之改革完善

白　冰

《中国刑事法杂志》,2013 年第 6 期

关键词: 重罪　羁押　无罪推定

摘要: 我国《刑事诉讼法》修改后新增了有关"重罪羁押"的规定,即对可能判处十年以上有期徒刑的犯罪嫌疑人一律逮捕。该规定不仅在立法例上缺少有说服力的参考依据,也与无罪推定原则、比例原则不相符,偏离了羁押保障程序顺利进行的目的。对于涉嫌重罪的犯罪嫌疑人,也应当坚持逮捕的一般标准,有妨碍诉讼进行可能的方可适用羁押,但证明标准较一般案件可以适当宽松。

刑事羁押折抵刑期问题研究

袁登明

《法律适用》,2012 年第 7 期

关键词: 自由刑　妨害公务罪　限制自由

摘要: 现行《刑法》关于 3 种有期自由刑的刑期均是从判决执行之日起计算。但罪犯在被送交监狱或者其他执行机关执行刑罚之前,依法被羁押在看守所是常态。羁押即属于判决执行之前犯罪分子被采取刑事拘留、逮捕等剥夺人身自由的强制措施,羁押期限折抵有期自由刑刑期也是世界各国通行的刑事规则。但是,在我国刑事司法实践中,因为一些被告人法律知识缺乏而未能及时提供确切的相关羁押信息与相关诉求、相关规定不甚明确具体、以及部分司法人员对刑期计算等细节问题关注程度不够等因素,导致羁押折抵刑期制度适用过程中可能会出现一些差错。

预防性羁押的争议与适用

罗海敏

《国家检察官学院学报》,2012 年第 4 期

关键词：预防性羁押　未决羁押　先行羁押

摘要：预防性羁押一直备受争议，很多国家和地区都通过立法规定的方式明确确立了预防性羁押制度或者确认犯罪预防这一羁押理由，我国新修正的《刑事诉讼法》也确认了以预防犯罪为目的的羁押理由。面对预防性羁押适用的现实需要，只有通过立法严格规定其适用范围和适用条件，使预防性羁押的潜在做法制度化、规范化，才更符合人权保障与权力规制的目的。

未成年人审前羁押制度检讨与改进建议

姚建龙

《中国刑事法杂志》，2011 年第 4 期

关键词：未成年人　审前羁押　少年司法

摘要：我国未成年人审前羁押制度的实际运行状况不容乐观，未成年人在羁押状态中等待审判总体上仍是一种常态而非例外，但这种状况正在持续改变。改革不仅应当遵循国际准则，借鉴发达国家经验，更应当针对我国未成年人刑事诉讼制度运行的弊端与特点，采取切断办案人员与案件之间的利益纽带、加强对公安和检察机关的外部制衡、审前羁押决定程序"准司法化"、完善审前羁押替代性措施、改善被羁押未成年人的特殊处遇等综合措施。

侦查羁押制度的实践困境和完善路径

张兆松　王显祥

《西南政法大学学报》，2011 年第 4 期

关键词：侦查羁押　特点　缺陷

摘要：我国侦查羁押制度存在着羁押期限过长、延长羁押期限理由含糊不清、相关规定互相矛盾、审批程序行政化、羁押场所非独立性等问题。完善侦查羁押制度的路径是：适当缩减侦查羁押的一般期限，明确规定逮捕后的最长羁押期限，明确延长羁押期限的理由，修改延长羁押期限的决定权，规定在退回补充侦查阶段不能延长侦查羁押期限，明确规定重新计算羁押期限的法定情形和批准机关，实行羁押审批程序的诉讼化改造，建立羁押复查制度，实行羁押场所和办案机关分离制度，建立羁押场所独立巡视制度。

隐性超期羁押的表现形式、成因及遏制对策

秦　靖

《西南政法大学学报》，2011 年第 3 期

关键词：隐性超期　取保候审　宽严相济

摘要：隐性超期羁押在司法实践中客观存在，其表现为"形式合法而实质非法"，该现象与司法人员执法观念偏差、现行法律制度不完善、机制不健全、司法资源匮乏、分配不合理有一定联系。只有建立科学执法理念、完善法律制度、健

全机制、合理配置司法资源,才能从防范机制上遏制隐性超期羁押。

羁押必要性审查制度研究

朱志荣

《西南政法大学学报》,2014 年第 5 期

关键词: 羁押必要性　程序审查　人权保障

摘要: 我国在最新修订的法律及各种规范性文件中对羁押制度进行了修改与完善,其中修改后的《刑事诉讼法》确立了必要性审查程序,而最新的《人民检察院刑事诉讼规则(试行)》则对此进行了细化,通过多个条文对审查主体、内容、方式等问题进行了初步的规定。由于法律和司法解释的规定都相对比较原则,导致该项制度在实施过程中仍存在程序规定不细致、审查标准不明确等问题。我们应在理清羁押及羁押必要性审查的概念、羁押必要性审查的理论基础及价值目标等基础理论的前提下,梳理出我国羁押必要性审查制度的立法现状,并在此基础上正确理解我国羁押必要性审查的性质、涉及的诉讼阶段、审查的案件范围、实施审查的主体等基本问题,进而结合基层检察工作实际,构建一套符合立法意旨且切实可行的羁押必要性审查机制。

公诉环节羁押必要性审查的制度构建

戚进松　刘丽娜

《中国刑事法杂志》,2013 年第 6 期

关键词: 现状　制度定位　制度构建

摘要: 我国公诉环节继续羁押存在三大问题,根本原因在于缺少独立实质的羁押必要性审查机制。新《刑事诉讼法》规定的羁押必要性审查,在公诉环节分别对应诉讼职权和诉讼监督两种制度定位。公诉环节羁押必要性审查的实体标准应当考虑社会危害性、社会危险性、逮捕必要性和羁押公正性;在程序设计上应当以公诉部门为审查主体,主动审查与被动审查相互衔接,在审查方式上强化司法审查色彩,在外部配置方面完善审查的配套机制。

捕后羁押必要性审查制度的理解与适用

顾永忠　李辞

《国家检察官学院学报》,2013 年第 1 期

关键词: 羁押必要性　逮捕控制　司法审查

摘要: 捕后羁押必要性审查制度是我国逮捕适用控制体系中的一项新措施,旨在解决捕后继续羁押必要性的问题而不是当初逮捕羁押必要性的问题。对该项制度应当从审查主体、审查程序、审查内容、审查方式及审查后的处理等诸方面进行科学构建;从未来发展方向看,应当将该制度从监督性审查改革为司法性审查。

羁押必要性审查及律师参与

钱列阳

《国家检察官学院学报》,2012 年第 6 期

关键词: 羁押必要性　审查标准　律师参与

摘要: 羁押必要性审查制度,是在刑事诉讼中对羁押采取审慎态度和严格法律控制的一项制度,是国家尊重和保障人权的重要体现。羁押必要性的审查分为事前审查和事后审查,不同情形下羁押必要性的审查主体和审查启动主体有所区别。羁押必要性的审查标准是该项制度的关键问题,辩护律师充分参与是该项制度的保障。

论羁押必要性审查的十大问题

张兆松

《中国刑事法杂志》,2012 年第 9 期

关键词: 《刑事诉讼法》　羁押必要性　程序规则

摘要: 新《刑事诉讼法》第 93 条增设的羁押必要性审查制度,是对我国现行逮捕羁押制度的一项重大改革,是强化检察监督的重要举措。检察机关的无羁押必要性建议是具有法律效力的监督意见。要保障羁押必要性审查制度得到落实,最高人民检察院要从立法的基本立场以及基本的价值追求出发做好司法解释,对诸如羁押必要性审查程序的启动、审查的主体、审查的间隔时间、审查的标准、必要性证明责任、审查的模式、审查的期限以及权利救济等问题,作出符合立法宗旨的具体规定。

论"逮捕后对羁押的必要性继续审查"之适用

卢乐云

《中国刑事法杂志》,2012 年第 6 期

关键词: 新《刑事诉讼法》　人民检察院　羁押必要性

摘要: 新《刑事诉讼法》第 93 条所构建的"在犯罪嫌疑人、被告人被逮捕后对羁押的必要性继续审查"制度凸显了刑事诉讼保障人权措施的中国特色,该制度具有坚实的法理基础和充分的实践依据。羁押必要性的继续审查既强化了检察机关的法律监督职能,同时,又明确了刑事诉讼各阶段办案机关对羁押必要性审查的职责。不同主体的审查分别称之为"法律监督型"羁押必要性审查、"法定职责型"羁押必要性审查,人民检察院在执行此制度中具有特别重要的地位。在制定刑事诉讼规则时,应遵循法律监督的规律,确立有关部门的审查义务,科学划分不同阶段实施"法律监督型"羁押必要性审查的责任主体,全面构建实施羁押必要性继续审查的程序。

第三节 案例精解

羁押性强制措施适用的必要性审查问题——"躲猫猫"案件评析

一、案情简介①

2009年1月30日,24岁的红塔区北城镇青年李某某与同村另外5名青年准备到离家10余里的晋宁县境内青龙山上砍树卖钱。当地公安分局的民警在山上巡逻时发现包括李某某在内的6名青年男子正在盗伐树木,旋即当场制止了李某某等人的盗伐行为。后警方清点了现场,发现已经有数十方树木遭到砍伐。由于这一数目已可以追究刑事责任,民警就将李某某等6人带回晋宁县森林公安分局。2月8日下午5时30分左右,在李某某被拘留11天之后,其家人忽然接到警方电话称李"在看守所摔了一跤,情况比较严重"。下午6时15分,李父与其小儿子赶到晋宁县人民医院时发现李某某"全身是血,头肿得跟蒸开的馒头一样,已经昏迷不醒",县医院的医生在看过之后,给李某某下了病危通知书,并告诉李父,要赶紧转院至昆明。4天之后,李某某亡故。

李某某的护理记录表明,李某某在被送往晋宁县人民医院的时候,属于"尚有轻微意识,颅脑损伤",而在当晚7时24分被送到昆明市第一人民医院之后,医生的诊断记录为:"重度颅脑损伤,昏迷不醒,无意识。"那么,是什么原因让李某某在看守所中身受重伤的呢?针对这一问题,晋宁县公安局相关负责人一开始的回答是,通过他们的初步调查发现,李某某受伤是由于其在放风时间与同监室的狱友在看守所天井中玩"躲猫猫"游戏时,眼部被蒙而不慎撞到墙壁。死者家属对于警方"玩'躲猫猫'受伤"的解释并不认同,官方最终的调查结果也戳破了晋宁警方的谎言。李某某被羁押期间,同监室在押人员张某某、张某等人以各种借口用拳头、拖鞋等对其进行殴打,致使其头部、胸部多处受伤。2009年2月8日下午5时许,张某、普某某等人又以玩游戏为名,用布头将李某某眼睛蒙上,对其进行殴打,致使其身上有两处骨折,最终李某某被普某某一次猛烈拳击撞墙倒地昏迷,经送医院抢救无效于2月12日死亡。这是一起在押犯罪嫌疑人以"躲猫猫"为名殴打他人致死事件。李某某身亡后,张某某、张某、普某某等人为逃避法律的制裁,订立攻守同盟,编造了李某某在游戏中不慎自己撞墙死亡的谎言,对抗侦查。晋宁县公安机关在没有深入调查取证的情况下,轻信了张某某等人的说辞,极为不负责任。同时该事件也反映出相关职能部门对看守所管理松懈,晋宁县公安机关有关领导和看守所有关领导为此受到行政处分。

---

① 参见张军、陈卫东主编:《新刑事诉讼法案例解读》,人民法院出版社2012年版,第136—139页。

二、问题与争议

"躲猫猫"一案中,对犯罪嫌疑人李某某拘留收押是否有必要?羁押必要性审查的意义何在?

三、评析与理由

"躲猫猫"一案凸显了我国被羁押人员权利保障的薄弱。新《刑事诉讼法》虽然从多个方面改革了侦查程序、规范司法行为,以遏制刑讯逼供,加强犯罪嫌疑人、被告人的人权保障,但被羁押人的权利保障这一领域仍存有不少盲区,如未决羁押场所的非中立化和管理混乱。在司法实践中,绝大多数刑事案件都是由公安机关侦办,未决羁押本来就与刑事侦查活动紧密联系。而看守所以县级以上的行政区域为单位设置,由本级公安机关主管。这使得未决羁押场所与侦查机关由同一负责人领导,造成"侦押合一",看守所演化为刑事侦查的一种工具。同时看守所管理人员漠视被羁押人人身权利、放纵牢头狱霸等情况也导致了被羁押人人权得不到保障。又如,被羁押人知情权的不足。我国《刑事诉讼法》中有关被羁押人知情权的规定只是羁押通知权,即《刑事诉讼法》第83条第2款的规定:"拘留后,应当立即将被拘留人送看守所羁押,至迟不得超过二十四小时。除无法通知或者涉嫌危害国家安全犯罪、恐怖活动犯罪通知可能有碍侦查的情形外,应当在拘留后24小时以内,通知被拘留人的家属。有碍侦查的情形消失以后,应当立即通知被拘留人的家属"。而除通知以外,有关犯罪嫌疑人、被告人被羁押期间的其他情况则无从得知。

我国《刑事诉讼法》规定的审前羁押措施包括拘留和逮捕两种,其中逮捕是较长时间剥夺犯罪嫌疑人人身自由的刑事强制措施,而我国的刑事拘留制度虽为临时性的强制措施,却因其期限相对于其他法治国较长而有着异化为"另类逮捕"的趋向。逮捕作为刑事强制措施中最为严厉的一种,其适用应该局限于那些采用其他刑事强制措施均无法避免发生社会危险性的案件。出于人权保障的考虑,国际社会大多数国家均在刑事案件的侦查中以保释为原则、以羁押为例外,把未决羁押限定为一种少数案件的必要手段。《联合国公民权利和政治权利国际公约》第9条第3款规定,等候审判的人受监禁不应作为一般规则,但可规定释放时应保证在司法程序的任何其他阶段出席审判,并在必要时报到听候执行判决[①]。逮捕、拘留等羁押型刑事强制措施普遍使用带来的后果就是未决羁押制度的功能异化,它表现为:第一,逮捕成为打击犯罪、维护社会稳定的工具。第

---

① 参见《联合国公民权利和政治权利国际公约》,http://202.121.165.25:9012/cluster_call_form.aspx?menu_item=law&EncodingName=&key_word=,2016年3月29日访问。

二,逮捕被视为惩罚和追究责任的一种方式。第三,逮捕承担了预支刑罚的功能。第四,逮捕还承载着震慑犯罪的功能。第五,逮捕成为侦查的手段。而这五项异化带来的直观表象就是近年来被捕人员数量巨大,逮捕率高,羁押时间长和超期羁押严重的局面。① 为了贯彻新《刑诉法》总则部分"尊重和保障人权"规定的精神,同时也是为了便利司法机关准确把握逮捕条件,准确运用未决羁押制度,2012年新《刑事诉讼法》删除了1996年《刑事诉讼法》中"有逮捕必要"的规定,并对逮捕的"社会危险性条件"予以明确。

结合本案而言,李某某的被捕关押,仅是因为他私自与人盗伐树木,木材方量恰至入刑标准,这显属"情节显著轻微"的违法行为或"情节轻微"的犯罪行为,李某某盗伐树木一案极有可能被销案处理或被决定不起诉。李某某在正式的司法程序中能否顺利通过审查起诉程序和审判程序而最终被判决有罪仍待商榷。在此情况下,李某某本身的社会危险性和其盗伐树木案件的社会危害性显然未到必须逮捕的程度。公安机关将其抓捕关押,实属超过必要限度,违反了刑事强制措施的比例原则。②

另外,还需注意的是,为保证检察机关充分发挥检察监督的作用,减少、防止"误捕""滥捕"现象的发生,新修正的《刑事诉讼法》增加规定了人民检察院在逮捕后对羁押必要性继续进行审查的程序。捕后羁押必要性审查制度在本质上是对侦查权的司法控制和司法审查。它的确立既是完善逮捕程序的一项重要制度,也是贯彻宽严相济刑事政策的一个重要举措,该制度的构建遵循了以下原则:一是比例原则;二是控权原则。③ 在具体操作中,所谓羁押必要性审查,就是检察机关要依据《刑事诉讼法》第79条规定的逮捕适用条件、第154至第158条规定的侦查羁押期限以及犯罪嫌疑人自身、在办案件本身不断变动的实际情况进行综合考虑,对犯罪嫌疑人的继续羁押是否必要进行及时的审查判断。若发现某一犯罪嫌疑人已丧失羁押必要性时,则建议侦查机关予以释放或变更刑事强制措施。

---

① 参见刘计划:《逮捕功能的异化及其矫正——逮捕数量与逮捕率的理性解读》,载《政治与法律》2006年第3期。

② 有关羁押性强制措施中的比例原则问题可参见卞建林:《论我国审前羁押制度的完善》,载《法学家》2013年第3期。

③ 参见叶青主编:《刑事诉讼法学》(第三版),上海人民出版社、北京大学出版社2013年版,第199页。

第三章 审查起诉程序与检察监督权理论

第一节 本章观点综述

2012年新修订的《刑事诉讼法》规定了简易程序公诉人出庭制度。对于该制度的运行,有学者认为可借鉴外国检察官的出庭经验,吸收本土不同地区的试点探索成果,构建繁简不同的简易案件公诉人出庭程序。同时衔接配套的简易程序庭审模式,倡导简案专办,充分利用庭前整理程序,并辅之以人财物的支持和出庭技能培训,检察机关应利用此次修法契机,推动公诉工作向更高水平发展。① 同时,也有学者从实证研究的角度,提出在司法实践中,公诉人出庭的简易程序仍然存在着庭前程序较繁、效率较低;庭审中公诉形式化,程序公正提升度不明显等问题,短期之内不应高估这项改革的成效。未来的简易程序公诉人出庭制度改革,须在刑事诉讼程序改革的整体框架下加以思考。②

检察机关的法律监督权一直是学界争议的焦点。有学者认为我国检察机关的监督具有两重性,一是专门性监督,即作为专门法律监督机关的监督;二是参与性监督,即作为诉讼活动参与者的监督。这种两重性具体表现在对刑事审判的监督上。在刑事审判活动中,检察机关不仅是国家的法律监督机关,还是诉讼的一方。专门性监督与参与性监督并存,忽视检察机关的参与性监督,主张将其诉讼职权与监督职权相分离,违背了监督的基本原理,也违背了监督的亲历性和及时性要求。③ 也有学者指出,我国检察理论中主流的"检察—法律监督一体论"及其导致的泛法律监督困境,存在大量无法克服的理论和实践矛盾,目前已经在实践中形成控诉、制约和监督三位一体的检察体制,检察理论和实践应以我国宪法原则和民主法治的基本原理为依据,超越泛法律监督的现象,进一步完善以控诉和控权为核心,以控诉、制约和监督三位一体为特征的检察制度。④

关于保证检察机关依法独立公正行使检察权的司法改革也是学界和实务界讨论的热点。有学者指出,检察改革已经走过恢复、重建检察规范和以检察机制改革为主要内容的阶段,将进入以检察体制改革为主的攻坚克难阶段。新时期检察改革又必将要在过去改革成果的基础上向前推进,由此决定,新一轮检察改

---

① 参见董坤:《简易程序公诉人出庭问题研究》,载《法律科学》2013年第3期。
② 参见左卫民:《简易程序中的公诉人出庭:基于实证研究的反思》,载《法学评论》2013年第4期。
③ 参见邓继好:《从检察监督的两重性看诉讼职权与监督职权的分离》,载《政治与法律》2012年第3期。
④ 参见蒋德海:《我国泛法律监督之困境及其出路》,载《法学评论》2013年第4期。

革进路的确定要体现补强与拓展相结合、符合检察规律、提升检察执法公信力等原则的要求,具体围绕检察机关的组织结构、检察办案组织、检察人员分类管理和检察职业保障的改革而展开。要通过改革,增强检察机关内部机构设置的科学化程度,彰显检察权的司法属性,确立检察官的司法官地位,凸显检察一体的特征,增强检察执法的独立性和公正性。① 面对如火如荼的改革浪潮,有学者提醒,检察机关同时兼具司法和行政双重属性,检察权运行需要兼顾检察一体和检察独立的原则,注意"三忌":一忌"检察官法官化",防止在检察机关办案组织和办案方式司法化改革的口号下,盲目引入法院的合议制工作机制;二忌"检察官手足化",不能错误理解和定位检察长负责制,排斥、否定检察官独任制,抹杀检察官独立行使检察权的主体地位;三忌"检察官专门化",面对犯罪形势发展专业化的趋势,不要匆忙成立各类专门化的办案机构,固定检察官的办案类型。全国检察机关应以办案组织司法化和办案方式司法化为出发点,以期建立公正、高效、权威的检察机制。②

对于检察改革中推行的主任检察官办案责任制,有学者提出,在主任检察官制度设计和具体运行中,应吸取主诉检察官制度的经验教训,注意强调检察独立和检察一体的体用关系。如果检察一体最终淹没了检察独立,将无法实现司法化办案模式的转变,甚至又有走回头路的风险。同时,主任检察官制度要真正有效运行,必须进行精英化建设,独立而且能够有效驾驭证据的办案团队是制度有效运行的基础和保障。但也有学者认为,检察机关办案有时采用"协同办案"乃至团队协作形式,但单独办案仍为基本模式,检察官办案责任制的核心是"承办负责制",承办责任制有其优势,不应以主任检察官责任制代替检察官责任制,划清承办检察官的权限范围,保障承办负责制的有效运行。员额制的实施,可能压缩主任检察官制度的运行空间。主任检察官与业务部门负责人的设置与职能区分,应尽可能合一,不能合一时,部门负责人重点负责宏观指导,主任检察官主要负责个案审核。在捕诉关系中,捕、诉合一虽有利于提高效率,但其导致批捕不中立的弊端更为明显。检察官责任制应与检察长负责制相协调,实现合理授权。应建立权力清单,检察权运行机制的设置和管理应当细化与科学化。③ 从实证研究角度,有学者以上海市闵行区人民检察院试点探索为例,对主任检察官制度提出了展望,认为主任检察官制度是为弥补当前检察活动和检察制度中的诸多不足与缺陷而开展的一项试点改革工作。检察机关要在各项具体工作中取得"让人民满意"的执法效果,必须在总结之前主诉检察官改革经验的基础上,构建

---

① 参见徐鹤鸣:《制度内生视角下的中国检察改革》,载《中国法学》2014年第2期。
② 参见万毅:《检察改革"三忌"》,载《政法论坛》2015年第4期。
③ 参见龙宗智:《检察官办案责任制相关问题研究》,载《中国法学》2015年第1期。

更加科学高效的工作机制,使检察活动的模式架构更加符合司法办案规律和检察工作规律的现实需求。主任检察官制度正是一项对检察机关现行办案组织框架的具体化设计和检察职权的科学配置。有必要从当前主任检察官制度实践的现实情况出发,进一步深入探讨主任检察官制度的完善路径。①

同时,乘新一轮司法改革的新风,学界呼吁检察权优化配置的声音越来越高。有学者基于《宪法》与《刑事诉讼法》衔接的考量,将我国检察权分为"三层级"结构。即第一层级法律监督、第二层级批准逮捕等和第三层级派员出庭行使公诉权,三个层级分别对应构成略高于、等于、略低于法院审判权的权力位阶,这与西方国家检察权制度有很大的不同。就完善刑事司法检察权而言,当下较为现实的做法有两种:一是以刑事诉讼法修正案的"修法"方式,强化侦查起诉阶段的律师辩护权,以"诉讼构造"贯穿刑事诉讼各个阶段;二是以刑事诉讼法理的"释法"方式,参照大陆法系检察权理念,解释、践行我国刑事司法的检察权职能。② 也有学者认为,传统的行政式的检察管理模式背离了检察规律的基本要求,导致检察管理在推动检察权公正运行中的功能发挥受阻。要通过对检察管理相关内容的革新,为检察权的公正行使提供高素能的主体、高效的决策机制、有效的监督机制以及科学的物资保障机制。③ 有学者基于检察权独特的社会价值提出,检察权的监督、服务、牵引等功能和特性,契合了社会管理创新的维护秩序、促进和谐、保障安居乐业、为发展营造良好环境等价值目的。现阶段经济社会的发展变化,对检察机关社会管理创新的理念、载体、机制等提出了前所未有的新要求。检察机关在参与社会管理创新中,应当将社会管理创新和检察权有机结合,沿着载体创新、机制创新、理念创新的路径,循环往复,不断提高检察机关参与社会管理创新的水平。④

第二节 相关论文摘要

我国刑事公诉审查程序的反思与重构
韩红兴
《法学家》,2011 年第 2 期
关键词:公诉审查 公诉制约 审判公正

---

① 参见谢佑平、潘祖全:《主任检察官制度的探索与展望——以上海闵行区人民检察院试点探索为例》,载《法学评论》2014 年第 2 期。
② 参见封安波:《论我国检察权的"三层级"结构——基于〈宪法〉与〈刑事诉讼法〉衔接的考量》,载《法学家》2015 年第 4 期。
③ 参见向泽选:《检察管理与检察权的公正行使》,载《政法论坛》2015 年第 1 期。
④ 参见陈辐宽:《检察视域中社会管理创新的新思考》,载《政治与法律》2011 年第 8 期。

摘要：我国刑事公诉审查程序流于形式带来诸多弊端，对其进行改革已经成为必要，但如何改革仍未形成定论。"要不要"及"如何设立"公诉审查程序，成为我国公诉审查程序改革的两大焦点问题。公诉审查程序对于制约滥行公诉、保障被告人人权、促进审判公正具有不可或缺的价值。应当反思我国公诉审查程序的理论与实践，借鉴法治国家的经验，科学合理地构建我国的刑事公诉审查程序，为我国《刑事诉讼法》的再修改提供参考。

公诉权滥用论
周长军
《法学家》，2011年第3期

关键词：公诉权　不该起诉而起诉　变更公诉

摘要：在当下我国强化检察监督的背景下，应当对公诉权滥用的问题予以关注和研究。实践中，不该起诉而起诉、随意变更公诉、恣意重新起诉是公诉权滥用的主要形态。对公诉权滥用的成因需要进行深入的语境化分析，相应地构建庭前起诉审查程序、引入刑事诉因制度、实现撤回起诉规范化、不起诉后再诉的规范化、再审抗诉规范化、司法管理现代化以及将法官职务犯罪的侦查权从检察权中剥离，以防范公诉权的滥用。

我国公诉制度改革若干问题探讨
陈光中　彭新林
《法学研究》，2011年第4期

关键词：公诉改革　非法证据排除　附条件不起诉

摘要：我国的公诉制度有必要通过正在进行的《刑事诉讼法》再修改实行以下三项重要改革：(1)在起诉程序中适用非法证据排除规则。检察机关应当尽可能使进入审判程序的证据具有证据能力。(2)建立附条件不起诉制度。建立此项制度有其理念、政策和现实根据。立法应当合理规定附条件不起诉的案件范围、考察期限。实行附条件不起诉应当与当事人和解、犯罪嫌疑人社会调查制度相结合，并建立有效的监督机制。(3)创建量刑建议制度。以与规范法院量刑程序相配套，有助于实现量刑公正和有效辩护，提高诉讼效率和公诉能力及水平。

论公诉权与被害人权利的程序冲突与协调
蔡国芹　赵增田
《中国刑事法杂志》，2011年第5期

关键词：刑事诉讼　公诉权　被害人权利

摘要：若以诉讼立场为标准，公诉人与被害人均为刑事诉讼中承担控诉职能的诉讼参与主体，二者在惩治犯罪目标的指引下有一定的协同性。基于各自的程序利益重点不同,检察机关的公权力与被害人权利之间存有分歧,甚至是冲突也在所难免。其中的原因不仅仅是价值观念的差异,更多的是公诉权在程序运行中未能顾及被害人个人利益的需要。在域外,公诉权的运行虽不受被害人意志左右,但却十分尊重其情感需要并给予适当的程序参与机会。从被害人取得公理的基本原则出发,国家权力充分尊重权利,是实现我国公诉权与被害人权利的程序协调的理性选择。

论审前程序中公诉权运行机制之再完善——一项基于重大有影响案件公诉实务的探究

陈为钢　徐翀　王佳忆

《政治与法律》,2012 年第 5 期

关键词: 公诉权　审前程序　重大有影响案件

摘要: 在我国现行的刑事司法体制下,由侦查机关和检察机关分阶段主导的刑事审前程序对案件的最终裁判结果和司法办案效果具有实质影响力。以办理重大有影响案件为例,在现有的刑事诉讼程序和办案模式下,公诉权运行机制遇到了诸多制度、实务瓶颈。完善公诉权运行机制,要处理好公诉权与侦查权、办案组织构架与案件、公诉部门与案件当事人以及检察机关与舆论、媒体的关系。具体而言,应建立检察引导侦查制度,优化公诉人力资源配置机制,推动审前沟通机制实质化发展,并完善涉检舆情预警、应对机制。

简易程序公诉人出庭问题研究

董坤

《法律科学》,2013 年第 3 期

关键词: 简易程序　公诉人出庭

摘要: 新修订的《刑事诉讼法》规定,适用简易程序审理的公诉案件,公诉人应当出庭。这对于构建合理的庭审结构、实现公诉职能的全面履行、遏制公诉权滥用以及提高检察机关的法律监督能力具有重要意义。借鉴国外检察官出庭的经验,吸收本土不同地区的试点探索成果,构建繁简不同的简易案件公诉人出庭程序,同时衔接配套的简易程序庭审模式、倡导简案专办,充分利用庭前整理程序,并辅之以人、财、物的支持和出庭技能培训,检察机关必将能够践行本次新刑诉法之立法目的,推动公诉工作向更高水平发展。

简易程序中的公诉人出庭:基于实证研究的反思

左卫民

《法学评论》,2013 年第 4 期

关键词: 简易程序　公诉人出庭　诉讼效率　程序公正

摘要: 2012 年新修订的《刑事诉讼法》规定了简易程序公诉人出庭制度,全国也预先展开试点。尽管最高立法、司法机关意图通过此次简易程序改革提高审判效率,维护程序公正。但是实证研究发现,公诉人出庭的简易程序仍然存在着庭前程序较繁,效率较低;庭审中公诉形式化,程序公正提升度不明显的问题,短期之内不应高估这项改革的成效。未来的简易程序公诉人出庭制度改革,须在刑事诉讼程序改革的整体框架下加以思考。

论控权属性下公诉权的发展

张书铭

《中国刑事法杂志》,2014 年第 3 期

关键词:控权 公诉权 发展

摘要:公权力的本质和特征决定了权力必须受到制约和监督。公诉权发端之初就兼具与法官分权和防止警察滥权的功能,这体现了公诉权的控权属性和功能。我国公诉权亦然,并随着法治进程不断发展,内容不断丰富。强化对权力的制约和监督已成共识,因此在刑事诉讼程序运行过程中,需要进一步强化公诉权的控权功能。为此,要赋予公诉权更多的自由裁量权,要通过立法确立公诉引导侦查制度,要构建以公诉权为主要依托的司法审查制度,构建理性公诉的理念、思维和机制,要不断强化对公诉权的制约和监督。只有这样,公诉权的控权功能才能得以科学发展和实现,才能更加有效地促进司法公正。

刑事不起诉率偏低之实证分析——以某地 2003—2010 年刑事不起诉案件为分析对象

成懿萍

《中国刑事法杂志》,2011 年第 8 期

关键词:现状 原因 路径

摘要:不起诉制度如果适用得当,可以充分贯彻宽严相济刑事政策中非犯罪化、非刑罚化、非监禁化的价值功能。但是,在近年来的司法实践中,虽然上级检察机关已经取消了严格控制不起诉比例的内部考评制度,但是,不起诉的适用率基本上并没有发生太大变化。然而,从实证数据来看,不起诉率偏低的真正原因并不是因为缺乏适宜作不起诉处理的案件,而是因为检察机关不敢、不愿作不起诉处理。因此,为了彰显不起诉制度的应有价值,建议从观念上重新审视不起诉的积极意义,从制度上调整不起诉的适用范围,从内部工作机制上为不起诉处理提供激励机制。

酌定不起诉之现状考察及完善思考

赵 鹏

《法学》,2011 年第 9 期

关键词:酌定不起诉 检察机关 司法裁量

摘要：长期以来，司法实践中重视起诉率而忽视酌定不起诉的现实，限制了检察官司法裁量权的行使，淡化了检察机关在刑事诉讼活动中案件过滤、数量调节以及政策调整的审查起诉职能。在当前犯罪态势依然高发，法院审判负担日益加重的背景下，应顺着《刑事诉讼法》修改的路径，以检察官司法裁量权为视角，重新解读酌定不起诉的立法价值和指导思想，探索酌定不起诉制度的改革完善模式，并以此促进酌定不起诉在整个刑事诉讼过程中的制度价值的全面实现。

论我国刑事不起诉"三分法"的失败及重构——以淮北市起诉裁量实践为实证分析对象

杨娟 刘澍

《政治与法律》，2012年第1期

关键词：不起诉制度 "三分法"理论 起诉裁量权

摘要：刑事不起诉制度的核心在于如何配置起诉裁量权，以实现刑事案件审前程序分流，减轻检察公诉和法院审判上的压力。然而，我国现行的刑事不起诉"三分法"将起诉裁量权限制在酌定不起诉这一非常狭小的空间之内，导致了实践中的混乱。从学理上来看，理论界对于"三分法"的研讨未得要领，无法解决实践问题；只有在理论上以谨慎的扩张主义为指导，在我国刑诉法中配置适度的起诉裁量权，才能从根本上解决现行不起诉制度的问题。

延长审查起诉期限问题研究

李新 余响铃

《中国刑事法杂志》，2013年第10期

关键词：审查起诉 补充侦查 期间 延长

摘要：审查起诉期限是刑事诉讼效率的保证，非重大、复杂案件延长期限或者以退回公安机关补充侦查换取时间等方式，不仅不符合法律的规定，还可能造成羁押期限过长等问题，正确认识期限设定对于保证刑罚及时性、公正性和程序正当性的意义，从法律规范、制度建设、内部监督和法治思维养成等方面加以改进，切实保证《刑事诉讼法》的正确实施。

刑事审查起诉程序功能的重构

陈海锋

《政治与法律》，2015年第5期

关键词：刑事审查起诉程序 侦查程序 审判程序

摘要：我国审查起诉程序的功能体现在侦查、案件处理与程序自治等多方面，但各项功能均存在问题。侦查补正功能与其他功能相冲突；制约审判功能相对于案件分流与程序分流功能过于强势；程序本位功能中只突出了证据的收集，其他功能都没有发挥的空间。这些都不利于刑事程序目标的实现。以通过程序正当化权力为路径,我国的审查起诉程序功能应确立为监督侦查、制衡审判与正当化公诉权三个方面,同时应对相关程序进行改造。

职务犯罪案件审查起诉程序改革探讨

孔璋 程相鹏

《西南政法大学学报》,2015年第2期

关键词:职务犯罪案件 审查起诉 异地同级

摘要:以同一检察院自侦自诉为基本、异地检察院起诉为补充的现行职务犯罪案件审查起诉模式存在着诸多问题,例如,侦查监督形同虚设,缺乏司法公信力,损害司法公平,加剧法检冲突。因此,有必要对现行模式予以改革。建议吸收现行模式中异地起诉的合理做法,对职务犯罪案件全面推行异地同级审查起诉。通过此举,可以改变同一检察院自侦自诉现状,切实发挥侦查监督作用;增强司法公信力,有利于保护犯罪嫌疑人的权利;消除司法处遇不平等情形,维护司法公平;减少法检冲突,节约司法资源。具体可从移送与受理程序、审查起诉程序、刑事立案监督程序、侦查活动监督程序、犯罪嫌疑人(被告人)逃匿死亡案件违法所得的没收程序以及其他程序等方面构建职务犯罪案件异地同级审查起诉程序。

从检察监督的两重性看诉讼职权与监督职权的分离

邓继好

《政治与法律》,2012年第3期

关键词:检察监督 专门性监督 参与性监督

摘要:监督的产生缘于人类社会的分工协作,社会活动参与者对其他参与者享有监督权源于活动目的性的本质要求。由此来看,我国检察机关的监督具有两重性:一是专门性监督,即作为专门法律监督机关的监督,二是参与性监督,即作为诉讼活动参与者的监督。这种两重性具体表现在刑事审判监督上。在刑事审判活动中,检察机关不仅是国家的法律监督机关,还是诉讼的一方,故其中的检察监督是专门性监督与参与性监督的叠加。忽视检察机关的参与性监督,主张将其诉讼职权与监督职权相分离,违背了监督的基本原理,也违背了监督的亲历性和及时性要求。

守望法治:法律监督的价值分析与机制变革

田宏杰 温长军

《政法论坛》,2012年第3期

关键词:法律监督 检察权配置机制变革 人民监督员制度

摘要:检察机关通过诉讼活动中检察权的独立行使履行法律监督职能,在我国既具有合法性,又具有正当性。检察独立与审判独立在宪政语境下的并行不悖,不仅构成了我国司法独立的完整内涵,而且成为人民代表大会制度的重要组成部分和有力保障。因此,检察权的合理配置,才是决定我国检察体制改革科学发展的关键所在。而由法律监督的本质所决定,检察权的科学配置与高效运行,不仅应当刚性控权与柔性激励并重,而且应当自我约束与外部监督并行,人民监督员制度的法制化无疑是法律监督外部监督机制变革的重要途径。

检察机关刑事审判监督职能解构

刘计划

《中国法学》,2012年第5期

关键词: 刑事审判 诉讼职能 监督职能

摘要: 解构我国检察机关刑事审判监督职能表明,其三种行使方式都系诉权范畴,即属诉讼职能。其中,向法院提出"纠正意见"名不副实,实为一种异议;抗诉案件改判比例极低,与检察机关"在刑事抗诉中始终站在客观、中立、公正的立场上,代表国家对法院确有错误的裁判实施法律监督"的辩称不符,二审、再审中的抗诉不过是检察机关提起的上诉和申请再审;对审判人员职务犯罪案件的侦查,实为检察机关调查事实、收集证据的追诉活动,因定性为监督,造成诉讼法律关系混乱和诉讼职能冲突。将检察机关在刑事审判程序中的职能区分为诉讼职能和监督职能,是我国传统刑事诉讼理论研究中的误区,并无实际意义,相反却滋生了诸多负面效应。

我国的泛法律监督之困境及其出路

蒋德海

《法学评论》,2013年第4期

关键词: 控诉 制约 检察权 法律监督 三位一体

摘要: 我国检察理论中主流的"检察—法律监督一体论"及其导致的泛法律监督困境存在大量无法克服的理论和实践矛盾。目前,我国已经在实践中形成控诉、制约和监督三位一体的检察体制。我国的检察理论和实践应以我国宪法原则和民主法治的基本原理为依据,超越泛法律监督的现象,进一步完善以控诉和控权为核心,以控诉、制约和监督三位一体为特征的检察制度。

死刑复核法律监督的方向与路径

陈辐宽 邓思清

《法学》,2014年第7期

关键词: 死刑复核 监督 方向 路径

摘要: 我国新《刑事诉讼法》增加了死刑复核法律监督程序,并对检察机关死刑复核法律监督的内容、方式和程序等作了原则性规定。但是,检察机关在贯彻落实新《刑事诉讼法》规定的过程中,遇到了死刑复核法律监督内容不全面、监督信息不畅通、人力资源不足、监督程序不完善等问题。检察机关要全面履行死刑复核法律监督职责,需要进一步明确死刑复核法律监督的内容,增加死刑复核法律监督的人力资源,完善死刑复核法律监督的程序等,以建立有效的死刑复核法律监督制度,确保死刑的正确适用。

新时期检察改革的进路

向泽选

《中国法学》,2013 年第 5 期

关键词:检察改革　检察体制　司法官属性

摘要:检察改革已经走过恢复、重建检察规范和以检察机制改革为主要内容的阶段,将进入以检察体制改革为主的攻坚克难阶段。新时期检察改革又必将要在过去改革成果的基础上向前推进,由此决定,新一轮检察改革进路的确定要体现补强与拓展相结合、符合检察规律、提升检察执法公信力等原则的要求,具体围绕检察机关的组织结构、检察办案组织、检察人员分类管理和检察职业保障的改革而展开。要通过改革,增强检察机关内部机构设置的科学化程度,彰显检察权的司法属性,确立检察官的司法官地位,凸显检察一体的特征,增强检察执法的独立性和公正性。

制度内生视角下的中国检察改革

徐鹤喃

《中国法学》,2014 年第 2 期

关键词:检察改革　背景推动　制度内生性

摘要:检察改革可以有广义和狭义之分。前者指涉及检察的改革,后者指检察机关的改革。广义概念涵盖改革实践与相关立法发展,有助于总揽分析改革的历史发展规律与成就。伴随着国家与社会发展,中国检察改革经过六十余年的发展,完成了以制度移植、现代化和中国特色为核心成就的检察制度三个阶段。检察改革构成了中国检察制度创新发展的重要路径依赖。依推进规律可将其划分为四个发展阶段,其中呈现的以制度建构为核心价值目标的发展逻辑,是中国检察制度内生演化的现实展开。制度内生性经由检察改革实践得以呈现,是检察制度中国特色的客观证成,是中国道路的技术寻证。

检察改革"三忌"

万　毅

《政法论坛》,2015 年第 1 期

关键词:"检察官法官化"　"检察官手足化"　"检察官专门化"

摘要:在"确保检察机关依法独立公正行使检察权"的司法体制改革热潮中,全国检察机关以办案组织司法化和办案方式司法化为出发点,以期建立公正、高效、权威的检察机制。因检察机关同时兼具司法和行政双重属性,检察权运行也需要兼顾检察一体和检察独立的原则,避免改革走入歧途。但就目前改革试点来看,突出存在三方面问题:一是在检察机关办案组织和办案方式司法化改革的口号下,盲目引入法院的合议制工作机制,造成"检察官法官化";二是错误理解和定位检察长负责制,排斥、否定检察官独任制,抹杀了检察官独立行使检察权的主体地位,造成"检察官手足化";三是面对犯罪形势发展专业化的趋势,匆忙成立各类专门化的办案机构,固定检察官的办案类型,导致"检察官专门化"。

建立主任检察官制度的构想

陈　旭

《法学》,2014年第2期

关键词: 办案组织　主任检察官　制度

摘要: 建立主任检察官制度是一项综合性的系统工程,必须确认主任检察官在法律上的地位;以主任检察官办案组取代科层制,实现扁平化与专业化管理;探索不同模式下检察官办案组织的办案责任制;完善检察一体化的监督制约机制;建立检察官的职务保障机制。

主任检察官制度的探索与展望——以上海闵行区人民检察院试点探索为例

谢佑平　潘祖全

《法学评论》,2014年第2期

关键词: 主任检察官　探索实践　制度构建

摘要: 主任检察官制度是为弥补当前检察活动和检察制度中的诸多不足与缺陷而开展的一项试点改革工作。检察机关要在各项具体工作中取得"让人民满意"的执法效果,必须在总结之前主诉检察官改革经验的基础上,构建更加科学高效的工作机制,使检察活动的模式架构更加符合司法办案规律和检察工作规律的现实需求。主任检察官制度正是一项对检察机关现行办案组织框架的具体化设计和检察职权的科学配置。有必要从当前主任检察官制度实践的现实情况出发,进一步深入探讨主任检察官制度的完善路径。

论检察官职业伦理的构成及建构

宋远升

《法学评论》,2014年第3期

关键词: 检察官伦理职业　伦理关系　职业伦理规范

摘要: 检察官职业伦理并不是由单个因素构成的,其首先体现为作为职业伦理主体的检察官与其职业相关主体之间的一种客观交往关系,在这种交往关系中需要检察职业伦理规范,且受控于检察官伦理规范。检察官职业伦理秩序是其职业伦理关系的一种客观表达。检察官职业伦理秩序的积极意义根源于检察官职业伦理关系的公正性,这种公正性以检察官伦理规范的形式得以具体化。可以说,正是检察官职业伦理各种构成要素的相互作用,才使得检察官职业伦理关系的相关主体能够产生稳定的预期,检察官职业伦理才能对内形成稳定的关系,对外发挥积极的行动规则的功用。

主任检察官制度改革应理顺"一体化"与"独立性"之关系

张　栋

《法学》,2014 年第 5 期

关键词: 主任检察官　办案组织　检察独立

摘要: 2014 年全国检察机关将进行基本办案组织的深化改革,逐步在更大范围内推行主任检察官办案责任制。这一制度其实早在 2007 年就已经开始试点改革,取得了一定的成效,也集中反映出一些问题。在主任检察官制度设计和具体运行中,应吸取主诉制的经验教训,注意强调检察独立和检察一体的体用关系。如果检察一体最终淹没了检察独立,将无法实现司法化办案模式的转变,甚至又有走回老路的风险。同时,主任检察官制度要真正有效运行,必须进行精英化建设,独立而且能够有效驾驭证据的办案团队是制度有效运行的基础,也是保障。

主任检察官制度研究

最高人民检察院 2013 年重点课题组　谢佑平　潘祖全

《中国法学》,2015 年第 1 期

关键词: 主任检察官制　"闵检模式"　制度构建

摘要: 主任检察官制度,是指主任检察官与多名检察官组成的办案组在检察长及检委会领导下,对授权范围内的案件依法独立行使决定权并承担相应办案责任的制度。它是为了弥补当前检察活动和检察制度中的诸多不足与缺陷而开展的一项改革试点工作。经过近几年的探索,打破了原有的行政审批办案模式,建立了全新的办案组织和工作机制。该项制度的推行,需要实现检察管理的扁平化、集约化和专业化,需要从法律上形成主任检察官资格准入、管理监督、考核评价及执业保障机制。

检察官办案责任制相关问题研究

龙宗智

《中国法学》,2015 年第 1 期

关键词: 司法责任制　主任检察官　检察权运行机制

摘要: 检察机关办案时采"协同办案"乃至团队协作形式,但仍以单独办案制为基本,检察官办案责任制即"承办负责制"。因此,不应以主任检察官责任制代替检察官责任制;同时,应当划清权限范围,保障承办负责制的有效运行。员额制的实施,可能压缩主任检察官制度的运行空间。主任检察官与业务部门负责人的设置与职能区分,应尽可能合一。不能合一时,部门负责人重点负责宏观指导,主任检察官主要负责个案审核。捕、诉合一虽有利于提高效率,但其导致批捕不中立的弊端更为明显。检察官责任制应与检察长负责制相协调,实现合理授权。应建立权力清单,检察权运行机制的设置和管理应当细化与科学化。

检察官相对独立论

朱孝清

《法学研究》,2015 年第 1 期

关键词: 检察官　检察一体　相对独立

摘要: 法学界一般认为,"人民检察院依照法律规定独立行使检察权"中的"独立"是指检察院作为整体的独立,而非检察官独立。但实际上,检察官相对独立具有检察制度内在的必然性和现实的必要性:它是检察院整体独立的基础,是"检察一体"的前提和防止"检察一体"弊端的重要措施,是检察官法律地位、活动原则、司法规律和深化司法体制改革的必然要求。检察官相对独立是依法独立,是党的领导、人大监督和"检察一体"下的独立,是"独立"与"受制"的有机统一。

优化权能结构:检察权优化配置的实质

李建明

《河南社会科学》,2011 年第 2 期

关键词: 检察权　权能结构　优化配置

摘要: 检察机关作为法定的法律监督机关,其行使检察权的根本任务和唯一目的,就是确保国家法律得到正确、有效的实施。为使检察机关充分、有效地履行法律监督职能,需要优化配置检察职权,因为检察权的配置情况与检察机关履行法律监督职能的成效有着直接的因果关系。近年,检察权优化配置问题的提出和讨论也是导源于检察权的现行配置与法律监督职能的效能目标之间尚存不协调之处。法律监督是检察权的灵魂所在,因而,检察权的优化配置亦应以法律监督为其逻辑起点,以检察机关充分、有效履行法律监督职能为目标追求。以法律监督为检察权优化配置的逻辑起点,所谓优化配置检察权,其实质当是优化检察权的权能结构。

监所检察权优化配置的路径选择

韩成军

《中国刑事法杂志》,2011 年第 5 期

关键词: 监所检察　法律监督　诉讼监督

摘要: 监所检察权是检察机关法律监督职能的重要组成部分,是国家刑罚权实现的必要路径。近年来频繁发生的被监管人员非正常死亡事件,以及刑罚执行、变更中存在的种种不当行为,反映出监所检察权在配置和运行中存在诸多问

题,监所检察权亟待强化。对监所检察权法律定位理解上的偏差是导致监所检察职能相对弱化的原因,尽管监所检察表现出若干行政行为的属性,但监所检察权的本质只能是诉讼监督权,而非行政检察权。科学、合理的监所检察权配置是监所检察权有效行使的基础和保障,受主客观因素的影响,实践中监所检察权在权力配置上不甚完善,存在诸多不科学、不合理之处,制约着监所检察权的正常行使,影响了监所检察权运行的效果。针对监所检察配置和运行中存在的诸多问题,有必要探究监所检察权优化配置的合理路径,尽快改变当前监所检察权被弱化、虚置的现状。

论我国检察权配置的现状与优化构想

刘莉芬

《中国刑事法杂志》,2011年第8期

关键词: 检察权配置　法律监督　检察改革

摘要: 检察权是一项国家权力,检察权到底如何定位,是当前司法改革中面临的一个重要问题。通过对我国检察权的定位、配置现状以及在学理界和应用法学界被质疑的焦点进行分析,针对当前我国检察权配置存在的缺陷,从厘清外部边界和优化内部配置两个角度探讨检察权配置问题,以检察机关的宪法定位为理论基础和出发点展开论证,提出完善公诉权,保障职务犯罪侦查权、强化司法监督权、科学设置检察机关的内设机构,实行"以条为主"的领导体制等优化检察权配置的建议。

检察权的司法价值及其完善

吴建雄

《中国刑事法杂志》,2011年第10期

关键词: 检察权　司法格局　价值分析

摘要: 我国审检并列的体制架构和诉讼与诉讼监督并举的制度设置,构成了与西方审判中心一元司法模式明显区别的审检二元司法格局。在这一前提下,对检察权的司法属性进行价值考量,把握其惩治犯罪的程序性、保障人权的主导性、以权制权的控权性和定纷止争的协调性,对优化检察权的司法配置,充分发挥法律监督在社会主义司法中的职能作用,具有重要的现实意义。

检察权配置基本问题研究

韩成军

《河北法学》,2011年第12期

关键词: 检察权配置　宪政框架　基本原则

摘要: 检察权需要进一步优化配置源于其宪法与宪政地位的张力。检察权优化配置是指立法机关在一国宪政框架内,按照一定的立法程序,根据传统文化及社会公众领域内生的主观法权诉求,授权检察机关行使特定职权和职责的规范性活动。优化检察权配置的基本目标是为了更好地实现人民代表大会制度下的权力制约与监督,其终极目标是为了保障人权。优化检察权配置必须坚持合宪性、权力制约与监督、遵循司法规律、检察一体化、权力结构完整、权责统一以及法律保留等基本原则。

检察权的微观运行机制研究

向泽选

《人民检察》,2011 年第 17 期

关键词: 检察权　微观运行机制　完善进路

摘要: 根据检察权运行机制的结构和机理,可以将检察权运行机制分为宏观运行机制和微观运行机制,前者指整个检察系统上下级检察院之间检察权的运行机制,后者指同一检察院内部检察权的运行机制。检察权微观运行机制的要素包括:检察长、检察委员会、内设机构负责人、普通检察官、被追诉者等。但是,现行检察权微观运行机制各要素相互作用的机理也反映出,检察权微观运行机制具有明显的行政性特征。因此,需要从四个方面予以完善:一是合理配置检察权微观运行机制各要素的检察权能,二是拓展被追诉者参与检察权微观运行的渠道,三是完善检察委员会议事规则,四是完善普通检察官的办案组织。

检察权配置的原理

谢鹏程

《国家检察官学院学报》,2012 年第 4 期

关键词: 检察权　法律监督　权力配置

摘要: 科学总结和正确阐述检察权配置原理,包括检察权配置的内在要求和一般原则,是研究和解决检察权优化配置问题的理论基础。符合法律监督性质是检察权配置的根本要求,有效履行职责使命是检察权配置的直接目的,保证接受监督制约是检察权配置必须考虑的控制措施。检察权配置的一般原则主要有职责明晰原则、职能协同原则和效力保证原则。

检察权运行机制与检察权配置

向泽选

《政法论坛》,2012 年第 6 期

关键词: 检察权运行机制　检察权配置　逻辑关联

摘要: 检察权是建构运行机制的逻辑前提,检察权运行机制功能的正常发挥,又能够验证检察权的配置是否合理,并能为检察权的优化配置提供依据和进路。而从检察权运行机制顺畅运转对检察权配置的要求看,现行检察权的配置还存在一些应予改进的方面。要确保检察权价值目标的实现,就必须分别对推

动检察权宏观运行机制和微观运行机制运转的主体所享有的职权进行完善,为此,就必须合理调配微观运行机制中各主体享有的职权,赋予内设机构负责人一定范围的决策权,厘清宏观运行机制中各主体应当享有的权力,赋予上级检察院信息获取权、工作部署权、办案指挥权等权力,明确下级检察院独立的办案权、质疑权和请示权等职权。

检察机关办案方式的适度司法化改革

龙宗智

《法学研究》,2013年第1期

关键词:检察机关办案方式 适度司法化 检察改革

摘要:检察机关"生于司法,却无往不在行政之中"。检察机关的性质、职能与其"三级审批制"的行政性办案方式长期存在突出的矛盾,因此,需要推进适度司法化的改革。2012年《刑事诉讼法》修改,从逮捕程序改革、司法救济权赋予,到简易程序出庭和法律监督任务的加重,使检察机关办案方式适度司法化成为更迫切的课题。目前虽然存在检察机关自身素质、体制逻辑、外部配合等内外障碍,但仍可能为其创造一定的运行空间和条件。适度司法化改革主要体现于组织性措施和程序性措施两个方面,包括确认骨干检察官的相对独立性,塑造一线责任主体;由不同业务方向的办案组群,形成"多点式办案单元"和"扁平化"管理模式;建立主任检察官制度,促进分类管理和检察官职务体系的合理构成;区别不同业务性质和需要,引进审听证程序要素,建构审前程序的弹劾制构造。

检察权内部配置与检察机关内设机构改革

邓思清

《国家检察官学院学报》,2013年第2期

关键词:检察权 内部配置 内设机构

摘要:检察权内部配置与检察机关内设机构改革是检察改革的重要内容,也是优化检察权配置的必然要求。当前,检察权内部配置不完善,检察机关内设机构存在设置不规范、名称不统一、派出机构混乱等问题。检察机关内设机构改革应当坚持保证检察权全面公正高效行使、优化检察权内部配置、统一分级设置的原则,对内设业务机构进行合理调整、充实和完善,对内设非业务机构进行全面整合,减少不必要的机构设置和人员编制,同时改革相应的领导机构,全面建立符合检察权运行特点的内设机构体系。

我国检察权的职能拓展——基于宪法定位与现实落差的视角

黄辉明 桂万先

《中共中央党校学报》,2013年第3期

关键词:双重监督型检察权 公诉职能 法律监督职能

摘要：在我国"人大"政体架构下，检察权的宪法定位比西方国家高得多，为独立于行政权和审判权的法律监督型检察权。然而，这与我国检察权的现实之间落差很大，检察权囿于行使公诉职能和刑事审判监督而怠于行政监督。而对行政权力的检察监督缺位，是导致腐败蔓延的重要原因。必须适应社会转型发展的需要，在行政监督和公益诉讼等方面拓展和完善检察职能。

我国检察权运行规律的层级化思考

张　栋

《江海学刊》，2013年第6期

关键词：检察权　结构模式　职权配置

摘要：规律总是对经验的总结，在我国谈及的很多规律，简单理解就是必须符合我国实际。检察规律是人们在检察活动和对检察制度的认识过程中形成的必然向着一定趋向发展的客观规律。规律内容是统摄整个检察活动的中心，检察活动只有在规律的中轴上进行，或者围绕规律这根主线上下波动，才能保证检察活动的科学准确性。有关检察权运行中的规律性内容关涉的方面很多，既呈现体系化，又表现为层级化。在我国关涉检察体制改革的内容中，我们应尤为注意检察权的结构模式规律，这是一切改革的前提和根基。在检察权运行过程中，对诉讼程序规律的遵循是最常态的一种规律遵循，一定意义上影响着检察职能的实际发挥。而从检察权运行的路径视角出发，依照职权配置规律来完善我国检察机关的各项权能，则是我国检察改革的方向和出口。

论检察活动的原则

姜　伟　韩炳勋

《法律科学》，2014年第2期

关键词：检察权行使　司法公正　检察一体

摘要：检察活动原则是对检察工作根本性、整体性的要求，贯穿于检察机关法律监督工作的各个方面和各个环节，体现了检察机关的性质，规范着检察机关行使法律监督职能活动，对检察机关正确行使检察权具有重要作用。检察活动原则主要有法治原则、检察一体原则、依法独立行使检察权原则、客观公正原则、理性原则和正当程序原则等，这些原则不仅对检察活动具有普遍指导意义，也是检验检察权行使合法性和合理性的重要标准。

深化检察改革视角下检察权运行机制的规范与完善

孙雪丽　王　伟

《犯罪研究》，2014年第4期

关键词：检察委员会　司法行政化　判断性

摘要：长期以来，我国检察机关内部实行的办案体制是检察人员承办，办案部门负责人审核,检察长或检察委员会决定,属于典型的"上命下从""审定分离"。检察机关内部按照行政机构的人员结构进行检力资源配置,行政级别较高的人员,享有司法权行使上的领导权和控制权,从而使司法权最终体现为长官意志,上述问题被称为"司法行政化"。"司法行政化"的实质就是司法人治化、司法非规则化。众所周知,司法权是一种判断性的权力,而判断的本质特征就是自主性,司法官应当是独立判断的主体而非"传声筒"。因此,"去行政化"一直是检察机关重点关注的改革议题之一。修改后的刑诉法赋予检察机关更多的诉讼监督职能,进而也对检察机关的办案质量、效率和检察官素质都提出了更高要求,对"去行政化"的要求更为迫切,因此,最高检顺势而为,提出了以突出检察官办案主体地位为核心的检察官办案责任制改革方案,试行主任检察官责任制改革,该制度具有明显区别于行政管理职能而遵循检察职能规律的特点,有助于在办案过程中减少审批环节,凸显了检察官的独立性和主体地位,为新一轮检察改革、特别是有关检察组织的改革提出了新思路。

保障审判权检察权依法独立行使应厘定的若干关系

叶　青　陈海锋

《中共中央党校学报》,2014年第6期

关键词:司法权　独立行使　制度规则

摘要:保障司法权独立行使的改革应厘定三个方面的关系。在规则方面,应保证在《宪法》框架下的制度创新,使司法规则明确化、合法化。在司法权独立行使的外部关系上,应处理好司法机关与中国共产党、人民代表大会、其他相关机关和团体的关系,做到领导与监督依法有据,严格禁止非法干预。在司法权的内部关系上,法院方面应处理好上下级法院之间的关系,院庭长、审判委员会与法官的关系,做到审判事务、审判管理事务和审判行政事务的分离与区别对待;检察院方面关键是界定好检察一体的内涵,并将检察一体化中的领导关系法定化、程序化。

检察管理与检察权的公正行使

向泽选

《政法论坛》,2015年第1期

关键词:检察管理　检察权　应然功能

摘要:检察管理通过对直接影响或者制约检察权公正行使的各项要素的调配和组合,间接地推动检察权的公正行使。由于传统的行政式的检察管理模式背离了检察规律的基本要求,导致检察管理在推动检察权公正运行中的功能发挥受阻。要通过对检察管理相关内容的革新,为检察权的公正行使提供高素能的主体、高效的决策机制、有效的监督机制以及科学的物资保障机制。

刑事检察听证制度的"理"与"法"

刘国媛

《法学评论》，2015年第1期

关键词：检察权　诉讼化　正当性

摘要：新刑诉法对部分检察权的行使进行了诉讼化改造，强化了检察权行使的公开性。实践中，部分检察机关为回应检察权行使方式的司法化要求，自发将听证制度引入检察权能的运行过程中，引发了对该制度正当性的探讨。在听证两造对抗、裁判中立的运作机制下，诉讼参与人能够较为充分地参与检察权的运行，在一定程度上弥补了检察权运行相对封闭的缺陷和不足。对检察公信力的提升，顺应公民参与司法的时代诉求等有着非常重要的现实意义和实践功能。在法律框架内构建刑事检察听证程序是该制度发展和完善的根本路径。

论我国检察权的"三层级"结构——基于《宪法》与《刑事诉讼法》衔接的考量

封安波

《法学家》，2015年第4期

关键词：《宪法》　《刑事诉讼法》　检察权

摘要：在1982年《宪法》与《刑事诉讼法》综合视角下，我国检察权可划分为三层级，即第一层级法律监督、第二层级批准逮捕等和第三层级派员出庭行使公诉权等，分别构成略高于、等于、略低于法院审判权的权力位阶，这与西方国家检察权制度有很大的不同。检察权"三层级"结构以《宪法》和《刑事诉讼法》为法律依据，是不可能修改的。就完善刑事司法检察权而言，当下较为现实的做法有两种：一是以刑事诉讼法修正案的"修法"方式，强化侦查起诉阶段的律师辩护权，以"诉讼构造"贯穿刑事诉讼各个阶段；二是以刑事诉讼法理的"释法"方式，参照大陆法系检察权理念，解释、践行我国刑事司法的检察权职能。

检察权运行应去"地方""行政"色彩——以上海市闵行区人民检察院的改革实践为主线

闵行区人民检察院课题组　潘祖全

《东方法学》，2015年第5期

关键词：检察权运行　办案组织　办案责任制

摘要：基于我国检察权为司法权的权利属性，应去除时下检察权运行中的"地方""行政"色彩，对检察机关内部机构应进行办案机关与非办案机关的分类管理，对独立办案人员（检察官）与辅助办案人员进行分类管理。建立以检察官为中心的办案责任制体系，对检察官实行办案责任制，制定"三三制"权力清单，充分放权，确保检察权依法独立，强化监督制约机制合理限权，确保检察权公正行使。

理解检察权:语境与意义

刘宗珍

《政法论坛》,2015 年第 5 期

关键词: 检察权 近代 中国性

摘要: 当代检察制度是清末法制改革中由西方引进后经人民共和国时期逐渐建立起来的。在回顾近代中国检察制度发展历程的基础上,应在中国近代语境中准确理解"检察权",重新解读"法律监督权"在中国现行宪法框架内所具有的内涵。有别于西方的三权分立理论,权力的分立和制衡不是检察权配置所追求的目标,具有协调、统一性质的监督才是其真正的价值预设。

检察权运行司法化的边际概览与可能方式

孙 静

《西南政法大学学报》,2013 年第 5 期

关键词: 检察权 司法化 边际

摘要: 随着新《刑事诉讼法》实施已入正轨,越来越多的检察权运行表现出了司法属性,检察权运行司法化也成为热议话题。检察权运行司法化要依据司法的核心特征来评价现行的检察工作不符合司法化的地方,并找准可以司法化的检察权。在检察权司法化的具体构造上,要注意到检察权自身的特殊性,不宜照搬照套法院的庭审模式。从长远来看,检察权司法化既要有自己的机构、工作机制、名称、场所,也要有具体的程序设计与主要工作对象。

第三节 案例精解

"抗癌药代购第一人"陆某被不起诉案

一、案情介绍[①]

陆某是无锡市一名私营企业主。沅江市检察院依法审查查明:2002 年,陆某被查出患有慢粒性白血病,需要长期服用抗癌药品。我国国内对症治疗白血病的正规抗癌药品"格列卫"系列系瑞士进口,每盒需人民币 2.35 万元,陆某曾服用该药品。为了与同病患者之间交流,相互传递寻医问药信息,通过增加购买同一药品的人数而降低药品价格,陆某从 2004 年 4 月开始建立了白血病患者病友网络 QQ 群。

2004 年 9 月,陆某通过他人从日本购买由印度生产的同类药品,价格每盒

[①] 参见《"抗癌药代购第一人"被不予起诉——检察机关详解陆勇案撤诉缘由》,http://epaper.legaldaily.com.cn/fzrb/content/20150228/Articel08001GN.htm,2015 年 2 月 28 日访问。

约为人民币4000元,服用效果与瑞士进口的"格列卫"相同。之后,陆某开始直接从印度购买抗癌药物,并通过QQ群等方式向病友推荐。随着病友间的传播,从印度购买该抗癌药品的国内白血病患者逐渐增多,药品价格逐渐降低,直至每盒为人民币200余元。

为方便给印度公司汇款,陆某网购了3张信用卡,用于帮病友代购药品,其中一张卡给印度公司作收款账户,另外两张因无法激活被他丢弃。

2013年,湖南省沅江市公安局在查办一个网络银行卡贩卖团伙时,将陆某抓获。2013年11月23日,因涉嫌妨害信用卡管理罪,陆某被沅江市公安局刑事拘留。2014年7月22日,沅江市检察院以涉嫌妨害信用卡管理罪和涉嫌销售假药罪对陆某提起公诉。此后,上百名白血病患者联名写信,请求司法机关对陆勇免予刑事处罚。2015年1月27日,沅江市人民检察院要求撤回起诉。2015年2月26日,沅江市检察院对陆某作出不予起诉的决定。

沅江市检察院认为,陆某的行为是买方行为,并且是白血病患者群体购买药品整体行为中的组成行为,寻求的是印度赛诺公司抗癌药品的使用价值。陆某有违反国家药品管理法的行为,如违反了药品管理法第39条第2款有关个人自用进口的药品,应按照国家规定办理进口手续的规定等,但陆某的行为因不是销售行为而不构成销售假药罪。陆某通过淘宝网购买3张以他人身份信息开设的借记卡,并使用其中户名为"夏某某"的借记卡的行为,属于购买使用虚假的身份证明骗领信用卡的行为,但情节显著轻微,危害不大,根据刑法第13条的规定,不认为是犯罪。而且,陆某购买借记卡的动机、目的和用途是方便白血病患者购买抗癌药品。除了用于为病友购买抗癌药品支付药款外,陆某没有将该借记卡账号用于任何营利活动,更没有实施其他危害金融秩序的行为,也没有导致任何方面的经济损失。对陆某的上述行为运用刑法来评价并轻易动用刑事手段,是不符合转变刑事司法理念要求的。

二、法律适用分析

不起诉是指人民检察院对公安机关侦查终结移送起诉的案件和自己侦查终结的案件进行审查后,认为犯罪嫌疑人的行为不构成犯罪或依法不应追究刑事责任,或者提起公诉在刑事政策上没有必要性,或者经补充侦查尚未达到起诉条件,从而作出不将犯罪嫌疑人提交或者暂时不提交人民法院进行审判的决定。根据《刑事诉讼法》的规定,我国不起诉有三种情况:依法不追究刑事责任的不起诉,可以简称为法定不起诉或者绝对不起诉;依法不需要判处刑罚或者可以免除刑罚的不起诉,可以简称为酌定不起诉或者相对不起诉;证据不足,不符合起诉条件的不起诉，可以简称为证据不足不起诉或者存疑不起诉。①

法定不起诉的法律依据为我国《刑事诉讼法》第 173 条，该条第 1 款规定："犯罪嫌疑人没有犯罪事实，或者有本法第十五条规定的情形之一的，人民检察院应当作出不起诉决定。"沅江市检察院作出的不起诉处理决定属于法定不起诉，这种决定不起诉的权力实质上是一种"消极公诉权"，当"消极公诉权"即不起诉权运用时，公诉机关实际是起着一种"司法"的作用，即适用法律对案件进行判定和处置。由于它起着终止诉讼进行的作用，因而实质上是控诉方在判断行为的法律性质②。

我国刑事诉讼以国家追诉原则为主，凡是需要提起公诉的案件，一律由人民检察院审查决定。人民检察院在审查案件的时候，必须查明犯罪事实、情节是否清楚，证据是否确实、充分，犯罪性质和罪名的认定是否准确，是否属于不应追究刑事责任等。认为犯罪嫌疑人的犯罪事实已经查清，证据确实、充分，应当依法追究刑事责任的，应当作出起诉决定，向人民法院提起公诉，并将案卷材料、证据移送人民法院。检察机关代表国家行使检察权，承担着追诉犯罪，理顺社会情绪，保障人民群众合法权益的重要职责。如果案不分大小，罪不分轻重，所有案件涌进法院，势必会造成案件处理程序冗长，司法资源分配不均，违背诉讼经济原则，甚至会因事实未及时查清导致犯罪嫌疑人陷入长期羁押的僵局，不符合现代法治精神。因此，检察机关对不符合起诉条件的案件及时作不起诉处理，有利于防止案件久拖不决，提高诉讼效率，降低诉讼成本，维护犯罪嫌疑人的合法权益。③

纵观本案事实，陆某的行为动机在于因自身深受白血病折磨，故寻求药品缓解自身以及其他患者的痛苦，他无偿地为病友提供帮助，并没有涉及任何中介组织，可见其并非以营利为目的。在目前我国抗癌药品获取尚且艰难的情况下，他给白血病患者带来了希望。虽然陆某触犯了国家药品管理秩序以及信用卡管理秩序，但并未造成严重后果。他为患者的健康权与生命权付出了巨大的心力，且违法行为显著轻微，故检察院作出不起诉决定是合法合理的。

在"尊重与保障人权"融入现代法制社会进程之际，侦查机关作为第一道守门人，不应滥用职权，被舆论左右，利用好侦查权查明案件事实是其应有之义。检察机关作为连接侦查与审判的桥梁，应审查案件是否符合起诉条件，避免错误延伸，其承担的起诉权与法律监督权是实现公正司法的重要力量。

---

① 参见叶青：《刑事诉讼法学》（第三版），上海人民出版社 2013 年版，第 302 页。
② 参见龙宗智：《刑事公诉权与条件说》，载《人民检察》1993 年第 3 期。
③ 参见张军、陈卫东：《新刑事诉讼法案件解读》，人民法院出版社 2012 年版，第 214 页。

王某某不批准逮捕案——检察机关如何实现侦查活动监督

一、案情介绍[①]

2014年3月15日,顺平县公安局提请顺平县人民检察院批准逮捕王某某。顺平县人民检察院办案人员在审查案件时,发现该案事实证据存在许多疑点和矛盾。在提讯过程中,王某某推翻了在公安机关所作的全部有罪供述,称有罪供述系被公安机关对其采取非法取证手段后作出。顺平县人民检察院认为,该案事实不清,证据不足,不符合批准逮捕条件。鉴于案情重大,顺平县人民检察院向保定市人民检察院进行了汇报。保定市人民检察院同意顺平县人民检察院的意见。2014年3月22日,顺平县人民检察院对王某某作出不批准逮捕的决定。

顺平县人民检察院在审查公安机关的报捕材料和证据后认为:

1. 该案主要证据之间存在矛盾,案件存在的疑点不能合理排除。公安机关认为王某某涉嫌故意杀人罪,但除王某某的有罪供述外,没有其他证据证实王某某实施了杀人行为,且有罪供述与其他证据相互矛盾。王某某先后九次接受侦查机关询问、讯问,其中前五次为无罪供述,后四次为有罪供述,前后供述存在矛盾;在有罪供述中,对作案工具有斧子、锤子、刨锛三种不同说法,但去向均未查明;供述的作案工具与尸体照片显示的创口形状不能同一认定。

2. 影响定案的相关事实和部分重要证据未依法查证,关键物证未收集在案。侦查机关在办案过程中,对以下事实和证据未能依法查证属实:被害人尸检报告没有判断出被害人死亡的具体时间,公安机关认定王某某的作案时间不足信;王某某作案的动机不明;现场提取的手套没有进行DNA鉴定;王某某供述的三种凶器均未收集在案。

3. 犯罪嫌疑人有罪供述属非法言词证据,应当依法予以排除。2014年3月18日,顺平县人民检察院办案人员首次提审王某某时发现,其右臂被石膏固定、活动吃力,在询问该伤情原因时,其极力回避,虽然对杀人行为予以供认,但供述内容无法排除案件存在的疑点。在顺平县人民检察院驻所检察室人员发现王某某胳膊打了绷带并进行询问时,王某某自称是骨折旧伤复发。监所检察部门认为公安机关可能存在违法提讯情况,遂通报顺平县人民检察院侦查监督部门,提示在批捕过程中予以关注。鉴于王某某伤情可疑,顺平县人民检察院办案人员向检察长进行了汇报,检察长在阅卷后,亲自到看守所提审犯罪嫌疑人,并对讯问过程进行全程录音录像。经过耐心细致的思想疏导,王某某消除顾虑,推翻了在公安机关所作的全部有罪供述,称被害人王某被杀不是其所为,其有罪供述系被公安机关采取非法取证手段后作出。

[①] 最高人民检察院第27号指导案例。

2014年3月22日,顺平县人民检察院检察委员会研究认为,王某某有罪供述系采用非法手段取得,属于非法言词证据,依法应当予以排除。在排除王某某有罪供述后,其他在案证据不能证实王某某实施了犯罪行为,因此不应对其作出批准逮捕决定。2014年3月22日,顺平县人民检察院对王某某作出不批准逮捕决定,后公安机关依法解除王某某强制措施,予以释放。

二、法律适用分析

侦查活动监督是人民检察院行使法律监督职能的一部分。人民检察院审查逮捕、起诉时,应当审查公安机关的侦查活动是否合法,发现违法情况,应当通知公安机关纠正,公安机关应当将纠正情况通知人民检察院;人民检察院还可以根据需要,派员参加公安机关对重大案件的讨论和其他侦查活动,发现有违法情况,有权要求公安机关纠正。[①]

本案中,顺平县人民检察院在核实证据,做出批捕决定前发现,犯罪嫌疑人右臂有伤,却不能作出合理解释,且其供述无法排除合理怀疑,故而通报侦查监督部门,进而发现侦查人员在审讯过程中存在非法取证的行为,因此认定犯罪嫌疑人供述属于非法证据,依法应当排除,合法有效地行使了侦查监督职能。侦查程序是刑事诉讼的独立阶段,侦查机关实施的拘留、逮捕,以及搜查、扣押,涉及公民的人身或财产权益,侦查权的行使若缺乏监督很容易侵犯公民的人身或财产权益,导致类似于"佘祥林案""赵作海案"等冤假错案。因此,检察机关有效地行使侦查监督职能,可以及时发现侦查人员在侦查活动中是否存在违反法定程序的违法行为,从而采取纠正措施,保障侦查活动的依法进行,维护犯罪嫌疑人的合法权益。

---

① 参见叶青主编:《刑事诉讼法学》(第三版),上海人民出版社、北京大学出版社2013年版,第79页。

第四章　本编参考书目

1. 邓立军:《全球视野与本土架构:秘密侦查法治化与刑事诉讼法的再修改》,中国社会科学出版社 2012 年版。
2. 邓立军:《突破与局限:新刑事诉讼法视野下的秘密侦查》,中国政法大学出版社 2015 年版。
3. 邓立军:《外国秘密侦查制度》,法律出版社 2013 年版。
4. 邓立军:《中国港澳台地区秘密侦查制度研究》,中国社会科学出版社 2013 年版。
5. 董坤:《侦查行为视角下的刑事冤案研究》,中国人民公安大学出版社 2012 年版。
6. 房国宾:《审前羁押与保释》,法律出版社 2011 年版。
7. 冯景合:《检察权及其独立行使问题研究》,中国检察出版社 2012 年版。
8. 冯军、卢彦芬等:《刑事诉讼检察监督制度研究》,河北大学出版社 2011 年版。
9. 郭华:《技术侦查的诉讼化控制》,中国人民公安大学出版社 2013 年版。
10. 郭华主编:《侦查程序》,中国人民公安大学出版社 2011 年版。
11. 郭烁:《刑事强制措施体系研究:以非羁押性强制措施为重点》,中国法制出版社 2013 年版。
12. 郭松:《中国刑事诉讼运行机制实证研究(四):审查逮捕制度实证研究》,法律出版社 2011 年版。
13. 韩成军:《中国检察权配置问题研究》,中国检察出版社 2012 年版。
14. 韩旭:《检察官客观义务论》,法律出版社 2013 年版。
15. 何雷:《域外诱惑侦查理论研究》,中国人民公安大学出版社 2013 年版。
16. 胡勇:《复合型态的检察权能:中国检察改革再思考》,法律出版社 2014 年版。
17. 胡子君:《公诉权若干基本问题研究》,吉林人民出版社 2014 年版。
18. 黄海波:《出庭公诉实战技能》,中国检察出版社 2012 年版。
19. 季美君:《中澳检察制度比较研究》,北京大学出版社 2013 年版。
20. 江涌:《侦查特别制度新论》,中国人民公安大学出版社 2015 年版。
21. 蒋德海:《控权型检察制度研究》,人民出版社 2012 年版。
22. 焦悦勤:《刑事审判监督程序研究》,法律出版社 2013 年版。

23. 赖玉中:《刑事强制措施体系研究》,中国政法大学出版社 2012 年版。
24. 兰跃军:《侦查程序被害人权利保护》,社会科学文献出版社 2015 年版。
25. 李爱君:《公诉中的博弈:我的公诉战争》,中国检察出版社 2011 年版。
26. 李爱君:《审查起诉重点与方法》(增订版)(2),中国检察出版社 2014 年版。
27. 李斌:《能动司法与公诉制度改革》,中国人民公安大学出版社 2012 年版。
28. 李双其、曹文安、黄云峰:《法治视野下的信息化侦查》,中国检察出版社 2011 年版。
29. 李勇主编:《审查起诉的原理与方法》,法律出版社 2015 年版。
30. 廖斌、张中等:《技术侦查规范化研究》,法律出版社 2015 年版。
31. 廖福田:《讯问艺术》(增订版),中国方正出版社 2015 年版。
32. 林贻影:《中国检察制度发展、变迁及挑战:以检察权为视角》,中国检察出版社 2012 年版。
33. 刘昌强:《检察委员会制度研究》,中国检察出版社 2013 年版。
34. 刘东平、赵信会、逯其彦:《人民检察院组织法修改研究》,中国检察出版社 2013 年版。
35. 刘东平、赵信会、王金庆编著:《检察权监督制约机制研究》,中国检察出版社 2015 年版。
36. 刘方:《检察侦查权配置及应用研究》,中国检察出版社 2012 年版。
37. 刘南男:《台湾地区侦查制度研究》,中国人民公安大学出版社 2011 年版。
38. 刘品新:《反侦查行为:犯罪侦查的新视角》,中国人民大学出版社 2011 年版。
39. 刘为军:《侦查中的博弈:侦查对抗与合作》,中国检察出版社 2011 年版。
40. 刘莹:《有组织犯罪侦查研究》,中国检察出版社 2011 年版。
41. 龙宗智等:《知识与路径:检察学理论体系及其探索》,中国检察出版社 2011 年版。
42. 龙宗智:《检察官客观义务论》,法律出版社 2014 年版。
43. 卢希起:《检察政策研究》,中国政法大学出版社 2013 年版。
44. 罗海敏:《反恐视野中的刑事强制措施研究》,中国人民公安大学出版社 2012 年版。
45. 马海舰:《侦查措施新论》,法律出版社 2012 年版。
46. 马海舰主编:《中国侦查主体制度》,法律出版社 2011 年版。

47. 马秀卿:《公诉权的法律社会学研究》,法律出版社 2012 年版。

48. 门金玲:《侦审关系研究》,中国社会科学出版社 2011 年版。

49. 牟军:《权力与结构:刑事侦讯本体论的分析进路》,法律出版社 2011 年版。

50. 倪培兴:《检察理论与刑事法理论的若干基本问题研究》,中国政法大学出版社 2015 年版。

51. 邱飞:《权力制衡与权利保障:侦查程序中的司法审查机制研究》,光明日报出版社 2013 年版。

52. 桑涛:《公诉语言艺术与运用》,中国检察出版社 2012 年版。

53. 施业家等:《检察机关职能研究》,中国地质大学出版社 2013 年版。

54. 石先钰、李凯等:《检察官职业道德建设研究》,华中师范大学出版社 2014 年版。

55. 石晓波:《公诉裁量权研究》,知识产权出版社 2013 年版。

56. 史立梅等:《刑事诉讼审前羁押替代措施研究》,中国政法大学出版社 2015 年版。

57. 宋远升:《检察官论》,法律出版社 2014 年版。

58. 苏琳伟:《公诉裁量研究:从现象到制度的考察》,中国法制出版社 2014 年版。

59. 孙光骏编著:《检察权与检察职能理论与实践》,法律出版社 2012 年版。

60. 孙延庆主编:《侦查措施与策略》,法律出版社 2015 年版。

61. 孙应征:《法治视野下的检察实践与创新发展》,知识产权出版社 2014 年版。

62. 孙煜华:《侦查权的宪法控制》,法律出版社 2014 年版。

63. 唐雪莲:《公安机关刑事案件审核制度实证研究:以侦查权力的控制为视角》,北京大学出版社 2016 年版。

64. 王昌奎:《参与式侦查研究:我国"诱惑侦查"的困局与出路》,中国检察出版社 2015 年版。

65. 王德光:《反贪侦查僵局的破解》,中国检察出版社 2011 年版。

66. 王定顺、陈祖德等:《职务犯罪侦查机制的实践与反思》,中国检察出版社 2012 年版。

67. 王桂五:《论检察》,中国检察出版社 2013 年版。

68. 王国民:《控制下交付研究》,中国检察出版社 2011 年版。

69. 王戬:《不同权力结构模式下的检察权研究》,法律出版社 2011 年版。

70. 王俊、曾哲:《中国检察权论略》,中国检察出版社 2012 年版。

71. 王玄玮:《中国检察权转型问题研究》,法律出版社 2013 年版。

72. 王煜、赵福杰、徐华编著:《控告申诉检察学》,天津社会科学院出版社 2013 年版。

73. 王振川主编:《刺贪:职务犯罪侦查范例选》,中国民主法制出版社 2011 年版。

74. 吴海涛:《检察官办案思维》,中国检察出版社 2015 年版。

75. 吴建雄:《检察工作科学发展实证调研》,中南大学出版社 2013 年版。

76. 吴克利:《审讯心理学》,中国检察出版社 2012 年版。

77. 向泽选、骆磊:《检察:理念更新与制度变迁》,中国法制出版社 2013 年版。

78. 肖汉强:《治安部门管辖的常见刑事案件侦查取证实务》,中国人民公安大学出版社 2013 年版。

79. 肖军:《欧洲主要国家与欧盟侦诉主体研究》,群众出版社 2015 年版。

80. 谢小剑:《检察制度的中国图景》,中国政法大学出版社 2014 年版。

81. 徐汉明、李满旺、刘大举等:《中国检务保障理论与应用研究》,知识产权出版社 2012 年版。

82. 徐鹤喃等:《检察改革与刑事诉讼法修改问题研究》,中国检察出版社 2015 年版。

83. 许爱东、廖根为编:《网络犯罪侦查实验基础》,北京大学出版社 2011 年版。

84. 许永勤:《未成年人供述行为的心理学研究》,中国人民公安大学出版社 2011 年版。

85. 薛伟宏:《中外检察法律研究》,中国检察出版社 2013 年版。

86. 俞波涛:《游走在权力与权利的边界:反贪案件侦查得失谈》,中国检察出版社 2012 年版。

87. 翟建明等:《信息引导侦查实务指引》,中国检察出版社 2015 年版。

88. 翟金鹏:《诱惑侦查中的刑法问题研究》,法律出版社 2012 年版。

89. 詹建红、吴家峰等:《人本法律观下的检察职权配置及其实现》,法律出版社 2014 年版。

90. 张斌、黄维智编:《公诉阅卷的重点与方法》,中国检察出版社 2012 年版。

91. 张黎:《法治视野下的秘密侦查》,知识产权出版社 2013 年版。

92. 张利兆主编:《公诉案件控审观点分歧辩析》,中国检察出版社 2012 年版。

93. 张亮:《反贪侦查岗位必备素能全书》,中国检察出版社 2014 年版。

94. 张少林、王延祥、张亮:《审查逮捕证据审查与判断要点》(增订版),中国检察出版社 2014 年版。

95. 张学军:《检察官的智慧》,中国检察出版社 2013 年版。

96. 张兆松:《中国检察权监督制约机制研究》,清华大学出版社 2014 年版。

97. 赵旭光:《刑事侦查的正当性问题研究》,中国法制出版社 2013 年版。

98. 郑曦:《侦查讯问程序研究》,北京大学出版社 2015 年版。

99. 钟朝阳:《侦查讯问中的指供问题研究》,中国检察出版社 2015 年版。

100. 朱秋卫:《我国检察权的定位及职权配置研究》,中国政法大学出版社 2012 年版。

101. 庄乾龙:《境外卧底侦查比较研究》,中国人民公安大学出版社 2012 年版。

第三编 审判程序

第一章 审判程序概述

第一节 相关论文摘要

论法官指示制度之构建——兼论《最高人民法院关于人民陪审员参加审判活动若干问题的规定》第 8 条之适用

周 欣 陈建新 聂玉磊

《现代法学》,2011 年第 2 期

关键词:法官指示制度 陪审员 陪审员制度

摘要:我国法官指示制度的建立是人民陪审员制度和合议制度变革的需要,是化解现有陪审合议庭顽症的有效途径,也是防止现有陪审制度"平民性"丧失的新路径,对于人民陪审员制度的发展完善具有积极作用。但是,与域外的法官指示制度比较,我国现有法官指示制度具有如下缺陷:粗陋的内容规定、悖反的权威扩张、缺失的救济途径、狭小的适用空间,应从内容完善、权力制约、权利救济、适用扩展四个方面对上述缺陷予以修正。

人民陪审团制度试点的评析和完善建议

汤维建

《政治与法律》,2011 年第 3 期

关键词:人民陪审团 司法民主 人民陪审员制度试点

摘要:为克服我国人民陪审员制度的重重积弊,河南法院系统率先试行人民陪审团制度,其意义不可小视。人民陪审团制度介于人民陪审员制度和西方国家的陪审团制度之间,其在人员规模、诉讼职能、表决机制、效力约束和陪审团成员资格门槛方面别具特色。其试点效果非常积极。为此,有必要从理论上关注、审视该制度的发展动态并提出改进建议。

人民陪审团与法官的制度衔接与规则协调——以审判格式化与人格化的关系为视角

许尚豪

《政治与法律》,2011 年第 3 期

关键词:人民陪审团　内置式陪审　外挂式陪审

摘要:人民陪审团属于外挂式陪审模式,其与专业法官的关系,实际上是司法专业化审判与民众社会化审判关系在程序上的反映。人民陪审团可以有效地改变审判格式化的局面,使案件的审判具有个体人格化的特性。在具体的制度建构中,应当使具体规则与人民陪审团的价值目标相统一,以免民众审判与人民陪审团沦为司法权与法官的附庸。

陪审制、民意与公民社会——从河南人民陪审团实验展开

吴英姿　王筱文

《政治与法律》,2011 年第 3 期

关键词:陪审制　马锡五审判方式　公民社会

摘要:河南陪审团改革的渊源是马锡五审判方式,与西方国家的陪审制并无关联,充其量是借用了英美国家的"陪审团"之名,其动机在于化解纠纷,争取社会支持。社会结构变迁决定了陪审团改革不可能完全回到马锡五时代。在公民参与意义上,这可以视为一场开凿民意与裁判沟通渠道的实验,也是一个培育公民社会的契机。为避免这一实验走样,需要警惕审判权本位的功利性可能产生的扭曲,建立民意识别装置,并对民意保持相对独立,通过充分的司法论证,用形式正义化约大众朴素的、零散的正义,保证司法活动的可预期性。

人民陪审团制:在能度与限度之间

刘加良

《政治与法律》,2011 年第 3 期

关键词:人民陪审团制　合议制　人民陪审员制

摘要:作为民众参与司法机制创新中出现的事物,人民陪审团制可从理顺审判委员会与合议庭之间的关系和提高裁判文书的说理性两方面有效补正合议制的不足;可从扩大成员规模和修正遴选标准两方面促进人民陪审员制的良善化。人民陪审团制的审级适用二元性会对一审中心主义的制度构建和司法的专业化训练产生消极影响。只要能够走出"羊群效应"的困境并做到扬长补短,人民陪审团制的前景可以被寄予乐观预期。

人民陪审:困境中的出路——河南法院人民陪审团制度的贡献与启发

张曙光

《政治与法律》,2011 年第 3 期

关键词:人民陪审　司法民主　制度设计

摘要:我国人民陪审员制度在多年的司法实践中毁誉参半,全国人大常委会《决定》和最高人民法院《意见》的出台使得该制度有所完善,但影响人民陪审员制度运行实效的根本问题,即制度理念与制度设计脱节的问题并未解决。河南法院系统开展的人民陪审团制度试点,在制度理念和制度设计的统一上迈出了重要步伐,为人民陪审员制度的改革提供了重要借鉴。从比较分析的视角看,我国人民陪审员制度的改革应实现四个方面的回归:一是在陪审员的身份上,实现由精英到平民的回归;二是在陪审员的选定机制上,实现由常任到临时的回归;三是在陪审员的工作要求上,实现由专业到常识的回归;四是在陪审员的职责上,实现由包揽事实认定与法律适用到与法官实现一定区别的回归。

人民法院内部审判运行机制的构建

顾培东

《法学研究》,2011 年第 4 期

关键词:法院改革　审判运行机制　审判职权配置

摘要:法院如何恰当配置内部各主体、各层级的职权,合理确定各主体、各层级在审判活动中的地位和作用,建立符合审判客观规律和现实条件的审判运行机制,是我国人民法院改革与发展中的重大现实任务。C 市人民法院在审判职权的配置与界定、审判流程的建立与控制、审判动态的监督与把控、审判绩效的评价和考核、信息技术的植入和运用等五个方面的探索,正逐步接近其构建"权力关系清晰、主体职责明确、监督制约到位、资源配置优化、审判活动透明、内部流程顺畅、指标导向合理、科技全面支撑"的法院内部审判运行机制之目标。鉴于构建法院审判运行机制在中国特色司法制度微观基础的塑造、我国法院规范化发展、法院改革创新等方面的意义,C 市人民法院的实践能为其他司法机构的改革与发展提供有益的启示。

半纯粹刑事程序公正的内涵——兼论修改我国刑事诉讼法的原则

谢安平

《政法论坛》,2011 年第 4 期

关键词:程序公正　主体性　普遍性

摘要:半纯粹刑事程序公正理论认为,刑事诉讼程序公正和程序所生结果公正分别有独立的标准和内涵。在一般情况下,公正的刑事诉讼程序也能得到公正的结果,它包括两个基本原则:第一个原则,将人作为人看待的原则;第二个原则,刑事诉讼程序的结果——刑罚和非刑罚方法——适当的原则。第一个原则优先于第二个原则。根据半纯粹刑事程序公正理论,修改我国《刑事诉讼法》应遵守主体性、普遍性和科学性的原则。

刑事庭审虚化的实证研究

何家弘

《法学家》,2011 年第 6 期

关键词: 刑事庭审　庭审虚化

摘要: 在刑事诉讼过程中,庭审本应是中心环节,但是在当下中国却被"虚化"了。刑事庭审虚化主要表现在举证的虚化、质证的虚化、认证的虚化、裁判的虚化四个方面。导致刑事庭审虚化的原因包括:以侦查为中心的流水线诉讼模式,以案卷为中心的法官审理模式和下级服从上级的行政决策模式。确立直接言词原则和改良人民陪审员制度是实现刑事庭审"从虚转实"的可行路径。

评《刑事诉讼法修正案(草案)》对审判程序的改革方案

陈瑞华

《法学》,2011 年第 11 期

关键词: 案卷移送　庭前预备程序　简易程序

摘要: 《修正案(草案)》对第一审程序和第二审程序作出了一些新的制度安排,这对于有效保障当事人的诉讼权利、增强审判程序的公正性都有望发生积极的效果。但也有一些制度设计既没有经过充分的论证,也缺乏实证的基础,存在"头痛医头,脚痛医脚"的问题,在注重解决某一问题的同时,可能放任了另外一些新问题的产生。

法律程序构建的基本逻辑

陈瑞华

《中国法学》,2012 年第 1 期

关键词: 权力制约　权利救济　司法推进主义

摘要: 在《刑事诉讼法》修改过程中,立法部门需要对多方面的因素加以考量。其中,国家权力与公民权利的适当平衡,是防止国家权力滥用、避免公民权利受到任意侵犯的首要制度安排。对那些违反法律程序、侵犯公民权利的行为,从实体结果和诉讼程序上设置妥善的司法救济措施,是保证刑事程序得以有效实施的程序设计。为避免传统的"立法推进主义"制度的缺陷和风险,立法部门应以科学方法观察和总结那些为司法机关所创制的改革经验,及时将那些行之有效的改革措施吸收到法律之中。

日本裁判员制度的实践与启示

尹 琳

《政治与法律》,2012 年第 1 期

关键词: 日本裁判员制度　刑事审判　人民陪审员

摘要: 作为日本司法制度改革的三大支柱之一,日本于 2004 年制定《裁判员法》,在刑事审判中实行国民参与的裁判员制度。虽然裁判员制度的引入存在着一些争议,但它对日本刑事诉讼程序的影响更为重要。裁判员制度不但带来日本刑事诉讼理念——当事人主义的回归,还给日本刑事司法的实务运作带来划时代的制度变革。考察日本裁判员制度,对完善我国的人民陪审员制度乃至刑事诉讼程序不无裨益。

中国刑事审级制度的渐进性改革

朱立恒

《法学》,2012 年第 2 期

关键词: 刑事审级制度　改革　渐进性

摘要: 由于我国刑事审级制度改革成本高昂、内容深刻、对于整个司法制度改革和法治建设事业进步的依赖,需要对国外经验进行创造性地改造以及协调与其他法律制度之间的关系,因而其改革应当渐进地展开。我国应当针对两审终审制在立法和实践中存在的问题和缺陷,分别制定近期、中期与远期改革目标,并根据目标制定不同的改革措施,分阶段、有计划地实施。

刑事审判程序的重大变革及其展开

汪建成

《法学家》,2012 年第 3 期

关键词: 《刑事诉讼法》　审判程序　庭前会议　证人出庭

摘要: 2012 年的《刑事诉讼法》修改对审判程序作了一些重大变革。其中,卷宗移送制度的恢复、庭前会议制度的建立、证人出庭作证制度的加强、量刑问题的庭审化、简易程序的扩展、二审审级功能的强化以及死刑复核程序的规范化,是本次修改的重点,应予高度关注。

事实认定的中立性

李昌盛

《清华法学》,2012 年第 4 期

关键词: 中立　无知被动中立观　裁判者主持下的三方研讨机制

摘要: 在我国刑事诉讼法学界,"无知、被动中立观"占据了主流地位,其制度原型为"英美当代陪审团对抗制审判"。事实上,理想的事实认定对裁判者的要求不仅仅是中立,也要求具有知识。各个国家应当根据自己的诉讼理念、诉讼结构和司法现状选择一个适合自己的平衡点。从认知心理学的角度而言,战胜偏见的最有效的方法就是通过互动取得理解。我国事实认定缺乏中立性的根源不在于裁判者是否审前阅卷和审判中是否消极,而在于缺乏有效的平等沟通、对话、质疑机制,因此,应当构建一个"审判长主持下的三方研讨机制",这才是最大限度地确保事实认定中立性且符合我国国情的治本之策。

当代中国刑事诉讼模式的变迁

梁 欣

《政法论坛》,2012 年第 4 期

关键词: 刑事诉讼模式　刑诉法修改　模式变迁

摘要: 刑事诉讼模式变迁是指刑事诉讼模式所发生的新变化。从刑事诉讼历史发展来看,伴随着社会变迁的刑事诉讼模式变迁可分为两大类:一类是微型变迁,其中有的表现为潜移默化,难以察觉;有些表现为剧烈变动,但它们都不是与传统体制决裂,所以是量的变化;另一类是巨型变迁,这是指突破传统体制束缚的变化,所以是质的变化。总体上来看,当代中国刑事诉讼模式的变迁属于微型变迁,其中既有潜移默化的刑事诉讼文化的传播,也有规模较大的制度移植。由于世界范围的制度变革和全球化趋势,当代中国的刑事诉讼模式也正酝酿着突破与转型。

刑事审判公开实施效果实证研究——基于传统与信息化两个途径的考察

赵 琦

《现代法学》,2012 年第 4 期

关键词: 刑事审判公开　效果　实证研究

摘要: 刑事审判公开可通过传统与信息化两个途径实现。传统途径下,法院消极公告、公众很少旁听,刑事审判公开实施效果未能达到预期。信息化背景下,诸多法院开始践行裁判文书上网等新举措,对审判公开起到了一定的促进作用。但总体而言,全国仍有大量基层法院信息化建设较为落后;已经开始实行信息化公开的法院也表现出较为明显的应用滞后于建设,效果依然有限。就前者而言,认为没有公告必要、担心旁听产生的工作压力是法院消极公告的主要原因;不关心、没时间等诸多主、客观因素共同导致公众较少参与旁听。就后者而言,经费有限是法院信息化建设的瓶颈,缺乏完善的制度规定是其应用滞后于建设的症结。未来的刑事审判应当同时发展旁听、信息化及其他形式的公开。

案卷移送制度的演变与反思

陈瑞华

《政法论坛》,2012 年第 5 期

关键词: 庭前移送案卷　庭后移送案卷　案卷笔录中心主义

摘要:2012 年《刑事诉讼法》对庭前移送案卷制度的恢复,意味着 1996 年完成的旨在限制检察机关移送案卷范围的改革努力宣告失败,也标志着我国刑事诉讼中的案卷移送制度又回到了 1979 年的状态。在这种改革、规避改革和废止改革的表象背后,其实一直存在着法院通过阅卷来形成裁判结论的司法文化。这一文化形成的原因,除了存在法官有依据职权主导证据调查的传统、法官无法通过庭审来组织实质的事实审查以外,还有法院在庭外形成裁判结论、上级法院通过阅卷进行事实复审这些较深层次的因素。从 1979 年到 2012 年的改革实践证明,不彻底破除案卷中心主义的审判方式,不将公诉方的案卷笔录阻挡在一审法院、二审法院、死刑复核法院乃至再审法院的大门之外,法庭审判流于形式的问题就不可能得到根本解决,中国的刑事审判制度也就不可能发生实质性的变化。

西方国家刑事审级制度功能的比较分析
王 超
《比较法研究》,2012 年第 6 期
关键词:审级制度　审判机关　上诉审
摘要:刑事审判的基本任务在于解决控辩双方之间关于被告人定罪量刑方面的争议。但是,在现代刑事诉讼中,这种争议为何不是由审判机关一次性予以处理,而是由审判机关通过初审程序、上诉审程序分阶段、重复审理来加以解决呢?对相同的刑事案件,由不同级别的审判机关进行多次审理,可能造成诉讼的拖延,耗费更多的司法资源,这不是与人们普遍倡导的诉讼经济原则相违背吗?而且,多次审判就一定比一次审判更加有利于确保案件的审判质量,从而促进控辩双方之间的纠纷解决吗?假如一次审理就能够正确地解决控辩双方的争议,刑事审级制度还有存在的必要吗?在作者看来,现代各国刑事诉讼法之所以设置刑事审级制度,以便对未发生法律效力的原审裁判进行审查,不仅在于案件经过一次审理就产生法律效力本身具有难以克服的局限性,而且在于刑事审级制度在刑事诉讼中具有不可或缺的独特功能,契合了现代刑事司法制度发展的需要。本文拟以西方国家刑事诉讼为例,对刑事审级制度的功能进行初步的比较分析。

审判公开的限度——以未成年人刑事审判为例
高一飞　李维佳
《法律科学》,2013 年第 2 期
关键词:未成年人　审判不公开　正当程序
摘要:为了保护未成年人利益,对未成年人刑事案件不公开审判,这是审判公开原则的例外。其基本含义是审判过程不公开,其衍生规则包括:诉讼材料不公开、判决不公开、对其媒体报道要进行限制。但是，未成年人刑事案件不公开也是有限度的，必须在与正当程序、被告人利益、新闻自由等利益平衡后确定是否公开审判，以确保未成年人利益与公众知情权的合理平衡。

我国案卷移送制度功能的重新审视
郭　华
《政法评论》，2013年第3期

关键词： 起诉一本主义　案卷移送制度　复印件移送制度

摘要： 我国公诉案件的起诉制度在1996年《刑事诉讼法》修改中吸收了"起诉状一本主义"因素，将"案卷移送制度"改造为"复印件移送制度"。这种具有折中主义的"中间道路"，因遗留影响法官产生预断的可能，被有些学者视为导致庭审空洞化的祸首。2012年的《刑事诉讼法》修改又退回到1979年《刑事诉讼法》"案卷移送制度"的原位。从刑事诉讼程序正义视角来看，"复印件移送制度"并非是审判程序改革错接病枝的集大成者，新《刑事诉讼法》在扩大辩护律师阅卷范围、增加庭前会议制度后，"案卷移送制度"在新的诉讼环境和制度下如何发挥功能，如何保障退回的制度与新设置的制度之间不发生功能上的冲突，仍需在程序正义的框架下进行探索，以免立法对实践的尊重转化为实践对修法的异化，出现屡改屡败的现象。

司法公开的价值重估——建立司法公开与司法权力的关系模型
钱弘道　姜　斌
《政法论坛》，2013年第4期

关键词： 司法权　司法公开　执行

摘要： 当前我国法院系统进行的司法公开化改革将司法公开的主旨定位为对法院的公众监督和媒体监督，地方法院在改革措施上将公众和司法权的主要关系局限为制约与被制约的关系。通过两个模型可以说明公众、媒体与司法权的正向关系。第一个模型通过诉讼活动对当事人声誉的影响，分析司法公开如何通过"信号"机制提高法院判决执行力；第二个模型从"公众强制机制"出发，分析司法公开对于法院与行政机关在权力博弈中发挥的重要作用。这两个模型说明，在强调公众和媒体对法院活动进行监督的同时，我们忽视了公众、传媒对司法权的强化作用，当前司法公开改革从理念到具体措施尚需补充完善。

司法公正何以看得见——关于我国审判方式的思考
魏胜强
《法律科学》，2013年第6期

关键词： 审判方式　司法公正　改革

摘要： 我国当前审判方式的缺点是，不能以看得见的方式实现司法公正：开庭方式无须当庭宣判,难免引人质疑;闭庭方式偏重书面材料,具有神秘色彩;特殊方式情形过于特殊,淡化外在标准。司法公正以看得见的方式实现,对审判方式提出的要求在于:尊重当事人的主体地位,法官的职权服务于当事人的权利;发挥法律职业共同体的作用,实现控辩力量的平衡;维护法官独立审判的权力,限制法官的任性。围绕司法公正,以看得见的方式实现我国审判方式的改革,应当从内外两方面入手。内在方面是使审判方式改革与司法制度改革同步进行,关键是改革审判管理体制和陪审制度,并推行公开审判制度。外在方面是赋予现有的审判方式以新的活力,即突出开庭审判和当庭宣判的主导地位,闭庭方式与特殊方式限于基层人民法院在简易程序中合并适用,高级以上人民法院实行巡回审判。

论审判管理科学化

江必新

《法律科学》,2013 年第 6 期

关键词: 审判管理　审判管理科学化　司法公正

摘要: 当前,创新和加强审判管理已成为人民法院的一项重要工作,亟须系统的理论研究来统一认识和指导实践。审判管理如要克服自身缺陷、实现可持续发展,就必须实现科学化,即应做到:既要突出针对性,又要注重系统性;既要强调规范化,又要强调类型化;既要强化审判管理,又要尊重审判规律;既要注意量化评价,又要注意评价体系及其运用的客观性与合理性;既要实行高标准的严格管理,又要实行人性化的管理;既要把法官当成被管理者,又要使法官成为管理者;既要管理被管理者,又要管理管理者。同时,应把审判管理放在恰当的位置上,更应注意寻求确保司法公正、高效、廉洁的根本治理之策。

人民陪审员制度目标之异化及其反思——以湖南省某市人民陪审员制度实践为样本的考察

廖永安　刘方勇

《法商研究》,2014 年第 1 期

关键词: 人民陪审员制度　司法民主　大众化

摘要: 虽然我国现行的人民陪审员制度强调以展现司法的"大众化"功能为重要目标,但是该制度的具体设计明显脱离了我国现实的社会情境和司法环境,以致在司法实践中出现了人民陪审员选任精英化、职权行使虚名化、管理机制法官化等现象。要实现人民陪审员制度之目标,就必须正视二元社会结构、民众参与能力等现实条件,并合理配置人民陪审员的职权、提高民众的认同感以及参与度。

刑事审级制度的两种模式:以中美为例的比较分析

王 超

《法学评论》,2014 年第 1 期

关键词:刑事审级制度 纠纷解决 规则治理

摘要:根据审级制度的功能结构、初审程序与上诉程序之间的功能划分、审级制度的构造等方面的差异,可以将中美两国的刑事审级制度分别归结为纠纷解决主导型的刑事审级制度和规则治理主导型的刑事审级制度。中美两国之所以实行不同的刑事审级制度模式,与两国的法律传统具有重要关联。规则治理主导型的刑事审级制度有助于充分发挥初审法院和上诉法院的各自优势,促进不同审级之间的功能区分。纠纷解决主导型的刑事审级制度体现了法院解决纠纷的审慎态度,但是容易导致初审程序与上诉程序之间的恶性循环。

从"群众参与"到"公民参与":司法公共性的未来

陈洪杰

《法制与社会发展》,2014 年第 1 期

关键词:人民司法 群众路线 司法民主

摘要:在"李昌奎案"中,法院的机构合法性未能支撑起其要求社会服从的机构权威性。在某种意义上,这表明国家司法机器正在经历一场公信力危机。在关于"人民"的叙述日渐多元的社会语境中,通过有效的公共参与机制来重塑司法场域的民主性形态,是重建司法公信力的必要前提。当社会个体日益"从群众走向公民",也就必然要求司法的公共参与机制从传统的"群众参与"转向"公民参与"。

中国法院压力之消解——一种法律组织学解读

张洪涛

《法学家》,2014 年第 1 期

关键词:中国法院 法律洞 法律的嵌入性

摘要:法律漏洞的不可避免和正式职业保险制度的缺失,导致中国法院在消解外部不确定性风险和压力时,形成了组织结构柔性化和组织功能普化的"十字形"调审组织。而嵌入其间的法官也相应地选取了调解型横向分权式决策的"民主化"、审判型纵向分权式决策的"行政化"和调审型纵横向分权式决策的"去司法化"等三种压力消解方式。这些消解外部不确定性风险和压力的方式,是以牺牲司法确定性而获得的,导致了中国法院在制度性司法确定性方面的丧失。因此,要想在中国法院实现制度性司法确定性,必须针对司法的高风险特征,建立三位一体的正式职业保险制度。

刑事卷宗移送制度的轮回性改革之反思

蔡 杰 刘 晶

《法学评论》,2014 年第 1 期

关键词:卷宗移送 庭前预断 公诉审查

摘要:在庭前卷宗移送方式上,我国刑事诉讼经历了全案移送主义—主要证据复印件主义—全案移送主义的改革轮回。我国法律界一直将全案移送主义与庭前预断画上等号。解决我国刑事诉讼庭前预断的出路不在于采用何种方式的卷宗移送制度,而在于完善公诉审查和庭前准备程序,以及进一步理顺诉审关系,实现审判中心主义等。

公开固然重要,说理更显公正——"公开三大平台"中刑事裁判文书公开之局限

孙万怀

《现代法学》,2014 年第 2 期

关键词:公开 公正 说理

摘要:无论是强调对裁判进行监督还是主张对裁判进行研究,无论是针对法官职业化还是对职业共同体的形成,公开更多地表现为一种形式意义,并不意味着公正自洽。实证结果显示,严重缺乏说理的裁决比比皆是,不仅地方法院的裁决如此,最高人民法院的一些刑事裁决亦是如此。缺乏说理导致裁决缺乏事实与规范的沟通,从而沦为一种缺乏权威性的"单纯的暴力"。刑事裁判必须进行说理的理由在于,我们生活的世界是一个现象世界,没有通过很好的说理进行沟通,则彼岸只是自在之物。说理又是一个逻辑推演的过程,选择方法的正确性涉及裁决的被认同的程度。对辩护意见缺乏归纳和说理,实际上是对辩护一方的不尊重,导致裁判中立大打折扣。刑事裁决说理性的缺失阻遏了实践与法学的通道。在司法实务与学术结合得比较好的表征中,都是以判决的丰富说理性为依据的。在刑法学研究比较成熟的地区,刑法学理论恰恰就是在对大量司法判例的说理进行提炼的基础上发展起来的,由于裁判说理极具价值性乃至个性的色彩,往往会引起广泛的讨论,进而引发一系列的理论研究向纵深发展。

清代刑事司法事实判定中的程序规则比较法视角下的功能分析

王志强

《中国法学》,2014 年 3 期

关键词:清代 刑事司法 事实判定

摘要:本文以西欧制度为参照系,采用功能主义分析方法,综合律例和刑案,对清代命盗重案中调查和判定事实的相关程序规则及其实践进行功能分析,阐释其制度安排与功能实现的对应关系,说明相关制度的功能缺陷或特点,并力图揭示其制度设计深层的结构性机理。本文认为,清代相关程序制度在确定管辖、

证明标准及纠错等方面功能显著,而在限制公权力方面明显薄弱。同时,当时制度旨在通过疏防查参、扣限审结和错案追究等机制,由政府系统内部的实体性管控实现督促勤政功能,并以此作为限制权力滥用的替代性手段。这种功能安排和制度设计与政治结构密切相关,是当时高度集权的政府机制的产物。

审判管理制度转型研究

重庆市高级人民法院课题组　钱　锋　高　翔

《中国法学》,2014 年 4 期

关键词: 审判管理　指导监督　质效评估

摘要: 近年来,审判管理一定程度加剧了审级关系的行政化和法院内部层级管理的行政化。以院长、庭长监督指导个案审判为核心的内在审判管理制度,存在院长、庭长审判管理依据不足、职责不明、权责不清的困境。以案件质效评估为核心的外在审判管理制度,存在重共性轻差异、重定量轻定性、重整体轻个案等问题。院长、庭长审判管理制度转型应以确立审判责任制为核心,构建合议庭责任制和院长、庭长审判管理责任制,做到权利与义务对等、权力与责任统一。合理推进案件质效评估,应坚持定量与定性相结合的评估方法,更加关注过程评价和外部参与,去除案件质效评估的行政化色彩。

审判管理理论体系的法理构架与体制机制创新

杨　凯

《中国法学》,2014 年 3 期

关键词: 审判管理　审判权　大数据

摘要: 审判管理作为目前在全国法院系统广泛推行的一种主流管理手段和方法,已历经十几年时间的多元化司法改革探索和实践,无论是审判管理体制构建,还是审判管理运行模式方法,都有较多的实践经验和理论创新成果。但迄今为止,关于审判管理系统化理论体系的法理学构架还没有完全形成,整个审判管理运行模式仍然处于改革和探索实践阶段。科学的审判管理理论体系架构和审判管理模式创新是人民法院实现司法治理理论体系和治理能力现代化的基础。本文基于法社会学、法理学与法哲学的三维视角,立足中基层法院审判管理工作的改革实践和理论创新经验,试图初步构建现代审判管理理论体系的法理架构,进而探究审判管理体制机制创新的思维路径与方法。

审判委员会法律组织学解读——兼与苏力教授商榷

张洪涛

《法学评论》,2014 年第 5 期

关键词: 审判委员会　"十字形"组织结构　组织功能

摘要: 组织功能在技术层面上由组织结构保障。审委会纵横交叉的"十字形"组织结构,决定了它不具有以苏力为代表的社会结构与功能论的解决疑难法律问题、抵御行政干预、提高法官素质等"对法官的功能",但具有降低不确定性风险的组织功能。这种降低风险的方式是以不确定性来应对不确定性,以牺牲司法确定性为代价而获得的,就此而言,审委会是中国法院的一种反司法的制度。

忻元龙绑架案:死刑案件的证据认定——高检指导性案例的个案研究

陈兴良

《法学评论》,2014 年第 5 期

关键词: 指导性案例 死刑案件 证明标准

摘要: 忻元龙绑架案是最高人民检察院颁布的一个指导性案例,该案例涉及死刑案件的证据认定问题。本文在忻元龙绑架案的官方文本的基础上,对死刑案件的证明标准和证据判断问题进行了研究。我国《刑事诉讼法》规定的证明标准是"证据确实、充分",同时又把"排除合理怀疑"作为考察内容之一。以上两者是总的证明标准和具体的证明规则之间的关系,在司法实践中,是否排除合理怀疑是确定证据是否确实、充分的重要指数。死刑案件的证明标准是否应当高于普通案件,对此在法律上并无规定,在理论上则存在争议。从死刑的严厉性以及死刑错判难纠的性质考虑,还是应当对死刑案件提出更为严格的证明标准。对于司法实践中较为普遍的留有余地的死缓判决,只有在定罪证据确实、充分,但判处死刑的量刑证据不能排除合理怀疑的情况下,才具有正当性。如果定罪证据没有达到确实、充分的程度,则不应当判处留有余地的死缓。否则,就会造成死刑的冤假错案。忻元龙绑架案虽然存在个别疑点,但这些疑点是可以排除合理怀疑的,二审法院据此适用留有余地的死缓判决并不妥当。但是,在司法实践中更应当避免的是定罪证据没有达到确实、充分情况下留有余地的死缓判决。

再论人民法院审判权运行机制的构建

顾培东

《中国法学》,2014 年 5 期

关键词: 司法改革 审判权 合议庭

摘要: 人民法院审判权运行机制如何构建,是当前司法改革亟待解决的重大现实问题。对此,各方面在认识上存在着重大分歧,而分歧的背后则隐藏着对我国法院审判工作现实状态的不同判断以及对我国法院改革的不同主张和期待。人民法院审判权运行过程中确实存在着"行政化"的问题,但影响和制约人民法院审判工作的主要问题并不是"行政化",而是审判权运行秩序的紊乱;一线办案法官的权力与责任应尽可能扩大和强化,但"法官独立"不是我国法院改革与发展的方向;审委会制度需要进一步完善,但总体作用不应减弱,审委会讨论案件也决不应限于"只讨论法律适用"。审判权运行机制的改革应以上述认识为基础展开。

为刑事审限制度辩护——以集中审理原则之功能反思为视角

于增尊

《政法论坛》,2014 年第 6 期

关键词: 集中审理原则　审限　效率

摘要: 针对废除刑事审限制度改采集中审理原则的建议,现有的回应主要从保留审限制度必要性的角度展开论述,缺乏对集中审理原则的正面检视。考察域外司法实践可知,集中审理原则并无明显的价值优势,不仅防范诉讼拖延、提高审判效率的功效未达,保障裁判者心证新鲜和判决公正的功能也遭到冲击。理性的做法是,在保留审限制度的基础上,吸收集中审理原则合理内容完善我国刑事诉讼法制。

刑法裁判规范的开放性研究

王强军

《政治与法律》,2014 年第 7 期

关键词: 刑法文本规范　刑法裁判规范　刑事裁判的可接受性

摘要: 刑事裁判的过程就是案件事实和刑法文本规范相互解构和重新建构的过程。大前提、小前提、结论的"三段论"推理模式能够解决绝大多数刑事案件。对于案件事实和刑法文本规范不能直白式对接的情形下,必须承认刑法裁判规范的客观存在,而且应当承认和构建开放的刑法裁判规范。刑法裁判规范相对于刑法文本规范,可以在构建裁判规范的过程中考量公平正义、公共舆论、道德规范以及历史传承。在构建开放的刑法裁判规范的过程中,应当强化开放刑法裁判规范的法律发现的论证,同时强化判决书的说理和论证,而不能将三段论异化为只有"三段"没有"推理"。

司法民主:完善人民陪审员制度的价值依归

苗炎

《法商研究》,2015 年第 1 期

关键词: 司法民主　人民陪审员制度　群众路线

摘要: 人民陪审员制度被视为在司法领域践行中国共产党的群众路线、实现司法民主的主要制度。人民陪审员制度能否充分实现司法民主,取决于该制度在司法审判的过程中能否切实发挥广大人民群众的作用。相关政策和法律对人民陪审员在司法审判中作用的原初定位,是发挥其在非法律性知识和实践经验方面的优势,使人民群众的大众思维与法官的职业思维形成互补。然而,自新中国成立以来,在不同的时期,人民陪审员制度的具体设计和运行始终不同程度地强调法律素质对人民陪审员履职的重要性,这明显偏离了该制度的原初定位。完善人民陪审员制度的合理路径,在于回归该制度的原初定位,通过具体有效的举措,充分实现该制度的司法民主价值。

陪审制度的比较与评论——以日本、韩国、我国台湾地区模式为样本
汪习根

《法律与社会发展》,2015 年第 2 期

关键词: 司法　民主　陪审

摘要: 作为司法民主化的制度形态,陪审制改革是当今大陆法系国家和地区司法改革的一个新动向。日本的裁判员制度、韩国的国民参审制度、我国台湾地区的观审员制度作为三种典型样态,在合宪性和法理上都存在严重分歧,值得反思。当下,中国司法应该从程序民主的内部技术视角而非局限于外部系统来回应民意与情理,以陪审制度的完善疏通司法为民与司法公信的法定化、程序化管道。

法院庭审直播的实证研究
何家弘　王　燃

《法律科学》,2015 年第 3 期

关键词: 庭审直播　网络直播　视频直播

摘要: 法院的庭审直播是指法院在法庭审判的同时通过广播、电视或网络等途径对庭审过程进行的图文、音频、视频播放。庭审直播是司法公开的需要与现代科学技术相结合的产物。庭审直播是既有利也有弊的。就当下中国而言,庭审直播的价值主要表现为有助于增强司法的透明度,提升司法的公信力,维护司法公正,遏止司法腐败,改变庭审虚化的现状,促进司法判例制度的建立等。目前,中国法院的庭审直播存在着地区发展不太平衡、直播体系不很规范、直播技术不够专业、直播内容不甚完整等问题,因此,要健全庭审直播的体系,完善庭审直播的规则,提升庭审直播的水准,加强庭审直播的实效。

庭审网络直播与当事人隐私权保护的冲突与平衡
刘小鹏

《法律科学》,2015 年第 3 期

关键词: 司法公开　庭审网络直播　隐私权

摘要: 为了扩大司法公开与加强社会监督,各地法院纷纷推行庭审网络直播。法院充分肯定庭审网络直播的积极作用,却忽略了当事人隐私权的保护。庭审网络直播和隐私权的实现方式与价值差异决定了两者必然发生冲突,这种冲突实际上是司法权力与公民权利的冲突。由法院主导的司法公开应当避免司法专横与司法行政化。借鉴域外庭审直播经验,应当尊重与保护个人的人格权

利,协调公共利益与个人利益,坚持程序正当原则,完善我国目前的庭审网络直播制度,在司法权力与公民权利的冲突中构建平衡。

实验法院:近代中国司法改革的一次地方试点
刘昕杰
《中国法学》,2015 年第 5 期
关键词:实验法院　司法改革　民国法制
摘要:设立实验法院是近代中国以地方试点为特点的司法改革。这场司法改革以提高诉讼效率为目标,先后选择了璧山和重庆两地法院试行《实验办法》。实验法院通过整顿法警队伍并设立职员值日、审检联席会议等制度,革新行政风纪;通过增强法院职权、便利当事人诉讼,提高诉讼效率。实验成果大多被采纳,《实验办法》中的许多制度成为修订新诉讼法的依据。由于地方司法改革涉及中央立法、司法和行政权的交界,实验法院匆匆终止。厘清和分析实验法院这段历史,可以展现许多诉讼制度在中国吸收、演进的历史细节,实验法院所体现的从地方试点到中央立法这一司法改革思路也对当下有所裨益。

审判委员会改革的模式设计、基本路径及对策
张卫彬
《现代法学》,2015 年第 5 期
关键词:审委会改革　模式设计　职能归位
摘要:党的十八届三中全会和四中全会均提出了完善主审法官、合议庭办案责任制,让审理者裁判、由裁判者负责。由此,审判委员会制度的改革势在必行。实际上,学界对审判委员会制度存废的讨论由来已久;各级法院也在尝试采取各种改革措施,回应社会的批评和建议。基于国内目前司法运行环境和基础条件等因素,审判委员会不宜被废除,但应创新制度安排的理念,对其改革进行顶层设计。同时,可以修改国内相关法律,突破现有的二元制审判体制为"二元半体制"——"一审+二审/审判委员会",在审委会内部设立大审判庭,并按照案件性质对审委会委员进行专业分工,明确赋予其就重大和疑难的个案进行审判的权能及问责机制;同时,积极发挥审判委员会的监督、咨询职能。

第二节　案例精解

法院变更公诉机关指控罪名的程序处理问题

一、案情介绍

被告人李某于 2011 年 6 月 5 日 3 时许,在朝阳区工人体育场西门"BABY-

FACE"酒吧门前,酒后无故对被害人郭某进行殴打,并将上前劝阻的刘某的iPhone4手机1部(价值人民币5000元)拿走。后李某被抓获归案,赃物已追缴并发还被害人。北京市朝阳区人民检察院以被告人李某犯抢劫罪,向朝阳区人民法院提起公诉。被告人李某辩称其无抢劫故意,不构成犯罪。

朝阳区人民法院认为,被告人李某法制观念淡薄,酒后无故滋事,强拿强要他人财物,情节严重,其行为妨害了社会管理秩序,已构成寻衅滋事罪,依法应予惩处。朝阳区人民检察院指控李某犯罪事实清楚、证据确实、充分,但指控李某犯抢劫罪罪名不当。法院查明,案件证据证实,李某系酒后无故对郭某进行殴打,因担心上来劝架的刘某通过手机找人报复,遂将其手机拿走,其行为符合寻衅滋事罪的构成要件,应当以寻衅滋事罪追究刑事责任,故对公诉机关的相关指控,依法应予纠正。根据《刑法》第293条第3项、第61条、第67条第3款之规定,朝阳区人民法院以被告人李某犯寻衅滋事罪,判处有期徒刑一年。

宣判后,被告人在法定期限内没有上诉,检察机关没有提起抗诉,判决已发生法律效力。

二、争议观点

本案中,公诉机关指控的罪名与法院依法审理后宣判认定的罪名不一致,这种情况在审判实践中并不少见。对于法院有无权力变更起诉认定的罪名,理论界存在不同的观点:第一种观点认为:法院改变罪名违背了法院中立、"不告不理"等现代诉讼原则,应予否定。第二种观点认为:法院依法享有审判权,罪名确定是审判权的有机组成部分,因此法院有权变更公诉机关指控的罪名。

在我国,法院变更公诉机关指控的罪名,有充足的法理和法律依据,但是应当遵循一定的原则和相应程序。法院依法审理后认为公诉机关指控的事实清楚但罪名不当的,可以变更罪名。侦查、起诉、审判由不同的机关负责,是刑事诉讼程序的基本分工,控审分离、不告不理,是现代刑事诉讼的基本理念。一般认为,不告不理原则有几项基本要求:一是未经起诉,法院不得实施任何形式的法庭审理活动;二是法院审判的范围应当限于公诉机关指控的范围,而不得审理和判决任何未经起诉的行为,从而最大限度地确保法院的中立性、被动性和超然性。法院审理过程中发现被告人还有其他犯罪事实或者公诉机关还有未指控的犯罪嫌疑人的,可以建议检察机关补充或者变更起诉,而不能直接变更起诉内容进行审理。

有观点认为,为了严格遵循不告不理原则,法院只能判定公诉机关指控的罪名是否成立,如不成立,就应当宣判被告人无罪。这种观点是对不告不理原则的误读,也不符合司法实践需要。起诉书对犯罪事实的法律评价及所援引的条文,只有辅助确定审判范围的作用,对法院不具有约束力,对案件事实的评价属于法院的职权,法院可以依职权径行变更罪名,包括轻罪名改为重罪名。反之,如果认为法院仅能针对起诉书指控的罪名是否成立进行评价,而不能变更罪名,这就意味着法院要么按照公诉机关错误的指控罪名进行认定,要么宣告被告人无罪,再由公诉机关变更起诉罪名,重新进行审理后,予以定罪。这种处理方式容易造成程序空转、拖延诉讼,增加当事人诉累和诉讼成本,为司法实践所不取。

本案中,被告人李某酒后无故对被害人郭某进行殴打,又拿走上来劝架的刘某的手机,从形式上看,符合抢劫罪中以暴力手段劫取他人财物的特征。但是,从本质上看,根据刘某的证言、郭某的陈述和李某的供述,李某打郭某时与刘某并无冲突,后因刘某上前劝架,李某担心刘某通过手机打电话找人报复,遂拿走其手机。因此,现有证据不足以证实李某实施暴力行为是为了劫取他人财物,李某的行为更符合寻衅滋事罪中"随意殴打他人,强拿硬要财物"的行为特征,法院对公诉机关指控李某犯罪的事实予以确认,及判决认定的事实并未超出公诉指控的范围,仅对指控事实的法律评价即罪名认定予以变更,是正当的,也具有充足的法律依据。

第二章 一审程序

第一节 本章观点综述

党的十八届四中全会决定提出"推进以审判为中心的诉讼制度改革",为我国刑事审判制度的改革定下了基调,通过从侦查中心主义向审判中心主义的转变,强化庭审实质化,实现"审理者裁判、裁判者负责"的改革目标。然而,目前我国《刑事诉讼法》在保障审判的中心地位上仍存在一定的不足。[1]

不少学者对"以审判为中心"改革的积极意义作了相关讨论。有论者认为,十八届四中全会的《决定》是第一个提出"以审判为中心"的官方文件,对指引我国未来的刑事诉讼制度发展具有里程碑意义;[2]这一重大决策符合诉讼规律、司法规律和法治规律,是破解制约刑事司法公正突出问题、加强人权司法保障的必由之路;[3]提出"以审判为中心"改革不仅是刑事审判规律的体现,也是对现行公、检、法三机关"分工负责、互相配合、互相制约"关系的完善和发展,[4]是对侦查中心主义的纠偏、对案卷中心主义的矫正、对诉讼阶段论的检讨;[5]是针对我国"以侦查为中心"的刑事诉讼现实提出的极具时代意义的理论命题;[6]"以审判为中心"的改革有利于更好贯彻"分工负责、互相配合、互相制约"的刑事诉讼原则,改革要坚持循序渐进,规划近景、中景和远景三个目标,并分段加以推进。[7]另外一方面,也有论者指出:十八届四中全会决定提出"推进以审判为中心的诉讼制度改革",这触及我国刑事诉讼结构中一个由来已久的症结:"以审判为中心"观念的缺失,造成了同一审级诉讼流程中审判的"离心化"和实际上的"侦查中心主义",进而导致垂直审级结构中第一审的"失重",在实践中引发了较为严重的后果和特殊的政治风险。[8]

有论者针对"以审判为中心"的内涵进行阐述,提出以审判为中心,其实质是

---

[1] 参见张吉喜:《论以审判为中心的诉讼制度》,载《法律科学》2015年第3期。
[2] 同上。
[3] 参见沈德咏:《论以审判为中心的诉讼制度改革》,载《中国法学》2015年第3期。
[4] 参见陈光中、步洋洋:《审判中心与相关诉讼制度改革初探》,载《政法论坛》2015年第2期。
[5] 参见叶青:《以审判为中心的诉讼制度改革之若干思考》,载《法学》2015年第7期。
[6] 参见闵春雷:《以审判为中心:内涵解读及实现路径》,载《法律科学》2015年第3期。
[7] 参见沈德咏:《论以审判为中心的诉讼制度改革》,载《中国法学》2015年第3期。
[8] 参见魏晓娜:《以审判为中心的刑事诉讼制度改革》,载《法学研究》2015年第4期。

在刑事诉讼的全过程实行以司法审判标准为中心,核心是统一刑事诉讼证明标准;①也有论者指出,"审判中心主义"的含义要比当前司法机关诠释的"以审判为中心"内涵更为丰富,该论者以审判中心论与诉讼阶段论的对应关系为切入点,揭示把"以审判为中心"内涵限缩为以庭审为中心、增强庭审实质化背后的原因,以及侦查重心形成的深层结构原因。② 有论者补充观点认为:"以审判为中心"通过"庭审中心主义"得以实现,即通过贯彻证据裁判原则实现庭审的实质化,发挥庭审防止错判、保护无辜的功能③。从侦查、起诉活动角度出发,有论者指出,"以审判为中心"要求侦查、起诉活动面向审判、服从审判,同时发挥审判在认定事实、适用法律上的决定性作用;并总结认为此项要求体现司法规律,有利于克服固有弊端,实现司法公正,但其受到三机关配合、制约原则、检察监督制度,以及政治性领导、监督和协调制度的约束,从而被形塑为"技术型审判中心论"。④ 还有论者认为:"以审判为中心"应以审判活动为中心,而不是以审判权、法官或以审判阶段为中心,侦查、提起公诉等活动应围绕审判进行并接受审判活动的审查和检验,其重心在于保障被告人的公正审判权。⑤

学者围绕"以审判为中心"的诉讼制度改革,提出了各自的理论设想。总的来说,首先应当认识到审判中心主义改革对司法工作带来的现实挑战,并适时变革诉讼理念,提升办案能力以及完善诉讼机制;为适应以审判为中心的诉讼制度改革所带来的挑战,应推进庭审实质化,发挥审判的关键性作用⑥。

有论者认为,推进以审判为中心的刑事诉讼制度改革,应当在两个方向上着手:在水平方向上,首先,应当在宏观的侦查、审查起诉和审判的关系上实现"以审判为中心",其中的关键在于抑制案卷移送制度的不良影响,同时为"审判中心主义"发掘更大的制度空间;其次,在审判阶段应当做到"以庭审为中心",其核心要求是保护被告方的对质权;法院判决的权威性来自公正的庭审,法院自身也不能脱离庭审来进行事实认定。在纵向的审级结构上,在打造坚实的第一审的基础上,确立第一审在事实认定方面的权威地位,同时合理界定和调整第二审和死刑复核程序的功能,确保第一审在整个刑事程序体系中居于"重心"地位。⑦

同时,可以从"三个面向"的角度来理解"以审判为中心"的改革:"三个面向"包括"控诉、审判和诉讼程序",即控方证明责任的有效履行、法院审判的严格把关以及庭审实质化。"以审判为中心"的逻辑延伸,含法律适用和程序监控的审

---

① 参见沈德咏:《论以审判为中心的诉讼制度改革》,载《中国法学》2015年第3期。
② 参见张建伟:《审判中心主义的实质内涵与实现途径》,载《中外法学》2015年第4期。
③ 参见闵春雷:《以审判为中心:内涵解读及实现路径》,载《法律科学》2015年第3期。
④ 参见龙宗智:《"以审判为中心"的改革及其限度》,载《中外法学》2015年第4期。
⑤ 参见闵春雷:《以审判为中心:内涵解读及实现路径》,载《法律科学》2015年第3期。
⑥ 参见叶青:《以审判为中心的诉讼制度改革之若干思考》,载《法学》2015年第7期。
⑦ 参见魏晓娜:《以审判为中心的刑事诉讼制度改革》,载《法学研究》2015年第4期。

判中心,要求确立法院司法解释的权威性与独立性,以及强制侦查的司法审查和司法救济;逐步推进法律适用和程序监控的审判中心;逐步推进司法体制和司法权运行机制改革、并且以务实的态度和适当的方式,向刑事司法的"线型结构"发起冲击。①

为实现以审判为中心,有论者提出在四个方面进行相关诉讼制度的改革:保证审判权依法独立行使;完善辩护制度,尤其是法律援助制度;完善证人出庭制度,探索贯彻直接言词原则;以及保证侦查、审查起诉质量,为公正审判奠定坚实基础。② 其他论者也从不同的角度提出了观点。有论者认为,以审判为中心需要遵循直接言词原则和证据裁判原则;为了推进以审判为中心的诉讼制度改革,除了主要围绕贯彻直接言词原则和实现以庭审为中心来完善我国的刑事诉讼制度之外,还需要完善相关的配套措施。③

以庭审为中心必然会涉及"庭审实质化"的各种因素,有论者从"庭审实质化"为出发点指出,要使审判变成真的审判,需要起诉状一本主义等一系列配套改革措施,不进行这些改革,以审判为中心难以持久和固化④。针对犯罪嫌疑人权利保护,有论者提出以慎重追诉制度为基础的诉讼制度改革。该论者认为,我国刑事诉讼中的慎重追诉表现为对逮捕、公诉采取近似于定罪的证明标准,并以"跨栏式"的诉讼程序防止滥诉;这种独特的制度建立在诉讼阶段论的基础上,体现了对发现事实真相的不懈追求,有助于保障犯罪嫌疑人的实体性权利,但对其程序权利关注不够;在慎诉制度影响下,高逮捕率和高入罪率都具有相对合理性,在内在成因不变的情况下,降低逮捕、公诉的证明标准,改变"跨栏式"诉讼程序的机制改革,都无法实现制度完善的初衷。我国以审判为中心的诉讼制度改革,仍应在维持慎诉制度基础上,有效地保障犯罪嫌疑人的程序性权利⑤。从被告人权利保护的角度为切入点,有论者认为,不仅被告人有罪的判决需由审判作出最终裁决,在审前程序中关涉被追诉人基本权利的强制性措施的采用亦应接受司法审查,构建"以裁判为中心"的刑事诉讼结构⑥。

其次,我们也应当认识到,以审判为中心必然意味着以庭审为中心和以一审为中心⑦。针对一审程序可能存在的问题,有论者提出,事实审的形式化是我国第一审程序亟待解决的问题,而解决这一问题的根本出路在于在这一程序中构

---

① 参见龙宗智:《"以审判为中心"的改革及其限度》,载《中外法学》2015年第4期。
② 参见陈光中、步洋洋:《审判中心与相关诉讼制度改革初探》,载《政法论坛》2015年第2期。
③ 参见张吉喜:《论以审判为中心的诉讼制度》,载《法律科学》2015年第3期。
④ 参见张建伟:《审判中心主义的实质内涵与实现途径》,载《中外法学》2015年第4期。
⑤ 参见谢小剑:《论我国的慎诉制度及其完善——兼评以审判为中心的诉讼制度改革》,载《法商研究》2015年第6期。
⑥ 参见闵春雷:《以审判为中心:内涵解读及实现路径》,载《法律科学》2015年第3期。
⑦ 参见张吉喜:《论以审判为中心的诉讼制度》,载《法律科学》2015年第3期。

建"彻底的事实审";彻底的事实审意味着,裁判者在法庭这一特定时空范围内,通过听取控辩双方的举证、质证和辩论,当庭独立形成对案件事实的认定。实现"彻底的事实审",不仅是完善我国审级制度的基础和前提,而且有助于维护第一审程序的正当性和合法性。我国自 1996 年以来的数次审判制度改革都推动着第一审程序逐步走向"彻底的事实审",但是这些改革都没有真正解决"事实审的形式化"问题。因此,改革者不仅要关注审判方式改革和证据规则完善的问题,更应该将实现"彻底的事实审"作为第一审程序改革的重要目标。① 另外,有论者认为,透过审限耗费角度的实证研究可以发现,我国基层法院刑事审判程序具有如下特征:庭前程序的"事务化",庭前程序沦为纯粹的案件管理活动;庭审程序的"速审化",庭审时间耗费少,庭审节奏快;庭后程序的"中心化"与"间隔化"。传统观点认为,我国刑事审限制度具有人权保障和效率提升功能。通过比较和实证的考察发现,我国"贯通式"审限的真实功能为通过监控法官的审理行为,达到塑造与行政化司法制度结构相契合的审理主体的目的。②

最后,不少学者围绕量刑程序、刑事和解、简易程序以及其他具体程序制度作了相关讨论。针对量刑程序,有论者从中国刑事诉讼程序改革的层面作了探讨,该论者认为:量刑程序改革在一定程度上反映了当代中国刑事诉讼程序改革的特点和方向。它不仅"将量刑纳入法庭审理程序",而且促进了审查起诉阶段的证据开示、刑事和解、量刑建议等程序和制度的建设以及审判程序的结构性调整;它不仅"规范量刑的自由裁量权",而且促进了辩护权的强化、公诉权的完善和刑事诉讼程序的精细化与多样化发展。量刑程序本身具有内在张力,即程序简化与程序精细化、量刑的规范化与个别化、量刑程序与定罪程序分离的相对性这三个方面的辩证关系。并在此基础上,结合《关于规范量刑程序若干问题的意见》《人民法院量刑指导意见》与近几年来量刑程序改革试点的经验,探索我国刑事诉讼程序改革的规律和趋势。③ 谈到了量刑程序,绕不开的话题必然是量刑建议的探讨。一方面,从检察机关提出量刑建议的实证分析入手,有论者指出:尽管法官群体对量刑建议的主观评价不高,但其客观上确实对法官量刑产生了实际影响,表现为量刑建议的刑度上限对法官量刑发挥了"天花板作用",同时,在量刑建议刑度范围内的量刑呈现"轻刑化"特征。进一步分析发现,量刑建议高采纳率与准司法化量刑建议形成机制、协商式量刑建议采纳机制等机制性因素有关,侦查决定型、案卷笔录中心的诉讼构造和报应刑为主的并合主义刑罚理

---

① 参见陈瑞华:《论彻底的事实审——重构我国刑事第一审程序的一种理论思路》,载《中外法学》2013 年第 3 期。
② 参见艾明:《实践中的刑事一审期限:期间耗费与功能探寻——以 S 省两个基层法院为主要样板》,载《现代法学》2012 年第 5 期。
③ 参见谢鹏程:《论量刑程序的张力》,载《中国法学》2011 年第 1 期。

念则是根本因素。应当以量刑程序正当化为目标,对量刑建议采纳机制的非诉讼化、采纳标准的结果主义进行改造。①

另一方面,从量刑建议与法院量刑裁决关系的角度来说,有论者提出:作为法院量刑裁决的参考,量刑建议的推行对于规范法官的自由裁量权、强化量刑程序的对抗性具有积极的意义。但是,量刑建议本身具有一系列天然的局限性,仅凭这一建议做出裁决并不足以保证法院量刑的公正性。而我国的刑事辩护制度并不发达,辩护律师很少进行有效的量刑辩护,容易造成检察官在量刑程序中一方独大,量刑建议具有压倒性的优势。而法院在量刑信息调查、量刑情节遴选以及量刑辩论组织等方面的消极性,也可能带来对抗化的量刑程序误入歧途的问题,使得这场"量刑程序改革"有可能重新陷入当年"审判方式改革"的困境。要引导量刑建议走上健康的轨道,就必须加强量刑辩护,确保辩护方提出足以抗衡量刑建议的量刑意见;同时,确保法官在量刑信息调查和量刑情节搜集等方面保持适度的积极性,避免量刑程序的过度对抗化。② 还有论者从被害人参与量刑程序的角度出发,对量刑程序改革现状、困境作了思考。该论者认为,被害人参与量刑程序是量刑程序改革的重要组成部分,对于化解社会矛盾、促进社会和谐具有重要意义。从当前试行效果看,这一制度设计在实践中遇到一些困境。2012年修改的《刑事诉讼法》为被害人参与量刑程序、发表量刑意见预留了足够空间,未来应区分"被害人影响陈述"与被害人的量刑意见,处理好被害人的量刑意见与检察机关的量刑建议的关系,进一步完善具体的制度设计。③ 有论者针对英国的量刑制度作了相关研究,对于创造性地建设中国量刑证明标准模式有借鉴意义。该论者指出,从20世纪70年代至今,英国通过判例逐步建立了量刑证明标准的规范体系,可称之为"严格的倾斜标准模式"。英国量刑证明标准模式的运作机理可以从经验主义传统、无罪推定原则、功利主义思想等方面进行理论解释。英国量刑证明标准规范在其本国获得普遍认同,然而,鉴于制度移植的风险,从比较法角度透过表象深入洞察英国量刑证明标准模式的运行机理,对于创造性地建设中国量刑证明标准模式,比直接借鉴其证明标准的内容更加可靠。英国量刑程序运行方式至少给我们完善相关制度以思考路径方面的启迪:一是量刑证明标准确立与发展的理论指导——刑事审判的基本原理;二是量刑证明标准确立与发展的动力——司法实践需求;三是量刑证明标准确立与发展的方

---

① 参见苏镜祥:《量刑建议实证分析——以检察机关量刑建议的采纳率为对象》,载《政治与法律》2013年第2期。
② 参见陈瑞华:《论量刑建议》,载《政法论坛》2011年第2期。
③ 参见冯卫国、张向东:《被害人参与量刑程序:现状、困境与展望》,载《法律与科学》2013年第4期。

法——从个案到规则。① 同时,有论者对量刑程序改革的意义和方向作了补充:量刑程序是实现量刑公正的保证。在我国,建立独立的量刑程序有其必要性与可行性,并应以被告人是否认罪为根据,实行不同的量刑程序模式。相对于定罪程序,量刑程序在证明对象、证明责任、证明标准等方面有其特殊性。量刑程序改革已成为我国刑事司法改革当务之急。②

针对刑事和解制度,不少学者也作了理论研究。有论者认为:刑事和解是我国正在倡导和试验的一种刑事纠纷解决方式。刑事和解的核心问题是处理加害人和受害人之间的权利义务关系。究竟根据什么规范处理、分配刑事和解中当事人的权利义务问题,是刑事和解的重要前提。民间规范一旦获得刑事和解主持人、当事人在行为上的遵从、接受和心理上的确信、认同,则可以被援引为刑事和解中当事人权利义务分配的根据。不同类型的民间规范,具有不同模式的权利义务配置方式,但这都不影响在刑事和解中对当事人的权利义务分配。国家有关刑事和解正式制度的建立,应关注民间规范的参与,关注对民间规范的吸纳。③ 也有论者的观点可以作为一种补充:刑事和解作为一种司法行为,应以一定事实为基础;但刑事和解的事实观应当有别于普通程序的事实观,分为入案事实和出案事实。入案事实只要达到立案标准即可,出案事实定位为基本事实清楚为宜。同时,在刑事和解中也应当承认合意事实的存在。与刑事和解事实观相适应,关于破案和错案的标准也应当作相应的调整。④ 同时,我们应当对刑事和解制度的改革有清醒的认识:刑事和解是在我国犯罪被害人补偿制度缺位,被害人财产权利难以得到保障的情况下,借助表面的提高诉讼效率、解决疑难案件、促进社会和谐的光环,在司法实践中进行的改革探索。由于刑事和解可能恶化司法公信力并导致妨碍社会和谐,否定存疑不起诉制度和存疑无罪裁判制度而存在倒退回有罪推定原则的危险,破坏刑事诉讼应有的秩序性而可能使刑事诉讼陷于无规则和难以预测的状态。⑤ 但另外一方面,也有论者指出:刑事和解制度化是刑事和解必然的发展趋势,也是刑事和解合法性的必然要求。修正后的《刑事诉讼法》虽然对刑事和解的适用范围、适用条件、适用后果、适用阶段以及和解方式等方面的内容作了直接或间接的规定,但是其中有些规定仍不尽科学和完善。因此,应在现有基础上从实体和程序两个方面对刑事和解制度予以进一步构建。⑥

---

① 参见彭海青:《英国量刑证明标准模式及理论解析》,载《环球法律评论》2014 年第 5 期。
② 参见张月满:《量刑程序论》,载《法学家》2011 年第 4 期。
③ 参见谢晖:《论刑事和解与民间规范》,载《现代法学》2011 年第 2 期。
④ 参见林志毅:《论刑事和解事实观》,载《现代法学》2011 年第 2 期。
⑤ 参见曾友祥:《中国刑事和解价值之辩》,载《政法论坛》2011 年第 6 期。
⑥ 参见郑丽萍:《新刑诉法视域下的刑事和解制度研究》,载《比较法研究》2013 年第 2 期。

从刑事和解的政策性运行到法制化运行的变化来看,有论者认为:刑事和解探索实践中的非规范结案方式,游离于基本刑事诉讼制度之外,也与《刑法》规定不符,更构成了警察权对检察权的逾权侵入或不当干扰。我国的刑事和解已由政策性运行转型为法制化运行,对于这一转型应予以刑事一体化的考察。《刑事诉讼法》规定的刑事和解制度应当定位为与刑事实体法规定相适应的、以刑事谅解为基础的刑事和解制度。刑事和解的法律后果,不是非犯罪化,而是非刑罚化或刑罚轻缓化。刑事和解中的案件分流,是实体性分流与程序性分流的有机结合。① 同时借鉴国外的相关理论,通过对国外和国内关于刑事和解制度理论基础的考察可以发现,有论者总结认为:这些理论均缺乏对刑、民事责任转化原理的探讨,而这一问题是构建刑事和解制度理论基础必须回答的问题。刑、民事责任惩罚性与补偿性的部分融合、刑法系保障法与民法系调整法的体系关系定位以及刑、民事责任之间实质模糊地带的存在,为刑、民事责任的转化提供了实体法上的依据。同时,它也决定了可以适用刑事和解制度的案件通常具有民事责任对刑事责任形成影响的普遍性,刑、民事责任转化具有单向性,以及对轻罪可以影响定性、对重罪只能影响量刑的特点。② 新《刑事诉讼法》关于当事人和解的公诉案件诉讼程序的规定仅有3个条文,而且相继出台的司法解释也是差强人意,导致实践中司法机关对条文理解不一,操作各异③。具体以中法刑事调解制度的比较来看,我国公诉案件和解程序存在着适用案件范围界定不清,和解方式单一,程序适用混乱以及对司法机关和解程序中定位模糊等问题:一是公诉案件和解程序既要保护当事人和解权利的行使也要考虑诉讼效率这一价值目标,二是既要考虑犯罪的特殊预防作用也要注重犯罪的一般预防作用,三是既要体现司法机关在和解程序中的主导地位又不应过多牵涉其精力,否则将有悖于这一程序设立的立法初衷④。

2012年新修订的《刑事诉讼法》规定了简易程序公诉人出庭制度,全国也预先展开了试点⑤。针对简易程序公诉人出庭制度,有论者对这个问题展开了讨论。一方面,有观点认为:新修订的《刑事诉讼法》规定,适用简易程序审理的公诉案件,公诉人应当出庭。这对于构建合理的庭审结构、实现公诉职能的全面履行、遏制公诉权滥用以及提高检察机关的法律监督能力具有重要意义。借鉴外国检察官的出庭经验,吸收本土不同地区的试点探索成果,构建繁简不同的简易

---

① 参见黄京平:《刑事和解的政策性运行到法制化运行——以当事人和解的轻伤害案件为样本的分析》,载《中国法学》2013年第3期。
② 参见李会彬:《刑事和解制度的理论基础新探——以刑、民事责任转化原理为视角》,载《法商研究》2015年第4期。
③ 参见王洪宇:《中法比较视阈下我国公诉案件和解程序之再完善》,载《中国法学》2013年第6期。
④ 同上。
⑤ 参见左卫民:《简易程序中的公诉人出庭:基于实证研究的反思》,载《法学评论》2013年第4期。

案件公诉人出庭程序,同时衔接配套的简易程序庭审模式、倡导简案专办,充分利用庭前整理程序,并辅之以人财物的支持和出庭技能培训,检察机关必将能够践行本次新刑诉法之立法目的,推动公诉工作向更高水平发展。① 另外一方面,有论者指出:尽管最高立法、司法机关意图通过此次简易程序改革提高审判效率,维护程序公正。但是实证研究发现,公诉人出庭的简易程序仍然存在着庭前程序较繁,效率较低;庭审中公诉形式化,程序公正提升度不明显的问题,短期之内不应高估这项改革的成效。未来的简易程序公诉人出庭制度改革,须在刑事诉讼程序改革的整体框架下加以思考。

第二节 相关论文摘要

论量刑程序的张力

谢鹏程

《中国法学》,2011年第1期

关键词:量刑程序 定罪程序 程序精细化

摘要:量刑程序改革在一定程度上反映了当代中国刑事诉讼程序改革的特点和方向。它不仅"将量刑纳入法庭审理程序",而且促进了审查起诉阶段的证据开示、刑事和解、量刑建议等程序和制度的建设以及审判程序的结构性调整;它不仅"规范量刑的自由裁量权",而且促进了辩护权的强化、公诉权的完善和刑事诉讼程序的精细化与多样化发展。本文着力分析量刑程序的内在张力,即程序简化与程序精细化、量刑的规范化与个别化、量刑程序与定罪程序分离的相对性这三个方面的辩证关系。并在此基础上,结合《关于规范量刑程序若干问题的意见》《人民法院量刑指导意见》与近几年来量刑程序改革试点的经验,探索我国刑事诉讼程序改革的规律和趋势。

论刑事和解事实观

林志毅

《现代法学》,2011年第2期

关键词:刑事和解 事实观 司法行为

摘要:刑事和解作为一种司法行为,以一定的事实为基础。刑事和解的事实观应当有别于普通程序的事实观,分为入案事实和出案事实。入案事实只要达到立案标准即可,出案事实定位为基本事实清楚为宜。同时,在刑事和解中也应当承认合意事实的存在。与刑事和解事实观相适应,关于破案和错案的标准也应当作相应的调整。

---

① 参见董坤:《简易程序公诉人出庭问题研究》,载《法律科学》2013年第3期。

论刑事和解与民间规范

谢 晖

《现代法学》,2011 年第 2 期

关键词:民间规范　规范交易　刑事和解

摘要:刑事和解,是我国正在倡导和试验的一种刑事纠纷解决方式。刑事和解的核心问题是处理加害人和受害人之间的权利义务关系。究竟根据什么规范处理、分配刑事和解中当事人的权利义务问题,是刑事和解的重要前提。民间规范如果一旦获得刑事和解主持人、当事人在行为上的遵从、接受和心理上的确信、认同,则可以被援引为刑事和解中当事人权利义务分配的根据。不同类型的民间规范,具有不同模式的权利义务配置方式,但都不影响在刑事和解中对当事人的权利义务分配。国家有关刑事和解正式制度的建立,应关注民间规范的参与,注重对民间规范的吸纳。

论量刑建议

陈瑞华

《政法论坛》,2011 年第 2 期

关键词:量刑建议　量刑辩护　量刑裁决

摘要:作为法院量刑裁决的参考,量刑建议的推行对于规范法官的自由裁量权、强化量刑程序的对抗性具有积极的意义。但是,量刑建议本身具有一系列天然的局限性,仅凭这一建议做出裁决并不足以保证法院量刑的公正性。而我国的刑事辩护制度并不发达,辩护律师很少进行有效的量刑辩护,容易造成检察官在量刑程序中一方独大,量刑建议具有压倒性的优势。而法院在量刑信息调查、量刑情节遴选以及量刑辩论组织等方面的消极性,也可能带来对抗化的量刑程序误入歧途的问题,使得这场"量刑程序改革"有可能重新陷入当年"审判方式改革"的困境。要引导量刑建议走上健康的轨道,就必须加强量刑辩护,确保辩护方提出足以抗衡量刑建议的量刑意见;同时,确保法官在量刑信息调查和量刑情节遴选等方面保持适度的积极性,避免量刑程序的过度对抗化。

量刑程序论

张月满

《法学家》,2011 年第 4 期

关键词:量刑程序　量刑公正　量刑程序诉讼证明

摘要:量刑程序是实现量刑公正的保证。在我国,建立独立的量刑程序有其必要性与可行性,并应以被告人是否认罪为根据,实行不同的量刑程序模式。相对于定罪程序,量刑程序在证明对象、证明责任、证明标准等方面有其特殊性。量刑程序改革已成为我国刑事司法改革当务之急。

中国刑事和解价值之辩

曾友祥

《政法论坛》,2011 年第 6 期

关键词: 刑事和解　价值　批判

摘要: 刑事和解是在我国犯罪被害人补偿制度缺位,被害人财产权利难以得到保障的情况下,借助表面的提高诉讼效率、解决疑难案件、促进社会和谐的光环,在司法实践中进行的改革探索。由于刑事和解恶化司法公信力并导致妨碍社会和谐,否定存疑不起诉制度和存疑无罪裁判制度而存在倒退回有罪推定原则的危险,破坏刑事诉讼应有的秩序性而可能使刑事诉讼陷于无规则和难以预测的状态。因此,对这一改革探索应当有一个清醒的认识。

刑事诉讼简易程序改革研究

杨宇冠　刘晓彤

《比较法研究》,2011 年第 6 期

关键词: 辩诉交易　审判程序　命令程序

摘要: 20 世纪中叶以来,国际社会有感于两次世界大战给人类带来的巨大灾难,"重申基本人权、人格尊严与价值,以及男女与大小各国平等权利之信念,创造适当环境,俾克维持正义,尊重由条约与国际法其他渊源而起之义务,久而弗懈。"人权保障的重要途径是通过确立刑事司法正当程序保障人们的生命、财产、自由不受任意侵犯,这些刑事诉讼的正当程序在《世界人权宣言》《欧洲人权公约》和《公民权利和政治权利国际公约》中有详细的规定。刑事诉讼的正当性对于刑事诉讼案件有非常复杂和细致的要求,即应有完备的刑事诉讼程序。刑事案件的侦查、起诉和审判要耗费大量的司法资源和时间,如果每一个刑事案件都适用普通刑事司法程序,将极大耗费司法资源,司法机关也不堪重负;而且由于普通程序耗时日久,刑事诉讼的参与人也将不胜其累。这一状况也不符合正当程序中关于不拖延处理案件的要求。因此,世界各国除了普通刑事司法程序之外,对一部分刑事诉讼案件采用了简易程序。

实践中的刑事一审期限:期间耗费与功能探寻——以 S 省两个基层法院为主要样板

艾明

《现代法学》,2012 年第 5 期

关键词: 刑事一审期限　期间耗费　功能

摘要: 透过审限耗费角度的实证研究可以发现,我国基层法院刑事审判程序具有如下特征:庭前程序的"事务化",庭前程序沦为纯粹的案件管理活动;庭审程序的"速审化",庭审时间耗费少,庭审节奏快;庭后程序的"中心化"与"间隔化"。传统观点认为,我国刑事审限制度具有人权保障和效率提升功能。通过比较和实证的考察发现,我国"贯通式"审限的真实功能为通过监控法官的审理行为,达到塑造与行政化司法制度结构相契合的审理主体的目的。

新刑诉法视域下的刑事和解制度研究

郑丽萍

《比较法研究》,2013年第2期

关键词:《刑事诉讼法修正案》 理念 制度

摘要: 刑事和解制度化是刑事和解必然的发展趋势,也是刑事和解合法性的必然要求。修正后的《刑事诉讼法》虽然对刑事和解的适用范围、适用条件、适用后果、适用阶段以及和解方式等方面的内容作了直接或间接的规定,但是其中有些规定并不尽科学和完善。因此,应在现有基础上从实体和程序两个方面对刑事和解制度予以进一步构建。

量刑建议实证分析——以检察机关量刑建议的采纳率为对象

苏镜祥

《政治与法律》,2013年第2期

关键词: 量刑建议 采纳率 案卷笔录

摘要: 对我国量刑建议采纳情况的实证分析表明:尽管法官群体对量刑建议的主观评价不高,但其客观上确实对法官量刑产生了实际影响,表现为量刑建议的刑度上限对法官量刑发挥了"天花板作用",同时,在量刑建议刑度范围内的量刑呈现"轻刑化"特征。进一步分析发现,量刑建议高采纳率与准司法化量刑建议形成机制、协商式量刑建议采纳机制等机制性因素有关,侦查决定型、案卷笔录中心的诉讼构造和报应刑为主的并合主义刑罚理念则是根本因素。应当以量刑程序正当化为目标,对量刑建议采纳机制的非诉讼化、采纳标准的结果主义进行改造。

简易程序公诉人出庭问题研究

董 坤

《法律科学》,2013年第3期

关键词: 简易程序 公诉人 出庭

摘要: 新修订的《刑事诉讼法》规定,适用简易程序审理的公诉案件,公诉人应当出庭。这对于构建合理的庭审结构、实现公诉职能的全面履行、遏制公诉权滥用以及提高检察机关的法律监督能力具有重要意义。借鉴外国检察官的出庭经验,吸收本土不同地区的试点探索成果,构建繁简不同的简易案件公诉人出庭程序,同时衔接配套的简易程序庭审模式、倡导简案专办,充分利用庭前整理程序,并辅之以人财物的支持和出庭技能培训,检察机关必将能够践行本次新刑诉法之立法目的,推动公诉工作向更高水平发展。

刑事和解的政策性运行到法制化运行——以当事人和解的轻伤害案件为样本的分析

黄京平

《中国法学》,2013 年第 3 期

关键词:刑事和解　刑事一体化　酌定不起诉

摘要:刑事和解探索实践中的非规范结案方式,游离于基本刑事诉讼制度之外,也与《刑法》规定不符,更构成了警察权对检察权的逾权侵入或不当干扰。我国的刑事和解已由政策性运行转型为法制化运行,对于这一转型应予以刑事一体化的考察。《刑事诉讼法》规定的刑事和解制度应当定位为与刑事实体法规定相适应的、以刑事谅解为基础的刑事和解制度。刑事和解的法律后果,不是非犯罪化,仅是非刑罚化或刑罚轻缓化。刑事和解中的案件分流,是实体性分流与程序性分流的有机结合。

论彻底的事实审——重构我国刑事第一审程序的一种理论思路

陈瑞华

《中外法学》,2013 年第 3 期

摘要:事实审的形式化是我国第一审程序亟待解决的问题,而解决这一问题的根本出路在于在这一程序中构建"彻底的事实审"。彻底的事实审意味着裁判者在法庭这一特定时空范围内,通过听取控辩双方的举证、质证和辩论,当庭独立形成对案件事实的认定。实现"彻底的事实审",不仅是完善我国审级制度的基础和前提,而且有助于维护第一审程序的正当性和合法性。我国自 1996 年以来的数次审判制度改革都推动着第一审程序逐步走向"彻底的事实审",但是,这些改革都没有真正解决"事实审的形式化"问题。今后,改革者不仅要关注审判方式改革和证据规则完善的问题,更应该将实现"彻底的事实审"作为第一审程序改革的重要目标。

被害人参与量刑程序:现状、困境与展望

冯卫国　张向东

《法律与科学》,2013 年第 4 期

关键词:被害人　量刑程序　量刑意见

摘要:被害人参与量刑程序是量刑程序改革的重要组成部分,对于化解社会矛盾、促进社会和谐具有重要意义。从当前试行效果看,这一制度设计在实践中遇到一些困境。2012 年修改后的《刑事诉讼法》为被害人参与量刑程序、发表量刑意见预留了足够空间。未来应区分"被害人影响陈述"与被害人的量刑意见,处理好被害人的量刑意见与检察机关的量刑建议的关系,进一步完善具体的制度设计。

简易程序中的公诉人出庭:基于实证研究的反思
左卫民
《法学评论》,2013 年第 4 期
关键词:简易程序 公诉人出庭 程序公正
摘要:2012 年新修订的《刑事诉讼法》规定了简易程序公诉人出庭制度,全国也预先展开过试点。尽管最高立法、司法机关意图通过此次简易程序改革提高审判效率,维护程序公正。但是,实证研究发现,公诉人出庭的简易程序仍然存在着庭前程序较繁,效率较低;庭审中公诉形式化,程序公正提升度不明显等问题,短期之内不应高估这项改革的成效。未来的简易程序公诉人出庭制度改革,须在刑事诉讼程序改革的整体框架下加以思考。

中法比较视阈下我国公诉案件和解程序之再完善
王洪宇
《中外法学》,2013 年第 6 期
关键词:公诉案件 和解 刑事调解
摘要:新《刑事诉讼法》关于当事人和解的公诉案件诉讼程序的规定仅有 3 个条文,相继出台的司法解释差强人意,导致实践中司法机关对条文理解不一,操作各异。本文以法国刑事调解制度为研究背景,对我国公诉案件和解程序的法律规定及实践运作进行了深入的分析,指出我国公诉案件和解程序存在着适用案件范围界定不清,和解方式单一,程序适用混乱以及对司法机关和解程序中定位模糊等问题,认为公诉案件和解程序既要保护当事人和解权利的行使也要考虑诉讼效率这一价值目标,既要考虑犯罪的特殊预防作用也要注重犯罪的一般预防作用,既要体现司法机关在和解程序中的主导地位又不应过多牵涉其精力,否则将有悖于这一程序设立的立法初衷。

我国刑事案件速裁程序研究——与美、德刑事案件快速审理程序之比较
李本森
《环球法律评论》,2015 年第 2 期
关键词:速裁程序 试验性立法 诉讼效率
摘要:第十二届全国人大常委会通过了《关于授权最高人民法院、最高人民检察院在部分地区开展刑事案件速裁程序的试点工作的决定》,该决定所启动的刑事案件速裁程序的试点和未来的可能立法,既要立足我国本土刑事案件速裁程序试点的实践,也应当吸收刑事案件快速审理程序的国际经验。美国的辩诉交易和德国的简易程序等快速审理程序在适用案件的范围、被告人的权利保护和审理方式等方面,显示出与我国刑事案件速裁程序显著不同的风格。从比较

法的意义上,将中国、美国和德国的刑事案件快速审理程序进行横向比较,不仅有利于深入剖析我国刑事案件速裁程序的试点规范,而且可为未来速裁程序的科学立法提供国际经验。

审判中心与相关诉讼制度改革初探
陈光中　步洋洋
《政法论坛》,2015 年第 2 期

关键词:以审判为中心　诉讼制度改革　审判独立　直接言词原则

摘要:十八届四中全会决定提出"推进以审判为中心的诉讼制度改革"。审判中心不仅是刑事司法规律的体现,也是对现行公、检、法三机关"分工负责、互相配合、互相制约"关系的完善和发展。为实现以审判为中心,我们首先应当对审判中心的内涵及意义进行阐述,并从以下四个方面进行相关诉讼制度的改革:保证审判权依法独立行使,完善辩护制度、特别是法律援助制度,完善证人出庭制度,探索贯彻直接言词原则以及保证侦查、审查起诉质量,为公正审判奠定坚实基础。

论以审判为中心的诉讼制度改革
沈德咏
《中国法学》,2015 年第 3 期

关键词:以审判为中心　刑事诉讼　司法审判标准

摘要:《中共中央关于全面推进依法治国若干重大问题的决定》提出,要推进以审判为中心的诉讼制度改革。这一重大决策符合诉讼规律、司法规律和法治规律,是破解制约刑事司法公正的突出问题、加强人权司法保障的必由之路。以审判为中心,其实质是在刑事诉讼的全过程实行以司法审判标准为中心,核心是统一刑事诉讼证明标准。此项改革有利于更好贯彻"分工负责、互相配合、互相制约"的刑事诉讼原则。改革要坚持循序渐进,规划近景、中景和远景三个目标,并分段加以推进。

司法的亲历性
朱孝清
《中外法学》,2015 年第 4 期

关键词:司法亲历　司法规律　司法改革

摘要:司法亲历性是司法的重要原理,也是司法规律中行为规律的重要内容,它由司法的诸多特点所决定,在司法制度、诉讼制度中居于重要地位。司法亲历是司法人员身到与心到的统一、司法人员亲历与人证亲自到庭的统一、审案与判案的统一,也是亲历过程与结果、实体与程序的统一。其基本要求是直接言词审理、以庭审为中心、集中审理、裁判者不更换、事实认定出自法庭、审理者裁判、裁判者负责。司法亲历主要适用于普通程序特别是事实有争议、被告人不认罪案件一审的庭审,其中,事实认定是重中之重。司法亲历性要求改革完善人民法院审判委员会制度和人民检察院办案机制。

"以审判为中心"的改革及其限度

龙宗智

《中外法学》,2015 年第 4 期

关键词:司法改革　改革限度　司法权威

摘要:"以审判为中心"要求侦查、起诉活动面向审判、服从审判,同时发挥审判在认定事实、适用法律上的决定性作用。此项要求体现司法规律,有利于克服固有弊端,实现司法公正,但其受到三机关配合、制约原则、检察监督制度,以及政治性领导、监督和协调制度约束,从而被形塑为"技术型审判中心论"。可实施的改革包括控诉、审判和诉讼程序"三个面向",即控方证明责任的有效履行、法院审判的严格把关,以及庭审实质化。"以审判为中心"的逻辑延伸,含法律适用的和程序监控的审判中心,要求确立法院司法解释的权威性与独立性,以及强制侦查的司法审查和司法救济。落实"以审判为中心",需采取必要工作措施,实现"三个面向"要求;逐步推进法律适用和程序监控的审判中心;推进司法体制和司法权运行机制改革;以务实的态度和适当的方式,向刑事司法的"线型结构"发起冲击。

审判中心主义的实质内涵与实现途径

张建伟

《中外法学》,2015 年第 4 期

关键词:审判中心主义　诉讼阶段论　侦查重心主义

摘要:"以审判为中心"已经成为司法改革中的热词,审判中心主义的含义要比当前司法机关诠释"以审判为中心"内涵更为丰富。本文试图解释审判中心论与诉讼阶段论的对应关系,揭示"以审判为中心"内涵限缩为以庭审为中心、增强庭审实质化背后的原因,以及侦查重心形成的深层结构原因。就以庭审为重心涉及的庭审实质化的各种因素进行分析,指出要使审判变成真正的审判,需要进行起诉状一本主义等一系列配套改革措施,不进行这些改革,以审判为中心难以持久和固化。

以审判为中心的刑事诉讼制度改革

魏晓娜

《法学研究》,2015 年第 4 期

关键词:以审判为中心　侦查案卷　以庭审为中心

摘要:十八届四中全会决定提出"推进以审判为中心的诉讼制度改革",这触及了我国刑事诉讼结构中一个由来已久的症结。"以审判为中心"观念的缺失，造成了同一审级诉讼流程中审判的"离心化"和实际上的"侦查中心主义"，进而导致垂直审级结构中第一审的"失重"，在实践中引发了较为严重的后果和特殊的政治风险。推进以审判为中心的刑事诉讼制度改革，应当在两个方向上着手：在水平方向上，首先，应当在宏观的侦查、审查起诉和审判的关系上实现"以审判为中心"，其中的关键在于抑制案卷移送制度的不良影响，同时为"审判中心主义"发掘更大的制度空间；其次，在审判阶段应当做到"以庭审为中心"，其核心要求是保护被告方的对质权；法院判决的权威性来自公正的庭审，法院自身也不能脱离庭审来进行事实认定。在纵向的审级结构上，在打造坚实的第一审的基础上，确立第一审在事实认定方面的权威地位，同时合理界定和调整第二审和死刑复核程序的功能，确保第一审在整个刑事程序体系中居于"重心"地位。

刑事和解制度的理论基础新探——以刑、民事责任转化原理为视角
李会彬
《法商研究》，2015年第4期

关键词：刑事和解　刑、民事责任　转化关系

摘要：通过对国外和国内关于刑事和解制度理论基础的考察可以发现，这些理论均缺乏对刑、民事责任转化原理的探讨，而这一问题是构建刑事和解制度理论基础必须回答的问题。刑、民事责任惩罚性与补偿性的部分融合、刑法系保障法与民法系调整法的体系关系定位以及刑、民事责任之间实质模糊地带的存在，为刑、民事责任的转化提供了实体法上的依据。同时，它也决定了可以适用刑事和解制度的案件通常具有民事责任对刑事责任形成影响的普遍性、刑、民事责任转化的单向性，以及对轻罪可能影响定性、对重罪只能影响量刑的特点。

庭审实质化的路径和方法
龙宗智
《法学研究》，2015年第5期

关键词：以审判为中心　庭审实质化　司法改革

摘要：在我国，推动庭审实质化是刑事审判方式的重大变革，与刑事司法的体制、机制、制度、理念的变革紧密相关。实现庭审实质化，需适度阻断侦审联结，直接、有效地审查证据，包括完善证人出庭作证制度和非法证据排除程序；需充实庭审调查，改善举证、质证与认证；需完善庭审调查规则，调整审判节奏，加强法官释明权的运用，改革裁判方式；需充实二审庭审，明确检察官在二审法庭的职能定位，发挥其诉讼功能，合议庭则应当运用职权推动二审审理的精细化和庭审实质化。为适应庭审实质化要求，应改善庭审准备、加强辩护权保障、推动案件繁简分流以及建立、完善司法责任制。

论我国的慎诉制度及其完善——兼评以审判为中心的诉讼制度改革

谢小剑

《法商研究》，2015 年第 6 期

关键词：逮捕　证明标准　以审判为中心

摘要：我国刑事诉讼中的慎重追诉表现为对逮捕、公诉采取近似于定罪的证明标准，并以"跨栏式"的诉讼程序防止滥诉。这种独特的制度建立在诉讼阶段论的基础上，体现了对发现事实真相的不懈追求，有助于保障犯罪嫌疑人的实体性权利，但其对程序权利关注不够。在慎诉制度影响下，高逮捕率和高入罪率都具有相对合理性，在内在成因不变的情况下，降低逮捕、公诉的证明标准，改革"跨栏式"诉讼程序的机制，都无法实现制度完善的初衷。我国以审判为中心的诉讼制度改革，仍应在维持慎诉制度基础上，有效地保障犯罪嫌疑人的程序性权利。

以审判为中心的诉讼制度改革之若干思考

叶　青

《法学》，2015 年第 7 期

关键词：审判中心主义　侦查中心主义　庭审实质化

摘要：十八届四中全会《决定》提出"推进以审判为中心的诉讼制度改革，确保侦查、审查起诉的案件事实证据经得起法律的检验"。以审判为中心的诉讼制度改革，是对侦查中心主义的纠偏、对案卷中心主义的矫正、对诉讼阶段论的检讨。应当认识到审判中心主义改革对司法工作带来的现实挑战，并适时变革诉讼理念，提升办案能力以及完善诉讼机制。为适应以审判为中心的诉讼制度改革所带来的挑战，应推进庭审实质化，发挥审判的关键性作用。

四级两审制的发生和演化

刘　忠

《法学研究》，2015 年第 4 期

关键词：审判体制改革　四级两审制　司法与政治

摘要：司法体制改革的一个重要举措是设立最高人民法院巡回法庭，这一改革举措可能意味着我国法院层级或审级变化的新动向。从新中国成立以来的历史经验看，法院层级和审级变化并非彼此孤立，都从属于国家政治形态设计。1954 年中共中央取消大区分院，促动了法院审级由三审制改为两审制。两审制带来的法院功能和案负变化，导致中级人民法院层级的设立。为了保障四级两审制平滑运作，民事调解制度适用范围扩大，基层法院派出法庭普遍设立。这一法院层级和审级制度的设立，契合了扩大省级地方权力的政治目标。1983 年以来的"地改市"运动、民事调解制度的萎缩以及撤销部分派出法庭，使得四级两审制的基础发生松动,法院层级和审级方面的新变化由此产生。

第三节 案例精解

规范化量刑程序

一、案情简介

2010年6月14日晚上10时30分许,被告人张某、张某东、杨某、牟某、陈某某、范某某伙同周某、田某,经事先预谋,在浙江省绍兴市袍江新区斗门镇坝头丁村特立宙服装厂边的桥上,以与被害人张×有过节为由,持西瓜刀、钢管等工具对张×进行殴打,并围住与张同行的胡某、徐某。后采用语言威胁、搜身等方式,当场劫取被害人张×、胡某、徐军的手机3部、现金51元,钱物合计价值人民币1152元。2010年6月29日晚上11时许,被告人张某、杨某、牟某被公安机关抓获归案;7月1日中午11时许,被告人范某某、陈某某被公安机关抓获归案;8月9日早上7时许,被告人张某东被公安机关抓获归案。案发后,赃款赃物未被追回。浙江省绍兴市越城区人民法院经公开审理认为:被告人张某、张某东、杨某、牟某、陈某某、范某某以非法占有为目的,合伙采用暴力胁迫手段,强行劫取他人财物,其行为均已构成抢劫罪,且系共同犯罪。公诉机关指控的罪名成立。在本案中,被告人陈某某、范某某在抢劫前商量要抢点钱花并出门寻找目标,在他人表示要帮其抢劫时亦表示同意,具有抢劫的共同犯罪故意;在抢劫过程中,此两人与其他被告人一起围住三被害人,在旁助威,该行为本身即对三被害人产生心理胁迫,属于抢劫犯罪中胁迫行为的一种。因此,被告人陈某某、范某某既有抢劫的共同犯罪故意,又有抢劫的具体实施行为,其行为均已构成抢劫罪。至于两被告是否实施了殴打行为、是否分得赃款赃物,仅是两被告人在共同犯罪中作用的体现,不影响本案抢劫罪的认定。被告人张某、张某东、杨某在犯罪时均未满18周岁,应分别减轻处罚。

二、规范化量刑程序

(一)检察院提出量刑建议

案件开庭审理过程中,绍兴市越城区人民检察院对六行为人分别提出了量刑建议。检察机关认为,行为人张某、张某东、牟坤、杨某、陈某某、范某某的行为均已构成抢劫罪。鉴于行为人张某、张某东、杨某在犯罪时未满十八周岁,均可以减轻处罚。建议法院对未满十八周岁的三被告减轻刑罚。

检察机关提出量刑建议,是规范化量刑的启动程序,意义重大。《关于规范量刑程序若干问题的意见(试行)》对检察机关提出量刑建议的相关问题进行了明确和规范。一是提出量刑建议的时间。检察机关既可以在提起公诉的时候一并提起量刑建议,量刑建议一般应当具有一定的幅度。检察机关也可以在发表公诉意见时提出量刑建议;但对于检察机关决定不派员出庭支持公诉的简易程序案件,在提起公诉时,应当提出量刑建议。二是提出量刑建议的方式。人民检察院可以在起诉书中提出量刑建议,也可以单独制作量刑建议书,在立案时与起诉书一起移送人民法院;检察机关还可以在法庭审理过程中,由公诉人根据庭审情况,在发表公诉意见时提出量刑建议。三是量刑建议的内容。量刑建议一般包括人民检察院建议对被告人处以刑罚的种类、刑罚幅度、刑罚执行方式及其理由和依据。

(二)法庭调查和辩论

将量刑纳入法庭审理过程,体现了全面落实审判公开原则的要求,是规范化量刑程序核心价值的体现。本案中,法庭适用普通程序简化审的方式进行了审理,并通过量刑调查和辩论,将量刑纳入了法庭审理程序,体现了量刑活动的公开性和相对独立性。首先,法庭通过犯罪事实调查,确认各被告人的罪行。其次,法庭通过量刑事实调查,全面查明各被告人具有的量刑情节。需要在量刑调查中予以审查的量刑事实和证据,主要是只单纯影响量刑,而不涉及犯罪构成认定的事实和证据。最后,法庭通过量刑辩论,明确控辩双方的量刑期待。

(三)量刑的基本方法

按照《量刑指导意见》规定,规范化量刑可按照四个具体步骤进行:(1)在法定刑幅度内确定量刑起点;(2)在量刑起点基础上增加刑罚量确定量刑基准;(3)用量刑情节对基准刑进行调节确定拟定的宣告刑;(4)按照《刑法》规定确定宣告刑。

(四)裁判文书对量刑活动的表达

在裁判文书中充分阐述量刑事实和理由,是量刑程序改革的重要环节,对实现量刑程序公开和透明,具有重要的促进作用。裁判文书对量刑活动的表述,要注意体现规范化量刑程序的几个内容:(1)裁判文书应当载明量刑活动过程,包括控辩双方各自提出的量刑建议、量刑情节;(2)裁判文书应当载明量刑当然相关事实和证据;(3)裁判文书应当载明量刑的理由。量刑理由主要包括:已经查明的量刑事实及其对量刑的作用;是否采纳公诉人、当事人和辩护人、诉讼代理人发表的量刑建议、意见的理由;人民法院量刑的理由和法律依据。

第三章 二审程序

第一节 本章观点综述

我国刑事二审程序在惩罚犯罪和保障人权方面发挥了重要作用,但在权利救济和保障公正方面的功能尚未完全发挥出来。《修正案(草案)》对二审审判方式、发回重审以及审理期限等制度进行了改革。为充分发挥二审程序的功能,应当坚持全面审查原则、扩大开庭审理的范围、完善上诉不加刑原则、改革发回重审制度、创建当事人和解制度。唯有如此,刑事二审程序才能更加民主化、法治化、科学化。提起二审程序的方式有当事人上诉与检察院抗诉的方式。针对上诉程序,有论者认为:上诉程序应是一套能够化解上诉当事人和上诉法官(或法院)之间信息不对称的有效机制。如果缺乏一些足以甄别当事人信息以及传递法官始终如一依法判决信号的有效制度,上诉过程就可能存在一种"劣币驱逐良币"的逆向选择效应,它使得那些本应该上诉的实质性案件没有上诉,而本来不应该上诉的机会型案件反而进入了上诉法院。以"分配正义"的司法哲学考察如何通过制定若干限制上诉权的具体制度以实现上诉当事人隐藏信息的有效甄别,以及如何通过若干法治基础性制度的建立以实现上诉法官始终如一依法判决等相关审判信息的有效传递,不仅可以藉此合理控制上诉规模、实现上诉功能,更能在长期内消除可能导致一种无效分离均衡的逆向选择效应。

有论者进一步提出:我国法律针对刑事上诉审构造的各方面要素均已有不同程度的规定,但是未能对刑事上诉审的审判对象、审理范围、审理方式和裁判方式的关系做出合理安排。因此,在立法没有对上诉制度作出根本性变革之前,可以考虑以上诉理由为标准,对二审案件进行分流,从而尽可能实现刑事上诉审构造的合理化。刑事上诉审构造,是指为规范上诉审与初审之间的关系,法律对刑事上诉审的审判对象、审理范围、审理方式、裁判方式等的规定所构成的整体格局。上诉审构造各要素的搭配须遵循一项基本原理,即审判对象与审理范围决定审理方式与裁判方式。

从检察机关行使审判监督职能的角度出发,有论者总结出检察机关三种行使监督职能的方式:向法院提出"纠正意见"、提起抗诉、对审判人员职务犯罪案件的侦查。该论者还认为:解构我国检察机关刑事审判监督职能表明,三种行使方式都系诉权范畴,即属诉讼职能。其中,向法院提出"纠正意见"名不副实,实为一种异议;抗诉案件改判比例极低,与检察机关"在刑事抗诉中始终站在客观、中立、公正的立场上,代表国家对法院确有错误的裁判实施法律监督"的规定不符,二审、再审中的抗诉不过是检察机关提起的上诉和申请再审;对审判人员职务犯罪案件的侦查,实为检察机关调查事实、收集证据的追诉活动,因定性为监督,造成诉讼法律关系混乱和诉讼职能冲突。同时该论者还指出:将检察机关在刑事审判程序中的职能区分为诉讼职能和监督职能,是我国传统刑事诉讼理论研究中的误区,并无实际意义,相反却滋生了诸多负面效应。

从法院对上诉案件处理方式的角度出发,有论者认为:刑事二审发回重审作为上诉审法院处理案件的一种基本方式,有助于实现上诉程序的救济功能。但是,第二审法院采取将案件发回原审法院自行进行纠错的方式并不能实现上诉程序的救济功能。更为重要的是,刑事二审发回重审制度的功能在实践中已经由救济性异化为惩罚性。解决发回重审制度功能异化的正确途径应该是通过制度改革实现其功能回归,而不是因噎废食,直接废除发回重审制度。

第二节 相关论文摘要

上诉程序的信息机制——兼论上诉功能的实现

张维迎 艾佳慧

《中国法学》,2011 年第 3 期

关键词:信息不对称 逆向选择 机会型案件

摘要:上诉程序应是一套能够化解上诉当事人和上诉法官(或法院)之间信息不对称的有效机制。如果缺乏一些足以甄别当事人信息以及传递法官始终如一依法判决信号的有效制度,上诉过程就可能存在一种"劣币驱逐良币"的逆向选择效应,会使得那些本应该上诉的实质性案件没有上诉,而本来不应该上诉的机会型案件反而进入了上诉法院。以"分配正义"的司法哲学考察如何通过制定若干限制上诉权的具体制度以实现上诉当事人隐蔽信息的有效甄别,以及如何通过若干法治基础性制度的建立以实现上诉法官始终如一依法判决等相关审判信息的有效传递,不仅可以藉此合理控制上诉规模、实现上诉功能,更能在长期内消除可能导致一种无效分离均衡的逆向选择效应。

刑事诉讼法再修改视野下的二审程序改革

陈光中 曾新华

《中国法学》,2011 年第 5 期

关键词:刑事二审程序 全面审查 上诉不加刑

摘要:我国刑事二审程序在惩罚犯罪和保障人权方面发挥了重要作用,但在权利救济和保障公正方面的功能尚未完全发挥出来。《修正案(草案)》对二审审判方式、发回重审以及审理期限等制度进行了改革,但是力度明显不够。为充分发挥二审程序的功能,应当坚持全面审查原则、扩大开庭审理的范围、完善上诉不加刑原则、改革发回重审制度、创建当事人和解制度。唯有如此,刑事二审程序才能更加民主化、法治化、科学化。

刑事二审发回重审制度的功能异化:从救济到惩罚

王 超

《政治与法律》,2011年第11期

关键词: 发回重审　刑事上诉功能　功能异化

摘要: 刑事二审发回重审作为上诉审法院处理案件的一种基本方式,有助于实现上诉程序的救济功能。但是,第二审法院采取将案件发回原审法院自行进行纠错的方式并不能实现上诉程序的救济功能。更为重要的是,刑事二审发回重审制度的功能在实践中已经由救济性异化为惩罚性。解决发回重审制度功能异化的正确途径应该是通过制度改革实现其功能回归,而不是因噎废食,直接废除发回重审制度。

刑事诉讼法再修改与被追诉人财产权的保护

左卫民

《现代法学》,2012年第1期

关键词:《刑事诉讼法修正案》　财产权　被追诉人

摘要: 强化对被追诉人财产权利的保护是当代中国刑事诉讼制度与实践的应然内容。当下的刑诉法修正案虽然从价值理念、制度设计与技术规范层面对此展开初步调整,但其价值取向的明确度及对现实需求的回应度尚显不足。未来《刑事诉讼法》修改应综合考量中国社会的整体变迁、域外法治发达国家司法经验,进一步观照被追诉人的财产权利,建构更契合人权保障要求的程序性保障机制。

论刑事上诉审构造

孙 远

《法学家》,2012年第4期

关键词: 刑事上诉审构造　复审　事后审查

摘要: 刑事上诉审构造,是指为规范上诉审与初审之间的关系,法律对刑事上诉审的审判对象、审理范围、审理方式、裁判方式等的规定所构成的整体格局。上诉审构造各构成要素的搭配须遵循一项基本原理,即审判对象与审理范围决定审理方式与裁判方式。在比较法上,存在三种典型的上诉审构造类型,即复审制、续审制、事后审查制。我国法律针对刑事上诉审构造的各方面要素,均已有不同程度的规定,但是未能对四方面要素的关系作出合理安排。因此,在立法没有对上诉制度作出根本性变革之前,可以考虑以上诉理由为标准,对二审案件进行分流,从而尽可能实现刑事上诉审构造的合理化。

最高法院对外国法适用的上诉审查
宋　晓
《法律科学》,2013 年第 3 期
关键词: 外国法适用　最高法院　上诉审查
摘要: 最高法院位于一国司法体系的顶端,同时负有上诉终审裁判功能和发展法律的功能。最高法院是否应对外国法的错误适用进行上诉审查,各国实践和理论分歧甚大,从中可以概括出三种基本模式:拒绝审查模式、有限审查模式和全面审查模式。从最高法院的上诉裁判功能出发,为落实当事人的上诉救济权利,尤其是在我国二审终审和法官对外国法的查明和确定拥有主导权的语境下,最高法院应对外国法的错误适用进行上诉审查。外国法的适用与本国法律体系的发展并不割裂,相反两者具有实质关联,最高法院从其发展法律的功能出发,也应主动审查下级法院对外国法的错误适用。最高法院解释和适用外国法,有助于增进本国法律体系的包容和开放的精神。

被告人认罪简易审案二审的定量分析与相关问题研究
李本森
《政治与法律》,2014 年第 10 期
关键词: 被告人认罪　刑事简易程序　上诉审
摘要: 刑事简易程序在我国刑事诉讼的程序改革中居于基础性地位,其程序上的改革和完善对于提高整个刑事诉讼的效率和促进刑事司法公正具有十分重要的意义。刑事简易程序的制度设计和改革不能仅仅局限在一审,还必须考虑如何实现与二审恰当的对接。根据被告人认罪案件简易审的二审样本案例的统计分析,刑事简易程序的二审的审理结构和方式等还有很大的改进和完善的空间。被告人认罪简易审案件的二审必须充分考虑原审审理方式的特殊性,对被告人的自愿认罪以及案件事实和证据进行实质性审查,充分保护被告人上诉和辩护的权利,同时尊重和保障检察院的法律监督权和被害人的诉讼权利,以促进刑事简易程序在更高层次上实现效率与公正。

第三节　案例精解

二审宣告无罪的案件如何适用法律

一、案情简介

被告人苏某在任安徽省经济协作开发总公司副经理兼北京分公司经理期

间,于 2010 年 5 月代表北京分公司与北京市五金矿产进出口公司签订了购销三合板合同。因对方违约,北京分公司提起诉讼。被告人苏某受委托代表公司处理该项诉讼事宜,其委托上海第二律师事务所的律师为诉讼代理人,并向该所支付诉讼代理费 23 万余元。同年 12 月 25 日,安徽省经济协作开发总公司以司总字〔2011〕1 号文决定将"北京分公司"更名为"北京公司"(但未到相关部门办理更名手续),并免去苏某"北京分公司"的经理职务,但仍委托其处理诉讼事宜。2012 年 5 月,经法院审理,北京分公司胜诉,并获赔返还定金及利息计 546 万余元。同年 7 月 20 日,被告人苏某用原"北京分公司"公章,私自与北京新华证券咨询有限公司合肥分公司签订期货交易协议书,并向该公司提供法人开户有关的有效证件,开设了期货交易 H1088 资金账户。同时,以"北京分公司"的名义委托、授权经纪人进行期货交易并进行资金调拨。此后,被告人苏某还于 2012 年 8 月 3 日、9 月 28 日、2013 年 3 月 4 日分 3 次将私款人民币 3 万元也打入 H1088 账户进行期货交易。综上,被告人苏某共动用公款人民币 13 万元进行期货交易,案发时,H1088 账户上余额 5945 元,亏损 124055 元。

合肥市中级人民法院认为:苏某身为国家工作人员,利用职务之便,挪用公款人民币 13 万元进行营利活动,亏损 124055 元,其行为构成挪用公款罪;案发后,其亲属代为偿还 5 万元,尚有 74055 元不能退还,对此应以贪污罪论处。一审宣判后,被告人苏某不服,以其动用公款 13 万元进行期货交易,是代表单位开展正常经营活动,其行为不构成犯罪为由,提出上诉。安徽省高级人民法院认为:原判认定苏某犯贪污罪和挪用公款罪的证据不足,检察机关指控的犯罪不能成立。

二、主要问题

(一)被告人苏某的行为是否构成挪用公款罪?

本案被告苏某作为安徽省经济协作开发总公司副总经理,动用公款进行期货交易,在客观方面具备利用职务上的便利和挪用公款两个要件,本案的焦点是被告人苏某是否具备挪用公款而归个人使用的要件,即苏某所进行的期货交易活动是为个人还是为公司开展的业务活动。经审查,被告人苏某做期货交易一事曾与总公司的其他副总经理商量过;他所进行的期货交易是以"北京分公司"的名义登记进行的,而非以个人名义登记进行的;苏某对于期货初期营利并没有据为己有;案发后检察人员带苏某去期货交易所提取余款,但交易所以该账户是法人账户为由,拒绝苏某以个人名义领取。那么认定苏某挪用公款归个人使用的证据不足,故不能认定其行为构成挪用公款罪,亦不能构成贪污罪。

(二)本案如何适用《刑事诉讼法》第 225 条第 3 项和 195 条第 3 项的规定?

《刑事诉讼法》第 225 条第 3 项"原判决事实不清楚或者证据不足的,可以在查清事实后改判；也可以裁定撤销原判，发回原审人民法院重新审判"的规定，本案可以在查清事实的基础上改判；也可以撤销原判，发回原审人民法院重新审判。本案自 2013 年 5 月 6 日立案，2014 年 8 月 19 日一审，至 2015 年年底，检察机关和一审法院做了大量工作，经过反复补侦查，仍未取得足够排除苏某挪用公款为公司进行期货交易活动这一情节的证据。所以该案的事实已经查清，只是根据已查清的事实，不能认定苏某的行为构成挪用公款罪。控方没有证据证明苏某个人进行期货交易活动，故属于证据不足，指控的犯罪不能成立。在这种情况下，发回原审法院或由检察机关撤回起诉书及补充侦查已无可能，故没有必要撤销原判，发回重审。所以安徽省高级人民法院根据《刑事诉讼法》第 195 条第 3 项的规定宣告苏某无罪是正确的。如果将来检察机关能够提出新的证据，可重新起诉，法院仍可依法审理。

第四章 死刑复核程序

第一节 本章观点综述

死刑复核程序是人民法院对于判处被告人死刑的案件进行复核所采取的一种特殊审判程序。其任务是由享有复核权的最高人民法院对下级人民法院报请复核的死刑判决、裁定,在认定事实和适用法律上是否正确进行全面审查,依法作出是否核准死刑的决定。死刑复核程序中复核机关主要进行两项工作:一是查明原判认定的犯罪事实是否清楚,据以定罪的证据是否确实、充分,罪名是否准确,量刑(死刑、死缓)是否适当,程序是否合法;二是依据事实和法律,作出是否核准死刑的决定并制作相应的司法文书,以核准正确的死刑判决、裁定,纠正不适当或错误的死刑判决、裁定。

最高人民法院自2007年全面收回死刑复核权,但在死刑复核程序的理论研究和实践运作中仍存在一些问题。首先,对最高人民法院功能定位的龃龉。全面收回死刑复核权会对最高院造成一系列影响,比如最高人民法院的内部结构与实际功能的改变,这些变化并不完全符合现代法治理念下最高人民法院的功能定位。所以,应该在考虑政治与社会条件的基础上,有步骤地改造最高人民法院在死刑控制方面的工作职能与方式,以减轻最高人民法院不必要的工作负担与资源消耗,促进最高人民法院将更多的资源用于应对更加宏观、复杂的问题。其次,死刑复核期限过于紧促。作为减少死刑错案的手段之一,可以考虑尽量延长死刑案件的审理期限,不要匆忙地作出死刑判决,即便已经作出,也不要着急执行。这样做才能够彰显国家对生命的尊重、淡化舆论的关注以及缓和被害人亲属的报复感情,还可以最大限度地减少刑讯逼供现象的发生。再次,死刑复核中辩护权的缺位。基于司法惯性、对死刑数量过分敏感的神秘主义观、司法资源配置相对不足、死刑复核程序的审判属性尚未得到全面的认可等原因,导致在死刑复核案件的司法实践中,有相当数量的被告人并没有获得律师辩护,死刑复核程序中律师的辩护人地位没有被认可,律师行使辩护权困难重重。复次,检察监督程序的阙如。检察机关在贯彻落实新《刑事诉讼法》规定的过程中,仍存在死刑复核法律监督内容不全面、监督信息不畅通、人力资源不足、监督程序不完善等问题。最后,死刑复核程序缺少诉讼化的对抗格局。在建立三审制和进行自体完善这两种改革路径中,后者与死刑复核程序的功能更为契合,应当得到充分的重视。在进行具体制度构建中,为实现死刑复核的审级功能,不仅要从程序本体出发进行制度完善,也必须注意与其他审级的衔接和与其他制度的配合。

在宏观改革方面,是否可以借鉴美国"权利导向型"控制模式,以被告人权利为核心,并以被告人行使诉讼权利的行为为驱动力构建复杂的程序救济体系,是值得进一步探索的。我国现行的"审查导向型"控制模式,是以高级别法院对死刑案件自上而下的审查为核心构建死刑程序控制体系。死刑程序归根结底是为死刑案件被告人而设置,因此,针对我国在死刑程序控制方面出现的问题,可以借鉴"权利导向型"控制模式的优点,强化被告人权利的保障,对一审、二审程序和死刑复核程序的功能进行合理调整,从而进一步完善我国的死刑复核程序。

第二节 相关论文摘要

死刑案件适用补强证据规则若干理论问题研究
党建军 杨立新
《政法论坛》,2011 年第 5 期
关键词:死刑 补强证据 立法修改
摘要:在我国刑事诉讼实践中,补强证据规则在一定范围内被运用。由于相关立法不甚完善以及理论研究不够深入,补强证据规则尚未能发挥应有的制度功能。死刑案件司法实践表明,因事实和证据上存在问题而不予核准的案件大都与审查判断证据不当有关,甚至可以说,与该规则适用不当直接相关。

论我国古代死刑制度中的人道精神
刘仁文 谢青松
《法商研究》,2012 年第 6 期
关键词:人道精神 秋冬行刑 存留养亲
摘要:我国古代的人道精神存在三个基本维度:遵循"天道"、维护人伦、尊重生命。在我国古代死刑制度中,"秋冬行刑"集中体现了对"天道"规律的遵循,"存留养亲"集中体现了对社会人伦的维护,"慎刑慎杀"则折射出对个体生命的尊重。通过对我国古代死刑制度中所蕴含的人道精神的考察不难看出,良好的刑罚应当遵循自然规律、维护社会人伦、尊重个体生命。

审级制度视野下死刑复核制度的缺陷及其完善路径
高 原
《政治与法律》,2012 年第 9 期
关键词:审级制度 死刑复核 自体优化
摘要:自 2007 年最高人民法院收回死刑案件核准权以来,涌现了不少相关的立法和理论成果,但必须承认,这些成果仍不足以为死刑复核程序的完善提供足够的驱动力。在以审级制度为分析工具的讨论中,死刑复核程序还存在诸多缺陷,需要更为彻底的诉讼化改造。在建立三审制和进行自体完善这两种改革路径中,后者与死刑复核程序的功能更为契合,应当得到充分的重视。在进行具体制度构建中,为实现死刑复核的审级功能,不仅要从程序本体出发进行制度完善,也必须注意与其他审级的衔接和与其他制度的配套。

当代中国死刑改革争议问题论要
赵秉志
《法律科学》,2014年第1期

关键词: 死刑改革　死刑政策　死刑废止

摘要: 死刑改革是当代中国刑法改革过程中最受关注、最具现实意义且备受争议的重大问题。中国虽难以在短期内全面废止死刑,但却有必要将废止死刑纳入其政策内涵。在功利与人道之间,人道性应当成为我国死刑改革最主要的根据。我国应以无期徒刑作为死刑的立法替代措施,适时建立死刑赦免制度,公开死刑执行的数字,并于适当时机废止贪污罪受贿罪的死刑。

死刑复核程序中律师辩护的困境与改革——以人权司法保障为视角
穆远征
《法学评论》,2014年第4期

关键词: 司法保障　死刑复核　律师辩护

摘要: 人权司法保障的基本内涵,孕育着对死刑程序的基本要求。2012年的《刑事诉讼法》修改,倾力贯彻"尊重和保障人权"理念于各个制度程序中。在死刑复核程序方面,开始打破传统的封闭化格局,允许辩护律师的参与。但是也应当看到,死刑复核程序中的律师辩护与《律师法》及新《刑事诉讼法》在辩护制度中所进行的改革,仍有较大差距。这不仅造成律师辩护制度在刑事司法规范体系中出现结构分裂的问题,而且对死刑复核程序的正当性以及被告人生命权的司法保障构成危害。因此,未来死刑复核程序应当以保障被告人的生命权为目标,以强化辩护权为核心进行诉讼化改造,特别是将普通程序中律师辩护的权利,在死刑复核程序中予以明确并严格保障。

论死因裁判制度在我国的建构与前景
张　栋
《法律科学》,2014年第4期

关键词: 死因裁判制度　陪审团　死因裁判官

摘要: 我国2012年修改的《刑事诉讼法》在鉴定意见部分作了较大改动,包括引入专家证人制度,加强鉴定人的出庭等等,这会对提高我国死因结论的质量产生明显的促进作用,但"游济安"等案件暴露出了一个尖锐的问题:如果警方得出了一个意外事件的结论,案件根本不会进入刑事诉讼程序,那么,我们在刑事诉讼法中为解决此类问题所作的一切设计和努力都将落空。因此,在我国的现实语境下,非常有必要将死因结论的形成作为单独的前置程序明确加以设定,这就是死因裁判制度。应当在现有法律框架下,就陪审制度、报告制度、责任制度等一系列内容予以明确立法,通过程序化的设计,有效地稀释社会不满,提高民众的公正感和伸张社会正义。

死刑程序为谁而设?

魏晓娜

《比较法研究》,2014 年 4 期

关键词: 程序控制模式　死刑复核程序　权利导向型

摘要: 中美两国在死刑的程序控制方面选择了两条截然不同的路径。美国的"权利导向型"控制模式以被告人权利为核心,并以被告人行使诉讼权利的行为为驱动力构建复杂的程序救济体系。中国的"审查导向型"控制模式以高级别法院对死刑案件自上而下的审查为核心构建死刑程序控制体系。死刑程序归根结底是为死刑案件被告人而设置,因此,针对我国在死刑程序控制方面出现的问题,应当借鉴"权利导向型"控制模式的优点,强化被告人权利的保障,对一审、二审程序和死刑复核程序的功能进行合理调整。

再论我国死刑改革的争议问题

赵秉志

《法学》,2014 年第 5 期

关键词: 死刑　改革　争议

摘要: 关注我国死刑制度改革的争议问题意义重大。死刑制度改革应当采取立法与司法并进的路径,并持续关注死刑之司法控制,配合修法时机集中关注与促进立法改革;对于死刑改革的步骤,我国应根据社会发展阶段并结合死刑罪名的不同情况,在 21 世纪上半叶分三个阶段逐步废止死刑;在制度与观念的关系上,应以适度超前的死刑制度改革引导民众死刑观念的转变。

死刑复核法律监督的方向与路径

陈辐宽　邓思清

《法学》,2014 年第 7 期

关键词: 死刑复核　监督　方向

摘要: 我国新《刑事诉讼法》增加了死刑复核程序,并对检察机关死刑复核法律监督的内容、方式和程序等作了原则性规定。但是,检察机关在贯彻落实新《刑事诉讼法》规定的过程中,遇到了死刑复核法律监督内容不全面、监督信息不畅通、人力资源不足、监督程序不完善等问题。检察机关要全面履行死刑复核法律监督职责,需要进一步明确死刑复核法律监督的内容,增加死刑复核法律监督的人力资源,完善死刑复核法律监督的程序等,以建立有效的死刑复核法律监督制度,确保我国死刑的正确适用。

临终会见:究竟是谁的权利——死刑临刑会见权的归属及保障探寻

何成兵

《政治与法律》,2014年第10期

关键词: 死刑临刑会见权　人格权　身份权

摘要: 死刑犯的人权保障是司法人性化的一个重大课题。死刑犯临终告别应当成为一项对生命伦理关怀的法律权利。现今的死刑临刑会见权规定于司法解释而非基本法律中,权利的实现也稍显力不从心。死刑临刑会见权基于其人格权特性应归属于死刑犯,基于其身份权特性应归属于死刑犯的近亲属。为保障死刑犯及其近亲属双方临刑会见权的实现,合理的思路是将这一权利规定在法律或立法解释中,科学的方案是明确权利行使的条件、方式、时间以及权利救济等程序性架构。

死刑复核程序中的辩护权保障

陈学权

《法商研究》,2015年第2期

关键词: 死刑复核程序　最高人民法院　辩护权

摘要: 在最高人民法院的死刑复核程序中,大部分被告人没有获得律师辩护,死刑复核程序中律师的辩护人地位没有被认可,律师行使辩护权困难重重。司法惯性、对死刑数量过分敏感的神秘主义观、司法资源配置相对不足、死刑复核程序的审判属性尚未得到全面的认可是造成该程序中辩护权保障不足的原因。建议最高人民法院、最高人民检察院、公安部、司法部通过联合颁布"关于进一步加强死刑复核程序中被告人辩护权利保障的若干意见"的方式,在死刑复核程序中确立指定辩护、明确规定辩护律师享有的具体权利和强化检察机关在死刑复核监督中对律师发表辩护意见的程序保障,切实加强该程序中辩护权的保障。

死刑案件审理不宜片面强调从快

黎　宏

《中外法学》,2015年第3期

关键词: 死刑案件　死刑判决　死刑复核

摘要: 作为减少死刑错案的手段之一,我认为,可以考虑尽量延长死刑案件的审理期限,不要匆忙地作出死刑判决,即便已经作出,也不要着急执行。之所以这样考虑,主要是基于以下几方面的原因:一、彰显国家对生命的尊重;二、可以淡化舆论的关注,缓和被害人亲属的报复感情;三、可以最大限度地减少刑讯逼供。

死刑控制与最高人民法院的功能定位
左卫民
《法学研究》,2014 年第 6 期
关键词: 最高人民法院　死刑控制　死刑复核权
摘要: 死刑控制与最高人民法院的关系是社会各界关注的热点问题。分析表明,最高人民法院 2007 年全面收回死刑复核权以来,对其自身造成了一系列影响;最高人民法院的内部结构与实际功能,由此发生了深刻变化。这些变化并不完全符合现代法治理念下最高人民法院的功能定位。未来应该在考虑政治与社会条件的基础上,有步骤地改造最高人民法院在死刑控制方面的工作职能与方式,以减轻最高人民法院不必要的工作负担与资源消耗,促进最高人民法院将更多的资源用于应对更加宏观、复杂的问题。

第三节　案例精解

共同犯罪中死刑适用的把握

一、案情简介

2006 年 11 月 24 日 22 时 30 分许,被告人龙某某、吴某某经事先商议,携带水果刀、塑料胶带等工具,在甲市乘坐被害人保某某驾驶的桑塔纳出租车至该市卷烟厂附近招待所门口时,两人采用持刀威胁和塑料胶带捆绑的方法抢得保某某现金人民币 420 元、价值 661 元的小灵通 1 部、交通银行卡和农业银行卡各一张,并逼迫保某某说出银行卡密码,后将保捆绑弃于某废弃防空洞内。两人驾车逃离途中,将车丢弃。后两人从保某某交通银行卡上取走 1800 元。同月 28 日 22 时许,被告人龙某某、吴某某经预谋,携带匕首、塑料胶带、尼龙绳等作案工具,在乙市租乘被害人李某驾驶的价值 2 万元的奇瑞牌出租车至财校附近公路时,持匕首抢得李某现金 100 余元和价值 400 元的 NEC.N620 型手机一部。后龙某某驾车至该市森林公园,将李某拖至公路旁森林里,两人分别持匕首朝李颈、背、胸部连捅数十刀,致李当场死亡。云南省红河哈尼族自治州中级人民法院认为,被告人龙某某、吴某某以非法占有为目的,采取暴力手段抢劫他人财物,其行为均构成抢劫罪;两人在抢劫实施完毕后,为灭口,故意非法剥夺他人生命,其行为又均构成故意杀人罪,依法应数罪并罚。两被告人犯罪情节特别恶劣,手段特别残忍,后果和罪行极其严重,依法判处死刑。一审宣判后,龙某某、吴某某不服,均向云南省高级人民法院提起上诉。两人在上诉中均提出,自己在共同犯罪中的作用小于对方。云南省高级人民法院经审理后认为，龙某某、吴某某在共同犯罪中只是分工不同，但地位、作用相当，故对两人提起上诉的理由均不予采纳，维持原判，依法报请最高人民法院核准。最高人民法院复核后认为，龙某某在共同犯罪中首先持刀捅刺被害人，两次作案后负责驾车逃跑，毁灭大部分罪证，并占有较多赃物，起作用相对较大。吴某某作用相对较小，且归案后认罪态度较好，对吴某某判处死刑，可不立即执行。

二、如何在共同犯罪中适用死刑

宽严相济和严格控制死刑、慎重适用死刑是办理死刑案件必须坚决贯彻落实的刑事政策。在共同犯罪案件中，在定罪的前提下，一定要区分各被告人的地位、作用，如果全案被告人都可能被判处死刑，只能对其中罪行更为严重或者罪行最严重的适用死刑，不能不加区别一律适用死刑。

（一）区分主从犯是共同犯罪案件适用死刑的前提

主犯和从犯是我国《刑法》中共同犯罪人的基本分类。从犯通常是帮助犯，他们的行为在共同犯罪中仅仅起到次要或者辅助作用，这种次要或者辅助性行为不会改变犯罪发展的总进程。从犯无论在其主观恶性、行为的社会危害性，还是其人身危险性上，都较小。我国《刑法》明确规定，死刑只适用于罪行极其严重的犯罪分子，从犯无论如何都不属于罪行极其严重的犯罪分子，不存在适用死刑的余地，只有主犯才可能被判处死刑。当然，如果共同犯罪人的行为不构成死罪，或者未达到死刑的量刑幅度，那么，即使对于主犯也不能适用死刑。

（二）在多名主犯中进一步区分作用大小是共同犯罪案件慎用死刑的关键

如果一案存在多名主犯，他们在共同犯罪中所起的具体作用也不是等量齐观的，我们要尽量区分出作用最大、罪行最严重的被告人。具体区分多名主犯在共同犯罪中的作用，应当从犯罪活动的全过程来分析、比较，包括犯罪预备、犯罪实行、犯罪后续三个阶段。

综上，本案两被告共同预谋、购买作案工具、踩点；在具体实施犯罪时均持刀威胁、捅刺并捆绑被害人，共同实施杀害被害人的行为并造成一人死亡的结果，两人在共同犯罪中均起主要作用，均系主犯。但龙某某在共同犯罪中所起的具体作用大于吴某某，在本案已造成一人死亡，两被告均无法定从重、从轻处罚情节的情况下，基于严格控制死刑、谨慎适用死刑的刑事政策，最高人民法院核准龙某某死刑，对吴某某予以改判是正确的。

第五章 审判监督程序

第一节 本章观点综述

审判监督程序作为人民法院、人民检察院对已经发生法律效力的判决和裁定,在发现认定事实或适用法律上确有错误时,依法提起并对案件进行重新审判的程序,在依法纠正已经发生法律效力的错误判决、裁定以及准确有效地惩罚犯罪方面发挥着重要作用。通过最高人民法院对地方各级人民法院,上级人民法院对下级人民法院以及人民检察院对人民法院审判工作的监督,及时发现审判中存在的问题,改进审判工作方法和作风,提高审判人员的素质并且加强人民群众对审判工作的监督。然而,由于种种原因,刑事再审程序作为刑事诉讼领域中的特殊救济程序,在制度设计方面还存在不少值得研究的问题。

首先,"申诉难"与"申诉滥"二者共存现象较为突出。"申诉难"指的是现实中人们通过申诉启动再审程序以纠正错误裁判的目标往往不易实现,具体表现在以下方面:法律上关于再审事由的规定宽泛模糊,申诉立案与再审立案界限不清,当事人申诉立案难;申诉审查时限不明、审查程序不透明,当事人的申诉能否启动再审难以获得及时回复;当事人申诉获准进入再审程序后,最终获得改判的难度也相当大。所谓"申诉滥",是指对于当事人的申诉毫无限制,只要是人民法院作出的生效裁判,均有可能受到申诉的质疑,无论生效裁判由哪一级法院作出,无论生效裁判作出已过多长时间,无论已作出生效裁判的案件被进行过多少次的再审和反复处理。一项法院生效裁判可以被反复多次而又几乎不受限制地申诉,这不能不引发社会各界对司法权威的普遍担忧,人们由此对司法的终局性产生疑问,司法解决纷争的应有社会价值正在面临着越来越严峻的挑战。

其次,禁止双重危险原则难以体现。我国司法实践中长期存在的通过再审作出对被告人不利判决的做法,与禁止双重危险原则明显不符,刑事诉讼法学界对我国刑事再审制度开始质疑甚至批判。学界越来越多的人主张,应理性地对待"实事求是,有错必纠"的指导思想,认识到其在刑事再审中的局限性,应使其与司法公正、人权保障、程序的安定性等现代化的司法理念相结合,以指导刑事再审程序的改革。所以,以"禁止双重危险"原则为基础完善或重建我国刑事再审制度的观点,逐渐成为理论界的主流观点。

最后,既往的刑事再审程序改革注重指导理念的革新、强化,聚焦于对"实事求是,有错必纠"理念的批判与"依法纠错"理念的推行。然而,理念革新主导的刑事再审改革成效不彰，沉疴如故，甚至改革主导者革故鼎新的理念都没有进入地方司法实务部门的话语系统。刑事再审程序改革遭遇挫折是多重因素合力的结果，但指导理念的泛意识形态化无疑是其中的重要原因。

基于以上分析，要完善刑事再审程序，一方面，需要在理念上坚持多元价值的整合，做到公正性、合目的性与法安定性的平衡与统一。完善的主要内容包括，在基本保持现行程序启动模式的基础上，对人民法院与人民检察院的启动权作出适当限制，将再审申请审查程序与再审审理程序相对分开，细化再审程序启动的理由，建立相对独立的再审审理程序等，从而使再审程序的价值功能得以全面、有效发挥，实现实体公正与程序公正的统一。另一方面，应当正面应对将禁止双重危险原则引入我国刑事再审制度时所面临的复杂因素。在我国的立法和司法历来尊崇"实事求是，有错必纠"的背景下，不仅需要论证禁止双重危险原则在刑事再审制度中更具有正当性，而且在刑事再审制度中引入禁止双重危险原则时，应注意不同的法治发达国家的刑事再审制度的特点及共性，在借鉴时应当力求"阻力最小"，以逐步完善我国的刑事再审制度。

第二节　相关论文摘要

生效判决犹在公诉焉能撤回——评"天价过路费案"之公诉撤回

龙宗智

《法学》，2011 年第 3 期

关键词： 天价过路费案　公诉撤回　依法办案

摘要： 同级法院裁判已经宣告，在该裁判尚未撤销的情况下，检察机关不能撤回公诉。平顶山市法检两院的做法违反程序规范，违背诉讼法理，同时带来已启动的再审程序难以推进并难以做出裁判的实践难题。反思该案处理，需要坚持"两个效果"相统一，严格依法办事；需要完善《刑事诉讼法》关于撤诉的规定；需要建立适合再审特点并适应冤案再审需要的、独立的再审审理与裁判程序。

完善刑事再审程序若干问题探讨

江必新

《法学》，2011 年第 5 期

关键词： 刑事再审　程序完善　必要性

摘要： 刑事再审程序作为刑事诉讼领域中的特殊救济程序，旨在为那些已生效的错误裁判提供一种纠正的途径。然而，由于种种原因，我国现行刑事再审程序在制度设计方面还存在不少值得研究的问题，导致"申诉难"与"申诉滥"二者共存，形成恶性循环，不时受到理论界与实务界的质难。完善刑事再审程序，应在理念上坚持多元价值的整合，做到公正性、合目的性与法安定性的平衡与统一。完善的主要内容包括,在基本保持现行程序启动模式的基础上,对人民法院与人民检察院的启动权作出适当限制,将再审申请审查程序与再审审理程序相对分开,细化再审程序启动的理由,建立相对独立的再审审理程序等。从而使再审程序的价值功能得以全面、有效发挥,实现实体公正与程序公正的统一。

刑事诉讼法学研究的转型——以刑事再审问题为例的分析

王敏远

《法学研究》,2011年第5期

关键词:研究转型 再审 禁止双重危险

摘要:我国以往关于禁止双重危险原则的研究表明,刑事诉讼法学研究需要转型。刑事诉讼法学研究的转型首先要确定方向,即遵循刑事诉讼的发展规律,坚持刑事诉讼中"不能放弃的原则",批判错误的观点,以避免在转型时转向。在此基础上,应当正面应对将禁止双重危险原则引入我国刑事再审制度时所面临的复杂因素。在我国的立法和司法历来尊崇"实事求是,有错必纠"的背景下,不仅需要论证禁止双重危险原则在刑事再审制度中更具有正当性,而且在刑事再审制度中引入禁止双重危险原则时,应注意不同的法治发达国家的刑事再审制度的特点及共性,在借鉴时应当力求"阻力最小",以逐步完善我国的刑事再审制度。

"舆情再审":司法决策的困境与出路

徐 阳

《中国法学》,2012年第2期

关键词:司法决策 舆情再审 舆情风险

摘要:李昌奎案件作为"舆情再审"的典型样本,引发我们对司法决策中舆情风险的思考。在形式合理性法治中,司法与以社会舆论为载体的民意冲突不可避免。在我国社会转型期的法治推进中,死刑案件的司法决策便是舆情风险的高发地带。由于司法权威尚未牢固树立,我国司法机关的舆情风险承受能力较弱。化解司法决策中的舆情风险的根本出路在于树立司法权威,而在当下,为实现对已有司法权威的存量保护,强化司法与社会诉讼过程中的沟通机制,尤为重要。

刑事错案及其纠错制度的证据分析

张保生

《中国法学》,2013年第1期

关键词:刑事错案 证据之镜 证明标准

摘要:本文针对我国刑事错案种类泛化的问题,分析了"有错必纠"与无罪推定、证据裁判等法治原则的冲突;运用"证据之镜"原理阐释了刑事错案发生的不可避免性;通过对刑事诉讼证明标准的考察,限定了刑事错案的范围;通过对刑事再审制度和错案追究制度的认识论和价值论考察,强调了坚持证据裁判原则、加强证据制度建设对纠错制度完善的重要意义。

冤案之后:已决犯申诉与侵权诉讼
郭　烁
《法学》,2013 年第 5 期
关键词:冤案　申诉　侵权
摘要:刑讯逼供、非法取证等顽疾始终难以清除。一方面,强调完善非法证据排除规则、切实保障律师在场权等内容显属必要,另一方面,关注"冤案之后"的已决犯申诉,特别是完善现有制度框架下的驻监所检察法律监督职能,以及探讨赋予刑讯逼供受害人一定情况下对于侦查人员本人进行民事追责的权利,对于冤案的亡羊补牢亦有非常重大的意义。

刑事再审程序改革检讨
李训虎
《政法论坛》,2014 年第 3 期
关键词:刑事再审程序　指导理念　理念革新
摘要:既往的刑事再审程序改革注重指导理念的革新、强化,聚焦于对"实事求是,有错必纠"理念的批判与"依法纠错"理念的推行。然而,理念革新主导的刑事再审改革成效不彰、沉疴如故,甚至改革主导者革故鼎新的理念都没有进入地方司法实务部门的话语系统。刑事再审程序改革遭遇挫折是多重因素合力的结果,但指导理念的泛意识形态化无疑是其中的重要原因。刑事再审程序改革遭遇的挫折促使我们反思、检讨并超越理念革新主导的改革模式。

美国错案防治的多重机制
王守安　董　坤
《法学》,2014 年第 4 期
关键词:错案防治　结果性惩治　过程性预防
摘要:刑事错案的发生不可避免。美国通过对错案发生原因的具体梳理,在立法、司法以及理论研究中都做了改革完善和技术创新。在立法上,出台了《无辜者保护法案》;在司法上,细化不同诉讼阶段产生错案的诱因并有针对性地提出改革路径和完善策略;在理论研究上,建立多元化错案研究委员会,对错案防治提供了丰富而全面的理论指引。借鉴美国错案防治的先进经验,我国的错案防治应从结果性惩治向过程性预防和司法性救济转变,从错案防治的司法实务改革转向改革与纵深化的理论研究并行,并创设健全的职业伦理和完善的法律规范制约公安、司法人员可能的违法行为。

论转型社会的媒体与刑事审判

封安波

《中国法学》,2014 年第 1 期

关键词: 转型社会 "媒体公诉" "自媒体辩护"

摘要: "媒体公诉"和"自媒体辩护"是当前我国刑事司法与媒体关系的两大突出问题,是刑事诉讼的"中国式问题"。本文解析了"媒体公诉"在我国刑事司法的具体现象和存在原因,剖析了"自媒体辩护"的成因及利弊,以案例实证分析了"媒体公诉"与"自媒体辩护"的博弈,并探讨了解决"媒体公诉"和"自媒体辩护"的对策。得出初步结论:"媒体公诉"和"自媒体辩护"治本之道在于,公安、司法机关应在刑事司法程序内行使法定职权,保障嫌疑人(被告人)各项诉讼权利,律师在法律程序之内行使辩护权。

全球刑事无罪错案的实证研究(1900—2012)

熊谋林　廉怡然　杨文强

《法制与社会发展》,2014 年第 2 期

关键词: 错误定罪　全球普遍　冤狱　赔偿　定罪率

摘要: 转型时期,中国最近 20 年的无罪判决率已下降至 0.26%,高达 99.74% 的定罪率可能隐藏着无罪案件。本文利用两大数据库(Forejustice 和 CWC)公布的 5157 个错罪案例,说明刑事无罪错案在全球的普遍性。从各国数据来看,英美国家相对更多。研究发现,法治进步虽有助于发现错罪,但没有彻底阻止错罪发生,全球近 30 年的无罪错案呈上升趋势;美国错罪受害人平均被监禁 11.58 年,错罪主要集中在杀人和性犯罪。研究指出,尽管有少数天价赔偿的案例,然而英美国家大量错罪赔偿未获法律支持,美国 97.1% 的错罪受害者没有得到赔偿。中国已出台《国家赔偿法》,并制定明确的赔偿标准。面对全球刑事错罪的普遍性,中国应勇于面对刑事错案,积极赔偿错罪受害人。

刑事错案救济机制的西方经验及其借鉴——以两大法系主要国家为参照

詹建红

《法学评论》,2015 年第 2 期

关键词: 刑事错案　救济　发现机构

摘要: 世界上任何一个国家的刑事诉讼实践都无法完全避免出现错案。英美法系国家建立了较为完备的刑事错案发现和纠正机制,大陆法系国家则运用传统的再审程序对刑事错案进行救济。相比之下,我国刑事错案的救济机制显得较为落后。完善我国的刑事错案救济机制,除了更新司法理念和改革完善相关的程序制度外,更为重要的是,应该在错案发现环节上建立独立的机构并重视科技手段的运用和民间力量的参与。

我国刑事程序违法发回重审制度研究——反思与重建

袁锦凡

《现代法学》,2015 年第 3 期

关键词:刑事程序违法　发回重审　程序公正

摘要:我国基于刑事程序违法发回重审制度在发回重审的条件和程序上都存在明显的问题,根本原因在于没有处理好程序公正、实体公正及效率价值之间的关系。我国应该以兼顾程序公正、实体公正、效率三种价值的实现为指导思想,重构基于刑事程序违法的发回重审制度。

刑事误判纠正依赖"偶然"之分析

李奋飞

《法学家》,2015 年第 4 期

关键词:刑事误判　申诉　DNA 检测

摘要:面对刑事误判的纠正严重依赖于"死者"复活、"真凶"落网等"偶然"事件的司法现实,尤其是要纠正那些疑似死刑误判可能遇到的障碍,有必要对我国的刑事误判发现机制、认定标准和纠正机制等问题进行深入的考察和分析,从而对我国刑事误判纠正难问题给出令人信服的解释。若要刑事误判的纠正不再依赖于"偶然",应赋予那些被生效裁判确定有罪者一些必要的权利,明确刑事误判的认定标准,改变"以自我纠错为中心"的刑事再审体制。

第三节　案例精解

再审程序中上级法院指令下级法院再审时,应当指令原审法院以外的下级法院审理案件

一、案情介绍

河南省陕县人民法院审理陕县人民检察院指控被告人连某甲犯故意伤害罪和附带民事诉讼原告人连某乙、连某丙、连某丁、连某戊提起附带民事诉讼一案,于 2008 年 12 月 3 日作出〔2008〕陕刑初字第 92 号刑事附带民事判决。被告人连某甲不服提出上诉。河南省三门峡市中级人民法院经二审于 2009 年 3 月 5 日作出〔2009〕三刑终字第 28 号刑事附带民事裁定:撤销原判,发回重审。陕县人民法院于 2009 年 4 月 22 日作出〔2009〕陕刑初字第 53 号刑事附带民事判决。被告人连怀玉不服,再次提出上诉。三门峡市中级人民法院于 2009 年 8 月 4 日作出〔2009〕三刑终字第 93 号刑事附带民事裁定:驳回上诉,维持原判。该裁定发生法律效力后,连某甲仍不服,向三门峡市中级人民法院提出申诉,三门峡市中级人民法院于 2009 年 11 月 5 日作出〔2009〕三刑监字第 10 号通知书,驳回连

某甲申诉。对此,连某甲向河南省高级人民法院提出了申诉。

二、判决结果

河南省高级人民法院于 2010 年 5 月 21 日作出〔2010〕豫法刑申字第 100 号再审决定书,指令三门峡市中级人民法院对连某甲案进行再审。三门峡市中级人民法院于 2010 年 9 月 13 日公开开庭审理本案后,撤销原判,将案件发回陕县人民法院重新审理。

三、案件评析

本案所适用的审判程序具有一定的代表性,并在一定程度上反映了一段时期以来我国审判程序尤其是再审程序中存在的问题,其中应当特别关注的是指令原审法院重新审判的问题。连某甲故意伤害案中,被告人连某甲对一审判决不服提起上诉,在二审人民法院维持原判的情形下,依法先后向三门峡市中级人民法院和河南省高级人民法院提出申诉。随后,河南省高级人民法院下达再审决定书,指令三门峡市中级人民法院对案件进行再审,三门峡市中级人民法院在公开开庭审理后,又将案件发回陕县人民法院重新审理。至此,案件又一次回到了一审程序。事实上,从本案所经历的审判程序可以看出,在三门峡市中级人民法院通过再审程序指令陕县人民法院重新审判案件之前,陕县人民法院已经先后两次审理了本案,而由于被告人不服审理结果提出上诉,三门峡市中级人民法院更是先后四次审理了本案(其中,前两次是适用二审程序进行审理,后两次则是依照审判监督程序进行审理)。在这一过程中,审判程序被反复启动,司法裁判的效力及当事人的权利始终处于一种不稳定的状态之中,司法资源不断被无谓消耗的同时,当事人的维权成本也随着程序的反复不断增加,诉讼的及时性、司法的纠错功能、裁判的权威性更是无从谈起。应当注意的是,审判程序的不断回转会逐渐降低当事人对原审人民法院和法官的信任度,并影响当事人对人民法院所做裁判之公正性的认可度,最终将可能致使当事人对整个司法系统的权威性、对司法裁判的公正性产生怀疑,进而导致无论裁判结果是否公正,当事人都难以认同的结果。这无疑是对提高司法公信力、树立司法权威地位的一记沉重打击。

指令再审是指最高人民法院或者其他上级人民法院发现下级人民法院的生效裁判或者裁定确有错误,依法指令原审人民法院或者其他下级人民法院重新审判案件的方式。依据 1996 年《刑事诉讼法》的规定,对于原审裁判在认定事实上确有错误或者事实不清、证据不足或者发现新事实、新证据的,基于便于就地调查和传唤当事人出庭等的考虑,最高人民法院或者其他上级人民法院会指令原审人民法院重新审理案件。然而,这种指令原审人民法院重新审理的制度却出现了个别案件多次发回、反复再审的情况,致使再审程序的纠错功能得不到发挥,当事人的权利和利益受到伤害。

正是基于对指令原审人民法院重审制度所存在问题的深刻认识与反思,为了及时维护当事人的合法权益,保障再审案件的质量,提高诉讼效率,新《刑事诉讼法》第244条明确规定:"上级人民法院指令下级人民法院再审的,应当指令原审人民法院以外的下级人民法院审理;由原审人民法院审理更为适宜的,也可以指令原审人民法院审理。"据此,在上级人民法院指令下级人民法院再审时,应当以指令原审人民法院以外的下级人民法院审理为原则,只有在原审人民法院审理更为适宜的情形下才可以指令原审人民法院审理。同时,为了保障再审程序的顺利进行,并切实维护当事人的合法权益,新《刑事诉讼法》第246条第2款规定:"人民法院按照审判监督程序审判的案件,可以决定中止原判决、裁定的执行。"同时,为了加强对人民法院审判活动的监督,确保审判公开、公正,第245条第2款明确规定:"人民法院开庭审理的再审案件,同级人民检察院应当派员出庭。"

第六章 刑事附带民事诉讼程序

第一节 本章观点综述

关于刑事附带民事诉讼,我国《刑事诉讼法》主要采用一般将损害赔偿问题交给刑事诉讼程序附带解决的模式。原《刑事诉讼法》关于附带民事诉讼的规定只有两个条款,本次修改增加了附带民事诉讼的财产保全和调解的条款,修改了一个条款。因此,新《刑事诉讼法》的"附带民事诉讼"一章共有四个条文。[①] 可以说,本次修改很大程度上是对《刑诉法》原有制度的完善和最高人民法院司法解释相关条文的吸收,是对实践中通过司法解释已经确立起来的制度的一次法律上的确认。

对于行为人同一犯罪行为,在实体上会引起的两种不同的法律责任,即刑事责任和民事责任,对应两种实体法律责任则会有两种诉讼模式:一种是刑事附带民事诉讼的诉讼模式,另一种是两者完全分离的诉讼模式。无论是1996年《刑事诉讼法》还是新修订的2012年《刑事诉讼法》,主要采用第一种模式。但也有学者认为,此种立法模式不仅在理论上缺乏充分的依据,而且在实践中造成了诸多难以解决的实际问题。从民事赔偿责任优先、人权保障的原则以及与刑事诉讼其他程序的协调出发,有必要对"先刑后民"的附带民事诉讼程序予以改革,在被告人认罪与确定被告人有罪的前提下,明确民事责任优先于刑事责任,构建一种"先民后刑"的刑事附带民事诉讼程序。[②] 也有学者认为,我国《刑事诉讼法》中的刑事附带民事诉讼制度与现代司法理念——司法效率和司法公正有着明显的价值冲突。从我国附带民事诉讼的长期实践看,在体现其注重司法效率、效益价值的同时,应当重视刑事诉讼与民事诉讼各自公正、正义价值的实现。基于刑事附带民事诉讼具有公法属性,但本质上更多地体现为私法属性的特点,为适应社会发展、变化要求,在《刑事诉讼法》再修订时,应当在立法上尽量缩小可以适用刑事附带民事诉讼的范围。同时,赋予诉讼当事人以选择权,通过鼓励刑事被害人提起独立民事诉讼,从而协调两大诉讼交叉适用上的关系,完善犯罪行为侵

[①] 参见陈光中主编:《〈中华人民共和国刑事诉讼法〉修改条文释义与点评》,人民法院出版社2013年版。

[②] 参见刘少军:《论"先民后刑"刑事附带民事诉讼程序的构建——兼论〈刑事诉讼法修正案〉对附带民事诉讼制度的改革》,载《政治与法律》2012年第11期。

害民事权利的司法救济途径。①

2012年《刑事诉讼法》对刑事附带民事诉讼制度在提起主体、调解、保全等方面进行了完善,但对于刑事附带民事诉讼的赔偿范围在学界仍存有较大争议。有学者认为,当前我国学界关于死亡赔偿金定性存在着精神损害抚慰金、物质损失赔偿金之争论;司法界则倾向于将死亡赔偿金定性为精神损害抚慰金。在不悖于我国现行法律规范及立法精神的情形下,为体现司法为民、诉讼效益,应从价值角度将死亡赔偿金定性为物质损失赔偿金。为破解由此所致执行困境,法院可通过引导当事人就赔偿问题自行协商并构建或完善委托律师执行财产调查机制。② 也有学者认为,我国法院在刑事附带民事诉讼中是否支持当事人提出的死亡赔偿金做法不一。有些法院以死亡赔偿金是精神损害赔偿,或认为我国附带民事诉讼不支持死亡赔偿金之间接物质损失,或以被告人没有赔偿能力为由不支持死亡赔偿金的做法,都值得商榷。我国应当在刑事附带民事诉讼中统一支持死亡赔偿金的适用,以尽快结束死亡赔偿金在我国附带民事裁判中适用不统一的混乱状况。③ 在保障措施方面,新《刑事诉讼法》增加规定附带民事诉讼的原告人或者人民检察院可以依照民事诉讼法的规定,申请人民法院采取保全措施。但对于保全措施中的先予执行制度没有作出规定,对此,有学者认为,既然民事诉讼中的保全措施包括财产保全、先予执行等,附带民事诉讼中对民事责任的追究是民事诉讼的性质,同样适用民事诉讼中的保全措施,除了财产保全,先予执行也有必要在法律中明确规定。④ 但也有学者持不同意见,认为此次新法没有确立先予执行制度,主要考虑到人民法院采取先予执行要求当事人之间事实基本清楚、法律关系明确;而附带民事判决往往取决于刑事案件的审理结果,如果判决结果不相符合,就会存在执行回转的问题。所以,在是否采取先予执行的问题上,人民法院既享有宽泛的裁量权,也相应承担了一定的责任。但是,我国附带民事诉讼制度的发展不能因噎废食,可在参照适用《民事诉讼法》条文的同时严格要求申请人提交证据证明理由成立并责令其提供担保。⑤

关于刑事自诉制度,2012年《刑事诉讼法》基本维持了1996年《刑事诉讼法》的规定,在内容上没有作任何修改,但由于我国刑事自诉制度存在缺陷及案

---

① 参见郑天峰:《反思与祛魅:我国刑事附带民事诉讼制度重构论》,载《甘肃政法学院学报》2011年第2期。
② 参见宋高初:《刑事附带民事诉讼中死亡赔偿金的性质界定及执行困境之破解》,载《法学评论》2014年第4期。
③ 参见陈学权:《论死亡赔偿金在我国刑事附带民事诉讼中的适用》,载《法学杂志》2013年第8期。
④ 参见谢丽珍、刘宏武:《附带民事诉讼制度的进一步完善——以我国新〈刑事诉讼法〉为视角》,载《法学杂志》2013年第7期。
⑤ 参见陈卫东 柴煜峰:《刑事附带民事诉讼制度的新发展》,载《华东政法大学学报》2012年第5期。

件审理中存在的诸多问题,使刑事自诉案件历来成为刑事审判的难点。从立法的原意和司法实践的角度看,我国刑事自诉案件有如下特征:第一,刑事诉讼发起的主体是被害人;第二,自诉人提起自诉的案件范围由有关职能机关依法协商确定;第三,部分自诉案件实行自诉和公诉并行的选择性制度,等等。① 有学者提出,我国的刑事自诉制度也需要从立法上予以完善,认为我国现行的《刑事诉讼法》关于自诉范围的规定粗疏且紊乱,实践中问题重重。在法定的三类自诉案件中,第一类的"圈"划得过宽,第二类的"圈"边界不明,第三类的内容存在矛盾,等等。需要对现行立法关于自诉圈的规定进行合理重构:调整第一类自诉案件范围,适当缩减第二类自诉案件罪名,以及通过制度变革解决"公诉转自诉"制度近乎形同虚设的问题,强化适用效果;同时取消现行《刑事诉讼法》第204条关于犯罪客体的限定,避免出现共同犯罪案件中既有公诉又有自诉的尴尬局面。② 对于"告诉才处理"案件,有学者进一步提出,"绝对自诉主义"未关注国家与个人诉权之间的平衡,将对"告诉才处理"案件的追诉错误地理解为是被害人的私事。在司法实践中,这种理解不仅会造成诉讼资源的浪费,被害人因取证困难而无法获得救济也是常见的现象。对"告诉才处理"案件进行法解释学分析后发现,对此类案件应采公诉与自诉并举的追诉模式,即被害人可根据具体情况自行选择启动公诉或提起自诉。"告诉"的本质是诉讼条件,它会制约刑事追诉整体的合法性。在公诉过程中,无论是在侦查、起诉还是审判阶段,告诉欠缺或撤回,均应从程序上终止诉讼。被害人虽有自诉权,但现行自诉制度的设计妨碍了其诉权实现。应当区分起诉条件、诉讼条件和有罪判决条件。立案时只需对形式性的起诉条件作出审查,而对诉讼条件和有罪判决条件应在法庭审判阶段进行"二元复式"审查。当条件欠缺时,分别作出不受理裁定、驳回起诉裁定和无罪判决。③

第二节 相关论文摘要

论"先民后刑"刑事附带民事诉讼程序的构建——兼论《刑事诉讼法修正案》对附带民事诉讼制度的改革

刘少军

《政治与法律》,2012年第11期

关键词:刑事附带民事诉讼 "先刑后民" 民事赔偿责任优先

---

① 参见徐文、黄志:《关于刑事自诉案件特点的思考》,载《西南民族大学学报》(人文社会科学版)2011年S3期。
② 参见吴小帅、周长军:《从实践困境看我国刑事自诉圈的立法重构——以对S省若干区县的实证调研为基础》,载《法学论坛》2015年第2期。
③ 参见王一超:《论"告诉才处理"案件的追诉形式》,载《环球法律评论》2014年第4期。

摘要: 我国1996年《刑事诉讼法》确立了"先刑后民"的刑事附带民事诉讼程序模式,2012年的《刑事诉讼法修正案》对此未作任何变动。此种立法模式不仅在理论上缺乏充分的依据,而且在实践中造成了诸多难以解决的实际问题。从民事赔偿责任优先、人权保障的原则以及与刑事诉讼其他程序的协调出发,有必要对"先刑后民"的附带民事诉讼程序予以改革,在被告人认罪与确定被告人有罪的前提下,明确民事责任优先于刑事责任,构建一种"先民后刑"的刑事附带民事诉讼程序。

论"告诉才处理"案件的追诉形式

王一超

《环球法律评论》,2014年第4期

关键词: 告诉才处理　自诉　诉权

摘要: "绝对自诉主义"未关注国家与个人诉权之间的平衡,将对"告诉才处理"案件的追诉错误地理解为是被害人的私事。在司法实践中,这种理解不仅会造成诉讼资源的浪费,被害人因取证困难而无法获得救济也是常见的现象。对"告诉才处理"案件进行法解释学分析后发现,对此类案件应采公诉与自诉并举的追诉模式,即被害人可根据具体情况自行选择启动公诉或提起自诉。"告诉"的本质是诉讼条件,它会制约刑事追诉整体的合法性。在公诉过程中,无论是在侦查、起诉还是审判阶段,告诉欠缺或撤回,均应从程序上终止诉讼。被害人虽有自诉权,但现行自诉制度的设计妨碍了其诉权实现。应当区分起诉条件、诉讼条件和有罪判决条件。立案时只需对形式性的起诉条件作出审查,而对诉讼条件和有罪判决条件应在法庭审判阶段进行"二元复式"审查。当条件欠缺时,分别作出不受理裁定、驳回起诉裁定和无罪判决。

刑事附带民事诉讼中死亡赔偿金的性质界定及执行困境之破解

宋高初

《法学评论》,2014年第4期

关键词: 刑事附带民事诉讼　死亡赔偿金　物质损失

摘要: 当前我国学界关于死亡赔偿金定性存在着精神损害抚慰金、物质损失赔偿金之争论;司法界则倾向于将死亡赔偿金定性为精神损害抚慰金。在不悖于我国现行法律规范及立法精神的情形下,为体现司法为民、诉讼效益,应从价值角度将死亡赔偿金定性为物质损失赔偿金。为破解由此所致执行困境,法院可通过引导当事人就赔偿问题自行协商并构建或完善委托律师执行财产调查机制。

第三节 案例精解

刑事自诉被驳回,附带民事如何审[①]

一、案情介绍

2012年6月27日,陈某与张某因搭建鸡舍发生争执,发生撕扯。在此过程中,陈某左手手背皮肤裂伤,左手中指伸直肌腱断裂、第三掌骨骨折。公安机关予以立案并进行了调查,据陈某陈述,张某用斧头砸坏了鸡舍上的石棉瓦,他便用锄头打张某,张某就用斧头砍了他左手;而张某声称,她与陈某因修建鸡舍发生纠纷后,就用斧头撬鸡舍铁丝,陈某用锄头打她,她便夺陈某手中的锄头,陈某的伤是在双方夺锄头的过程中锄刃所致;张某丈夫的证言是,他干活回来后,发现张某与陈某在争夺锄头,他便从两人手中把锄头夺了下来,陈某手上的伤是如何形成的,他没有看见。经委托鉴定,陈某左手功能部分受限,评定为轻伤。公安机关未提取到相关物证。陈某依据上述证据提起控诉,要求以故意伤害罪追究张某刑事责任,同时提起附带民事诉讼,请求张某赔偿其经济损失7069元。

二、裁判结果

佛坪县法院审查认为,对陈某左手的伤是如何形成的,当事人各执一词。现有证据不足以认定张某在主观上有伤害陈某的故意,应当驳回陈某对张某故意伤害罪的起诉。对陈某的附带民事赔偿诉讼如何处理,一种意见认为,为减少当事人诉累,应继续对民事赔偿部分进行审理;而另一种意见认为,刑事部分被驳回,附带民事赔偿诉讼便失去存在的基础,应一并裁定驳回自诉人暨附带民事诉讼原告人陈某对被告人张某的起诉。法院最终依据第二种意见驳回了陈某的起诉。

三、案件评析

刑事附带民事诉讼制度的目的是在解决被告人刑事责任的同时,一并解决因犯罪行为引发的损害赔偿责任问题。它有利于节省司法资源,提高诉讼效率,减少当事人诉累。对于刑事部分被驳回起诉的案件,其附带民事诉讼部分的处理方式,正如上文所述,实践中有不同的意见。

根据《刑事诉讼法》第205条及《最高人民法院关于适用〈中华人民共和国刑事诉讼法〉的解释》(以下简称"《刑诉法解释》")第264条规定,对已经立案,经审

---

① 参见李军:《刑事自诉被驳回,附带民事如何审》,http://fpxfy.chinacourt.org/public/detail.php? id=294,2013年3月7日访问。

查缺乏罪证的自诉案件,自诉人提不出补充证据的,人民法院应当说服其撤回起诉或者裁定驳回起诉。据此处理单纯的刑事自诉案件自然无任何争议。但相当数量的自诉案件,自诉人在提起刑事自诉的同时,往往提起附带民事赔偿请求。那么,对已经立案、缺乏罪证的刑事附带民事自诉案件,在驳回自诉人刑事部分起诉后应当如何处理附带民事诉讼部分较为妥当呢?

对于公诉附带民事诉讼案件,《刑诉法解释》第160条第1款规定:"人民法院认定公诉案件被告人的行为不构成犯罪,对已经提起的附带民事诉讼,经调解不成,不能达成协议的,应当一并作出刑事附带民事判决。"根据该解释第276条的规定:"对自诉案件,应当参照刑事诉讼法第一百九十五条和本解释第二百四十一条的有关规定作出判决;对依法宣告无罪的案件,其附带民事诉讼部分应当依法进行调解或一并作出判决。"因此,有人据此认为,在自诉案件中,应参照《刑诉法解释》第160条的规定,即自诉人指控缺乏罪证被驳回后,应当对附带民事诉讼继续审理,一并作出判决。但以上规定解决的是实体问题。而本案情形与此不同,本案需解决的事项是:在案件受理后、开庭审判前,经审查刑事自诉不成立,附带民事诉讼如何处理。该事项涉及诉讼进程,属于程序问题而非实体问题。根据《刑诉法解释》第160条第2款规定:"人民法院准许人民检察院撤回起诉的公诉案件,对已经提起的附带民事诉讼,可以进行调解;不宜调解或者调解不能达成协议的,应当裁定驳回起诉,并告知民事诉讼原告人可以另行提起民事诉讼。"从该款的规定来看,对于公诉刑事附带民事诉讼案件,公诉部分不存在,而附带民事诉讼部分调解不成的,人民法院原则上应予以驳回。所谓"皮之不存,毛将焉附",相同的问题处理方法应当一致,本案情形也应当参照该款处理。因此,本案在驳回自诉人刑事自诉的同时,应一并驳回附带民事诉讼,并告知当事人就附带民事诉讼部分另行起诉为妥。

第七章 单位犯罪程序

第一节 本章观点综述

单位犯罪是我国1997年修订的《刑法》新增设的,因此在1996年《刑事诉讼法》中对单位犯罪的追诉程序未做任何规定,2012年修订的《刑事诉讼法》同样没有对单位犯罪追诉程序作出规定,但2012年11月5日通过的《最高法关于适用〈中华人民共和国刑事诉讼法〉的解释》第十一章对单位犯罪案件的审理作出了特殊的规定。但单位犯罪与自然人犯罪相比有其自身的特点,司法解释作出的规定并不能完全涵盖并解决单位犯罪诉讼程序中所遇到的特殊问题,而且,对于单位犯罪,无论是在实体上还是在程序上的立法都相对起步较晚,缺少相关的立法经验。对此,有学者针对单位犯罪诉讼程序不同的方面,给出了相关的完善建议。

在单位作证方面,有学者认为,证据是诉讼之王,也是诉讼区别于其他纠纷解决手段的核心环节。在刑事诉讼领域,单位能否作证,单位作证是否符合法律规定,是否具有证据效力等问题一直是困扰司法实践的难点。单位因为《刑事诉讼法》没有明文规定而不具有证人资格,即以单位名义提供的证人证言不具有证据的合法性。但是单位不具有证人资格并不能否认单位具有向人民法院、人民检察院、公安机关提供证据的资格。单位证明作为单位提供的书证,具有证据资格。但是在实践中,单位作证的真实性缺乏保障,单位证明也存在泛化和滥用趋势。因此,在立法上,应从法律层面上,进一步明确单位作证的合法性和法定性;而在司法层面上,应秉持慎重采用、严格审查原则。[①]

在对单位的强制措施方面,有学者认为与自然人犯罪相比较而言,单位犯罪大多是一种有组织、有指挥的犯罪,在对抗侦查及逃避打击的能力方面,远远高于自然人,这就使得在经济犯罪的追诉中,对犯罪单位采取强制措施更为必要。对犯罪单位采取强制措施,在理论上符合刑事强制措施的对象特定性、强制性、保障性三大特征;在实践中,应分两个主体分别采取相应的强制措施:其一,对犯罪单位诉代表人,可采取拘传等人身性强制措施;其二,对犯罪单位,可采取包括缴纳保证金、监视经营管理、支付禁止、关闭机构等财产性强制措施。[②]

---

① 参见赵文艳:《刑事诉讼中单位作证问题研究》,载《法律适用》2015年第4期。
② 参见宗会霞:《试论经济犯罪中对犯罪单位的强制措施》,载《特区经济》2012年第8期。

在单位参与诉讼应享有的诉讼权利方面,有学者认为,单位犯罪不同于自然人犯罪,由于单位是一种人格化的社会组织,其参与诉讼以及行使各项诉讼权利与自然人有所不同,因而探讨犯罪嫌疑单位的律师帮助权问题十分必要。由于犯罪嫌疑单位无法接受侦查机关的讯问和被采取人身性强制措施,根据单位犯罪的特点,从直接责任人员因单位犯罪被侦查机关采取强制措施或者第一次被讯问之日起,犯罪嫌疑单位应当有权聘请律师为其提供法律帮助;基于诉讼过程中单位和直接责任人员可能存在利益冲突,单位和直接责任人员不宜聘请同一辩护律师;犯罪嫌疑单位的非人身性使辩护律师无法向其了解案情,而直接责任人员是最了解案情的当事人,因此犯罪嫌疑单位的辩护律师应当有权会见其同案的直接责任人员。[①]

第二节 相关论文摘要

单位犯罪中单位意思的界定

黎 宏

《法学》,2013 年第 12 期

关键词:单位犯罪 意思 自然人

摘要:区分单位犯罪和自然人犯罪的关键在于,在单位业务活动中发生的违法行为到底是单位自身的意思还是作为单位成员的自然人意思的体现。只有属于单位意思体现的情形,才可能被认定为单位犯罪。在认定单位意思时,原则上,必须依据单位属于拟制人格主体的基本原理,将作为单位代表机构即单位领导的自然人的意思视为单位本身的意思;但是,在单位领导的意思完全背离单位的基本宗旨和目的,违反单位的相关制度等时,则不能如此考虑,而只能看作为单位领导作为自然人的意思。而且,在认定单位意思时,不能仅考虑单位领导的自然人意思,还必须参考单位自身的特征如结构、政策、措施、习惯等。

单位犯罪与自然人犯罪的处罚标准宜统一

赵能文

《法学》,2015 年第 1 期

关键词:单位犯罪 自然人犯罪 定罪量刑

摘要:立法上对单位犯罪与自然人犯罪规定不同的处罚标准,不但在理论上引起单位犯罪与自然人犯罪在定罪量刑标准及法定刑配置上的各种争议,也导致了司法实践的诸多困惑。从完善单位犯罪定罪量刑标准和法定刑配置的角度出发,应将单位犯罪与自然人犯罪的处罚标准统一起来。无论是从定罪量刑标

---

① 单晓华、孙长江:《单位犯罪诉讼中律师帮助权问题研究》,载《河南社会科学》2012 年第 3 期。

准确立的依据、犯罪构成以及《刑法》设立单位犯罪的目的来看,还是就解决司法实践中的困惑、实现刑事法律公正的价值观而言,均宜统一单位犯罪与自然人犯罪的定罪量刑标准。况且,对单位犯罪与自然人犯罪设立不同定罪量刑标准的各种理由本身难以成立,司法实践中也出现了统一单位犯罪与自然人犯罪定罪量刑标准的趋势。同时,对单位犯罪设置不同于自然人犯罪法定刑的立法理由并不符合刑法理论,基于刑法平等适用原则和兼顾报应与功利配刑原则的要求,为更好地实现惩罚单位犯罪立法目的,亦宜统一单位犯罪与自然人犯罪的法定刑标准。统一单位犯罪与自然人犯罪的处罚标准势必会扩大犯罪圈及使得处罚结果趋重,对于这个问题的解决,其一,可以通过立法上提高各该罪自然人犯罪的入罪标准来缩小自然人犯罪,进而限缩对应的单位犯罪;其二,降低部分相关自然人犯罪的法定刑,并规定罚金刑均由单位承担,相关责任人员不承担罚金刑;其三,可以将单位犯罪作为法定的从宽处罚情节,在刑法上规定:"单位犯罪的,对单位判处罚金;对其直接负责的主管人员和其他责任人员除不承担罚金的刑事责任外,依照本法分则的规定判处刑罚,并可以从轻或者减轻处罚。"

论我国"单位犯罪"概念的摒弃——以域外比较为切入点
黄晓亮
《政治与法律》,2015 年第 3 期
关键词:单位犯罪　法人犯罪　外国刑法
摘要:近三十年的立法演进和司法实践使得我国逐步形成了单位犯罪的法律体系。但由于立法技术不成熟和理论研究不够深入等原因,我国刑法典对单位犯罪在罪名表述、犯罪主体认定标准等方面的规定还不够完善,在量刑和刑罚执行制度的规定上尚有缺失,给司法实践和法律适用造成了一定的困难。虽然通过司法解释的形式暂时在一定程度上弥补了刑法典规定的不足与缺陷,但没有从实质层面对单位犯罪规定所存在的问题提出行之有效的解决办法。因而有必要借鉴国外成熟完备的立法经验修改我国《刑法》,将单位犯罪彻底改为法人犯罪,将国家机关从法人范围内排除,并进一步完善刑罚制度。

第三节　案例精解

依法成立的一人公司能否成为单位犯罪主体

一、案情介绍

2008 年 1 月 8 日,被告人王某某注册成立以其一人为股东的新客派公司,王某某系法定代表人。2008 年 9 月 23 日、10 月 28 日,王某某以支付开票费的方式,通过他人让英迈(中国)投资有限公司(以下简称英迈公司)先后为新客派公司虚开增值税专用发票各一份,价税合计分别为人民币(以下币种均为人民币)22.1万元、35万元,其中税款分别为32111.11元、50854.70元,并分别于开票当月向税务局申报抵扣,骗取税款共计82965.81元。2010年3月15日,王志强被传唤到案。案发后,被骗税款已全部追缴。

上海市徐汇区人民法院经审查认为,被告单位新客派公司让他人为其虚开增值税专用发票,致使国家税款被骗8.2万余元,被告人王某某系直接负责的主管人员,其与单位均构成虚开增值税专用发票罪,王某某自愿认罪并已退回了全部税款,可以酌情从轻处罚。根据本案事实、性质、情节、社会危害性及被告单位、被告人的认罪态度等,依照《刑法》之相关规定,判决被告单位新客派公司犯虚开增值税专用发票罪,判处罚金三万元;被告人王某某犯虚开增值税专用发票罪,判处有期徒刑一年,缓刑一年。

一审判决后,被告单位、被告人没有上诉,检察机关也没有抗诉,判决发生法律效力。

二、主要问题

依法成立的一人公司能否成为单位犯罪的主体?

三、案情评析

2005年10月修订的《公司法》明确规定了一人公司的法人地位。由于在1997年修订《刑法》时一人公司的法律地位尚未得到承认,随着一人公司法人地位的确立,理论界和实务界面临着一个新的挑战,即一人公司实施的犯罪行为究竟是应当作为单位犯罪还是个人犯罪处理。对这个问题存在着不同的观点:一是认为,一人公司不能成为单位犯罪的主体;二是认为,股东是法人的一人公司可以成为单位犯罪的主体,股东是自然人的一人公司则不能;三是认为,依法成立的一人公司无论其股东是法人或是自然人,均可成为单位犯罪的主体。

我们认为,应当认可一人公司单位犯罪主体适格,主要理由如下:

第一,一人公司作为单位犯罪主体具有法律依据。首先,《公司法》明确赋予了一人公司法人地位。其次,《刑法》以及最高院关于审理单位犯罪案件的解释均没有排除一人公司的单位犯罪主体资格。两者虽先于2005年《公司法》出台,但从解释学角度出发,只要法律条文没有作明确禁止性规定,对法律文本之解释能被涵括于法律文本文义范围之内的,解释就是合法的。社会形势在发生变化,随着《公司法》的修改,一人公司法人地位的确立,我国法律也应当承认一人公司的单位犯罪资格。

第二,承认一人公司单位犯罪主体资格符合经济社会发展大潮流。目前,包括英美法系和大陆法系在内的世界各主要发达国家的法律均通过立法或者修订法律确立了一人公司制度。而刑法作为部门法的保障及最后制裁手段,应当和部门法的立法宗旨及法律精神保持一致。既然公司法已明确赋予了一人公司的法人地位,刑法应当与之相衔接。既然一人公司可依法成立,并作为经济活动主体和其他公司、企业一样从事经营活动,就理应受到刑法的平等对待,因此应当承认一人公司单位犯罪的主体资格。

第三,一人公司成为单位犯罪主体符合刑法设立单位犯罪的目的要求。第一,符合罪责自负原则。单位基于自身的意志和利益实施的犯罪行为,应当由单位自己承担,若仅仅由自然人承担刑事责任显然有违罪责自负的原则。第二,通过对单位犯罪行为的否定性评价和制裁,促使单位在业务活动中履行应有的注意义务,避免业务中的过失犯罪。同时,也告诫单位不得为了自身利益故意实施犯罪行为。第三,有利于贯彻罪责刑相适应原则。单位犯罪一般发生在经济领域,单位经济活动的规模和犯罪数额与自然人相比较为庞大,但单位犯罪的利益归属于单位,如果单位实施的犯罪行为完全按自然人犯罪定罪量刑,则处罚会过于严厉,不能达到罪责刑相适应。第四,有助于平衡惩治犯罪与促进经济社会发展这一对矛盾统一体。单位具有社会正向功能,其主要是行使一定的社会管理和服务职能,承担一定的社会责任,促进社会的发展与进步,解决一部分社会人员的就业,并增加国家税收。因此,如果对单位犯罪处罚过于苛严,给单位增添难以承受的负担,则会导致其社会正向功能的极大削弱甚至丧失。从以上单位犯罪设立的四个目的看,一人公司同样应当具有单位犯罪的主体资格。

第四,对单位犯罪的解释应当符合时代发展的要求。1997年《刑法》施行及最高人民法院关于单位犯罪的司法解释出台时,我国公司法还没有规定一人公司,没有承认一人公司的法人地位。随着公司法的修改,一人公司法律地位的确立,公司法理论的发展与完善,单位犯罪理论也有必要与时俱进,不断完善与发展。但是并非所有的一人公司都可以成为单位犯罪的主体,从刑法的实质合理性标准来考察,只有依法成立,取得法人地位,具有独立法人资格的一人公司,才有可能成为单位犯罪的主体。因此,一人公司必须严格依法成立,并具有独立的法人资格。同时,一人公司必须具备公司法所要求的法人治理结构。其成立的目的必须是依法从事经营活动,且客观上确实从事了一定的合法经营活动。如果一人公司是以从事非法甚至犯罪活动为目的而成立,或者成立后主要是从事非法或犯罪活动的,不能成为单位犯罪的主体。

从本案来看,被告单位新客派公司系按照我国《公司法》关于一人公司的规定依法注册登记成立,具有独立的人格和法人治理结构,客观上也确实从事了一定的合法经营活动,故其实施的犯罪应当按照单位犯罪而不是个人犯罪处理。

第八章　本编参考书目

1. 北京市第一中级人民法院、北京市人民检察院第一分院编：《刑事二审程序深度研讨》，法律出版社2012年版。
2. 陈晨、刘砺兵：《司法改革背景下的刑事审判：主体、路径与方法》，中国政法大学出版社2015年版。
3. 陈光中主编：《中国刑事二审程序改革之研究》，北京大学出版社2011年版。
4. 陈金诗：《控辩审关系的建构：法官庭审语篇处理的框架分析》，科学出版社2011年版。
5. 陈实：《我国刑事审判制度实效问题研究》，北京大学出版社2015年版。
6. 陈心歌：《中国刑事二审程序问题研究》，中国政法大学出版社2013年版。
7. 韩波：《审判终极性：路径与体制要素》，法律出版社2013年版。
8. 胡献旁：《刑事诉讼二审程序研究》，知识产权出版社2015年版。
9. 蒋惠琴主编：《审判理论与司法前沿》，法律出版社2015年版。
10. 景汉朝主编：《最高人民法院审判监督指导案例解析》，人民法院出版社2015年版。
11. 李昌盛：《刑事审判：理论与实证》，中国民主法制出版社2015年版。
12. 李世锋：《用程序写下正义：刑事二审专题实证研究》，湘潭大学出版社2015年版。
13. 林孝文：《法官自由裁量权的法理与哲理》，知识产权出版社2015年版。
14. 刘成安：《论裁判规则：以法官适用法律的方法为视角》，法律出版社2012年版。
15. 刘计划：《刑事公诉案件第一审程序》，中国人民公安大学出版社2012年版。
16. 刘锡秋：《陪审制度的历史研究》，法律出版社2011年版。
17. 刘晓东：《刑事审判程序的经济分析》，中国检察出版社2014年版。
18. 施光：《中国法庭审判话语的批评性分析》，科学出版社2014年版。
19. 孙海龙等：《审判权运行机制改革》，法律出版社2015年版。
20. 万国营主编：《审判的理性与智慧》，人民法院出版社2012年版。
21. 王海军：《刑事审判模式的经济分析：以当事人主义为中心》，中国政法大学出版社 2013 年版。

22. 吴卫军、肖仕卫:《刑事自诉制度研究:基于文本与实证的双重分析》,中国政法大学出版社 2014 年版。

23. 谢进杰:《刑事审判对象理论》,中国政法大学出版社 2011 年版。

24. 许前飞主编:《审判监督与司法公信》,法律出版社 2012 年版。

25. 许前飞主编:《审判监督与严格程序法律适用》,法律出版社 2013 年版。

26. 杨良胜主编:《刑事附带民事诉讼理论与实践探索》,人民法院出版社 2015 年版。

27. 叶青、阮忠良主编:《我国审判公开实证问题考察与对策研究》,法律出版社 2011 年版。

28. 袁坚:《刑事审判合议制度研究》,法律出版社 2014 年版。

29. 张栋:《中国死刑错案的发生与治理:与美国死刑程序比较》,上海人民出版社 2011 年版。

30. 张学群主编:《审判监督与诉讼法实施》,法律出版社 2014 年版。

31. 张雪纯:《合议制裁判研究:基于决策理论的分析》,法律出版社 2013 年版。

32. 周迅:《审判规则与方式》,法律出版社 2013 年版。

33. 左卫民等:《中国刑事诉讼运行机制实证研究(五):以一审程序为侧重点》,法律出版社 2012 年版。

第四编　刑事执行程序与特别程序

第一章　刑事执行程序

相关论文摘要

论刑事执行相对人的权利构成——以囚犯的权利为范例
耿光明
《法学评论》,2011年03期
关键词:刑事执行　刑事执行相对人　实体性权利
摘要:刑事执行权归属刑事行政权的命题必然产生刑事行政与刑事执行相对人这一对基本范畴,刑事执行相对人的权利是刑事执行法治的核心课题,廓清刑事执行相对人实体性权利与程序性权利的分野和关系,对深化权利保障理论和规范刑事执行权力运行具有重大意义。

我国移入式被判刑人移管法律制度的若干问题研究
黄　风
《法商研究》,2012年01期
关键词:被判刑人　移入式移管　刑罚转换程序
摘要:移入式被判刑人移管作为相互承认和执行监禁性刑罚判决的司法合作形式之一,因涉及比较多的国内法规则和程序问题,我国立法应予以特别的关注和规范。我国各主管机关应对判刑国提出的向我国移入被判刑人的请求进行联合审查并作出是否同意移管的决定;在实际移管被判刑人之后,应侧重于从技术上为国内执行程序提供具体的依据,由法院依照我国法律对外国法院判处的刑罚实行转换;遵守"一事不再理"原则,对经过判刑国审判的、由同一被判刑人实施的同一犯罪行为不再重新进行审判;而对于从判刑国移管到我国的服刑人员,有关刑罚的执行应当依照我国法律的规定进行。

《刑事诉讼法》再修改与被追诉人财产权的保护
左卫民
《现代法学》,2012 年 01 期

关键词:《刑事诉讼法修正案》 财产权 被追诉人

摘要:强化对被追诉人财产权利的保护是当代中国刑事诉讼制度与实践的应然内容。当下的刑诉法修正案虽然从价值理念、制度设计与技术规范层面对此进行初步调整,但其价值取向的明确度及对现实需求的回应度尚显不足。未来《刑事诉讼法》修改应综合考量中国社会的整体变迁、域外法治发达国家的法治经验,进一步观照被追诉人的财产权利,建构更契合人权保障要求的程序性保障机制。

刑罚执行监督中的问题和对策
单 民
《政治与法律》,2012 年 11 期

关键词:刑罚执行 监督 问题

摘要:当前我国刑罚执行监督中存在的问题主要来源于刑罚执行立法层面上的不完善,以及监督体制本身的理念滞后和职能分配不合理等原因。有必要设定统一的刑罚法和刑罚执行机构,统一法院的刑罚执行变更权,赋予检察机关介入调查权与刑罚执行强制措施权,以完善执行监督的立法规范;同时,设置专门的刑罚执行监督部门,优化检察机关内部配置等,以完备刑罚执行监督体制。

第二章　刑事赔偿程序

相关论文摘要

赔偿该如何影响量刑
王瑞君
《政治与法律》，2012年06期
关键词：赔偿　量刑　悔罪
摘要：近年来，最高人民法院的相关规定一再肯定赔偿对量刑的影响作用，实践中被简化为"赔偿—从宽"的适用模式，结果容易给民众造成"花钱买刑"的印象，加剧了民众对司法的不信任。2010年《人民法院量刑指导意见（试行）》注重量刑规范化的设计要求，较以往规定更为合理，但在维护司法公信力等价值目标的追求上仍显不足。新《刑事诉讼法》在关于"当事人和解的公诉案件诉讼程序"的规定中，从立法层面肯定了部分案件中赔偿、和解与刑罚之间的关联性。实践中，应以"悔罪—赔偿—谅解—从宽"作为基准模式，在此基础上，根据案件性质的不同，依个案中"悔罪""赔偿""谅解"等因素在组合数量、程度上的递减，在从宽的幅度上相应地递减。

第三章　特别程序概述

相关论文摘要

构建中国特色刑事特别程序
左卫民
《中国法学》,2011 年第 6 期
关键词:未成年人诉讼程序　刑事和解　没收程序
摘要:2011 年 8 月公布的《修正案(草案)》,从章节体例上看最大的亮点莫过于增设单编,分四章规定了四种特殊案件的特别程序,试图创设未成年人刑事诉讼程序、刑事和解程序、没收财产审理程序及精神病人强制医疗程序,从而架构出具有中国特色的刑事特别程序体系。创设特别程序是包括中国在内的世界主要国家的刑事司法程序回应社会治理、犯罪控制工作日益复杂、多元的挑战所作出的必要调整,是刑事司法治理过程逐步走向专业化、精密化的表征,使刑事司法系统能够更加积极、有效地回应司法实践的调整与诸多社会问题,进而标志着我国刑事司法系统功能的完备化与科学化。

特别程序措施中的权力运行与权利保障——兼评新《刑事诉讼法》中相关规定的得与失
李　勇　于逸生
《比较法研究》,2012 年第 6 期
关键词:《刑事诉讼法》　被追诉人　刑事程序
摘要:在诉讼程序多元化的背景下,各国在普通刑事程序之外还设立了特别程序,如未成年人程序、简易程序、被告人认罪审程序等。除此之外,恐怖主义犯罪、有组织犯罪、贩卖毒品罪等严重犯罪也受到立法者重视,在立法上针对严重犯罪规定了特别程序措施,如美国、德国、新西兰等国对追诉恐怖主义犯罪作出的特别规定,英国、意大利、法国等国对追诉有组织犯罪作出的规定。这些特别程序措施,不仅改变了普通刑事程序中的诸多制度,也导致了国家权力与个人权利力量对比发生变化;尤为重要的是,其导致了被追诉人在刑事诉讼中处于更不利的境地。

刑事诉讼特别程序立法释评

宋英辉　茹艳红

《苏州大学学报》,第 2012 年 2 期

关键词:未成年人诉讼程序　刑事和解　违法所得没收

摘要:新《刑事诉讼法》增设了特别程序,包括未成年人刑事案件诉讼程序,当事人和解的公诉案件诉讼程序,犯罪嫌疑人、被告人逃匿、死亡案件违法所得的没收程序和对实施暴力行为的精神病人的强制医疗程序等,既在章节体例上健全了我国刑事诉讼法律文本,也在许多方面完善了我国刑事诉讼制度,体现出我国刑事诉讼立法不断总结司法实践经验和借鉴域外经验,刑事诉讼制度逐步走向科学、民主和精密。增设特别程序,可以适应我国司法实践的需要,符合联合国刑事司法准则的要求。从更好地实施《刑事诉讼法修正案》和增强其可操作性的角度看,新《刑事诉讼法》的某些规定还需要进一步研究。

刑事特别程序下的检察机关及其应对

陈卫东　杜磊

《国家检察官学院学报》,2012 年第 3 期

关键词:《刑事诉讼法》修改　刑事特别程序　起诉裁量权

摘要:此次《刑事诉讼法》修改,构建起了中国特色的刑事特别程序。检察机关作为刑事特别程序的重要参与者,其权力与职责均面临重大调整。面对由此所形成的挑战与机遇,检察机关应做好角色定位,探索合适的方法,积极有效地予以应对。

构建中国特色刑事特别程序

陈卫东

《中国法学》,2011 年第 6 期

关键词:未成年人诉讼程序　刑事和解　没收程序

摘要:《修正案(草案)》中增设的四种特别程序,是回应社会治理、犯罪控制工作日益复杂、多元的挑战所作出的必要调整,标志着我国刑事诉讼制度的进一步精细化与科学化。

刑事诉讼法修改的实体法之维——以刑法为视角对《刑事诉讼法修正案(草案)》增设三种特别程序的研析

时延安

《中国刑事法杂志》,2012 年第 1 期

关键词:刑事和解　没收　强制医疗

摘要:此次《刑事诉讼法》修改中,立法机关在《修正案(草案)》中增设了"当事人和解的公诉案件诉讼程序""犯罪嫌疑人、被告人逃匿、死亡案件违法所得的

没收程序""对实施暴力行为的精神病人的强制医疗程序"。如何理解这三个特别程序的实体法根据,对于协调刑法和刑事诉讼法之间的关系具有重要意义。以现行刑法为视角,会发现上述三个特别程序与刑法相关规范存在明显不协调、不一致之处。对此,在修改刑事诉讼法过程中应予以妥当解决。

第四章 未成年人刑事诉讼程序

第一节 本章观点综述

青少年犯罪问题是各国刑事司法面临的一个重要问题,为深入贯彻落实党和国家对未成年人的"教育、挽救、改造"方针和"教育为主,惩罚为辅"原则,切实帮助失足青少年顺利回归社会,更好地保障未成年人的诉讼权利和其他合法权益,新《刑事诉讼法》在总结实践经验的基础上,针对未成年人刑事案件的特点,专辟"未成年人刑事案件诉讼程序"一章,规定了针对未成年犯罪嫌疑人被告人的法律援助制度、严格限制逮捕措施、讯问审判时通知其法定代理人在场、附条件不起诉制度、不公开审理、犯罪记录封存制度等措施。实践中有必要对这些制度一一进行细化和完善。

一、严格限制逮捕措施

新刑诉法规定,对未成年犯罪嫌疑人、被告人应当严格限制适用逮捕措施。人民检察院审查批准逮捕和人民法院决定逮捕,应当讯问未成年犯罪嫌疑人、被告人,听取辩护律师的意见,对被拘留、逮捕和执行刑罚的未成年人与成年人应当分别关押、分别管理、分别教育。有学者提出,未成年人审前拘留的条件和程序对于未成年人的权益保护至关重要。[1] 对涉嫌犯罪的未成年人应当以非羁押为原则,严格限制适用羁押措施。有的地区尝试建立以观护基地为基础的审前非羁押支持体系,为涉罪未成年人提供适用非羁押措施的保证条件,协助对其进行监管并提供一定社会服务。[2] 应当针对我国未成年人刑事诉讼制度运行的弊端与特点,采取切断办案人员与案件之间的利益纽带、加强对公安和检察机关的外部制衡、审前羁押决定程序"准司法化"、完善审前羁押替代性措施、改善被羁押未成年人的特殊处遇等综合措施。[3] 还有的学者认为,未成年人羁押率并不必然应当低于成年人案件的羁押率,应针对未成年人不同性质的行为,明确国家责任,改变过窄的司法保护模式,尤其对于社会危害性很大的校园欺凌问题,应

---

[1] 参见张鸿巍:《未成年人审前拘留刍议》,载《比较法研究》2012年第6期。
[2] 参见宋英辉、上官春光、王贞会:《涉罪未成年人审前非羁押支持体系实证研究》,载《政法论坛》2014年第1期。
[3] 参见姚建龙:《未成年人审前羁押制度检讨与改进建议》,载《中国刑事法杂志》2011年第4期。

采取更有进取心的司法干预措施。①

二、讯问审判时通知其法定代理人在场

对于未成年人刑事案件,在讯问和审判的时候,应当通知未成年犯罪嫌疑人、被告人的法定代理人到场。到场的法定代理人或者其他人员认为办案人员在讯问、审判中侵犯未成年人合法权益的,可以提出意见。讯问笔录、法庭笔录应当交给到场的法定代理人或者其他人员阅读或者向他宣读。审判未成年人刑事案件,未成年被告人最后陈述后,其法定代理人可以进行补充陈述。讯问是一种对犯罪嫌疑人身心影响较大的侦查手段,特别是对于未成年人犯罪嫌疑人更是如此。未成年人的身心发展水平往往无法承受接受讯问带来的压力,如处理不当将给未成年人的成长带来诸多不利。在未成年人接受讯问的过程中为其提供适当的成年人予以帮助是非常重要的。"合适成年人"参与未成年人刑事诉讼程序是国家刑事司法制度对未成年人的一种特殊保护,体现了国家监护的理念,需要在实践经验的基础上对合适成年人参与机制的具体操作予以明确和细化。② 因此,在构建合适成年人在场制度时应从以下几个方面考虑:合适成年人参与讯问制度的适用对象、合适成年人参与的时机、合适成年人的范围、合适成年人参与的程度及其法律后果、合适成年人的权利和义务。

三、附条件不起诉制度

新刑诉法规定,对于未成年人涉嫌《刑法》分则第四章、第五章、第六章规定的犯罪,可能判处一年有期徒刑以下刑罚,符合起诉条件,但有悔罪表现的,人民检察院可以作出附条件不起诉的决定。人民检察院在作出附条件不起诉的决定以前,应当听取公安机关、被害人的意见,并对附条件不起诉的考验期、未成年犯罪嫌疑人应遵守的规定及其违反规定的法律后果等内容进行明确。作为刑事司法政策下"起诉裁量主义"与以保护未成年人身心健康成长为目的的未成年人司法制度相结合的产物,未成年人附条件不起诉制度背后蕴藏了刑事司法效率与犯罪特殊预防、刑罚主义与保护主义、未成年人福利与正当程序、个别处遇与处遇均衡等理念的冲突与平衡。③ 也有学者从风险判断的层面,提出应做好以下工作保证附条件不起诉制度的准确适用,一是做好诉前调查,准确把握犯罪嫌疑人的社会危险;二是增设听证程序,倾听各方声音;三是做实监督考察环节,客观评估考察其表现。④

---

① 参见张栋:《未成年人案件羁押率高低的反思》,载《中外法学》2015年第3期。
② 参见何挺:《"合适成年人"参与未成年人刑事诉讼程序实证研究》,载《中国法学》2012年第6期。
③ 参见陈晓宇:《冲突与平衡:论未成年人附条件不起诉制度》,载《中国刑事法杂志》2012年第12期。
④ 参见王满生、黄友根:《未成年人附条件不起诉适用风险判断》,载《人民检察》2015年第18期。

四、不公开审理

基于对未成年人隐私保护以及回归社会的考虑,新刑诉法规定,审判时被告人不满十八周岁的案件,不公开审理。这是审判公开原则的例外。其基本含义是审判过程不公开,其衍生规则包括:诉讼材料不公开、判决不公开、对其媒体报道要进行限制。但是有的学者指出,未成年人刑事案件不公开也是有限度的,必须在与正当程序、被告人利益、新闻自由等利益平衡后确定是否公开审判,以确保未成年人利益与公众知情权的合理平衡。① 此外,法条未就未成年人刑事判决宣告方式作特别规定,需将未成年人刑事案件判决宣告和判决文书网络公开之法律规定作为一个整体予以考量,未成年人刑事判决应当有限公开,即原则上实行不公开主义,无罪判决可申请公开,刑事判决文书采用隐去未成年人个人信息的网络有限公开模式。② 在未成年人权益保护与公民知情权之间应寻求一种平衡模式。

五、犯罪记录封存制度

被判处五年有期徒刑以下刑罚的未成年被告人,应当对相关犯罪记录予以封存。除司法机关为办案需要或者有关单位根据国家规定进行查询的以外,不得向任何单位和个人提供,进行查询的单位还应当对被封存的犯罪记录的情况予以保密。在司法实践中,构建未成年人犯罪记录封存制度,需要确立封存对象、条件、内容、效力等实质要件,同时对犯罪记录封存的主体、启动、查询、审核和监督的整个流程进行具体的程序设计。③ 有的学者指出,完善这项制度需要重点解决启动程序、决定模式等方面的规范化问题。④ 在实践操作中发现,该规定过于原则、操作性不强,且与诸多法律法规及行政规章存在冲突,适用范围过小、主体不明确、程序模糊等问题。⑤ 为使未成年犯罪嫌疑人被告人更好地回归社会,学界普遍提出应进一步构建犯罪记录或曰犯罪前科消灭制度,且已有学者深入探讨了未成年人前科消除制度的价值取向、功能定位、适用对象、适用条件、实施程序、法律效果、救济机制等一系列问题。⑥ 但不可操之过急,未成年人犯

---

① 参见高一飞、李维佳:《审判公开的限度——以未成年人刑事审判为例》,载《法律科学(西北政法大学学报)》2013年第2期。
② 参见梅文娟:《论未成年人刑事判决之有限公开》,载《现代法学》2014年第5期。
③ 参见马艳君:《未成年人犯罪记录封存制度实践设想》,载《法学杂志》2013年第5期。
④ 参见"未成年人犯罪问题研究"课题组:《未成年人犯罪记录封存制度的构建与检察监督》,载《政治与法律》2012年第6期。
⑤ 参见朱锡平:《宜教不宜罚:未成年人轻罪记录封存制度的走向选择》,载《青少年犯罪问题》2013年第6期。
⑥ 参见王明明:《未成年人前科消除制度论——兼评刑事诉讼法修正案(草案)第95条犯罪记录封存制度》,载《中国人民公安大学学报(社会科学版)》2011年第6期。

罪记录封存制度刚得以立法确立并加以推行不久,仍属于一项较新的制度,应当在司法实践中加以完善、改进,并随着司法理念的跟进,再去构建层次要求更高的犯罪记录消除制度。

六、未成年人刑事案件社会调查

公安机关、人民检察院、人民法院办理未成年人刑事案件,根据情况可以对未成年犯罪嫌疑人、被告人的成长经历、犯罪原因、监护教育等情况进行调查。对于未成年人刑事案件社会调查报告的性质问题,学界存在不同的认识。有的学者认为,未成年人刑事案件社会调查报告的部分内容属于品格证据的范畴,根据我国刑事立法规定,可将其视为证人证言。[①] 从实体法、程序法、证据法以及刑事一体化的角度对社会调查报告的法律属性进行分析,[②] 有的学者提出"未成年人全面调查制度"的名称,并认为调查主体既可以是公安机关、人民检察院和人民法院,也可以是经三机关委托或者许可的有关组织、机构和辩护人。[③] 在具体操作上,未成年人刑事案件社会调查的程序和内容应当根据《联合国少年司法最低限度标准规则》第16条、最高人民法院《关于审理未成年人刑事案件若干规定》第21条,以及六部门《规定》的相关内容来确定。[④] 社会调查报告是否符合证据的属性要求和过程要件,以及是否能够进入诉讼程序被采纳,还需经过人民法院的审查和认定。

新《刑事诉讼法》对未成年人犯罪案件的刑事诉讼程序做了特别规定,填补了我国未成年人犯罪刑事诉讼专门立法的空白。

第二节 相关论文摘要

论未成年人刑事诉讼程序

王敏远

《中国法学》,2011年第6期

关键词:未成年人刑事诉讼程序 法律后果 成年人在场

摘要:未成年人刑事诉讼程序是《修正案(草案)》专章规定的特别程序,相对于现行《刑事诉讼法》更有利于保障未成年人的合法权益。但《修正案(草案)》的

---

① 参见宫步坦、刘斯凡:《未成年人刑事案件社会调查若干争议问题解析》,载《青少年犯罪问题》2014年第6期。
② 参见田宏杰、庄乾龙:《未成年人刑事案件社会调查报告之法律属性新探》,载《法商研究》2014年第3期。
③ 参见曾新华:《未成年人全面调查制度若干问题之探讨》,载《法律科学》2014年第2期。
④ 参见张静、景孝杰:《未成年人社会调查报告的定位与审查》,载《华东政法大学学报》2011年第5期。

规定还需要完善,以进一步加强对刑事诉讼中的未成年人权益的保障。应当从程序法的角度对未成年人刑事诉讼程序的原则作出特别规定;明确肯定无罪推定原则;增设特别帮助和保护原则;增加规定讯问时辩护律师在场;为刑事诉讼中的未成年人设置特别的程序法律后果。同时,关于合适成年人在场和针对未成年人的强制措施制度,也需要进一步完善。

论未成年人犯罪诉讼程序的建立和完善

汪建成

《法学》,2012 年第 1 期

关键词:附条件不起诉　前科消灭　律师在场

摘要:《修正案(草案)》专门规定了未成年人犯罪诉讼程序,确立了未成年人犯罪的附条件不起诉制度、犯罪记录封存制度和合适成年人到场制度。这些规定具有巨大的历史进步意义,但仍有值得进一步研讨和改进之处。作者主张适度放宽附条件不起诉的可能刑罚条件,用前科消灭制度取代犯罪记录封存制度,同时规定讯问和审判未成年人时的律师在场权。

"合适成年人"参与未成年人刑事诉讼程序实证研究

何　挺

《中国法学》,2012 年第 6 期

关键词:合适成年人　未成年人刑事诉讼程序　讯问时在场

摘要:"合适成年人"参与未成年人刑事诉讼程序是国家刑事司法制度对未成年人的一种特殊保护,体现了国家监护的理念。我国一些地区自 21 世纪初开始试点"合适成年人"参与机制,作为法定代理人不能到场的替代措施。通过实证调查显示,"合适成年人"讯问时在场在维护未成年人基本权利的同时,也有助于促进讯问的顺利进行和改善办案人员的讯问方式,因而具有较高的认可度;但也存在"合适成年人"地位与作用出现偏差及讯问时在场作用的实质性有待加强等问题。新《刑事诉讼法》第 270 条对合适成年人参与仅作了原则性的规定,需要在总结实践经验的基础上对"合适成年人"参与机制的具体操作予以明确和细化。

未成年人审前拘留刍议

张鸿巍

《比较法研究》,2012 年第 6 期

关键词:审前羁押　《刑事诉讼法》　羁押期限

摘要:在汉语中,"拘留"一词最早可溯源至《汉书》,"拘留"系由"拘"及"留"二字组成,其中"拘"有限制、束缚之意,"留"有接手、保存之意,合起来意为拘禁、扣留。未成年人审前拘留的条件和程序对于未成年人的权益保护至关重要。

未成年人犯罪记录封存制度的构建与检察监督

"未成年人犯罪问题研究"课题组

《政治与法律》,2012 年第 6 期

关键词: 未成年人　犯罪记录　封存制度

摘要: 新修订的《刑事诉讼法》第 275 条增加了关于未成年人犯罪记录封存的规定,具有重要的现实意义和实践价值。从检察机关近年来探索和试点的情况来看,健全和完善未成年人犯罪记录封存制度,需要重点解决启动程序、决定模式等方面的规范化问题,并应结合检察职能的发挥,进一步加强对该项制度执行的监督。

未成年人犯罪刑事诉讼程序的施行与适用

樊荣庆

《政法论坛》,2013 年第 5 期

关键词: 未成年人　刑事诉讼程序　检察机构

摘要: 修订后的《刑事诉讼法》对未成年人犯罪案件的刑事诉讼程序做了特别规定,填补了我国未成年人犯罪刑事诉讼专门立法的空白。这一特别程序的施行与适用,应当从以下四个方面展开:一是组织保证:加强未成年人犯罪刑事检察机构的专业化建设;二是模式延伸:拓展捕诉监防一体化的检察职能;三是人权保障:完善未成年人犯罪特殊检察制度;四是社会支撑:构建未成年人犯罪司法辅助体系。

未成年人特殊检察程序实施制度研究——以上海的实践为样本

"未成年人刑事检察制度"课题组　叶　青　叶国平

《政治与法律》,2013 年 10 期

关键词: 未成年人特殊检察程序　审查批捕　审查起诉

摘要: 最新修订的《刑事诉讼法》专章规定了未成年人刑事案件诉讼程序,但是,现行法律体系在未成年人特殊检察程序方面,依然存在着缺乏系统化、完整性和明确性的缺陷。上海未成年人刑事检察工作一直走在全国的前列,创设了大量的特殊检察制度和办案措施,主要体现在审查批捕、审查起诉、诉讼监督等三个环节的诉讼程序实施制度方面。通过对未成年人特殊检察程序实施制度的研究,有利于新《刑事诉讼法》关于未成年人的专章规定在实践中切实得到贯彻落实,也有利于进一步促进和完善未成年人案件办理一体化工作机制,进而切实维护未成年人合法权益。

涉罪未成年人审前非羁押支持体系实证研究

宋英辉　上官春光　王贞会

《政法论坛》,2014 年第 1 期

关键词：涉罪未成年人　审前非羁押　支持体系

摘要：对涉嫌犯罪的未成年人应当以非羁押为原则,严格限制适用羁押措施。在司法实践中,有的地区尝试建立以观护基地为基础的审前非羁押支持体系,为涉罪未成年人提供适用非羁押措施的保证条件,协助对其进行监管并提供一定社会服务,以减少对涉罪未成年人的审前羁押,促其顺利复归社会。调查显示,观护基地在减少审前羁押、刑罚宽缓化、帮助复归社会等方面取得良好效果,并促成办案人员观念和认识上的改变。建立和完善以观护基地为基础的审前非羁押支持体系,应当从制度上进一步明确观护基地的职能定位,厘清观护基地与办案机关的关系,平衡观护基地的权利与义务,落实观护前的风险评估和观护期间对未成年人的有效监管,改革办案机关有关业务考评机制。

未成年人全面调查制度若干问题之探讨

曾新华

《法律科学》,2014 年第 2 期

关键词：未成年人全面调查制度　社会调查　证据

摘要：未成年人全面调查制度是未成年人刑事司法制度的重要发展,具有正当性基础,但其中若干重要问题仍存在争议。该制度名称应为"未成年人全面调查制度"。"未成年人社会调查制度""未成年人人格调查制度"等名称均不准确。全面调查的主体既可以是公安机关、人民检察院和人民法院,也可以是经三机关委托或者许可的有关组织、机构和辩护人。全面调查报告属于证据。在制定有关未成年人的法律以及司法解释时需要"接力",更要"给力"。

未成年人刑事案件社会调查报告之法律属性新探

田宏杰　庄乾龙

《法商研究》,2014 年第 3 期

关键词：未成年人刑事案件　社会调查报告　法律属性

摘要：虽然我国相关司法解释将未成年人刑事案件社会调查报告定性为参考性资料,但是我国学术界对此仍存在不同的认识。从实体法的角度看,未成年人刑事案件社会调查报告是未成年人刑事犯罪实体法立法的重要依据;从程序法的角度看,未成年人刑事案件社会调查报告是公安机关、检察机关、审判机关、执行机关作出裁决与实施矫正的依据;从证据法的角度看,未成年人刑事案件社会调查报告是人民法院给未成年被告人量刑的重要依据,属于量刑证据;从刑事一体化的角度看,未成年人刑事案件社会调查报告体现了诉讼程序的完整性,具备证据的属性。

论未成年人刑事判决之有限公开

梅文娟

《现代法学》,2014年第5期

关键词:未成年人刑事判决　隐私保护　司法公正

摘要:我国《刑事诉讼法》未就未成年人刑事判决宣告方式作特别规定,这一法律漏洞致使未成年人刑事判决只能适用成年人模式即公开宣告,但公开宣判方式不符合未成年人隐私保护和少年司法矫正之宗旨,因此,急需通过法律修订弥补法律漏洞。修改时,需将未成年人刑事案件判决宣告和判决文书网络公开之法律规定作为一个整体予以考量。为实现未成年人隐私保护、公众知情权和司法监督等诸价值之平衡,未成年人刑事判决应当有限公开,即未成年人刑事判决宣告原则上实行不公开主义,无罪判决可申请公开;未成年人刑事判决文书采用隐去未成年人个人信息的有限公开模式。

未成年人案件羁押率高低的反思

张　栋

《中国法学》,2015年第3期

关键词:未成年人案件　羁押率　校园欺凌

摘要:在当今社会大力倡导降低未成年人案件羁押率的背景下,鉴于未成年人案件的特殊性,其羁押率并不是越低越好,尤其是并不必然应当低于成年人案件的羁押率。未成年人羁押率高的原因在于,较之成年人案件,相关机构往往表现得更加积极主动,介入的范围更加宽泛。其中人身拘束措施作为非常有效的一种干预手段,不仅要承担保障诉讼的功能,同时还具有教育、辅导、考察等功能。应针对未成年人不同性质的行为,明确国家责任,改变过窄的司法保护模式,尤其是对于社会危害性很大的校园欺凌问题,应采取更有进取心的司法干预措施。

附条件不起诉制度的完善

郭斐飞

《中国刑事法杂志》,2012年第2期

关键词:附条件不起诉　构建　完善

摘要:立法规定的附条件不起诉制度,无论与理论界建议的制度相比,还是与实务界试行的制度相比,都存在较大的差异与分歧。立法对附条件不起诉制度设计的诸多不足亟须改进。应解决制度名称混乱问题,所附"条件"的设置应科学合理,与其他不起诉制度特别是与相对不起诉在逻辑关系上应区分清晰,检察机关裁量权力的运行控制应重点关注,附条件不起诉的制约和救济机制应充分有效,这样,才能使附条件不起诉制度真正得以构建和完善。

检察机关附条件不起诉裁量权运用之探讨

刘学敏

《中国法学》,2014 年第 6 期

关键词:附条件不起诉　起诉裁量　特别预防

摘要:新《刑事诉讼法》增设附条件不起诉制度,不仅使未成年犯罪嫌疑人能避免因起诉而留下有罪判决的前科烙印,更重要的是使未成年犯罪嫌疑人能依其自助的精神致力于自我的更生与自律,是一个值得推广的理想刑事政策运作模式。检察机关在附条件不起诉裁量权行使过程中,应以特别预防需求作为核心考量;在裁量形态与处分内容的选择上,应遵循合目的性、必要性与比例原则的要求,本着特别预防、犯罪嫌疑人最小负担原则,协调关系人相互间的利益,促成未成年犯罪嫌疑人的社会复归,在广泛而多样的裁量权限中,找到一套合目的、安定而可行的运作基准。

建立我国的附条件不起诉制度

邓思清

《国家检察官学院学报》,2012 年第 1 期

关键词:不起诉　附条件不起诉　《修正案(草案)》

摘要:为了适应国内犯罪情况的新变化和国际轻微犯罪处理的非犯罪化、非刑罚化、非监禁化的发展趋势,实现个案公正,我国应当建立附条件不起诉制度。《修正案(草案)》提出的附条件不起诉制度方案存在案件适用范围较窄、缺乏附加条件、附条件不起诉决定法律效力规定矛盾等缺陷。借鉴我国各地检察机关在改革探索中所取得的经验,应当完善《修正案(草案)》的有关内容,以建立符合我国司法实践需要的附条件不起诉制度。

附条件不起诉中"异议"权之保障

柯葛壮

《法学》,2013 年第 1 期

关键词:附条件不起诉　未成年犯罪嫌疑人　"异议"条款　"异议"权

摘要:我国《刑事诉讼法》第 271 条第 3 款赋予了未成年犯罪嫌疑人"异议"权,意味着检察机关适用附条件不起诉,应经未成年犯罪嫌疑人同意。该条款旨在保障未成年犯罪嫌疑人的诉讼权益,符合司法实际需要,也符合国际刑事司法准则的基本要求。检察机关应根据"异议"的不同内容,作出恰如其分的处理。为保障"异议"权的落实,有必要在实务操作中确立细化规则。

试论附条件不起诉之适用问题

郭建龙　刘奎芬

《中国刑事法杂志》,2013 年第 11 期

关键词：附条件不起诉　未成年人　决定考察

摘要：为了给犯轻罪、有悔罪表现的未成年人提供一个改过自新的机会,避免因短期羁押造成交叉感染,防止因犯罪的印记影响其工作生活,我国修改后的刑诉法设定了附条件不起诉制度,充分体现了我国刑事诉讼中对未成年人实行"惩罚为辅、教育为主"的方针。作为一项新的制度,其运行应该从适用标准、所附条件、附条件不起诉决定的效力、帮教考察等方面予以细化规范。

功能·主体·程序：附条件不起诉制度省察

张友好

《政法论坛》,2013年第6期

关键词：附条件不起诉　暂缓起诉　缓起诉

摘要：站在法院、检察院、被害人和被不起诉人之不同立场,附条件不起诉实际上是检察院主导下的,基于"诉讼经济""当事人化""再社会化"和"恢复性司法"等制度功能目标,围绕法院同意、被害人同意和被不起诉人同意等几个重要参数,四方程序主体的博弈过程。在适用范围层面,我国附条件不起诉制度主体资格、案件类型和刑度要求三个方面的严苛限定,已使其没有多少"生存空间";在适用前提层面,除了恪守犯罪事实明确性原则外,单纯的"有悔罪表现",难以承载"回归社会"和"回复损害"之功能目标;在程序地位层面,被害人之"事前听取意见"和被不起诉人之"事后异议",也不足以彰显其程序主体地位,不利于程序功能目标的实现;在所附条件层面,基本上停留在"防免逃匿型"或是"便于侦查型"意义上,与制度功能目标相去甚远。

附条件不起诉之三种立法路径评析——兼评刑诉法修正案草案中附条件不起诉之立法模式

葛　琳

《国家检察官学院学报》,2011年第6期

关键词：附条件不起诉　重整式　阶梯式　交叉式

摘要：在各地试点、《刑诉法》修改建议稿和《修正案（草案）》中,关于附条件不起诉存在三种立法思路：重整式、阶梯式和交叉式。三种思路的主要区别在于对附条件不起诉和酌定不起诉的关系定位有所不同。无论是阶梯式路径的接续性定位,还是交叉式路径的交叉性定位都是对二者关系的"误读"。要想理顺我国的不起诉制度的逻辑体系,应当明确"酌定不起诉"的案件适用范围,将其定位在检察机关享有裁量空间的总体范围之内,在此范围内将酌定不起诉划分为无条件的酌定不起诉和附条件的酌定不起诉,围绕犯罪嫌疑人的性格、年龄、境遇、犯罪的轻重及情节和犯罪后的情况等因素为附条件的酌定不起诉设定一定的条件,作为检察官裁量时的参考标准。

检视与完善:我国未成年人附条件不起诉制度若干问题探讨

张中剑

《中国刑事法杂志》,2013 年第 7 期

关键词: 未成年人犯罪　附条件不起诉　检视

摘要: 新刑诉法首次确立未成年人附条件不起诉制度,是我国未成年人刑事立法及司法实践的重大突破,有利于实现对未成年人的特殊优先保护。但新刑诉法关于未成年人附条件不起诉的规定仍然存在进一步完善之处,需要从扩大适用范围、明确适用条件、完善附加义务、规定排除适用、确立独立程序价值等方面进行细化完善。

附条件不起诉之进一步构建——基于我国《刑事诉讼法修正案》之思考

郑丽萍

《法学杂志》,2012 年第 9 期

关键词: 附条件不起诉　适用范围　考验期限

摘要:《刑事诉讼法修正案》将附条件不起诉制度化是正确之选。但是,相对于附条件不起诉可能发挥的积极作用和空间相比,其规定却显得过于保守和谨慎。为此,应在现有的基础上从适用范围、考验期限和考验内容三个方面进一步加以构建。

未成年人附条件不起诉制度之适用

杜文俊　时明清

《东方法学》,2012 年第 3 期

关键词: 未成年人犯罪　附条件不起诉　相对不起诉

摘要: 未成年人附条件不起诉是本次《刑事诉讼法修正案》新增内容,这一制度的设立是恢复性司法的具体体现,有助于对未成年人的教育、感化和挽救。从具体操作层面看,有必要对这一制度细化。如在附条件不起诉的适用条件及程序、适用中的补正问题、与相对不起诉的适用辨析、考验期内未成年人的矫正方式和撤销后程序设计等方面都应加以完善和明确。

附条件不起诉制度的适用

程晓璐

《国家检察官学院学报》,2013 年第 6 期

关键词: 未成年人犯罪　暂缓起诉　相对不起诉

摘要: 新刑诉法规定的附条件不起诉的严格的适用条件,是对过去相对不起诉在长期的司法实践中被普遍异化甚至滥用的立法规制。然而,社会支持体系不健全、附条件不起诉程序烦琐、同案均衡处理的顾虑、未成年人轻罪前科封存制度的冲击、和解不起诉的普遍适用等原因都导致附条件不起诉适用率较低,对

此,检察机关未检部门应积极应对,促使该制度发挥应有的作用。

冲突与平衡:论未成年人附条件不起诉制度

陈晓宇

《中国刑事法杂志》,2012年第12期

关键词: 未成年人 附条件不起诉 冲突 平衡

摘要: 为了保护未成年人身心健康成长,我国修订后《刑事诉讼法》规定了未成年人附条件不起诉制度,借由司法途径来实现对未成年人的非犯罪化、非刑罚化的实质性保护处遇。但是,作为刑事司法下"起诉裁量主义"与以保护未成年人身心健康成长为目的的未成年人司法制度相结合的产物,未成年人附条件不起诉制度背后蕴藏了刑事司法效率与犯罪特殊预防、刑罚主义与保护主义、未成年人福利与正当程序、个别处遇与处遇均衡等理念的冲突与平衡。

审判公开的限度——以未成年人刑事审判为例

高一飞 李维佳

《法律科学(西北政法大学学报)》,2013年第2期

关键词: 未成年人 审判不公开 正当程序 公众知情权

摘要: 为了保护未成年人利益,对未成年人刑事案件不公开审判,这是审判公开原则的例外。其基本含义是审判过程不公开,其衍生规则包括:诉讼材料不公开、判决不公开、对其媒体报道要进行限制。但是,未成年人刑事案件不公开也是有限度的,必须在与正当程序、被告人利益、新闻自由等利益平衡后确定是否公开审判,以确保未成年人利益与公众知情权的合理平衡。

论未成年人轻罪犯罪记录封存制度——我国新《刑事诉讼法》第275条之理解与适用

曾新华

《法学杂志》,2012年第6期

关键词: 未成年人轻罪犯罪记录封存 未成年人 封存

摘要: 未成年人轻罪犯罪记录封存制度的适用对象,除被判处五年有期徒刑以下刑罚的未成年犯外,未成年人相对不起诉和附条件不起诉记录封存也应参照适用。而且,从长远来看,应适用于所有未成年人;在法律效力上,应严格限定但书中"国家规定"的范围,并协调与其他相关法律的关系;适用主体除公安机关、检察院、法院和未成年犯管教所外,还应包括知晓未成年人犯罪记录的有关机关、单位以及当事人、辩护人、诉讼代理人和其他知晓其犯罪记录的个人。为充分发挥该制度的重要价值,应当将其"升级"为未成年人犯罪记录消灭制度。

未成年人刑事案件社会调查若干争议问题解析

宫步坦　刘斯凡

《青少年犯罪问题》,2014 年第 6 期

关键词:刑事诉讼法　未成年人　社会调查

摘要:未成年人刑事案件社会调查报告的部分内容属于品格证据的范畴,根据我国刑事立法规定,可将其视为证人证言;考虑到未成年人社会调查的特殊性,其调查主体由第三方组织担任最为恰当,调查内容原则上可以分为人格调查和社会环境调查两个方面,调查程序中调查人员、调查对象、调查时机及调查结论的确定都是实践中需要重点关注的问题;现有的未成年人社会调查和社区矫正社会调查存在交叉,从两者调查的侧重点来看,对未成年人进行社会调查时,应当适用未成年人社会调查程序。

论检察机关办理未成年人刑事案件社会调查的路径——以新《刑事诉讼法》实施为切入点

彭智刚　卫杰

《中国刑事法杂志》,2013 年第 9 期

关键词:未成年人　社会调查　社会调查报告

摘要:社会调查制度以"刑罚个别化"理念为指导,立足于未成年人刑事案件的特殊性而建构,充分体现了对未成年人的特殊司法保护。我国未成年人刑事诉讼程序中的社会调查制度在未成年人强制措施适用、不起诉裁量、刑罚裁量、刑罚执行及犯罪预防领域均具有重要的信息支撑功能。新《刑事诉讼法》实施后,检察机关通过探索专业化、社会化的社会调查路径,充分发挥审查、指导、监督作用,为涉案未成年人选择有针对性的处遇措施,有利于实现社会调查制度之目的,进而促进我国未成年人刑事诉讼程序中的社会调查制度不断发展和完善。

未成年人犯罪记录封存制度实践设想

马艳君

《法学杂志》,2013 年第 5 期

关键词:未成年人　犯罪记录封存制度　实质要件

摘要:我国对于未成年人犯罪始终坚持教育挽救原则,新《刑事诉讼法》第一次以立法形式确定了未成年人犯罪记录封存制度。在司法实践中构建未成年人犯罪记录封存制度,需要确立封存对象、条件、内容、效力等实质要件,同时对犯罪记录封存的主体、启动、查询、审核和监督的整个流程进行具体的程序设计。

未成年人犯罪记录封存制度的反思与重构

谢丽珍

《青少年犯罪问题》,2013 年第 6 期

关键词：未成年人　前科消灭　犯罪记录封存

摘要：通过修改后的《刑事诉讼法》的明文规定，我国正式确立了未成年人轻罪犯罪记录封存制度。但犯罪记录封存不等于犯罪记录消灭，现有规定存在适用范围过小、主体不明确、程序模糊等问题。从长远来看，该制度有待进一步完善并最终确定未成年人犯罪记录消灭制度。

未成年人社会调查报告的定位与审查

张　静　景孝杰

《华东政法大学学报》，2011年第5期

关键词：未成年人　社会调查报告　品格证据

摘要：未成年人刑事案件社会调查报告具备了证据的客观性、关联性、合法性，应当被视为证据。未成年人刑事案件社会调查的程序和内容应当根据《联合国少年司法最低限度标准规则》第16条、最高人民法院《关于审理未成年人刑事案件若干规定》第21条，以及六部门《规定》的相关内容来确定。但是，由矫正部门提供的社会调查报告是否符合刑事证据的要求，是否能够进入刑事诉讼程序，并最终为人民法院所采信，还应当进行程序审查和实体审查。

论我国未成年人前科消灭制度的构建

黄晓亮　徐啸宇

《法学杂志》，2012年第3期

关键词：未成年人　前科　消灭

摘要：未成年人是一个特殊的群体，对未成年人的保护一直为社会所广泛关注。我国《刑法》关于前科报告制度的规定毫无例外地适用于未成年人，对于那些刚刚步入社会的年轻人来说，如果因曾经的犯罪行为而背负一生难以摆脱的"罪犯"标签，其负面影响之深远不容忽视。《中华人民共和国刑法修正案（八）》关于未成年人免除前科报告义务的规定为未成年人前科消灭制度的构建打开了一个缺口，引发我们关于建立未成年人前科消灭制度的深入思考。

实然与应然：新《刑事诉讼法》适用下的未成年人检察工作检讨与展望

桂万先　李艳

《中国刑事法杂志》，2013年第7期

关键词：《刑事诉讼法》　检察工作　未成年人

摘要：对涉罪未成年人进行特殊保护与救治，是新刑诉法相关诉讼制度设计的指导原则，也是未成年人检察执法实践的工作导向。在新的未成年人刑事诉讼制度运行中，由于相关规定比较原则、配套制度不尽完善等原因，一定程度上使得执法层面的实然与立法层面的应然产生差距，影响了司法对于涉罪未成年人特殊保护的效果。应当进一步明确检察机关作为国家监督人及法律监督机关的双重定位,确立未成年人检察工作专业化、一体化模式,推动司法保护与社会保护相融合,促进对涉罪未成年人非刑事化、非监禁化、非刑罚化处理理念的落实。

未成年人前科消除制度论——兼评刑事诉讼法修正案(草案)第 95 条犯罪记录封存制度

王明明

《中国人民公安大学学报(社会科学报)》,2011 年第 6 期

关键词: 未成年人　前科消除　前科封存

摘要: 在立法上确立未成年人前科消除制度已经成为一个世界性的趋势,我国亦已具备建立这一制度的政策、法律与实践之基础条件与现实可能性。值此《刑事诉讼法》再修改之际,我国应借鉴国际相关立法并及时总结少年司法改革中的有益经验,在新修订的《刑事诉讼法》中确立未成年人前科消除制度,以真正实现对特定未成年犯罪人权益的有效保护。而深入探讨未成年人前科消除制度的价值取向、功能定位、适用对象、适用条件、实施程序、法律效果、救济机制等一系列问题,必将为在新《刑事诉讼法》中合理构建符合我国国情的未成年人前科消除制度提供有益的理论参考与指导。

未成年人审前羁押制度检讨与改进建议

姚建龙

《中国刑事法杂志》,2011 年第 4 期

关键词: 未成年人　审前羁押　少年司法

摘要: 我国未成年人审前羁押制度的实际运行状况不容乐观,未成年人在羁押状态中等待审判总体上仍是一种常态而非例外,这种状况亟待改变。改革不仅应当遵循国际准则,借鉴发达国家经验,更应当针对我国未成年人刑事诉讼制度运行的弊端与特点,采取切断办案人员与案件之间的利益纽带、加强对公安检察机关的外部制衡、审前羁押决定程序"准司法化"、完善审前羁押替代性措施、改善被羁押未成年人的特殊处遇等综合措施。

宜教不宜罚:未成年人轻罪记录封存制度的走向选择

朱锡平

《青少年犯罪问题》,2013 年第 6 期

关键词: 未成年人　犯罪标签　记录封存

摘要:《刑事诉讼法》规定的未成年人轻罪记录封存制度是我国未成年人刑事司法制度的重大发展。但该规定过于原则、操作性不强,且与诸多法律、法规及行政规章存在冲突,加之受传统观念"标签效应"的渲染,直接影响了该制度的实施效果和未来走向。在规范和事实之间,需要社会观念的转变、特定环境的支

持和配套制度的跟进,并在时机成熟时,将该制度升格为"未成年人犯罪记录消灭"制度。

论未成年人犯罪记录封存制度的适用
崔汪卫
《中国青年研究》,2014年第2期
关键词: 未成年人　犯罪记录　封存制度
摘要: 我国《刑事诉讼法》明确规定对未成年人犯罪记录实行封存制度,这是刑事诉讼立法的一大进步,但我国未成年人犯罪记录封存制度与美、德等发达国家相差甚远。构建完善的未成年人犯罪记录封存制度,必须借鉴国外的先进立法经验,从未成年人犯罪记录封存制度的适用范围、工作机构、实施程序、封存解除与消灭等方面进行考量,以解执法办案之困。

未成年人附条件不起诉适用风险判断
王满生　黄友根
《人民检察》,2015年第18期
关键词: 不起诉决定　《刑事诉讼法》修改　检察机关
摘要: 附条件不起诉是适用于未成年人的独特制度,准确判断适用风险是适用附条件不起诉的前提。作者认为,做好附条件不起诉的风险判断需要做好三方面工作,以保证附条件不起诉制度的准确适用:一、做好诉前调查,准确把握犯罪嫌疑人社会危险;二、增设听证程序,倾听各方声音;三、做实监督考察环节,客观评估考察表现。

第三节　案例精解

未成年人王某附条件不起诉案程序适用剖析[①]

一、案情介绍

2011年10月,十七岁的王某在朋友戴某(判有期徒刑三年)、刘某某(判有期徒刑三年,缓刑四年)的提议下,决定三人一起去抢钱,并将目标锁定在同在网吧上网的赵某身上。三人在网吧厕所对赵某强行搜身和语言威胁,抢走其人民币32元。案发后,王某深感后悔,在其父母的陪同下真诚地向赵某道歉并取得了赵某及父母的谅解。在检察机关征求被害人意见时,赵某及其父母均表示原谅王某,并主动要求检察机关对王某从轻处理。承办人经过走访,了解到王某平

---

① 参见张军、陈卫东主编:《新刑事诉讼法案例解读》,人民法院出版社2012年版,第309页。

时在学校的表现较好,其父母都在区内工作,有较好的监管条件。综合分析案情,结合附条件不起诉制度的适用情形,检察院决定对王某附条件不起诉,附六个月考察期限,并专门设定了适合王某的考察纪律及考察条件。承办检察官通过回访,了解到王某在考察期限内严格遵守了考察纪律,全部达到所附条件要求。2014年6月30日,检察院检察委员会研究决定,依法对王某作出不起诉决定,并于2014年7月5日向其宣布该决定。

二、主要问题

关于附条件不起诉制度的适用情形问题。

三、问题分析

对未成年人来说,附条件不起诉更多的是给其提供了一种机会,因为即使是判缓刑,他们的人生也会留下污点,日后在交友、读书、工作时都会受到很大的影响,甚至可能会影响其恋爱、结婚乃至以后的生活。因此,对于罪行较轻的未成年犯罪嫌疑人,考虑到其反社会人格尚未形成,人身危险性较小,如果其认罪态度较好,又有管教条件的话,不对其适用刑罚将有利于帮助他们回归社会。新《刑事诉讼法》对附条件不起诉的适用范围作了明确规定:

第一,附条件不起诉适用的案件范围包括未成年人实施的涉嫌侵犯人身权利民主权利犯罪、侵犯财产犯罪和妨害社会管理秩序犯罪,且可能判处一年有期徒刑以下刑罚。

本案中,经过对案件全面审查,承办检察官发现王某虽然在整个抢劫过程中没有直接动手对赵某搜身,也没有语言威胁,犯罪情节轻微,作用较小,但毕竟抢劫罪是刑法较重的罪名,且被害人是一名年仅十三岁的学生,如果直接对王某作酌定不起诉处理,被害人所受到的伤害可能得不到有效弥补,王某也可能因为没有受到相应的刑罚,更加轻视法律,甚至可能将保护未成年人的立法当做是自己行为的挡箭牌,从长远来看,也不利于其改过自新。但如果将其起诉至法院,那么王某一念之差带来的恶果将对其未来留有不可磨灭的污点。

第二,未成年人有悔罪表现,且未成年人犯罪嫌疑人及其法定代理人对人民检察院决定适用附条件不起诉无异议。

本案中,王某案发后深感后悔,在其父母的陪同下真诚地向赵某表示道歉并取得了赵某及其父母的谅解。王某父母都在区内工作,有较好的监管条件,并且对人民检察院决定适用附条件不起诉无异议。新刑诉法规定,未成年犯罪嫌疑人及其法定代理人对人民检察院决定附条件不起诉有异议的,人民检察院应当作出起诉决定,充分保障未成年犯罪嫌疑人平等公正地接受法院审判的权利。

第三,人民检察院在作出附条件不起诉决定以前,应当听取公安机关、被害人的意见。

本案中,在检察机关征求被害人意见时,赵某及其父母均表示原谅王某,并主动要求检察机关对王某从轻处理。

第四,人民检察院在决定对犯罪嫌疑人适用不起诉的同时,应当明确考验期。

本案中,为了既保证涉案的未成年犯罪嫌疑人能够继续在校上课,同时又能使其深刻认识到自己行为的刑事违法性,从而迷途知返,达到法律效果和社会效果兼顾的双赢局面,承办检察官向领导汇报了此案。在听取承办人的汇报后,公诉部门负责人决定采用附条件不起诉。检察官们认为,这一制度既可以保证王某继续完成学业,同时又给其一定期限的法律约束,督促其深刻悔过。附条件不起诉的考验期为六个月以上一年以下,从人民检察院作出附条件不起诉的决定之日起计算。

第五,附条件不起诉的未成年人,在考验期间应当严格遵守有关规定。

依照附条件不起诉决定书的内容,王某及其法定代理人分别出具了保证书、担保书,承诺在六个月的考察期限内严格遵守附条件不起诉决定书所规定的纪律和条件,做到遵纪守法,真诚悔过,努力学习。其法定代理人作为担保人,加强对王某的监督引导。同时,检察院还与王某的法定代理人及所在学校签订了帮教协议书,由三方配合做好对王某的帮教工作,使他痛改前非,逐步养成良好的生活、学习习惯。附条件不起诉的未成年犯罪嫌疑人,应当遵守下列规定:遵守法律法规,服从监督;按照考察机关的规定报告自己的活动情况;离开所居住的市、县或者迁居,应当报经考察机关批准;按照考察机关的要求接受矫治和教育。

第五章　当事人和解的公诉案件诉讼程序

第一节　本章观点综述

刑事和解是一种以协商合作形式恢复原有秩序的案件调解方式,它是指在刑事诉讼中,加害人以认罪、赔偿、道歉等形式与被害人达成和解后,国家专门机关对加害人不追究刑事责任、免除处罚或者从轻处罚的一种制度。经过多年的实践探索,我国国家司法机关、当事人以及民众、学者推动了刑事和解的制度化进程。[①] 新《刑事诉讼法》特别程序专章规定了当事人和解的公诉案件诉讼程序。

一、刑事和解的理论基础

关于刑事和解制度的理论基础论述,或从刑事和解的工具性价值即良好社会效果层面论述其合理性,或是从社会伦理层面和单一刑法学层面论述其合理性。刑事和解的理论和践行是对传统犯罪观、刑罚观的祛伪,也是传统刑事司法从报应正义向恢复正义的现代转型之辙。[②] 有学者另辟蹊径,从刑、民事责任的转化关系入手论述其合理性。由于民事赔偿在刑事和解案件中起着非常重要的作用,被害人是否同意达成和解协议的条件往往是看被告人能否满足其民事赔偿的要求,因此,民事赔偿如何影响刑事责任是构建刑事和解制度必须面对的问题。[③] 也有的学者提出批判意见,认为刑事和解是在我国犯罪被害人补偿制度缺位,被害人财产权利难以得到保障的情况下,借助表面的提高诉讼效率、解决疑难案件、促进社会和谐的光环,却可能否定存疑不起诉制度和存疑无罪裁判制度,存在倒退回有罪推定原则的危险,可能破坏刑事诉讼应有的秩序性而使刑事诉讼陷于无规则和难以预测的状态。[④] 甚至有人认为,刑事和解不考虑过程的公平性,是一种满足现实需要的功利主义产物,是对正当程序的破坏。[⑤]

[①] 参见萨其荣桂:《刑事和解实践中的行动者——法社会学视野下的制度变迁与行动者逻辑》,载《现代法学》2012 年第 2 期。
[②] 参见姜敏:《刑事和解:中国刑事司法从报应正义向恢复正义转型的路径》,载《政法论坛》2013 年第 5 期。
[③] 参见李会彬:《刑事和解制度的理论基础新探——以刑、民事责任转化原理为视角》,载《法商研究》2015 年第 4 期。
[④] 参见曾友祥:《中国刑事和解价值之辩》,载《政法论坛》2011 年第 6 期。
[⑤] 参见陈卫东:《构建中国特色刑事特别程序》,载《中国法学》2011 年第 6 期。

二、刑事和解的适用范围

公诉案件中因民间纠纷引起，涉嫌《刑法》分则第四章、第五章规定的犯罪案件，可能判处三年有期徒刑以下刑罚的，以及除渎职犯罪以外的可能判处七年有期徒刑以下刑罚的过失犯罪案件。犯罪嫌疑人、被告人真诚悔罪，通过向被害人赔偿损失、赔礼道歉等方式获得被害人谅解，被害人自愿和解的。修正后的《刑事诉讼法》虽然对刑事和解的适用范围、适用条件、适用后果、适用阶段以及和解方式等方面的内容作了直接或间接的规定。但是其中有些规定并不尽科学和完善，应在现有基础上从实体和程序两个方面对刑事和解制度予以进一步构建。刑事和解的适用范围不应局限在侵犯公民人身权利、民主权利和侵犯财产罪的两类故意犯罪中。对于故意犯罪和过失犯罪，法律可以对其适用不同的刑事和解刑期界限，但不应对其进行适用案件类型的限制。① 也有的学者认为，在刑事和解的适用基准上，其事实观应当有别于普通程序的事实观，分为入案事实和出案事实。② 在大多数事实清楚、证据充分的案件中，刑事和解还应将法律作为纠纷解决的重要基准，并据此补充完善刑事和解的程序规则。③ 在死刑案件的适用上，尽管近年来，由部分学者理论倡导、最高人民法院司法指引，与一些地方法院积极实践共同推出了死刑案件的刑事和解，但大部分学者都认为其前景并不乐观。④ 因此，从放宽其适用范围的角度考虑，可以借鉴最高人民检察院2011年颁布的《关于办理当事人达成和解的轻微刑事案件的若干意见》的相关规定，对刑事和解案件的适用范围采用排除式的说明和规制，列举出不能适用刑事和解的案件。

三、刑事和解的效力

新刑诉法并未对刑事和解协议的效力进行明确规定，导致对和解协议法律效力的认识存在模糊性和巨大差异，司法实践操作中将难免出现标准不统一、处理结果不协调、随意性大等诸多问题。有学者认为，公诉案件中当事人之间达成的和解协议具有合同的根本属性，在本质上仍属于合同的范畴，当然地具有主体、内容、责任的相对性。应明确和解协议的附条件民事合同属性，将其规定为法定从轻量刑情节和不起诉的法定依据之一。⑤ 有的学者则认为，应关注民间

---

① 参见郑丽萍：《新刑诉法视域下的刑事和解制度研究》，载《比较法研究》2013年第2期。
② 参见林志毅：《论刑事和解事实观》，载《现代法学》2011年第2期。
③ 参见向燕：《论刑事和解的适用基准》，载《法学》2012年第12期。
④ 参见梅传强、周建达：《刑事和解能否承受死刑司法控制之重？》，载《法制与社会发展》2012年第2期。
⑤ 参见姚显森：《公诉案件中当事人和解协议效力扩张及法律规制》，载《现代法学》2013年第5期。

规范的参与,关注对民间规范的吸纳。在刑事和解中援引民间规范,以便分配当事人权利义务,实现民间规范与刑事法律之"规范交易"[①]。对于刑事和解协议的法律后果,新刑诉法规定,公安机关可以向人民检察院提出从宽处理的建议,人民检察院可以向人民法院提出从宽处理的建议。对于犯罪情节轻微,不需要判处刑罚的,可以作出不起诉的决定。人民法院可以依法对被告人从宽处理。

四、刑事和解的制度完善

从政策到立法,一项新制度在理念、运行、预期效果等方面经过一段时间的司法实践后,就会发现问题并予以解决。有学者认为,刑事和解与控辩协商相互衔接、相互补充,才能真正实现刑事案件的合理分流。在建立刑事和解的同时,建立控辩协商制度,将"刑事和解"理解为刑事领域的"私了",并设置在一定条件下排除国家司法管辖权的法律后果。与刑事和解程序严格控制在有被害人的轻微刑事案件不同,控辩协商程序应当适用于包括死刑案件在内所有的刑事案件。[②] 笔者认为,此种制度构建生成的土壤,我国目前的司法环境尚不具备,赶英超美并无必要。更应结合现有立法规定和司法实践经验,从刑事和解的适用范围、适用条件、适用后果、适用阶段以及和解方式等方面进行完善。

第二节 相关论文摘要

论刑事和解与民间规范

谢 晖

《现代法学》,2011 年第 2 期

关键词: 民间规范 规范交易 刑事和解

摘要: 刑事和解,是我国正在倡导和试验的一种刑事纠纷解决方式。刑事和解的核心问题是处理加害人和受害人之间的权利义务关系。究竟根据什么规范处理、分配刑事和解中当事人的权利义务问题,是刑事和解的重要前提。民间规范只要获得刑事和解主持人、当事人在行为上的遵从、接受和心理上的确信、认同,则可以被援引为刑事和解中当事人权利义务分配的根据。不同类型的民间规范,具有不同模式的权利义务配置方式,但这都不影响在刑事和解中对当事人的权利义务分配。国家有关刑事和解正式制度的建立,应关注民间规范的参与,注意对民间规范的吸纳。

---

① 参见谢晖:《论刑事和解与民间规范》,载《现代法学》2011 年第 2 期。
② 参见汪建成:《刑事和解与控辩协商制度的衔接与协调——基于对刑事诉讼修正案(草案)第 274—276 条的分析》,载《政法论坛》2012 年第 2 期。

论刑事和解事实观

林志毅

《现代法学》,2011 年第 2 期

关键词: 刑事和解　事实观　司法行为

摘要: 刑事和解作为一种司法行为,以一定的事实为基础。刑事和解的事实观应当有别于普通程序的事实观,分为入案事实和出案事实。入案事实只要达到立案标准即可,出案事实定位为基本事实清楚为宜。同时,在刑事和解中也应当承认合意事实的存在。与刑事和解事实观相适应,关于破案和错案的观念也应当作相应的调整。

中国刑事和解价值之辩

曾友详

《政法论坛》,2011 年第 6 期

关键词: 刑事和解　价值　批判

摘要: 刑事和解是在我国犯罪被害人补偿制度缺位,被害人财产权利难以得到保障的情况下,借助表面的提高诉讼效率、解决疑难案件、促进社会和谐的光环,在司法实践中进行的改革探索。由于刑事和解恶化司法公信力、妨碍社会和谐,否定存疑不起诉制度和存疑无罪裁判制度,存在倒退回有罪推定原则的危险,可能破坏刑事诉讼应有的秩序性而使刑事诉讼陷于无规则和难以预测的状态。因此,对这一改革探索应当有一个清醒的认识。

刑事和解与控辩协商制度的衔接与协调——基于对刑事诉讼法修正案(草案)第 274—276 条的分析

汪建成

《政法论坛》,2012 年第 2 期

关键词: 刑事和解　控辩协商　衔接

摘要: 公诉案件中建立刑事和解制度是本次《刑事诉讼法》修订的一大亮点,然而,与刑事和解相呼应的控辩协商制度并没有引起本次修订的足够重视。刑事和解与控辩协商相互衔接、相互补充,才能真正实现刑事案件的合理分流。

刑事和解能否承受死刑司法控制之重?——基于案件社会学的分析

梅传强　周建达

《法制与社会发展》,2012 年第 2 期

关键词: 死刑司法控制　刑事和解　案件社会学

摘要: 作为近年来兴起的一种本土性的司法实践,死刑案件的刑事和解是由部分学者的理论倡导、最高人民法院的司法指引与一些地方法院的积极实践三方共同推进的结果。由于理论与论据上的一体两面性,价值层面的相关争论难

分伯仲,故有必要引入案件社会学的研究方法。经验地看,死刑案件的刑事和解是一个极为复杂的纠纷化解过程,围绕着三方主体的和解活动所产生的 8 个变量均在实质地影响着和解的进程及最终的命运。这些变量的能量释放及相互作用过程构成了死刑案件刑事和解实践运作的基本规律。通过对这种过程性的分析或规律性的把握可以看到,死刑案件刑事和解的前景并不乐观。

刑事和解实践中的行动者——法社会学视野下的制度变迁与行动者逻辑
萨其荣桂
《现代法学》,2012 年第 2 期

关键词: 刑事和解　制度化　行动者逻辑

摘要: 真正的制度创造者实际上是社会上的各个利益主体和行动者,历史就是在各个主体的行动中推进的,在各个主体行动的利益考量、相互博弈等过程中显示出制度运作的最为真实的生存逻辑。在刑事和解的制度化进程中,首先,作为行动者之一的司法机关不但在宏观上成为刑事和解在我国制度化的一个重要推动力量,而且在微观上,即在刑事和解的具体个案中,其以国家法律的权威和强制力量作为后盾,从程序上决定着刑事和解程序的启动、进行,以及和解后的处理结果等;其次,如果说司法机关决定着刑事和解程序的启动、运作方式以及和解成功后的处理方式,那么当事人的博弈和实践便决定着案件的发展方向;最后,在这一系列的事件和宏观进程中,民众以及学者也以自身的方式参与其中,成为刑事和解制度化的重要推动因素和催化剂。

我国民族自治地方变通施行刑法之机制研究——以刑事和解为视角的考察
刘之雄
《法商研究》,2012 年第 3 期

关键词: 刑法　民族自治地方　刑事和解

摘要: 我国民族自治地方变通施行刑法的现行制度缺乏合理性和可行性。刑事和解既具有变通施行刑法的功能,又具有克服我国现行刑法规定的变通制度固有弊端的优点,并且与我国民族自治地方的传统法律文化高度契合,因此应作为我国民族自治地方变通施行刑法的最佳机制。在我国民族自治地方推行刑事和解制度,应采用司法机关主导的和解、司法机关委托的和解和司法体制外的和解并存的模式。我国民族自治地方的传统法律文化、民间解纷力量以及习惯法是在该地方推行刑事和解制度可资利用的本土资源,应将其纳入刑事和解的制度框架加以合理利用,以保障刑事和解制度的价值得以充分体现。

论刑事和解的适用基准
向　燕
《法学》,2012 年第 12 期

关键词：刑事和解　纠纷解决　法律适用

摘要：刑事和解实践的产生根源于司法机关对妥善解决纠纷的需要。纠纷解决也成为刑事和解获得其正当性的重要基础。但是，在司法实务中，对纠纷解决目标的过度追求，导致了办案机关不适当的施压行为，以及当事人偏好的方案大幅偏离法律规定等弊端。纠纷解决的单一目标不足以赋予刑事和解正当性。在大多数事实清楚、证据充分的案件中，刑事和解还应将法律作为纠纷解决的重要基准，并据此补充完善刑事和解的程序规则。

新刑诉法视域下的刑事和解制度研究

郑丽萍

《比较法研究》，2013年第2期

关键词：《刑事诉讼法修正案》　刑事和解　理念

摘要：刑事和解制度化是刑事和解必然的发展趋势，也是刑事和解合法性的必然要求。修正后的《刑事诉讼法》虽然对刑事和解的适用范围、适用条件、适用后果、适用阶段以及和解方式等方面的内容作了直接或间接的规定，但是其中有些规定不尽科学和完善。因此，应在现有基础上从实体和程序两个方面对刑事和解制度予以进一步完善。

刑事和解的政策性运行到法制化运行——以当事人和解的轻伤害案件为样本的分析

黄京平

《中国法学》，2013年第3期

关键词：刑事和解　刑事一体化　非刑罚化

摘要：刑事和解探索实践中的非规范结案方式，游离于基本刑事诉讼制度之外，也与《刑法》规定不符，更构成了警察权对检察权的逾权侵入或不当干扰。我国的刑事和解已由政策性运行转型为法制化运行，对于这一转型应予以刑事一体化的考察。《刑事诉讼法》规定的刑事和解制度应当定位为与刑事实体法规定相适应的、以刑事谅解为基础的刑事和解制度。刑事和解的法律后果，不是非犯罪化，仅是非刑罚化或刑罚轻缓化。刑事和解中的案件分流，是实体性分流与程序性分流的有机结合。

刑事和解：中国刑事司法从报应正义向恢复正义转型的路径

姜　敏

《政法论坛》，2013年第5期

关键词：刑事和解　恢复正义　报应正义

摘要：始于我国刑事司法实践，并最终被2013年1月1日实施的《刑事诉讼法》法制化的刑事和解，是我国刑事司法实务和理论界的热点、焦点和争点。它以赔偿损失或道歉等为器，以矫正错误、修复损害、治愈心灵而决刑事纠纷，从而实现恢复正义，迥异于传统刑事司法借助于刑罚之器——以惩罚之苦隔离化和污点化犯罪而实现的报应正义。刑事和解的理论和践行是对传统犯罪观、刑罚观的祛伪，也是传统刑事司法从报应正义向恢复正义的现代转型之辙。徒刑事和解不足以自行，正如徒刑罚不足以自行，惩罚的实现依赖监狱等配套器物和制度与之相适应，刑事和解恢复正义的实现也不能单枪匹马，必须有其他配套的健全机制才能达至。

公诉案件中当事人和解协议效力扩张及法律规制

姚显森

《现代法学》，2013年第5期

关键词： 和解协议　协议效力扩张　法律规制

摘要： 公诉案件中当事人和解协议对公安、司法机关具有约束力，其协议内容和违约责任超出了普通民事协议的范围。当事人和解协议效力扩张具有理论依据、文化渊源和实践基础，还具有公正和效益价值，但也面临加害方以钱赎罪赎刑、被害方借罪借刑讹钱、追诉方借"议"枉法、裁判方借"议"擅断等多重风险。为依法防控这些风险，应完善和解程序，明确和解协议的附条件民事合同属性，将当事人达成和解协议规定为法定从轻量刑情节和不起诉的法定依据之一，规定协议无效时无过错方可以要求过错方承担增加损害的民事赔偿责任或返还协议所得，规定和解过程中的事实陈述可以作为民事自认的特殊表现形式及适用民事简易程序的重要条件。

刑事和解制度的理论基础新探——以刑、民事责任转化原理为视角

李会彬

《法商研究》，2015年第4期

关键词： 刑事和解　刑、民事责任　转化关系

摘要： 通过对国外和国内关于刑事和解制度理论基础的考察可以发现，这些理论均缺乏对刑、民事责任转化原理的探讨，而这一问题是构建刑事和解制度理论基础必须回答的问题。刑、民事责任惩罚性与补偿性的部分融合，刑法系保障法与民法系调整法的体系关系定位以及刑、民事责任之间实质模糊地带的存在，为刑、民事责任的转化提供了实体法上的依据。同时，它也决定了可以适用刑事和解制度的案件通常具有民事责任对刑事责任形成影响带有普遍性，刑、民事责任转化带有单向性，以及对轻罪可以影响定性、对重罪只能影响量刑的特点。

刑事和解适用中的异化现象及防控对策

姚显森

《法学论坛》,2014 年第 5 期

关键词:刑事和解　性质　功能

摘要:公诉案件刑事和解制度在适用中存在性质异化、功能异化及程序异化等问题。为此,应准确理解刑事和解的刑事属性,全面认识刑事和解的制度功能与过程功能,在刑事实体法中将当事人达成和解规定为酌定或法定量刑情节,在刑事程序法中明确规定刑事和解协议的一般效力与扩张效力,增加刑事和解适用措施,设置协议赔偿比例限额,细化刑事和解适用条件。还应优化刑事和解办案机制,发挥刑事和解过程功能,完善多元主体参与机制,确立相对独立的刑事和解案件评估机制与协议达成后反悔处置机制,建立司法案件监督协作机制与当事人投诉及损害补偿机制。

基于刑事和解的赔偿减刑

高永明

《中国刑事法杂志》,2013 年第 11 期

关键词:刑事和解　赔偿减刑　非刑罚处罚措施

摘要:刑事和解"花钱买刑"的嫌疑,可能导致一种普遍的误解。法制宣传和教育的根本在于法治理念的传播,而不是表面上法律条文的诵读。因而,刑事和解的有效运转需要从理论上诠释"赔偿减刑"的正当化依据。在逻辑上,"花钱"无法"买刑",在"花钱买刑"的背后是刑事和解与时下正在推崇的程序本位及程序自治背离的实质。刑事和解能够减刑的一般性正当依据在于,和解对民间纠纷解决的有效性以及此中具体正义实现的功效。刑事和解赔偿减刑正当性的规范性依据在于,"刑事赔偿"已具有承担部分刑事责任的属性,在禁止双重危险原则和罪刑均衡原则下,相应地要求对行为人减轻处罚。在确立非刑罚处罚措施作为刑事责任承担的替代形式时,有必要在刑法中确立和解赔偿减刑的实体法依据,这是和解赔偿减刑制度确立后对刑法修正的要求。

新刑诉法中刑事和解规定的实体法解读——以适用范围为例

陈建桦　刁涌

《河北法学》,2013 年第 11 期

关键词:刑事和解　刑事实体法　适用范围

摘要:2012 年刑诉法修改新增了刑事和解的规定,新规定的理解和适用问题系目前亟待解决的。其中,适用范围的问题包含了实体法和程序法的问题,有必要运用刑事一体化的视野进行解读。刑事和解制度在我国具有重要意义。应当区别自诉案件和公诉案件讨论刑事和解范围的问题。

刑事和解几个问题思辨——兼评《刑事诉讼法修正案(草案)》相关内容

张书铭　张晓晓

《中国刑事法杂志》,2011 年第 11 期

关键词:刑事和解　争议　思辨

摘要:在构建社会主义和谐社会的背景下,中央和地方司法机关把刑事和解作为实施宽严相济刑事政策的重要举措,通过规范性文件、内部工作制度等形式探索、开展了刑事和解工作,取得了积极效果,并写入了本次《修正案(草案)》。然而,理论界和实务界对刑事和解理论和实践的有关问题仍存不同理解或争议。刑事和解有其存在的依据和必要性,但应统一认识和理解;刑事和解并不背离刑事法律的基本原则,但应当限定案件范围和诉讼阶段,不能将刑事和解泛化。

刑事和解适用问题实证研究——以广东省为例

马婷婷　何国强

《中国刑事法杂志》,2012 年第 3 期

关键词:刑事和解　实证研究　适用程序

摘要:刑事和解的"合法性"、适用的程序以及刑事和解与"花钱买刑"之间的关系一直是困扰刑事和解司法实践的主要问题。对广东省三类地区在刑事和解范围、条件、主持者、参与者、承担责任的方式等方面进行实证调研后发现,刑事和解在《刑事诉讼法》中的规定宜粗不宜细;和解的主持者可采取公安、司法机关为主,人民调解委员会为辅的模式;和解范围在侦查、起诉和审判阶段应区别对待。

"被害人保护"与"刑罚轻缓化":刑事和解不能承受之重

杨会新

《法律科学(西北政法大学学报)》,2011 年第 6 期

关键词:刑事和解　被害人保护　刑罚轻缓化

摘要:"被害人保护"与"刑罚轻缓化"在刑事和解中互为条件、相互作用,成为刑事和解的两大功能。然而,"被害人保护"与"刑罚轻缓化"的产生原因与适用范围均不相同、旨趣各异,试图将二者融合在刑事和解一项制度之中,可能直接影响到刑事和解制度本身的正当性和妥当性。宜分化刑事和解的功能,通过不同的途径分别实现"被害人保护"与"刑罚轻缓化"。

刑事和解制度的实践困境与破解之道

秦宗文

《四川大学学报(哲学社会科学版)》,2015 年第 2 期

关键词:刑事和解　《刑事诉讼法》修改　被害人保护

摘要:《刑事诉讼法》修改后,刑事和解制度的实施现状与预期有较大落差,

其直接原因是立法失误及推动和解动力源的变化,深层原因则是对某些刑事和解理论的误读。重新解释刑事和解的本质及经济赔偿的本意,对刑事和解价值目标进行合理分流,增加公安、司法机关之外的有权威的和解主持者,正确认识经济赔偿的差异性并确立赔偿的指导基准,建立补充性的国家代偿机制等将有助于刑事和解走出实践困局。

中国藏区刑事和解问题研究——以青海藏区为中心的调查分析

苏永生

《法制与社会发展》,2011年第6期

关键词: 中国藏区　刑事和解　刑事司法

摘要: 在中国藏区,刑事和解有着悠久的历史传统,是该地区重要的刑事冲突解决机制。近年来,在和谐社会语境下,中国藏区的刑事和解有所复兴,主要表现为诉讼外和解与诉讼内和解两种形式,其基本依据是盛行于当地的和解赔偿习惯法;实践中,和解的主持者主要是在当地具有威望的长老、宗教人士、村长、部落头人的后裔、司法人员等。整体而言,中国藏区的刑事和解与国家刑事司法之间是存在冲突的,而且造成这种冲突的原因较为复杂。为了解决这一冲突,实现中国藏区刑事法治的良性发展,应以维护刑法规范的有效性和彻底解决刑事冲突为功能向度,建立包括刑事案件发现制度、诉讼外和解确认制度和诉讼内和解制度为基本内容的刑事和解制度。

侦查阶段刑事和解六大质疑之消解

董邦俊

《中南民族大学学报(人文社会科学版)》,2015年第1期

关键词: 侦查阶段　刑事和解　质疑

摘要: 修正后的《刑事诉讼法》规定,在侦查、起诉以及审判各阶段可以进行刑事和解,此举使得刑事和解法制化。尽管如此,我国学者对侦查阶段适用刑事和解充满质疑,包括侦查机关对事实调查的懈怠、对裁决理性和中立的怀疑、腐败滋生的可能、犯罪预防效果下降、司法效率的降低、公众满意度不高等六个方面。因此,有必要对侦查阶段刑事和解适用问题进行辩证思考,为多元化纠纷解决机制的推行贡献力量。

我国重罪案件适用刑事和解面临的挑战及应对

陈学权

《法学杂志》,2015年第4期

关键词: 刑事和解　附带民事诉讼调解　重罪案件

摘要: 刑事和解在我国重罪案件中的适用具有一定的普遍性。但我国新《刑事诉讼法》第277条规定刑事和解仅适用于轻罪案件,这为今后在重罪案件中适

用刑事和解带来了挑战。我国刑事和解制度包含的内容在附带民事诉讼调解中均能直接或间接地体现出来，因而新《刑事诉讼法》第101条关于附带民事诉讼调解的规定为刑事和解适用于重罪案件提供了可能。为了规范刑事和解在重罪案件中的适用，建议明确可以适用附带民事诉讼调解的重罪案件范围、在附带民事诉讼调解中确立刑事和解优先原则、明确附带民事诉讼调解的最高赔偿标准和从宽处罚的幅度。

法国公诉替代程序研究——兼评"自然演进"型的司法改革观

施鹏鹏

《比较法研究》，2015年第5期

关键词： 公诉替代程序　刑事和解　刑事调解

摘要： 法国公诉替代程序是司法实务部门为应对法庭堵塞、效率低下而创设的刑事应对机制，包括刑事和解、刑事调解、赔偿受害人损失等一系列替代措施。从司法数据看，公诉替代程序在刑事诉讼中的适用呈逐年稳步上升趋势，但也存在诸多隐忧，包括体系混乱、衔接无序、刑事处罚司法化、鼓励认罪以及权利保障不足等问题。法国公诉替代程序的演变蕴涵了近年来欧洲"自然演进型"的司法改革观，这是对传统"理性建构"的有益补充，值得关注。

刑事和解：价值凸显与权力互动

薛静丽

《法学杂志》，2015年第10期

关键词： 刑事和解　治理　司法成本

摘要： 刑罚不是治理社会的全部手段，只是治理社会的手段之一，这是现代国家逐步达成的共识。刑罚的运用必须考虑到其自身的强制性、破坏性以及司法成本，而且其运用状况必然受到人权保障意识和刑事法治理念的影响。刑事和解优化了刑事法律关系，其制度设计有效降低了刑罚本身不可避免的负面效应，如"社会心理"及"标签"效应等。刑事和解更多关注的是被害人和犯罪人本身关系的发展，体现出国家权力与社会权力的良性互动。

再论刑事和解中的被害人权利保护

李玉洁　杨俊

《河北法学》，2015年第12期

关键词： 刑事和解　《刑事诉讼法》　恢复性司法

摘要： 2012年修正的《刑事诉讼法》中专章规定了刑事和解，表明我国已正式建立了刑事和解制度。作为恢复性司法理念的主要实践模式，刑事和解承载了修复社会关系、化解社会矛盾的功能。更为重要的是，刑事和解制度凸显了保护被害人的权利这一核心价值。所以,应当以此次立法修正为契机,重点关注刑事和解制度在我国的实际运行状况,尤其是把被害人权利保护问题置于刑事和解的框架之下进行考察,从而实现立法规定和实践效果的有机统一。

刑事和解在死刑案件中之适用初探——以适用的范围与条件为中心

甄 贞 郑瑞平

《法学杂志》,2014 年第 1 期

关键词:刑事和解 死刑案件 案件范围

摘要:目前,我国学术界对能否适用死刑和解制度尚有争议,作者赞同在一定范围内的死刑案件可以适用刑事和解。确定这一范围的标准:一是感情条件,主要看加害人是否真心悔过,主观恶性大小以及社会危险性大小,考察和解的感情基础是否成立;二是客体条件,侵犯个人法益的案件原则上可以和解,但也有例外。按照两个标准,可以确定案件范围。对死刑和解的适用条件,主要从主观和客观两个角度考察,设置了六个条件。

转型与承续:民国时期的刑事和解——基于龙泉司法档案(1929—1949)的考察

胡 铭 张 建

《浙江大学学报(人文社会科学版)》,2014 年第 1 期

关键词:龙泉司法档案 刑事和解 民国

摘要:清末民国时期,西法输入,尽管国家法层面确立了国家追诉主义原则,但在司法实践中刑事和解依然占据相当大的比重。龙泉司法档案作为近期新发现的目前所知民国时期保存最完整、数量最大的地方司法档案,为我们提供了极佳的检视当时的司法实践的样本。民国时期的刑事和解,反映了这一时期司法运作的特有逻辑,体现出法律表达与实践的分离,承载着新设司法机关乃至整个社会的转型。审视这批珍贵的司法档案及其呈现出的刑事和解实践机理,对于正处于转型期的我国刑事和解制度具有现实意义,更提醒我们,刑事司法改革的路径选择应重视本土经验的归纳,并建构适合于本土的刑事诉讼制度。

刑事和解制度的运行机理与逻辑缺陷——兼评我国《刑事诉讼法》第 277—279 条

王艳慧

《法学杂志》,2014 年第 4 期

关键词:刑事和解 恢复正义 报应主义

摘要:我国新修订的《刑事诉讼法》规定了刑事和解制度,但刑事和解制度在

理论上存在诸多逻辑缺陷：和解与刑事领域公法性的冲突；依据可能判处的刑罚决定是否能够和解是典型的由果导因的错误思维方法；被害人得到赔偿与对犯罪嫌疑人、被告人从宽处罚相对应，在实质上是犯罪嫌疑人、被告人赔偿能力的比拼，既会导致同案不同罚的结果，也存在对加害人人格歧视的不公平；赔偿的积极与否与犯罪嫌疑人、被告人是否悔罪以及人身危险性的大小没有必然因果关系；提高被害人地位与刑事和解制度没有推导逻辑，不能作为该制度的理论基础。在评价刑事和解制度上，有必要澄清契约自由、个体本位、恢复正义等相关基础概念，进而为反思该制度提供一个新的视角。

公安机关刑事和解实证研究——以广东公安机关刑事和解实践为样本
徐启明　孔祥参
《中国人民公安大学学报（社会科学版）》，2014年第2期
关键词：公安机关　刑事和解　法律风险
摘要：随着新修订的《刑事诉讼法》的生效实施，作为一种具有地方经验的制度实践，公安机关刑事和解成为刑事诉讼中的特殊程序。对广东公安机关刑事和解实践的实证分析表明，作为地方经验的制度实践与作为特殊程序的公安机关刑事和解存在潜在的冲突。公安机关所处的诉讼阶段与职权特点决定了其适用刑事和解程序既具有独特的优势，又存在相当的法律风险。应在正确理解新《刑事诉讼法》关于公安机关刑事和解规定的基础上，探索建立专门化且具良好衔接性的公安机关刑事和解机制。

刑事和解制度中当事人之间的博弈与对策
赵书文
《河北法学》，2014年第4期
关键词：刑事和解　逆向侵害　法律投机
摘要：新修订的《刑事诉讼法》中确立了刑事和解制度，这对于增强受害人的利益保护，提升其在刑事诉讼程序中的地位是有益的。然而，在司法实践中，受害人有可能利用这种优势地位与加害人形成利益博弈，具体表现在受害人向加害人漫天要价，以及加害人为了躲避刑事责任的追究，便与受害人临时达成协议，形成利益同盟，从而使得刑事和解制度的立法目的落空。为了避免上述情形的出现，有必要在法律中增加经济赔偿的上限标准和建立对加害人的综合考察机制，以此来保证刑事和解制度立法意图的实现。

第三节 案例精解

杜某故意伤害罪刑事和解案研究[①]

一、案情介绍

2006年11月14日,被告人杜某因琐事与同事即被害人王某发生口角,后因被告人杜某辱骂王某,王某前去责问杜某,并动手打了杜某一个耳光。在双方扭打过程中,被告人杜某从工作台上拿了一把剪刀对王某腹部捅了一刀。后经医院诊断和法医鉴定:王某肝圆韧带部分断裂伴活动性出血,左肝外叶可见一约1.5厘米的裂伤,深约1厘米,亦有活动性出血,其损伤程度已构成重伤。现王某肝脏经医院修补,已基本痊愈出院。

案件起诉到法院后,被害人王某向法院提起附带民事诉讼;在该案审理过程中,被告人杜某自愿认罪。法院认为,本案是同事之间因口角引发的伤害案件,被害人对纠纷发生也有过错,案件属于刑事和解范围;如能达成和解,不但不会放纵犯罪,相反,对双方的关系恢复,对弥补被害人的经济损失,对被告人的教育改造都有好处。在征得双方同意的情况下,本案进入刑事和解程序。经社会调查,被告人杜某所在村委会出具了关于被告人杜某一贯表现良好,请求法院对其从轻处罚,适用非监禁刑,并愿意对其进行帮教的书面意见。经法院主持调解,最终被告人和被害人双方达成了和解协议:被告人杜某自愿认罪并向被害人赔礼道歉,同时赔偿被害人经济损失人民币4.9万元;被害人王某对被告人表示谅解,接受道歉和赔偿,并表示自己也有过错,请求法院对被告人杜某从轻处罚。刑事和解协议达成时,双方亲友握手言和,互相真诚地道了声"对不起"。被告人杜某所在村的村长特意从外地赶来旁听案审,对法院教育被告人、组织双方进行和解的方式表示感动。被害人也对法院耐心细致的调解工作及使其获得圆满的赔偿表示感谢。

江苏省无锡市北塘区人民法院经审理认为,被告人杜某故意伤害他人身体,致一人重伤,其行为已构成故意伤害罪。公诉机关指控被告人杜某犯故意伤害罪的事实清楚,证据确凿、充分,适用法律正确,指控罪名成立。鉴于本案系同事之间偶发的伤害案件,被告人杜某主观恶性小,且归案后如实供述犯罪事实,当庭自愿认罪,积极向被害人赔礼道歉和赔偿被害人的经济损失,已取得被害人的谅解;同时,被害人对纠纷的发生亦存在不当行为,决定对被告人杜某从轻处罚。

[①] 参见沈德咏主编:《法律规则的提炼与运用〈人民司法·案例〉重述(刑事卷)(2007—2010)》,法律出版社2012年版,第202页。

综合考察被告人杜某的犯罪情节和悔罪表现,符合适用缓刑的法定条件,可以宣告缓刑。对辩护人的辩护意见予以采纳。据此,依照《刑法》相关规定,判决如下:

被告人杜某犯故意伤害罪,判处有期徒刑三年,缓刑三年。

二、主要问题

适用刑事和解的条件。

三、问题分析

在刑事和解这一程序中,法院在查清事实后,主持刑事和解,被害人能够就犯罪事实直接叙说,发泄对所受伤害的委屈或疑惑,接受犯罪嫌疑人的道歉并表示宽恕,最终得到经济赔偿。这样对被害人家属、被告人的和解意愿进行正确的引导和保护,会满足各方的利益需要,收到良好的社会效果。因此,刑事和解的实质就是将犯罪所侵害的社会关系尽量恢复的纠纷解决机制,对妥善处理刑事案件并达到社会效果和法律效果的有机统一具有特别积极的意义。

1. 主观条件。被告人承认有罪和当事人双方自愿参加和解是刑事和解必不可少的主观条件。被告人承认有罪,一方面是法院认定犯罪事实的有力证据;另一方面意味着被告人认识到自己的行为给被害人带来的伤害,因此是被告人具结悔过、赔礼道歉和赔偿经济损失的事实基础。同时,犯罪嫌疑人、被告人真诚悔罪,通过向被害人赔偿损失、赔礼道歉等方式获得被害人谅解,被害人也是自愿和解。本案中,被告人杜某和被害人王某均满足上述主观条件。

2. 客观条件。查明证据达到证明犯罪成立的要求是刑事和解的重要条件。因为公诉程序蕴含了公共利益的追诉愿望,责任的确定与承担必须以明确的案件事实为前提。刑事审判的证据要求不能因为刑事和解的加入而降低。无论最终给予被告人何种形式和程度的刑罚,都要求案件事实清楚,证据确实、充分。

3. 适用范围。刑事和解的目的决定了刑事和解的范围,刑事和解的适用范围只能严格限制在加害人的主观恶性不深、犯罪动机简单、社会影响小的案件中。并且,犯罪嫌疑人、被告人在五年以内曾经故意犯罪的,不适用刑事和解规定。这些案件情节简单、事实和证据比较容易查清,并且多发生于邻居、同事和朋友之间,便于和解协议的达成,用和解的形式解决纠纷能及时还原被切断的人际关系,最大限度地修复被破坏的社会关系。

第六章 犯罪嫌疑人、被告人逃匿、死亡案件违法所得的没收程序

第一节 本章观点综述

我国2012年修改的《刑事诉讼法》增设了四种特别程序,其中之一为"犯罪嫌疑人、被告人逃匿、死亡案件违法所得的没收程序"(以下简称"特别没收程序")。该程序的设立旨在解决因贪官外逃而引起的无法对其进行刑事追诉,也相应地无法追回其违法所得的制度缺陷。新刑诉法对特别没收程序加以规范,顺应了国际社会加大对腐败犯罪案件打击力度的总体趋势,也为我国的反腐败工作提供了更为有力的法律保障。新刑诉法于2013年1月1日起开始实施,最高人民检察院、公安部、最高人民法院相继颁布了关于新刑诉法的司法解释或实施细则,"六部委"(最高人民法院、最高人民检察院、公安部、国家安全部、司法部、全国人大常委会法制工作委员会)联合发布了《关于实施刑事诉讼法若干问题的规定》,其中对特别没收程序作了进一步的完善,但由于这项规定仍不够细致具体,理论界和实务界对于特别没收程序仍存在许多争议。

首先是特别没收程序的性质之争。特别没收程序在修改后的刑诉法中得以确立之后,学术界对于如何理解该程序的性质,出现了意见分歧。有学者将其解释为民事诉讼程序,认为特别没收程序应当类属于民事诉讼程序而非刑事诉讼程序,因为其并不直接处理行为人的刑事责任,而仅仅是确认涉案财物的权利归属,因此,其本质上是解决财产性质的纠纷,与民事诉讼程序的标的具有同质性,类属于民事诉讼中的确权之诉。相应地,特别没收程序中的证据规则应当适用民事证据规则。[①] 另有学者则认为,我国将特别没收程序规定在《刑事诉讼法》之中,这表明其属于刑事没收而非民事没收,因而在程序上应与一般刑事诉讼程序保持协调一致。如熊秋红教授认为:"将特别没收程序的性质解释为刑事诉讼程序,尤其是带有保安处分属性的刑事诉讼程序,更具合理性和准确性。主要理由如下:(1)对特别没收程序性质的界定应当与《刑法》相关规定相呼应;(2)刑诉法对特别没收程序的规定凸显了其刑事程序性质;(3)将特别没收程序解释为刑事程序更有利于对当事人权利的保护。"[②] 对此,持"民事程序说"的学者予以了反驳:"一项程序是否由《刑事诉讼法》作出规定,并非判定该程序性质的唯

---

① 参见万毅:《独立没收程序的证据法难题及其破解》,载《法学》2012年第4期。
② 熊秋红:《从特别没收程序的性质看制度完善》,载《法学》2013年第9期。

一依据和标准,以刑事附带民事诉讼程序为例,虽然刑事附带民事诉讼程序也是由《刑事诉讼法》所明文规定,但学界公认,刑事附带民事诉讼程序在本质上仍属民事诉讼程序而非刑事诉讼程序。"①还有学者则认为:"对未定罪没收程序法律性质的理解不应仅着眼于其某个或某些方面的特征,而应从程序的本质特征上进行整体把握。总体而言,未定罪没收程序具有刑事程序的属性,但又有别于刑事公诉程序。"②可见,将特别没收程序定位为刑事诉讼程序的理由尚有待充分论证。对于特别没收程序的性质,除了"民事诉讼程序说"和"刑事诉讼程序说"之外,还有观点认为它是一个行政程序,但具体理由未予详解。特别没收程序的性质之争,直接影响到对特别没收程序中程序规则和证据规则的理解、构建与适用,因此亟待予以澄清。

其次是特别没收程序的适用范围和对象。特别没收程序在我国属于新设制度,尚待从学理上加以审视。刑诉法仅有4条规定,该程序还显得相当粗疏;相关司法解释或实施细则对其做了补充。总体而言,对特别没收程序立法、司法解释的理解以及特别没收程序的进一步完善,均需以对特别没收程序性质的认识为基点而展开。

关于特别没收程序的适用范围,有学者认为:"根据新刑诉法的规定,特别没收程序适用于贪污贿赂犯罪、恐怖活动犯罪等重大犯罪案件,前两类犯罪采取列举的方式,已经明确了它的适用范围,关键是如何理解除贪污贿赂犯罪、恐怖活动犯罪之外的其他重大犯罪案件。《最高人民法院关于〈适用中华人民共和国刑事诉讼法〉的解释》第508条对'重大犯罪案件'做了进一步的解释……我国在特别没收程序创立之初,适用的案件范围暂不宜过大,待积累经验,条件成熟之后,可以逐步扩大它的适用范围。"③有学者则认为:"适用的案件类型为'贪污贿赂犯罪、恐怖活动犯罪等重大犯罪案件'。其中,贪污贿赂犯罪是指《刑法》分则第8章规定的犯罪,恐怖活动犯罪是指《刑法》第120条规定的'组织、领导、参加恐怖组织罪'和第120条规定的'资助恐怖活动罪',其他案件必须在危害程度上与前述犯罪一样重大,才能适用本程序。"④还有学者认为:"《刑事诉讼法》第280条从性质和情节两方面限制了可以适用特别没收案件的范围,但理论界主张取消这种限制、将特别没收程序扩大适用于所有案件的观点不在少数。从文义解释的角度看,与'贪污贿赂犯罪、恐怖活动犯罪'具有同质性的'重大犯罪案件'都可以适用特别没收;然而,立法机关在有关文件中指出'目前特别没收程序只能适用于贪污贿赂犯罪和恐怖活动犯罪这两种案件而不宜做扩大解释'。应当说,

---

① 万毅:《独立没收程序的证据法难题及其破解》,载《法学》2012年第4期。
② 邓晓霞:《未定罪没收程序的法律性质及证明标准》,载《政治与法律》2014年第6期。
③ 同上。
④ 孙煜华:《涉案财产没收程序如何才能经受宪法拷问》,载《法学》2012年第6期。

这种解释在目前具一定的合理性。……除了案件性质的限制外,适用特别没收程序的案件在情节上必须达到'重大'程度,这一限制的理由与对案件性质的限制并无二致。……情节'重大'必须同时具备涉案金额大和刑期或社会影响的要求。"①

关于特别没收程序的适用对象,有学者认为:"特别没收程序所针对的对象包括人和物两个方面。从人的方面来看,其前提是犯罪嫌疑人、被告人逃匿(在通缉1年后不能到案)或者死亡。在具体掌握上,应当注意对立法规定中的'逃匿'和'死亡'均需作严格解释。……从物的方面看,特别没收程序所针对的是'违法所得及其他涉案财产'。最高人民检察院发布的《人民检察院刑事诉讼规则(试行)》第523条第3款指出:犯罪嫌疑人实施犯罪行为所取得的财物及其孳息以及犯罪嫌疑人非法持有的违禁品、供犯罪所用的本人财物,应当认定为'违法所得及其他涉案财产'。《最高人民法院关于适用〈中华人民共和国刑事诉讼法〉的解释》也作了与此类似的规定。"②有学者则认为:"适用的客体条件为'违法所得及其他涉案财产',对应到《刑法》第64条即指'犯罪分子违法所得的一切财物'、'违禁品和供犯罪所用的本人财物'。实际上,尽管《刑事诉讼法》特别程序第3章的标题是'犯罪嫌疑人、被告人逃匿、死亡案件违法所得的没收程序',似乎没收指向'违法所得';但是该法第280条中没收的对象是'违法所得及其他涉案财产',而且没收程序最终还要依照《刑法》,所以《刑法》第64条中的没收对象才是'违法所得没收程序'的对象。从标题和正文表述一致性的角度来看,违法所得没收程序这个标题是不准确的,应当改为'涉案财产没收程序'。"③

最后是特别没收程序的证明标准之争。有学者认为:"首先,我国特别没收程序适用于贪污贿赂、恐怖活动犯罪等重大犯罪案件。因在这类案件中,犯罪嫌疑人或被告人不在案,又缺乏完善的财产接管制度、担保制度和申请排除制度,国家赔偿制度也不完善,可能导致财产长期处于被查封或扣押状态,难以实现保值、增值,对错误裁判的纠正亦难以弥补权利的减损,故需要适用较高的证明标准以平衡双方的利益。其次,特别没收程序可以不经定罪没收财产,已经体现了从严打击特定犯罪的立场。其具体的程序设计应当适度轻缓,否则将有违'宽中有严,严中有宽,宽严相济'的刑事司法政策的要求。最后,从域外经验来看,从严掌握特别没收的证明标准是一种趋势。……应该按刑事案件的要求把握特别没收程序中的证明标准。"④也有学者认为:"未定罪没收程序应确立'优势证据'的证明标准。就未定罪没收程序的证明标准而言,决定性因素并非程序的结构

---

① 邵劭:《特别没收程序的理论和适用问题探析》,载《法商研究》2014年第4期。
② 熊秋红:《从特别没收程序的性质看制度完善》,载《法学》2013年第9期。
③ 孙煜华:《涉案财产没收程序如何才能经受宪法拷问》,载《法学》2012年第6期。
④ 邵劭:《特别没收程序的理论和适用问题探析》,载《法商研究》2014年第4期。

或性质,而应取决于该程序所涉及的争议对象及对错误损害的评价……在未定罪没收程序中确立'排除合理怀疑'的标准既不符合诉讼经济原则,影响诉讼效率,也不利于实现打击腐败、恐怖主义犯罪,防止国家、集体财产流失的程序设置初衷。"①有学者则认为:"在对财产的保安处分程序中,是否应当遵循最高的证明标准——'案件事实清楚,证据确实、充分'或者'排除合理怀疑',不无质疑的余地。因为'对物之诉'与'对人之诉'相比,当裁判出现错误时更易于进行救济。此外,在我国的特殊没收程序中,如何通过强化程序规则,促成对于案件事实的证明,达到司法解释所规定的最高证明标准,也是一个需要考虑的问题。在英美法系国家,由于将未经定罪的没收定性为民事没收,因此采取'优势证据'的证明标准。从理论上分析,特别没收程序中的证明标准应当高于民事证明标准而略低于刑事证明中的定罪标准,以符合特别没收程序的保安处分或者中间程序性质。当然,在我国,要求在特别没收程序中适用最高证明标准,可以对司法实践起到积极的导向性作用,有利于防止特别没收程序被滥用,其道理与侦查、起诉、审判三阶段适用相同的证明标准如出一辙。"②还有学者持类似观点:"既然独立没收程序在性质上类属于民事诉讼程序,那么当然地就应当适用民事诉讼程序的证明标准,即'优势证据'标准,而非刑事诉讼'排除合理怀疑'的证明标准。……强调独立没收程序应当采用'优势证据'的证明标准,并不意味着就不重视对犯罪嫌疑人、被告人财产权的保障,而是因为独立没收程序完全没有必要采用'排除合理怀疑'的证明标准。"③

未定罪没收程序在一定程度上弥补了我国刑事缺席审判的立法缺失,为及时处置逃匿或死亡的犯罪嫌疑人、被告人的财产提供了新的对策与思路。该程序的适用对于打击贪污贿赂和恐怖主义等重大犯罪,减少和避免国家、集体以及个人的财产损失,开展我国与世界各国刑事司法合作等方面都具有积极意义。但其规定仍然存在不足,有很大的完善空间,有望在今后的研究中不断改进发展。

第二节 相关论文摘要

独立没收程序的证据法难题及其破解
万 毅
《法学》,2012年第4期
关键词:独立没收程序 证明标准 证明对象

---

① 邓晓霞:《未定罪没收程序的法律性质及证明标准》,载《政治与法律》2014年第6期。
② 熊秋红:《从特别没收程序的性质看制度完善》,载《法学》2013年第9期。
③ 万毅:《独立没收程序的证据法难题及其破解》,载《法学》2012年第4期。

摘要：《刑事诉讼法修正案》增设了"犯罪嫌疑人、被告人逃匿、死亡案件违法所得的没收程序"，简称"独立没收程序"。然而，关于独立没收程序的相关证据制度，如证明标准、证明对象以及证明责任等重要内容，立法上或付诸阙如或模糊不明，这就导致用意良好的程序设计可能因为忽略了证据制度的技术支持而陷入实践困境。从证据法理上讲，独立没收程序本身是一种民事诉讼程序，因此应当采用"优势证据"的证明标准而非"排除合理怀疑"的证明标准；在证明对象上，检察机关应当举证证明程序上存在一个被追诉的犯罪事实，且申请没收的涉案财物与该犯罪事实之间存在实质联系；在证明对象上，检察机关应当承担举证责任，但在特定情况下，应当实行举证责任倒置，由主张对涉案财物拥有合法权利的利害关系人承担举证责任。

涉案财产没收程序如何才能经受宪法拷问

孙煜华

《法学》，2012 年第 6 期

关键词：涉案财产没收程序　惩罚性没收　非惩罚性没收

摘要：修改后的《刑事诉讼法》专门设立了犯罪嫌疑人、被告人逃匿、死亡案件违法所得的没收程序。然而该程序也面临一些合宪性质疑，如未给被追诉人定罪即不加区分地没收其涉案财产，有侵犯其宪法上财产权的嫌疑。"独立的对物诉讼说"不足以回应没收合法涉案财产所面临的违宪质疑。为了化解这方面的质疑，全国人大常委会应通过立法解释对惩罚性没收和非惩罚性没收采取不同的证据规则。

从特别没收程序的性质看制度完善

熊秋红

《法学》，2013 年第 9 期

关键词：特别没收程序　民事没收　保安处分

摘要：在理解我国刑诉法新设特别没收程序的性质时，参照英美法系的"民事没收说"与大陆法系的"保安处分说"，我国采取"保安处分说"在法律解释上具有更强的逻辑自洽性，它既契合了我国《刑法》和《刑事诉讼法》中的相关规定，又顺应了世界范围内未经定罪的没收程序发展的总体趋势。正当法律程序的基本原则应当在特别没收程序中予以遵循，但与普通刑事诉讼程序相比，存在着对于正当法律程序的有限减损，而保障的力度与减损的限度体现在立法对于程序规则和证据规则的具体设计之中。特别没收程序的完善，应当以该程序的性质为出发点并结合该程序的基本特征而展开。

特别没收程序的理论和适用问题探析

邵 劭

《法商研究》,2014 年第 4 期

关键词: 特别没收程序　适用条件　没收对象

摘要: 2012 年《刑事诉讼法》增设了特别没收程序,为犯罪嫌疑人、被告人逃匿、死亡案件违法所得的没收提供了合法机制。从程序解决的纠纷性质、当事人在程序中的地位以及程序建立的准据法等方面来看,特别没收程序应当属于刑事诉讼程序。在特别没收程序的适用过程中,理解和确定其案件范围、启动要件、没收对象以及证明规则等,均应考虑其作为刑事诉讼特别程序的基本属性,进行适度的限制性解释。

未定罪没收程序的法律性质及证明标准

邓晓霞

《政治与法律》,2014 年第 6 期

关键词: 未定罪没收　刑事没收　民事没收　优势证据

摘要: 我国 2012 年修订的《刑事诉讼法》确立的未定罪没收程序,是在犯罪嫌疑人、被告人逃匿或死亡的情形下依法处置其涉案财产的特别程序。从程序构造、诉讼目的和没收性质等本质特征来看,我国的未定罪没收程序仍是刑事司法机关依法行使职权的司法活动,属于刑事性质的特别诉讼程序,而非民事没收性质,但在有利害关系人参与的情形下也兼具一定的民事程序属性。在证明标准的适用上,虽然未定罪没收程序具有刑事性质,但从争议对象的性质、错误损害的评价以及诉讼经济的角度考虑,应适用"优势证据"的证明标准。若有利害关系人参与诉讼,对利害关系人之诉也应采"优势证据"的证明标准。

违法所得特别没收程序的潜在风险与控制

邓立军

《法学评论》,2015 年第 1 期

关键词: 腐败犯罪　恐怖活动犯罪　违法所得

摘要: 2012 年 3 月 14 日通过的《关于修改〈中华人民共和国刑事诉讼法〉的决定》增设了违法所得特别没收程序,这对加强打击腐败犯罪与恐怖活动犯罪有着十分重大的意义。但是,由于违法所得特别没收程序的立法指导思想存在较大偏差,制度设计粗疏,缺陷在所难免,如诉讼架构严重失衡,背离刑事诉讼法的基本原则,适用案件范围边界不清,生效没收裁定的直接撤销制度违反了程序正义等。为此,必须加强对违法所得特别没收程序的风险控制:立法指导思想从"重人轻物"向"人物并重"转轨的革命性变革,同时要注意遵循刑事诉讼法的基本原则;加强权利保障的力度,维持诉讼架构的平衡;建立货币化标准,严格限定违法所得没收特别程序适用的案件范围;维护生效没收裁定的权威性与安定性,废除直接撤销制度;加强对违法所得特别没收程序的检察监督。

论我国违法所得特别没收程序

陈 雷

《法治研究》,2012 年第 5 期

关键词:没收制度 违法所得 特别程序

摘要:《刑事诉讼法》经第二次修正后已正式颁布,该法的一个重要特点是在第五编第三章增设了"犯罪嫌疑人、被告人逃匿、死亡案件违法所得的没收程序",简称"违法所得特别没收程序"。本文结合我国立法与司法实践,阐述增设违法所得特别没收程序的必要性和可行性,总结和归纳我国违法所得特别没收制度的主要特点,并对司法实践中可能出现的问题,以及制定实施细则等提出了意见和建议。

特别没收程序的理解与适用

王 威 李志先

《法治论坛》,2012 年第 4 期

关键词:刑诉法修改 特别没收程序 违法所得

摘要:修改后的《刑事诉讼法》规定了"犯罪嫌疑人、被告人逃匿、死亡案件违法所得的没收程序",构建了独立的、针对贪污贿赂和恐怖活动犯罪等重大犯罪案件违法所得进行没收的特别诉讼制度。这是完善我国刑事立法体系的重要步骤,是追缴涉腐、涉恐等犯罪资产的客观需要,也是履行我国缔结的国际公约义务的基本要求,同时又是震慑犯罪分子、阻吓贪官外逃的有效举措。检察机关应找准自己职责和定位,通过出台相关司法解释和诉讼细则、建立健全协调领导机制和工作机制、积极开展人员培训和实践探索等举措,做好违法所得特别程序实施的相关准备工作。

比较法维度下的我国违法所得没收程序之完善

商浩文

《法治论坛》,2014 年第 3 期

关键词:违法所得 违法所得没收程序 证明标准

摘要:我国 2012 年《刑事诉讼法》中正式确立了违法所得没收程序。与国外的特别没收程序相比,我国违法所得没收程序涉案财产的范围并不明确,应当进一步借鉴国际公约和相关国家的立法经验,将违法所得范围限定为替代收益、混合收益和利益收益;违法所得没收程序是对物诉讼,其证明标准应当适当低于刑事定罪的标准;加强国际合作,有效实现对转移到境外资产的没收与追回工作,同时应当建立起对外国犯罪人违法所得的没收程序。

论新《刑事诉讼法》中的判决前财产没收程序
陈卫东
《法学论坛》,2012 年第 3 期
关键词： 新《刑事诉讼法》　判决前财产没收程序　民事没收

摘要： 2012 年 3 月 14 日,十一届全国人大第五次会议审议通过了《关于修改〈中华人民共和国刑事诉讼法〉的决定》,该法在特别程序一章增设了犯罪嫌疑人、被告人逃匿、死亡案件违法所得的没收程序。但该程序在修改过程中和新法颁布后都引起了一些质疑,其中最大的疑问就是犯罪嫌疑人、被告人未经人民法院审判,其财产即被没收是否有违《刑法》和《刑事诉讼法》"未经人民法院依法判决,对任何人不得确定有罪"的基本原则。回应上述疑问的关键在于从法理层面厘清概念、归纳特点并界定性质,这样我们才能准确理解和适用该程序。

构建证明标准的背景与思路：以违法所得没收程序为中心
毛兴勤
《法学论坛》,2013 年第 2 期
关键词： 证明标准　对物没收　特别没收

摘要： 刑诉法新增的违法所得没收程序与英美法系国家的民事没收程序有共同之处,即两者的对象为物而非人,由此决定了违法所得没收程序的证明标准应是民事性的。但违法所得没收程序参与各方的地位严重失衡,法院的权威性不足,犯罪嫌疑人、被告人财产权保障制度匮乏等"中国因素"又决定了英美等国普遍采用的优势证据证明标准并不完全适用于我国。因此,在违法所得没收程序中设置二元化的证明标准更为现实：申请人的证明标准原则上应确定为明显优势,同时,根据有无利害关系人的参与等因素对该标准进行灵活的、多层次的把握;为利害关系人确立优势证据证明标准,且应与其在程序中的地位和处境相契合。

检察机关在违法所得没收程序中的地位和职责
时延安　孟宪东　尹金洁
《法学杂志》,2012 年第 11 期
关键词： 违法所得没收程序　检察机关地位及职责　法律监督

摘要： 我国新《刑事诉讼法》规定的"犯罪嫌疑人、被告人逃匿、死亡案件违法所得的没收程序"具有刑事审判程序、对物程序、缺席审判程序及无刑事定罪程序的法律特征。检察机关在该程序中作为公诉机关向人民法院提出申请,其权力性质仍属于公诉权;同时,其仍作为法律监督机关依法履行法律监督职责。

违法所得没收程序的显著特征
尹东华

《人民检察》,2011 年第 19 期

关键词:违法所得　贪污贿赂犯罪　恐怖活动犯罪

摘要:《修正案(草案)》违法所得没收程序的设定是社会热议的亮点之一。具体表现为:对于贪污贿赂犯罪、恐怖活动犯罪等重大犯罪案件,犯罪嫌疑人潜逃或者犯罪嫌疑人、被告人死亡,依法应当追缴其违法所得及其他涉案财产的,由中级法院审理裁定。违法所得没收特别程序的设定是对查处职务犯罪和追逃追赃面临的严峻现实的有力回应。

检察机关适用违法所得特别没收程序的思考
周晓永

《人民检察》,2013 年第 6 期

关键词:违法所得　特别没收程序　检察机关

摘要:修改后的《刑事诉讼法》增加了犯罪嫌疑人、被告人逃匿、死亡案件违法所得的特别没收程序。启动违法所得特别没收程序必须在犯罪类型、犯罪人状态、可供没收的财产等方面具备一定的条件,以及其他程序性条件。与其他刑事诉讼程序不同,违法所得特别没收程序适用的是民事诉讼的"优势证据标准",证明责任也是适用"谁主张,谁举证"的均衡原则,诉讼双方都承担举证责任。检察机关在提出没收财产申请时,应当从犯罪证据、涉案财产证据、司法程序证据等方面提供证据材料。为更好地履行违法所得特别没收程序中的检察职能,检察机关要着重增强追赃意识、人权保护意识、法律监督意识和国际合作意识。

检察机关没收程序申请的必要性分析
毛永强

《人民检察》,2013 年第 7 期

关键词:检察机关　刑诉法　没收财产

摘要:根据修改后《刑事诉讼法》第 280 条第 1 款的规定,在特别没收程序中,检察机关是"可以"向人民法院申请启动没收程序,而不是"应当"向人民法院申请启动没收财产程序。因此,在是否启动没收程序的问题上,修改后的刑诉法赋予了检察机关一定的自由裁量权,有鉴于此,为了检察权的正确行使和没收程序的正常展开,没收程序申请的必要性成为检察机关应予考量的首要问题。

我国特别刑事没收程序若干问题探讨
黄　凤

《人民检察》,2013 年第 13 期

关键词:违法所得　刑事没收　证据标准

摘要： 对违法所得的没收不同于作为刑罚的没收财产，它不具有惩罚性，而是对原有合法状态的恢复和补救。我国特别刑事没收程序具有对物不对人的特点，为没收违法所得而履行的公告程序并不是为在逃或者死亡的犯罪嫌疑人、被告人设置的。司法机关可以独立于对犯罪事实的认定，并且依据"物权法定"原则和民事诉讼举证原则推定有关财产属于违法所得，无须适用刑事定罪和处罚的"确实、充分"证据标准。犯罪嫌疑人、被告人及其近亲属和其他利害关系人不能以对有关财产享有所有权为由对抗人民检察院针对违法所得、违禁品和犯罪工具提出的没收申请。

没收程序中犯罪事实证明的三重性

马 晓　张玉林

《人民检察》，2013年第21期

关键词： 犯罪事实　被追诉者　刑诉法

摘要： 修改后刑诉法规定了"犯罪嫌疑人、被告人逃匿、死亡案件违法所得的没收程序"（以下简称"没收程序"）。根据立法规定，没收程序是在被追诉者不在案的情况下，解决违法所得问题的特别刑事诉讼程序，其不以对被追诉者定罪为前提。但是，至于是否需要对犯罪事实进行证明和证明达到何种程度，理论界并未给出清晰的结论。因此，作为没收程序申请的提出机关和法律监督机关，检察机关及其检察人员如何正确理解没收程序中犯罪事实的证明问题成为不可回避的现实问题。

违法所得特别没收程序的构造与完善

施鹏鹏　尚　晶

《人民检察》，2014年第7期

关键词： 违法所得特别没收程序　程序构造　证明标准

摘要： 违法所得特别没收程序是2012年修改的刑诉法的一项创设，旨在填补立法空白、回应现实需要以及强化国际合作。从比较法的角度看，各国对违法所得进行处理的代表性程序模式主要有专门、独立的民事没收程序和特殊的刑事诉讼程序。我国违法所得特别没收程序采用了后一种立法技术，但在适用对象、地域管辖、利害关系人的保障性规定方面尚存在缺陷，应进一步明确制度定位与证明标准，进行地域管辖改革，强化利害关系人的权利保障、加强国际合作，不断完善相关制度。

违法所得特别没收程序的司法适用与制度完善

张建升　杨书文　杨宇冠　黄凤　熊秋红　金园园

《人民检察》，2014年第9期

关键词： 违法所得　程序规则　司法适用

摘要：修改后的《刑事诉讼法》在第五编"特别程序"第三章中增设"犯罪嫌疑人、被告人逃匿、死亡案件违法所得的没收程序"，既是基于反腐败追缴违法所得的现实需要，也为追赃工作提供了重要的法律保障。近日，曹建明检察长在全国检察机关学习贯彻两会精神电视电话会议上强调，要加强反腐败国际合作，充分运用违法所得没收程序，加大对外逃职务犯罪嫌疑人的追捕追赃力度。违法所得特别没收程序在司法实践中的积极探索与有效落实，对健全与完善我国的刑事没收制度，加强对犯罪资产的追缴具有现实意义。

犯罪收益独立没收程序性质之双重判断标准

刘文峰　张元鹏

《人民检察》，2015 年第 9 期

关键词：犯罪收益　程序规则　民事诉讼程序

摘要：20 世纪后半叶以来，西方法治发达国家及国际社会为应对贩毒、洗钱、腐败、恐怖等严重跨国有组织犯罪，从"无人能从犯罪中获利"原则出发，以英美法系传统"对物诉讼"为原型，形成了与定罪程序相对分离的犯罪资产没收程序。这类程序具有两方面显著特征：一是没收对象为与犯罪相关的违法资产，不同于不区分资产合法、违法性质的"没收财产"刑罚；二是主要关注如何将犯罪资产更为彻底没收的问题，不以确定"人的责任"和追究刑事责任为目的。

违法所得特别没收程序变更情形与处理

刘水华

《人民检察》，2015 年第 9 期

关键词：违法所得　自动投案　终止审理

摘要：根据刑诉法的规定，在审理违法所得没收程序案件的过程中，在逃的犯罪嫌疑人、被告人自动投案或者抓获的，人民法院应当终止审理。同时，《人民检察院刑事诉讼规则（试行）》规定，人民检察院在审查公安机关移送的没收违法所得意见书的过程中，在逃的犯罪嫌疑人自动投案或者被抓获的，应当终止审查，并将案卷退回公安机关处理。对此，作者认为，在违法所得没收程序运行的过程中，除了在审查起诉阶段和审理阶段发生程序变更的情形之外，在其他诉讼环节也可能发生违法所得没收程序变更的情形，而且任何一种情形都可能导致违法所得没收程序回转至上一诉讼阶段，或者将违法所得没收程序直接并入普通刑事诉讼程序，因此，理论上和实务中均需要根据不同的诉讼阶段，对违法所得没收程序变更的情形进行深入探析，并作出相应的程序处理。

违法所得没收程序的检察监督

刘　晴

《中国检察官》，2013 年第 9 期

关键词：违法所得　检察监督　刑诉法

摘要：修改后的刑诉法专章规定了"犯罪嫌疑人、被告人逃匿、死亡案件违法所得的没收程序"（以下简称"违法所得没收程序"），初步实现了与国际公约的有效对接，顺应了新形势下打击贪污贿赂等重大犯罪的新期待。检察机关作为专门的国家法律监督机关，在违法所得没收程序中担负着重要的职责。如何加强对违法所得没收程序的启动、审理、裁定、执行等各个环节的检察监督，确保以限缩程序正义价值来满足程序效率价值的牺牲所换取的严厉打击日益猖獗的重大犯罪之初衷不被颠覆和滥用，无疑是检察机关面临的一项重大任务。

论违法所得没收程序的证明标准

朱新武　杨宜群　靳良成

《中国检察官》，2014年第17期

关键词：证明标准　违法所得　缺席审判

摘要：修改后的《刑事诉讼法》增设了"违法所得没收程序"，该程序是我国为了严厉惩治腐败犯罪、恐怖活动犯罪，并与我国已加入的《联合国反腐败公约》及有关反恐怖问题的决议的要求相衔接而设置的创新程序。增设独立的没收程序，主要是为了建立一种缺席审判程序、一种对物诉讼，授权司法机关在犯罪嫌疑人、被告人因逃匿或死亡而缺席审判时，没收其违法所得以及其他涉案财物，解决实践中因"贪官外逃、自杀"等造成的诉讼障碍问题，从而有利于有效打击犯罪并及时保护国家及被害人利益。

论正确适用违法所得没收程序理念

张惠芳　曹琳

《河北法学》，2015年第9期

关键词：违法所得没收程序　惩罚犯罪　人权

摘要：由于违法所得没收程序的规定亟待完善，同时还缺乏实际案例和实践经验，正确适用该程序有大量问题需要解决，最主要的是树立正确的理念。正确适用该程序的理念主要是追求和达到三个平衡：一是惩罚罪犯与保障人权的平衡；二是司法公正与诉讼效率的平衡；三是公民权利与国家权力的平衡。为达到三个平衡，必须克服立法和司法适用中影响平衡的因素，采取相应的对策。

违法所得没收程序在我国的适用、问题与前景

赵建波

《河北法学》，2015年第9期

关键词：违法所得没收程序　适用情况　案件

摘要：2012年修改后的《刑事诉讼法》新设了违法所得的没收程序，这对于

我国依法打击贪污贿赂等重大犯罪、改变我国目前刑事司法对特定类型犯罪所得追缴不力的现状等,具有十分重要的意义。考察两年来这一制度在司法实践中的适用情况,详细梳理适用该程序的相关案件,查找出其适用过程中的一些问题,并分析其中的原因,提出相应的对策建议。

我国违法所得没收程序的实践困境及其破解
刘文峰
《河北大学学报(哲学社会科学版)》,2015年第1期
关键词:违法所得没收　实证分析　特别程序
摘要:我国违法所得没收程序适用中的问题比较突出,表现为案件数量少、分布不均衡、涉案人员级别低、涉案金额小等。原因主要是对诉讼目的和性质归属把握不准、程序设置没有体现"特别性"要求、相关办案机制缺失等,建议进一步完善相关程序设置。

第三节　案例精解

犯罪嫌疑人、被告人死亡情形下,没收违法所得案件的审判程序及相关法律文书的制作方式[①]

一、基本案情

被告人姚某,男,1955年出生,大专文化,原系鞍山市精神康复医院院长。2012年6月13日,因涉嫌犯受贿罪被逮捕。9月12日,辽宁省鞍山市检察院侦查部门将案件移送该院公诉二处审查起诉,同年10月6日姚某死亡。

辽宁省鞍山市检察院以申请没收犯罪嫌疑人姚某违法所得向鞍山市中级法院提起公诉。鞍山市中级法院受理后,依法组成合议庭,不开庭进行了审理,并于2013年3月8日发出公告。

经公开审理查明:2008年至2012年,被告人姚某在担任鞍山市精神康复医院院长期间,伙同副院长刘某(另案处理)利用职务之便,非法收受他人财物,为他人谋取利益,共计收受99.5万元,姚某个人收受42.5万元;其间,还伙同刘某利用职务之便,贪污公款15万元,姚某个人实得10万元。

鞍山市中级法院认为,被告人姚某身为国家工作人员,利用职务之便实施受贿、贪污犯罪,获取违法所得共计52.5万元,事实清楚。上述事实有姚某及其同案犯刘某的供述,证人田某、郝某某的证言,购买副食品发票、干部任用审批表、案件来源等书证予以证明。公安机关的检验报告、居民死亡医学证明书等证明

---

① 参见《刑事审判参考》(总第97集),法律出版社2014年版。

被告人姚某于2012年10月6日死亡。检察机关所提没收姚某违法所得52.5万元的申请,应予支持。据此,依照《刑法》第64条、《刑事诉讼法》第281条、第282条,以及《刑诉法解释》第516条、第517条之规定,法院裁定没收被告人姚某违法所得52.5万元,上缴国库。

一审宣判后,在法定期限内,姚某的近亲属未提出上诉,鞍山市检察院亦未抗诉,该裁定已经发生法律效力。

二、判决理由

没收违法所得的申请,是检察院对于贪污贿赂犯罪、恐怖活动犯罪等重大犯罪案件的犯罪嫌疑人、被告人逃匿、在通缉一年后不能到案,或者犯罪嫌疑人、被告人死亡,依照《刑法》规定应当追缴其违法所得及其他涉案财产的,而向法院提出的。本案中,被告人姚某受贿、贪污的事实有充分证据证明,其违法所得已经被检察机关扣押,且姚某已经死亡,符合《刑法》《刑事诉讼法》以及《刑诉法解释》的相关规定。

三、主要问题

1. 如何理解与适用没收违法所得案件审判程序?
2. 如何确定相关法律文书的制作方式及文书中的称谓?

四、分析与理由

(一)没收违法所得案件的审判程序

1. 立案审查程序

依照《刑事诉讼法》第280条以及《刑诉法解释》关于七日内应当审查完毕的规定,鞍山市中级法院收到鞍山市检察院关于没收姚某违法所得的申请后,即进行了下列审查:鞍山市检察院所提申请是否属于违法所得没收程序受案范围和鞍山市中级法院管辖范围;申请书是否写明了犯罪事实,是否附上了相关证据材料及死亡证明;是否列明了违法所得财产的种类、数量、所在地及查封、扣押、冻结违法所得的清单和相关法律手续;是否写明了被告人近亲属的姓名、住址、联系方式及对申请没收财产的意见。

经审查,鞍山市中级法院认为,鞍山市检察院的申请符合上述审查的形式条件,即受理了鞍山市检察院关于没收姚某违法所得的申请。

2. 送达和公告程序

《刑诉法解释》第512条规定:"法院决定受理没收违法所得的申请后,应当在十五日内发出公告,公告期为六个月","法院已经掌握犯罪嫌疑人、被告人的近亲属和其他利害关系人的联系方式的,应当采取电话、传真、邮件等方式直接告知其公告内容,并记录在案"。

鞍山市中级法院受理案件后,向姚某的妻子景某送达了没收违法所得申请书,并依照《刑事诉讼法》和《刑诉法解释》的相关规定,在《人民法院报》发出了期间为六个月的公告,将本案案由、姚某死亡的基本情况、申请没收财产的种类、数量、所在地和近亲属及其他利害关系人申请参加诉讼的期限、方式等情况,告知姚某的近亲属和其他利害关系人。同时,将公告内容直接告知景某。

3. 是否开庭审理的程序

《刑诉法解释》第 514 条规定:"公告期满后,法院应当组成合议庭对申请没收违法所得的案件进行审理。利害关系人申请参加诉讼的,法院应当开庭审理。没有利害关系人申请参加诉讼的,可以不开庭审理。"本案中,鞍山市中级法院发出的公告于 2013 年 9 月 7 日期满,公告期内没有其他近亲属及利害关系人提出异议或申请参加诉讼;景某对没收违法所得申请书亦没有提出异议,且明确表示不申请参加诉讼。鞍山市中级法院在公告期满后决定依法组成合议庭不开庭审理本案,对鞍山市检察院指控事实和证据予以认定,并于 2013 年 9 月 9 日作出了没收违法所得的刑事裁定。

4. 刑事裁定书是否必须送达未参加诉讼的被告人近亲属的程序

《刑诉法解释》第 517 条规定:"对没收违法所得或者驳回申请的裁定,犯罪嫌疑人、被告人的近亲属和其他利害关系人或者检察院可以在五日内提出上诉、抗诉。"本案中,姚某的妻子景某明确表示不参加诉讼,因而她不是本案的诉讼参与人。鞍山市中级法院作出裁定后,对本案刑事裁定书是否应当向景某送达,合议庭存在不同看法。合议庭多数意见认为,本案刑事裁定书依法可以向景某送达,但鉴于其不是诉讼参与人,不应享有上诉权。事实上,景某收到刑事裁定书后亦未提出上诉。

(二) 没收违法所得案件法律文书的制作方式及文书中的称谓

1. 公告、刑事裁定书样式

没收违法所得案件是新类型案件,目前尚无标准法律文书样式,法院认为,在制作公告及刑事裁定书时,应当结合审判实践,力求涵盖《刑事诉讼法》及《刑诉法解释》规定的相关内容。经研究,参照法院诉讼文书规范样式,法院分别制作了公告、刑事裁定书等相关法律文书。

2. 刑事裁定书中对姚某的称谓问题

检察机关在没收违法所得申请书中对姚某采用的称谓是"犯罪嫌疑人",关于法院在刑事裁定书中应当采用何种称谓,存在两种意见:一种意见认为,没收违法所得的财物必须是有证据证明是犯罪所得,既是犯罪所得,那么对财物所有人就应当称为"罪犯";另一种意见认为,"罪犯"是对经过法庭审判后已经发生法律效力的被告人的称谓,犯罪嫌疑人是在检察机关向法院提起公诉前对受刑事追诉者的称谓,在检察机关正式向法院提起公诉以后,则应称为"被告人"。本案中,嫌疑人已经死亡,不能参加法庭审判,对其称为"罪犯"或者"犯罪嫌疑人"都有违相关法律的规定。最后,法院在法律文书中对姚某采用了"被告人"的称谓。

第七章 依法不负刑事责任的精神病人的强制医疗程序

第一节 本章观点综述

我国新修订的《刑事诉讼法》于特别程序编中增加"依法不负刑事责任的精神病人的强制医疗程序"专章,对我国强制医疗程序进行了初步建构,规定了强制医疗程序的适用对象和适用条件、启动程序、审理程序和决定主体、执行程序以及整个诉讼过程中的权利救济程序等,并明确规定检察机关有权对强制医疗的决定和执行进行监督。具体而言,包括以下几个方面:

第一,《刑事诉讼法》第 284 条明确了我国强制医疗程序的适用条件:一是适用对象必须实施了暴力行为;二是行为必须危害公共安全或严重危害公民人身安全;三是必须经法定鉴定程序鉴定;四是有继续危害社会的可能性。这四个条件缺一不可,必须同时满足才能对精神病人决定适用强制医疗。同时,该条规定将强制医疗程序的适用对象限定为"经法定程序鉴定依法不负刑事责任的精神病人"。

第二,规定强制医疗程序的启动程序。从《刑事诉讼法》第 285 条第 2 款的规定来看,我国强制医疗程序的启动模式可概括为两种:一种是"依申请启动",即由人民检察院向人民法院提出启动强制医疗程序的申请;另一种是"依职权启动",即由人民法院凭职权自行启动。同时,明确了公安机关在强制医疗程序中只有程序启动建议权,即公安机关在侦查中发现犯罪嫌疑人符合强制医疗条件的,必须先移送到检察机关,再由检察机关向法院提出申请,然后由法院决定是否适用之。这样就避免了过去公安机关行使程序决定权缺乏透明度的弊端,有利于防止出现广为社会诟病的"被精神病"现象。

第三,规定了强制医疗程序的审理和决定程序。《刑事诉讼法》第 286 条明确了强制医疗程序中的审判组织形式,即只能采用合议庭,不能采用独任制。该法第 287 条第 1 款对强制医疗的审理期限作出了明确的要求,且规定不得延长,这就为强制医疗程序中被申请人的合法权利提供了必要的保障。

第四,规定了强制医疗程序的救济途径。《世界人权宣言》赋予任何人在其基本权利遭受侵害时,有权寻求救济。《刑事诉讼法》第 287 条第 2 款赋予了被决定强制医疗的人、被害人及其法定代理人、近亲属不服强制医疗决定时的申请复议权利。强制医疗程序作为刑事诉讼的特别程序,其程序设计是区别于普通刑事程序的。《刑事诉讼法》第288条规定了强制医疗执行过程中的评估解除机制，分为两种模式：一种是依职权主动解除模式；另一种是依申请解除模式。

第五，《刑事诉讼法》第289条赋予了人民检察院对强制医疗的决定和执行程序中的法律监督职责，其目的是防止强制医疗权力的滥用。

这些规定填补了我国长期以来在强制医疗方面的程序空白，初步建构了我国强制医疗的程序平台，对保障公民的基本权利具有重大的意义。然而，新刑诉法对于强制医疗程序的规定仍然过于简单，很多操作性的程序规范依然缺失。这不仅会制约程序本身的功能，还会导致司法实践中有法难依，甚至是程序虚置，进而为权力滥用和腐败滋生提供温床，违背设计强制医疗制度的初衷。

对于强制医疗程序存在的问题，有学者认为："（一）强制医疗程序的适用对象范围较窄，条件不明。新法对强制医疗程序适用对象的规定，只解决了精神病人可能继续危害社会的问题，但对在刑事诉讼过程中出现的无法接受刑事审判和处罚的情形（即实施犯罪行为后出现精神失常的人）、有刑事责任能力但暂时不具备开展刑事诉讼条件的情形（即有精神疾病但是具有刑事责任能力的人）以及刑罚执行过程中出现的精神病人强制医疗的情形（即服刑期间精神失常的人）等问题未作规定；（二）强制医疗程序欠缺操作性：鉴定程序缺失；程序衔接不明确；审理程序不完善；执行程序未涉及；监督程序不全面。"[①]有学者则认为："毫无疑问，《刑事诉讼法》第284条明确规定了精神病人强制医疗的前提条件，大大减少了强制医疗的不确定性。但是，对于具体应当如何判断精神病人的'社会危险性'这一重要问题，修订后的《刑事诉讼法》却并未涉及。"有学者提出疑问："'社会危险性'的判断是否需要经过精神病专家的专业鉴定？还是仅依赖法官的个人经验或猜测？"经考察发现，西方国家在实践中多采专业鉴定和法官裁量相结合的模式，法官在判断过程中虽很大程度上参考专业鉴定结论，但必须在判决书中根据法律作出自己的判断和说理。那么，法官在该判断过程中须考虑哪些因素？是否精神病人将来可能实施的行为只要属于违法行为就符合具有"社会危险性"的标准？还是应将之限定在可能实施严重暴力犯罪？犯罪行为如果仅针对特定个人是否也属于具有"社会危险性"的范畴？此外，在强制医疗入院和释放时判断是否存在"社会危险性"的过程中，应适用何种举证责任和证明标准？还有，目前在立法上尚未引起重视的，但实践中经常发生的，某些实施暴力犯罪和性犯罪的无刑事责任能力的精神病人同时具有反社会人格障碍的现象，如果其精神疾病在强制医疗中得以治愈，但是其反社会人格依然存在，那么是将其释放，还是应将其继续收治于精神病院？[②]

---

① 田圣斌：《强制医疗程序初论》，载《政法论坛》2014年第1期。
② 参见倪润：《强制医疗程序中"社会危险性"评价机制之细化》，载《法学》2012年第11期。

对于上述问题,学者们在论文中各自提出了自己的构想。如有学者认为:"适用对象多样化。根据新刑诉法及《刑法》的规定,我国强制医疗程序的适用对象仅限于无刑事责任能力的精神病患者。但在通常情况下,司法实践中实施犯罪行为的精神病人可分为四种情况:一是在患精神疾患时实施犯罪行为的人,即无刑事责任能力人;二是在实施犯罪行为以后出现精神失常的人,即无受审行为能力的人;三是患有精神疾患但是具有刑事责任能力的人,即限制刑事责任能力的人;四是在服刑期间出现精神失常的人。

鉴定程序的启动问题。首先,关于启动主体。在现阶段审前程序构造下,80%以上的犯罪嫌疑人、被告人处于被羁押状态,律师的会见权与阅卷权都会受到种种干预与限制,辩方根本不具有启动精神病鉴定的条件与机会。为了促进鉴定过程的公开、透明和鉴定意见的客观公正,赋予辩方鉴定程序启动后充分的程序参与权,使其有权亲自或委托专家辅助人参与、见证鉴定的全过程,有权就鉴定意见向办案机关提出意见与主张,有权申请重新鉴定与补充鉴定,从而尽可能维持控辩双方诉讼权利的平衡。其次,关于启动条件。我国法律只规定了鉴定程序启动的主体,但并未规定鉴定程序的启动条件,这就存在司法实践中司法机关自由裁量权过大,当事人滥用诉讼权利的可能。因此,必须明确鉴定程序的启动条件,以确保权利主体能够合法有效操作。而对于鉴定程序启动条件的设置应区别对待:第一,依据案件的性质来决定,此时法律宜作出原则性规定,比如在一些情节严重、影响重大的刑事案件中,只要提出申请,就应该启动鉴定;第二,抗辩一方提出的,此时只要有能够证明当事人患有精疾病的必要材料就应该启动。

是否公开审理。有的学者认为,强制医疗案件的审理以确定公民是否患有精神病及其精神病状况为目的,涉及公民的个人隐私问题;而且,'精神病',标签很可能会给当事人带来污名效应和负面效应,应当根据新法第183条的规定,其审判程序不应公开。"[①]有的学者则认为:"第一,强制医疗程序中的'社会危险性'应包括'严重的再犯行为'与'极高的再犯可能性'两个要件。其中前者须满足三个要件,即法定最低刑为3年有期徒刑、严重侵害人身法益以及针对社会公众。对后者的判断应综合考虑四个方面的因素:(1)精神病人的犯罪行为是否在向严重性发展;(2)精神病人是否具有攻击性人格;(3)精神病人是否长时间持续缺乏对自己病情的理解和对不法行为的辨别和控制能力;(4)精神病人和被害人的关系是否导致暴力行为的唯一原因。第二,在我国,由于公检法机关垄断了启动司法鉴定程序的权力,犯罪行为人无法承担强制治疗入院、补充原则适用以及解除强制治疗中没有'社会危险性'的举证责任,该举证责任都应由控

---

① 田圣斌:《强制医疗程序初论》,载《政法论坛》2014年第1期。

方来承担,法院有依职权调查的责任。当法院对犯罪行为人将来是否具有'社会危险性'存在疑问时,应适用'存疑有利于被告'原则与'清楚和有说服力的证明标准'予以认定。第三,针对我国在立法上尚未引起重视的,但实践中经常发生的犯罪行为人精神疾病治愈但反社会人格仍旧存在时是否应予释放的问题,犯罪预防的法益优于反社会人格障碍者人身自由的法益,应对其继续封闭收治,但要注重在程序上充分保障其权利。"[①]

第二节 相关论文摘要

强制医疗程序初论

田圣斌

《政法论坛》,2014 年第 1 期

关键词:强制医疗 鉴定程序 检察监督

摘要:新修订的《刑事诉讼法》专设强制医疗这一刑事特别程序,对强制医疗的适用对象和条件、启动程序、审理程序和决定主体、权利救济及检察监督等作出规定,填补了我国长期以来在这方面的程序空白,初步建构了我国强制医疗的程序平台。然而,相关法律条文较少、操作性程序缺失等是现实存在且亟待解决的问题,而且,我国强制医疗程序中还存在适用对象范围狭窄、适用条件模糊、程序衔接不明晰、审理和决定程序不完善、执行程序缺失、救济和监督不力等问题。应当通过完善当事人诉权、强化检察监督等方式,进一步健全强制医疗制度。

强制医疗程序中"社会危险性"评价机制之细化

倪 润

《法学》,2012 年第 11 期

关键词:社会危险性 再犯行为 再犯可能性

摘要:在我国,强制医疗程序中的"社会危险性"应包括"严重的再犯行为"与"极高的再犯可能性"两个要件。其中前者须满足三个要件,即法定最低刑为 3 年有期徒刑、严重侵害人身法益以及针对社会公众。对后者的判断应综合考虑四个方面的因素:一是精神病人的行为是否在向严重性方向发展;二是精神病人是否具有攻击性人格;三是精神病人是否长时间持续缺乏对自己病情的理解和对不法行为的辨别和控制能力;四是精神病人和被害人的关系是否是导致暴力行为的唯一原因。此外,在强制治疗的入院、补充原则的适用以及强制治疗解除的证明上,我国应适用"存疑有利于被告"原则和"清楚和有说服力的证明标准"。最后,犯罪预防的法益优于反社会人格障碍者人身自由的法益,因此,对于犯罪

---

① 倪润:《强制医疗程序中"社会危险性"评价机制之细化》,载《法学》2012 年第 11 期。

行为人精神疾病治愈但反社会人格仍旧存在时,应对其继续封闭收治,但要注重在程序上保障其权利。

精神病强制医疗与人权保障的冲突与平衡
房国宾
《中国刑事法杂志》,2011 年第 7 期

关键词:精神病强制医疗　人权保障　冲突与平衡

摘要:精神病强制医疗与公民的人身自由权、健康权及隐私权等之间存在紧张的冲突关系。我国有必要借鉴两大法系主要法治国家关于精神病强制医疗的立法经验,对精神病强制医疗的适用对象、适用程序、权利保障及救济机制等方面的问题作出规制,冀以实现精神病强制医疗与人权保障之平衡。

论强制医疗程序的立法构建和司法完善
汪建成
《中国刑事法杂志》,2012 年第 4 期

关键词:强制医疗　立法构建　司法完善

摘要:刑事诉讼法修正案专门增设了强制医疗程序,对其适用范围、决定主体、启动程序、审理程序、救济程序、解除和制约机制等问题进行了比较全面的规定。但是,仍有一些法律规定不甚明确的问题,这些问题有赖于通过制定有关的司法解释予以解决,以利于强制医疗程序的正确实施。

检察机关强制医疗法律监督问题研究
刘延祥　李兴涛
《中国刑事法杂志》,2013 年第 5 期

关键词:检察机关　强制医疗　法律监督

摘要:新刑诉法规定了检察机关对强制医疗决定和执行的法律监督权,但检察机关法律监督权的行使面临着监督对象不明确、监督效力有限、交付执行阶段监督有漏洞等问题。通过明确强制医疗机构的主体,强化法律监督的效力,构建交付执行阶段法律监督的衔接机制;完善检察机关对公安机关、法院、强制医疗机构的监督,对保障精神病人的合法权益,实现强制医疗程序的社会防卫目标具有重要的意义。

强制医疗程序中的若干证据法问题解析
纵博　陈盛
《中国刑事法杂志》,2013 年第 7 期

关键词:强制医疗　证明对象　证明责任

摘要:在强制医疗程序中,证明对象包括被告人的行为是《刑法》所规定的犯罪行为并造成危害、被告人为不负刑事责任的精神病人、被告人对社会具有现实

的危害性。其中,对前两部分事实的证明应采取严格证明方式,并且要达到排除合理怀疑的证明标准,而对被告人的社会危害性则可以采取自由证明方式,并且只需达到优势证据标准即可。在检察机关申请强制医疗的程序中,检察机关应承担证明责任,但在法官依职权决定强制医疗时,检察机关只对被告人的犯罪行为承担证明责任。在辩方申请强制医疗时,辩方只对被告人符合强制医疗要件负有初步的证明责任,而检察机关则应对被告人不符合强制医疗条件承担最终的证明责任。

我国刑事强制医疗程序定位探析

张晓凤

《中国刑事法杂志》,2015年第2期

关键词:刑事诉讼法 刑事强制医疗程序 法律定位

摘要:明确刑事强制医疗程序的定位对该程序的制定、实施和完善至关重要。在法律定位上,刑事强制医疗程序是区别于普通刑事程序的特殊程序,且是一种刑事诉讼程序;在功能定位上,刑事强制医疗程序应当具有能够保障精神病人进入该程序、避免非精神病人为了逃避刑罚假冒精神病人、避免精神病人成为替罪羊、避免不必要的刑事强制医疗四个方面的功能;在价值定位上,刑事强制医疗程序除具有社会防卫和使精神病人回归社会的价值之外,还有公正性价值、经济效益价值。

对精神病人强制医疗程序研究

张品泽

《中国刑事法杂志》,2015年第4期

关键词:强制医疗程序 精神病 刑事诉讼法

摘要:强制医疗程序是一种社会防卫程序,用于解决精神病人刑事责任能力、强制医疗的适用与解除等三类纠纷。适用强制医疗程序需遵循任意性与强制性相结合原则,判断行为主体的危害性、刑事责任能力及其社会危险性。以启动方式、后果为标准,强制医疗程序可分为申请启动模式与决定启动模式,效力待定启动模式与效力既定启动模式。实践中,公安机关适用强制医疗程序,面临着不同法律规范衔接的难题;规范上,强制医疗审理程序的公正性令人疑虑。

刑事强制医疗程序适用对象之研究

李娜玲

《法学杂志》,2012年第10期

关键词:强制医疗 刑事程序 适用对象

摘要:我国新《刑事诉讼法》增加了刑事强制医疗程序,可以说这是我国法制建设进程中的一个重大进步。但是,对于强制医疗的适用对象,理论界和实务界都存在争议。本文以刑事强制医疗程序适用对象为研究目标,从精神病人概念的界定和范围的界定两个方面提出立法完善的建议。

新《刑事诉讼法》视角下强制医疗问题探析

王 静

《法学论坛》,2015年第3期

关键词:精神病人 刑事强制医疗 适用范围

摘要:修订后的《刑事诉讼法》专章设置了对依法不负刑事责任的精神病人强制医疗的特别程序,最高人民法院相关司法解释等相继对其进行了细化,为肇祸精神病人强制医疗的规范化提供了程序性保障,彰显出我国对精神病人的重视与关怀。鉴于该程序首次入法且条文稀疏,仍存在着适用对象范围狭窄、涉案人程序性权利缺失、救济机制运行不力等一系列问题。借鉴域外相关立法和司法实践经验,结合我国具体情况,以立法精神为导向,明晰强制医疗适用范围、填补程序性缺陷、保障涉案人程序选择权、完善救济措施等都是强制医疗特别程序获得实效的必要步骤。

未成年人强制医疗程序相关法律适用探究

王 潮 施 赟

《青少年犯罪问题》,2014年第5期

关键词:未成年人 强制医疗 法律适用

摘要:新《刑事诉讼法》增设了强制医疗的特别程序规定,由于目前相关规定较为原则,导致实践中对法律规定的理解和把握不尽一致,在未成年人司法实践中该问题同样明显。上海市首例未成年人强制医疗案件中存在的问题给我们以启示,应结合未成年人强制医疗案件的特点,从实体和程序两方面完善符合未成年人身心特点的强制医疗程序,并应突出特殊保护、审慎应用的原则。

强制医疗必要性之规范分析

史文平

《人民检察》,2014年第1期

关键词:刑诉法 精神病人 法定机关

摘要:我国刑法和修改后刑诉法都十分强调强制医疗之必要性问题,但是,由于立法的时代背景和法律的性质不同,两部法典的规范内容又表现出一定的差异性,因此,如何正确理解强制医疗之必要性事关强制医疗程序的正常运行。尤其是根据修改后刑诉法的规定,人民检察院是申请强制医疗和履行法律监督职责的法定机关,对此,检察机关及其干警正确理解强制医疗之必要性更为重要。

强制医疗程序中被害人缺失权利的补位

屈玉霞　常祯

《人民检察》，2014年第3期

关键词： 刑诉法　精神病人　法定代理人

摘要： 修改后刑诉法第五编规定了依法不负刑事责任的精神病人的强制医疗程序，明确了强制医疗的适用条件、决定程序、解除程序，法律援助和法律救济程序，规定了检察机关对强制医疗的决定和执行依法进行法律监督。但是，强制医疗程序凸显对实施危害行为的精神病人进行特别保护的同时，未能对被害人的权益保护给予同等的关注。作者认为，强制医疗程序中被害人诉讼权利的严重缺失，打破了当事人之间诉讼权利的平衡性和对抗性，不利于强制医疗程序的顺利进行，不利于被害人权益的平等保护，有鉴于此，未来立法亟须对缺失的被害人诉讼权利予以补位。

刑事强制医疗制度相关问题思考

刘晴　秦靖

《人民检察》，2014年第13期

关键词： 强制医疗　保护性约束　社会救助

摘要： 我国刑事强制医疗程序是一种介于诉讼与非诉讼之间并按照刑事诉讼规则运行的特别刑事诉讼程序，该程序在启动、司法审查、与其他程序的衔接、被害人权利救济、执行与监督等方面规定不明确，导致适用困难。对此，应从完善强制医疗启动程序、强化对鉴定意见的司法审查、明确强制医疗程序与其他程序的衔接、完善被害人权利救济、健全强制医疗执行体制、强化执行监督等方面完善刑事强制医疗制度。

强制医疗程序适用标准应予规范

梁经顺　李佳

《人民检察》，2015年第2期

关键词： 程序设置　精神病人　刑诉法

摘要： 修改后的刑诉法专章规定了强制医疗程序，弥补了《刑法》第18条第1款规定之程序缺失。随后，"两高"、公安部先后出台司法解释或诉讼规则，对强制医疗程序的具体适用作出了配套规定，为司法实践提供了依据。但在实践操作中，该程序的适用标准等仍有待进一步规范细化。

强制医疗程序适用中的疑难问题及对策

施鹏鹏　周婧

《人民检察》，2015年第7期

关键词： 强制医疗程序　适用　疑难问题

摘要:2012年修改的《刑事诉讼法》增设了"依法不负刑事责任的精神病人的强制医疗程序"一章,首次明确将强制医疗纳入刑事法治轨道,为保障公共安全以及精神病人的合法权利提供了法律依据。强制医疗程序共设六个条款,涉及适用范围、适用条件、决定主体以及审理规则等,为程序适用设定了基本的制度框架。但从法律规定来看,强制医疗程序的启动、审理、执行、监督等多方面仍存在较多模糊规定及疑难问题,为司法实践部门的具体运用带来诸多障碍,应逐一厘清及解答。

办理精神病人强制医疗案的重点及难点应对

付丽娟　张璐璐

《中国检察官》,2014年第2期

关键词:精神病人　刑事诉讼法　危害公共安全

摘要:修改后的《刑事诉讼法》规定了依法不负刑事责任的精神病人的强制医疗程序,将强制医疗纳入了司法轨道,为保护人民群众生命财产安全免受精神病人的侵害、让实施了犯罪行为的精神病人得到妥善处置提供了司法依据。本文结合太原市尖草坪区人民检察院办理的太原市首例依法不负刑事责任的精神病人的强制医疗案,总结办理该类案件的一些经验做法,同时提出精神病人强制医疗程序在实际运行中存在的弊端及应对的措施和建议。

强制医疗程序诉讼监督机制的构建与完善

彭耀明

《中国检察官》,2014年第7期

关键词:刑事诉讼法　检察机关　精神病人

摘要:修改后的《刑事诉讼法》增设"依法不负刑事责任的精神病人的强制医疗程序",是对《刑法》第18条的历史性回应。为保证程序运行的合法性与合理性,防止国家公权力对公民私权利的侵犯,《刑事诉讼法》第289条规定:"人民检察院对强制医疗的决定和执行实行监督。"这是检察机关法律监督职责在精神病人强制医疗程序中的延伸。但是,《刑事诉讼法》对于检察机关如何介入强制医疗程序的决定与执行程序展开监督没有具体规定。《人民检察院刑事诉讼规则(试行)》对此也没作出全面详细的规定,实践操作中必将问题重重。作者从检察机关对强制医疗程序实行监督的手段、内容和检察机关保障当事人控告申诉权利以及各被监督对象不服检察机关监督的处理等方面作简要探讨。

论检察机关对强制医疗程序的法律监督

魏海晓

《中国检察官》,2014年第15期

关键词:检察机关　法律监督　精神病人

摘要：强制医疗是为防止精神病人发生危害社会的行为，由特定主体决定对其进行强制性医疗，以期降低其人身危险性、帮助其重回社会的一项特殊制度。在我国过去的司法实践中，由于缺乏法律对强制医疗的程序性规定，为了加强对精神病人的管理，一些省市纷纷制定关于精神病人治疗与管理的规定，但是这些地方性法规和地方性规章只在本行政区域内有效，全国范围内缺乏统一效力。直到2012年《刑事诉讼法修正案》的出台，新增了"依法不负刑事责任的精神病人的强制医疗程序"，刑事医疗的程序性规定才由法律形式予以确定。

强制医疗程序中严重危害行为的标准及继续危害可能性的实践把握

付继博　季松博

《中国检察官》，2014年第16期

关键词：精神病人　司法实践　刑事诉讼法

摘要：强制医疗案件中，对于严重危害公民人身安全的理解，司法实践中宜采《刑法》第20条的标准，危害行为未得逞的也可依据行为危害性决定强制医疗。判断继续危害社会的可能性是对未来的判断，不能采用"确定性"而应采取"盖然性"的标准。

司法实践中强制医疗程序的精准适用

司凌丽　李文涛

《中国检察官》，2015年第1期

关键词：强制医疗程序　启动　监督　溯及力

摘要：作为《刑事诉讼法》新增的特别程序，强制医疗程序的设立完善了对不负刑事责任精神病人的司法解决程序和方式，颇具积极意义。但是，有些特殊情形现行法律和司法解释并未作出具体规定或者规定并不详尽，比如，对于强制医疗程序的启动条件如何理解？检察机关对强制医疗程序的监督方式如何加强？强制医疗程序是否存在法律的溯及力？被追诉人在诉讼过程中才丧失刑事责任能力是否也应当纳入强制医疗程序等问题，在司法实践中如何加以解决，本文将做粗浅的探讨。

精神病人强制医疗程序司法化研究

周光富　谢慧阳

《中国检察官》，2015年第15期

关键词：强制医疗　精神病　刑事诉讼

摘要：精神病人的强制医疗既是一种社会防御措施，也是一种对公民人身自由权利加以限制的行为，还牵涉到刑事责任应否承担的问题。我国精神病人强制医疗模式从整体上呈现出二元双轨的制度格局。其中，《刑事诉讼法》将强制医疗程序归为刑事诉讼特别程序，由人民法院最终决定；《精神卫生法》则将强制医疗作为一种特殊的医疗行为，由公安机关协助医疗机构实施。相较而言，刑事强制医疗程序无疑更加符合司法化的要求，但其具体规定中存在当事人权利不足、审判程序虚化等明显问题，有待进一步完善。而《精神卫生法》中的强制医疗则存在性质定位错误、当事人权利保护堪忧等严重缺陷，亟须立法、司法机关的审查和监督。

检察机关启动强制医疗纠错程序探析
鞠佳佳
《中国检察官》，2015年第18期

关键词： 强制医疗　监督　纠错

摘要： 现有法律和司法解释对强制医疗监督的规定比较原则，如检察机关在执行监督中发现强制医疗决定可能存在错误，可能需要追究被强制医疗人的刑事责任，应如何启动纠错程序，现行法律、司法解释都没有明确规定，对此需要立足检察机关职能，在现有法律框架下寻求解决之路。同时，从立法完善角度，还需要进一步褪去强制医疗程序的行政化色彩，进行彻底的司法化改造。

强制医疗程序精神病鉴定意见认证障碍分析
吴仕春
《河北法学》，2013年第9期

关键词： 强制医疗　精神病　鉴定意见

摘要： 法医精神病鉴定意见是强制医疗程序最核心的证据材料，直接决定强制医疗程序的运行结果。由于精神疾病医学特殊性质以及强制医疗程序设置等原因，致使法院在认证、采纳法医精神病鉴定意见时面临诸多障碍，对法院准确作出是否进行强制医疗的决定造成较大影响。在充分分析认证障碍基础上，为最大限度维护新刑诉法立法成果，结合实践提出针对法医精神病鉴定意见的认证标准及抗辩规则等两项特殊的认证规则。

论精神病人强制医疗程序之完善——以人身自由保障为视角
唐忠民　陈绍辉
《河北法学》，2014年第10期

关键词： 人身自由　强制医疗　精神病人

摘要： 作为限制人身自由的强制措施，强制医疗与人身自由之间始终有着难以消解的紧张关系。在社会防卫与个人自由的两端，我国的强制医疗制度明显偏向于社会防卫而忽视人身自由的保护；基于本人健康利益或公共利益之维护，通过强制医疗限制人身自由固然具有正当性，但这并不足以消解其内在的合法性困境。尽管《精神卫生法》已化解强制医疗的合法性问题，但该法所确立的以医学专业为主导的强制医疗程序对人身自由的保障仍存在诸多不足。从充分保障精神病人的人身自由权出发,有必要进一步完善强制医疗制度,建立以人权保障为取向的强制医疗程序。

我国精神病强制医疗之检察监督

董晓玲　代亚楠

《河北法学》,2015年第7期

关键词: 刑诉法　强制医疗　检察监督

摘要: 我国2012年新修订的《刑事诉讼法》,在特别程序里专门增设了一章"依法不负刑事责任的精神病人的强制医疗程序"。此次刑诉法修改首次将强制医疗措施纳入到刑事诉讼法领域,是我国强制医疗程序司法化进程的开始,也是我国立法上的一大进步。新增设的强制医疗程序明确赋予检察机关对强制医疗的决定和执行的法律监督权。但是,关于检察机关对强制医疗检察监督的范围、内容、方式等方面并未作具体规定。在目前我国强制医疗程序尚不完善的情况下,充分发挥检察机关的法律监督职能对保障强制医疗程序的顺利运行具有重大意义。以新修订的刑诉法对强制医疗程序的规定为视角,探讨强制医疗检察监督的必要性及目前面临的问题,继而提出几点完善建议。

刑事强制医疗程序研究

秦宗文

《华东政法大学学报》,2012年第5期

关键词: 刑事诉讼法　责任能力　精神病人

摘要:《刑法》第18条规定:"精神病人在不能辨认或者不能控制自己行为的时候造成危害结果,经法定程序鉴定确认的,不负刑事责任,但是应当责令他的家属或者监护人严加看管和医疗;在必要的时候,由政府强制医疗。"但作为与《刑法》相配套的程序法,《刑事诉讼法》很长时间内没有确立强制医疗的相关程序规定。实践中,对于肇祸的精神病人,主要由公安机关通过行政程序送交隶属于公安机关的安康医院进行强制医疗。强制医疗涉及对人身自由的长时间剥夺,其后果与刑罚基本相同,仅通过行政性程序即可进行强制医疗在正当性上颇受非议,同时,这种程序的合理性也存在诸多不足,如标准不明、抗辩权保障不足和抗外力干预能力差等。新《刑事诉讼法》特别程序编中增加的"依法不负刑事责任的精神病人的强制医疗程序"正是对现状不足的回应。它第一次在基本法中确立了强制医疗的法律程序,在强制医疗程序正当化进程中具有里程碑意义。作为特别程序,与普通程序比较,刑事强制医疗程序有其独特之处。与其他国家和地区的类似程序比较,我国刑事强制医疗程序也有自己的特点,但作为初次确立的程序,现有规定还显得较为粗疏,一些规定的妥当性也有可商榷之处。本文试根据新《刑事诉讼法》的相关规定对这一程序进行初步的讨论。

强制医疗程序及其检察监督
王志坤

《国家检察官学院学报》，2013 年第 6 期

关键词：行政化　司法化　书面纠正意见

摘要：修改后的刑诉法新增的强制医疗特别程序开启了强制医疗司法化的进路，但刑诉法仅明确了强制医疗程序的适用条件、启动主体、决定主体及简单的程序救济，具体的决定程序却语焉不详。在此基础上，"两高"司法解释以普通程序为模板把强制医疗程序的司法化向前推进了一大步。由此形成了强制医疗立法上偏行政化与司法解释及实践上偏司法化的不协调，而解决之道是：继续推进司法化进程，坚持二审终审制，改强制医疗决定书为判决书或裁定书、改书面纠正意见为抗诉，并允许被申请人上诉、明确检察人员出庭、原则上禁止法院自行启动该程序等。

完善刑事强制医疗程序及法律监督制度
邓思清

《国家检察官学院学报》，2014 年第 6 期

关键词：精神病人　保卫社会安全　保障人权

摘要：新刑诉法增设了刑事强制医疗特别程序，对其适用范围、条件、决定主体、有关诉讼程序以及检察机关的法律监督等问题，作出了原则性规定。从目前实践看，法律和有关司法解释对刑事强制医疗程序的启动程序、决定程序、执行程序等问题，都缺乏具体明确的规定，导致刑事强制医疗程序在实践中遇到许多问题，检察机关也无法对其进行有效的法律监督。建议法律、行政法规和司法解释对有关问题作出明确规定，完善检察机关相应的法律监督制度，以有效发挥刑事强制医疗程序的应有作用。

从"被精神病"再现看我国非刑强制医疗制度之疏失
魏晓娜

《国家检察官学院学报》，2015 年第 4 期

关键词：强制医疗　强制入院　精神卫生法

摘要：我国目前实行涉刑和非刑精神病人强制医疗的双轨格局。这种双轨格局背后是两极化的程序，即涉刑精神病人强制医疗已经实现了司法化，而非刑强制医疗则从根本上排除了司法干预的可能。这种两极化的程序并不存在站得住脚的理由。未来应参考国际相关制度改革我国非刑精神病人强制医疗制度。

精神障碍患者强制医疗的性质界定及程序解构

陈卫东　柴煜峰

安徽大学学报(哲学社会科学版),2013年第1期

关键词: 新《刑事诉讼法》　依法不负刑事责任的精神病人的强制医疗程序　精神障碍患者强制医疗

摘要: 2012年新《刑事诉讼法》规定了依法不负刑事责任的精神病人的强制医疗程序,将强制医疗纳入了法制轨道。按刑事司法程序处理精神障碍患者的强制医疗问题,既遵循了国际通行做法,又符合中国基本国情,有助于实现公正、安全、人道和效率多元价值的平衡。虽然立法机关选择了渐进式的实践探索路径,但研究者不应满足于粗线条式的程序设计,应围绕强制医疗程序司法化的主线,在启动程序、临时安置、审理程序、执行程序和检察监督等问题上作进一步细化研究,以完善现有的条文规定。

第三节　案例精解

驳回被申请人强制医疗决定的具体条件——张某某案评析[①]

一、基本案情

被申请人张某某与前夫肖某某于1987年离婚后,仍生活在一起,经常发生争吵。2013年1月23日早上,张某某与肖某某争吵后,趁肖某某外出之际,从自己居住的房屋的楼梯间下面经常存放农药的地方拿了一包使用后剩余的除草剂,将该除草剂倒了一部分在肖某某所煮的饭里。肖某某当天中午回家吃饭时,发现所煮米饭不正常未予食用。经湘雅二医院司法鉴定中心鉴定,被申请人张某某为精神发育迟滞(中度),实施危害行为时无刑事责任能力。2014年7月10日上午,张某某来到其弟妹梁某某家,吃了梁某某为早饭准备的菜和香瓜,遭梁某某的训斥。张某某怀恨在心,趁梁某某不注意之际,向其家的茶水中投放农药。梁某某饮用茶水后,出现肚子痛、头晕等症状。在本案审理期间,被申请人张某某已被送往湘阴县精神病医院治疗。湘阴县人民检察院申请对张某某强制医疗。

法院经审理认为,申请人湘阴县人民检察院提出对被申请人张某某强制医疗的申请,认定张某某以投毒方法故意杀人,严重危害公民人身安全,张某某连续两次投毒,有继续危害社会的可能。但申请人没有提供张某某在他人饮食中

---

① 参见《湖南法院通报3个刑事强制医疗典型案例》,http://hn.people.com.cn/n/2015/0807/c356890-25889902.html,2015年8月7日访问。

所投放物质的鉴定结论以及该物质毒性的鉴定意见,故认定张某某以投毒方法故意杀人证据不足,张某某的暴力行为达到犯罪程度的证据不足。张某某虽经鉴定系不负刑事责任的精神病人,但不符合强制医疗的法定条件,其监护人应严加看管和医疗。代理人提出张某某不符合强制医疗条件的意见,予以采纳。据此,湘阴县人民法院决定依法驳回湘阴县人民检察院提出的对被申请人张某某的强制医疗申请。

二、法律依据

《刑诉法解释》第531条规定:"对申请强制医疗的案件,人民法院审理后,应当按照下列情形分别处理:……(二)被申请人属于依法不负刑事责任的精神病人,但不符合强制医疗条件的,应当作出驳回强制医疗申请的决定;被申请人已经造成危害结果的,应当同时责令其家属或者监护人严加看管和医疗。……"

三、分析与评述

由于当今社会矛盾突出,压力较大,一些民众的精神状况确实存在问题,这也决定了需要用到强制医疗程序的案件不在少数。适应这一社会背景的强制医疗程序是新刑诉法修改后新增加的内容,虽有相关规定但并不具体,如上述最高法的司法解释中提到"不符合强制医疗条件的,应当作出驳回强制医疗申请的决定",但并未详细规定哪些情况属于"不符合强制医疗条件",需要司法实务部门在司法实践中自行依法决定。同时也应看到,强制医疗程序对公民的人身自由限制极大,更应该慎重使用这一程序。

本案中,裁判法院具体问题具体分析,以申请人没有提供被申请人张某某在他人饮食中所投放物质的鉴定结论以及该物质毒性的鉴定意见,认定张某某以投毒方法故意杀人证据不足,张某某的暴力行为达到犯罪程度的证据不足,驳回申请人的请求,既保障了当事人的合法权益,也维护了司法的公信力。

第八章 本编参考书目

1. 陈宝友:《监狱行刑理性论》,法律出版社2014年版。
2. 陈京春:《刑事和解制度研究:以刑事实体法为视角》,法律出版社2014年版。
3. 陈晓明:《刑事和解原论》,法律出版社2011年版。
4. 戴长林主编:《刑事案件涉案财物处理程序:以违法所得特别没收程序为重点的分析》,法律出版社2014年版。
5. 丁寰翔、刘友水主编:《未成年人司法制度的构建与实践:以尤溪法院为主要视点》,中国民主法制出版社2012年版。
6. 杜志淳等:《强制医疗司法鉴定研究》,法律出版社2015年版。
7. 高伟:《刑事执行制度适用》,中国人民公安大学出版社2012年版。
8. 管元梓:《未成年人刑事案件暂缓判决制度研究》,法律出版社2015年版。
9. 郭华主编:《未成年人刑事诉讼程序》,中国人民公安大学出版社2011年版。
10. 郭华主编:《刑事执行程序》,中国人民公安大学出版社2011年版。
11. 郭开元主编:《我国未成年人司法制度的实践和探索》,中国人民公安大学出版社2014年版。
12. 侯东亮:《少年司法模式研究》,法律出版社2014年版。
13. 贾宇、舒洪水等:《未成年人犯罪的刑事司法制度研究》,知识产权出版社2015年版。
14. 蒋石平:《刑事和解的法制化构建》,中国政法大学出版社2015年版。
15. 金碧华:《支持的"过程":社区矫正假释犯对象的社会支持网络研究》,法律出版社2014年版。
16. 李乐平、吴小强、施飞:《未成年人刑事案件特别程序与社会化保护:以常州市观护矫正工作站为样本的实证研究》,中国政法大学出版社2013年版。
17. 李玫瑾、靳高风主编:《未成年人犯罪与少年司法制度创新》,中国人民公安大学出版社2015年版。
18. 李娜玲:《刑事强制医疗程序研究》,中国检察出版社2011年版。
19. 李翔:《重罪案件刑事和解中的价值冲突和裁判平衡研究》,上海人民出版社2015年版。

20. 李义凤:《未成年人刑事案件诉讼程序理论与实践研究》,法律出版社2013年版。

21. 廖斌、何显兵主编:《监狱行刑制度改革研究》,中国政法大学出版社2014年版。

22. 廖明主编:《未成年人刑事司法制度》,对外经济贸易大学出版社2013年版。

23. 刘路阳:《中外刑事和解之辩》,中国检察出版社2013年版。

24. 骆群:《弱势的镜像:社区矫正对象社会排斥研究》,中国法制出版社2012年版。

25. 马静华等:《刑事和解理论基础与中国模式》,中国政法大学出版社2011年版。

26. 苗生明、叶文胜主编:《附条件不起诉的理论与实践》,法律出版社2015年版。

27. 潘侠:《精神病人强制医疗法治化研究:从中美两国对话展开》,中国政法大学出版社2015年版。

28. 萨其荣桂:《制度变迁中的国家与行动者:中国刑事和解的制度化实践及其阐释》,中国政法大学出版社2012年版。

29. 宋英辉、何挺、王贞会等:《未成年人刑事司法改革研究》,北京大学出版社2013年版。

30. 宋英辉、甄贞主编:《未成年人犯罪诉讼程序研究》,北京师范大学出版社2011年版。

31. 宋英辉主编:《刑事和解制度研究》,北京大学出版社2011年版。

32. 孙春雨、王伟、朱超然编著:《刑事和解制度专题整理》,中国人民公安大学出版社2015年版。

33. 孙春雨:《刑事和解办案机制理论与实务》,中国人民公安大学出版社2012年版。

34. 谭长志、郭华、王纪起主编:《未成年人刑事检察的临沂模式》,中国检察出版社2014年版。

35. 万春、黄建波主编:《未成年人刑事检察论纲》,中国检察出版社2013年版。

36. 王君祥:《违法所得没收特别程序问题研究》,法律出版社2015年版。

37. 王平、何显兵、郝方昉:《理想主义的〈社区矫正法〉:学者建议稿及说明》,中国政法大学出版社2012年版。

38. 王平主编:《社区矫正制度研究》,中国政法大学出版社2012年版。

39. 王耀世、侯东亮:《未成年人刑事案件社会·司法模式研究》,中国检察出版社 2015 年版。

40. 王志祥主编:《刑事和解制度的多维探究》,北京师范大学出版社 2013 年版。

41. 席建声主编:《少年审判一线实录:普陀法院 1991—2014 年》,法律出版社 2014 年版。

42. 向燕:《刑事经济性处分研究:以被追诉人财产权保障为视角》,经济管理出版社 2012 年版。

43. 谢安平、郭华主编:《未成年人刑事诉讼程序探究》,中国政法大学出版社 2014 年版。

44. 许永勤:《未成年人供述行为的心理学研究》,中国人民公安大学出版社 2011 年版。

45. 杨锦芳编:《监狱行刑理论与实务探索》,知识产权出版社 2013 年版。

46. 姚建龙主编:《合适成年人与刑事诉讼:制度渊源、演进与未来》,中国人民公安大学出版社 2014 年版。

47. 姚显森:《当事人和解的公诉案件诉讼程序研究》,法律出版社 2015 年版。

48. 于国旦、许身健:《少年司法制度理论与实务》,中国人民公安大学出版社 2012 年版。

49. 张跃进、陆晓等:《公安刑事和解》,苏州大学出版社 2015 年版。

50. 张智辉主编:《附条件不起诉制度研究》,中国检察出版社 2011 年版。

51. 张中剑主编:《未成年人检察工作综合创新理论与实践》,中国检察出版社 2015 年版。

52. 赵春玲:《刑事强制医疗程序研究》,中国人民公安大学出版社 2014 年版。

53. 赵国玲主编:《未成年人司法制度改革研究》,北京大学出版社 2011 年版。

54. 周军、高维俭等:《未成年人刑事检察制度研究》,中国检察出版社 2014 年版。

55. 庄洪胜编著:《精神病司法鉴定与强制医疗》,中国法制出版社 2012 年版。

第五编 刑事证据法学

第一章 刑事证据法

第一节 本章观点综述

《刑事诉讼法》大修前后,学界关于证据制度的讨论主要集中于新刑诉法的证据热点问题和刑事诉讼实践中的证据难点问题,本章论文的主题主要包括非法证据排除制度、专家辅助人制度以及证人、鉴定人出庭制度等内容。

一、非法证据排除

非法证据排除是刑事诉讼实践中的痛症,也是2012年刑诉法修改的重点。新刑诉法基本沿袭此前两高三部颁布的两个《证据规定》的内涵,具体规定了非法证据排除的条件范围和操作程序。

我国刑事诉讼以打击犯罪和保障人权为目的,然而正当程序和实质真实发生冲突对立的时候,恰恰反映出诉讼理想与司法实践的矛盾,如何在二者之间作出抉择是一个司法难题。非法证据排除规则正是实质真实让位于正当程序的产物。

何为非法证据？我国从证据合法性理论出发,对非法证据持广义上的理解,只要违反我国法律规定的证据形式、违反收集或提供证据的主体要求以及违反收集或提供证据的程序、方法和手段等所获取的证据,都是非法证据。① 非法证据与瑕疵证据的界限模糊,不仅导致排除法则范围不明确,诸多违法获取的证据也难以被覆盖,而且瑕疵证据补正规则往往成为非法证据不排除的方便之门。

---

① 参见万毅:《解读"非法证据"——兼评"两个〈证据规定〉"》,载《清华法学》2011年第2期。

破解这种结构性困境的思路是,通过司法解释构建覆盖面广、刚性的排除法则,并通过指导性案例渐进地发展精致而实用的例外法则。①

域外从非法证据排除规则创设的目的在于吓阻侦查机关的违法取证行为出发,坚持对"非法证据"的概念从狭义上进行解释,即将"非法证据"局限于非法定方法取得之证据(取证方法违法),而将非法定主体取得之证据(取证主体违法)以及非法定形式之证据(证据形式违法)排除在"非法证据"的概念之外。与此同时,国际人权法正通过确立公正审判权的最低标准,引导各国建立以公正审判权为核心的刑事诉讼人权保障标准,并形成人权基准国际化和普世化的浪潮。因此,立足本土实践,反思与国际人权基准的脱节与差距,将非法证据排除规则纳入公正审判权的保障体系应该说是大势所趋。②

纵然我国对于非法证据排除的规定已经相对完善,刑事司法实践也有了有力的制度支撑,然而地方各级人民法院在审判中对于非法证据排除的处理仍是更多流于形式。究其原因,一方面在于司法行政化和地方化对法院审判权的隐形束缚,另一方面是立法的失误,即非法证据排除规则中存在一些模糊的概念和边界,最为热议的就是何为刑讯逼供以及"等"字如何解释。

二、关于"行政机关执法过程中获取的证据"

新《刑事诉讼法》第 52 条解决了行政执法与刑事司法在证据上的衔接问题,允许行政机关执法过程中获取的证据作为刑事诉讼证据使用,这些证据应当限定为物证、书证等非言词证据,然而该条中的"等"字却模糊了这一界限,既可以理解为勘验、检查笔录、鉴定结论、视听资料、电子数据等,也可以理解为当事人陈述、证人证言以及被害人陈述等。然而,如果行政执法机关所提取的书面证言等言词证据可以作为刑事诉讼的定案依据,就突破了我国刑事诉讼书面证言、供词使用的最低标准,即仅限于公安、司法机关所获取的书面证言与供词。而且,《刑事诉讼法》对获取书面证言与供词的主体、程序,以及法律责任都作了具体的规定。而行政执法机关获取的书面证言、当事人陈述不受这些规定制约,取证人也不因此承担相应法律责任。因此,行政执法机关获取的书面证言和当事人陈述,不能作为刑事诉讼中的言词证据。

从法治的角度进行观察,该规定在一定程度上放松了侦查权由专门机关行使的要求,有可能导致作为启动强制侦查权前提的立案程序的弱化乃至虚置。因此,如何防止公安机关借用行政执法之名查办刑事案件,以规避立案程序对侦

---

① 参见马明亮:《非法证据排除规则的结构性困境——基于内部视角的反思》,载《现代法学》2015年第 4 期。
② 参见孙长永、闫召华:《欧洲人权法院视野中的非法证据排除制度——以"格夫根诉德国案"为例》,载《环球法律评论》2011 年第 2 期。

查权的严格限制以及强制性侦查措施的期限规定,则是新法实施后值得关注的一个问题。①

三、专家辅助人

我国 2012 年《刑事诉讼法》引入"有专门知识的人"这一概念。就其定位而言,首先,他不是专家证人,因为法律将"有专门知识的人"的功能定位为就鉴定意见发表意见;其次,"有专门知识的人"是由犯罪嫌疑人、被告人一方聘请的,旨在抗辩控方的鉴定意见,因此具有一定的对抗色彩。我国多数学者赞同称之为"专家辅助人"。专家辅助人的启动方式决定了其立场并非中立无偏,因此,不应强求其参与诉讼必须有中立的立场,但其必须保证守住底线、客观,不任意解释,不违背科学的基本规范,应保证其评价意见的真实性。

有关专家辅助人发表的意见该如何定位,学界有两种不同的看法。一种观点认为:应认可专家辅助人意见的证据地位。专家辅助人虽然与证人、鉴定人、诉讼代理人等其他诉讼参与人有着类似的功用,但也与这些诉讼参与人有着本质的区别,故其应独立存在,进而成为我国法定诉讼参与人中的新成员。② 另一种观点认为:在我国目前律师辩护率明显偏低、证据制度尚不完善的情况下,赋予专家辅助人意见以证据资格,将会使法官对于专家证言的审查判断面临较大的困难。专家辅助人意见的功能宜被定位为发挥控辩双方在审查判断鉴定意见这种专家证据中的作用,强化对于鉴定意见的质证程序,从而帮助法官更好地判断鉴定意见的真伪以及证明力高低。③

英美法系的专家证人制度具有极大的灵活性,当事人双方自由选择是否聘任专家证人,专家证据可采性规则完善。然而,这也造就了专家证人缺乏中立性的弊端,专家证人在刑事诉讼中充当一方当事人的专家辩护人,其意见极可能悖于客观真实。而大陆法系采用鉴定制度,侦查阶段是否聘请鉴定人由检察官决定,审判阶段则由法官决定是否聘请鉴定人。因此,鉴定意见缺乏有效的制约和规范的审查。任何制度都不可能完美无瑕,上述两种制度对我国刑事司法改革的完善均有极大的借鉴意义。专家辅助人与鉴定人二元并存的模式反映了我国刑事司法的进步,是对控辩双方平等武装的有力推进。有学者认为,在我国当前特定的司法语境下,可以考虑在刑事诉讼中建立三位一体的司法鉴定主体格局,即公安、司法机关指定鉴定人的做法基本保持现状不变,犯罪嫌疑人、被告人享有聘请专家辅助人的权利,同时法庭享有指定专家顾问帮助解决案件中有争议

---

① 参见孙长永:《论刑事证据法规范体系及其合理构建——评刑事诉讼法修正案关于证据制度的修改》,载《政法论坛》2012 年第 5 期。
② 参见李学军、朱梦妮:《专家辅助人制度研析》,载《法学家》2015 年第 1 期。
③ 参见季美君:《专家证据的价值与我国司法鉴定制度的修改》,载《法学研究》2013 年第 2 期。

的专门知识问题的权力。①

四、直接言词原则

直接言辞审理原则是现代诉讼的基本原则,其基本内涵有二:其一是要求法庭开庭审判时当事人及其他诉讼参与人必须亲自到庭出席审判,其二为法庭审判活动要以言辞陈述的方式进行。这与英美法系的传闻证据规则其实异曲同工,有助于司法公正和司法效率的实现。新刑诉法的修改较之以前有了重大进步,确定了鉴定意见的直接言辞原则,即经人民法院通知,鉴定人拒不出庭作证的,鉴定意见不得作为定案的根据。然而对于证人证言的规定尚未达到此种高度,新刑诉法在硬性规定证人出庭作证的法律义务及不出庭应承担的法律责任的同时,对书面证言的使用却不作限定。这就造成了中国刑事证据制度的一大怪状,导致案卷笔录中心主义的弊端得不到消解,审判中心主义得不到落实,庭审实质化的实现依旧是一个难题。

发展完善我国刑事证据制度,要顺应刑事司法迈向民主、法治、文明的趋势,必须要处理好坚持司法规律与中国国情相结合过程中所涉及的与无罪推定、惩罚犯罪、保障人权、司法公正、司法效率等几个宏观层面重要问题的关系,这也是指导完善具体制度的"航向标"。与此同时,在微观层面也必须不断推进刑事证据的理念创新和制度创新。于刑事证据制度改革而言,理念的更新固然十分重要,但刑事证据原则的确立和具体制度的建构可能更具实际意义,更应成为当务之急。在刑事诉讼中,一项证据通常要经过取证、举证、质证、认证四个环节,通过层层的甄别和筛选,最终作为认定案件事实的根据。刑事证据制度的改革既要着眼于宏观、指导性的基本原则的构建,又要注重微观、具体的证据规则及其相关运行程序的完善。总之,只有确立起能够指导具体证据制度的刑事证据三原则,并将三原则的基本精神贯彻到取证、举证、质证和认证等司法证明环节的制度创新中,我国刑事证据制度的改革方能取得更大的发展和进步。②

第二节 相关论文摘要

评关于非法证据排除的两个《规定》
汪海燕
《政法论坛》,2011年第1期
关键词: 非法证据 排除 范围

---

① 参见季美君:《专家证据的价值与我国司法鉴定制度的修改》,载《法学研究》2013年第2期。
② 参见沈德咏:《中国刑事证据制度改革发展的路径选择——以〈刑事证据两个规定〉为视角》,载《清华法学》2011年第5期。

摘要：相对于以前的法律和解释，《关于办理刑事案件排除非法证据若干问题的规定》和《关于办理死刑案件审查判断证据若干问题的规定》在非法证据排除方面有两大突破：第一，将排除非法证据的范围扩展到物证和书证；第二，比较详细地规定了排除非法证据的程序。然而，这两个规定仍有其内在缺陷。这不仅表现为两个规定缩小了非法言词证据的排除范围，而且其中有些程序性规定缺乏可操作性。这很有可能使得被寄予厚望的两个规定变成一场"立法秀"。

证据"转化"规则批判

万　毅

《政治与法律》，2011年第1期

关键词：证据"转化"规则　非法证据排除规则　取证主体

摘要：证据"转化"规则，是我国刑事诉讼立法上未作规定但在司法实务中一直沿用的一项证据规则，它指的是侦查机关采取一定手段，将形式上（如取证手段、取证主体以及证据种类）不符合法定要求因而无证据能力的证据转换为合法证据的规则。根据证据"转化"规则之要求，非法定方法取得之证据、非法定主体取得之证据以及非法定种类之证据，都应当经过转化才具有证据能力。证据"转化"规则在我国司法实务中的产生，有其制度上的必然性。证据"转化"规则，在我国刑事司法实务中沿袭已久，对我国刑事司法实践发挥了重要的影响力，已经成为侦查机关处理"问题证据"的常规做法。客观地评价，证据"转化"规则在我国特定历史阶段，尤其是在程序法定主义以及强制侦查法定原则尚未完全得到确立时期，对于我国刑事程序法治化的进程有其特定的积极意义。但另一方面，证据"转化"规则在实践中的运用也引发了一些问题与争议，并由此凸显出其在证据法理上的某些矛盾与困境。基于此，证据"转化"规则的某些内容与要求，应当进行适度的修正，其适用范围也应当进行适当的收缩。

论证据意义上的事实

王俊民

《政治与法律》，2011年第2期

关键词：案件事实　证据事实　事实与事物

摘要：最高人民法院、最高人民检察院、公安部、国家安全部和司法部联合制定发布的《关于办理死刑案件审查判断证据若干问题的规定》，在我国刑事诉讼中首次明文确立证据裁判原则、意见证据排除规则等。事实与事物既有同一性又存在明显差别。案件事实不同于证据事实，案件事实不是适用法律的依据，证据意义上的事实才是适用法律的依据；案件事实的存在形式不受限制，无法被消灭，却有赖于证据证明，证据意义上的事实不仅存在形式和表现方式要受限制，而且还可能被消灭；证据意义上的事实除了具有客观性特征外，还具主观性特证。"合乎一般生活经验判断"的证言可以认定为事实,证人根据专业知识就专业问题作出的判断意见具有证据事实属性。

被识别的几率:非法取证程序性制裁的构成性前提
刘　忠
《中外法学》,2011年第2期
关键词:几率　非法取证　程序性制裁
摘要:为消除非法取证,《刑事诉讼法》构建了实体性制裁和程序性制裁相结合的二元制裁体系,但实践中的根本改观并未显现。其原因在于忽视了程序性违法行为被识别的几率,这是制裁启动的构成性前提。提高识别几率的诸措施因为刑事政策在正当程序和社会控制之间的遴选,不能按照一维目的实现。在信息不充分的给定条件下,程序性制裁的激励效果弱于实体性制裁。

两大法系科学证据采信结构评析——从事实认知的角度
张　斌
《环球法律评论》,2011年第2期
关键词:科学证据　采信结构　事实认知
摘要:英美法国家法律具有复杂的科学证据采信结构,其用意在于通过加强法官对科学证据证明力的实质性审查,抵消专家证人由于当事人的聘请而产生的"当事人性"以及对陪审团的误导,这种思路是对英美法系国家特有的二元审判结构以及对抗制的合理反映。但同时这种结构也带来一些问题,在事实认知上表现为"认知错位"与"认知过度"。而大陆法国家的科学证据采信结构比较简单,科学证据作为一种中立的证据方法,由法官依职权调查和自由心证完成,有利于科学证据以本来面目出现。但这种结构的主要问题是与自由心证奉行的理性原则有一定的冲突,这在事实认知上表现为"认知不足"。

欧洲人权法院视野中的非法证据排除制度——以"格夫根诉德国案"为例
孙长永　闫召华
《环球法律评论》,2011年第2期
关键词:非法证据　比例检验　权衡法则
摘要:"格夫根诉德国案"的大审判庭裁决反映出欧洲人权法院在非法证据排除问题上的完整立场,即对通过酷刑获取的任何证据和以非法手段获取的言词证据实行自动排除,对以非人道待遇取得的实物证据根据比例原则决定是否排除,对非法证据的派生实物证据根据利益权衡原则决定是否排除,并以公正审判权作为适用排除规则的重要尺度。在刑事司法准则日益国际化的背景之下,该立场反映了排除规则发展的整体趋势,对我国排除规则的完善有较强的借鉴意义。立足本土法律实践,反思与国际准则之间的脱节与差距,将排除规则纳入公正审判权的保障体系,是排除规则发展的大势所趋。

论"两个证据规定"的三大突破与五个局限——以非法言词证据的证据能力为重心

林喜芬

《现代法学》,2011年第2期

关键词: "两个证据规定"　非法言词证据　证据能力

摘要: 两高三部新近颁布的"两个证据规定"重申了非法言词证据一般应予排除的原则,修订了非法言词证据的含义及取证规范,确立了瑕疵证据一般不予排除的操作程式,是我国刑事证据制度改革的突破。同时,也存在对严格予以排除的"强制情形"列举不细致,对"诈术情形"的证据效力尚未明确,被追诉人口供的排除原理亟须完善,取证禁止规定亟须更高位阶的人权法规范引导,特殊情形下非法言词证据的证据能力仍需补充等五大改革局限。面对这些制度局限,进一步的对策、变革与完善仍值得期待。

解读"非法证据"——兼评"两个证据规定"

万　毅

《清华法学》,2011年第2期

关键词: 证据合法性　非法证据　瑕疵证据

摘要: 由于中国证据立法以及主流证据学理论的独特性,坚持从广义上理解"非法证据"的概念,非法定主体取得之证据、非法定形式之证据以及非法定方法取得之证据,皆被视为非法证据而予以排除。但是,从证据法理上讲,这一观点与非法证据排除规则的目的相冲突,自身存在着逻辑错误和概念混淆,尤其是可能导致非法证据排除规则适用对象和范围的不当扩张。因此,"非法证据"的本意应当是指以法律明确禁止的手段或者违反法律明确规定的程序所取得之证据,即仅限于非法定方法取得之证据。

论"刑讯逼供"的解释与认定——以"两个证据规定"的适用为中心

万　毅

《现代法学》,2011年第3期

关键词: 非法证据排除规则　酷刑　刑讯逼供

摘要: 为遏制刑讯逼供,我国构建了非法证据排除规则,但非法证据排除规则正确适用的前提,是对"刑讯逼供"一词作出准确而允当的解释。"刑讯逼供"本系我国立法上之用语,国际上更为通用的是"酷刑"一语,目前,对"酷刑"最权威的定义,来自联合国《反酷刑公约》,根据条约神圣的原则,依据《反酷刑公约》对酷刑的定义来解释刑讯逼供,基本是可行的。在司法实践中,解释和认定刑讯逼供,还应当注意根据具体个案进行具体判断。对于药物和催眠审讯,药物审讯应当认定为刑讯逼供,催眠审讯在征得犯罪嫌疑人同意的前提下可用,但不得作为定案根据。营救式刑讯逼供的合法性也应当予以否定。

证据的采纳和采信——从两个"证据规定"的语言问题说起

何家弘

《法学研究》,2011 年第 3 期

关键词:证据　采纳　采信

摘要:司法人员审查认定证据应该分为两个阶段,即证据的采纳和证据的采信。司法人员审查认定证据的内容应该包括"四性",即合法性、关联性、真实性、充分性。采纳证据应该遵循带有一定刚性的规则;采信证据则应该依据带有一定弹性的标准。科学证据的采纳和采信具有一定的特殊性。

我国刑事司法改革的推进之路——由两个《证据规定》的出台所引发的思考

彭海青

《法学评论》,2011 年第 3 期

关键词:证据规定　刑事司法改革　现实主义

摘要:两个《证据规定》的意义远不止于遏制刑讯逼供,防止冤案发生,提高案件办理质量等方面,还可以从中汲取出我国刑事司法改革推进方面的一些有益经验。这些经验主要包括:刑事司法改革应当采取现实主义的态度、改革应当由利益所涉机关联合推动、以"急用"与"共识"双重标准来选定改革内容、以法学界的智慧作为智力支持、及时出台改革规范的后续保障措施等。

实质证据与辅助证据

周洪波

《法学研究》,2011 年第 3 期

关键词:实质证据　辅助证据　界分原理

摘要:实质证据与辅助证据的类型区分及其规范意义,在理论上一直未得到应有的重视,然而,其在法律和法学上都具有普遍的基础性,尤其对中国问题具有特别的针对性。界分这两类证据的基本标准是,在证明逻辑上看证据与证明对象之间是否具有"生成"意义上的证据相关性,有则为实质证据,无则为辅助证据。从刑事诉讼的角度来说,区分这两类证据的规范意义在于,能够较为具体地说明与刑事诉讼有关的许多职权行为应有的合理证据规范,以及中国在刑事证据运用方面的一些问题和应有的法律变革。今后,应当在理论上加强此方面的研究,在立法尤其是法律解释上明确这两类证据的区分并对其运用进行合理规范。

论专家证人制度的构建——以专家证人制度与鉴定制度的交叉共存为视角

邵 劭

《法商研究》,2011 年第 4 期

关键词: 专家证人制度 鉴定制度 专家证人

摘要: 当需要就诉讼中的专门性问题作出说明和进行判定时,现行的各种制度都不足以解决当事人和法官面临的技术难题。为了在法庭上更好地利用专家的知识,可以采用一种既使用鉴定人也使用专家证人的混合程序,使鉴定人和专家证人各自在其专业领域发挥作用;而二者交叉的领域则由法官和当事人自由选择适用。这种混合程序的运行需要构建完善的专家证人制度来支撑。

论非法证据调查程序在我国的立法确立

刘彦辉

《中国法学》,2011 年第 4 期

关键词: 非法证据排除规则 非法证据调查 非法证据调查程序

摘要:《关于办理刑事案件排除非法证据若干问题的规定》最富有特色的地方是,用具有技术操作性的条款设计了一个相对独立的审前供证合法性的庭审前置调查程序,它具有书面诉答、裁量启动、独立调查、辩方提出、控方证明、庭审为主、庭外补充、二审监督等八个方面内容,具有重大的法治进步意义。但该《规定》在操作性上存在不足,一些条款规定过于原则化,容易造成相应的操作难题。应通过确立我国非法证据调查程序的操作重点、操作原则以及三个操作"路线图"等实务手段,渐次加以解决。

公民宪法权利的刑事程序保护与非法证据排除规则——以美国联邦宪法第四修正案为中心展开

易延友

《清华法学》,2011 年第 4 期

关键词: 宪法权利 程序保障 非法证据排除规则

摘要: 非法证据排除规则乃是为保障公民宪法权利在刑事诉讼中不受恣意侵犯而设置的工具性装置,其理论基础为震慑,其适用范围包括所有的"毒树之果",其适用方式为强制排除,其申请主体为宪法权利受到侵犯之人。我国两高三部 2010 年发布的两个《证据规定》中有关非法证据排除规则的规定,对非法搜查与扣押取得的证据采取了裁量排除的立场,加上其中意在保障公民权利的规则与意在促进真实发现的规则之间存在交叉与重合,致使中国式非法证据排除规则在具体解释与适用方面产生一定程度的混乱,从而使其震慑效果大打折扣。因此,应当趁《刑事诉讼法》修改之机确立强制排除模式的非法证据排除规则,同时另行制定单独的、适用于所有诉讼种类的、以发现真实为唯一目的的证据法典。

中国刑事证据制度改革发展的路径选择——以《刑事证据两个规定》为视角

沈德咏

《清华法学》,2011 年第 5 期

关键词:取证　举证　质证

摘要:当前我国刑事司法改革不断推进,刑事证据制度取得了显著进步。两个《证据规定》的出台,是我国刑事证据制度取得的重大突破。无罪推定、证据裁判、程序法治三原则,是现代刑事证据制度乃至整个刑事诉讼制度的基石。本文以两个规定的出台为视角,从刑事证据三原则和取证、举证、质证、认证等环节,系统阐述刑事证据制度应当创新的内容和要求,力求探索出符合中国国情的刑事证据制度改革发展道路。

英国证据法中先前判决的效力问题

齐树洁　季俊强

《清华法学》,2011 年第 5 期

关键词:英国证据法　先前判决　证据效力

摘要:在英国,依据普通法中的"霍林顿规则",先前判决在后诉中不具有证明其本身所依据事实的效力。然而,以 1968 年《民事证据法》第 11 条和 1984 年《警察与刑事证据法》第 74 条为主的成文证据法突破了"霍林顿规则",赋予先前判决在后诉中特殊的证明效力。先前判决不仅可用以证明判决自身的存在、内容及法律效力,在一定条件下还可用以证明判决本身所依据事实的真实性。我国三大诉讼法对于先前判决的证据效力问题尚无规定,相关司法解释虽有规定但过于简略。英国证据法中有关先前判决效力的规定值得我国参考借鉴。

死刑案件适用补强证据规则若干理论问题研究

党建军　杨立新

《政法论坛》,2011 年第 5 期

关键词:死刑　补强证据　立法修改

摘要:在我国刑事诉讼实践中,补强证据规则在一定范围内被运用。由于相关立法不甚完善以及理论研究不够深入,补强证据规则尚未能发挥应有的制度功能。死刑司法实践表明,许多因事实和证据上存在问题而不予核准的案件大都与审查判断证据不当有关,甚至可以说,与该规则适用不当直接相关。

实物证据的鉴真问题

陈瑞华

《法学研究》,2011 年第 5 期

关键词:实物证据　鉴真　鉴定

摘要:我国新颁行的刑事证据规定确立了实物证据的鉴真制度。根据所要鉴别的实物证据的不同，鉴真有两个相对独立的含义：一是证明法庭上出示、宣读的某一实物证据，与举证方"所声称的那份实物证据"是一致的；二是证明法庭上所出示、播放的实物证据的内容，如实记录了实物证据的本来面目，反映了实物证据的真实情况。我国刑事证据规定尽管确立了"保管链条的证明"方法，但强调通过对各种笔录类证据的形式审查，来验证实物证据在来源、收集、提取、制作、保管等各个环节上的可靠性。刑事证据规定还针对物证、书证、视听资料和电子证据分别确立了鉴真规则。鉴真制度要得到有效的实施，需要司法改革的决策者在刑事审判方式改革、侦诉关系改革、规范法官自由裁量权、有效实施排除规则等方面做出进一步的努力。

论瑕疵证据——以"两个《证据规定》"为分析对象

万　毅

《法商研究》，2011年第5期

关键词： 瑕疵证据　非法证据　无证据能力的证据

摘要： 两个《证据规定》在证据学上有一个重要的理论创新，即提出了瑕疵证据的概念，由此实现了从证据可采性角度对证据类型的三分法：合法证据、瑕疵证据和无证据能力的证据。两个《证据规定》依据证据效力的不同对证据类型作出的划分，克服了既往证据学研究中将证据简单划分为合法证据与非法证据这一研究范式的缺陷，在证据法理上具有一定的合理性。瑕疵证据在实践中具有多种典型样态，其补救方式主要包括补正和合理解释。司法实务中应当注意区分瑕疵证据与非法证据，注意把握瑕疵证据补正的合理限度，正确理解合理解释的证明度。

检察机关排除非法证据的规范——基于预防和排除的双重视角

卞建林　李　晶

《政治与法律》，2011年第6期

关键词： 检察机关　非法证据　审查逮捕

摘要： 两高三部的《关于办理刑事案件排除非法证据若干问题的规定》对检察机关在审查逮捕和审查起诉中排除非法证据的责任和职权予以了明确。根据检察机关行使职能的多元化以及参与诉讼的全程性等特点，检察机关对非法证据的预防和排除均具有重要作用。因此，未来检察机关应当从预防和排除非法证据的双重视角来加强其在非法证据排除中的作用发挥，健全预防非法证据的措施以保证证据收集、固定的合法性，规范排除非法证据的程序以实现证据审查、判断的准确性。

关于非法证据排除规则体系的若干问题思考

叶 青

《政治与法律》,2011年第6期

关键词: 非法证据排除　司法适用　问题与建议

摘要: 在刑事诉讼中排除非法证据是维护司法公正的重要保障。我国两高三部于2010年5月发布的《关于办理刑事案件排除非法证据若干问题的规定》实施以来,理论界与实务界的反响很大,其中有不少质疑之声。有必要从理论上对此进行研究与评析,厘清其中的立法与司法的冲突原因,为进一步完善我国刑事证据立法提供可资借鉴的意见。

最佳证据规则

易延友

《比较法研究》,2011年第6期

关键词: 最佳证据规则　复制件　证据法

摘要: 在英美法系,对于文书以及记载有思想内容并用以证明案件真实情况的证据,证据法上通常要求必须出示原件,只有当存在可信以为真的理由的情况下,才可以作为例外不出示原件。这一规则就是著名的"最佳证据规则"(Best Evidence Rule),有时候亦被称为"原本法则"(Original Document Rule)。最佳证据规则是一项非常古老的制度,并且在英美法系享有较高的地位。但时至今日,中国学术界对该项制度的了解仍然有待深入,中国在相关领域的制度建设也仍然有待改进。因此,本文拟以英美法系普通法为参照,以相关制定法尤其是美国《联邦证据规则》为线索,以中国相关制度为依据,对最佳证据规则作出分析、比较与评价,试图以此促进我国相关制度的改革与完善。

非法证据排除规则的现实困境及其解决路径——基于"非法证据排除规则试点项目"的实践与思考

徐清宇

《政治与法律》,2011年第6期

关键词: 刑事诉讼　证据规则　非法证据排除

摘要: 随着两高三部《关于办理刑事案件排除非法证据若干问题的规定》的正式实施,期盼已久的刑事诉讼非法证据排除规则在我国从理论幕后走到实践前台。尽管在之前的理论研讨中,人们已经对非法证据排除规则运作时可能会出现的问题进行了充分的论证,但任何一项法律制度的优劣之处,只有经过实践才能得以检验。非法证据排除规则虽然在西方法治发达国家已经发展成为一项较为成熟的诉讼制度,但在我国的司法实践中仍是一块"处女地"。因而,通过实证试点,查找该制度存在的切实问题,有的放矢地提出解决问题的办法,对于全面推行该制度具有重要的参考价值。

《非法证据排除规定》实施后续问题研究
杨宇冠　杨　恪
《政治与法律》,2011 年第 6 期

关键词:非法证据排除规则　证明　律师制度

摘要:最高人民法院、最高人民检察院、公安部、国家安全部、司法部发布实施的《关于办理刑事案件排除非法证据若干问题的规定》标志着非法证据排除规则在我国的正式确立。考察我国的非法证据排除规则制定和实施情况,可以发现该规定存有疏漏,司法实践中仍存在问题,特别是录音录像、律师帮助等相关配套制度也有待落实。为保障非法证据排除规则在我国顺利实施和发展,有必要对相关问题作进一步研究。

刑事诉讼法修改如何调整证据制度
龙宗智　苏　云
《现代法学》,2011 年第 6 期

关键词:刑事诉讼　法律修改　证据制度

摘要:证据概念以材料说代替事实说欠妥,可以考虑三种处理方式,作者倾向于删去关于证据定义的规定。证据分类应注意笔录证据规定的周延性,不应仅限于列举的几种,还应包含其他侦查行为笔录及审判笔录。证据排除规则,应当根据实践需要进一步明确排除范围,尤其对"等"字应作适当界定,防止过于宽泛导致实践中无法准确把握。直接言辞证据规则,不仅需要规定证人出庭义务及保障措施,而且应当限制书面证词的使用。就行政机关所取证据的司法运用,应当通过立法明确限制行政执法机关所取言词证据用于司法。有必要规定证据裁判原则;必须遵守质证原则,反对脱离庭审秘密核实证据。

我国刑事证据制度的新发展——纪念《法学》复刊 30 周年·名家论坛(二)
樊崇义
《法学》,2011 年第 7 期

关键词:刑事证据规则　两个《证据规定》　非法证据排除　证据适用规范

摘要:《关于办理死刑案件审查判断证据若干问题的规定》和《关于办理刑事案件排除非法证据若干问题的规定》发展了证据的概念和种类,比较系统地初步建构了我国刑事证据规则体系和非法证据排除规则,确立了"证据问题也是程序问题"的科学命题,实实在在地把刑事证据的适用程序法定化、条文化。这是全面准确执行刑法和刑事诉讼法,贯彻党和国家的刑事政策,依法惩治犯罪,切实保障人权,维护司法公正的重大举措,更是我国司法改革的重要成果,也是我国刑事诉讼制度进一步科学化、民主化、法治化的重要标志,它将为我国《刑事诉讼法》的再修改打下一个良好的基础。

刑事诉讼中证据调查的实证研究
何家弘
《中外法学》,2012年第1期

关键词:刑事诉讼　证据　调查

摘要:关于刑事错案和刑事庭审的实证研究表明,我国的刑事诉讼中存在着审前证据调查的片面性和庭审证据调查的单边化等影响司法公正的问题。在比较两大法系国家的单轨制与双轨制证据调查模式之优劣的基础上,作者提出了改良我国刑事证据调查制度的进路,包括加强辩护律师进行证据调查的保障,赋予辩护方启动司法鉴定的权利和确保无罪证据获得公开公正的认证。

论证据相互印证规则
陈瑞华
《法商研究》,2012年第1期

关键词:证据　证明力　证明标准

摘要:在我国刑事证据法中,证据相互印证规则主要在三个领域发挥作用:一是用来确定自相矛盾的言词证据的证明力,二是用来审查案件是否达到法定证明标准,三是用来判断被告人供述是否得到补强。作为一项旨在对证明力加以规制的证据规则,强调无论是证据事实还是案件事实,都要根据两个以上具有独立信息源的证据加以认定;注重证据信息的相互验证,避免仅凭孤证定案,这有利于防止伪证、避免冤假错案的发生。然而,在目前以案卷为中心的裁判方式下,法院很少关注证据的合法性问题,证据相互印证规则的适用也会带来一些负面的效果。

把证据学打造成全人类的科学——三论实质证据观
裴苍龄
《法律科学》,2012年第1期

关键词:存在　意识　事实

摘要:事实是一切学科的对象。事实不是陈述、命题、描述和断定。事实是指客观外界存在或不存在、发生或未发生的全部情况和过程。事实可分为如下类型:(1)静态事实和动态事实;(2)积极事实和消极事实;(3)自然事实和人为事实;(4)历史事实和当前事实。事实有四大功能,即认识的基础、证明的根据、检验的标准、思想的指南。事实有两重属性:一为客观性;二为关联性。证据也有两重属性。证据的客观性指的是事实的客观性,证据的关联性指的也是事实的关联性。可见,事实就是证据。事实有四大功能,证据自然也有四大功能。证据不限于司法工作需要,全人类都需要。因此,要把证据学打造成全人类的科学。

美国证据排除规则的衰变及其启示——以 Herring v. United States 案为主线的考察

姚 莉

《法律科学》,2012 年第 1 期

关键词: 证据排除规则　美国联邦最高法院　过错原则

摘要: 2009 年 1 月的 Herring v. United States 案判决是近年来美国联邦最高法院关于证据排除规则方面影响最大的判决,它确立了"过失行为所得非法证据不适用证据排除"的新规则。该判决以其不同于以往任何案例的特殊性引发了关于证据排除的存在必要性、适用范围、审查模式等一系列问题的理论探讨和实务争议。以该判决前后美国联邦最高法院的态度转变和学界回应为鉴,我国证据排除规则的确立应定位于阻吓违法行为,以过错原则为判断标准,并配合职务监督方式施行。

刑事诉讼中瑕疵证据补正的若干操作问题研究

纵 博

《现代法学》,2012 年第 2 期

关键词: 瑕疵证据　补正　合理解释

摘要: 刑事诉讼中瑕疵证据的补正必须具有严谨可行的操作规范,才能避免随意性。控方必须以明示方式提出补正瑕疵证据的申请,并由法官裁判是否允许补正,对于不属于瑕疵证据的非法证据,应当直接排除;瑕疵证据经补正后,仅获得证据能力,并非意味其直接成为定案根据;对于欠缺真实性保证条件的瑕疵证据不应再进行补正,而应当予以排除;对于瑕疵证据的合理解释的缜密程度应与合法取证期待可能性成正比。

论瑕疵证据补正规则

陈瑞华

《法学家》,2012 年第 2 期

关键词: 非法证据　瑕疵证据　排除规则

摘要: 我国 2010 年颁行的两个《证据规定》,对非法证据与瑕疵证据作了明确区分,并针对瑕疵证据和部分非法证据确立了可补正的排除规则。所谓瑕疵证据,大都是侦查人员在制作相关证据笔录时存在技术性缺陷的证据。无论是从侵害的法益、违反法律程序的严重程度来看,还是从所造成的消极后果来看,瑕疵证据与非法证据都具有显著的区别,这也构成了对此类证据予以补正的主要理由。司法解释确立了瑕疵证据的范围、补正程序、补正的标准以及补正不能的法律后果。但是,无论是对瑕疵证据的界定,还是对此类证据的补正,司法官员都可能存在误读和滥用自由裁量权的问题。因此,对于这一规则的运用,应保持审慎的态度。

非法证据缘何难以排除——基于刑事诉讼法再修改和相关司法解释的分析

张建伟

《清华法学》,2012年第3期

关键词: 非法证据　排除　《刑事诉讼法》再修改

摘要: 非法证据排除规则是继反对强迫自证其罪的特权规则和自白任意性规则之后又一司法人权保障性规则。已经纳入新修正刑事诉讼法典的我国非法证据排除规定,明显侧重于某些非法言词证据的排除,与侧重于非法搜查、扣押获得的实物证据之非法证据排除规则有着明显差异;已经确立的裁量排除非法实物证据的规定因其本身的原因也难以在司法实践中发挥实效。在我国尽管非法证据排除规定通过相关司法解释早已确立,近年来也有零星的成功排除非法证据的案例,但实践效果不彰是显而易见的事实。究其原因,既有排除规定内在缺陷所致,也有价值取向、诉讼模式、司法潜规则、人性取向、判断诉讼行为的目的论、沉默法则、双重标准以及司法体制障碍等外在原因,这些因素都是在刑事诉讼法实施中需要加以克服的。

"直接证据"真的存在吗？对直接证据与间接证据分类标准的再思考

纪格非

《中外法学》,2012年第3期

关键词: 直接证据　间接证据　主要事实

摘要: 我国刑诉法学界对于间接证据与直接证据的划分标准及概念的表述过于简单化,不利于研究的深入。通过审视直接证据与案件事实联系的单独性、直接性,可以发现案件事实的法律性决定了直接证据不可能不经过涵摄或解释的过程而直接与案件事实发生联系;案件事实中的主观状态、意思表示等要素,也无法被证据直接、单独地证明。因此,现有的以证据与案件事实的关联方式不同为标准,区分直接证据与间接证据的思路注定是失败的。直接证据与间接证据的区分必须另辟蹊径。

我国刑诉法应增设证据保全制度

张泽涛

《法学研究》,2012年第3期

关键词: 证据保全　申请取证　救济权

摘要: 在刑事诉讼中,被追诉方申请证据保全与申请取证存在本质差异。增设刑事证据保全制度可以防止追诉方取证过程中的随意性,既可避免证明犯罪嫌疑人、被告人无罪和罪轻的关键证据日后难以取得,又能使无罪的被追诉者尽快摆脱涉讼之苦;同时,增设刑事证据保全制度有助于保持法律体系的完整性和系统性。域外法制发达国家和地区的立法中基本上都规定了刑事证据保全制度。我国《刑事诉讼法》中应该增设刑事证据保全制度,明确规定决定是否实施证据保全的机关、证据保全申请权的主体、申请证据保全的条件和方式、证据保全材料的审查及处理、实施证据保全的措施以及申请权的救济。

检察机关排除非法证据的制度建构

詹建红

《法商研究》,2012年第3期

关键词:刑事诉讼法　审查起诉　法律监督权

摘要:《关于办理刑事案件排除非法证据若干问题的规定》和新修正的《中华人民共和国刑事诉讼法》创造性地将非法证据排除扩展到检察审查环节,并赋予了检察机关排除非法证据的职权。此举无疑强化了检察机关的法律监督权,也使检警关系更加趋向合理。但是,由于只是从权力赋予的角度明确了检察机关享有的职权,检察机关排除非法证据在具体运作上存在着概念界定不清、程序设置不详、证明责任不明等不足,因此有必要通过立法或司法解释予以完善,构建更加科学合理并具有可操作性的规则体系。

论血液样本证据的特性及其采集司法程序的完善

王志刚

《政治与法律》,2012年第3期

关键词:血液样本　双重属性　特征

摘要:随着醉驾入刑及查处醉驾案件数量的增多,血液样本作为一种特殊的刑事证据来源也开始引起较多关注。从属性上看,血液样本属于物证的一种,但微物证据的表现形态决定了其往往通过鉴定结论的形式应用于诉讼;从表现特性看,血液样本的特征则体现在人身依附性、个体性和技术依赖性三个方面。血液样本的上述属性和特性对传统的刑事证据规则提出了新的要求,客观上要求建立一套区别于传统取证程序的特殊程序。具体来讲,对血液样本采集程序进行规范的重点应放在明确采集主体、设定强制采集的条件和方式、明确样本的保全与运用规则、限定检查留置的期限等几个方面。

司法鉴定制度与专家证人制度交叉共存论之质疑——与邵劭博士商榷

郭　华

《法商研究》,2012年第4期

关键词:司法鉴定制度　专家证人制度　交叉共存论

摘要:我国司法鉴定制度改革是依靠自身体制的完善还是以专家证人制度替代或与之交叉共存,是深化司法鉴定体制改革必须直面的问题。在我国司法改革日益注重吸收、借鉴英美法系国家法律制度的语境下，这一问题极易被所谓"兼顾"或者"互补"的"中间道路"论者所强调，致使理论上认为鉴定制度与专家证人制度交叉共存应作为当下最佳的路径选择。这种不考虑专家证人存在的制度背景以及不顾及我国诉讼制度总体框架的改革设想，在实际运行中不仅会遇到难以兼容的制度"抵抗"，使相关制度之间的摩擦增大，而且还会将司法鉴定制度改革引入困境，最终断送两种制度的优势，因此应该慎行。

进步及其局限——由证据制度调整的观察

龙宗智

《政法论坛》，2012年第5期

关键词：刑事诉讼　法律修改　证据制度

摘要：调整证据概念与分类，有积极意义，但现定义仍然存在以偏概全等不足。证据法学不注意证据资料与证据方法这组概念，容易忽略证据含义的多重性、证据形态的多样性、证据的动态性及证据与举证的不可分性。我国证据分类体系采用多标准细分方式带来划分理由不充分、交叉重叠以及与证据规则关联度低等问题，目前可以采取物证、书证、人证三分法的上层划分和法律确定的细分方法的下层划分结构，今后需重新设计分类体系。确立不被强迫自证其罪的原则有积极意义，但必须在中国法的背景下重新阐释这一原则：一方面要与沉默权切割，另一方面要注意进一步禁止和排除刑讯逼供以外的其他强制方法获取的口供，以有效贯彻该原则。由于对应出庭未出庭人员的书面证言未做限制，直接言词证据规则尚未真正建立，司法解释应当作出弥补性规定。近亲属不被强迫出庭的规定立意虽好，但不符法理，应当设置被告人同意的前置条件。行政执法证据直接作为刑事诉讼证据不符合职权原则，可能影响证据客观性，有悖于传闻排除及其例外使用的法理，应当设置侦查人员对这类证据的程序性审查。

英美法系与大陆法系品格证据之比较研究

宋泠沙

《政治与法律》，2012年第5期

关键词：英美法系　品格证据　法国刑事诉讼法

摘要：品格证据规则是英美法系刑事审判中基本的证据规则之一。根据英美普通法与制定法的相关规定，关于被告人品格的证据，除了符合例外的情形，原则上不得用以证明其在特定场合的行为与其品格特征具有一致性。大陆法系国家则比较关注被告人品格证据的证明价值。比如法国作为典型的大陆法系国家，在刑事程序中对被告人进行的人格调查，包括了其品格特征、行为方式等方面的信息。两大法系国家对待这类证据的不同态度与不同观念的存在有其内在原因。对两大法系品格证据的比较研究可以为我国刑事诉讼中被告人品格证据运用规则的构建提供借鉴。

作证豁免的理论辨正
裴苍龄
《法商研究》,2012 年第 5 期

关键词:污点证人　作证豁免　亲证

摘要:所谓污点证人指的是同案被告人。将这样的人看作证人,在我国是混淆了证人与当事人之间的界限,在英美法系国家则是混淆了旁证人与亲证人之间的界限。因此,学者们所说的污点证人根本就不存在。通过作证豁免这种诱供式的"作证"方式,实体中的一案变为程序上的两案或多案,实体中的犯罪活动参与者变为程序上的证人,这实质是程序上的造假,而一切造假行为都是违法的。据此,我国应该确立程序不能改变实体的原则,坚决摒弃所谓污点证人作证豁免的制度尝试。

论我国刑事诉讼客体内容的确定——案件事实及其法律评价的双重确定
刘仁琦
《法律科学》,2012 年第 5 期

关键词:实体法事实　程序法事实　法律评价

摘要:作为刑事诉讼基本要素之一的刑事诉讼客体理论内容系统庞杂,且我国理论界对刑事诉讼客体的内容素有争论,时至今日也并未达成一致,这阻滞着公诉变更、法院变更罪名、一事不再理等问题的解决。应结合刑法与刑事诉讼法规范的目的,并以刑事实体法与刑事程序法为双重基础,确立包含实体内容与程序内容在内的案件事实、对案件事实的法律评价为刑事诉讼客体的内容。

自白任意性规则的法律价值
张建伟
《法学研究》,2012 年第 6 期

关键词:自白任意性　威胁　引诱

摘要:新《刑事诉讼法》和此前两高三部发布的有关刑事证据的规定,确立了非法证据排除规则,但这一进步却因模糊了对威胁、引诱和欺骗取得口供的排除而变得不彻底。自白任意性被忽视,主要归因于过分倚重口供的司法惯性;作为自白任意性法理基础的正当程序观念没有得到普遍认同,对秩序的偏重则是更为深层的原因。自白的证据能力若不以自白的任意性为条件,冤、错案件的病灶就不可能祛除,司法实践就不可能取得实质的进步。认同自白任意性规则的法律价值,不仅能为发现案件真实提供保障,更是保障刑事司法最终摆脱纠问式特征所必需。

论同步录音录像扩大适用的证据困惑与障碍破除

王 戬

《政治与法律》，2013年第1期

关键词：同步录音录像　证据资格　证明力

摘要：修正后的《刑事诉讼法》将适用同步录音录像的案件范围由职务犯罪案件进行了一定的扩大。近些年检察机关在职务犯罪案件中适用全程同步录音录像存在许多实践困惑，解决这些困惑有利于扫清扩大适用范围的障碍。为此，首先应当承认同步录音录像的独立证据资格。其次，还应当明确同步录音录像作为证据的特殊性：当其被用作证明侦查机关讯问过程合法与否的事实时具有直接的证明力；而当其被用作证明犯罪事实时仅具有间接的证明力。最后，对同步录音录像的调阅使用主体、程序和范围应进行特殊的限定和规范。

中国刑事证据法学理论体系的科学建构

王 超

《法学评论》，2013年第1期

关键词：刑事证据法学　理论体系　证据法的本质

摘要：以刑事证据制度的发展变化为线索，可以将我国刑事证据法学理论体系的演变分为传统刑事证据法学的萌芽、形成和转型三个时期。尽管我国刑事证据法学已经呈现繁荣的学术景象，但是在长期缺乏科学方法论训练以及过于偏好哲学思维方式的情况下，我国刑事证据法学理论体系仍然处于比较混乱的状态之中。有鉴于此，理论界亟待重构刑事证据法学的理论体系。而科学构建我国刑事证据法学理论体系，应该在回归刑事证据法本质的基础上，打造纯粹的刑事证据法学。

专家证据的价值与我国司法鉴定制度的修改

季美君

《法学研究》，2013年第2期

关键词：专家证据　司法鉴定　专家辅助人

摘要：随着科学技术的飞速发展，专家证据在诉讼中发挥着越来越重要的作用。在英美法系国家，专家证据制度在专家证人资格规定上的广泛性和选任上的自由性，使其在适用上具有灵活性和实用性的特点，其详细而完备的专家证据可采性规则，更是司法经验的积累与法官智慧的结晶。英美法系国家的专家证据制度和大陆法系的鉴定制度，在近些年的发展中呈现出共同的趋向，如启动程序的多样化、过错责任的严格化和庭审对抗的强化，这为完善我国司法鉴定制度、准确适用新刑诉法中有关专家辅助人的规定以及充分发挥专家证据的作用开启了新的思路。对于我国司法鉴定中依然相当混乱的鉴定主体问题,构建鉴定人、专家顾问和专家辅助人三位一体的司法鉴定主体格局,或许是一条比较合理可行的出路。

适用非法证据排除规则需要司法判例
何家弘
《法学家》,2013 年第 2 期
关键词:非法证据 排除规则 司法判例
摘要:非法证据是指违反法律规定获取的证据。非法证据排除规则并非排除所有非法证据,为此,法律应明确哪些必须排除,哪些可以不排除。然而,法律规定的语言既有精确性的一面,又有模糊性的一面。人们不能奢望立法者制定出包罗万象且尽善尽美的法律规则,因此只能由司法者在实践中针对具体案件时进行解释性适用,而司法判例就是这种适用的最佳方式。

重复供述排除问题研究
闫召华
《现代法学》,2013 年第 2 期
关键词:重复供述 可采性 理论根据
摘要:一次非法取供,是否要对相应的重复供述一排到底?重复供述问题在我国尤为突出,然而,法律和司法解释中并未明确重复供述的可采性规则。重复供述排除与否取决于先前的非法取供手段对重复供述的实际影响。基于我国实际,应当实行重复供述的分阶段排除方式,即原则上只排除非法取供发生后至确认前在同一诉讼阶段获取的重复供述。为了克服排除重复供述的障碍,应当允许重复取供,理顺公、检、法的关系,减少三机关的同质性。当然,最根本的举措是要建立激励为主的取供机制,调整形式主义的口供运用模式,消除对非自愿供述的依赖。

刑事证据排除的两种模式
王 超
《现代法学》,2013 年第 4 期
关键词:刑事证据 排除规则 排除模式
摘要:根据排除规则的规范对象以及排除证据的法律后果和操作程序,刑事证据排除可以分为两种基本模式,即以规范证据能力为中心的美国排除模式和以规范证明力为中心的中国排除模式。美国模式与其陪审团审判、对抗制审判方式密切相关;中国模式则是一元制审判组织、探求案件事实真相、防止法官滥用自由裁量权的产物。尽管美国模式有助于维护程序的正当性和提高审判的效率,但是却付出了牺牲案件事实真相的代价。中国模式虽然有助于发现案件事实真相,但是过于强调案件事实真相,不仅导致严厉的审查判断规则难以得到执行,而且无法为非法证据排除规则提供适合的生长土壤。此外,以规范证明力为中心的方式来防止法官滥用自由裁量权,既不符合法理,又没有对症下药,甚至为法官滥用裁量权提供了新的机会。

我国非法口供排除的"痛苦规则"及相关问题

龙宗智

《政法论坛》,2013年第5期

关键词: 非法证据 痛苦规则 引诱

摘要: "两高"司法解释,就非法口供,以"在肉体上或者精神上遭受剧烈疼痛或者痛苦"为核心判断要件,因此可称为"痛苦规则",从而有别于"自白任意性规则"。痛苦规则适用于肉刑与变相肉刑、多种非法行为叠加达到同等程度,以及严重威胁等情况。对于违法、不适当地采用引诱、欺骗方法取供,可用不能"查证属实"即客观性标准将其排除。对于"指供",可区别情况以其依托的非法手段作非法证据排除,或以不可靠而排除,或以法律行为成立要件欠缺为由而认定口供不存在。对于在违法的时间或地点审讯形成的口供,严重者可以不能排除非法取供可能性为由而将其排除。重复自白,除庭审自白及发现隐蔽性很强的物证、书证外,应认定为受波及效力影响而排除。

证人出庭作证例外的裁量性标准问题探析——基于修订后《刑事诉讼法》第187条、第188条的分析

何邦武

《政治与法律》,2013年第5期

关键词: 强制出庭作证 证人庭外陈述 出庭作证例外

摘要: 在目前的刑事司法体制下,如何使修订后《刑事诉讼法》第187条、第188条关于强制证人出庭作证的"没有必要"及"有正当理由"的例外经由设定明晰化可裁量性标准防止司法恣意,是实施《刑事诉讼法》必须面对的问题。对此较为妥当的做法为,依循既有的司法解释进路,在规范性语句和刑事传闻规则法理的双重约束下,推导出既定条文的意义脉络,进行"创制性解释"。根据庭外陈述的"可信性"能否得到保证以及出庭作证的"客观障碍"存在与否等,设置我国强制证人出庭作证的例外,以规范"没有必要"及"有正当理由"的适用。这种解释应按照系统性要求,从陈述的内容、制作的主体及程序等方面予以明确规定,使"没有必要"及"有正当理由"标准具有明确性和可预期性,以此实现对裁量的羁束。

非法证据排除调查程序难以激活的原因与对策

王 超

《政治与法律》,2013 年第 6 期

关键词:非法证据排除调查程序　证明责任分配　程序性诉权

摘要:尽管越来越多的被告人及其辩护人在审判过程中采取程序性辩护的策略,要求法庭排除控方非法证据,但是在非法证据排除规则缺乏完善的证明责任分配机制,以及辩方的非法证据排除申请缺乏程序性诉权制约效果的情况下,非法证据排除调查程序往往因为法官滥用自由裁量权而难以被启动。为了激活非法证据排除调查程序,进而发挥非法证据排除规则的功能,不仅需要进一步明确界定辩方的证明责任和提高辩方的举证能力,而且应该从程序性诉权的角度来看待辩方的非法证据排除申请和限制法官的自由裁量权。

我国非法证据排除制度的完善对防治腐败的启示

宋寒松

《中国法学》,2013 年第 6 期

关键词:非法证据排除　职务犯罪预防　防治腐败

摘要:我国新刑诉法中非法证据排除制度的确立,消除了刑讯逼供等职务犯罪的思想基础、利益基础、制度基础、逻辑基础和现实基础。其建立和完善是刑事司法程序的重要内容,不仅提高了国内的刑事诉讼水平,而且对我国的反腐败具有重要意义。一方面,非法证据排除制度的确立和完善,使我国反腐败制度的法治化水平向前推进了一大步;另一方面,非法证据排除制度对我国开展反腐败国际合作具有重要的现实意义。其不仅为反腐败制度的体系化和法治化提供了制度样本与具体范例,而且为反腐制度的完善和科学化提供了可行路径与现实模型,也拓展了我国反腐制度建设的国际化视野。

论可补救的排除规则

李昌林　王景龙

《现代法学》,2013 年第 6 期

关键词:非法证据　瑕疵证据　证据的补正

摘要:我国证据排除规则宜称为"可补救的排除规则",补救与排除的对象包括瑕疵证据与非法证据。证据的补救方式包括补正、证据重做(重新取证)、补强或印证、合理解释等。非法证据和瑕疵证据都具有补救可能性,但两者在补救与排除的顺序、补救的侧重点以及难度方面存在较大差异。对于非法证据,应当贯彻先排除后补救的原则;对于有补救条件的,应当通过证据重做的方式补救其内容。对于瑕疵证据,则应当贯彻先补救后排除的原则,主要是采用补正、补强或印证、合理解释等方式,使其具有形式上的完整性和合法性;对于不能补救的,应当予以排除。

非法证据排除审理程序的困境与完善
杜豫苏
《法律科学》,2013 年第 6 期

关键词:非法证据排除　审理程序　完善

摘要:我国非法证据排除规则在审判实践中极少运用,基本处于休眠状态,其中一个重要原因是非法证据排除的审理程序设计不尽完善。新修订的《刑事诉讼法》虽然明确了非法证据排除的审理程序,但实践中仍未有明显改观。本文通过抽取某中级人民法院审理的百件刑事案件为样本,辅之以对法官的问卷调查,以实证研究的进路检视法律设计困境,提出从确立衡平裁判观、补强非法证据排除庭前程序、细化法庭调查程序、明确救济方式、规范法官自由裁量权等方面完善该规则的适用程序。

非法证据排除规则之正本清源
栗　峥
《政治与法律》,2013 年第 9 期

关键词:非法证据排除规则　非法证据　排除

摘要:目前,我国确立的非法证据排除规则是一个"错的制度",或者说,立法者出于某种所谓"循序渐进"的考量而任意篡改了非法证据排除规则,违背了非法证据排除规则的应然原理与规律,使现在的规则变形为一个"非法证据几乎可以不排除的规则",导致规则失去实效。为此,立法者应当洞察非法证据排除规则的精神主线与内核,配套引进该规则,以保证其完整的结构与功能,否则就仅仅是一场"立法秀"。

薄熙来案审判中的若干证据法问题
龙宗智
《法学》,2013 年第 10 期

关键词:薄熙来　刑事审判　证据法

摘要:将纪检程序中的自书材料以人证形式作为定案依据,不符合《刑事诉讼法》有关规定的精神。自书与笔录实无本质区别,因此经合法性验证的自书材料可作书证,用以佐证事实或弹劾主要证据。对"明知"的证明,采直接证明与间接证明两种方式,前者常遇困难,因此应善于"根据客观实际情况予以推断",结合相关直接证据认定"明知"。要慎重对待污点证人的证言,注意利害关系对证言的影响;在新规范的约束下,应建立可监督的作证豁免制度,以使豁免正当有据。相互印证是我国刑事证明之"铁则",但应当注意取证方法与限度,坚持"自然法则"。被告人享有证据知悉权,但应防止对其他合法利益的损害。被告人质证权可能与庭审效率冲突,应以保障质证权为前提,同时须采取措施提高诉讼效率。辩护方的调查权应当强化并给予制度保障。

审判阶段非法证据排除问题实证考察

孙长永　王　彪

《现代法学》,2014年第1期

关键词:非法证据排除　公正司法　中立性

摘要:从新《刑事诉讼法》实施半年多的情况来看,非法证据排除规则的运行有成功之处,如排除了一定数量的非法证据、庭前会议中检察机关主动撤回争议证据等。但也存在一定的不足,如一定数量的法官对规则认知不足、部分法官对排除非法证据的申请有畏难和抵触情绪以及部分案件的审理存在不规范的情况等。通过调研,还发现了两大深层次问题,即法院公正司法能力有待进一步提高和非法证据排除规则有待进一步完善。非法证据排除规则在我国的落实有诸多障碍,因而将是一个漫长的过程。

刑事证据的定量分析

刘广三

《法学评论》,2014年第1期

关键词:刑事证据　定量分析　证据运用

摘要:本项研究采取调查问卷方式,选取我国东西南北中有代表性的七个直辖市和省会城市的基层、中级和高级法院刑庭的法官作为调查对象,对我国当前刑事审判实践中涉及刑事证据的证明力、刑事证据的认定、证明责任、证明标准等问题进行定量分析,以期发现我国的刑事法官对于刑事证据的审查判断与其年龄、文化程度、审判年限、办理案件数量等因素之间的相关性。经调查、分析并且得出结论:应当从影响刑事法官认定证据的各种主客观因素着手,增强司法实践中刑事证据运用的科学性与合理性。

刑事证据法学研究的再次转型:从价值表达到精确解释

王　超

《政法论坛》,2014年第1期

关键词:刑事证据法学　研究方法　价值表达

摘要:20世纪90年代中期以后,随着程序正义理论的兴起,我国刑事证据法学研究发生了一次重要转型,即从借鉴苏联刑事证据法学理论逐渐转向借鉴西方国家刑事证据法学理论。在研究思路狭窄、研究方法陈旧的情况下,这次转型只带来了我国刑事证据法学研究的表面繁荣,并没有促进我国刑事证据法学理论知识的增长。为了推动刑事证据法学研究的理论创新,我国刑事证据法学研究应该再次转型,走出价值表达的误区,找出我国刑事证据制度存在的真正问题,运用交叉学科分析和实证研究方法对我国刑事证据制度作出精确的解释。

非法证据排除程序再讨论

陈瑞华

《法学研究》,2014年第2期

关键词:非法证据排除程序　初步审查　正式调查

摘要:对于被告方提出的排除非法证据的申请,法院要进行专门的程序性裁判。作为一项基本原则,被告方一旦提出排除非法证据的申请,法院就要优先审查侦查行为的合法性问题,使程序性裁判具有优先于实体性裁判的效力。作为程序性裁判的两个重要部分,初步审查要求被告方承担初步的证明责任,具有过滤不必要的程序性裁判的功能;正式调查作为法院的程序性听证程序,具备基本的诉讼构造,偏重于职权主义的诉讼模式,并由公诉方承担证明侦查行为合法性的责任,且要达到最高的证明标准。对于一审法院就非法证据排除问题所作的决定,二审法院无法提供独立的司法救济,只能将其与实体问题一并作为是否撤销原判的依据。

违反录音录像规定讯问笔录证据能力研究

董　坤

《法学家》,2014年第2期

关键词:录音录像　讯问笔录　证据能力

摘要:全程同步录音录像不仅可以保障讯问笔录的证据能力,还可以提高讯问笔录的证明力。在"强制性录音录像"案件中,不规范的录音录像行为复杂多样,其中只有"不合理"的违法录音录像行为才会对讯问笔录的证据能力产生较大影响,但也并不必然使讯问笔录丧失证据能力,只会导致证据能力有瑕疵,此时,对讯问笔录的证据能力需要予以补正。补正的路径是通过证明讯问程序的合法性来保证供述的自愿性,从而恢复讯问笔录的证据能力。讯问程序合法的举证方是检察机关,证明方式采自由证明,证明标准应达到优势证据即可。

刑事诉讼法实施中的若干问题研究

朱孝清

《中国法学》,2014年第3期

关键词:《刑事诉讼法》实施　核实证据　非法证据排除

摘要:辩护律师向犯罪嫌疑人、被告人核实证据时,除了可以将有罪的实物证据告诉犯罪嫌疑人、被告人之外,其他的证据都不能告知;"两个基本"应当坚持,但要防止误读和滥用;只有使犯罪嫌疑人、被告人在肉体上或精神上遭受剧烈疼痛或者痛苦的程度与刑讯逼供相当,并迫使其违背意愿供述时,获取的供述才应予以排除;在规定的办案场所以外讯问和未依法对讯问进行全程录音录像的行为属于违法,但所取得的供述依法不在排除之列;对指定居所监视居住期间没有违反规定的犯罪嫌疑人,只要其符合逮捕条件,仍可以转捕;羁押必要性审查的范围包括一切影响羁押条件成立的情况;纪委在查办案件中收集的证据,可以参照刑诉法关于行政机关在行政执法和查办案件过程中收集的证据的规定认定。

两岸刑事案件调查取证协助中的冲突及解决——以两岸证据制度的比较为视角

姚 莉

《比较法研究》,2014 年第 3 期

关键词:协助调查取证 拒证权 沉默权

摘要:《海峡两岸共同打击犯罪及司法互助协议》开启了两岸司法互助的新篇章,其中刑事调查取证的合作是推动两岸刑事司法互助取得实质性进展的关键点。2012 年修改的《刑事诉讼法》对证据制度的完善使得两岸证据制度表现出更多的共通性,为两岸调查取证司法互助创造了有利的条件,但两岸证据制度在某些方面仍存在着较大的差异,这些差异带来了调查取证协助中的诸多冲突。为保障两岸调查取证司法互助的顺利进行,除通过借鉴缩小制度差异之外,还应合理选择协助调查取证的准据法,并探索协助调查取证类型的多元化。

美国科学证据采信规则的嬗变及启示

陈邦达

《比较法研究》,2014 年第 3 期

关键词:科学证据 采信规则 美国科学证据

摘要:科学技术的发展促进了法庭科学的勃兴,也带动了科学证据采信制度的研究。科学证据采信的难题长期挑战着传统的证明方式。考察美国科学证据采信制度发现:诸如弗赖伊案、多伯特案等判例展现了美国联邦法院对科学证据采信的认识转变。其制度嬗变历程启示人们:应重视对科学证据中"科学"的实质性把关、通过判例不断调整可采性标准、以证据规则弥合法官采信科学证据的知识鸿沟、强化对抗为法官采信科学证据提供依据。考察我国科学证据采信的现状发现,可采性标准尚不完备,法官对科学证据的采信存有难点且说理少,忽视对"科学"的实质性审查,科学证据审查对抗性不足等。科学证据采信的完善必须从强化审查鉴定主体、检样提取程序、鉴定原理等环节多管齐下。

非法证据排除的规则与实效——兼论我国非法证据排除规则的完善进路

吴宏耀

《现代法学》,2014 年第 4 期

关键词:非法证据排除规则 规则的实效性 预防性规则

摘要: 2012 年修正后的《刑事诉讼法》正式确立了非法证据排除规则。但是,从司法解释上升为法律规范并不能自动解决非法证据排除规则的实效性问题。而且,通过分析 2013 年作出的有关非法证据排除请求的判决书,发现在司法实践中,法院往往将非法证据排除与供述的真实性问题捆绑在一起,不愿意仅仅因为取证手段违法而排除证据。导致这一现状的原因至少有两点:在司法体制方面,法院因缺乏独立性而无力承担督导侦查违法的重任;在立法方面,立法用语的弹性以及回溯性证明的难度,致使排除规则过分依赖法官的自由裁量。因此,为了保证排除规则的实效性,建议通过以下技术化改造,增强排除规则适用的确定性:将直接面向事实的事后制裁规则转变为一种面向程序的事前预防规则。

鉴定人出庭与专家辅助人角色定位之实证研究

胡 铭

《法学研究》,2014 年第 4 期

关键词: 司法鉴定 鉴定人出庭 专家辅助人

摘要: 新《刑事诉讼法》试图改变鉴定人出庭率低的现状,并为此完善了鉴定意见审查规则;相应地,新确立的专家辅助人制度也被寄予厚望。从理论上看,保障被告方的对质权应成为上述改革的主要支点。但实证研究显示,鉴定人出庭率并没有因为新《刑事诉讼法》的实施而显著改善,鉴定人与法官对于鉴定人出庭都缺乏积极性;专家辅助人在法庭上的角色定位是模糊的,其在鉴定人、证人、辩护律师和其他独立的诉讼参与人等角色之间徘徊。应当围绕保障被告方的对质权来完善鉴定人出庭制度,在保留职权化和强调中立性的鉴定制度的同时,赋予专家辅助人意见以证据能力,以构建控辩平等的司法鉴定体系。

证据保管链制度研究

陈永生

《法学研究》,2014 年第 5 期

关键词: 证据保管链 记录体系 出庭作证

摘要: 证据保管链制度要求建立自侦查阶段收集证据至审判阶段将证据提交法庭的完整记录体系;除少数例外情形,所有接触证据的人员都必须出庭作证。这一制度对规范侦查、起诉人员收集、运输、保管证据等行为,协助法官和辩护方审查、判断证据的真伪,都具有极为重要的意义。但我国刑事诉讼法只要求对证据的收集进行记录,而不要求对证据的运输、保管、鉴定等也进行记录,更不要求接触证据的人员出庭作证,这对保障实物证据的证明力极为不利。我国在未来修法时有必要借鉴域外经验,建立系统的证据保管链制度。

非法证据排除规则规范分析

程 雷

《政法论坛》,2014年第6期

关键词:非法证据排除 两个《证据规定》 法律解释

摘要:法律的生命在于实施,但法律实施的基本前提是对规范本身的有效分析与合理解释,当下非法证据排除规则的实施就面临着急迫需要进行规范解释的困境。法解释学应当着重回答何为排除、排除谁的证据、何为非法言词证据、何为非法实物证据、何时排除等一系列基本问题,否则立法者寄予厚望的非法证据排除规则的法律规定势必会重复两个《证据规定》的老路,实施状况前景堪忧。

电子数据搜查、扣押的法律规制

陈永生

《现代法学》,2014年第5期

关键词:电子数据 特征 令状原则

摘要:我国2012年修正的《刑事诉讼法》将电子数据增列为证据的法定种类,这要求我国刑事诉讼法学界对电子数据的相关问题,如电子证据的搜查与扣押、出示与质证、审查判断等问题进行深入研究。与传统证据相比,电子数据具有以下四大特征:存储内容的海量性、形态的易变性、变动的可察觉性以及内容的难以直接感知性。电子数据的以上特征对电子数据的搜查、扣押提出了更加严格的要求:首先,在搜查、扣押之前,侦查机关必须申请司法机关签发令状;在搜查、扣押过程中,无论是对电子设备的搜查、扣押还是此后对电子设备中存储的电子数据的进一步搜查,都必须受到令状原则有关合理根据和特定性要求的约束。其次,侦查机关搜查、扣押电子数据之后,必须允许辩护方对被搜查、扣押的电子数据进行查看、审查和复制,从而防止侦查机关滥用权力,保护辩护方的合法权利。另外,为保障电子数据的客观性和原始性,还必须建立严密的证据保管链制度。我国在这些方面都存在严重问题,有些方面甚至完全空白,立法机关在未来修正《刑事诉讼法》时必须进行完善与重构。

论被追诉人沉默的证据能力

陈学权

《现代法学》,2014年第6期

关键词:被追诉人 沉默 证据能力

摘要:被追诉人面对讯问时可能会保持沉默是客观存在的事实。我国理论界普遍存在着过于简单化地理解不被强迫自证其罪的基本理论而一概否定被追诉人沉默的证据能力。被追诉人沉默与案件事实存在关联性,认为存在否定被追诉人沉默的证据能力的正当理由之观点值得商榷。西方法治国家对被追诉人沉默的证据能力并非一概持否定态度,而是在一定的程度上认可其证据能力。对被追诉人沉默的证据能力之规定,各国虽然存在着差异,但也有相通之处。在《刑事诉讼法》已经确立不被强迫自证其罪的背景下,我国有必要建立被追诉人沉默的证据能力规则,明确被追诉人沉默可以有条件地作为定罪的间接证据和证明其主观态度的量刑证据使用。

论证人匿名作证制度

张吉喜

《比较法研究》,2014 年第 6 期

关键词: 证人　匿名　对质权

摘要: 新《刑事诉讼法》第 62 条规定了证人匿名作证制度。从比较法的角度来看,在国际法层面,多数国际刑事司法机构和国际人权司法机构都表达了对证人匿名作证的态度。其中,前南国际刑事法庭和欧洲人权法院的证人匿名作证制度最为详细。在国内法层面,英国和法国对证人匿名作证作了具体规定,而意大利则禁止证人匿名作证。前南国际刑事法庭和欧洲人权法院、英国和法国对待匿名证人的态度既有共同点,也有不同之处。证人匿名作证虽然限制了被告人的对质权,但是从权利冲突的角度来看,这种限制是具有一定正当性的。我国当前关于证人匿名作证的规定较为粗疏,相关问题需要进一步明确。

检察环节非法证据排除的症结与应对

阮祝军

《法学》,2014 年第 8 期

关键词: 非法证据排除　检察　应对

摘要: 在非法证据排除规则的制度设计中,检察机关成为非法证据排除的重要主体,但是检察机关多重角色对适用非法证据排除规则带来了一定影响。审查起诉阶段的排除程序规定显得较为单薄,行政执法过程中收集的物证、书证等的使用不够明确。应从完善非法证据发现和审查机制等方面对检察工作中非法证据排除的有效适用进行规制。

美国非法证据排除规则的当代命运

吴宏耀

《比较法研究》,2015 年第 1 期

关键词: 非法证据排除规则　善意例外　成本—威慑收益

摘要: 自 20 世纪 60 年代"马普案"开始,非法证据排除规则适用于美国各州。然而,在美国,关于非法证据排除规则的争论一直没有停歇过。而且,经过半个多世纪的判例法发展,非法证据排除规则不仅在理论基础方面发生了实质性变化,在实践中的适用范围也在不断受到限缩。近年来,美国联邦最高法院对哈德逊案、赫尔英案以及戴维斯案的判决尽管都是针对具体问题的判决,但是,这些判决不仅进一步限缩了排除规则的适用范围,而且,其论证逻辑也使非法证据排除规则的命运蒙上了一层挥之不去的阴影。

美国证据排除规则的转向——以"哈德逊诉密歇根州"案为视角

王景龙

《比较法研究》,2015 年第 1 期

关键词:威慑违法理论　成本分析方法　证据的补救

摘要:美国联邦最高法院对待排除规则的态度在 2006 年的"哈德逊诉密歇根州"案中发生了根本性改变,作出了"排除规则一直是我们最后的手段,而不是首选"的著名论断,声称其他救济措施完全可以替代排除规则,强烈暗示排除规则已经过时了、没有存在的必要了。随后的赫瑞恩案、戴维斯案及金案等重要判例延续了这一立场,纷纷实质性地限制了排除规则的适用,一致确认了排除规则的转向。为摆脱警察滥权的困扰,初步建立证据排除规则的中国对待非法证据的态度也发生了转向。虽然转变的方向与美国相反,但殊途同归。

美国法中基于品格证据的证人弹劾

汪诸豪

《比较法研究》,2015 年第 2 期

关键词:证人弹劾　品格证据　诚实品性

摘要:证人弹劾是对抗制司法证明程序中的重要环节,为诉讼双方盘查对方证人或敌意证人的可信性提供了合法手段,也为事实认定者合理评价言词证据的证明力提供了程序保障。影响证人证言品质的因素是多元的,因此存在多种弹劾方法,其中,"以品格证据弹劾证人"因涉及品格证据的特殊可采性规则而需特别关注。美国证据法允许使用证人的不诚实品性来攻击证人证言的可信性,这是进行"证明价值 vs. 危险性"权衡的结果。证明品性的具体方法受到法律规制:允许使用名声和意见证言证明不诚实品性,但以具体行为或先前定罪记录证明不诚实品性则受到严格限制。美国证据法中以品性弹劾证人可信性的规则,对于我国证据制度改革,尤其是未来我国证人弹劾规则的创设具有借鉴意义。

论刑事诉讼中的过程证据

陈瑞华

《法商研究》,2015 年第 1 期

关键词:刑事诉讼　过程证据　结果证据

摘要:作为一种记录特定诉讼行为过程事实的证据,过程证据在我国刑事诉讼中得到较为广泛的运用,并且有多种表现形式。过程证据虽然独立于结果证据,但可以印证结果证据的真实性和合法性,并对量刑事实和程序性事实具有直接的证明作用。要发挥过程证据的这些作用,需要对这类证据的审查、判断确定相应的规则,尤其是要适度地引入实证审查程序,完善相应的证据能力规则,使那些不符合法定形式要件的过程证据可以被及时地排除在定案证据之外。与此同时,应确立过程证据与结果证据的相互印证规则,重视两者的组合运用。

专家辅助人制度研析
李学军　朱梦妮
《法学家》,2015年第1期
关键词:专家辅助人　专家辅助人意见　鉴定意见
摘要:2012年修订的《刑事诉讼法》和《民事诉讼法》正式确立了专家辅助人制度,扩展了具有专门知识的人参与诉讼的具体方式。在此背景下,本文从证据学视角,由学理和实务两个层面,阐明专家辅助人的由来,探究其价值功用,分析其立场定位,讨论其诉讼地位。专家辅助人之意见具有证据属性;而对专家辅助人意见的审查判断,应遵循三大特殊规则。同为当事人聘请的专业人士,专家辅助人与律师在庭审质证环节须有明确的角色定位和分工。

论非法证据排除规则的继续效力——以重复供述为切入的分析
吉冠浩
《法学家》,2015年第2期
关键词:非法证据排除规则　重复供述　继续效力　"毒树之果"
摘要:对重复供述,目前存在三种应对模式:直接适用非法证据排除规则模式、"毒树之果"模式和证据使用禁止的放射效力模式。但是,这三种模式在解决重复供述问题上操作性和兼容性均有不足,因而有必要提倡一种以先前非法讯问对随后供述的任意性是否继续产生影响的判断为核心的继续效力排除模式。关于继续效力是否存在,应当综合案件情况加以具体判断,审查被告人被讯问时的每一个因素,尤其是审酌先前非法讯问方法对随后重复供述的"污染之稀释"程度。同时,继续效力排除模式在证明责任及证明标准方面也有特殊要求。此外,继续效力的排除模式超越了强制性排除与裁量性排除的框架,可适用于所有言词证据,但不适用于实物证据。

"作证却免于强制出庭"抑或"免于强制作证"?《刑事诉讼法》第188条第1款的法教义学分析
李奋飞
《中外法学》,2015年第2期
关键词:《刑事诉讼法》　第188条第1款　目的解释
摘要:大多数法律人认为,《刑事诉讼法》第188条第1款应被解释为亲属证人"作证却免于强制出庭的权利"。本文基于法教义学的立场和方法,从第188

条第 1 款存在的两种不同解释出发,论证了"作证却免于强制出庭的权利"并不能真正实现立法目的,也直接剥夺了作为被告人辩护权应有之义的对质权。第 188 条第 1 款应被解释为亲属证人"免于强制作证的权利",而非"作证却免于强制出庭的权利",即亲属证人在审前未向控方作证的,法庭不得强制其到庭作证;如其已在审前向控方作证,且符合出庭作证条件,经法院通知没有正当理由拒不出庭作证的,法院非但不能强制其出庭作证,还应将其庭前书面证言予以排除。

美国非法证据排除规则的实践及对我国的启示

熊秋红

《政法论坛》,2015 年第 3 期

关键词:非法证据排除规则　刑事司法体制　排除程序

摘要:2014 年 9 月,由 3 名刑诉法学者和 4 名辩护律师组成的中国代表团赴美国就非法证据排除规则的实践进行了专题考察。考察所涉及的信息包括宪法和判例所起的作用、法官的独立性、预防和减少警察违法取证的措施、辩护律师启动非法证据排除程序的动因与方式、法律援助制度的地位、检察官的监督和过滤作用、非法证据排除的类型和重点以及科技发展所带来的挑战等诸多方面。美国的实践经验带给我们的有益启示主要包括:重视宪法规范的引领作用;保障警察、检察官、法官、律师之间的良性互动;明确合法证据与非法证据的界限;充分认识法官行使自由裁量权的重要性;构建完善的非法证据排除程序;健全非法证据排除的证明机制;以发展的眼光看待非法证据排除规则;正确看待非法证据排除率及对诉讼结果的影响。

我国刑事证据能力之理论归纳及思考

纵　博

《法学家》,2015 年第 3 期

关键词:证据能力　排除　要件

摘要:对刑事证据能力的研究应从我国的立法和实践出发,从实然存在的证据能力规则中提炼证据能力理论。从作用机制上来看,刑事证据能力是指"作为认定事实依据的资格",不具有证据能力的证据不得作为定案的根据。刑事证据能力的要件为:关联性、未因取证手段违法而被排除、未因无法保障真实性而被排除。在现行诉讼制度下,证据能力规则难以将应排除的证据彻底阻隔在事实认定过程之外,只能通过多种措施并举,以促进其发挥实效。

非法证据排除规则的结构性困境——基于内部视角的反思

马明亮

《现代法学》,2015 年第 4 期

关键词:结构性困境　排除规则　例外法则

摘要： 2012年《刑事诉讼法》确立的非法证据排除规则,在运行路径上分为排除规则与瑕疵证据补正规则两种范式。由于立法没有明确规定例外情形,瑕疵证据补正规则在实质层面承载着排除规则的功能。其正常运行应以准确划分非法证据与瑕疵证据为前提,但司法实践却折射出规则的内部结构性缺陷:非法证据与瑕疵证据的界限模糊,不仅导致排除规则范围不明确,诸多违法获得的证据难以涵盖其中,而且瑕疵证据补正规则常常成为非法证据不排除的方便之门。破解这种结构性困境的思路是,通过司法解释构建覆盖面广、刚性的排除规则,并通过指导性案例渐进地发展精致而实用的例外法则。

域外取得的刑事证据之可采性

冯俊伟

《中国法学》,2015年第4期

关键词： 域外刑事证据　证据可采性　证据排除

摘要： 在打击跨境犯罪及犯罪分子的跨国流动中,域外取得的刑事证据在本国刑事审判中具有重要意义。域外取得的刑事证据之可采性遭遇的最大难题是各国刑事司法主权的隔阂,在立法层面牵涉到法律依据重叠、证据规则多元、权利保障差异等多重因素。从国际刑事司法协助的演进来看,对这一问题的解决存在程序优先于实体、实体优先于程序、"程序—实体"二元分立、替代性解决方式四种立法思路。我国立法、司法中采取的真实性审查方式忽视了对被追诉人的权利保障。为了促进对跨境犯罪的打击和推动跨境追逃工作高效、有序地展开,我国相关立法应予完善。

刑事证据法的价值结构

喻名峰

《法学评论》,2015年第4期

关键词： 刑事证据法　价值结构　主体价值

摘要： 借助价值结构这个哲学概念研究刑事证据法的价值问题具有重要意义。刑事证据法的价值结构是由客体价值、主体价值和价值评判标准组成的不可分割的整体。刑事证据法的客体价值强调刑事证据法本身所具有的客观功能,考虑到刑事证据法的法律属性,其客体价值实际上就是其规范作用。刑事证据法的主体价值是国家在制定刑事证据法时所希望达到的目标,如惩罚犯罪、保障人权、司法公正、司法效率等。刑事证据法的价值评判标准是以再现案件事实真相的准确性与正当性来衡量客体价值对于主体价值的满足关系。在上述价值存在冲突的情况下,应该以兼顾原则和权衡原则予以价值整合。

证据科学的研究现状及未来走向

郑　飞

《环球法律评论》,2015 年第 4 期

关键词: 证据学　证据法学　证据科学

摘要: "证据学""证据法学"或"证据科学",有关证据学科称谓的"群雄混战"无疑推动了中国证据学科理论与实践的发展,但隐藏在学科称谓之争背后的,却是对研究对象的确定、学科性质的归属、理论基础的构建乃至学科体系的建立等学科基本问题阐释的混乱。中外证据学科称谓及其理论体系的历史演变表明,这场论战的焦点主要集中在学科独立性与跨学科研究范式之争。然而二者并不矛盾,因为学科专业化和综合化都是现代学科发展的必然趋势。因此,应该顺应学科发展和司法实践的需要,在走向独立的"证据法学"与深入规律的"证据学"之基础上,形成一种"事实认定一体化"研究范式,从而更加自信且坚定地迈向整合的"证据科学"。

由证明力到证据能力——我国非法证据排除规则的实践困境与出路

杨　波

《政法论坛》,2015 年第 5 期

关键词: 证据能力　证明力　非法证据排除规则

摘要: 根据证据裁判原理,证据必须同时具备证据能力和证明力,证据能力是对证据的法律要求,解决的是证据的法律资格和容许性问题;证明力则是对证据的事实要求,解决的是证据对待证事实证明强度的有无及大小。非法证据排除规则是针对严重程序违法行为的一种程序性制裁,其排除基点应为证据能力而非证明力。由于我国证据立法及实践偏重证明力规则而忽视证据能力规则,非法证据排除基点严重错位,以证明力取代证据能力,导致非法证据范围的不清晰、排除程序的不独立和滞后、非法证据证明的形式化等问题,非法证据排除规则陷入实践困境。未来非法证据排除规则的完善应摆脱证明力的羁绊,以证据能力为标准,明晰非法证据的范围,从主客观两方面构建非法证据的认定标准;以对证据能力的规制为目标,构建独立、前置的排除程序;以证据能力为核心,推进非法证据排除的实质化。

论测谎的正当性

邵　劭

《政法论坛》,2015 年第 5 期

关键词: 测谎　正当性　效度

摘要: 测谎的正当性追问系以回溯的方式审视测谎权力来源的理据,证成测谎正当性的根基。测谎的结构效度和校标效度能够保证其对案件事实的证明作

用,测谎的正当性有着坚实的科学基础。被测人"同意测谎"系测谎正当性的道德证成,标志着测谎的"合道德性"。测谎属于鉴定,我国法律体系中有关鉴定的法律规范是测谎正当性的法律体现,由此,测谎的正当性演变为合法性。

论我国刑事诉讼中的证据使用禁止——以证据取得禁止和证据使用禁止之间的关系为中心

艾 明

《现代法学》,2015 年第 5 期

关键词: 刑事诉讼 证据取得禁止 证据使用禁止

摘要: 通过比较研究发现,就证据取得禁止与证据使用禁止之间的关系而言,我国虽采取的是规范保护目的理论的立场,但和德国学说和实务相比,具有明显的中国特色,即只有那些旨在确保所获证据真实性和可靠性的重要取证规定被违反时,我国相关法律才会科以明确的证据使用禁止后果。此外,我国证据使用禁止呈现立法上的积极主动、司法上的消极保守、适用上的层层把关、论证上的简单恣意四个特点,这些特点皆与德国相关法律规定和实践相背离,这一现象从另一侧面反映出,尽管我国与德国同属大陆法系,同样遵循职权主义传统,但在刑事诉讼制度方面却存在着较大的差异。

第三节 案例精解

瑕疵鉴定意见的可采性分析:陈某等寻衅滋事案[①]

一、基本案情

2012 年 10 月 11 日,被告人陈某因经营场所租赁问题与被害人周某(台球厅老板)发生口角及打斗。随后被告人陈某指使被告人孟某伙同他人对周某进行报复,对其台球厅实施打砸。被告人孟某指使被告人孙某去往台球厅实施财物毁损行为,而被告人孙某又指使被告人兰某聚集人员实施此事。被告人兰某纠集了被告人张某、王某、马某、邹某,被告人张某又叫上了被告人杜某,一行人于次日凌晨带着被告人孟某提前买好的铁锤前往被害人周某的台球厅,破坏了台球厅内的台球桌 14 张,砸毁烟灰缸、鱼缸、电脑等其他财物。2012 年 11 月 12 日,公安机关将被告人陈某、孟某、孙某抓获,13 日又将被告人张某、王某、邹某、杜某、兰某、马某抓获。就涉案毁损财物的价值评估,检察院出具了一份由海淀区价格认证中心出具的鉴定意见,确定涉案物品的市场价格为 12 万余元。

---

① 参见国家法官学院、中国人民大学法学院编:《中国审判案例要览》(2011 年刑事审判案例卷),中国人民大学出版社 2013 年版,第 538 页。

二、法院判决

一审法院认定被告人王某、张某、杜某、马某、陈某、孟某、孙某、邹某、兰某犯寻衅滋事罪,分别判处有期徒刑。海淀区检察院认为该判决认定事实、适用法律错误,量刑畸轻,故提起抗诉。二审法院裁定驳回抗诉,维持原判。

三、争议焦点

检察院出具的海淀区价格认证中心鉴定意见能否作为证据使用是本案的争议焦点。公诉机关就被告人对台球厅中财物实施毁损行为以故意毁坏财物罪提起公诉,而该鉴定意见是其定罪的核心证据。鉴定意见中表示涉案毁损财物金额共计12万余元,其中台球桌占11万余元。然而辩方在庭审中提出该鉴定意见不可采信,也就是说对于该鉴定意见的证据能力存疑。证据的证据能力,是指证据材料在法律上允许其作为证据、成为认定案件事实依据的资格。证据能力又称为"证据资格",其所解决的是证据的可采性问题。法庭审理过程中就证据的合法性和真实性进行了审查,认定该鉴定意见真实、合法;但就鉴定意见依据被毁损的台球桌无法修复而达到全损程度的意见法庭持否定态度。法庭审判过程中,辩方提出价格认证中心对被砸物品的作价与事实不符:根据涉案照片记载和有关证人证言,被砸台球桌完全可以修复,且修复所需费用与台球桌整体价值相差甚远,因此涉案财物毁损价值以实际修复价值为认定标准更为合理。同时,被告人辩解亦提及该鉴定意见的价值认定与事实不符,而此意见与上述涉案照片、证人证言也相互印证。而公诉机关却无法提供案件现场毁损财物的现场勘验笔录,出具的鉴定意见与本案其他证据之间存在无法排除的矛盾,因此不能作为认定被毁损财物价值的依据。

第二章　诉讼证明学

第一节　本章观点综述

一、刑事证据规则

证据规则是规定如何搜集、核实、运用和判断证据的法律准则,是在司法活动中运用证据资料判断某种事实真相时所应遵循的程序性准则。为防止刑事证明活动中的主观臆断,保证法官判断的准确性,对于证据的取舍与运用,不能不受某些规则的制约。这些规则在法律上的体现,即为证据规则。

2010年5月30日最高人民法院、最高人民检察院、公安部、国家安全部和司法部联合发布《关于办理死刑案件审查判断证据若干问题的规定》和《关于办理刑事案件排除非法证据若干问题的规定》,初步确立了一些旨在排除侦查人员违法取得证据的规则。2012年新《刑事诉讼法》吸收了两个《证据规定》的精髓,对部分内容进行了细化,使其更具有操作性。首次在《刑事诉讼法》中正式确立非法证据排除规则,并规定了相应的配套规则,如排除证据的种类、程序、举证责任及证明标准;引入了"排除合理怀疑"的概念,作为"事实清楚,证据确实、充分"的判断标准;具体规定了律师在刑事诉讼中依法享有的权利,如会见权、阅卷权、质证权。这些新的规定是对我国法治现状的客观评价及准确定位,对于全面推进依法治国具有重大意义。

《刑事诉讼法》的修改,预示着我国刑事立法、刑事司法理念的重大转变,意味着法律思维的重大进步,也健全了人权保障机制;从重点关注实体正义到开始同时关注程序正义,开始重视刑事程序对个案公正乃至司法公正的重大意义。从"以事实为根据"到如今强调"以证据为依据",非法证据排除规则对于我国刑事法治的发展无疑具有里程碑的意义。同时,也必将对刑辩律师在刑事辩护中的辩护理念、辩护方式、辩护重点产生极大影响,为刑辩律师提供更加完备的权利保障,律师的辩护空间由此增大。

当然,新《刑事诉讼法》在证据规定中仍存在着许多漏洞和不足,如非法证据排除规则可操作性不强,在侦查技术还不是很发达的中国,排除证据更是难上加难;又如新《刑事诉讼法》规定了律师的权利,但当律师的权利受到侵害时,缺乏有效的救济途径……这些阻碍证据规则完善的难题都亟待解决。

《刑事诉讼法》应根据运用证据的基本原则——证据裁判原则和程序法定原

则、审查判断证据的排除规则——非法证据排除规则和意见证据排除规则、审查判断证据的运行规则——关联性规则及补强证据规则等继续完善刑事证据规则,将基本原则、证据排除及证据审查判断的运行过程涵盖到运用证据认定案件事实的全过程,在两个《证据规定》的基础上继续完善刑事证据规则的体系。

二、刑事证明

证明是诉讼活动的重要组成部分。在刑事证明体系中,关于证明责任和证明标准的探讨尤其突出,是我国刑事诉讼研究中老生常谈的问题,经过数十载的学术博弈,各方观点不断更新,与时俱进。同时,这一命题是司法实践中必须面对且亟待解决的重大理论和实践问题。因此,我们有必要进行较为深入地探讨,以满足学术、理论界和实务界的需要。

(一)证明责任

根据英美法系"证明责任分层理论",证明责任分为举证责任和说明责任。举证责任是指控辩双方在诉讼中应当根据诉讼进行的状态,就其主张或者反驳的事实提供相应的证据证明到法律所要求的程度;说明责任则是控诉方提供证据加以证明,以保证法院对被告人做出有罪判决。大陆法系的证明责任更多地体现于私法领域,不分举证责任和说明责任,而把证明责任分为行为责任和结果责任。行为责任是主观的证明责任,即要求当事人进行诉讼活动时提供证据,强调当事人的举证行为,不涉及诉讼结果,类似于举证责任;而结果责任是客观的证明责任,目的在于在案件事实真伪不明时提供法官解决案件的依据,如果在诉讼结束时,案件的要件事实仍处于不明状态,法官则根据该证明责任的负担确定案件的结果,类似于说服责任。①

何谓证明责任,有关理论众说纷纭、莫衷一是。我国少数学者认为,证明责任是提供证据即举证的责任。多数学者认为,证明责任是指由谁来承担提供证据并证明案件事实的义务,不仅包括举证责任,还必须包含运用证据进行证明的责任。证明责任与举证责任是两个具有种属关系的概念。证明责任是提供证据责任与说服责任的统一。所谓提供证据的责任,是指双方当事人在诉讼过程中,应当依据诉讼进行的状态,就其主张的事实或者反驳的事实提供证据加以证明,也有学者称这一责任为"利用证据推进的责任"或"形式上的举证责任";所谓说服责任,是指负有证明责任的诉讼当事人应当承担的运用证据对案件事实进行说服、论证,使法官形成对案件事实的确信的责任。由此可见,仅仅提出证据并不等于完成了证明责任,还必须尽可能地说服裁判者相信其主张的事实存在或不

---

① 参见秦颖慧:《刑事证明责任制度研究》,载《中共南昌市委党校学报》2009年第3期。

存在。①

刑事诉讼中,证明责任原则上由控方承担,根据无罪推定原则,被告方无须承担证明自己无罪的责任。但是在一些案件中,证明责任可能发生转移,由控方转向被告方,即当被告方提出积极的事实或意见主张进行抗辩时,被告方应当提出相应的证据来证明其观点。比如巨额财产来源不明罪的初步证明责任由控方承担,证明被告人的财产或者支出明显超过其合法收入且数额巨大,而接下来的证明责任就转向被告方,即被告人要通过提供证据证明其财产来源是合法的,否则被告方就要承担对其不利的法律后果。

（二）证明标准

证明标准是指证明责任被卸除所要达到的范围和程度。它实际上是在事实裁判者的大脑中证据所产生的确定性或可能性程度的衡量标尺;也是负有证明责任的当事人最终获得胜诉或所证明的争议事实获得有利的事实裁判结果之前,必须通过证据使事实裁判者形成信赖的标准。②

目前主要存在英美法系的"排除合理怀疑"证明标准和大陆法系的"自由心证"证明标准。

英美法系国家适用的是"排除合理怀疑"证明标准。排除合理怀疑是指"全面的证实,完全的确信或者一种道德上的确定性;这一词语与清楚、准确、无可置疑这些词相当。在刑事案件中,被告人的罪行必须通过它们的证明力使罪行成立"。"合理的怀疑"主要包括四层含义:(1) 合理怀疑是有根据的怀疑,而不是无根据的怀疑,怀疑者本人能清楚地说明怀疑的根据是什么;(2) 排除合理怀疑的证明并不排除所有的可能性,而是排除那种没有根据的可能性;(3) 排除合理怀疑的证明要求法官对指控的犯罪事实形成内心确信,深信不疑;(4) 在存在合理怀疑时,法官应当做出有利于被告人的认定结论。加利福尼亚州刑法典的表述是:"它不仅仅是一个可能的怀疑,而是借该案的状态,在经过对所有证据的总的比较和考虑之后,陪审员的心理处于这种状况,他们不能说他们感到对指控罪行的真实性得出永久的裁决以达到内心确信的程度。"③支持"排除合理怀疑"的学者认为,在诉讼中对案件事实真相的追求,可能会和人权保障、诉讼效率等价值发生冲突,而"排除合理怀疑"证明标准,体现了英美法系国家在上述价值实现上的妥协;准确地注意到诉讼证明中认知条件和认知能力的有限性,诉讼程序对发现真实的限制;此标准是理想和现实的有机结合,正好是对我国目前理想化的证明标准的纠正。

---

① 参见卞建林主编:《刑事证明理论》,中国人民公安大学出版社2004年版,第177页。
② 参见 Peter Murphy, Murphy on Evidence, 6th ed. Blackstone Press Limited, 1997, p.109。
③ 〔英〕J. W. 塞西尔·特纳:《肯尼刑法原理》,王国庆等译,华夏出版社1989年版。

大陆法系国家审查刑事案件适用的证明标准主要采用"自由心证"。法律预先不对证明资格有无、证明力大小以及证明规则加以规定，完全由法官凭借"理性""良心"自由判断，形成内心确信，从而对案件进行定罪量刑。这种完全依靠法官主观判断的做法由于缺乏监督规范机制，可能造成对案件不公正的审理。为了准确发现案件事实，防止法官主观擅断，禁止纯粹的自由裁量，大陆法系国家在立法、法律解释和司法上都对自由心证作了一些限制。一种限制是要求法官运用自由心证原则站在客观立场并遵循逻辑上和经验上的一般法则，从而对证据的证明力作出合理的判断。另一种限制是法官必须述明根据和理由。要求法官述明判决根据的做法，有利于法官理清形成心证的原因和思路，也有利于法官的心证接受各方的检验。对自由心证的第三种限制是通过一些证据适用和判断的规则来影响法官对证据效力的判断，进一步保证法官判断的客观性。如质证和辩论规则，要求证据需经法庭各方面的质询、核验和辩论才能作为定案的依据。①

2012年新《刑事诉讼法》引入了"排除合理怀疑"来解释传统的"案件事实清楚、证据确实充分"的证明标准，充分考虑了人们认识活动的主观性和诉讼活动的特殊性，该原则的确立更是此次修改的亮点。这样的借鉴也顺应了学术界以"法律真实"作为我国刑事诉讼证明的标准的主张。客观事实无法重现，我们所进行的调查取证、举证、质证、认证都是为了发现法律事实，为了让法律事实不断接近客观事实；注重程序的公正性所达到的实体公正比一味强调"案件事实清楚、证据确实充分"更客观，更有可操作性。当然，法律的完善不可能一蹴而就，要最大限度地限制"客观真实"论中的不利因素，还需建立更加完备的程序性违法与程序性制裁的法律体系。

第二节 相关论文摘要

从证据到事实——比较法视角的证明过程分析

张　弘

《政法论坛》，2011年第5期

关键词：证据　证明　事实认定

摘要：事实认定是证据裁判的基础。如果将事实认定的过程比作建筑一座大厦的话，证据能力与证明力犹如构建事实大厦的砖块，证据规则作为一条主线，扮演合理、科学、正当化构建大厦的灵魂和体系保障。事实认定的思维基础是逻辑思维，在思维本质基本相同的前提下，普通法系和大陆法系在证明过程中存在诸多程序和证据法上的差异。证据规则的主要目的是促进裁判的正当性，

---

① 参见唐晓峰：《刑事诉讼的证明标准》，载《安庆师范学院学报》2009年第11期。

精确性是正当性的重要内容之一,但不是唯一目标。在正当性目标下,对证据规则与正当程序的研究变得十分重要。证明责任在普通法系的证明中发挥激励性作用,而大陆法系的法官与当事人在证据责任方面形成互补。从证据到事实,由证明作为连接的桥梁,事实认定作为证明的结果,是证据、证明方法、证据规则、证明标准、证明责任、诉讼模式等诸多程序和证据因素的综合产物,其中任何一种因素都会对证明结果产生影响。

证明困难解决体系视野下的刑事推定
褚福民
《政法论坛》,2011年第6期

关键词:刑事推定　证明困难　变更待证事实

摘要:变更待证事实方式、严格责任、阶梯型罪名体系都具有解决犯罪构成要件证明困难的功能,它们与刑事推定一起构成解决犯罪构成要件证明困难的体系,三种方式的存在为准确定位刑事推定提供了坐标系。通过分析三种方式解决犯罪构成要件证明困难的有效性、适用范围、正当性,可以初步勾画出刑事推定在解决证明困难体系中的定位。

推导作为诉讼证明的逻辑
胡学军
《法学研究》,2011年第6期

关键词:推导　诉讼证明　逻辑推理　实用主义

摘要:关于证据与证明的传统哲学与逻辑理论存在着实践缺陷,形式逻辑中的演绎和归纳推理不能合理解释依证据进行的事实认定。证据的作用不是回复案件真相,而只是为特定假设提供支持。推导作为一种可废止和情境化的第三种类型的推理是契合诉讼事实认定的逻辑形式,这种内容求真的推理与形式逻辑上的演绎及归纳推理有着本质的区别。推导理论的提出会对传统证据法理论造成冲击,我们会从这一角度对证明标准与证明责任、直接证据与间接证据、表见证明与摸索证明、事实推定与经验法则等概念与问题形成新的认识。理解案件事实认定过程的推导本质,并对其缺陷有足够的认识,才能在实践中谨慎论证与比较各种假设,以全面的信息检验假设以避免误判。

聚焦于法庭的叙事:诉讼证明三元系统对接　论裁判者心证自由的限度
梁玉霞
《中外法学》,2011年第6期

关键词:法庭叙事　诉讼证明　三元系统

摘要:法庭审判实质化,需要诉讼参与各方在叙事性表达上的有效沟通。"事实发现"始终是审判的重心。案件事实从诉辩双方的证明向裁判者心证的位移,就是诉讼证明三元系统的对接,也即心证的形成过程。在逻辑上,证明是一个系统构成。诉讼中存在控诉、抗辩证明和裁判者心证三个证明系统,诉辩证明与心证存在证明指向、内容导入方式、命题的句式表达及表现形式的差异,两大法系的心证也存在主动型与被动型之分。以圆形表示,诉讼证明三元系统对接呈现四个图景:三圆重合、两圆相交与一圆并立、三圆交叉、三圆分立互不相交,显示出心证的不同范式、可控的自由向度、心证自由度与裁判满意度之间的关系。

刑事错判证明标准的名案解析

何家弘

《中国法学》,2012 年第 1 期

关键词:错案　刑事错判　证明标准

摘要:错判的发生具有普遍性和蛰伏性,错判的认知具有模糊性和对抗性,因此我们需要明确规定错判的证明标准。通过对美国、英国、德国的错判证明标准的实例解析,我们可以看到,他们在认定错判的时候都不适用刑事诉讼中认定被告人有罪的证明标准,而且认定错判的证明标准都低于认定有罪的证明标准。我国应该重新阐释中国刑事诉讼中错判的证明标准,而且应区分启动再审的证明标准、认定错判的证明标准和决定国家赔偿的证明标准。

司法证明机理:一个亟待开拓的研究领域

封利强

《法学研究》,2012 年第 2 期

关键词:司法证明　证明机理　证明科学

摘要:司法证明机理是指由多方证明主体共同参与进行证据推理活动的内在规律和原理。没有对证明机理的深入把握,就难以通过"证据群"获得可靠的事实认定结论。近年来,英美学者致力于对证明机理的探索,开辟了一个全新的交叉学科领域。证明机理的研究对于摆脱司法证明的现实困境具有重要意义。我们应当批判地吸收和借鉴英美"新证据学"的研究成果,综合运用系统论、逻辑学、心理学、语言学、行为科学等多种研究方法进行系统化研究,以期实现司法证明的科学化。

论死刑案件证明标准之完善——新《刑事诉讼法》实施问题思考

杨宇冠

《清华法学》,2012 年第 3 期

关键词:死刑案件　定罪量刑　证明标准

摘要:文章论述了死刑案件的定罪和量刑的证明标准与普通刑事案件的异同,认为增加死刑案件的证据数量和种类的办法并不能提高死刑案件的证明标准,提出通过程序设置,如增加死刑案件合议庭的人数和对死刑案件进行审查的阶段,可以达到提高死刑案件证明标准的效果。文章还认为死刑案件的证明应当摒弃法定证据的证明模式,采用严格遵守法律正当程序的途径提高死刑案件的质量。文章论证了死刑案件中不利于被告人和有利于被告人两种情况的证明应适用不同的证明标准,定罪和判处死刑的证明标准应当采取最高标准,而有利于被告人的情节的证明标准可以采用优势证据标准或存在合理怀疑的标准。文章还分析了"证据确实、充分"和"排除合理怀疑"的内涵,指出死刑案件的证明标准不仅体现在证据是否确实、充分等实体方面的要求,还应当包括符合正当程序的要求。

推定的运用与刑事证明方式
陈少林
《法学评论》,2012年第3期
关键词:推定　证明　刑事证明方式
摘要:推定和证明同为刑事诉讼中的事实认定方式,二者的区别在于所要求达到的标准不同。推定是在通常意义上的证明要求达到的标准无法实现的情况下,基于刑事政策的考量和司法价值的综合权衡,不得已而采用的一种事实认定方式,是无罪推定原则的例外。推定的运用与证明方式密切相关,本文在全面考察了历史上曾出现过的证明方式的基础上指出:只有在"推理论证"的事实认定方式中,推定才有存在的空间。

论刑事证明责任分配之迷思——兼谈二元分配方法论的提出
程　捷
《法学评论》,2012年第4期
关键词:刑事证明责任　直接事实　间接事实
摘要:控方承担证明责任的传统观念与无罪推定原则、控辩平等并无必然连接,实务中对之绝对化的理解造成了刑事证明活动的困境。对这种传统观念予以修正的现有刑事证明责任分配学说中,英美法系的双层证明责任区分说与我国现有刑事诉讼模式格格不入,仿效民事证明责任分配方法的法律要件分类说徒有形式却牺牲了疑罪从无的基本精神。应将刑事案件的所有证明对象区分为直接事实与间接事实,并结合不同事实在刑事审判中的特殊意义,确立二元化的刑事证明责任分配标准。

论辩护方的证明责任
房保国
《政法论坛》,2012年第6期
关键词:证明责任　转移与倒置　推定
摘要:刑事诉讼中一般由控诉方承担证明责任,但对于量刑事实、非法证据排除、程序性事实、积极抗辩的事实和证明责任倒置的事实则由辩护方证明。辩护方在特定情形下承担证明责任,体现了证明责任转移、倒置和推定的要求,没有违反无罪推定原则和不被强迫自证其罪规则。不过,要防止辩护方承担证明责任的两种误区,完善我国的证明责任分配制度和程序性辩护制度。

以限制证据证明力为核心的新法定证据主义

陈瑞华

《法学研究》,2012 年第 6 期

关键词: 新法定证据主义　自由心证　证明力

摘要: 我国证据立法遵循了一种以限制证据的证明力为核心的基本理念,即"新法定证据主义"的理念。证据法不仅对单个证据的证明力大小强弱确立了一些限制性规则,而且对认定案件事实确立了一些客观化的证明标准。这一证据理念的出现,与立法者对证据真实性的优先考虑、对法官自由裁量权的限制有着密切的关系,也与刑事诉讼的纠问化、司法裁判的行政决策化存在因果关系。这一证据理念及其影响下的证据立法活动,固然有其现实的合理性,但也带来了一系列弊端。要推动我国证据立法的健康发展,需要对"新法定证据主义"及其影响下的证据立法进行理论清理,并创造条件消除促成这一证据理念产生的制度土壤和文化环境。

中国法语境中的"排除合理怀疑"

龙宗智

《中外法学》,2012 年第 6 期

关键词: 刑事诉讼　证明标准　证据确实充分

摘要: 中国刑事诉讼现行证明标准的特点,一是以印证为中心,二是以客观性为基点,三是以可知论即认识乐观主义为理论根据,四是以目的为方法,在证明活动中的可操作性不足,五是普遍适用,缺乏区别和细分。应当借鉴域外经验,分析"排除合理怀疑"的渊源。从适用对象看,"排除合理怀疑"既针对证据的确实性,也针对充分性;它应用于证据的综合判断,也可以在证据个别判断中适用。"排除合理怀疑"与"证据确实充分",作为证明方法的区别主要体现在积极建构与消极解构,以及客观印证与主观心证的不同语词倾向;两者在证明程度上既有一致性,也有区别,"证据确实充分"是排除合理怀疑的充分条件,"排除合理怀疑"是证据确实充分的必要条件。在中国刑事诉讼中运用"排除合理怀疑",需要强化疑点审查的"消极思维",以加强防错机制;将其既用为证明标准,也用作证明方法;"排除合理怀疑"可适用于不同类型的案件,以及案件的不同诉讼环节,但根据不同情况,在实际把握上可以有所区别;在运用中应紧扣经验法则,并和"疑点排除"的中国经验结合运用;为便于适用,可作适当的语词性解释;应当以判例解释证明标准并推动其贯彻;通过公开心证形成过程等程序要求和证据法制度保障其成为有效的法律规则。

刑事诉讼证明妨碍行为的法律规制问题研究——以《关于公安机关办理醉酒驾驶机动车犯罪案件的指导意见》为切入点

谢小剑

《政治与法律》,2012年第7期

关键词:醉酒驾驶 证明妨碍 不受强迫自证其罪

摘要:我国醉驾案件中,犯罪嫌疑人"在被查获后当场再次饮酒"的,实践中以再次饮酒后的含量作为追诉的依据,这种以拟制方法规制证明妨碍行为的做法明显损害事实真相的认定,违反控方举证、疑罪从无的基本理念。应当收集其他证据间接证明驾驶时的酒精含量,并将证明妨碍行为纳入法官心证考量,或通过设立新的罪名来缓解醉驾证明的难题。

证明责任倒置理论批判

胡学军

《法制与社会发展》,2013年第1期

关键词:证明责任倒置 规范说 证明困境

摘要:证明责任倒置是大陆法系国家证明责任理论发展史上的过渡性概念,是对证明责任分配结果的描述,并非证明责任分配的特殊方法。如按规范说确定的分配方法,我国实定法上的特殊侵权诉讼的证明责任分配就不属于倒置,此类规范的发展也并非是对司法实践解决案件证明困境的经验总结。证明责任倒置与特定案件证明困境的解决不存在必然联系,不能作为解决现代型案件证明困境的方法论。证明责任倒置是具体举证责任机制贫困的产物,也必将随着具体举证责任机制与规则的发展而渐趋消亡。

证明标准的经济学分析

张 卿

《比较法研究》,2013年第4期

关键词:证明标准 行政成本 错误成本

摘要:尽管我国最新修订的《刑事诉讼法》正式将"排除合理怀疑"作为证明标准,但法学界对如何设定证明标准仍存在较大争论,如最高法沈德咏副院长"宁可错放、也不可错判"的观点引起的巨大争议。本文采用法经济学的分析框架,详细阐述了证明标准的设定应使行政成本和错误成本之和最小化,并比较分析了刑事、民事和行政诉讼的证明标准。国内对证明标准的传统法学分析在系统一致性、全面性和可解释性上存在不足,而法经济学的比较分析可以弥补上述不足;同时,还有被传统法学分析忽视但却影响证明标准设定的一个极为重要的因素——举证责任人为达到证明标准的要求需付出的成本,即行政成本。将该分析框架运用到最高法公报案例"廖宗荣诉交警案"中,可以得到不同于原判决的新结论,即该案证明标准可以进一步提高,法院有充分理由判交警败诉。

自由证明原理与技术性证据规则——英美证据法的前提性假设和两种功能解释

樊传明

《环球法律评论》,2014年第2期

关键词: 自由证明　证据规则　证明力

摘要: 英美法系在历史发展过程中,通过法官创设的判决先例逐渐确立了各种约束司法证明的证据排除规则,并且在理论研究中存在将证据分量进行分类化比较和形式化界定的主张。对司法证明程序进行规制的倾向引发了边沁的"反规范"理论,它实际上体现了自由证明的理念。现代英美法系证据法都将自由证明作为一个前提性假设:除非有可以证成的理由,否则不应设定技术化的证据规则规制司法证明。因此,作为英美证据法主体性规范的排除规则,必须存在使其正当化的理由。排除证据的传统理由是不信任陪审团能够理性地评价某些证据种类;后来出现的一个替代性理由是控制律师的举证行为。对英美证据法前提性假设和功能解释的研究能够给我国的证据立法以启示。

迈向"合理"的刑事证明　新《刑事诉讼法》证据规则的法律解释要义

周洪波

《中外法学》,2014年第2期

关键词: 刑事证明　排除合理怀疑　证据规则

摘要: 2012年《刑事诉讼法》修改引入了"排除合理怀疑"这一西方常见术语来解释作为定罪量刑证明标准的"证据确实、充分"这一传统法律表述,带来了许多困惑和理解上的混乱。有鉴于此,与此有关的进一步法律解释对于新法的良好实施就具有了关键意义。一方面,需要进行语义解释,"排除合理怀疑"的事实认定,在证明标准意义上应当是一种或然性、非唯一结论的"事实确信";以其来解释"证据确实、充分",应成为摆脱"客观真实"论或"铁案"观等传统证明标准观念的契机。另一方面,需要进行体系解释,即把证据规则都放在定罪量刑证明标准转型的视角中来进行理解和解释,从而使证据规则之间能够互相协调匹配,起到合理、有效的规范作用。

刑事证明标准中主客观要素的关系

陈瑞华

《中国法学》,2014年第3期

关键词: 证明标准　证据确实充分　排除合理怀疑

摘要：我国刑事证据法将"排除合理怀疑"引入证明标准之中，是从过去注重外在的、客观化的证明要求走向重视裁判者内心确信程度的重要立法尝试。这种立法尝试既不是对"证据确实、充分"标准的简单解释，也不是要降低我国刑事诉讼中的证明标准，而是从裁判者主观认识的角度重新确立裁判者认定犯罪事实的证明标准。在一定程度上，我国刑事证据法尽管仍然保留了"事实清楚，证据确实、充分"的形式化证明要求，但其内核已经被"排除合理怀疑"标准所取代。

表见证明理论批判

胡学军

《法律科学》，2014 年第 4 期

关键词：表见证明　证明责任　经验法则

摘要：作为证据法学领域最含混也是最难回答的问题之一的表见证明，其内涵与性质尚需准确界定。作为一种缓解证明困境的证明方式的特殊性在于，它是一种简捷的、类似的、无须证据的证明；其法律效果既不导致证明责任转换，也不降低证明标准，而是作为法官临时证明评价导致当事人具体举证责任的转换。表见证明就是在特定事项上根据较高盖然性经验规则进行的事实推定，不可能作为解决证明难题的灵丹妙药。我国无须引进这一概念，但比较法上的这一论题启示我们，应直面事实推定背后的经验规则的盖然性等级而加以分类研究。

论被告人庭前供述的证据能力

宋维彬

《法律科学》，2014 年第 5 期

关键词：被告人　庭前供述　当庭供述

摘要：被告人翻供是我国刑事司法实践的一大难题，由于被告人庭前供述缺乏证据能力规则的约束，而法官又普遍以被告人庭前供述定案，这是导致我国冤假错案的一项重要原因。为此，有必要建立完善的被告人庭前供述的证据能力规则。国外在被告人庭前供述准入制度的设置上，存在传闻例外模式与直接言词模式；而在庭前供述排除制度的设置上，则存在正当程序模式与任意性模式。我国宜借鉴直接言词模式与任意性模式：在庭前供述与当庭供述一致时，庭前供述不具备证据能力；在庭前供述与当庭供述不一致时，庭前供述如果具备自愿性要件可以作为弹劾证据，只有同时具备自愿性与真实性要件时才可作为实质证据。

从事实推定走向表见证明

周　翠

《现代法学》，2014 年第 6 期

关键词：经验法则　事实推定　表见证明

摘要： 无论是概念界定还是司法实践，事实推定在各国均引发了长期的争议乃至质疑。从实践状况看，法官运用经验法则进行事实推定的模式可分为间接证明和表见证明。为了避免混乱，尤其为了实现武器平等、程序公平和法律适用之统一，我国未来有必要确立表见证明的事实推定模式。作为一种证明规则，表见证明的实质在于：将证明对象从要件事实转化为更容易证明的典型的关联事实。这样的证明减轻规则通常以"典型事实经过"为适用前提，并以盖然性较高的经验法则为基础，从而在防止法官恣意和提高判决的信服力方面发挥重要作用。从证明效力上看，表见证明既未重新分配证明责任，也未降低证明标准，而仅倒置了具体的举证责任。为了动摇表见证明的结论，对方当事人只需提交反证证明其他的"非典型事实经过"存在重大可能性即可。为了实现表见证明承担的统一法律适用的功能，我国未来还有必要改革审级建构和转变最高人民法院的功能，以构建起表见证明的判例体系。在此方面，德国的学说争鸣与判例经验提供了有益的参考与对照。

排除犯罪性事由的证明责任研究

张薇薇

《政治与法律》，2014年第8期

关键词： 排除犯罪性事由　犯罪论体系　公诉事实

摘要： 由于排除犯罪性事由在犯罪论中的体系地位不同，大陆法系和英美法系两大法系公诉事实的范围存在明显差异；而两大法系的证明责任分配方案却十分相似，排除犯罪性事由的证明责任原则上都由控方承担，被告人只承担主张责任或提出证据的责任。这种趋势的出现具有深层次的原因，随着规范罪责理论和无罪推定原则的确立，刑事诉讼逐步从私法残余中摆脱，形成了契合自身特色的证明制度。相似的证明责任分配方案既能适用于德日三阶层体系、英美两阶层体系，也能适用于中国的犯罪构成体系。证明责任的分配与犯罪论体系的选择没有必然关联，中国对排除犯罪性事由的证明责任分配也应当建立在两大法系的共识之上，并进一步细化程序规则。

"排除合理怀疑"证明标准在中国适用问题探讨

杨宇冠　郭旭

《法律科学》，2015年第1期

关键词： 合理怀疑　证明标准　合议庭

摘要： 我国《刑事诉讼法》引入了"排除合理怀疑"的概念，作为"事实清楚，证据确实、充分"的判断标准。我国"排除合理怀疑"的主体具有多样性的特点，这也使得该标准具有了一定的层次性，有利于淡化片面追求证据完备的法定证据主义传统，充分发挥办案人员在刑事诉讼中的司法能动性。合议庭和审判委员会是我国最主要的审判组织,其决议规则和对案件的处理程序有着自身的特点,在审判阶段适用"排除合理怀疑"可能会遇到诸多问题,需要在理论上和实践中予以积极探索解决。

刑事证明的两种模式

褚福民

《政法论坛》,2015年第2期

关键词: 证明模式 验证模式 体系模式

摘要: 根据对立法和司法实践的总结,我国的刑事证明模式可以概括为以直接证据为核心的验证模式和完全使用间接证据的体系模式。两种模式各有优势与不足。与体系模式相比,验证模式在认定案件事实达到的证明程度和难易程度上有其优势,但是在错误认定案件事实的可能性方面存在不足。与自由证明、法定证明、印证证明等理论相比,验证模式和体系模式的提出,推动了现有的刑事证明模式研究,弥补了证明过程和方式的研究空白,完善了刑事证明模式理论体系,为冤假错案出现的原因提供了一种解释理论。

论刑事法中的推定

陈瑞华

《法学》,2015年第5期

关键词: 推定 巨额财产来源不明罪 明知

摘要: 作为一种替代司法证明的事实认定方法,推定被用来解决特定刑事案件司法证明的困难。我国刑法和司法解释对于巨额财产来源的非法性、明知要素以及以非法占有为目的要素构建了推定规范。这一规范对于解决司法证明的困难、贯彻特定刑事政策以及提高认定事实的效率,都有着积极的意义。在推定规范的适用中,基础事实的证明,即意味着推定事实的自动成立;被告人因此承担证明推定事实不成立的证明责任,否则即承担罪名成立的败诉风险。推定具有一定的局限性和负面作用,其是否继续存在取决于刑事法律体系是否严密,以及相关法律是否具备解决特定犯罪案件司法证明困难的能力。

非法证据排除规则的司法适用辨析

王树茂

《政治与法律》,2015年第7期

关键词: 非法证据 排除范围 诉讼阶段

摘要: 我国2012年修订的《刑事诉讼法》确立的非法证据排除规则在适用中遭遇诸多困难。究其原委,既有司法体制机制的制约,也有司法人员的观念、素质的影响。非法证据排除范围混淆了非法证据与瑕疵证据、违法证据的界限;非法证据排除规则遭遇司法机关追诉犯罪与诉讼监督、放纵犯罪与保障人权之间的职责冲突;非法证据证明手段的作用受限,举证责任落实不够,证明标准把握不严;非法证据排除的审理实体、程序问题一并审理,裁决时颠倒实体结论与排除结论的先后顺序等问题需要从理念、规范和制度运行规则上予以解决。

刑事被告人的证明责任

纵 博

《国家检察官学院学报》,2014年第2期

关键词:犯罪构成要件　积极抗辩事由　消极抗辩事由

摘要:新《刑事诉讼法》第49条规定公诉案件及自诉案件的证明责任分别由检察机关及自诉人承担,但被告人并非在任何情况下都不承担证明责任。在刑事诉讼中,控方要对犯罪构成要件承担证明责任,被告人无须对否认犯罪构成要件的消极抗辩承担证明责任,但需要对积极抗辩事由承担证明责任。被告人还要承担法律推定所转移的证明责任。推定在证明意义上对犯罪构成要件进行了修正,并转移部分构成要件事实的证明责任。法律推定只能由《刑法》《刑事诉讼法》或同位阶的其他法律创设;法律推定的设置必须遵循期待可能性原则。事实推定本质上就是推论,不得以事实推定转移任何证明责任。

修正辩论主义与武器平等的证明责任

刘鹏飞

《证据科学》,2014年第6期

关键词:修正辩论主义　证明责任　武器平等

摘要:修正辩论主义为证明责任理论中武器平等原则的实现提供了新的契机。法官对双方当事人的主观证明责任进行干预在公益诉讼等现代型诉讼中具有相当的必要性,有利于平衡双方利益。为实现武器平等原则,在证据事实提出方面,强调法官的释明权和当事人证据协力义务的合理运用。另外,非讼法理和自由证明方式向诉讼程序的扩张,也是构建武器平等的证明责任理论与制度的有效路径。

对犯罪构成刑事推定功能的质疑——兼论利用影响力受贿罪之证明责任分配

刘广三　庄乾龙

《中国刑事法杂志》,2011年第7期

关键词:犯罪构成　刑事推定　利用影响力受贿罪

摘要:四要件犯罪构成改革论者将刑事推定对象泛化,是对无罪推定原则的公然违反。犯罪构成与刑事推定之间是一种原则与例外的关系,刑事推定以修正犯罪构成的方式降低证明难度是出于诉讼效率及其他刑事政策的考虑。利用影响力受贿罪本身证明的困难使得其缺乏实践操作性,在以坚持四要件犯罪构成维护司法公正基础上,有必要设置刑事推定以修正其犯罪构成,增强本罪名的

可操作性。

非法证据证明责任的履行与保障措施
甄　贞　申文宽
《人民检察》,2013 年第 4 期
关键词:非法证据　证明责任　情况说明
摘要:法律要求控辩双方分担非法证据的证明责任和设置不同的证明标准具有理论依据,符合实践现状。辩护方提供线索或证据须满足供述合法性"有疑问"之标准,法庭可予支持。控诉方提交讯问笔录和情况说明、播放录音录像片段以证明供述合法,在证明力方面存在缺陷。应当通过强化办案人员职业道德培训、优化侦查讯问录音录像制度、试行律师在场机制、规范警察出庭作证制度等配套措施来保障非法证据证明责任的履行。

"幽灵抗辩"与我国刑事证明责任分配制度之完善——以台湾地区相关案例为视角
许　乐
《西北大学学报(哲学社会科学版)》,2013 年第 4 期
关键词:"幽灵抗辩"　证明标准　证明责任
摘要:在我国现行刑事法律中,刑事证明责任由控诉方承担,通常情况下被告人不承担证明责任,该规定以保护被告人的权利为目的,符合无罪推定原则。"幽灵抗辩"的出现使仅由控诉方承担证明责任的方式成为不可能。我国刑事证明责任制度应借鉴英美证据法的"积极抗辩"理论,修正原来过于僵化的证明责任规则,实行证明责任转移并适度降低被告人的证明标准。

论检察官在非法言词证据排除中的证明责任
王雄飞
《人民检察》,2012 年第 4 期
关键词:检察官　非法言词证据排除　证明责任
摘要:检察官承担非法言词证据排除的证明责任源于程序性事实的特殊性质,源于程序公正的基本要求,源于检察机关法律监督者地位。检察官在审查逮捕和审查起诉阶段,除了严格审查言词证据的合法性及对非法证据予以排除外,还应从完善庭前证据开示程序、充分保障辩方合法权益、认真对待调取证据请求权等方面强化审查义务并履行非法言词证据的庭审证明责任。我国检察官承担非法言词证据排除责任的证明标准应以优势可信为主要标准,以确信排疑为辅助标准。

刑事诉讼中的证明责任问题

陈瑞华

《警察法学》,2013年第1期

关键词:证明责任 诉讼主张 刑事证据制度

摘要:引言证明责任是刑事证据制度的重要组成部分。长期以来,我国刑事诉讼法学界在证明责任问题上存在着很多争论,对于诸如证明责任的性质、证明责任与举证责任的关系、证明责任分配的原则、被告人是否承担证明责任、法官调查与证明责任的关系等问题,都曾有不同的看法。但近年来,大多数学者都投入到对刑事诉讼制度改革问题的研究之中,对于证据制度的构建更多地采取一种"拿来主义"的态度,而对包括证明责任问题在内的一些基本理论问题则很少涉猎,结果导致这一问题的研究渐渐趋于沉寂。

论刑讯逼供的证明责任与证明标准——以《刑事诉讼法修正案(草案)》为切入点的思考

刘 昂

《山东警察学院学报》,2012年第2期

关键词:《刑事诉讼法》修改 刑讯逼供 证明责任

摘要:《修正案(草案)》试图通过举证责任倒置、非法证据排除规则、录音录像规则、侦查人员出庭说明情况等制度遏制刑讯逼供。就刑讯逼供的遏制而言,需要明确的是,同一刑讯逼供行为,既可以是实体法中的证明对象,也可以是程序法中的证明对象;在作为不同性质的证明对象时,在证明责任、证明标准方面均有所不同。

刑事证明责任分配与犯罪构成要件

赖早兴

《刑法丛论》,2013年第3期

关键词:犯罪构成要件 证明责任 关系

摘要:刑事证明责任分配是刑事诉讼法学的热点问题,犯罪构成要件是刑法学的重要论题,但两者并不是分立而没有关联的。犯罪构成要件是刑事证明责任分配的实体法的基础,英美法系国家和大陆法系国家的理论和实践充分展现了这一点。我国《刑法》规定的平面犯罪构成要件体系无法为刑事证明责任的分配提供实体法基础,应当重构具有层次性的犯罪构成要件体系。

程序性裁判中的证据规则

陈瑞华

《法学家》,2011年第3期

关键词:程序性裁判 无罪推定 证据能力

摘要: 在程序性裁判领域,法院所要面对的不是检察机关的指控是否成立的问题,而是控辩双方所发生的程序性争议如何解决的问题。在这种司法裁判活动中,被告人一般不会面临受到无根据和不公正定罪的危险,无罪推定原则失去了发挥作用的空间,司法证明活动也无须遵循严格证明的准则。目前,我国法律已经在非法证据排除领域初步确立了程序性裁判机制。与此相对应,法律也有待于确立一系列证据规则,从而设定有别于实体性裁判程序的证据准入规则、责任和证明标准。随着程序性裁判制度的逐步发展,这类证据规则也应得到相应的发展。

量刑程序中的证据规则
陈瑞华
《吉林大学社会科学学报》,2011 年第 1 期
关键词: 量刑程序　无罪推定　严格证明
摘要: 传统的刑事证据法是以控制定罪为中心构建起来的,相应的证据法理论也遵循了无罪推定和严格证明的理念。但在相对独立的量刑程序中,无罪推定失去了存在的空间,为保证量刑证据的完整性和量刑信息的准确性,有必要按照自由证明的理念重构量刑程序中的证据规则。除了要确立较为宽松的证据能力规则以外,量刑程序中的证明责任和证明标准也应具有区别于定罪程序的特征。

定罪与量刑证明一分为二论
吕泽华
《中国法学》,2015 年第 6 期
关键词: 量刑证明　定罪证明　证明标准
摘要: 量刑证明与定罪证明同属于以证据为基础的证明活动,在证据属性、证据规则、证明模式、证明标准、证明责任等方面呈现一体同生的遗传因子,共生于证据法学体系中。以"一分为二"的哲学理念探析量刑证明与定罪证明统一与分离的证明关系、严格与自由的证明模式套用之争、标准与差异的证据规则之议、一维与多元的证明责任之疑以及单一与分层的证明标准之惑,有助于明确量刑证明在证据法学体系中的特殊地位,推动量刑证明与定罪证明理论体系的协同发展,促进量刑证明的规范化。

论我国检察官在非法言词证据排除中的证明责任
王雄飞
《法治论坛》,2011 年第 2 期
关键词: 检察官证明责任　非法言词证据排除　证明必要
摘要: 非法言词证据无法排除从而导致冤假错案已经成为困扰我国司法机

关的一大难题。两高三部出台的《关于办理刑事案件排除非法证据若干问题的规定》，以非法证据排除作为主要内容，并且就排除中的证明责任分配进行了规定。本文从检察官证明责任的基本原理出发，阐述检察官应当承担非法言词证据排除中的证明责任，而被告人不应当承担证明责任的观点，并且对证明责任的履行和证明标准进行了论述。

论刑事程序合法性的证明

林劲松

《中国刑事法杂志》，2013年第1期

关键词： 程序合法性　程序性制裁　程序违法

摘要： 刑事程序合法性的证明决定着程序性制裁制度能否发挥实际的效用。它属于典型的程序性事实的证明范畴，一般应当采用自由证明的方式。在自由证明的过程中，应充分发挥刑事案卷的证据价值，正确把握程序违法程度与证明标准的比例关系，注意口供合法性证明的特殊性。程序合法性的证明责任应在控辩双方之间进行合理的分配。辩方应承担程序违法的初步证明责任，控方应承担程序合法的反证责任。法官在特殊情形下有主动查证的职责。

第三节　案例精解

在被告人翻供的情况下，如何排除合理怀疑[①]

一、案情简介

2004年3月26日23时许，胡某某租乘被害人罗某驾驶的千里马牌汽车至深圳市罗湖区东方神曲广场附近时，乘罗不备，持事先准备的铁丝圈勒住罗的颈部，并用尖刀绞紧，致罗因机械性窒息而当场死亡。胡某某劫得罗某的汽车、手机及现金90余元，并驾驶罗的车辆至深圳市滨海大道沙河西立交桥，将罗的尸体抛至桥下。3月28日，胡某某至罗湖区红桂路附近取车时被公安人员抓获。胡某某在此之前曾用相同手段作案两起，造成一死一伤。

案件审判阶段，被告人胡某某否认指控的罪行，辩称作案人是王某，王某曾向其讲述作案经过，其因受到刑讯逼供而将王某的犯罪事实说成系自己所为，公安机关查获的车辆都是王某交给其销赃的。被告人辩护律师一审二审都提出与此相同的辩护意见。

[①] 参见《刑事审判参考》（总第86集），第778号案例（节选），法律出版社2013年版。

二、裁判与理由

深圳市中级人民法院认为,被告人胡某某使用暴力方法劫取他人财物,其行为构成抢劫罪。胡某某多次实施抢劫罪,抢劫数额巨大,并致二人死亡,犯罪手段残忍,后果极其严重。胡某某曾因盗窃罪被判处有期徒刑,刑满释放后继续实施严重暴力犯罪,主观恶性极深,人身危险性极大,应当依法严惩。胡某某及其辩护人所提辩护意见与查明事实大多不符,不予采纳。依据《刑法》第236条第4项、第5项,第57条第1款,第48条第1款之规定,深圳市中级人民法院以被告人胡某某犯抢劫罪,判处死刑,剥夺政治权利终身,并处没收个人全部财产。

一审宣判后,被告人胡某某以未实施犯罪为由提出上诉,其辩护人提出与一审相同的辩护意见。

广东省高级人民法院经二审审理认为,原判认定事实清楚,证据确实、充分,定罪准确,量刑恰当,审判程序合法,依照《刑事诉讼法》(1996年)第189条第1项之规定,裁定驳回上诉,维持原判,并依法报请最高人民法院核准。

最高人民法院复核认为,一审二审认定事实清楚,证据确实、充分,定罪准确,量刑恰当,审判程序合法。依照《刑事诉讼法》(1996年)第199条和《最高人民法院关于复核死刑案件若干问题的规定》第2条第1款之规定,裁定核准广东省高级人民法院维持第一审以抢劫罪判处被告人胡某某死刑,剥夺政治权利终身,并处没收个人全部财产的刑事裁定。

三、问题与评析

本案所争议的主要问题是:客观性证据相对薄弱的死刑案件,在被告人翻供情形下如何甄别证据,排除合理怀疑?

刑事案件中被告人在认罪后翻供的现象较为常见。对于没有目击证人且客观证据较为薄弱的案件,被告人供述对于证明案件事实尤为重要。对于翻供案件,既不能简单采信其以往所作供述,也不能轻易否定其翻供理由或无罪辩解,而应当兼顾正向的证实与反向的证伪。对那些基于法律常识、生活经验或职业直觉产生的合理怀疑,要从有罪供述的真实性、翻供后无罪辩解的可信性、有力证据的可采性等方面入手,逐一排除疑点,最终形成对案件事实的准确认定。

本次的侦破、审理经过较为复杂,当地有多个公安机关经手,历经三次一审、三次二审。尽管本案有一定数量的客观性证据,但取证工作整体上较为粗疏。被告人胡某某在第一次讯问中不认罪,此后有两次有罪供述,但在审判阶段又翻供。由此,一审、二审法院在证据采信和事实认定上出现过一定争议。对于本案有必要从正面证据分析和反向排除疑点两个角度进行事实认定。

(一)在案证据指向明确,能够相互印证,形成完整证据体系

根据《刑事诉讼法》第 195 条的规定,案件事实清楚,证据确实、充分,依照法律认定被告人有罪的,应该做出有罪判决。该规定确立了刑事案件有罪判决的证明标准,即事实清楚,证据确实、充分。据此标准,在对全案的证据排列、组合、分析之后,作为证明对象的案件事实和情节均应有相应的证据予以证明,证据与证据之间能相互印证,全案证据同案件的发生、发展过程和结果一致,形成一个完整的证据体系。本案中,认定被告人实施抢劫事实的证据能够形成较为完整的证据体系。具体说明如下:

在被告人胡某某抢劫被害人罗某的事实中,证据情况较好。体现在:(1)罗某的汽车被发现停放在罗湖区红桂路附近后,公安人员蹲点守候,将前来取车的胡某某抓获,系人赃俱获。(2)相关物证证实胡某某与罗某被害有直接关联:第一,公安人员在罗某的车辆行驶证(位于罗的汽车副驾驶位前的整理箱内)上提取到一枚指纹,经鉴定系胡某某所留,足以证实胡某某已接触过该车;第二,在罗某汽车里提取到一把自制尖刀,刀刃有打磨痕迹,刀柄被黑色绝缘胶布缠绕,可印证胡某某所供尖刀系其用铁板自制、作案时用刀绞紧勒罗某颈部的铁丝圈、后将尖刀放在所劫汽车内的情节,胡某某翻供后虽拒绝辨认该刀,但仍可认定该刀系胡某某所有;第三,钢铁材料分析测试报告证实,从胡某某家提取的铁丝与缠绕在罗某颈部的铁丝系同一炉批、同一批次制造加工的产品,两根铁丝间具有极密切联系。(3)胡某某在侦查阶段对杀害罗某并劫走其车辆的事实有过 2 次详细供述,所供作案经过得到其他证据印证。例如,尸检鉴定罗某下颌部有横行勒沟(未分析该勒痕的成因),与胡某某所持铁丝圈从后面套罗某颈部时勒在罗的下巴位置的情节吻合;抛尸现场未提取到罗某的鞋子,但在罗的汽车后备箱内提取到一双运动鞋,与胡某某所供其将罗某的鞋脱下后放在汽车后备箱内备胎旁的情节吻合。

(二)证据采信和事实认定上的疑问能得到排除

排除合理怀疑与证据确实、充分是对有罪证明标准不同角度的两种要求。证据确实、充分是从正面对证据的质和量提出的要求,而排除合理怀疑是从反向角度对证据的充分程度提出的判断标准。任何一个有罪判决,都应要求在案证据足以排除被告人无罪的任何合理怀疑,在案证据所得出的有罪结论是唯一的,具有排他性。将排除合理怀疑作为有罪判决"证据确实、充分"的标准,已经为 2012 年修订的《刑事诉讼法》所确认。具体到本案,从前文的正向分析已基本可以认定被告人胡某某实施了抢劫犯罪。但是,由于被告人翻供,且提出具体辩解,其妻子也作证称胡没有作案时间。所以很有必要分析胡某某的翻供理由是否成立,翻供内容是否真实,其妻子的证言是否可采信,从而使本案的证据体系

达到排除合理怀疑的标准。

1. 关于是否存在刑讯逼供

被告人胡某某进入审判阶段后翻供,否认实施抢劫犯罪,辩称其有罪供述系受到刑讯逼供。经查,胡头部少许伤痕系在抓捕过程中形成;同时,审讯录像经当庭播放,录像内容证实没有对胡某某刑讯逼供;胡某某做有罪供述时语速平稳,供述自然连贯,没有刑讯迹象。因此,可以认定胡某某系自愿作有罪供述,其提出受到刑讯的翻供理由不成立。

2. 关于被告人无罪辩解能否成立

(1)胡某某翻供主要针对侦查工作中的疏漏,并着力证实自己没有作案时间,但提供不出不在场证据。(2)胡某某关于与王某的认识、交往过程、车辆的性质等供述极不稳定,多次反复且互相矛盾,王某是否存在值得怀疑。且胡提供不出王的联系方式、住址等情况,这表明胡关于王某的供述系其编造,其翻供内容不可信。

3. 关于被告人的有罪供述是否真实

胡某某被抓获后不久作了2次有罪供述。在这2次供述中,胡某某所供作案过程连贯、渐进,一些情节先供后证,证明力强。该起抢劫事实与本案认定的三起抢劫事实在作案工具、作案手段、作案对象上均有相似之处。从胡某某的供述可以看出,其前两起抢劫的对象系合法运营的出租车司机,后一起系无证运营的出租车司机,表明其在抢劫对象的选择、作案手法的熟练程度上有所渐进,符合作案规律。因此,胡某某的有罪供述自然、可信。

4. 关于被告人妻子的证言能否采信

胡某某的妻子陈某某提出罗某出事前后几天胡均在家,或休息,或下棋。我们认为,陈的证言不足采信,主要理由是:(1)陈某某所证胡某某的起居休息、接触人员情况本身存在矛盾,且与胡下棋人员无法查实。(2)陈与胡系夫妻关系,与案件处理有直接利害关系。(3)胡某某供称其与陈某某的感情较好,但事发后陈非但没有积极为胡寻找不在场证据,相反还在胡被抓获的第三天即匆忙搬离生活多年的住地,行为很是反常。这不仅证实陈某某对胡某不信任,也证实陈的证言不可信。

综上,办理死刑案件特别是翻供案件,应当严格按照"案件事实清楚、证据确实、充分"的证明标准,通过正向肯定和反向否定的双向分析,在证据审查和采信环节严格把关,形成严密的证据体系,排除合理怀疑,确保准确认定案件事实。

对死刑案件如何把握"证据确实、充分"的定案标准[①]

一、基本案情

2002年4月14日16时许,被告人苏某某从山上收"捕铁猫"(捕野鸡和兽的专用工具)返回本屯附近的"坡古斋"(地名)山坡处时,遇本屯妇女周某在此地放牧,便对周进行调戏。遭周拒绝后,苏某某顿生杀人之念,拔出随身携带的自制双刃尖刀,朝周的胸、腹部连捅数刀,将周杀死,并将周的尸体拖到十余米外的树林隐藏后,逃离现场。2007年1月8日,苏某某又因调戏本屯妇女苏某未成而杀人灭口。

二、裁判与理由

百色市中级人民法院认为,被告人苏某某故意杀死两人,其行为构成故意杀人罪,且犯罪情节特别恶劣,后果极其严重,应依法严惩。公诉机关指控苏某某犯故意杀人罪的罪名成立,但指控其犯强奸罪事实不清、证据不足。经查,公诉机关认定苏某某强奸了周某,仅有苏某某在侦查机关的供述,但其在庭审中当庭翻供否认,且无其他证据佐证,故公诉机关指控的强奸罪名不成立。关于公诉机关和苏某某的辩护人均提到苏某某具有自首情节的意见,经查,公安机关是在获悉苏某某有杀害苏某重大嫌疑后,才以查赌为名传唤苏某某,苏某某被传唤后如实供述的是司法机关已经掌握的其杀害苏某的犯罪事实,而所供杀害周某的犯罪事实属同种罪行,故不能认定为自首。关于苏某某所提其是为泄愤而杀死周某的辩解,经查,本院予以采信。据此。依照《刑法》第232条、第57条第1款之规定,百色市中级人民法院以被告人苏某某犯故意杀人罪,判处死刑,剥夺政治权利终身。

宣判后,被告人苏某某提出上诉。其上诉理由是:周某、苏某都与其存在矛盾,其杀人动机是泄愤,而不是因调戏被害人遭拒;其主动供述杀害周某的事实,并主动配合调查取证,是自首;原判量刑过重,请求改判。苏某某的辩护人提出被告人有自首及如实供述情节,可予从轻处罚。

广西壮族自治区高级人民法院认为,上诉人苏某某构成故意杀人罪,依法应当判处死刑。苏某某的上诉理由及其辩护人的辩护意见不能成立,不予采纳。广西高院最终裁定驳回上诉,维持原判,并依法报请最高人民法院核准。

最高人民法院确认了苏某某杀害苏某的事实,但认为一审二审认定的苏某某故意杀害周某的事实不清、证据不足,不予认定。最高人民法院裁定核准广西壮族自治区高级人民法院维持第一审以故意杀人罪判处苏某某死刑,剥夺政治

[①] 参见《刑事审判参考》(总第86集),法律出版社2013年版,第762号案例(节选)。

权利终身的刑事裁定。

三、问题与评析

本案存在的两个焦点问题是(1)如何把握死刑案件"事实清楚,证据确实、充分"的定案标准？(2)本案被告人是否具有自首情节？

(一)一、二审认定苏某某杀害周某的证据,未达到法律规定的定案标准

根据《刑事诉讼法》第 195 条的规定,"案件事实清楚,证据确实、充分,依照法律认定被告人有罪的,应该作出有罪判决；证据不足,不能认定被告人有罪的,应当作出证据不足、指控的犯罪不能成立的无罪判决。"这是法律关于有罪判决证据标准的基本规定。《关于办理死刑案件审查判断证据若干问题的规定》第 5 条规定,"证据确实、充分"要同时满足 5 个条件：(1)定罪量刑的事实都有证据证明；(2)每一个定案的证据均已经法定程序查证属实；(3)证据与证据之间、证据与案件事实之间不存在矛盾或者矛盾得以合理排除；(4)共同犯罪案件中,被告人的地位、作用均已查清；(5)根据证据认定案件事实的过程符合逻辑和经验规则,由证据得出的结论为唯一结论。由上述规定可知,证据确实、充分,就是要做到排除合理怀疑,得出确定无疑的唯一结论。如果在案证据达不到这个标准,依法就不能定案。

关于苏某某故意杀死周某的事实,只有以下证据予以证实：(1)证人证实发现周某尸体并报案；(2)有两名证人证实当天傍晚曾碰到周某上山放牛；(3)有两名证人证实案发当天苏某某在村里,案发后才外出打工；(4)有六名证人证实苏某某与周某无纠纷；(5)现场勘查笔录证实发现尸体现场的情况；(6)尸体鉴定意见证实周某系被他人用双刃锐器捅刺致死,且当天穿白色内裤；(7)DNA 鉴定意见证实被害人系周某；(8)苏某某供认系其杀死周某。从这些证据不难发现,除苏某某的供述外,其他证据只能证明周某确实被人杀害,且其被害当天苏某某在村里,缺少有说服力的认定苏某某作案的证人证言和客观性证据(作案工具也未提取)。尽管苏某某的供述与在案其他证据都能印证,但案发时苏某某就在村子里,其所供述的作案情节不能排除系当地村民公知的,也不能排除系公安机关已经掌握的,即苏某某没有供出不为人所知的任何隐蔽的作案情节。根据司法经验推断,该起犯罪由苏某某所为的可能性极大,公安机关也正是基于周某被杀地点、手段、性质等方面与苏某被杀有不少类似之处而并案侦查的。然而死刑案件的证明标准是排除合理怀疑,在该起事实仅有苏某某本人的供述作为直接证据,且其供述未能得到其他证据补强的情况下,在案的证据尚不能形成完整证据链,得出是苏某某作案的唯一结论。据此,为慎重起见,最高人民法院裁定一、二审法院认定苏某某杀死周某的事实不清、证据不足,公诉机关指控的相关事实不能成立。

（二）苏某某不具有自首情节

在本案审理过程中，对苏某某主动供述两起未被司法机关掌握的犯罪事实，是否构成自首，存在不同意见。一种意见认为，苏某某在公安机关不掌握其杀人罪行的情况下，仅因形迹可疑被盘问教育后，主动交代了两起故意杀人罪，构成自首。公诉机关和苏某某的辩护人也均提出此种意见。另一种意见认为，公安机关虽然是以参与赌博为由传唤苏某某，但已经认为其有杀害苏某的作案嫌疑，苏某某属于供述司法机关已经掌握的罪行，不构成自首。

上述意见分歧的焦点在于苏某某是否属于"形迹可疑"型自首。判断行为人是否属于"形迹可疑"，关键要看司法机关能否依据现有证据特别是客观性证据在行为人与具体案件之间建立起直接、明确、紧密的联系。能建立起这种联系的，应当认定行为人为犯罪嫌疑人；不能建立这种联系，而主要是凭经验、直觉认定行为人有作案可能的，应当认定行为人属于"形迹可疑"。行为人在因"形迹可疑"受到盘问、教育时主动交代自己所犯罪行的，应当认定为自首。

从本案的侦破过程中分析，被告人苏某某不属于"形迹可疑"型自首。公安机关接到苏某被害的报案后，认为该案与数年前周某被害案有相似之处，遂并案侦查，并发布悬赏通告。很快，有两名村民称苏某被害时苏某某曾在作案现场附近。另有多名村民反映苏某某曾有调戏本屯妇女和参与六合彩赌博的行为。公安机关遂以赌博为由传唤其到案。次日，苏某某即交代了杀害苏某的事实，公安机关随后根据苏某某的供述在其家中提取了其作案时所穿的解放鞋及作案用的柴刀。经鉴定，从解放鞋上检出苏某的血迹。数日后，苏某某又供述了2002年杀害周某的事实。这种侦破过程表明，公安机关在传唤苏某某之前，已经根据村民反映的情况锁定苏某某有杀害苏某的犯罪嫌疑。这种锁定并不是基于单纯的经验和感觉，而是基于已经掌握的线索。苏某被害地点位于偏僻山村，被害时又是吃午饭时间，在这样的时空条件下作案现场人应当很少，而恰恰苏某某出现在案发地点附近；同时，公安机关调查得知，苏某某平时有调戏妇女的劣迹。有了这两条线索，公安机关完全可以在苏某某与苏某被害之间建立起直接、明确、紧密的联系，故苏某某不属于"形迹可疑"的情形。在此情况下，苏某某不具备构成自首的"自动投案"的条件，故不能认定为自首。最高人民法院复核后虽未认定苏某某杀害周某的事实，但鉴于苏某某杀害苏某的犯罪手段极其残忍，情节极其恶劣，罪行极其严重，且其曾因犯罪被判处过刑罚，仍不思悔改，又故意杀人，说明其主观恶性极深，人身危险性极大，故依法核准其死刑。

第三章 本编参考书目

1. 毕玉谦:《证据制度的核心基础理论》,北京大学出版社 2013 年版。
2. 蔡艺生:《情态证据研究》,群众出版社 2014 年版。
3. 曹坚:《侵财犯罪案件的证据收集、审查与认定》,中国检察出版社 2015 年版。
4. 陈惊天:《法官证据评判研究》,中国人民公安大学出版社 2012 年版。
5. 陈如超:《刑事法官的证据调查权研究》,中国人民公安大学出版社 2011 年版。
6. 陈瑞华:《刑事证据法的理论问题》,法律出版社 2015 年版。
7. 陈为钢、张少林:《刑事证明方法与技巧》(修订版),中国检察出版社 2012 年版。
8. 陈卫东:《反思与建构:刑事证据的中国问题研究》,中国人民大学出版社 2015 年版。
9. 陈学权:《DNA 证据研究》,中国政法大学出版社 2011 年版。
10. 戴莹:《刑事侦查电子取证研究》,中国政法大学出版社 2013 年版。
11. 杜春鹏:《电子证据取证和鉴定》,中国政法大学出版社 2014 年版。
12. 杜国栋:《论证据的完整性》,中国政法大学出版社 2012 年版。
13. 樊崇义、兰跃军、潘少华:《刑事证据制度发展与适用》,人民法院出版社 2012 年版。
14. 冯承远:《新刑事诉讼法证据制度解读与适用》,中国检察出版社 2012 年版。
15. 高咏:《非法证据排除程序研究》,中国法制出版社 2014 年版。
16. 高咏:《非法证据排除的证明问题研究》,中国财政经济出版社 2014 年版。
17. 葛玲:《论刑事证据排除》,中国人民公安大学出版社 2011 年版。
18. 何家弘:《短缺证据与模糊事实:证据学精要》,法律出版社 2012 年版。
19. 侯东亮:《刑事证据规则论》,法律出版社 2015 年版。
20. 胡帅:《刑事诉讼中的严格证明》,人民法院出版社 2012 年版。
21. 胡向阳:《科学证据与杀人案件侦破》,中国社会科学出版社 2013 年版。
22. 胡学军:《具体举证责任论》,法律出版社 2015 年版。
23. 胡忠惠、邓陕峡:《刑事瑕疵证据的实证研究与理论阐释》,中国人民公安大学出版社 2014 年版。

24. 胡祖平主编:《出庭质证方法与技巧》,浙江大学出版社 2015 年版。

25. 黄金华:《法庭证人询问中的推理研究》,知识产权出版社 2014 年版。

26. 黄维智:《心证形成过程实证研究:以刑事诉讼程序为主线》,中国检察出版社 2011 年版。

27. 姜丽娜:《证人证言研究中的心理科学》,中国社会科学出版社 2013 年版。

28. 焦鹏:《诉讼证明中的推定研究》,法律出版社 2012 年版。

29. 兰跃军:《刑事被害人作证制度研究》,中国人民公安大学出版社 2011 年版。

30. 李慧:《证据制度的探索与反思》,知识产权出版社 2011 年版。

31. 李明:《证据证明力研究》,中国人民公安大学出版社 2013 年版。

32. 李树真:《精细化司法证明中逻辑与经验基本问题研究》,中国社会科学出版社 2012 年版。

33. 李树真:《刑事证据审查判断精细化过程因素与进路》,中国人民公安大学出版社 2012 年版。

34. 李小恺:《证据法视野下的谎言》,中国法制出版社 2015 年版。

35. 李晓丽:《法院证据调查制度研究》,中国政法大学出版社 2014 年版。

36. 李学军、朱梦妮等:《物证鉴定意见的质证路径和方法研究》,中国人民大学出版社 2015 年版。

37. 栗峥:《司法证明的逻辑》,中国人民公安大学出版社 2012 年版。

38. 梁坤:《社会科学证据研究》,群众出版社 2014 年版。

39. 廖根为:《电子数据真实性司法鉴定研究》,法律出版社 2015 年版。

40. 林喜芬:《两个证据规定与证据排除规则》,中国人民公安大学出版社 2011 年版。

41. 刘广三等:《刑事证据定量分析》,北京师范大学出版社 2013 年版。

42. 刘红、纪宗宜、姚澜:《司法鉴定证据研究》,法律出版社 2012 年版。

43. 刘玉民、于海侠编著:《刑事证据规则适用》,中国民主法制出版社 2012 年版

44. 闵春雷等:《刑事诉讼证明基本范畴研究》,法律出版社 2011 版。

45. 宁松:《刑事举证责任研究》,中国检察出版社 2013 年版。

46. 邱爱民:《科学证据基础理论研究》,知识产权出版社 2013 年版。

47. 邱爱民:《实物证据鉴真制度研究》,知识产权出版社 2012 年版。

48. 屈新:《证据制度的经济学分析》,中国政法大学出版社 2015 年版。

49. 尚华:《论质证》,中国政法大学出版社 2013 年版。

50. 田力男、郑曦：《非法证据排除规则的理论与实践》，中国政法大学出版社 2015 年版。

51. 王超：《排除非法证据的乌托邦》，法律出版社 2014 年版。

52. 王舸：《案件事实推理论》，中国政法大学出版社 2013 年版。

53. 王冠卿：《法庭证据的理论与实践新探》，北京大学出版社 2014 年版。

54. 王敏远：《一个谬误、两句废话、三种学说：对案件事实及证据的哲学、历史学分析》，中国政法大学出版社 2013 年版。

55. 王圣扬：《诉讼证明责任与证明标准研究》，中国人民公安大学出版社 2012 年版。

56. 王颂勃：《刑事诉讼法庭质证规则研究》，中国人民公安大学出版社 2015 年版。

57. 王晓华：《我国刑事被告人质证权研究》，中国政法大学出版社 2014 年版。

58. 王学棉：《诉讼证明原理研究》，中国电力出版社 2013 年版。

59. 王志刚：《DNA 证据的应用与规制》，知识产权出版社 2015 年版。

60. 吴洪淇：《转型的逻辑：证据法的运行环境与内部结构》，中国政法大学出版社 2013 年版。

61. 谢安平、郭华：《刑事证据的争鸣与探索：新刑事诉讼法证据问题的展开》，法律出版社 2013 年版。

62. 薛潮平：《毁灭证据论》，中国法制出版社 2015 年版。

63. 闫召华：《口供中心主义研究》，法律出版社 2013 年版。

64. 颜飞：《书面证言使用规则研究：程序法视野下的证据问题》，中国法制出版社 2012 年版。

65. 杨金钟：《辩护如是：刑事辩护证据运用与法庭技巧》，法律出版社 2013 年版。

66. 杨宇冠等：《非法证据排除规则在中国的实施问题研究》，中国检察出版社 2015 年版。

67. 叶自强：《法庭审判中的科学证据》，中国社会科学出版社 2012 年版。

68. 叶自强：《举证责任》，法律出版社 2011 年版。

69. 张斌：《科学证据采信基本原理研究》，中国政法大学出版社 2012 年版。

70. 张步文：《司法证明原论》，商务印书馆 2014 年版。

71. 张琮军：《秦汉刑事证据制度研究》，中国政法大学出版社 2013 年版。

72. 张建伟：《证据的容颜 司法的场域》，法律出版社 2015 年版。

73. 张小海：《无罪推定权利论》，中国民主法制出版社 2015 年版。

74. 张亚东：《经验法则：自由心证的尺度》，北京大学出版社 2012 年版。

75. 张言民:《阐释与建构:非法证据排除规则》,中国言实出版社 2014 年版。

76. 张中:《实践证据法:法官运用证据经验规则实证研究》,中国政法大学出版社 2015 年版。

77. 赵信会、韩清主编:《检察机关证据调查制度理论与实务》,法律出版社 2013 年版。

78. 周荣编著:《证据法要论》,中国政法大学出版社 2012 年版。

79. 庄乾龙:《刑事电子邮件证据论》,社会科学文献出版社 2013 年版。

80. 祖伟:《中国古代证据制度及其理据研究》,法律出版社 2013 年版。

81. 左宁:《中国刑事非法证据排除规则研究》,中国政法大学出版社 2013 年版。

第六编　域外刑事诉讼程序

第一章　域外刑事诉讼法介绍

相关论文摘要

美国刑事诉讼案件过滤机制及其启示——以地方重罪案件为实证样本

王禄生

《现代法学》,2015年第4期

关键词: 案件过滤　公开参与　多元目标

摘要: 美国刑事诉讼案件过滤机制是一种公开参与的、在多元目标指导下所进行的独断型过滤机制。此种将部分刑事案件过滤在刑事诉讼外的职权行为,由美国独特的制度环境所决定与塑造。从结果上看,该机制的运作给美国刑事诉讼带来了正反两方面的影响:一方面,它有效降低了错误追诉,并显著提升了刑事司法的整体效率;另一方面,它也在一定程度上增加了"错放有罪"的风险,并降低了刑事司法在事实认定方面的精度。对美国刑事诉讼案件过滤机制的类型、成因和影响的系统研究有助于全面与客观地认识我国刑事诉讼案件过滤机制。

精神病被告人受审能力规则探析——基于美国刑事审判实践的思考

赖早兴

《法商研究》,2014年第5期

关键词: 受审能力规则　精神病辩护制度　正当程序

摘要: 被告人有受审能力是美国刑事审判中正当程序原则的要求。虽然受审能力规则与精神病辩护制度有密切的联系,但是两者不能互相包容。当被告人可能患有精神病时,控辩双方和法官均可对被告人的受审能力提出质疑。这种质疑一经提出,法院就应当进行听证。听证前应当由精神病专家或心理学专家对被告人的受审能力进行评估和作出精神病学报告。如果被告人无受审能力,那么法院应裁定将被告人关押于精神病机构接受治疗。美国刑事审判中关于精神病被告人受审能力规则的实践为我国在刑事诉讼法中构建相关的规则提供了有益的经验。

程序分流视角下的意大利刑事诉讼改革

元 轶

《比较法研究》,2011年第5期

关键词:诉讼改革 刑事司法改革 撤销案件

摘要:意大利近几十年来的刑事诉讼程序改革,最大的亮点就是构建了以正当法律程序为主、特别分流程序为辅的刑事司法体系。一方面,二战之后的意大利,人权保障运动日益高涨,加强犯罪嫌疑人、被告人的权利保障逐步成为其刑事司法改革的主流,一场刑事诉讼的正当程序革命势在必行;另一方面,以"程序拖沓、积案沉重"著称的意大利刑事诉讼迫切需要进行以诉权为主导的分流程序改革,通过合理分配司法资源,提高诉讼效率,以维持正当程序的有效运行,否则会成为其司法资源不能承受之重,最终使正当程序不再正当,因为"迟来的正义非正义"。

第二章 比较刑事诉讼法学

相关论文摘要

美国无效辩护制度及其启示

申飞飞

《环球法律评论》,2011 年第 5 期

关键词:无效辩护 死刑案件 委托辩护

摘要:无效辩护制度是有效辩护制度良好运行的必要保障。通过对美国无效辩护制度的考察,可以看到,无效辩护制度在一定程度上提高了刑事辩护的质量。我国辩护制度运行状况堪忧,委托辩护质量不高,指定辩护在司法实践中流于形式。就目前情况看,在所有案件中借鉴无效辩护制度的时机还不成熟,而率先在死刑案件的审判过程中将无效辩护制度适用于委托辩护与指定辩护,不仅可行,而且紧急。但是,因为司法传统以及刑事诉讼制度的差异,对于无效辩护的判断标准、证明责任、救济程序、律师责任的承担等,我国应采取不同于美国的思路。

德美证据排除规则之放射效力研究

刘 磊

《环球法律评论》,2011 年第 4 期

关键词:衍生证据 "毒树之果"规则 证据禁止

摘要:从美国法中的"毒树之果"规则的演进以及"沃伦法院"时期的宪法判例看,是否排除"毒果"要视"毒树"与"毒果"之间的因果关系而定。德国的证据禁止规则包括证据取得之禁止与证据使用之禁止,证据取得之禁止与证据使用之禁止都可以产生放射效力,其"假设的侦查"理论与美国的相关判例观点相似。我国引入"毒树之果"规则具有一定的可行性,可以从禁止刑讯逼供来寻找改革的突破点,赋予法院排除"毒果"的权力;同时,法院应当运用平衡理论来审查衍生证据与违法证据间的因果关系。

论美国排除合理怀疑的宗教逻辑

肖沛权

《比较法研究》,2013 年第 1 期

关键词:排除合理怀疑 宗教因素 合理考量

摘要：排除合理怀疑是美国刑事诉讼中认定被告人有罪所应遵循的证明标准，具有一定的宗教因素，主要表现在：排除合理怀疑的适用主体在宗教方面的经历不可避免地影响其对事实的评议；刑事诉讼法中带有宗教色彩的程序、制度对排除合理怀疑产生影响；排除合理怀疑中"怀疑"一词具有宗教性。美国法院允许事实裁定者在适用排除合理怀疑过程中合理地考虑宗教因素。我国2012年《刑事诉讼法》修改把排除合理怀疑写入了法典。对美国排除合理怀疑的宗教因素进行考察，有助于我们认识排除合理怀疑标准的实质，把握其内核，从而有助于我国吸收相关经验与教训，形成具有中国语境特色的实际操作细则。

美国口供规则中的自愿性原则

杨文革

《环球法律评论》，2013年第4期

关键词：口供 自愿性 米兰达警示

摘要：自愿性取代可靠性成为美国口供规则的指导原则，体现了对人性尊严和人类意志自由、程序的正当性以及政府守法等一系列现代价值的追求。米兰达规则的适用，更使被告在监禁下供述的自愿性获得了程序保障。尽管在自愿性的证明和判断上存在某些主观色彩和困难，自愿性原则仍然是贯穿美国口供规则的灵魂，是理解美国口供规则的钥匙。在完善我国口供规则过程中，应该围绕自愿性原则，借鉴美国的做法，在人权保障和惩罚犯罪之间保持适当平衡。为此，应当以确立自愿性原则为最终目标，废除"犯罪嫌疑人对侦查人员的提问，应当如实回答"的规定，以落实"不得强迫任何人证实自己有罪"的人权保障精神。在现有排除刑讯逼供手段获得口供的基础上，排除以威胁和疲劳审讯手段获取的口供；以欺骗和引诱手段获取的口供，只要真实，可不予排除。废除对有固定住处的犯罪嫌疑人在特殊情况下可以在指定居所执行监视居住的规定，避免在看守所之外出现变相的第二羁押场所。

检察官起诉裁量权的外部控制及其反思——以国际刑事诉讼为视角

蒋 娜

《现代法学》，2013年第1期

关键词：起诉裁量权 外部控制 内部控制

摘要：在国际刑事诉讼中，检察官起诉裁量权的外部控制不可或缺，而单纯的外部控制却凸显范围有限、效果不佳、成本高昂等局限与不足。与单纯的外部控制相比，内部控制具有主动性、自律性的特点，且这种内部监督和控制的限度还与国际刑事法治的状态相契合。在当前检察官的起诉裁量权广泛存在且业已渗入非缔约国司法领域的情况下，只有将基于内外因辩证关系原理指导下的双重控制有机结合起来，才能防范裁量权滥用，促进实现裁量正义，保证国际刑事诉讼中检察官裁量权的公正行使。

法国刑事预审制度的改革及其启示

洪　浩　罗　晖

《法商研究》，2014 年第 6 期

关键词：法国刑事预审制度　安全价值　自由价值

摘要：安全价值与自由价值的和谐统一是我国刑事诉讼制度改革和发展的基本价值追求。作为承载着司法审查以及案件过滤、分流和备审等功能并连接审前程序和审判程序的重要桥梁，刑事预审制度在整个刑事诉讼制度中居于重要地位。由于历史传统、法律文化及诉讼价值观等多方面因素的影响，我国的刑事预审制度与以法国为代表的大陆法系国家的刑事预审制度存在诸多共通之处。法国刑事预审制度的改革起因于法国社会各界对预审法官的存废之争，改革内容涉及预审权力的主体、预审的启动程序、预审程序的适用、预审的方式和内容、预审程序的案件移送制度、预审程序的终结和救济等方面，这些改革措施既提高了审查起诉的质量，又更好地保障了被追诉人的人权，对我国刑事预审制度的完善富有启示意义。

英国量刑证明标准模式及理论解析

彭海青

《环球法律评论》，2014 年第 5 期

关键词：量刑程序　证明标准　经验主义

摘要：从 20 世纪 70 年代至今，英国通过判例逐步建立了量刑证明标准的规范体系，可称之为"严格的倾斜标准模式"。英国量刑证明标准模式的运作机理可以从经验主义传统、无罪推定原则、功利主义思想等方面进行理论解释。英国量刑证明标准规范在其本国获得普遍认同，然而，鉴于制度移植的风险，从比较法角度透过表象深入洞察英国量刑证明标准模式的运行机理，对于创造性地建设中国量刑证明标准模式，比直接借鉴其证明标准的内容更加可靠。英国量刑程序运行方式至少给我们完善相关制度以思考路径方面的启迪：一是量刑证明标准确立与发展的理论指导——刑事审判的基本原理；二是量刑证明标准确立与发展的动力——司法实践需求；三是量刑证明标准确立与发展的方法——从个案到规则。

法国刑罚执行法官及其启示

张亚平

《比较法研究》，2015 年第 5 期

关键词：刑罚执行法官　刑罚执行司法化　自由刑变更执行

摘要：第二次世界大战以后，在多种因素作用下，法国开始设立刑罚执行法

官,后经多次立法并不断调整其法律地位和职权范围。2000年以后,刑罚执行法官不再是司法行政官员,而是真正的初级司法官。当前,刑罚执行法官是法国刑罚执行的核心角色,规划并监督监狱内剥夺自由刑的执行条件和执行方式,按照司法程序决定刑罚执行调整措施,并负责对开放环境下的刑罚执行进行跟踪监督。我国也应当设立刑罚执行法官,负责自由刑变更执行措施的审理及撤销,并对刑罚执行进行监督;设立刑罚执行法官还必须解决好制度衔接问题及现实问题。

比较法视野下我国不被强迫自证其罪之解释
陈学权
《比较法研究》,2013年第5期

关键词: 不被强迫自证其罪　沉默权　权利主体

摘要: 我国不被强迫自证其罪的权利主体包括证人,但不宜包括单位犯罪嫌疑人、被告人。我国《刑事诉讼法》规定的不被强迫自证其罪可以解释为已经确立了沉默权,其与"应当如实回答"之矛盾可以通过合理的解释消解。不被强迫自证其罪适用于非刑事诉讼程序在西方国家具有一定的普遍性,但在我国不太现实。

域外刑事证据能力契约制度之比较研究
宋志军
《法律科学》,2011年第2期

关键词: 刑事证据　证据能力契约　传闻法则

摘要: 刑事证据能力契约是控辩双方以合意的形式赋予证人庭前证言笔录以及某些非法取得的证据以证据能力的制度。作为传闻规则例外的合意笔录、合意书证以及作为非法证据排除规则例外的"污点消除"是刑事证据能力契约的主要形态。某些国家或地区通过立法对刑事证据能力契约的成立和生效的实质要件、程序要件以及无效与撤回的条件及其后果等方面进行规制。刑事证据能力契约的法律性质、法律效果以及理论基础等问题,在理论上一直存在较大争议。

中美刑事诉讼中口供排除规则之比较
杨文革
《比较法研究》,2012年第3期

关键词: 排除规则　米兰达　非法证据

摘要: 美国刑事诉讼法以其排除规则闻名于世,尤其与排除非法口供紧密相关的米兰达警告"不但在美国家喻户晓,而且透过警匪片,米兰达警告成为风行全球的美国通俗文化的一部分",对许多国家的刑事司法产生了一定影响。自改革开放以来,中国的法治建设取得了举世瞩目的成就,并继续向纵深发展。2010

年出台的《关于办理刑事案件排除非法证据若干问题的规定》,标志着中国非法口供排除规则的真正起步。但该规则仍然较为简略,许多问题有待进一步研究。因此,借鉴美国的非法口供排除规则,汲取其经验,镜鉴其教训,对完善我国的非法口供排除规则,具有重要参考价值。

中国式沉默权制度之我见——以"美国式"为参照

何家弘

《政法论坛》,2013 年第 1 期

关键词: 默示沉默权　明示沉默权

摘要: 美国人的沉默权不是米兰达规则赋予的,而是宪法第五修正案赋予的,米兰达规则的基本功能是保障犯罪嫌疑人和被告人的沉默权,并把宪法赋予的默示的沉默权制度转化为明示的沉默权制度。中国新近修订的《刑事诉讼法》第 50 条中增加"不得强迫任何人证实自己有罪"的规定,表明中国已经建立了默示的沉默权制度,而当下的任务就是要使这项制度名副其实。

美、德监听令状外获得材料作为证据使用的考察——兼议我国《刑事诉讼法》第 152 条与第 150 条第 3 款

郭　华

《环球法律评论》,2013 年第 4 期

关键词: 监听　司法令状　关联性

摘要: 美国与德国从宪法或者基本法保障人权的立场出发,不仅对监听实行司法令状制度,而且对监听令状外获得的材料作为证据使用在立法上也作了严格限制。尽管立法与司法实践对监听措施保持审慎的态度,其例外在美国法院判例上仅限于"一览无余"原则和德国法院仅存"关联性"衡量标准,但因涉及公民的宪法性权利,在理论和立法上仍颇有争议,从中折射出公民隐私权保障与监听技术有效性在侦查上的紧张关系。我国修改后的《刑事诉讼法》将技术侦查作为侦查措施仅采用了行政性内部审批制度,这种内控模式还需要从美、德监听令状外获得材料作为证据使用的观点分歧与立法争议中获得启示,继而建立起相应的限制使用规则并对其规定作出合理解释,以免实施之时成为滥用之日。

监听侦查的法治实践:美国经验与中国路径

曾　赟

《法学研究》,2015 年第 3 期

关键词: 监听侦查　隐私权　程序性正当程序

摘要: 20 世纪 50 年代,我国侦查机关就开始采用耳目监听等秘密方式收集违法犯罪证据。20 世纪 90 年代至 21 世纪初,国家安全机关、公安机关、检察机关的监听侦查行为相继得到合法化。在这一合法化过程中,我国监听侦查法治

实践主要从构建"附需要理由的严格批准程序"和满足"侦查犯罪的需要"的实体性程序这两个方面展开,公民宪法上的隐私权在这一过程中并未得到体现。为保护公民宪法上的隐私权免受监听侦查权的任意侵害,我国监听侦查法治实践应沿着程序性正当程序与实体性正当程序的构建渐次推进。首先,发挥宪法上隐私权对监听侦查的防御功能;其次,通过不同层级法院许可令的构建,创设程序性正当程序的控权机制;再次,通过廓清犯罪调查的一般需要与超越法律执行一般需要的特别需要之间的界线,建立隐私期待的适当性和"特别需要"原则这两个实体性正当程序审查标准。

美国非法证据排除规则的实践及对我国的启示

熊秋红

《政法论坛》,2015 年第 3 期

关键词: 非法证据排除规则　刑事司法体制　排除程序

摘要: 2014 年 9 月,由 3 名刑诉法学者和 4 名辩护律师组成的中国代表团赴美国就非法证据排除规则的实践运作进行了专题考察。考察所获信息包括宪法和判例所起的作用、法官的独立性、预防和减少警察违法取证的措施、辩护律师启动非法证据排除程序的动力与方式、法律援助制度的地位、检察官的监督和过滤作用、非法证据排除的类型和重点以及科技发展所带来的挑战等诸多方面。美国的实践经验带给我们的有益启示主要包括:重视宪法规范的引领作用;实现警察、检察官、法官、律师之间的良性互动;明确合法证据与非法证据的界限;充分认识法官行使自由裁量权的重要性;构建完善的非法证据排除程序;健全非法证据排除的证明机制;以发展的眼光看待非法证据排除规则;正确看待非法证据排除率及对诉讼结果的影响。

排除合理怀疑及其中国适用

肖沛权

《政法论坛》,2015 年第 6 期

关键词: 排除合理怀疑　证明标准　确定性

摘要: 排除合理怀疑作为有罪判决的证明标准,起源、发展于英、美,且为其他国家和国际公约所吸收和确认。排除合理怀疑的含义在西方国家存在争议,是否适用于死刑案件更面临质疑与挑战。排除合理怀疑为我国 2012 年修改的刑事诉讼法典所确立,具有突破性意义,但这只是对原有证明标准的补充完善;其统一适用于所有刑事案件;我国对排除合理怀疑的理解不能简单套用西方国家的主流解释,而应努力实现认定案件事实符合客观真相的要求,对案件的主要事实的证明达到确定性的程度。为保障排除合理怀疑的有效运用,还应当坚持以审判为中心,探索贯彻直接言词原则。

我国刑事案件速裁程序研究——与美、德刑事案件快速审理程序之比较

李本森

《环球法律评论》,2015 年第 2 期

关键词:刑事案件速裁程序　试验性立法　诉讼效率

摘要:第十二届全国人大常委会通过了《关于授权最高人民法院、最高人民检察院在部分地区开展刑事案件速裁程序的试点工作的决定》,该决定所启动的刑事案件速裁程序的试点和未来的可能立法,既要立足我国本土刑事案件速裁程序试点的实践,也应当吸收刑事案件快速审理程序的国际经验。美国的辩诉交易和德国的简易程序等快速审理程序在适用案件的范围、被告人的权利保护和审理方式等方面,显示出与我国刑事案件速裁程序显著不同的风格。从比较法的意义上,将中国、美国和德国的刑事案件快速审理程序进行横向比较,不仅有利于深入剖析我国刑事案件速裁程序的试点规范,而且可为未来速裁程序的科学立法提供借鉴。

中美刑事强制医疗制度相关问题比较研究

张吉喜

《环球法律评论》,2014 年第 5 期

关键词:强制医疗　证明标准　精神障碍

摘要:美国刑事强制医疗制度及其实践不仅对完善我国刑事强制医疗制度提供了具有参考价值的思路,还触及我国刑事强制医疗制度的盲点。美国的附条件释放式治疗方式对涉案精神病人是否具有"继续危害社会可能"的证明责任和证明标准的规定,在一定程度上解决了这项证据标准的认定难题。在我国,因为检察院向法院提出的强制医疗申请不是刑事指控,因此,不涉及精神病人的出庭权问题,也不能以上诉、抗诉的方式处理对强制医疗的异议,但是具有受审能力的涉案精神病人出庭更利于案件事实的查明,以裁定的方式处理强制医疗问题并赋予相关主体以上诉权、抗诉权也更符合诉讼原理。我国应当改革刑事强制医疗解除程序中证明责任主体的规定,由人民检察院证明被强制医疗者具有继续危害社会可能性。

特别刑事没收证明规则比较研究

黄　风

《比较法研究》,2014 年第 3 期

关键词:特别刑事没收　刑事追缴　犯罪所得

摘要:在特别刑事没收程序中,被指控的犯罪事实以及没收程序所针对的财产是两个客观存在,检控机关的责任在于证明这两个客观存在之间有着因果关系,或者证明有关财产属于应予追缴的犯罪所得或犯罪工具。特别刑事没收程

序不应当以调查被告人是否有罪或者是否应当承担刑事责任为中心。针对有关财产提出权利主张的第三人应当重点证明自己不知晓或者根据具体情形不可能知晓有关财产来源于违法犯罪活动,并且在接受有关财产的转让时支付了合理对价。法官在审理没收申请时应当像在民事审判中一样享有较充分的裁量权,有权根据"或然性权衡"证据标准,仅为了资产追缴的目的,就犯罪事实是否成立、被告人是否从犯罪中获利等实体问题作出裁断。

第三章　本编参考书目

1. 〔美〕阿尔伯特·J.马赛拉、弗雷德里克·吉罗索:《网络取证:从数据到电子证据》,高洪涛等译,中国人民公安大学出版社2015年版。
2. 〔德〕阿克赛尔·文德勒、赫尔穆特·霍夫曼:《审判中询问的技巧与策略》,丁强、高莉译,中国政法大学出版社2012年版。
3. 〔澳〕安德鲁·帕尔玛:《证明:如何进行庭前证据分析》,林诗蕴、都敏、张雪燃译;王剑虹校,中国检察出版社2015年版。
4. 〔美〕安东尼·雷耶斯等:《网络犯罪侦查:在安全专家、执法人员和检察官之间架起沟通的桥梁》,李娜等译,中国人民公安大学出版社2015年版。
5. 〔以〕巴拉克:《民主国家的法官》,毕洪海译,法律出版社2011年版。
6. 〔美〕柏纳德·罗伯逊、G.A.维尼奥:《证据解释:庭审过程中科学证据的评价》,王元凤译,中国政法大学出版社2015年版。
7. 〔加〕道格拉斯·沃尔顿:《品性证据:一种设证法理论》,张中译,中国人民大学出版社2012年版。
8. 〔美〕佛瑞德·E.英鲍、约翰·E.莱德、约瑟夫·P.巴克利、布莱恩·C.杰恩:《刑事审讯与供述(第5版)》,刘涛等译,中国人民公安大学出版社2015年版。
9. 郭华主编:《涉外刑事诉讼与司法协助程序》,中国人民公安大学出版社2011年版。
10. 黄风:《中华人民共和国国际刑事司法协助法立法建议稿及论证》,北京大学出版社2012年版。
11. 荆长岭、易志华、吴兴民:《全球化时代的国际刑事警务合作》,中国人民公安大学出版社2014年版。
12. 〔美〕拉里·劳丹:《错案的哲学:刑事诉讼认识论》,李昌盛译,北京大学出版社2015年版。
13. 〔美〕劳伦斯·鲍姆:《法官的裁判之道:以社会心理学视角探析》,李国庆译,北京大学出版社2014年版。
14. 〔法〕勒内·弗洛里奥:《错案》,赵淑美、张洪竹译,法律出版社2013年版。
15. 〔美〕雷蒙德·默里:《源自地球的证据:法庭地质学与犯罪侦查》,王元凤、金振奎译,中国人民大学出版社2013年版。

16. 李哲:《澳门刑事诉讼法总论》,社会科学文献出版社 2015 年版。

17. 〔美〕理查德·A. 利奥:《警察审讯与美国刑事司法》,刘方权、朱奎彬译,中国政法大学出版社 2012 年版。

18. 刘玫、卢莹:《香港与内地刑事诉讼制度比较研究》,中国人民公安大学出版社 2015 年版。

19. 〔美〕罗杰·帕克、迈克尔·萨克斯:《证据法学反思:跨学科视角的转型》,吴洪淇译,中国政法大学出版社 2015 年版。

20. 〔美〕罗纳德·J. 艾伦:《艾伦教授论证据法·上》,张保生等译,中国人民大学出版社 2014 年版。

21. 〔美〕罗纳德·J. 艾伦:《理性 认知 证据》,栗峥、王佳译,法律出版社 2013 年版。

22. 马跃:《美国证据法》,中国政法大学出版社 2012 年版。

23. 〔美〕米尔伊安·R. 达玛什卡:《司法和国家权力的多种面孔:比较视野中的法律程序》,郑戈译,中国政法大学出版社 2015 年版。

24. 〔美〕尼古拉·雷舍尔:《推定和临时性认知实践》,王进喜译,中国法制出版社 2013 年版。

25. 邱庭彪:《澳门刑事诉讼法分论》(修订版),社会科学文献出版社 2014 年版。

26. 〔英〕萨达卡特·卡德里:《审判为什么不公正》,杨雄译,新星出版社 2014 年版。

27. 〔美〕特伦斯·安德森、戴维·舒姆,〔英〕威廉·特文宁:《证据分析》,张保生等译,中国人民大学出版社 2012 年版。

28. 〔挪威〕托马斯·马蒂森:《受审判的监狱》,胡菀茹译,北京大学出版社 2014 年版。

29. 王兆鹏:《美国刑事诉讼法》(第二版),北京大学出版社 2014 年版。

30. 〔英〕威廉·特文宁:《反思证据:开拓性论著》(第二版),吴洪淇译,中国人民大学出版社 2015 年版。

31. 〔英〕威廉·特文宁:《证据理论:边沁与威格摩尔》,吴洪淇、杜国栋译,中国人民大学出版社 2015 年版。

32. 〔英〕休·斯玛特、约翰·沃特森:《2014 布莱克斯通之警察问答:证据及程序》(第 12 版),李玉华、田力男等译,中国人民公安大学出版社 2015 年版。

33. 元轶:《澳门刑事法学论》,知识产权出版社 2015 年版。

34. 〔美〕约翰·马丁格:《私密线人:最有价值的执法工具》,张辉、卢鹏、邹晶等译,新华出版社 2012 年版。

35. 〔美〕詹姆斯·E. 吉拉德:《刑事技术学:法庭科学、犯罪与恐怖主义》,中国人民公安大学出版社 2015 年版。

36. 〔美〕詹姆斯·W. 奥斯特伯格、理查德·H. 华特:《侦查:重建过去的方法》(第 7 版),刘为军译,中国人民公安大学出版社 2015 年版。

37. 宗玉琨译注:《德国刑事诉讼法典》,知识产权出版社 2013 年版。

38. 〔日〕佐藤博史:《刑事辩护的技术与伦理:刑事辩护的心境、技巧和体魄》,于秀峰、张凌译,法律出版社 2012 年版。

附录

附录一 中国法学会诉讼法学研究会年会综述(2011—2015年)

中国刑事诉讼法学研究会2011年年会综述

2011年10月28日至30日,中国刑事诉讼法学研究会第一次会员代表大会暨2011年年会在成都市金牛宾馆召开。来自全国各地法学教育、研究机构及司法实务部门的260多名代表参加了会议。此次会议由刑事诉讼法学研究会和四川省高级人民法院联合主办。出席本次会议的领导有最高人民法院副院长黄尔梅,最高人民检察院副检察长孙谦,最高人民检察院检委会专职委员童建明,四川省委常委、纪委书记、政法委书记王怀臣,中国法学会副会长周成奎,中国刑事诉讼法学研究会会长卞建林教授以及各位副会长。最高人民法院副院长黄尔梅、最高人民检察院副检察长孙谦以及公安部法制局局长孙茂利分别围绕修改完善《刑事诉讼法》作了专题报告。此次会议历时两天半,除选举产生了中国刑事诉讼法学研究会第一届理事会、常务理事会、会长、副会长、秘书长外,主要围绕会前刚公布的《修正案(草案)》中的重点问题进行了广泛、热烈而深入的探讨,现将讨论的重点问题及主要观点综述如下。

一、关于《修正案(草案)》的总体评价

与会代表普遍认为,《修正案(草案)》对刑事诉讼程序的修改设计和职权配置总体上是科学、合理的。此次修改秉持中国特色社会主义法治理念,坚持实事求是,从我国国情出发,认真总结司法实践经验,循序渐进地推进我国刑事诉讼制度的修改和完善;坚持分工负责、互相配合、互相制约的原则,完善刑事诉讼中各司法机关的权力配置,更好地适应诉讼活动的需要;坚持贯彻宽严相济的刑事政策,惩罚犯罪与保障人权并重,既注意及时、准确地惩罚犯罪,维护公民、社会和国家利益,又注意对刑事诉讼参与人包括犯罪嫌疑人、被告人合法权利的保护。应当说总体上是值得肯定的。但同时也指出《修正案(草案)》中还存在一些不足,有些问题尚待进一步完善,希望向全国人大法工委提供参考意见。

二、关于宏观问题的意见与建议

（一）关于立法目的与指导思想

代表们认为,立法的目的与指导思想对于法律的整体品质和样貌具有至关重要的影响,在《刑事诉讼法》中如何处理犯罪控制与保障人权的关系是其中的核心问题。《刑事诉讼法》的修改应力求犯罪控制与人权保障的动态平衡与理性协调。我国现行刑诉法在控制犯罪与保障人权关系的处理上还存在不足。有的代表认为,一个国家人权保障的程度和犯罪控制应在整体上平衡,而不是在每个具体规定上都力图体现;有些规定是犯罪控制的需要,如技术侦查、秘密侦查;有些制度是为了保障人权,如非法证据排除规则。而律师辩护制度是司法公正的底线,不应看作是与犯罪控制平衡的制度。基于我国立法更倾向于犯罪控制,忽视人权保障的状况,有代表认为,应通过程序的诉讼化等途径,强化刑事诉讼中的人权保障。

建议:将"惩罚犯罪、保护人民"修改为"惩罚犯罪,保障人权"。

理由:第一,我国2004年修改后的《宪法》第33条第3款规定:"国家尊重和保障人权"。《刑事诉讼法》作为"小宪法"应当对此有所体现。此外,"人民"不是一个法律概念,而是一个政治概念。第二,有利于增强国际人权对话交流的主动性。在人权领域,国际上总有那么一股势力对我国进行批评甚至攻击。在有的问题上对我们造成一定不利。同时,近年来我国在人权保护上的一些重要举措受到国际上的积极评价。如我国颁布的《人权行动计划》和《中国人权状况白皮书》。巴基斯坦著名学者、伊斯兰堡政策研究所所长哈立德·拉赫曼先生说:"到底谁的人权状况好,我们不妨做一番比较。2009年,中国政府颁布了《国家人权行动计划》,这是中国政府制定的第一个以人权为主的国家规划。2010年9月,中国又颁布了《中国人权状况白皮书》,总结了一年来中国人权状况的进步。……中国的这个行动计划不仅是对国际社会的一个交代,也是对中国人民的一个承诺。"可见,修改《刑事诉讼法》如果将"保障人权"写进去,势必会增强我们在国际人权对话与斗争中的砝码。第三,也是顺应民意的需要。新中国已经成立60多年,经历了种种曲折与磨难,人们的人权意识已经明显增强。这一点从近年来公众对"佘祥林案""徐梗荣案""赵作海案""躲猫猫案"等(事)件的态度就能够明显感受到。

（二）关于刑事诉讼法的基本原则

目前学界在有关《刑事诉讼法》修改意见中对确立不得强迫自证其罪原则基本达成一致,在专家们提出的刑诉法修改建议稿中,都提出了这一原则或与之相关的制度。《修正案(草案)》第49条规定:"严禁刑讯逼供和以其他非法方法收集证据,不得强迫任何人证实自己有罪。"这意味着不得强迫自证其罪原则已被立法机关认可并拟写入《刑事诉讼法》。然而仅仅一个原则性的确定,并不理所当然地意味着不得强迫自证其罪原则的实施到位,草案并没有解决与强迫自证其罪相关的一系列问题。比如草案并没有删除《刑事诉讼法》第 93 条规定的"应当如实回答"的义务,随之而来的必然导致犯罪嫌疑人、被告人的不得强迫自证其罪权利和应当如实回答义务的冲突。此外,将"不得强迫任何人证实自己有罪"规定在第 49 条中,淹没在证据制度而不是规定在总则中,实际上限制了不得强迫自证其罪原则的适用范围。如果规定为刑事诉讼的基本原则,那么自然应当适用于刑事诉讼全过程。在文字上建议将其表述为:"不被强迫作不利于他自己的证言或强迫承认有罪。"

有的代表认为,在《修正案(草案)》明确规定控方应当承担证明被告人有罪的举证责任及确立不得自证其罪的原则后,我国实际上已确立无罪推定原则,既然如此,我们为何不能在草案中明确将其规定为我国《刑事诉讼法》的一项基本原则?该原则是联合国《公民权利与政治权利国际公约》确认的国际上通行的现代刑事诉讼的基本原则,我国早在 1998 年 10 月就已签署该《公约》,党和国家领导人多次公开表示,我国正在加紧研究并积极创造条件,一旦时机成熟就将提请国家立法机关审议并批准该《公约》。因此,我们应该使该项原则在我国《刑事诉讼法》中实至名归。

(三) 关于"司法机关"的界定

有代表认为《修正案(草案)》第 33 条最后一款规定:"辩护人接受犯罪嫌疑人、被告人委托后,应当及时告知办理案件的司法机关"。"修正草案"第 11 条、第 23 条、第 45 条也有"司法机关"一词。这样使用"司法机关"一词是有问题的,即"司法机关"包括哪些机关,界定不明确。

《宪法》确立的人民代表大会制度是国家政体的根本组织形式。《宪法》第 3 条第 3 款规定:"国家行政机关、审判机关、检察机关都由人民代表大会产生,对它负责,受它监督"。《宪法》在第三章"国家机构"第七节"人民法院和人民检察院"中第 135 条规定:"人民法院、人民检察院和公安机关办理刑事案件,应当分工负责,互相配合,互相制约,以保证准确有效地执行法律"。《宪法》文本中通篇没有出现"司法机关"的表述。因此,《修正案(草案)》中"司法机关"的表述没有《宪法》根据。

此外,《人民法院组织法》《人民检察院组织法》等关于国家机构的基本法律中,均没有对"司法机关"作出界定性的规定,甚至没有"司法机关"一词。《刑法》第 396 条规定了"私分罚没财物罪",其中第 2 款规定"司法机关、行政执法机关"也可以成为该罪的犯罪主体,中国法制出版社 2011 年 3 月出版的《中华人民共和国刑法解读》,对该处的"司法机关"解释为:是指人民法院、人民检察院、公安机关。《预防未成年人犯罪法》中的"司法机关"有的是指人民法院、人民检察院

(第 3 条),也有的是指公、检、法三机关(第 44 条)。可见,"司法机关"一词缺乏国家基本法的明确界定。《刑事诉讼法》是刑事程序法,本身不具有确立国家机构名称的效力,其使用国家机构名称时,应当严格按照《宪法》和关于国家机构的基本法的规定进行表述,《修正案(草案)》不应当用《宪法》和关于国家机构的基本法律没有规定的执法主体。

基于以上理由,建议将"司法机关"直接表述为"公安机关、人民检察院和人民法院"。

(四)关于立法技术与方法问题

有代表建议新刑诉法在立法体例上应当仿照德法等国采用的增删法,这样在个案当中援引法条就会比较便利。另外,有的代表指出,草案条文当中很多用语不够严谨,如"等""重大""严格""必要""可能"等词语的使用,建议进行梳理,重新斟酌,尽量具体明确,以免使权力滥用者有机可乘。

三、关于具体问题的意见和建议

(一)证据制度

1. 建议增加规定"证据裁判原则"

鉴于证据裁判原则在证据法领域的基础地位,而且 2010 年最高人民法院、最高人民检察院等中央机关联合颁布的《关于办理死刑案件审查判断证据若干问题的规定》第 2 条规定:"认定案件事实,必须以证据为根据。"与会学者认为,《修正案(草案)》应当增加证据裁判原则的规定。

2. 关于证据种类的修改

《修正案(草案)》第 47 条对证据的定义和种类作了一定的修改,与会学者总体上对该条的修改表示肯定,但也提出了如下意见:第一,鉴于物证与书证在收集、审查判断上存在本质的区别,而且我国民事、行政诉讼法均是将两者分开规定,建议《修正案(草案)》也采取将两者分开规定的方式。第二,《修正案(草案)》将"鉴定结论"改为"鉴定意见",多数学者表示赞同,但也有学者提出,"鉴定意见"中"意见"一词主观性太强,建议将其修改为"鉴定报告"。第三,鉴于《修正案(草案)》中的"犯罪嫌疑人、被告人供述和辩解"中的"辩解"带有贬义的价值取向,而且容易产生歧义,建议将其修改为"犯罪嫌疑人、被告人陈述"。第四,鉴于其他证据种类均是以证据的表现形式或载体作为命名的依据,而"视听资料"却是以人们的感受方式命名,因此建议将《修正案(草案)》中的"视听资料、电子数据"修改为"音像资料、电子数据"。

3. 关于证明标准的修改

《修正案(草案)》仍然坚持将"案件事实清楚,证据确实、充分"作为我国刑事诉讼的证明标准,并且用"排除合理怀疑"解释"证据确实充分"。对此,与会学者普遍认为,"案件事实清楚,证据确实、充分"是要求"排他性""唯一性"的客观标准,而来源于西方国家的"排除合理怀疑"是一种否定"排他性""唯一性"的主观标准,两者难以相容。如此规定,可能会导致理论上的困惑和实践上的混乱。不过,对于如何解决此矛盾,有的学者认为证明标准是主观范畴,建议删除"证据确实、充分"的表述;但也有学者指出,客观真实的证明标准应当坚持,因而建议《修正案(草案)》维持现行《刑事诉讼法》规定的证明标准不变,删除"排除合理怀疑"的规定。

4. 关于证明责任的修改

《修正案(草案)》第 48 条规定:"公诉案件中被告人有罪的举证责任由公诉机关承担,自诉案件中被告人有罪的举证责任由自诉人承担。但是,法律另有规定的除外。"对此规定,与会学者认为,这是本次修订《刑事诉讼法》的又一重大成果,填补了我国《刑事诉讼法》对证明责任长期无规定的空白。对于该条款如何进一步完善,有专家建议:一是将"举证责任"一词修改为"证明责任",因为"证明责任"的含义更为广泛,而且更能体现证明责任之本质。二是将本条中的"但书"修改为"被告人不承担证明自己无罪的责任,但是,法律另有规定的除外",理由是被告人永远没有义务证明自己有罪,不应有例外规定;强化被告人不承担证明自己无罪的责任,有助于更好地体现无罪推定原则的精神。三是建议将"但书"明确化,以便更好地体现程序法的操作性。

5. 关于非法证据排除规则的完善

《修正案(草案)》对非法证据排除规则的规定,被与会专家视为是《刑事诉讼法》再修改的又一重大亮点。为了保证该条款在实践中能有效实施,与会学者提出了如下建议:一是建议参照联合国《反酷刑公约》的规定,对何谓"刑讯逼供"作出明确的解释,以增强此规则的可操作性。二是鉴于《修正案(草案)》中规定的"严重影响司法公正"之判断标准模糊不清,同时考虑到保障人权是非法证据排除规则建立的正当性基础,建议将草案中非法实物证据排除修改为:"以非法侵入住宅的方法进行的搜查、扣押行为所获取的物证、书证等实物证据以及未经合法授权而进行的监听、采样、电讯截留等行为所获取的证据,应当予以排除。"三是对《修正案(草案)》删除"威胁、引诱和欺骗",增加"以其他非法方法"的表述之做法,与会学者意见不一。多数学者认为,有些威胁、引诱、欺骗是明显不当的,《修正案(草案)》对此采取回避矛盾的方式,将其删除不能从根本上解决问题,建议对此进一步慎重研究。

6. 关于证人制度的修改

《修正案(草案)》对证人制度的完善有若干重大突破,但也存在一些不足。与会专家建议:一是进一步明确犯罪嫌疑人、被告人近亲属作证豁免权。《修正案(草案)》第 187 条在规定强制证人出庭作证的同时规定"被告人的配偶、父母、子女除外"。这是一个符合人性,符合家庭伦理,有利于家庭和社会稳定的好规定。但是,此条规定只限于审判阶段,并不适用于侦查和审查起诉阶段,这就使该规定的意义大打折扣,因此建议将《修正案(草案)》第59条修改为"凡是知道案件情况的人,都有作证的义务。但是,犯罪嫌疑人、被告人的配偶、父母、子女除外。生理上、精神上有缺陷或者年幼、不能辨别是非、不能正确表达的人,不能作证人。"二是明确规定应当出庭而没有出庭的证人的证言笔录的证据效力问题。《修正案(草案)》在保证证人出庭问题上加大了力度,但是对于应当出庭而没有出庭的证人的证言笔录的证据效力这一关键问题没有明确,与会专家建议在《修正案(草案)》第187条中增加规定:"经人民法院通知,证人拒不出庭作证或者鉴定人拒不出庭发表鉴定意见的,该证人的书面证言或者该鉴定人的书面鉴定意见,不得作为定案的根据。"

(二)辩护制度

1. 关于伪证罪的追究及程序

与会学者对近年来有关机关滥用追诉伪证罪之职权打击、报复辩护律师、证人的做法非常担忧。为此,有学者建议,删除《修正案(草案)》第42条的规定。不过,有的学者认为,实践中既不能排除确有个别律师利用执业便利涉嫌伪证的情况,也确有办案机关滥用公权力打击、报复辩护律师的现象。因此,应当将该条改造为对涉嫌伪证的辩护人立案查处及防止办案机关滥用职权打击、报复律师的程序性规定:"辩护人在执业活动中涉嫌伪证罪的,应当在本案定案后,由法院移送没有参与办理本案的有关公安、司法机关立案查处"。理由是伪证案是案中案,前案无定论,何以认定后案作伪证? 在查处程序上,应由法院向办理本案以外的有关公安机关移送,而不应由办理本案的公安机关或检察机关直接立案查处。因为在本案中公安、检察机关同属控方,与案件本身、与辩方及其他诉讼参与人形成了对立甚至利害关系,由其立案查处本案有关人员涉嫌伪证罪,无论针对谁,无论怎样做,都会有司法不公之嫌。

2. 增加律师会见时"公安、司法机关也不得派人在场"的规定

《修正案(草案)》第37条吸收了《律师法》的规定:"辩护律师会见犯罪嫌疑人、被告人时不被监听"。对此,与会学者普遍表示赞赏,但鉴于新《律师法》出台后有关部门将"监听"解释为"利用电子设备窃听谈话内容",从而使秘密、自由会见难以实现,与会学者建议,在"辩护律师会见犯罪嫌疑人、被告人时不被监听"后增加一句:"公安、司法机关也不得派人在场"。

3. 应当删除律师会见"重大贿赂案件"犯罪嫌疑人须经许可的规定

《修正案(草案)》第37条第4款规定:"危害国家安全犯罪案件、恐怖活动犯罪案件、重大贿赂犯罪的共同犯罪案件,在侦查期间辩护律师会见犯罪嫌疑人的,应当经侦查机关许可。对于上述案件,侦查机关应当事先通知看守所。"对此

规定,与会学者认为,将"重大贿赂犯罪的共同犯罪案件"纳入律师会见犯罪嫌疑人须经许可的范围,明显不当。理由是:其一,贿赂犯罪再重大,也不会危害国家安全和公共安全。其二,"重大贿赂犯罪"含义模糊,我国各级检察机关查办贿赂案件各有权限,在每一级检察机关看来,其所办案件件件都可属"重大"案件。如此一来,该规定势必会被滥用。其三,我国司法实践中,重大贿赂案件通常都先由纪检监察部门查办后才移送检察机关,此时已取得相当证据,犯罪嫌疑人大多也已认罪。此时,不让其与律师会见,实无太大必要。因此,建议删除此款中的"重大贿赂犯罪"一词。

4. 建议在"辩护与代理"部分增加侵犯辩护权利的救济措施

《修正案(草案)》在完善辩护制度、保障律师执业权利方面作了很大的努力。但是,无救济就无权利。为此,与会专家建议,将《修正案(草案)》第114条有关侵犯辩护权利的救济条款移至"辩护与代理"专章,作为该章的最后一个条文,以强化对辩护权利的保障。

(三)关于强制措施

1. 关于拘传时间

现行《刑事诉讼法》规定的拘传时间最长为12小时,《修正案(草案)》规定,案情重大、复杂,需要采取拘留、逮捕措施的,拘传的时间不得超过24小时。对此,有学者认为,允许将拘传的时间延长至24小时,在立法上是明显的倒退,这无异于向国际社会公开承认中国可以夜间讯问;而且讯问的时间可持续24小时,这实际上是变相的酷刑。还有学者指出,延长拘传时间,还是建立在"侦查破案靠口供"的传统之上。不过,有实务部门的专家认为,将拘传最长时间延长至24小时在现实中有一定的合理性,因为有时拘传12小时后,如果需要变更为拘留或逮捕,需要一个变更审批的过程。因此,可以考虑将此条款进一步修改完善为:拘传的时间一般为12小时;但如果需要变更为拘留或逮捕的,最长不得超过24小时。当然,也有部分实务部门的代表建议在拘传的时间上维持现行《刑事诉讼法》规定的12小时。

2. 关于监视居住

对于草案中监视居住的规定,有学者指出,实践中公安机关的办案任务较重,无法投入较多的人力物力执行监视居住,可能使以监视居住这种非羁押措施来解决羁押率高的目标难以实现。该学者认为,有必要借鉴西方国家的保释公司模式,让社会力量来参与强制措施的适用,以减轻公安机关的压力。但是,也有学者提出反对意见认为,在我国将公权力让渡给私人是很困难的,即使进行了很好的制度设计,在实践中可能也无法实现。也有代表认为,《修正案(草案)》关于监视居住指定居所的规定使秘密羁押合法化,有利于办案机关办案,但由于缺少监督,可能会诱发违法办案,应对此种监视居住进行严格限制。

3. 关于拘、捕后通知家属的问题

有代表认为,对危害国家安全犯罪、恐怖活动犯罪,在特殊情况下,对犯罪嫌疑人拘留、逮捕后不通知家属,是有必要的。但是应当严格限制。有的情况下可以通知已经被公安机关、国家安全机关采取了强制措施,但不通知具体羁押场所。否则,"突然失踪"会令家属陷入不知所措的恐慌境地。但是,"重大贿赂犯罪"与前述两种犯罪在严重性和社会危害性上不可相提并论,将其纳入可以不通知家属的范围实属不当,应当删除。

(四)关于侦查措施

1. 关于技术侦查与秘密侦查

《修正案(草案)》规定检察院可以采取技术侦查措施,但不能使用秘密侦查手段。有检察机关的专家提出,为了与联合国反腐败公约相衔接,应当赋予检察院使用秘密侦查手段的权力。该专家还指出,公安机关使用技术侦查、秘密侦查措施,应由检察院来批准;检察院使用技术侦查、秘密侦查手段,由上一级检察院来批准。对于涉案的当事人,若其本人有所知觉,应赋予其司法救济或者控告的权利。

对此,有学者提出了反对意见,该学者认为,秘密侦查没有必要扩大到职务犯罪案件。其理由是:第一,职务犯罪案件没有危害国家安全犯罪、恐怖活动犯罪、黑社会性质的组织犯罪、重大毒品犯罪等犯罪的社会危害性大,追究的紧迫性也没有那么强;第二,对于职务犯罪案件,检察机关现有的侦查手段就能应对;第三,秘密侦查涉及侵犯嫌疑人甚至相关的人的隐私权,一旦不适当地扩大适用范围,势必造成人人自危的局面。因此,对职务犯罪案件应当慎用秘密侦查手段。

2. 关于全程录音录像

对于草案中确立的同步录音录像制度,有些学者指出,同步录音录像在实践中经常先彩排,容易造假,也很难做到录音录像的完整性、连续性和不间断,对遏制刑讯逼供的作用是有限的;相比律师在场的制度,不是最经济、最有效的。因而,最好确立沉默权、律师在场制度,以使遏制刑讯逼供落到实处。

对此,有学者和实务部门的专家指出,任何制度都不可能解决所有的问题。目前检察机关对职务犯罪案件讯问同步录音录像制度实施得很好,不论在检察院还是在看守所都有较好的监控,随着同步录音录像制度的逐步完善,能够起到遏制刑讯逼供的应有作用。

3. 关于鉴定问题

在鉴定问题上,代表们主要提出以下看法:第一,现行法律规定,对人身伤害的医学鉴定有争议需要重新鉴定的以及精神病的医学鉴定由省级政府指定的医院进行。而实际上医生与鉴定人应当区分开来,因为二者在专业视角以及工作性质上均存在重大差别。但是此次修改法律并未涉及这个问题。第二,草案没有涉及鉴定启动权的问题。从近年来发生的一系列典型案件可以看出，这个问题至关重要，法律必须作出一个明确的规定，至少应当明确赋予辩护方鉴定启动权。

（五）关于审判程序

1. 关于普通程序

有代表认为，《修正案（草案）》中卷宗移送主义的回归可能导致庭审走形式，因而有必要保留现行《刑事诉讼法》中的主要证据复印件移送的规定，同时建立证据开示制度，以保障辩护人的辩护权。

《修正案（草案）》适当延长了法院的审判期限。对此，很多代表表示认可，并建议针对一些特殊的重大复杂案件，在审限上还可以进一步延长。不过，也有学者指出，在审限上，我们不能盲目地效仿西方国家。西方很多国家没有规定审限，而且开庭审理案件的时间往往很长；而反观我国，法官开庭审理案件的时间一般就是几个小时，大量的时间实际上不是花在开庭审理上。此外，有学者提出，我国法院审判权的行政化运作方式，是导致当前审判效率低下的重要因素，建议在制度上进一步保证人民法院依法独立行使审判权，至少应该真正落实现行《刑事诉讼法》有关合议庭依法独立判决的规定。不过，也有专家对审判权行使的行政化方式影响审判效率提出了质疑，该专家指出，法院、检察院内部的行政化问题，目前不可能解决，而且行政化方式有时会促进高效率，并且对于保证案件质量也具有重要意义。

有代表认为，司法实践中对量刑程序的改革探索已经较为成熟，立法应当规定独立的量刑程序，将司法解释中关于量刑程序的规定纳入刑诉法之中。

2. 关于简易程序

有代表提出，草案关于简易程序的规定存在以下问题：第一，将"案件事实清楚、证据确实充分"确定为简易程序的适用条件，这是很明显的先定后审条款，建议取消。第二，草案第 211 条规定，被告人可以就被指控的犯罪进行陈述和辩护，此规定与被告人对被指控的犯罪无异议相互矛盾。第三，没有对简易程序中被告人获得律师帮助的权利给予充分的保护，可能导致被告人屈打成招或因其他因素承认有罪而适用简易程序。第四，简易程序中没有区分定罪和量刑两个阶段。第五，没有体现被害人及其代理人对简易程序的参与。第六，简易程序增加了被告人认罪的条件，但是没有对控辩协商加以规定。第七，没有规定被告人可获得量刑优惠。第八，没有规定被告人撤回有罪供述的法律后果。第九，草案要求在简易程序中"检察院应当派员出庭"，增加了检察机关的工作量，使得简易程序并不简易。

3. 关于第二审程序

有的代表提出，草案第 222 条第 1 款"第二审人民法院认为可能影响定罪量刑"和第 4 款"第二审人民法院认为应当开庭审理",实际上将除"被告人被判处死刑的上诉案件和人民检察院抗诉的案件"以外的绝大部分案件的第二审是否开庭的权力授予了第二审法院,不利于充分发挥二审的功能。建议将草案第 222 条第 1 款修改为"被告人、自诉人及其法定代理人要求第二人民法院开庭审理的案件"。

还有代表建议,在立法上明确第二审法院因实体原因只能发回重审一次,有利于平衡实体正义和程序正义、被告人和被害人的权益保护、一审法院和二审法院的关系。同时,还应明确二审法院对事实不清或者证据不足的一审判决应以改判为原则、以发回重审为例外,明确因上诉引起的发回重审不得加重被告人的刑罚。

4. 关于死刑复核程序

有代表建议,最高人民法院复核死刑立即执行案件,应当讯问被告人,听取辩护人的意见和检察机关的意见;对于不核准的案件,应当有权直接改判,不必再"通过提审予以改判"。也有代表认为,死刑复核不能操之过急,也不应没有期限,建议刑诉法修正案对死刑复核期限作适当的规定。

5. 关于再审程序

有代表认为,现行法对于该程序的规定过于原则化,应加以细化。如应限制再审启动的次数,对于已经再审过一次的,除非有新的证据出现,否则就不应再次启动再审程序。以保证司法判决的稳定性,避免浪费司法资源。另外,关于再审程序的改革不一定完全吸纳民事诉讼再审程序的修改,完全由上级法院启动,可以考虑将那些经下级法院审委会讨论过的案件由上级法院再审,而那些未经原审法院审委会讨论过的案件,可以由原审法院再审。最后,还应关注法院与检察院在再审程序中的职能配合问题,明确检察院与法院各自提起再审的案件范围。

(六) 关于特别程序

1. 关于未成年人案件特别程序

有代表建议《修正案(草案)》的"未成年人犯罪案件诉讼程序"应修改为"未成年人刑事诉讼程序"。因为,"未成年人犯罪案件诉讼程序"的名称所突出强调的是"未成年人犯罪",这个章名作为《刑事诉讼法》的特别程序显得很不协调。

有代表建议,建立未成年人案件讯问时辩护律师在场制度。在法定代理人不能到场、不便到场,或被审讯的未成年人不愿其到场时,需要明确规定"应当"通知其他合适成年人到场,如果没有合适成年人到场,未成年犯罪嫌疑人的供述不得被作为定案的根据。

有代表建议,指定居所的监视居住应不适用于未成年人案件。对于拘留,鉴于我国的刑事拘留期限太长,对未成年人应当设置特别的规定以减少适用。为了确保被羁押的未成年人的家人知道其被羁押的情况，不仅应当规定负责羁押的机关有义务通知其家人，不得以"有碍侦查"为由不通知，而且应当赋予被羁押的未成年人立即打电话通知其家人的权利。

有代表指出，草案将附条件不起诉限定于"判处一年有期徒刑以下刑罚"的未成年人犯罪案件，这一适用范围过小。司法实践中，检察院对可能判处一年以下的案件没有必要附条件不起诉，因为这种情况完全可以适用现行刑诉法中的相对不起诉，如果附条件不起诉的主体范围和适用的刑期不扩大，这种制度设置没有意义。还有学者提出，检察机关没有相应的人力物力来实施附条件不起诉，而且在经过六个月到一年的考察期之后，未成年人已很难回归社会。

也有代表提出，我国对于未成年人犯罪的政策不能一味强调从宽，建议根据犯罪情况、原因、主客观因素、家庭和社会环境以及是否有帮教条件等因素综合决定是否对未成年人给予从宽处理。

2. 关于刑事和解程序

关于刑事和解的范围，部分代表认为草案规定的可以和解的案件范围过窄，应当进一步扩大；甚至有代表提出，可能判死刑的案件在一定条件下也可以和解。但是，也有相当多的代表对刑事和解持非常谨慎的态度。有代表提出，对于和解应当作进一步区分，比如应当区分法律意义上的和解与非法律意义上的和解，后者应大力提倡，前者则要慎重对待。对于法律意义上的和解还要区分影响实体的和解和影响程序的和解。如果只是在实体结果上从宽处理的话，那么这种和解可以不限于草案中规定的案件范围；但是对于那些可以使得程序戛然而止的和解，则一定要严格限制。

另外，代表们还对草案中的一些具体规定提出了修改建议。第一，草案规定公检法机关对于和解的自愿性和合法性进行审查，那么具体如何审查，审查标准是什么有待明确；第二，所谓"从宽处理"应当如何理解，需要进一步细化；第三，和解不应成为一种独立的程序，因为它在各个诉讼阶段都可以进行，将其规定在特别程序当中并不合适。

3. 关于特定案件违法所得的没收程序

有代表指出，对特定案件违法所得的没收程序，不是刑事问题，也不是刑事诉讼，不应作为刑事特别程序。

有代表指出，《刑法》总则第四章第一节"量刑"中规定的追缴和没收违法所得，是在量刑环节对已经定罪案件而言的，并未规定尚未定罪案件的没收违法所得问题；《修正案（草案）》对尚未定罪案件的没收违法所得，要求"依照刑法规定"，是否依照《刑法》第64条关于定罪案件没收违法所得的规定？

有代表提出，对特定案件违法所得的没收程序的操作性有待加强。比如，如果恐怖活动犯罪嫌疑人潜逃的，案件处于公安机关侦查阶段或者法院审判阶段，规定由检察院向法院提出没收违法所得的申请,如何具体操作?

还有代表提出,对于犯罪嫌疑人潜逃的案件没收违法所得涉及建立缺席审判问题,修正草案只规定没收违法所得,而未提及对在逃犯罪嫌疑人不进行缺席审判定罪——既涉及法院裁定没收的法律性质,也涉及进行裁定及裁定没收后法律救济的性质。还有代表提出,要协调好犯罪嫌疑人、被告人死亡案件的没收违法所得与案件终止诉讼问题。

4. 关于精神病人强制医疗程序

对于此次新增的精神病人强制医疗程序,代表们提出了如下意见:

其一,我国很快要通过《精神卫生法》,刑诉法规定应当注意与该法衔接。比如,应当明确如果立案之前发现作案时有精神病的,刑事诉讼不立案,依精神卫生法处理;而如果刑事诉讼立案之后发现精神病的,则依据《刑事诉讼法》处理。

其二,应当扩大强制医疗程序适用的案件范围,草案规定暴力犯罪危害公共安全或者致人重伤死亡的才适用该程序,范围过于狭窄。

其三,应当扩大监护人、近亲属的参与权,草案仅仅规定通知法定代理人到场是不够的。而且在审查过程中应当综合考虑各种情况,比如可以考虑监护人是否有相应的监护条件以及监护意愿等问题。

其四,应当完善强制医疗程序的救济措施,当事人对相关决定应当享有上诉的权利。

四、关于劳动教养制度的司法化改革

虽然《修正案(草案)》没有涉及劳动教养问题,但部分代表认为,劳动教养问题与刑事诉讼法维护的公民人身权利密不可分,应当统筹考虑,一并或分步解决。

1. 劳动教养制度存在的问题和缺陷

有学者指出,劳动教养在实体方面存在的主要问题和缺陷有:第一,劳动教养制度缺乏充分法律依据,与现行《立法法》的规定相违背。第二,劳动教养制度有违反处罚法定原则之嫌,有关适用对象和条件的规定都是概括、笼统的"盖然性"规范,缺乏明确性和可预测性。第三,劳动教养制度的适用与比例性原则相背离,被教养人员的人身自由剥夺程度和期限,比刑罚处罚中的管制和拘役甚至短期有期徒刑还要严厉。劳动教养在程序方面存在的主要问题和缺陷是:第一,劳动教养的决定实际上完全由公安机关一家作出,有违程序中立原则。第二,劳动教养对被劳动教养者参与机会的剥夺,违背程序参与原则。第三,目前劳动教养的司法救济有局限性,使被劳动教养者难以得到有效的司法救济。

2. 劳动教养制度的改革方案

多数学者主张,我国应立足于现有制度,对劳动教养予以适度改革,大致可分为两大模式四种方案:(1) 准司法化模式。这种方案坚持劳动教养制度作为带有强制教育性质的行政措施的属性,建议在现有的制度框架内,通过强化劳动教养管理委员会的职能和对劳动教养的适用加以限制,如在审批程序上建立听证制度,使被劳动教养人获得辩护的权利;严格劳动教养对象的适用范围,缩短劳动教养的期限等等,解决实践中存在的诸问题。(2) 司法化模式。即由人民法院通过公正审判程序来决定,把劳动教养行政决定程序改变为司法诉讼程序。这一模式具体又包括三种方案:(1) 设立专门的治安法院,负责审理公安机关提请的劳动教养案件;(2) 由人民法院内设的刑事审判庭、行政审判庭负责审理劳动教养案件,在上述业务庭增设劳动教养审判合议庭,或实行审判独任制;(3) 在人民法院内部单独设立治安审判庭,专门负责审理劳动教养案件。

3. 劳动教养的诉讼程序

有学者建议,在《刑事诉讼法(修正案)》中明确规定劳动教养的诉讼程序,为劳动教养制度的司法化提供法律根据。

对于劳动教养诉讼的诉讼主体,有学者认为主要包括控、辩、审三方。治安诉讼的提请人是公安机关,具体可由公安机关内部的法制部门或治安部门负责;被提请人即被公安机关提请适用劳动教养的人;劳动教养诉讼的审判机关是基层人民法院和中级人民法院,具体由内设的治安审判庭负责。要保障当事人的辩解权和律师帮助权、申请回避权、上诉权、申诉权、申请国家赔偿权等权利。

对劳动教养案件不宜设置像刑事普通程序那样复杂的程序,可以适当简化,适用比较简易的程序,以保证诉讼效率。对劳动教养案件一审一律采取开庭审理方式,二审可以根据情况采取开庭审理或调查讯问审理方式。

对于劳动教养案件的办理期限,有学者建议,公安机关在对被提请劳动教养采取拘留等限制人身自由的强制措施后,应在 15 日内向人民法院提出诉讼请求,如有法定的特殊情况的,经上级公安机关负责人批准可延长至 1 个月。人民法院审理一审、二审劳动教养案件,应在受理后 20 日内宣判,最迟不得超过一个月。

对于被劳动教养人在劳教期间具有法定减少期限或延长期限情形的,应当由劳教执行机关报请作出原生效判决的人民法院组成合议庭裁定减期或延期。

(栗峥、杨雄、陈学权、孙远等:《中国刑事诉讼法学研究会 2011 年年会综述》,摘自中国刑事诉讼法律网。)

新《刑事诉讼法》的理解与实施
——中国刑事诉讼法学研究会 2012 年年会综述

2012 年 10 月 19 日至 21 日,中国刑事诉讼法学研究会 2012 年年会在杭州召开,本次年会由中国刑事诉讼法学研究会主办,浙江工商大学诉讼法学研究中心承办。出席此次年会的领导有:中国法学会副会长周成奎先生、最高人民法院黄尔梅副院长、最高人民检察院孙谦副检察长、中共浙江省委常委、政法委书记、省公安厅厅长刘力伟先生。中国刑事诉讼法学研究会名誉会长陈光中先生、会长卞建林教授、常务副会长陈卫东教授等研究会领导出席了会议。来自全国各高校、研究院所、司法实务界专家学者共计两百五十余人出席了本次年会。

此次年会的主题为"新《刑事诉讼法》的实施"。最高人民法院黄尔梅副院长、最高人民检察院孙谦副检察长和公安部法制局李文胜副局长应邀分别向与会代表介绍了人民法院、人民检察院、公安部为2013年元月1日实施新《刑事诉讼法》的有关准备工作,以及正在起草的司法解释相关问题。与会代表围绕着《刑事诉讼法》实施中的问题进行了热烈且深入的讨论,现将讨论的重点问题及主要观点综述如下:

一、关于新《刑事诉讼法》的实施与司法解释

目前,中央公检法等政法机关为新《刑事诉讼法》的实施正在修订有关的司法解释文件。对于是否应当制定、修正司法解释文件,与会代表存在不同的意见。少数代表认为,目前我国的司法解释已经超出"司法解释"应有的定位,公检法三家的司法解释从条文内容上看无所不包,不仅仅是法律适用中的具体问题,而是更类似于准立法,从某种意义上讲是对立法权的僭越。目前的这种司法解释体制不应当再继续延续,而应当转向指导性判例,回归真正意义上的司法解释。也有代表认为,当前我国不制定司法解释是不现实的:首先,全国人大常委会对"两高"司法解释权进行了授权,有授权就要实行;其次,在目前的情形下,特别是新《刑事诉讼法》条文数量依然比较有限,单凭《刑事诉讼法》很难全面规范执法实践,不制定司法解释不具备实施条件。

其次,关于解释的主体。部分代表认为,由公检法各自发布司法解释,很难摆脱部门利益的影响;对于几部门互涉问题,任何一家都无权作出解释,应当由全国人大法工委牵头六部委制定解释。也有代表认为,对于涉及各部门职权范围内的实施《刑事诉讼法》的具体问题应当由各部门负责解释,对于互涉问题应当由全国人大法工委牵头制定解释。特别要防止1996年《刑事诉讼法》颁行后各家颁布各自的解释,其中不乏相互冲突或不符合立法精神的状况发生。因此,各家应当在全国人大法工委的指导、协调下制定、修正司法解释文件。

最后,关于解释的程序与原则。多数代表认为在当前条件下禁止出台司法解释的法律依据不足,真正需要认真对待的问题是解释的程序与遵循的原则。司法解释的起草应当坚持忠于立法原意原则、坚持打击犯罪与保障人权并重的原则、防止部门扩权原则以及法治原则。其中,防止部门利益驱动下的自我扩权是重中之重，而法治原则要求司法解释应当遵循立法原意，不因条件、时空的变化或根据个别领导人看法的改变而改变。

关于司法解释的制定程序。多数代表认为目前司法解释的起草过程公开性、透明性不足。与会代表建议，应当参照此次新《刑事诉讼法》出台体现出的开门立法、民主立法的指导思想，应当将司法解释起草的情况向社会公开征询意见。此外，为防止部门利益的扩张，各部门的司法解释起草后、颁行前应当提交全国人大常委会备案审查，严格按照现有的备案审查程序进行。也有代表建议，考虑到目前许多解释的事项在司法实践中积累的经验还十分有限，司法解释的规定是否合理仍有待一段时间的检验，因此，建议司法解释采取"试行"的方式颁布，待未来一两年实践检验后再进一步完善。

二、关于辩护制度

（一）关于律师在侦查阶段的调查取证权

与会代表围绕着律师在侦查阶段有无调查取证权问题以及调查取证权的范围展开了热烈的讨论。一种观点认为，《刑事诉讼法》第36条在列举辩护律师在侦查环节上的职能时没有明确律师有无调查取证权，加之新《刑事诉讼法》第41条也即1996年《刑事诉讼法》第37条在此次修法过程中没有变化，因此律师在侦查环节没有调查取证权。第二种观点认为，此次《刑事诉讼法》修改后，侦查阶段的律师已经不再是"为犯罪嫌疑人提供法律帮助的律师"，而是自侦查阶段开始就是辩护人，《刑事诉讼法》第41条虽然文字没有修改，但第33条的修改已经确立了律师在侦查阶段的"辩护律师"的主体地位。据此，律师在侦查阶段当然具有调查取证权。此外，从该法第40条及立法机关工作机构对有关条文的释义中也能佐证上述观点。第三种观点认为，新《刑事诉讼法》对于律师在侦查阶段有无调查取证权的规定并不明确，在这种情况下，从有利被告原则出发，应当解释为辩护律师有权进行调查取证，但调查取证权的范围应有所限制。

关于调查取证权的范围，与会代表之间也有不同看法：一种观点认为，律师在侦查阶段不能主动进行调查取证，只能被动地接受委托人及其亲属等提交给律师的各种证据；另一种观点认为，限定律师在侦查环节上的调查取证权，应当以时间节点进行，即考虑到侦查阶段的特殊性，律师收集证据的权利可设定在其会见犯罪嫌疑人之后；第三种观点认为，辩护律师在侦查阶段虽然有调查取证权，但应当谨慎、节制，不应随意进行，具体而言，该种观点认为，辩护律师在侦查阶段进行调查取证，应当主要围绕犯罪嫌疑人没有实施犯罪或者依法不应当追究刑事责任而展开，重点调查《刑事诉讼法》第40条规定的三类证据。

（二）关于律师在侦查阶段的会见权及例外

有代表指出，律师会见权能否顺利落实取决于以下几个问题在司法解释中的明确化：首先，拘留逮捕后通知家属的内容应当明确包括羁押的处所；其次，看守所应当及时安排会见，至迟不得超过四十八小时，这里的"四十八小时"是指在四十八小时内应当见到犯罪嫌疑人，而不能是四十八小时内作出会见的安排；再次，律师会见不被监听的含义既应包括不得使用仪器设备进行监听，也应包括不得派员在场，特别是应当注意原《刑事诉讼法》第96条关于派员在场的规定已经被删除，立法的原意旨在禁止派员在场。

就律师会见及其限制，有代表提出，根据法律的表述，三类案件在侦查期间律师会见应当经许可，意味着在侦查环节应当准许律师见到犯罪嫌疑人，而不能理解为在整个侦查阶段都限制会见。三类案件中的"特别重大贿赂犯罪"，据了解在司法解释中界定为"涉案金额五十万元以上的"，这一标准在立案之初很容易被扩大，只要办案人员认为涉案五十万以上，不管最终结果是否达到五十万，均可限制律师在侦查的初期介入案件，对于此种界定方式应当慎重考虑。

关于律师会见时核实证据的问题，《刑事诉讼法》授权律师在审查起诉环节之后即可核实证据，有代表认为，核实证据的前提是出示证据，但向犯罪嫌疑人出示证据过去被认为具有泄露国家秘密之嫌，建议对此作出明确解释。

三、关于证据制度

（一）关于证据种类

新《刑事诉讼法》将辨认笔录增加为独立的证据种类，有与会者认为不妥。应因辨认人不同而有别：普通证人辨认的笔录属于证人证言；被害人辨认的记录属于被害人陈述；犯罪嫌疑人、被告人的辨认笔录属于犯罪嫌疑人、被告人供述和辩解。

有与会者提出要认真对待辨认，这是由于：(1) 辨认是侦查活动中普遍采用的措施；(2) 辨认经常出错。刑诉法对普遍存在、经常出错的辨认措施没有明确程序规则是个遗憾，因此在辨认前必须询问，以保证辨认的客观性。鉴于以往各家司法解释文件关于辨认规则的解释有矛盾，建议无论公检法哪一家管辖的案件，辨认规则应当是一致的。

关于讯问时的录音录像是否是证据及其移送问题，有与会者认为是补强证据，不是主证据；并且，比起是否要移送以及怎样移送录音录像，更重要的是录音录像的封存问题。对此，有与会者认为录音录像是在主证据出现问题时使用的候补证据，是应当移送的。也有与会者认为讯问时的录音录像不是证据，只是证明口供合法性的手段，证据还是口供本身。

有与会者认为，修改后的"证据"定义虽有所进步，但"证据材料"的表述仍难以将某些证据归入法定种类。我国在证据概念之下罗列了证据的法定种类，这种立法方式在实践中限制了证据的范围，使得基于新技术而出现的新型证据材料难以归类或者可以同时归入两个以上的种类,要么不能作为证据,要么引起混乱。较合理的做法是弱化证据法定种类的规定,强化证据的关联性特征和排除规则,使所有对案件有证明作用的证据材料都可以进入诉讼,并通过排除规则来保证定案根据合法以及合乎政策。

(二)关于非法证据排除

有与会者认为,非法证据排除规则是对传统治理犯罪方式的重大冲击,从通过刑讯逼供治理犯罪到以合法证明治理犯罪,是治理方式上的重大变化。我国非法证据排除有三个突出:突出言词证据的排除;在言词证据里突出口供的排除;在口供里突出刑讯逼供取证方式的排除。

有与会者认为,刑诉法关于非法证据排除规则有两个亮点,一是设定了一套具体的排除程序;二是检察院也成了排除规则的适用主体。排除规则的价值不在于适用该规则,而在于规范取证行为,通过规范取证行为尽量少适用排除规则,并且排除规则的适用要彻底,不能流于表面。

与会者提出,对非法证据排除贯彻的长期性要有心理准备,这是考虑到以下现实情况:一是法院在重大社会影响案件中是否敢排除非法证据甚至作出无罪判决,因为这可能会影响和检察院的关系、影响司法惩治犯罪的公信力;二是检察院要证明证据合法性非常困难;三是公安执法规范性存在地区差别;四是社会舆论和被害人能否容忍由于排除非法证据作出无罪判决放纵犯罪;五是以有罪判决为基础的内部考核机制尚未改革。

为了贯彻非法证据排除规定,有与会者认为,需要达成以下共识:一是要规范公安取证;二是加强检察院对非法证据排除的监督,早发现,早排除,早补充合法证据,通过主动监督,带动公安机关规范取证;三是不认罪案件需要重点关注;四是要关注被害人的权利保障,解除法院因非法证据排除作出无罪判决的后顾之忧;五是要积极推进司法改革,促进法院独立审判。

关于非法证据排除的时间、方式、上诉等问题,有与会者认为,侦查和审查起诉阶段都无须作出排除的决定,只要不移送该证据即可;审判阶段的排除一般应在审前会议中解决,如在庭审中提出排除申请的,法院可在判决中予以说明。对此,有与会者认为法院应用裁定的方式处理非法证据排除的问题。但也有与会者提出,法庭是否排除证据应即时作出口头决定,不能等到判决时;同时,在判决中也要说明证据排除的问题,且可对此提出上诉。此外,庭前会议不承担实质性的听证、庭审功能,因此,庭前会议中对控方同意排除的证据可以排除,但对控方不同意排除的证据,则应在法庭审理阶段宣读起诉书后或法庭调查结束后启动证据合法性调查程序。来自实务部门的与会者则提出,为便于法院全面审查侦查、起诉时已排除的证据,应当移送,并在文书中对排除的证据予以说明,此举也可以防止侦查机关、检察院故意不移送有利于辩方的证据。

有与会者认为,审查逮捕阶段没有规定非法证据排除,这是由于批捕时间短,检察院很难判断。另外,在办理重大案件时,如果排除违法取得的证据,需要收集新的证据,时间上来不及。考虑到这种情况,为了避免重大案件因证据问题办不下去,立法予以宽容。

有与会者认为,非法证据排除的证明标准从"确认"到"不能排除存在非法收集证据情形",确立了两种不同的证明标准,需要解释明确。对此,有与会者回应,两个不同的证明标准可以解释为两个思路:确认意味着辩护方提供的证据足以证明证据非法,不能排除存在非法收集证据情形意味着检察官未能证明证据合法性。也有与会者认为,非法证据排除的证明标准低一点好。

关于瑕疵证据的补正问题,有与会者回应:首先,瑕疵证据有别于非法证据,主要关注证明力问题,所谓瑕疵证据不能补正或者不能说明理由,不能作为定案根据,是就证明力意义而言。其次,关于能否补正或者合理解释,需要根据个案具体判断,比如讯问笔录缺少签名的情况,如果笔录清楚,录像全面,制作规范,可以补正。又比如应当全程录音录像但未录音录像的,意味着取证程序有问题,如果不能用其他方式证明取证合法性,就不能排除非法证据可能性。

(三)关于行政机关收集的证据与刑事诉讼证据

有与会者认为,行政证据和刑事诉讼证据在收集的主体、程序等方面存在重大差别,行政机关收集的证据在刑事诉讼中使用可能导致侦查权被滥用,不太合理。

行政证据可在刑事诉讼中使用系本次修正《刑事诉讼法》第一次规定,有许多问题需要探讨:比如,可在刑事诉讼中使用的行政证据是否仅限于《刑事诉讼法》规定的四种?再如,有行政管理权的事业单位、社会团体收集的证据在刑事诉讼中可否使用?又如,企业、事业单位的纪委收集的证据可否使用?等等。

(四)关于法庭上有专门知识的人对鉴定意见发表意见的属性

有与会者认为"有专门知识的人"可称为专家辅助人,其不同于证人,也不同于鉴定人,具体诉讼地位需要研究。专家辅助人的意见是辅助证据,多数情况下是弹劾证据,可以加强或者削弱证据的证明力。

有与会者认为专家辅助人并无诉讼请求,其意见不是控辩双方意见的组成部分,而是独立于双方的意见,是针对鉴定意见存在的问题提出意见,是对鉴定意见这种证据信息的解读,具有独立性,应当是证据。

有与会者认为专家辅助人的意见虽然不符合鉴定意见的法定要件,但书面还是口头形式并非其与鉴定意见的本质差异。如果对既有鉴定意见提出全面的否定意见,并且提出新的意见,法官应当直接采纳还是重新鉴定?这需要明确。

有与会者认为,法律不要求专家辅助人有鉴定人资格;专家辅助人不是对案件事实发表意见,而是对鉴定意见发表意见;不是针对鉴定意见所涉及的全部案件事实,而是针对鉴定意见的某一方面比如制作过程、科学依据、专业规范等发表意见;如果其意见全面否定鉴定意见,则不能作为新的鉴定意见成为认定案件事实的依据,而应当启动后续程序比如重新鉴定。

有与会者同意来自最高人民法院的观点,即专家辅助人是控辩双方针对鉴定意见,申请其帮助出庭质证的人,其意见帮助法院审查证据的可靠性、证明力,不能作为证据看待,应当定位为控诉意见或者辩护意见。

(五)关于不得强迫自证其罪

新《刑事诉讼法》增加规定了"不得强迫任何人证实自己有罪",学者在对此规定进行肯定的同时,更多的是提出了担忧。一方面,不被强迫自证其罪在国际社会处于刑事诉讼基本原则的地位,而在我国仅将其作为收集口供的原则性要求,其位阶较低。另一方面,不被强迫自证其罪要落实,关键的保障机制是非法证据排除规则。但是,新《刑事诉讼法》对非法言词证据排除的规定仅限于"刑讯逼供等非法手段获得的证据",并不是所有通过"强迫"手段获取的言词证据。因此,在缺乏有效的非法证据排除规则保障机制的情况下,我国对不被强迫自证其罪的规定将更多地停留在宣誓性的口号层面上,很难具体落实。

另外,刑诉法还保留了犯罪嫌疑人对侦查人员的讯问应当如实陈述的规定。有与会者认为,不得强迫自证其罪原则与如实陈述义务存在矛盾,对此应通过合理解释加以解决。对于违反如实陈述义务的行为,法律并未规定惩罚后果,这种情况下强调深入理解和贯彻执行不得强迫自证其罪条款,让公安、司法人员建立不得强迫供述的理念,实际上就架空了如实陈述义务,这样在实践中难以解决二者之间的矛盾。

(六)关于举证责任

针对新《刑事诉讼法》关于"公诉案件被告人有罪的举证责任,由人民检察院承担"之规定,有学者发表了两点意见:一是举证责任与证明责任是同一含义,在本质上没有区别。二是此条款仅限于法院开庭审判时由检察官承担举证责任。此款之规定,并不意味着公安机关和人民法院不承担证明责任;相反,公检法三家对自己司法文书上认定的事实都有证明责任,这是由其承担的法定职责和司法人员责任制所决定的。

(七)关于证明标准

有与会者认为刑诉法对证明标准规定了三项内容,前两项分别是证明对象、合法性,只有排除合理怀疑才是证明标准。另有学者认为"证据之间、证据与事实之间的矛盾得到合理排除"这一项虽未写进新法,但可以用于解读证明标准。

有与会者认为证明标准也不是抽象的,而是具体的,因案而异,不具体到个案中无法界定证明标准。排除合理怀疑纳入证明标准后,证明到百分之多少算是排除合理怀疑,不可能有抽象的、统一的、量化的标准,这是由于证明标准是具体的,是个案化的。因此,有学者认为证明标准是个实践问题,法律提供的只是分析框架和思路。

四、关于强制措施与侦查措施

(一)关于监视居住

新《刑事诉讼法》对监视居住作了较大的修改,将其作为逮捕羁押的替代性措施,对此与会专家总体上表示肯定,但鉴于有些规定还比较模糊,因而对其在实践中如何正确实施而不被滥用表示担忧,并从司法解释的角度提出了一些具体建议。

首先,关于指定监视居住的场所问题。新《刑事诉讼法》第73条对指定监视居住的场所,仅仅规定"不得在羁押场所、专门的办案场所执行",但是对指定监视居住的场所应当符合什么条件、满足什么标准没有明确规定。一些与会代表担心指定监视居住沦为变相羁押,甚至比羁押更糟糕。为解决此问题,与会专家普遍建议,指定监视居住的场所问题,应当在中央政法委和立法部门的协调下,通过司法解释的形式明确指定监视居住场所的具体条件和标准,尤其是解决好居住场所的安全问题,而且要防止检察机关和公安机关将其培训中心等异化为指定监视居住的场所。

其次,关于对有固定住处的犯罪嫌疑人可以指定居所监视居住的案件范围问题。根据新《刑事诉讼法》第73条规定,对于涉嫌"危害国家安全犯罪、恐怖活动犯罪、特别重大贿赂犯罪"的犯罪嫌疑人,在住处执行可能有碍侦查的,可以在指定的居所执行。对于"危害国家安全犯罪"的外延,与会代表普遍没有异议;但是,对于"恐怖活动犯罪"及"特别重大贿赂犯罪"如何界定,则有不同的看法。有的代表认为,"恐怖活动犯罪"仅指我国《刑法》分则中罪名包含有"恐怖"二字的犯罪;但也有代表认为,所有"恐怖活动犯罪",是指所有具有恐怖属性的各类犯罪行为,而不是仅指带有"恐怖"字样的罪名。对于"特别重大贿赂犯罪",有的代表建议界定为"立案时涉嫌贿赂犯罪数额在五十万元以上的;有重要社会影响的;涉及国家重大利益的";但也有代表认为,"特别重大贿赂犯罪"仅应包括判处十年以上有期徒刑或者无期徒刑、死刑的犯罪;至于"有重要社会影响的,涉及国家重大利益的"主观性过大,很容易被扩大。

最后,关于指定监视居住的强制程度问题。有代表认为,指定居所监视居住对于限制犯罪嫌疑人人身权利的强度应当高于普通的监视居住,但低于拘留逮捕,应当赋予犯罪嫌疑人一定程度的人身自由,如经批准每月可以回家一天至两天,或者经批准每周可以同近亲属在指定的居所同住;还有代表认为,被指定监视居住的犯罪嫌疑人应当处于完全的羁押状态,不具有离开被指定"居所"的权利。

（二）关于逮捕后继续羁押必要性审查

新《刑事诉讼法》第93条原则性地确立了逮捕后继续羁押必要性审查制度，但对于该制度在实践中如何实施缺乏相关规定，与会代表针对此问题展开了激烈讨论。

首先，羁押必要性的审查部门。羁押必要性审查究竟由检察机关的哪个具体部门负责实施，一种意见认为应由侦查监督部门承担侦查阶段的羁押必要性审查工作，公诉部门承担审查起诉阶段和审判阶段的羁押必要性审查工作，持此意见的主要理由是侦查监督部门和公诉部门具体从事侦查监督工作和公诉工作，对相应阶段的案情熟悉，便于开展工作。另一种意见则主张由监所部门进行羁押必要性审查，其理由是驻所检察官对犯罪嫌疑人、被告人的情况有更直接的了解，能更准确地进行羁押必要性判断。

其次，羁押必要性的审查方式和审查期限。对于前者，有代表建议，羁押必要性审查应遵循公开、公正、透明的原则，由检察机关主持召开羁押必要性评估听证会；还有的代表建议，检察机关进行羁押必要性审查，应当根据案件情况采取书面审查和听证审查两种方式。在采取书面审时，也可以单独听取犯罪嫌疑人、被告人和辩护律师的意见。对于后者，有代表建议，审查期限应采取即时审查与定期审查相结合，即检察机关在收到犯罪嫌疑人和被告人方提出的审查申请后，应立即进行审查；鉴于侦查机关在批捕后至少有两个月的侦查羁押期限，如依职权主动进行审查，则应在逮捕后一个月进行比较适宜，进行第一次羁押必要性审查后，每隔半个月再审查一次。

最后，羁押必要性审查的效力。新《刑事诉讼法》第93条规定，对不需要继续羁押的，应当建议予以释放或者变更强制措施。有关机关应当在十日以内将处理情况通知人民检察院。据此，羁押必要性审查的结论只能体现为检察建议，缺乏有效的执行力。为此，有代表建议，对有关机关十日内拒不通知处理情况或者拒绝接受建议的，可以抄报上级人民检察院，由上级人民检察院通知同级侦查机关。还有代表建议，对于不采纳人民检察院建议的，检察机关应当要求办案机关说明理由；对于继续羁押的理由不能成立的，检察机关应当向办案机关发出《纠正违法通知书》。

（三）关于技术侦查

新《刑事诉讼法》在"侦查"章增设"技术侦查措施"专节，该节第148至第152条对技术侦查、隐匿身份的侦查以及控制下交付三种特殊侦查手段作出了规定，引起与会代表的高度关注。

首先，对新《刑事诉讼法》技术侦查立法的整体评价。有学者认为，新《刑事诉讼法》对技术侦查的规定，体现了党和国家对技术侦查手段这一高度敏感、重大的公权力在治理方式上由政策管理开始转向法治管理，是"政策技侦"向"法治技侦"转型的重大开端,是重大的历史性进步;但是,新《刑事诉讼法》对技术侦查的规定不够具体、明确,采用了一些诸如"经过严格的审批手续""按照规定交有关机关执行""采取技术侦查措施的种类"等模糊用语。因此,在政策与法律双重规制的现实情况下,技术侦查权的行使首先应遵守法律的规定,而新《刑事诉讼法》有意没有作出明确规定的问题,仍然依赖政策调整,需要遵守党内一系列政策文件。

其次,关于技术侦查适用的案件范围和对象。有代表提出,技术侦查所适用的"犯罪案件",是指刑法分则的类罪还是具体罪名?认为如果是指具体罪名的话,比如不是指贪污贿赂罪类罪而是指贪污罪、行贿罪、受贿罪三种,不包括其他罪名,那么就不合适。还有代表指出,不严重的犯罪案件如果本身有很强的技术性,如不运用技术侦查就难以侦破的,如网络诈骗、电话诈骗等案件,也可以适用技术侦查。还有代表指出,"其他严重危害社会的犯罪案件"需要进一步明确,否则可能导致实践中技术侦查适用的案件范围被无限扩大。在适用对象上,有代表指出,技术侦查在上述特定案件中适用时,是仅仅针对犯罪嫌疑人,还是包括案件中除犯罪嫌疑人之外的其他人也需要研究。

最后,自侦案件中检察院是否有秘密侦查权的问题。有代表认为,赋予检察院在自侦案件中秘密侦查的权力是必要的,有利于打击贪腐犯罪。对此有代表提出反对,认为腐败的根源是行政性的公权力过大、缺乏制约,如果检察院用秘密侦查特别是诱惑侦查的手段来打击的话会导致严重后果。还有代表认为,首先刑诉法规定秘密侦查由"公安机关负责人"决定的这一表述本身意味着秘密侦查不适用于自侦案件;其次,从刑诉法的表述上看,"侦查机关"的表述涵盖了检察机关,但是明确规定"公安机关"的条文则不适用于检察机关;最后,不能以情理、法理、案件的需要来论证检察院是否有秘密侦查权,法律未授予的公权力则不得行使。还有的代表则认为,秘密侦查权能否适用于自侦案件,不能一概而论,而需要结合具体案件具体分析。

五、关于审判程序与特别程序

(一)关于庭前会议与庭审准备

有观点指出,此次刑诉法修改恢复了案卷移送制度,但与刑事公诉案件移送方式密切相关的庭前审查程序并没有随之进行相应修改,该程序形式简略、功能单一,不能满足现实需要,建议将庭前审查程序从审判阶段脱离出来,设置成完全独立的程序,承担审查起诉案件、分流案件、排除非法证据、交换证据信息的多元化功能。也有观点认为,忽视庭前准备程序的配套改革是造成我国刑事庭审中断和审判拖延的重要原因,新刑诉法在第一审程序中规定的庭前会议制度应当与庭前审查程序进行相应整合,发挥程序分流、被告人认罪和不认罪的准备程序等功能。

（二）关于证人出庭作证

与会代表普遍肯定了新刑诉法关于证人出庭作证规定的进步意义，但也就一些问题提出了担忧和建议。有观点认为，新刑诉法关于人民法院认为证人"有必要"出庭作证的规定过于模糊，司法实践中极有可能出现虽然证人符合出庭作证条件，法官却不准许其出庭作证的现象，不利于案件的公正审理，因此建议明确证人应当出庭作证的案件范围，对"对案件定罪量刑有重大影响"要作出统一解释。有观点认为，新刑诉法从证人的出庭范围、证人不作为时的强制手段及补偿问题均有所涉及，唯独缺乏后果性规定，故建议完善证人、鉴定人无正当理由不出庭作证的制裁措施，对不同种类证人的出庭义务作出区分，在此基础上设定不同的强制程度；并有必要增加如果证人不出庭履行作证义务，其在法庭之外所作的证言不能作为定案根据的规定。还有观点认为，新刑诉法虽然确立了近亲属出庭作证豁免权，但却没有确立真正意义上的亲属免证特权，免除的仅仅是证人出庭的义务，而不是作证义务，具有明显的局限性。

（三）关于简易程序

与会代表多数认为，新刑诉法扩大简易程序适用范围、要求公诉人必须出庭等规定体现了效率与公正并重的价值诉求，并提出了以下建议：

首先，关于简易程序中被告人的权利保护，有观点指出，法律对简易程序的修改在某种程度上是将原有程序和普通程序案件简化审程序加以合并，适用简易程序意味着被告人认罪，并必然面临有罪判决，司法解释应当明确规定被告人的相应权利，例如法官有义务提醒被告人，认罪应当是在自愿、明知和明智的状态下作出的，简易程序案件被告人应当享有法律援助，有权要求证人出庭，可以获得从轻、减轻处罚的量刑优惠等。也有观点认为，考虑到司法实践中危险驾驶、交通肇事等案件中顶包的现象屡屡发生，因此应当强化法院对适用简易程序自愿性的审查，建立动态的、多层次的自愿性审查程序。

其次，关于简易程序应简化的内容，有代表建议，由于被告人已认罪，简易程序在证明标准上应当有所放宽，不必达到排除合理怀疑的标准；对于无争议的证据，法庭调查和法庭辩论应当简化；出于法制宣传教育需要，公诉人宣读起诉书不应省略，但可以摘要宣读；被告人权利告知环节不应简化；为更好地保护被告人权益，辩护人应当出庭。与会代表普遍认为，如何在保证认罪自愿性基础上公正适用简易程序是今后要解决的核心问题。

也有观点对简易程序的扩大适用表示担忧，认为简易程序可能导致普遍的控辩交易，基层法院面临挑战，被告人随时可以反悔甚至申诉、上访，导致司法不终。还有观点提出，简易程序和刑事和解的核心都是被告人认罪，怎么贯彻从宽处理原则？量刑怎么从宽？在不同阶段认罪的，量刑的折扣是否相同？这些问题都需要司法解释作出明确规定。

（四）关于附条件不起诉

关于附条件不起诉，与会代表普遍认为，新刑诉法确立了未成年人附条件不起诉制度，完善了我国不起诉制度的类型，适度扩张了检察机关的不起诉裁量权，具有积极意义。与会代表大多从理解和完善的角度提出建议：

首先，关于附条件不起诉的刑罚适用范围，新刑诉法规定为"可能判处一年有期徒刑以下刑罚"的未成年人犯罪案件，有观点认为该范围过窄，应当扩大至"可能判处三年有期徒刑以下刑罚的案件"。还有观点对于"一年有期徒刑以下刑罚"是否是指法定刑，是否包括有期徒刑缓刑、管制、拘役和罚金，是针对罪行本身的量刑评估还是综合全案情节的综合评估等问题提出了具体看法，认为"可能判处一年有期徒刑以下刑罚"不是指法定刑，应当包括有期徒刑缓刑和管制、拘役和罚金等附加刑，应当是综合全案情节的综合评估，在实务操作上很大程度是由检察官主观预测和自由裁量。

其次，关于对附条件不起诉嫌疑人的监督考察，有观点认为新刑诉法将对附条件不起诉嫌疑人的监督考察机关限定为人民检察院并不妥当，检察机关由于办案压力和资源所限很难承担好此职能，建议由社区矫正机关进行监督考察。

（五）关于公诉案件和解

公诉案件和解程序是新刑诉法新增程序之一，受到了与会代表的普遍关注，少数代表依然对刑事和解的合理性心存疑虑，担心刑事和解被被害人作为对犯罪嫌疑人、被告人提出无理要求的筹码。但更多的代表从制度建构的角度对公诉案件和解程序提出了建设性意见，其中也不乏观点交锋：

首先，关于公诉案件刑事和解的适用范围，多数观点认为，刑事和解只能适用于轻罪案件，也就是新刑诉法明确规定的案件。也有代表提出，新刑诉法规定的刑事和解适用范围比实践中的范围要小，那么超出法律规定范围的案件是否仍然可以和解？对此，有观点认为，双方已经达成和解的，可以允许，但公检法不宜主动主持。还有代表明确主张探索重罪案件和解程序，因为实践中已经存在重罪案件和解的实践，将重罪案件纳入和解范围也具有其合理性。

其次，关于刑事和解的条件和程序。有代表将刑事和解的条件和程序总结为"三要"和"三不要"。"三要"是指：一是要以加害人的行为构成犯罪为前提；二是加害人主观上必须真诚悔罪，赔礼道歉，赔偿损失，并获得被害人的谅解；三是要严格刑事和解的案件范围。"三不要"是指：一是不要过分强调经济赔偿，以免出现"以钱买刑"的导向，影响司法公信度；二是不要担心侦查权会被滥用，因为侦查阶段和解要报送检察院审查，审查后结果会公开；三是不要将公诉案件的和解与自诉案件的和解相混淆。

第三，关于刑事和解的主持机关。有代表认为，刑事和解最好由被害方和加害方自行和解,或公检法机关以外的第三方比如人民调解委员会主持和解,公检法机关不宜直接主持和解,从而保证公权力机关公正、超脱地行使审查职权。

第四,关于刑事和解可以从宽处罚的范围。有代表认为,按照新刑诉法的规定,检察机关可以对已达成和解的案件作相当于无罪处理的不起诉决定,而法院只能从轻、减轻处罚,不能作无罪处理,这是不合理的。法院也应当有权对和解的案件作无罪处理。但也有代表认为,法院不能对刑事和解案件作无罪处理。

代表普遍建议,司法解释应当对刑事和解的启动、告知、审查、模式等方面的程序作出具体规定。

(六)关于强制医疗程序

对于新刑诉法设立的强制医疗程序,很多观点认为,立法只是强制医疗制度框架的初步搭建,并未解决强制医疗过程中出现的全部问题。

关于强制医疗程序的定位,有观点指出,对精神病人的刑罚减免本身有利于被告人,而强制医疗程序又赋予被告人过多权利,没有体现诉讼程序的对抗性。对此,有观点认为,立法规定的强制医疗的启动方式有两种:一为申请制,即由人民检察院向人民法院提出强制医疗的申请;二为法院依职权启动制。这充分说明强制医疗程序的非诉讼性质,其不是依诉权而启动,因此不必然体现对抗性。还有观点认为,强制医疗程序对被告人权利保护和公共安全而言都是一把双刃剑,不进行严格规制,既有可能成为犯罪人逃避惩罚的渠道,也存在使无辜者"被精神病"的风险;其基本定位应当是通过规范程序准确判断被告人是否患有精神病。鉴于其对犯罪嫌疑人权利剥夺的严厉程度甚于刑罚,应赋予嫌疑人必要权利,并由法院裁决。

关于强制医疗程序的构建,新刑诉法规定人民法院审理强制医疗案件应当组成合议庭,但对合议庭如何组成未予规定。有观点指出,原则上应当由审判刑事案件的审判组织继续审理强制医疗案件,必要时聘请医学专家作为人民陪审员,到场的被申请人或者被告人的法定代理人应当享有基本的权利保障,有权充分发表意见,强制医疗程序应当采取一审终审制。

还有观点指出,强制医疗的前置程序是司法精神病鉴定,但目前对此缺乏制度保障:法官对精神病鉴定意见的审查判断缺乏明确的实体标准,刑事案件中从事精神病鉴定的专家极少出庭作证和接受质证,法官在解决由精神病产生的相关法律问题时亟须专家辅助。

(七)关于犯罪嫌疑人、被告人逃匿、死亡案件违法所得的没收程序

有代表认为,新刑诉法用4个法条对没收违法所得的案件范围、财产范围、没收程序启动、审判程序以及处理方式等方面作了具体规定,体现了审判中心主义的理念,是修改内容中的一大亮点。但也有代表对该程序今后的实施表示担忧,在相关权利人不在场的情况下认定犯罪违法所得具有一定的风险,有可能发

生侵犯嫌疑人权利的现象。实务部门在适用没收程序时,应当将范围严格限定于法定的贪污贿赂犯罪和恐怖活动犯罪,不能有意扩大;没收的财产不能超出违法所得的范围。

(八)关于刑诉法修改与其他法律的衔接问题

有代表提出了刑诉法修改后面临与其他法律的衔接问题,比如,在与《刑法》方面,指定居所监视居住时间折算刑期时如何与《刑法》规定相配套;如何协调刑诉法与《刑法》中关于社区矫正的具体规定。在与《国家赔偿法》方面,折抵刑期是否应当赔偿。在与《行政法》方面,对劳动教养可否进行诉讼化改造,部分纳入刑事诉讼体系。这些都需要立法机关加以解决。

(叶青、魏化鹏、徐明敏:《聚焦新〈刑事诉讼法〉关注〈刑事诉讼法〉实施——中国刑事诉讼法学研究会 2012 年年会学术综述》,载《上海政法学院学报(法治论丛)》2013 年第 1 期。)

《刑事诉讼法》的实施、问题与对策建议
——中国刑事诉讼法学研究会 2013 年年会综述

2013 年 10 月 19 日至 20 日,中国刑事诉讼法学研究会 2013 年年会在武汉召开。本次年会由中国刑事诉讼法学研究会主办,湖北省人民检察院承办。中国法学会秘书长林中梁同志、最高人民法院审委会专职委员高憬宏同志、最高人民检察院检委会专职委员陈连福同志出席了会议。湖北省人大常委会赵斌副主任、湖北省高级人民法院李静院长、湖北省人民检察院敬大力检察长也出席了会议。中国刑事诉讼法学研究会名誉会长陈光中先生、会长卞建林教授、常务副会长陈卫东教授等研究会领导以及来自全国各高校、研究院所、司法实务界专家学者共 200 余人参加了本次年会。

此次年会的主题为"新《刑事诉讼法》的贯彻与实施"。最高人民法院审委会专职委员高憬宏同志、最高人民检察院检委会专职委员陈连福同志、公安部监所管理局局长赵春光同志应邀分别向与会代表介绍了人民法院、人民检察院、公安机关看守所系统自 2013 年 1 月 1 日以来贯彻、实施《刑事诉讼法》的有关情况。与会代表围绕《刑事诉讼法》实施中的问题进行了热烈且深入的讨论,现将讨论的重点问题及主要观点综述如下:

一、司法解释、证据制度与辩护制度

1. 关于司法解释问题

与会代表就刑事诉讼法司法解释的合法性与合理性进行了讨论,形成了两种主要观点:一种观点反对"两高"对《刑事诉讼法》进行司法解释,指出刑事诉讼

法律规范的重要目的之一在于规范执法、司法机关的刑事司法职权，作为被规范对象的公安、司法机关可以自行解释法律，违背了司法权与立法权分立制衡的权力配置规律。从合法性依据看，《宪法》以及1981年全国人大常委会《关于加强法律解释工作的决议》均无授权"两高"可以就《刑事诉讼法》作出司法解释，"两高"仅能就审判、检察工作中具体应用法律的问题作出解释。而目前最高人民法院《关于适用〈中华人民共和国刑事诉讼法〉的解释》、最高人民检察院《人民检察院刑事诉讼规则（试行）》都是立法式的解释，并非针对"应用法律的问题"作出的，且作出解释的时间是在法律生效之前，而法律并未生效，也就不存在"应用法律的问题"需要进行解释。

另外一种观点认为，在目前的立法、司法国情下，司法解释的制定、发布具有实践合理性，因为一部只有290个条文的刑事诉讼法典无法充分成为执法、司法人员办理刑事案件的全部规范依据，大量的操作性规定、内部分工配合事宜需要通过司法解释进行补充。保留司法解释但加以规范、完善是符合目前的国情的，完善的着力点一是研究适当的解释形式，目前的立法式的解释形式与立法工作并无二致，应当探索通过指导案例、具体应用法律问题的批复等其他方式进行司法解释工作；二是要研究立法机关对司法解释进行审核的相关工作机制、制度，确保司法解释在立法原意的轨道上运行、避免自我扩权。

在司法解释的具体问题上，与会代表认为《人民检察院刑事诉讼规则》第45条对"特别重大贿赂犯罪"的界定标准仍然比较模糊，特别是后两种情形，即"有重大社会影响的"和"涉及国家重大利益的"需要进一步明确界限。司法实践中，个别检察机关存在通过扩大解释"特别重大额贿赂犯罪"的范围变相限制律师会见权的情况，亟须引起重视，建议在完善《人民检察院刑事诉讼规则》的过程中，对此类案件的界限进一步予以明确。

2. 关于非法证据排除问题

与会代表认为，《刑事诉讼法》确立了非法证据排除规则是刑事司法制度的重大进步，但《刑事诉讼法》实施十个月来，非法证据被排除的案例仍然比较罕见，这凸显出目前的非法证据排除规则仍然需要进一步细化与解释，这方面的主要问题包括：

（1）为什么要排除非法证据？在价值层面上，非法证据排除的目的是为了防止错案还是为了保障程序的公正，是一个必须明确的重要问题。目前，非法证据排除被作为防止错案的重要手段，再结合"两个《证据规定》"对瑕疵证据的规定来看，似乎排除非法证据是为了防止冤假错案，而不是为了保障程序公正。但是，如果将非法证据排除的价值仅仅停留于防止冤假错案的层面，则与实现程序独立的价值观念不符。代表们还引申讨论了实体公正和程序公正的关系。有代表认为，实体公正与程序公正是无法达到并重的，应当实行程序公正优先于实体公正。

（2）非法证据被排除的是什么？即排除的实质是排除证据资格还是排除定案根据。从法理角度来看，非法证据排除应当排除的是证据的资格，但从《刑事诉讼法》第54条的表述来看，排除的是"定案的依据"。在审判阶段，排除的是什么直接关涉由谁来排除的问题。排除证据资格意味着事实裁判者不能接触被排除的证据，而如果排除的是定案根据，则事实裁判者可以接触非法证据并在作出裁判前统筹有关证据是否排除。

（3）何时排除非法证据？排除的时间点与上一问题直接相关，从法理上讲应当在案件实体审理前作出是否排除的决定，但目前《刑事诉讼法》明确规定"法庭审理过程中"方可排除，实践操作中存在诸多不便。不少学者建议应当将非法证据排除的时间点确定在庭审前。这也涉及对庭前会议功能的进一步扩充，建议在完善相关司法解释过程中一并解决。

（4）排除后的证据材料如何处理？《人民检察院刑事诉讼规则》第71条规定"被排除的非法证据应当随案移送"，这一条款引发了与会代表的热烈讨论。一种观点认为，被排除的证据随案移送势必继续污染后续事实裁判者的心证，导致排除规则的效用丧失；另外一种观点认为，排除后的材料如何处理在立法之时并未充分考虑，对于因为关联性、客观性有问题而排除后的证据，后续仍然存在变化的可能性，即可能重新具备关联性与客观性而作为证据使用，一概将排除掉的证据抛弃过于武断；另外，实践中也应当尽可能防止个别办案人员利用职务之便随意截留证据，排除的证据随案移送可以加强后续环节的监督。

3. 关于行政证据的使用问题

部分代表认为《刑事诉讼法》第52条第2款规定的行政证据的使用问题需要进一步研究，明确可以在刑事诉讼中使用的行政证据的种类。一种观点认为，法典表述是按照第48条证据种类的顺序有选择列出的，列举完"物证""书证"后直接列举"视听资料、电子数据"，虽然有"等证据材料"的表述，但"等"应当是指其他实物证据，不能包括言词证据以及笔录类证据。另外一种观点认为，法律并未禁止言词类行政证据的使用。最后一种观点认为，原则上应当限于实物证据，但在鉴定意见具有不可替代、不可重复的例外情形时，应当允许行政机关制作的鉴定意见在刑事诉讼中使用。

4. 关于辩护制度问题

2012年《刑事诉讼法》进一步扩大了辩护权的保障范围与程度，在一定程度上解决了刑事辩护中的一些突出问题，然而近十个月的法律实施实践表明仍然存在部分问题需要进一步明确。

（1）会见权的保障。从整体上看，全国各地看守所都能严格执行《刑事诉讼法》的规定，积极保障律师会见权，会见难的问题基本解决。然而部分学者的调研也显示,在极个别看守所会见在押的犯罪嫌疑人仍然存在违规违法障碍,比如看守所要求会见前必须与办案机关取得联系、会见必须有两名律师参加、化名羁押犯罪嫌疑人致使律师无法确认羁押看守所等。

(2) 律师在侦查阶段的调查取证权。对律师在侦查阶段是否享有调查取证权,与会代表形成了不同的观点。部分代表认为,按照《刑事诉讼法》第 41 条的文义解释,"辩护律师"是调查取证权的行使主体,既然在侦查阶段律师已经具有了辩护人的地位,自然可以进行调查取证。也有代表认为,考虑到《刑事诉讼法》第 41 条的规定,结合目前的司法实践情况,律师在侦查阶段的调查取证权应当是有限度的,即主要围绕犯罪嫌疑人未涉嫌犯罪及依法不应当追究刑事责任的情形。

二、强制措施与侦查程序

1. 关于降低逮捕率问题

有代表认为,通过调研发现,新《刑事诉讼法》实施后,逮捕率没有太大变化。但是由于新《刑事诉讼法》对逮捕的规定比以往更加细化,导致在司法实践中侦查机关申请逮捕的时候更加谨慎,从而有可能从总体上降低羁押数量。在肯定新《刑事诉讼法》关于逮捕规定的同时,认为影响逮捕率的原因主要有四个方面:① 司法机关内部的逮捕考核标准客观上阻止了羁押率大幅降低的可能;② 侦查人员的司法理念依然是口供优先、打击优先,没有发生根本性的变化,强调对案件的突破优于人权保障;③ 高拘留率导致羁押率难以降低,司法实践中对拘留的普遍适用在一定程度上造成逮捕率居高不下;④ 逮捕证明程序的虚化以及证明责任的倒置、证明标准的模糊也是导致羁押率难以降低的原因。

针对以上原因,解决的办法主要有:一是完善逮捕的证明程序,明确逮捕的证明责任由侦查机关承担,侦查机关在申请逮捕的同时不仅需要提交侦查卷宗,同时也要具体叙明逮捕适用的具体条件、影响逮捕的各方面事实与证据,对于逮捕的构成犯罪事实条件承担证据确实充分的证明责任,对于逮捕的社会危险性标准采取优势证据的证明标准;由于我国采取检察审批制度,检察机关在决定逮捕的时候也应该详细写明逮捕的法律依据和事实依据。二是降低拘留的适用率,从而为逮捕率的降低创造条件。

2. 关于对侦查的制约、监督问题

有代表认为,公、检、法三机关相互配合是否应当作为一项法律原则值得研究。从新中国成立后我国法治思想形成看,董必武作为新中国法治思想的主要奠基人,只强调三机关分工负责、相互制约,但从未强调过相互配合。人民法院与公安机关的配合往往导致人民法院对于公安机关的迁就,对于一些定案有疑问的,对于侦查程序中出现问题的,往往由于配合而作出有罪判决,从而造成冤假错案。所以,是否将三机关相互配合作为一个法律原则应该加以研究。

三、检察机关贯彻执行《刑事诉讼法》的有关问题

1. 关于检察官办案责任制问题

检察官办案责任制是近期检察系统的一项备受关注的改革,以上海和湖北的试点最为典型。与会代表认为,这项探索在新《刑事诉讼法》实施后更有现实意义。与会的湖北省院代表对其探索试点的主办检察官办案责任制进行了详细阐述并指出,主办检察官办案责任制所针对的是检察系统实施多年的"三级审批制",也就是"检察人员承办,办案部门负责人审核,检察长或者检察委员会决定"制度,其主旨是要突出办案主体作用、健全基本办案组织、优化规范办案审批,强化执法办案责任。主要形式是由主办检察官及其他检察官、检察辅助人员组成办案组,由主办检察官主持办案组工作,并承担相应责任。有观点认为,检察官办案责任制与检察一体化、检察长负责制存在矛盾。但有观点回应指出,检察院组织法规定了"检察长统一领导"并不意味着检察长要具体行使所有的检察权,主办检察官的办案决定权恰恰来自检察长的授权,是一种内部的权责划分,与检察院组织法并不矛盾。还有观点从另一角度指出,检察一体要解决的是检察机关内部的法律统一适用问题,检察长和检委会不能指挥事实问题,检察一体是为了更好地实现检察独立,因此二者相辅相成,并无矛盾。

对于建立检察官办案责任制的根本宗旨,讨论后形成的共识是,其遵循办案者亲历亲为的司法规律,去除检察办案活动中的行政化色彩,形成符合中国实际的检察院基本办案组织。基于此,有观点认为,在各地试点的检察办案组织称谓上,"主办检察官"与"主任检察官""主诉检察官"的提法相比,业务包容性更大,行政化色彩更为淡化,定位更为明确。今后还应着眼于在静态上明确具体责任归属,动态上解决办案主体之间的纵向责任划分,也就是应当明确与主办检察官、检察长及检察委员会履职相对应的权限和应当承担的责任范围。

2. 关于职务犯罪侦查模式的转变问题

有检察实务部门代表指出,本次刑诉法的修改进一步明确了尊重和保障人权原则,使程序对案件判决的影响增大;辩护制度的修改使侦查更具对抗性,非法证据排除规则使得取证不得不更加注重技术性和方法性,这些既对检察机关自侦案件形成了具体挑战,也给职务犯罪侦查模式转变带来了有利契机。在探索职务犯罪侦查模式转变过程中要遵循全面客观收集证据、规范讯问、开放办案的要求,完善执法、办案风险和效果评估及预警、处置、防范工作体系,高度重视初查,做到先证后供、证供结合,强化信息化建设,探索信息引导侦查的办案格局。今后应当从强化对职务犯罪侦查模式转变的引导、深化对职务犯罪侦查格局改革的探索、实现对职务犯罪侦查工作的人力及财力保障、细化有关职务犯罪

侦查的法律依据等方面继续推动职务犯罪侦查模式的转变。

3. 关于检察机关与纪检监察机关协调配合机制问题

在我国当前的反腐领导体制和工作机制下,检察机关与纪检监察机关是反腐的两股核心力量,两者的关系特殊而敏感。有观点指出,目前检察机关和纪检监察机关具体配合模式各地不一,总体上有单一模式和合作模式两大类。合作模式又分为流水线模式、提前介入模式、同时立案模式、协商应急模式等几种。总体而言,检察机关与纪检监察机关在协作配合中仍存在协作意识不强、无原则配合协作、移送案件线索不规范不及时、协作配合的度把握不准等问题,应当在线索移送、归口衔接、情况反馈等方面加强合作,并遵循独立行使职权、统分结合、发挥各自优势的原则。还有观点呼吁,检察机关与纪检监察机关应尽快出台关于协作配合办案的具体规定,使实践有章可循。

4. 关于检察监督问题

2012年《刑事诉讼法》修改,在诸多方面强化了检察监督。在此背景下,与会代表从不同角度讨论了检察监督问题。在理论探讨层面,有观点指出,不应把检察机关对诉讼的法律监督简称为诉讼监督。诉讼监督与法律监督是两个内涵不同的概念。法律监督在《宪法》和三大诉讼法中都有明确规定,为检察机关所独有的职权,它是事后的、柔性的、程序性的监督,没有最终处分权,只是建议权。诉讼监督是对诉讼过程和环节的监督,检察机关不是诉讼监督的唯一主体,法院、当事人、律师也都是诉讼监督的主体。在检察监督的方式方面,有观点建议,应明确检察机关违法纠正意见的法律地位,赋予其强制性,使其成为富有实效的监督手段。还有观点建议强化社区矫正的法律监督,提高检察机关同其他相关部门的协同性。也有观点提出要加强检察机关自身的监督。此外,现行的人民监督员制度在适格性方面存在明显缺失,需要从选任程序、选任范围和知情权保障等方面进行完善。

四、审判程序

1. 关于庭前会议问题

关于庭前会议的问题集中于庭前会议的功能和程序构建。关于庭前会议的功能,代表们一致认为,庭前会议应当发挥多重功能,包括解决程序性争议、争点和证据整理、证据开示、公诉审查、程序分流以及刑事和解等功能。还有代表指出,应当进一步区分庭前会议的主要功能和附带功能,公诉审查和刑事和解只是庭前会议的附带功能。

关于庭前会议的程序构建,代表们集中讨论了庭前会议的启动、庭前会议的主持人、庭前会议的内容、庭前会议的效力等问题。其中,对庭前会议的启动和内容,代表们达成了共识:庭前会议应当由法官决定是否启动,但是控辩双方有权申请启动;庭前会议应当解决程序性争议,并将证据开示、非法证据排除作为庭前会议的重点内容。对于庭前会议的主持人和庭前会议的效力则争议较大。关于庭前会议的主持人,一种观点认为,应当由庭审法官主持庭前会议;第二种观点认为,应当由负责公诉审查的法官主持庭前会议;第三种观点则主张两步走,目前由庭审法官主持,将来条件成熟后,可以借鉴预审法官制度,设立专门的庭前审查法官。关于庭前会议结果的效力争论激烈;第一种观点认为,庭前会议仅限于听取意见,庭前会议上达成的共识不具有法律效力;第二种观点认为,庭前会议应当作出裁决,裁决具有法律效力;第三种观点认为,需要进行实质调查才能解决的问题应当放到庭审中处理,不需要进行实质性调查并且双方达成一致意见的,对双方具有拘束力。

2. 关于庭审实质化问题

代表们在对庭审实质化的重要性达成一致共识的基础上,讨论了庭审实质化的可行性和保障机制。少数代表认为,庭审实质化虽然具有重要意义,但是目前不可能实现。这和法官的素质有关,还受很多的因素制约,如法官的独立性问题。况且庭审不可能解决所有问题,法官必须在庭前、庭后做大量的工作。不过,多数代表认为,庭审实质化虽然有一定的困难,但是假以制度保障,具有可行性。

代表们还进一步讨论了庭审实质化的保障,庭审实质化要求证人、鉴定人出庭;要保障控辩双方平等对抗的机制,给予辩方平等的发言权,正确对待辩方提出的调取无罪证据、罪轻证据的申请;判决理由要进行充分的说理论证。此外,赋予庭前会议结论以拘束力也有助于庭审的实质化。

同时,有的代表也表达了对庭审实质化的担忧。其一是庭审实质化与庭前会议的协调问题。庭前会议可能会掏空正式庭审,影响庭审实质化。其二是庭审实质化的程度问题。例如,司法公开要公开到什么程度,如何公开,如何避免舆论对裁判的影响等,都值得进一步研究。

3. 关于冤假错案的防范问题

代表们结合第六次刑事审判工作会议的精神,就冤假错案的产生原因、如何防范冤假错案进行了讨论。多数代表认为,刑事冤假错案的产生原因包括:司法观念落后、司法环境不佳;侦查活动缺乏监督与制约;考核机制不科学;刑事办案机制不健全等。代表们对如何防范冤假错案进行了深入的讨论,大家认为,为防止冤假错案,第一,要改变观念,摒弃有罪推定思想,坚持疑罪从无原则;第二,完善权力制约机制,确保依法履行职责;第三,建立科学的考核机制,明确办案责任追究范围;第四,落实被害人救助制度,减轻被害方对办案的压力。此外,还有代表从证据的角度对冤假错案的防范提出了具体的建议。具体包括:规范取证制度,杜绝非法取证;慎重对待口供,认真对待被告人翻供;重视实物证据;严格证明标准。代表们还讨论了是否应当恢复法院退回补充侦查制度以防止冤假错案的问题。有代表认为,这种做法是不妥当的,会引起程序倒流。也有代表认为,为了防止冤假错案,这也是不得已的一种选择。

4. 关于轻微案件速决程序问题

针对最高法正在起草的《轻微案件速决程序》,代表们展开了讨论。有代表提出,2012年《刑事诉讼法》修改后,刑事简易程序适用范围已经很大,司法实践中大多数案件都可以适用简易程序,不需要再增设轻微案件的速决程序。另有代表提出,该种程序设置如果是对简易程序进一步应用问题作解释,合法性不成问题;但如果是作扩权解释,并且会对被告人的权利保障产生不利影响,那么,不符合程序法定原则。

5. 关于量刑建议及量刑规范化问题

量刑规范化是上一轮司法改革的重要成果,但量刑建议工作在实施中出现了一些问题。具体包括:提出量刑建议的比例还不高;建议的刑种不全且幅度较乱;提出建议的主体基本限于基层检察院;量刑建议书的内容不完整,法律地位不明确;量刑建议不充分,量刑辩论流于形式等。因此,理论界和实务界应当继续加强对量刑程序独立性问题和量刑建议工作如何开展的研究。

五、特别程序

1. 关于未成年人刑事案件诉讼程序

(1) 社会调查。代表们分别就社会调查的主体、内容、案件范围、调查报告效力以及隐私权保护等诸多问题发表了意见。

其一,社会调查的主体。学者们普遍认为,公、检、法机关应当是法定主体,但在实践中,多数办案机关根据各自部门的解释,委托其他组织实施调查。而受委托的组织,往往由于经费、人员不足等因素不愿意或不认真实施调查;还有的组织因法律上没有此项义务而拒绝接受委托。对此,代表们提出如下建议:确立独立、专门的调查机构(如司法行政机关);由政府组织专门训练的"社工"进行调查;由政府承担责任和经费,委托具有客观性和中立性的第三方专业调查机构实施调查;对于外地未成年人犯罪,可委托户籍所在地有关机构进行;增加办案经费,保障社会调查费用,落实责任;建立与社区矫正中社会调查的衔接机制;审前社会调查的目的,侧重于教育改造;辩护人不可作为社会调查主体,但是,其提供的有关材料,可以作为参考意见。

其二,社会调查的内容。与会者普遍认为,社会调查应包括:涉案人员的成长经历、犯罪原因、性格特点、家庭情况、社会交往、犯罪后态度等,不应包括定罪事实问题。同时也提出一些争议性问题:调查内容是否应包括与量刑有关的问题?是否应就社区矫正的可能性进行调查?公安机关是否应当调查逮捕的必要性?

其三,启动社会调查的案件范围。目前适用社会调查的案件范围不统一。有代表认为,对于"必要时可以从事社会调查"应当理解为:并非想进行就进行,而是如果有必要的话,就应当进行;如果案件中很多情况不清楚,则应当进行调查。也有代表建议,将未成年人犯罪原因、表现等纳入证明对象,如果比较清楚,可以不调查,如相反则应当调查。

其四,社会调查报告的效力。目前立法规定的是办案机关可以参照,但是,如何参照并不明确。对此,有代表认为,调查结果、内容如果仅是有关未成年人的品格证明,不能用于定罪。另有代表认为,公安机关应当调查逮捕的必要性,在侦查阶段,作为检察机关是否批捕的参考依据;在起诉阶段,可以作为不起诉的参考依据;在审判阶段,作为量刑的参考依据。

其五,社会调查过程中的隐私权保护问题。某些未成年人案件往往成为媒体的兴趣点,一旦成为社会热点,其隐私权保护难以控制。社会调查本意是好的,可是,一旦开展调查,原本不知情的民众则有了知晓的机会。如果办案人员实施社会调查,其影响力更大。

(2) 附条件不起诉。代表们普遍认为,目前附条件不起诉范围太窄,导致实践中适用率较低。此外,附条件不起诉与酌定不起诉界限不清楚,有时形成同案不同处理,如可能判处3年以下有期徒刑的案件,既可以适用酌定不起诉,也可以适用附条件不起诉,而前者对未成年人更有利。这个问题应当通过立法解释加以明确。

(3) 其他有关问题。对于未成年人犯罪记录封存,由于法律没有硬性规定,很多地方没有实施,基本上处于观望阶段。有代表建议,应由有关部门牵头,联合出台规范性文件。而且,随着办案信息化进程推进,未成年人案件的电子卷宗的封存,面临新的挑战。合适成年人在场制度中,父母是第一顺序人,但考虑到父母在场可能干预讯问,实践中,有的办案机关为避免其父母在场,通知其他顺序的合适成年人在场。此外,未成年人案件不公开审判对其本人和亲属是权利,还是义务或责任?未成年人的法定代理人能否要求放弃不公开审判?有代表认为,如果是权利应当可以放弃;但也有代表认为,如同强制辩护,不公开审判是国家保护未成年人的责任,不可放弃。

2. 关于公诉案件刑事和解制度

有的代表认为,刑事和解的实践效果与预期有差距,不如立法以前。刑事和解范围太窄,数量下降,是效果不好的主要原因。对于实践中存在的"隐形和解",只要当事人双方达成共识,办案机关不应拒绝或排斥。刑事和解是对被害人侵害部分的和解。有代表认为,应当严格执行《刑事诉讼法》规定的刑事和解案件范围。"隐形和解"方式下,不能制作和解协议,可以通过附带民事诉讼方式提出。

(程雷、王满生、葛琳、邵劭、张品泽:《〈刑事诉讼法〉的实施、问题与对策建议——中国刑事诉讼法学研究会 2013 年年会综述》，载《中国司法》2014 年第 2 期。）

法治中国视野下的刑事程序建设
——中国刑事诉讼法学研究会2014年年会综述

2014年10月18日至19日，中国刑事诉讼法学研究会2014年年会在上海召开。本次年会由中国刑事诉讼法学研究会和上海市人民检察院联合主办。中国法学会会长王乐泉出席开幕式并讲话。最高人民法院党组副书记、常务副院长沈德咏，最高人民检察院党组成员、副检察长柯汉民，中国法学会副会长兼秘书长鲍绍坤，上海市委常委、市政法委书记姜平，上海市高级人民法院党组书记、院长崔亚东等也出席了会议。中国刑事诉讼法学研究会名誉会长、中国政法大学终身教授陈光中，中国刑事诉讼法学研究会会长卞建林、常务副会长陈卫东教授等研究会领导和来自全国各高校、研究院所、司法实务部门专家学者200多人参加了本次会议。

本次年会的主题是"法治中国视野下的刑事程序建设"，围绕总议题，下设刑事诉讼原理研究、刑事司法改革研究和《刑事诉讼法》实施研究三个分议题。最高人民法院党组副书记、常务副院长沈德咏在大会上就刑事司法程序改革发展的基本方向作了专题发言，最高人民检察院党组成员、副检察长柯汉民简要介绍了检察机关贯彻落实新《刑事诉讼法》和推进检察改革的情况。上海市高级人民法院院长崔亚东就上海司法体制改革试点情况向大会作了专题报告。与会代表们围绕年会议题提交了专业论文123篇，并进行了深入、全面、富有建设性的讨论。现将讨论的重点问题及主要观点综述如下。

一、刑事诉讼原理研究

（一）关于庭审中心主义与审判中心主义

与会代表围绕庭审中心主义及审判中心主义展开了热烈的探讨，包括庭审中心主义和审判中心主义的含义、必要性以及实现的路径等方面。

第一，关于庭审中心主义和审判中心主义的含义。代表们存在不同理解，大部分代表认为庭审中心主义和审判中心主义是两个概念。庭审中心主义是指审判案件以庭审为中心，事实证据调查在法庭，定罪量刑辩论在法庭，裁判结果形成于法庭，全面落实直接言辞原则，严格执行非法证据排除规则。庭审中心主义是对人民法院审判刑事案件提出的基本要求。而审判中心主义是现代法治国家奉行的一项基本诉讼原则，包含三层基本含义，即在刑事诉讼过程中只有审判活动才能最终解决公诉机关起诉的被告人的刑事责任问题；审判活动不仅对于案件的诉讼结果具有决定意义,而且对于审前也有制约作用;审判机关必须采用审判的方式作出决定。即,审判中心主要解决外部关系,强调审判活动的中心地位和决定作用。而庭审中心主要解决审判机关内部如何进行审判活动。当然,两者存在紧密关系,主要表现为庭审中心主义是实现审判中心主义的主要途径,没有以庭审中心主义为基础的审判活动,审判中心主义的诉讼地位不可能确立,审判的正当性和权威性也无以产生和存在。严格意义的庭审中心应当主要适用于一审程序,实行于重大、复杂、疑难及被告人不认罪的案件中。

有代表认为庭审中心包含在审判中心里面。审判的含义有三种:阶段、职能或权力。提审判中心不是将其作为一个阶段的含义来提,而是指审判职能,强调树立审判权威;或者是指审判权力,涉及侦诉审三种刑事司法职权的配置。从诉讼结构理论上讲,审判中心没有问题。庭审中心应为重心,选择以审判工作中的庭审为重心,并作为改革的突破口,逐步过渡到审判中心,即庭审中心的未来发展方向是审判中心。

还有代表认为,目前存在的庭审中心主义和审判中心主义是略有区别的两种说法,但在本质上没有区别。庭审中心主义是法院的策略性说法。谈庭审为中心,要强调不能以庭前为中心,不能以法外调查为中心,问题解决应在法庭上。有代表指出,所谓庭审中心主义,主要要看庭审对侦查有无影响;有影响,庭审中心主义才有意义;侦查中的错误一定要在庭审中得到纠正,才是真正的庭审中心主义,否则就是一种"有害的乐观"。

还有代表谈及庭审中心主义同审前程序的关系问题。新《刑事诉讼法》实施后,实现庭审中心主义的一大障碍就是审前程序时间过长,检察机关介入过晚,关键证据无法补强、固定;严格按照疑罪从无的原则审判,容易枉纵犯罪。法律效果、社会效果双双落空。稳妥地拓展检察机关在审前程序阶段的介入,可能是解决问题的途径之一。

第二,关于庭审中心主义和审判中心主义的必要性和意义。代表们一致认为,无论是庭审中心主义还是审判中心主义都是刑事诉讼的基本规律的体现。

审判为中心是诉讼的必然要求,从证据的角度而言,诉讼过程就是举证、质证、认证的过程,且主要是在法院审判阶段;审判为中心是对侦查权的制约,能够规范侦查取证环节,保障取证合法性;审判为中心能推进审查起诉程序的改革。有学者认为,从庭审中心到审判中心的转换,是一个革命性的改革,是以法院为突破口的改革路径,与司法改革的方向有关系。这涉及整个刑事诉讼理论的重大突破,涉及刑事诉讼法和相关法律的完善,涉及各种法律之间关系的调整,涉及观念、制度、机制、做法的转变。因此可以说是一场革命。

庭审中心主义的意义在于:① 对侦控两个程序的法治化起到很大的推动作用。② 提高干警素质。③ 推动司法公开。④ 推动控辩对抗。

第三,关于我国庭审和审判现状。代表们认为,我国目前没有确立庭审中心,刑事诉讼很大程度上还保留着纠问主义诉讼模式的基因。我国刑事诉讼的结构性问题值得反思,现行刑事司法体制配置和设计并未体现以庭审为中心。强调去除我国刑事庭审中诸多不合时宜的因素。代表们认为,我国刑事诉讼中侦查中心、检察中心、审判中心平铺,重心前移,实际上以侦查为中心。

有代表基于庭审实录和裁判文书的实证分析认为,我国目前存在的是以案卷笔录为中心的法庭调查,法官对案卷笔录可采性秉持天然推定的态度、对案卷笔录证明力优先接受,案卷笔录是法官裁判的主要依据。

第四,关于庭审中心主义的构建。有代表提出,从宏观而言,改变现有诉讼模式,走向庭审中心,要处理好控审关系、侦审关系、警检关系以及不同审级的关系;要强化组织法研究,探悉影响制度运行的潜在因素如考核制度等;加强法官独立;司法审查应由法官负责等等。还有代表提出,由案卷笔录中心主义走向庭审中心主义,绝非技术层面的小修小补,而是对刑事诉讼构造的重新审视,是打破侦查本位主义、回归庭审实质化和重塑司法权威的需要,要以新《刑事诉讼法》实施和司法改革为契机进行转变,以实现一种看得见的正义。建立有效的案件筛选机制是向庭审中心主义转型的基础,坚持直接言辞原则是向庭审中心主义转型的核心,从证明力切入是较为可行的改革进路,即允许笔录类证据适用,但降低其证明力。

在具体制度建构上,代表们一致认为,确立庭审中心必须使庭审走向实质化,但不应导致新职权主义的扩张。即庭审中心主义的实质是确立庭审的实质化,强制和保障证人出庭、强化律师辩护、强调直接言辞、集中审理;解决法院内部审者不判、判者不审的问题,让审理者裁判,裁判者负责,最大限度排除法院内部庭外因素对审判的影响。构建庭审中心主义,从我国当前实际情况来看,有几个问题应该集中解决。一是辩护人的作用问题。新《刑事诉讼法》对辩护人制度有很大完善,但是实践中辩护率还是偏低。如果大部分案件只有控方,没有辩护人,庭审无法成为中心。因此要最大限度地提高辩护率,特别是提高法律援助的比例,强化辩护人的权利保障。完善法律援助,不仅要加强贯彻实施,还要完善立法。二是证人出庭问题。证人出庭率在新刑诉法实施前后没有明显变化。证人出庭是区分侦查中心主义和审判中心主义的关键性标志。证人不出庭,对质在法庭、调查在法庭都是空话。要确立相对的直接言辞原则,重要的、有分歧的证人必须出庭。要最大限度地保障证人出庭,实行交叉询问。三是不能过分强调庭前预备会议,不能期待庭前会议过多解决问题,取代庭审。庭审中心要求法院不能自我消解庭审中心,越有分歧的问题,越要放在法庭上。庭审中心要实实在在地进行,不是喊口号。

有观点认为,网络直播有助于实现庭审中心,消解传统的侦查中心。证、辩、判都应当在法庭中解决。只要强化公开,建立证人出庭作证制度,加强庭审的实质化和提高公开的程度,将庭审中的控辩对抗状况展现给公众,将侦查瑕疵、不规范的检控行为、律师的辩护、检察官的起诉活动等全部公开,法院就能够敢于并且愿意找到制约侦控活动的路径。

在司法人员分类改革的背景下,有代表指出,强化庭审功能要注意限制法官助理的作用,突出法官地位。在移送全案卷宗材料制度的背景下,如果不限制法官助理的作用,法官很大可能会依靠法官助理阅卷办案。

还有代表进一步指出,庭审中心主义的实施成本高,必然带来诉讼分流程序的扩大。需要研究被告人认罪情况下相关权利的保障。

总之,如何构建庭审中心还有许多问题值得思考,庭审中心的改革有其制度障碍,需要有关部门的理解和配合,需要从结构上理顺检察机关和侦查机关的关系。

第五,相关问题。由于庭审中心和审判中心涉及三机关关系问题,代表们也对此展开了讨论,形成了三种不同的观点。第一种观点认为,应健全公检法机关分工负责、互相配合、互相制约机制。十八届三中全会决定对此强调的是健全而非重构。公检法三机关分别代表国家行使职权,互相制约应是该原则的制度精华,强调在权力分立前提下的制衡,对于保证法律的统一正确实施、防止国家权力滥用和异化、保障诉讼参与人合法权益、预防和及时纠正诉讼中可能出现的错误和违法现象,具有重要意义。有鉴于此,对公检法机关分工负责、互相配合、互相制约机制的健全提出如下建议:(1)要实现法官中立、控审分离。(2)要建立符合中国国情的司法审查、令状许可制度,强制侦查应纳入司法审查范围。(3)要理顺侦查、起诉、审判的关系,构建审判为中心的刑事诉讼体制。审判应以一审为中心,一审应以庭审为中心,庭审应以质证为中心。(4)检察监督也发挥着重要作用。坚持职、权、利、责统一,对司法权进行重新配置。第二种观点认为,中国诉讼体制改革最根本的是要取消"三机关互相配合"的规定,该规定实际上与审判中立冲突。刑事诉讼中要确立诉讼的基本理念,回归以法院为主导,以审判为中心的实质。第三种观点认为,"三机关互相配合是司法改革的制度障碍"的说法不一定成立。不应配合的不予配合,应当配合的仍需配合。当前存在的主要问题应是公检法机关未坚持依法行使职权,以及政法委功能的调整等。

(二) 关于刑事司法公正的基础

公正是司法的生命线。司法改革的目标是司法公正,司法公正的实现是多种因素综合作用的结果。有代表以刑事司法为视角,对什么是司法公正的基础、为什么要重点关注司法公正的体制性基础以及如何进行司法体制改革发表了意见。

从刑事诉讼的程序层面而言,侦查是司法公正的基础;就刑事诉讼的要素而言,证据是司法公正的基础;就诉讼主体及其关系而言,司法体制是司法公正的基础。

对于司法公正的体制性基础的重点关注不仅是因为司法体制对司法公正所具有的重要的基础性的意义,而且是因为现有的司法体制已经不适应我国社会的现实和发展的需要。对其进行特别关注的原因还在于司法体制改革完善特别艰难。也就是说,司法体制完善已经成为进一步促进和保障司法公正的瓶颈,某种意义上而言,刑事辩护制度、证据制度、强制措施三大基本制度的完善,立案到执行五个基本程序的修改,如果缺乏司法体制的配套完善,其积极意义也将受到严重影响。

(三) 关于刑事诉讼证明标准

刑事诉讼证明标准一直是理论界研究的热点和实务界关注的焦点问题。2012年《刑事诉讼法》将"排除合理怀疑"引入法典,引起了代表们更加深入的思考和讨论。

关于"排除合理怀疑"之定位。代表认为,引入"排除合理怀疑"实际上是对"证据确实、充分"在主观方面的解释与要求,有助于弥补传统证明标准抽象化和客观化的缺陷,从客观与主观的双重纬度对刑事证明标准作出规范。

关于"排除合理怀疑"之理解。"排除合理怀疑"表面看似简单,实际上却是一个相当复杂、微妙的概念,即便在其发源的英美等国亦未形成统一的定义,没有操作性规则。有代表提出,在我国司法中的"排除合理怀疑"其具体内涵难以作出定论,但可以从总体上把握其核心精神,可以概括为,对全案证据进行综合判断后,事实裁判者对被告人犯罪的事实不再存有任何有证据支持的、符合经验与逻辑法则的疑问,产生了被告人构成犯罪的内心确信。"排除合理怀疑"包含着特殊的价值追求,有助于促进无罪推定原则的确立和人权保障观念的更新。

代表们对"排除合理怀疑"与"证据确实充分"的关系展开了充分讨论。多数认为两者不存在高低之分,应处于同等地位。在定罪标准设置上,立法者需要考虑的是如何传递作出有罪判决必须达到最高程度的确定性这一准则,同时还应当容易为社会所普遍理解与接受。"排除合理怀疑"与"证据确实充分"都要求有罪证明应当达到最高程度。在认识相对论现实下,讨论"证据确实充分"的绝对确定性和"排除合理怀疑"的非绝对确定性在法律规范层面并不具有实质意义。总之,在定罪标准是作为对主观信念的要求下,各标准之间并无宽严之分。

关于"排除合理怀疑"之适用。有代表指出,"排除合理怀疑"在立法上确立后,对司法实践并没有实质性影响。也有代表提出,该标准要在实践中结合相关规定进行适用,要明确其并非孤立的标准,要与其他条件结合进行判断,即结合《刑事诉讼法》第53条第2款规定的前两项条件进行适用;还要明确"排除合理怀疑"并非仅仅适用于最终的全案事实的综合判断,在对个别证据的确定性或局部事实的认定进行判断时,同样可以参照"排除合理怀疑"。

还有代表对证明标准的解释方法问题进行了研究,认为目前我国司法解释实为脱离个案语境的准立法模式,通过司法解释无法完成使证明标准具有可操作性的目标。在证明标准的学理解释方面,学者们最为关注有罪证明标准的解释,目前主要采取语义解释方法,借助国外的排除合理怀疑、内心确信、高度盖然性等用语来丰富我国证明标准条款的解释。但语义解释存在局限性,只能发挥一定的心证引导作用,应当确立以有罪判决证明标准为基准的体系解释。

(四) 关于刑事诉讼中的程序性制裁

刑事诉讼中的程序性制裁理论旨在研究程序性违法的法律后果,学术界对其正当性和理论基础、中国现行的程序性制裁制度的主要不足及具体完善等进行了比较系统的理论研究。随着程序正义理念被普遍接受,程序性制裁理论也越来越受到实务部门的关注。实务界代表从程序性制裁的构成要件和程序性制裁的建构等方面阐述各自的观点。

程序性制裁需要满足三个要件,即行为人必须实施了严重的程序违法行为;违法主体必须是国家的司法工作人员,包括其委托和授权人员;行为人必须主观上存在故意。

程序性制裁的建构,宏观上应在《宪法》中规定相关条款,这是一个长期的过程。目前可以从具体制度入手,建立完整的程序性制裁机制,包括非法证据排除规则;对于违法侦查行为、违法提起公诉行为和违法审判行为应规定相应的责任后果;对于严重侵犯公民诉讼权利的侦查、起诉、审判行为,应允许公民提起程序性诉讼。

(五) 关于诉讼监督

长期以来,理论界和实务界对检察院职权的界分存在不同的观点,包括"一元论""二元论""一元二分法论"等。2012年《刑事诉讼法》的修改,扩展了诉讼监督的范围,丰富了诉讼监督的手段,强化了诉讼监督的责任。代表们针对诉讼监督权运行规范、诉讼监督内部资源整合以及刑罚变更执行中的诉讼监督问题等进行了探讨。

有代表指出,要以"一元二分法"理论指导诉讼监督权的运行。近年来,检察机关在司法实践中对诉讼权与诉讼监督权实行"两个适当分离"运行机制的探索引发多方面关注,即诉讼职能与诉讼监督职能适当分离、案件办理职能与案件管理职能适当分离。该探索取得了很好的效果,彰显了制度创设的前瞻性、遵循了司法规律性,成为检察权运行模式的制度蓝本和实践范本。有代表从规范检察指令权(检察官署及检察首长依法对下级检察官署履行检察事务、行政管理及对外事务协调事项所作出的一般指示或者个别指示所形成的指令权能体系)运行程序入手进一步探讨诉讼监督权的运行规范。指出需要规范检察指令权,建立指令权清单,规范其运行程序,建立科学的指标和评估体系。

有代表认为,随着检察机关内设部门的增多,检察机关的诉讼监督存在诉讼监督工作主体多元化、诉讼监督权分散行使、部门各自为政条块分割、沟通协调不畅等问题,导致监督中合力不足、整体性差和效率不高。因此需要整合内部诉讼监督资源,完善工作机制以改变现状,构建一种全程化、立体化的诉讼监督工作新格局,确保诉讼监督工作科学、合理、高效运行。

还有代表提出,两法修改后,刑罚执行变更检察监督存在若干问题,如检察机关介入减刑、假释、暂予监外执行的时间规定不科学,法院决定暂予监外执行程序缺乏检察监督,导致监督不规范、监督发现渠道不畅、监督效果滞后等问题,需要从立法、司法等层面加以解决。

二、刑事司法改革研究

(一) 关于司法体制改革的基础理论

有代表表示,需要首先明确其定位和功能,当前司法改革的政策和法律渊源以及司法的核心内容尚不明确,如司法制度在宪政结构中的地位、中国司法是否涵盖检察院和公安机关,在部门层面和功能层面如何界分,等等。

就司法改革关注的方向问题,有代表强调,既要讲检察院、法院依法独立行使职权,也要关注公安机关,即侦查机关也应独立行使职权。该代表研究了日本战前走向军国主义以及战后民主化改革进程之中警察角色的定位及其转变,提出政治力量不能介入警察的个案处理对于法治国家建设意义重大。

有代表认为,刑事司法改革需要外部和内部两方面的支持。外部支持包括两种,一是党和政府其他部门是否认可司法改革的可行性、正当性;二是社会公众是否认同司法改革的必要性。内部支持来自于司法人员的广泛参与。当前外部和内部支持均面临不足。

代表们强调,司法改革不能仅依靠公检法机关和学者,应借鉴英国、日本等国的司法改革经验,自上而下,自下而上,得到全社会的认同和支持。还有代表提出,中国司法改革必须走出"维稳司法"的思维,稳定不应该是一个目标,而是手段。

(二) 关于司法机关人员分类管理

有代表建议,应在省一级设立法官、检察官遴选委员会,对法官、检察官实行有别于普通公务员的管理制度。关于遴选委员会的构成,与会代表认为,检察官、法官的遴选要形成专业化模式,该专业化模式至少包括遴选的表决制和标准两大方面的内容。有代表认为,一般来说,遴选的标准应当注重考察遴选对象的办案数量、办案质量以及其他相关的业务能力,而不能单纯地用某一方面能力作为考核遴选标准。

在进行人员分类管理改革的同时,有代表强调,还应当解决好现阶段司法保障不足的问题。尤其是一二线城市法官、检察官的经济待遇不高,人才流失不断发生,如何把高素质人群留在法官、检察官队伍已经成为一个迫切的现实问题。同时,这次改革特别强调对于人员的分类分层,如果处理不好的话,很可能在原有院长—副院长—审委会—庭长—法官的科层管理之外再增加一层,即法官助理层,从而进一步加剧审而不判、判而不审的问题。

(三)关于司法人员办案责任制与司法行政管理

有代表指出,司法改革强调依法独立行使审判权、检察权,但在我国职权主义的背景下,如果缺乏约束机制,则可能危害更大。换句话说,在司法制度改革中,由法院自身组织遴选法官,被组织者必然听从组织者,在取消地方化的同时可能会强化行政化,这种司法改革实质效果值得质疑。法院行政化比地方化更糟糕。各级法院应当保持审级独立。

代表们普遍担忧,检察院、法院的人、财、物省级统管会加剧下级检察院、法院对上级院的依附关系,即"不找地方组织部、财政局,改找本系统上级领导了"。原先需要找多个部门才能办成的事情,现在找一个院长就全搞定了。有代表特别举出了法官检察官遴选委员会的例子,由法院、检察院内部决定、酝酿名单,之后交给所谓的遴选委员会走一个形式。这是在强化一级司法机关的司法行政管理权,与司法改革的方向背道而驰。

有代表进一步指出,司法行政管理权可以属于中央,也就是"事权"属于中央,但司法裁判权不存在中央和地方的问题,每一级检察院、法院都有自己独立裁判案件的职能、权力。也就是说,上下级法院除了业务指导关系,不应该有其他的管理关系;甚至检察一体化也仅限于业务权的一体化,而不是全面的人事、财务依附关系。

就该问题,有代表还引用了一句谚语,"控制了一个人的生存就等于控制了一个人的意志"。他指出,如何把司法行政管理权和司法裁判权区分开来,这是一个亟待解决的棘手难题。来自地方实务部门的代表提醒说,现在6家试点省市,除了上海外其他都是由当地政法委书记担任法官、检察官遴选委员会主任。他认为,应向我国台湾地区学习,成立司法官遴选委员会。具体架构,可以放在人大,也可以是司法行政部门牵头的中立组织,但是不能放在政法委。

代表们普遍认为,人员分类管理是司法改革中的关键问题,在过渡期应注意可能出现的隐名办案现象,要充分调动骨干人才的积极性,避免人才流失,认识到推迟退休制度、学者律师遴选制度可能带来的影响。

关于员额制问题的探讨也是代表们讨论的重点内容之一。最高人民法院下发的《人民法院第四个五年改革纲要(2014—2018)》首次提及建立法官员额制、主审法官负责制。与此同时,由于部分年轻法官担忧职位不保,离职潮的涌动成为近期社会关注的焦点。与会代表认为员额制是一个存有争议的问题。因为在任何地方、任何时候,人事问题都具有高度的敏感性。尤其是大幅度裁减法官、检察官的编制,势必引起强烈的反响。谁该留在1/3的新序列里?其余2/3何去何从?还有,司法责任制会带来什么样的压力?这些问题已经引起了很多人的困惑。关于该问题,代表们主要阐释了以下几方面的观点和认识:

(1)关于员额制的可行性问题。有代表认为员额制限制了法官、检察官的数量,对于司法资源的优化配置具有一定的积极意义与作用。有学者通过介绍台湾地区的员额制来探讨在大陆地区实行员额制的社会条件和法制背景,以及员额制实施的利弊分析。

(2)如何确定员额制中的比例问题。关于员额编制的确定,有观点认为,应当重新加以确定。要综合考虑案件的数量、常住人口以及外来人口等情况确定数额。员额编制的确定要解决案多人少的问题。如果案多人少的问题不解决,很难保证案件质量。

(3)关于员额制的实施问题。有代表认为,员额制的实施可以分两步进行:第一步,可以适当扩大比例,员额制的确定不应当以现有的法官、检察官为基准,而应当考虑多方面的因素,解决人少案多的问题;第二步,在前期调整的基础上进行逐步完善。

(4)院长、庭长是否占用员额的问题。有代表认为,院长、庭长不应占用员额的编制,应当将编制进行优化配置,将编制效益最大化。

(5)关于目前员额制存在的消极方面的问题。有代表认为,员额制是检法机关对自我进行的一场革命,这场革命中受影响最大的主要是中青年法官、检察官,员额制对该群体具有一定的消极作用,在一定程度上不利于中青年检察官与法官的成长与发展。因此,在员额制实施的过程中要调整现任法官、检察官的具体比例,让中青年检察官看到希望。

三、修改后的刑事诉讼法实施研究

(一)关于强制措施

1. 关于羁押必要性审查

有学者对某检察机关开展羁押必要性审查的工作情况进行了调研。发现其主要做法有三个方面:注重制度建设、建立协调机制、探索归口审查。取得的初步成效包括:诉讼监督力度进一步加大、当事人合法权益得到保障、办案社会效果比较明显。但仍存在以下几个主要问题:一是监督职能与诉讼职权混淆;二是启动程序不够规范;三是职责分工不够合理;四是审查方式比较烦琐;五是办案质量和监督效力有待提高。对此提出如下建议:第一,正确把握监督职能与诉讼职权的关系,明确羁押必要性审查是诉讼监督权、司法救济权、程序建议权;第二,完善启动程序,设置依申请审查的前置条件,建立"同案同由"不再重复受理制度,规范依职权启动审查的程序;第三,理顺职责分工,归口侦监部门统一办理;第四,规范审查方式,以书面审查为主,调查讯(询)问、听取意见为辅,不宜普遍采取公开听证的方式。

有学者对羁押必要性审查制度的几个具体问题进行分析并提出建议:第一,羁押必要性审查的主体。《规则》中明确规定侦查阶段由侦查监督部门负责,审判阶段则由公诉部门负责。应当对我国羁押必要性审查的主体重新定位,建立以监所检察部门为主,侦查监督部门、公诉部门协助审查的机制。第二,羁押必要性审查的启动程序。刑诉法规定的启动程序有依职权审查和依申请审查两种。两种启动程序都应从细节上予以完善。第三,羁押必要性审查的方式。《规则》中规定的检察院进行羁押必要性审查的主要方式是听取有关意见和书面审查相结合。对此,一般情况下应遵循《规则》规定的方式进行,但对个别重大、复杂或者社会影响较大的案件,应当进行听证审查。第四,羁押必要性审查的范围和内容。刑诉法对羁押必要性审查的案件范围和内容未作出明确规定。应对全部案件进行必要性审查,其中对轻微刑事案件以及犯罪嫌疑人、被告人主体特殊等案件进行重点审查,并应明确规定审查的具体内容。第五,羁押必要性审查的期限。刑诉法及《规则》均未规定检察院对捕后羁押必要性审查的期限以及审查的间隔时间。建议将检察机关依职权启动羁押必要性审查的时间规定为7日,并明确规定羁押必要性审查的间隔期限为3个月。第六,羁押必要性审查的制约和救济措施。对检察院认为不需要继续羁押,而有关机关有异议的,应当允许其提出意见和理由,检察院也应予以落实;对检察院认为需要继续羁押而被羁押人不服的,可借鉴国外有关司法救济制度,建立羁押必要性审查的申诉机制。

有学者对《刑事诉讼法》第93条规定的羁押必要性审查以及第94至97条规定的适用进行分析,认为第93条的规定应后位适用。《刑事诉讼法》第94至97条构成了捕后处理、变更、撤销的制度体系,在适用过程中,由于对第93条规定的羁押必要性审查与相邻法条关系认识不清,出现适用概念泛化、范围扩大现象。基于捕后处理制度体系的内在系统协调、羁押必要性审查的诉讼监督性质、办案机关的职能分工、保障人权和诉讼效率原则等方面的要求,第93条相对于第94至97条,应后位适用。具体体现在:侦查、审判阶段依当事人申请启动审查一般不主动优先适用第93条,而依职权启动审查可主动适用;审查起诉等检察环节一律不适用第93条;规范对当事人申请羁押必要性审查常见情形的处理。

2. 关于逮捕措施司法化审查

有学者提出了逮捕措施司法化审查的完善问题。新刑诉法对检察院审查批捕程序进行了一定程度的司法化改造,增加了辩护律师的参与、讯问犯罪嫌疑人、捕后救济等规定。但逮捕措施的司法化审查依然面临诸多困境,包括诉讼参与人以及执法者的法治理念与新刑诉法体现的理念有差距,细节性程序规定的缺失,实体性规范存在认定标准略显粗糙等问题。完善我国逮捕措施司法化审查的现实路径主要有:弱化批捕的审批程序,完善多方参与的审查程序,增强各方参与意识。

3. 关于指定居所监视居住

有学者认为,指定居所监视居住的适用存在如下问题:成本高、适用率低;适用条件易受人为因素左右;适用案件范围仍存有一定争议;执行场所的合法性与有效性难以兼顾;监控措施的合理性与有效性存在难点。对此,应将指定居所监视居住视为监视居住的特殊情形,视为介于羁押与取保候审之间的缓冲地带,执行中应强调其非羁押性特征。

(二) 关于非法证据排除

1. 关于非法证据排除规则的解读

有学者提出,对非法证据排除规则要正确理解。非法证据排除规则是证据采信中适用的证据规则之一,证据采信规则涵盖的范围更大。关于非法证据的概念和范围,有学者认为,我国非法证据的概念有一个不断变化、逐渐丰富的过程,从最初仅针对言词证据,发展为实物证据在一定程度上也被纳入非法证据范畴。此外,大家还对非法证据适用中的"刑讯逼供""暴力、威胁""其他非法方法""引诱、欺骗""非法实物证据"的含义进行了分析与解读。

有学者剖析了依宪解释下的非法证据排除规则。认为非法证据排除规则中的司法裁量与解释应当从宪法中寻找依据,依据宪法作出解释。从世界范围来看,以排除规则的产生与发展分析其与宪法的关系大体可以分为三类模式:依宪产生模式、依宪推动模式、依宪与刑事立法共同促生模式。三种模式共同的规律是离不开宪法支持,离不开依宪解释,法院在制作司法判例时需要遵循宪法精神、原则与相关条款。我国现行非法证据排除规则有着广泛的宪法依据,但仍然有许多难题需要解决,如法官泛化的事实审与僵化的裁判理由,整个法律共同体缺乏相应的宪法解释技术等。当前排除规则依宪解释路径,需要明确三方面内容:首先,解释主体限定为法官;其次,解释对象是法官裁定为裁判依据或者说理依据的法律规范;最后,从宪法中寻找扩大排除非法证据范围的依据。

有学者分析了非法证据排除规则真正获得实效性的问题。自非法证据排除规则在我国立法中确立以来,实践中非法证据真正被排除导致案件无法定罪的案例微乎其微。非法证据排除制度在实践中效果不佳主要源于难以发现抑或难以证明。一项完整的非法证据排除规则包括"实体构成性规则"与"程序实施性规则"两大部分,相关法律规定中前者更为确定和完善,而后者在理论研究方面相对丰厚。在我国非法证据排除制度中,能够证实非法证据的制度甚少,实践中往往由证明不力转化为证明不能,导致非法证据排除规则最终以非法证据不排除规则而告终。因此,非法证据排除规则的有效适用的前提是完善相关的制度支持:一方面,构建可以使非法证据被发现且易于证明的制度,健全防范侦查人员刑讯的制度与机制,包括坚守看守所讯问与羁押巡查制度、讯问的录音录像、完善警察出庭作证制度等。另一方面,建立违反程序的责任追究制度,采取严格的非法证据排除规则。

有学者认为,非法证据排除应与侦查谋略加以明确界分。从现行立法及相关司法解释来看,法律从一般意义上禁止威胁、引诱、欺骗的取证行为,但对于威胁、引诱、欺骗获取的供述并不一概予以排除,需要排除的仅仅是通过刑讯逼供或者与刑讯逼供相当的其他方法获取的供述。认定威胁、引诱、欺骗属于正常的侦查谋略还是非法方法是法官行使自由裁量权的范畴,其标准的确立应遵循以下三个原则:一是不得违法,二是不得导致虚假供述,三是不得严重违反道德。

2. 关于检察视域下非法证据排除规则的适用

有学者认为,检察机关在非法证据排除规则适用中存在难点,应予完善。我国检察机关在非法证据排除中的主体地位与其法律监督的功能和法律监督机关的地位密切相关,是实现法律监督的有效途径。非法证据排除中检察监督权适用的难点包括:(1)检察机关对非法证据调查核实权的运用存在以下问题:启动程序没有明确规定,监督方式单一,效果不理想。(2)检察机关三重角色对适用非法证据排除规则带来影响。三重角色包括:一是在审查逮捕、审查起诉阶段对证据合法性进行审查判断;二是对自侦案件主导侦查取证,处于证据合法性被审查的角色地位;三是在审判阶段,派出公诉人代表检察机关作为控诉主体的地位。因此,检察机关在排除非法证据时可能受到多重因素影响,一方面基于侦查机关的影响而不排除,另一方面基于内部考核的压力而过度排除。(3)非法证据排除程序的设计问题。检察机关需要从程序的启动、非法证据的标准把握、检察人员的法律素养和业务素质、行政执法过程中收集的证据的使用等方面进一步完善侦查活动中非法证据的排除程序。针对上述难点,应采取相应措施保障非法证据排除中检察监督权的有效适用,包括完善非法证据发现和审查机制;探索自侦部门证据合法性专门审查制度;完善介入侦查和引导取证工作机制;逐步建立非法证据排除规则的救济机制等。

有学者从办案实践出发,对检察机关适用非法证据排除规则提出建议。认为近几年检察机关适用非法证据排除规则的情况与制度的预设目标存在较大差距。检察实践中非法证据排除规则的适用主要存在以下三个问题:第一,解释、补正的较多,直接排除的较少。第二,"不能排除存在非法取证情形"的排除多,"确定非法"的排除很少。第三,"虚假"的排除多,"非法"的排除少。存在上述问题的原因主要有三:观念障碍——事实真相优先;角色障碍——诉讼职能影响客观排除;手段障碍——缺乏有效的调查手段(犯罪嫌疑人入所健康检查记录难以核实"新刑讯";"情况说明"被滥用;全程同步录音录像的制作、移送不规范)。完善检察机关排除非法证据机制的建议主要包括:提高核实"非法"的调查能力;强化侦监部门对特定案件同步录音录像的审查;规范非法证据的补正;确立"违法者担首责"的国家赔偿制度;深化客观性证据审查机制。

有学者提出职务犯罪侦查阶段非法证据的防范与排除问题。认为在侦查阶段非法证据的防范与排除问题不同于审查起诉和审判阶段,其适用重心应放在防范非法证据的产生上,而非制裁性的排除。在侦查阶段防范与排除非法证据是侦查机关的天然使命、法定义务,也是现实需要。应从三个方面对侦查机关防范和排除非法证据的制度构建予以完善:第一,关于非法证据的防范。应转变侦查理念、提升执法能力、规范执法行为、规范初查取证、严格证据转换、落实责任追究。第二,关于非法证据的排除程序。应建立自查、审查和复审程序。第三,关于兼具非法证据的防范与排除功能的制度设置。应密切部门间配合、加强与律师间的良性互动、严格落实同步录音录像制度。

（三）关于瑕疵证据

有学者提出了瑕疵证据的概念。认为按照相对合理主义的立场,对于证据资格问题,我国立法和司法实践承认非法与合法之间存在第三种证据形态:证据资格待定的瑕疵证据。有学者对非法证据与瑕疵证据作了明确区分。认为瑕疵证据并非法律概念,是证据法学界和司法实务界对证据合法性要素存在瑕疵的证据的统称。瑕疵证据与非法证据都在合法性要素上有所欠缺,有时难以区分,成为是否启动和适用非法证据排除机制的障碍。主体合法、程序合法、形式合法以及手段、方法合法是证据合法性的四个要素,缺乏其中任何一种要素的证据即为瑕疵证据,其中手段、方法不合法的言词证据和程序严重不合法的实物证据即为非法证据。瑕疵证据的范畴大于非法证据的范畴。

有学者进一步对刑事诉讼中瑕疵证据补正的几个具体问题进行了研究。第一,允许补正的证据范围界定问题。现行立法和司法解释确立了强制排除、裁量排除、可补正的排除三种证据排除规则。这一规则体系存在的问题突出表现为物证、书证等实物证据的非法与瑕疵认定的法律界限模糊,是否不考虑违法程度如何都允许补正,在理论和实践中存在较大争议。该学者认为,对于违法获取的实物证据,也应分为非法与瑕疵两大类,通过刑讯逼供、暴力取证等严重违法方式取得的实物证据应认定为非法证据直接裁量排除,不允许补正;其他违法方法取得的实物证据属于瑕疵证据,可以予以补正或合理解释。第二,瑕疵证据补正效果的评价标准问题。言词证据补正效果评价标准是合法性得到救济;实物证据补正效果评价标准是真实性得到保障。第三,瑕疵证据补正与合理解释的区别适用问题。补正是对取证程序上的非实质性的瑕疵进行补救;合理解释是对取证程序的瑕疵作出符合常理及逻辑的解释。其中,合理解释更易操作,司法实践中侦查人员随意出具一份"情况说明"代替法律意义上的"合理解释"的情况并不鲜见。因此,对合理解释应加以必要限制。具体而言,应坚持补正优先原则,合理解释内容必须翔实具体,且须符合逻辑和常理。

(四)关于刑事辩护

有学者对刑事辩护制度实施状况进行了调查研究。调查发现,律师会见权与阅卷权基本上得到落实,刑事辩护"三难"的情形得到改善,但仍存在以"三类案件"搪塞律师会见、法律援助适用率低、律师意见采纳率低、律师申诉控告缺乏有效保障等问题,需要通过进一步完善法律与司法解释相关规定、加强法律援助质量控制、增设保障律师权利的程序性法律后果等手段进行解决。也有学者认为,律师会见在检察机关办理的案件中有所退步,侦查终结前只能见一次甚至无法会见。对此有回应指出,最高检正在着力解决职务犯罪律师会见难的问题。当前会见由案管部门安排,律师可向侦监部门提出申诉控告。最高检将出台执法规范,保障律师会见权利。

有学者就检察机关自侦部门如何应对新刑诉法下"辩护律师提前介入制度"提出建议。认为辩护律师提前介入制度使职务犯罪侦查面临机遇和挑战,检察机关应通过转变职务犯罪侦查模式,将证据收集模式从"由供到证"转变为"由证到供",严格监督,确保侦查活动顺利进行。

(五)关于侦查讯问

有代表研究讨论了讯问笔录及对讯问录音录像资料的证据属性和相互关系问题,认为讯问笔录的功能在于:(1)是口供的主要载体;(2)是对讯问措施的全面记录;(3)是防止翻供变供的有效手段。而对于同步录音录像资料的属性则有三种观点:(1)录音录像是视听资料证据;(2)录音录像有证据资格,具有直接或者间接的证明力;(3)录音录像不能作为单独的证据使用,只是监督讯问的手段,讯问笔录具有证据能力和证明力,录音录像则无法定证据资格,只能固定、佐证讯问笔录,不能取代其法律地位。

(六)关于职务犯罪侦查

有研究者从自侦部门实际出发探讨主任检察官制度,指出职务犯罪侦查完全由领导决定,应予以改革,突出办案检察官主体地位,通过赋权使其独立办案。职务犯罪侦查权分为初查启动权、侦查启动权、一般侦查权、专门调查权、强制措施权、技术侦查权、补充侦查权,其中,侦查阶段不具有终局性的决定权,应赋予主任检察官相应职权,并使其对涉及实体结果的审批事项具有建议权,从而减少审批层级、流程和次数,提高侦查的效能,发挥检察官主观能动性,实现责权利的有机统一。

针对辩护律师提前介入的挑战,来自实务部门的代表提出检察院自侦部门的应对方式:(1)应摆正心态,正确面对,加强对刑事诉讼法的学习和理解;

(2)做好案件的初查工作,以正式侦查的思路对待初查,做好初查预案,加强对初查方法、措施、策略的研究;(3)转变证据收集模式,从由供到证转变为由证到供;(4)做好审讯工作,审前要全面准备,审中注意审讯计策、审讯心理,审后梳理审讯中的信息、扩展证据;(5)规范办案程序,依法办案,适用强制措施要避免超期羁押,法律文书填写应及时、准确、注意保管存档;(6)坚持同步录音录像制度;(7)制定关于律师介入的规定,告知嫌疑人及其家属律师辩护权,建立固定工作窗口受理律师申诉控告;(8)严格监督辩护律师介入情况,发现律师违法违规的,及时移送并通报有关部门。

关于审判程序改革对自侦工作的影响,有实务部门的研究者提出相应对策。(1)针对简易程序的扩大适用,应防止侦辩交易滥用;应落实侦诉一体化,使证据符合简易程序要求;应评估风险,防止简易程序不当适用;(2)针对二审开庭审理及审限的延长,应将侦查阶段证据坐实,提高取证、固定证据的工作要求和水平;应跟踪管理污点证人,防止其二审中翻供;应提升侦查人员素质,明确侦查人员出庭作证要求;(3)针对刑诉法改革,最重要的问题是侦查中的证据收集和固定,为此要改进和完善当前的证据收集工作,做到取证程序规范化、固定证据专业化。

针对职务犯罪逮捕权上提一级的规定,实务部门的研究者认为,这加强了审查决定逮捕的独立性和中立性,加强了逮捕措施适用的严格性和公正性。具体表现为:(1)逮捕标准严格,不捕率上升;(2)促使侦查程序更规范,有利于保障犯罪嫌疑人权利;(3)加强上下级检察院沟通联系、制约和引导。但实践中也出现了相应的问题,如:(1)报捕材料不规范;(2)文书制作不规范;(3)案件证据收集程序不规范;(4)上下级检察院捕中协调不足,尺度不一;2009—2013年某市不捕率13.3%,明显高于普通刑事案件,明显高于2009年之前4.2%的不捕率,反映出两级检察院对逮捕条件的不同理解和把握;(5)捕后跟踪机制有待完善;(6)捕后轻刑率高,反映出逮捕条件过宽;(7)存疑不捕占一定比例,2009—2013年某市存疑不捕占到不捕的34.1%,案件后续侦查难度大,办案周期漫长。针对出现的问题,相应的对策有:(1)规范上下级检察院立案、拘留通报制度;(2)落实上级检察院对重大案件介入侦查制度;(3)完善逮捕决策制度;(4)规范和细化捕后跟踪反馈机制,监督下级检察院办案质量;(5)提高全面审查证据的意识,对非法证据、瑕疵证据及时处理;(6)完善律师介入和听取意见工作机制;(7)建立符合职务犯罪特点的羁押必要性审查机制,明确审查主体和职权;(8)加强对职务犯罪案件的侦查监督,落实对讯问同步录音录像制度;(9)规范对未报捕同案犯追究刑事责任的程序;(10)规范逮捕必要性的证明制度;(11)注意修复社会关系、防范办案风险、推动预防犯罪的体系化建构。

关于职务犯罪的侦查与非法证据排除的关系,有研究者提出,自侦部门应主动防范,在侦查中树立证据可采性意识,注意取证的合法性,加强与法庭的沟通联系,增加与律师的良性互动,严格落实同步录音录像制度。

(七)关于审查起诉与刑事和解

关于劳教废止后检察机关面临的问题及应对,有代表通过实证研究发现,劳教废止后,检察机关受理案件数量大幅度上升,轻案快办、效率提高,但非羁押措施、不起诉适用率不高,急需探索建立我国的轻罪体系、完善轻案快办的办案机制。也即从实体上区分重罪、轻罪及确立相应的处置机制,从程序上建立相应的制度。

关于附条件不起诉制度,有研究者认为该制度存在的主要问题是:(1)适用范围狭窄,刑度、案件类型、适用主体等均受限制;(2)与相对不起诉制度逻辑关系不明确;(3)帮教考察制度不完善;(4)所附加条件不明确;(5)监督制约机制不完备。

关于附条件不起诉对象的考察和管理,有来自实务部门的研究者认为存在以下问题:(1)相关法律法规未规定专门的考察管理机关,目前有的地方的考察管理形式是由检察院牵头,联合当地司法所、学校、街道、社区、村委会等共同进行,而这些单位并无考察职能,因此帮教组织不齐备,帮教效果不好;(2)检察资源配置不到位,检察机关工作量增加,检察人员帮教考察积极性不高,未检部门人员兼职率高,有的高达36.36%;未检部门检务保障不到位;(3)对被不起诉人难以做到有效监管,造成其无学可上、无工可做,再犯率难以控制;(4)发达地区的经验在中小城市和经济落后地区不适用,发达地区社工组织介入的经验无法在其他地区推广。该研究还提出完善考察管理和帮教制度的建议:(1)出台规范,建立合理的考察管理机制;(2)配备专职考察管理人员,强化人员素质,建立配套工作保障机制;(3)人性化、灵活、主动监管,发挥学校、社区等的正面影响;完善社会调查报告机制;借助心理咨询师等专业人士提供专业心理疏导服务;建立相对弹性的观护帮教期限制度;建立跟踪回访机制,了解并帮助解决其现实困难;(4)探索符合本地实际的考察管理机制,如联合司法局、学校、社区等签署文件,明确各自职责;对无监护、无住所、无经济来源的涉案未成年人,与企业联合建立观护基地;与司法局建立社区矫正联动机制;依托乡镇检察室建立涉诉未成年人日常监督管理帮教机制。

有的代表认为,完善附条件不起诉制度,应从以下方面入手:(1)合理平衡被告人、被害人利益和社会利益;(2)准确把握1年以下宣告刑的适用条件;(3)优化检察资源配置,加强未成年人案件审查起诉的专业化和职业化;(4)检察院牵头协调建立相对稳定的帮教基地;(5)适用主体范围适当扩大,逐步向成年人中的老年人、孕妇、初犯、过失犯等开放,最后向所有人开放;(6)明确附条件不起诉制度与相对不起诉制度的逻辑关系,附条件不起诉制度约束力强,预防再犯效果较好;(7)明确规定附加条件,如矫正条件包括公益劳动、学习法律法规等,修复条件如赔礼道歉,保护条件如禁止打击报复证人、被害人,限制条件如保护观察、戒瘾治疗、禁止进入特定区域,还有心理辅导、社区劳动等;(8)强化内部监督,加强检委会的决策职能和上级检察院对下级检察院的指导、备案审查功能,强化案件的内部监督管理;(9)强化外部监督,建立听证机制,承办人可邀请社会调查员、心理专家、被害人方、被告人方、学校、社区、单位、人大代表、政协委员、人民监督员等参加听证。

有观点认为,对不起诉案件举行公开听证有积极意义:(1)有利于强化审查方式的公开公正;(2)有利于促进不起诉决定的民主;(3)有利于确保审查起诉工作的中立性;(4)有利于加强检务公开,树立执法公信力和检察权威;(5)有利于强化法律监督;(6)有利于顺应轻刑化和刑罚个别化的趋势;(7)有利于保障诉讼参与人各方合法权益,修复社会关系。

有研究者提出了完善不起诉案件公开听证的建议:(1)明确案件审查范围。(2)明确设置审查程序,明确检察机关是中立审查还是主导审查;听证是采取公开听证会还是听取意见会方式;公开审查环节的具体操作也应明确,如通知、听证流程、是否允许辩论以及不起诉决定的公开宣告等,当前有的地区允许辩论,有的地区不允许辩论。(3)参与主体有检察院、侦查机关、审判机关代表等,人大代表、政协委员、特约检察员、专家、案件有关人员、媒体等也可参加。(4)当事人的权利包括:申请权,申请启动公开审查;参与权,委托代理人、质证、辩论、最后陈述意见权;提出异议权,当事人对于公开听证的结果有异议的,有权向承办人提出,由承办人提出处理意见交检察长或者在必要时交检委会决定。

关于刑事和解制度,有研究者指出其在实践中面临的主要问题:(1)公检法三家对刑事和解程序的解释有分歧,如检察院和法院未界定民间纠纷,公安机关排除了若干案件类型;法律的执行有待进一步规范;刑事和解程序也有待进一步完善。(2)刑事和解的赔偿数额和从宽处罚有待进一步明确细化。(3)刑事和解占据大量检察资源,检察官沟通协调工作量大,制度激励不足。(4)加害人履行义务方式单一,有违制度初衷。完善刑事和解的建议有:(1)公检法三家联合解释刑事和解程序以消除分歧;(2)坚持司法机关独立审查、避免过分受当事人影响;(3)充分发挥民间组织在刑事和解中的作用;(4)完善内部监督考核机制;(5)推动刑事和解赔偿标准的规范化和方式的多元化。

(八)关于庭前会议

有研究者认为,我国庭前会议应采一体化庭前会议模式,可处理程序性争议、明确争点事实及证据、刑事和解、附带民事诉讼调解等事项。

有学者指出当前庭前会议存在的问题:(1)功能扩大化,不能过分强调庭前会议,不能期待庭前会议过多解决问题,取代庭审。(2)适用范围不够准确,各地适用情况不一,有的地方对所有公诉案件举行庭前会议,有的地方不适用庭前会议制度;如对所有公诉案件均适用该程序则会降低诉讼效率。(3)提请主体不明确;检察机关参与庭前会议的权力也不明确,如对申请权、举证质证权、辩论权等未予规定。(4)审查内容有待明确,"与审判相关的问题"作为兜底条款应明晰;有的地方对证据进行实质性审查。(4)事项效力待定,是否仅限于了解情况、听取意见,还是能作出相应决定,并不明确,有程序虚置风险。(5)与证据开示制度混淆。(6)与辩诉交易制度混淆。(7)与政法委案件协调机制混淆。(8)与庭外调查相混淆。

针对庭前会议存在的问题,有学者认为应从以下方面予以完善:(1)明确启动方式,可由法院依职权或者应申请启动,检察院与辩护人也有权申请或者建议举行庭前会议。(2)赋予庭前会议决定的相关事项的效力,一是将法院的记录职责改为裁断权,如控辩双方有分歧而未达成一致意见的,可依法在庭前会议后处理;控辩双方达成一致意见的,应确认其效力。二是关于证据排除,有观点认为庭前会议不应作出排除证据的决定,另有观点认为如检察院认可证据排除则可作出证据排除决定,否则就在庭审中解决。三是庭前会议程序产生的效力,如对控辩双方在庭前会议中已提出的异议或者程序性要求等问题,在庭审时再次提出的,法庭应予以驳回;对庭前会议中未提出的回避、证人名单、非法证据排除等问题,除非有正当理由,否则开庭时不应受理。(3)应明确庭前会议只适用于有辩护人的案件。(4)对于无罪辩护的案件、涉恐涉黑案件、重大犯罪集团案件、流窜作案案件、重大经济犯罪案件、涉及很多专业知识的案件需召开庭前会议。(5)对于适用简易程序的案件,原则上不应召开庭前会议。(6)应明确庭前会议只解决程序性问题;另有观点认为,也应有条件地梳理实体性事项,如控辩双方达成一致的某些关于定罪量刑的证据与事实事项。(7)对于庭前会议作出的决定,当事人不服的,应规定权利救济程序如程序性上诉。

(九)关于简易程序及速裁程序

关于适用简易程序的案件范围,有学者提出,在实务中对最低法定刑为三年及以上且实际处刑很重的案件,即使属于认罪案件,一般情况下也应考虑列入"有重大社会影响的""不宜适用简易程序审理"的范围,不能适用简易程序。

关于简易程序案件的审理,有研究者总结了现状,认为集中起诉、集中审理、庭审程序的进一步简化非常有必要。但也有人指出:(1)审前程序简化不足;(2)检察资源配置不足,出庭检察官人手紧张;(3)律师的引导作用缺位;(4)法律后果不明确,从宽处罚的幅度不确定。

有研究者认为庭审程序可进一步简化:(1)案情简单、经核实被告人已收到起诉书的案件可不宣读起诉书;(2)对于被告人认罪、对指控事实与证据无异议的案件可不讯问被告人;(3)对控辩双方无异议的证据可仅宣读证据名单、说明要证明的内容;(4)被告人认罪且对量刑问题亦无争议的,无须辩论。

也有研究者指出,应注意在简易程序中保障被告人适用简易程序的自愿性,保障其知悉权、辩护权、申请回避权等以辩护权为核心的诉讼权利;对于被告人认罪不自愿的案件,应当保障被告人的上诉权。检察官应在起诉书中明确对主动认罪并要求适用简易程序的被告人予以从轻或者减轻处罚的具体建议,以体现对认罪被告人的宽大。关于简易程序中的量刑问题,有研究者指出,适用简易程序案件庭审的中心是量刑裁判,其量刑程序是法官与控辩双方的协作,应使被告人感受到认罪所带来的量刑优惠。

对于速裁程序的性质,有学者认为其属于独立于简易程序之外的轻微案件快速处理程序;适用于宣告刑为一年有期徒刑以下刑罚的轻罪案件,但由于我国《刑法》量刑幅度少有"一年以下有期徒刑"的明确规定,其适用的案件范围难以明确确定;其审理程序比简易程序更简化,更加注重程式上的简化,指控模式有别于传统公诉,审理案件期限短于简易程序;速裁程序将冲击简易程序控辩审相对稳定的诉讼结构。关于速裁程序中的当事人权利保障,有学者认为,应加强法律援助律师与值班律师制度,对被害人权利更加重视,鼓励刑事和解。

(十) 关于证人、侦查人员出庭作证

1. 关于证人出庭作证制度

关于证人出庭作证制度的探讨,与会代表主要围绕以下三个问题展开:

(1) 关于证人应当出庭作证的立法规定。有实务部门的代表认为,证人出庭率低是不争的事实,对于证人是否应当出庭作证,法律赋予审理案件的法官完全自由裁量权,即法官对立法中"证人证言对案件定罪量刑有重大影响"和"证人有必要出庭作证"的情形有着完全自由裁量权,这在实践中是不利于提高证人出庭率的,因此,有必要对此作进一步的细化解释。此外,有学者认为应对证人出庭应作出与鉴定人出庭一致的要求。

(2) 关于强制证人出庭作证及其除外规定。有实务部门的代表认为,新《刑事诉讼法》规定了"出庭作证的除外权",然而在司法实践中常常出现侦控机关"控制"被告人的近亲属的情况,要求其出具不利于被告人的书面证言,这不利于"出庭作证的除外权"的贯彻实施。因此,建议立法不仅要规定"出庭作证除外权",而且要明确近亲属无须作证的完全特免权。

(3) 关于对证人及其近亲属的保护及经济补偿规定。有实务部门代表认为,证人出庭率低与对证人的保护及经济补偿不足有着密切的关系。新《刑事诉讼法》虽然作了较大力度的调整,但仍有不足之处。有学者认为,目前法律的规定关于提供保护的主体分工不明,保护的对象范围相对较小,提供保护的案件范围缺乏可执行标准,并且请求保护的原因不能仅限于人身安全面临危险。此外,还应制定保护申请的审查标准、程序和申请被拒的救济途径等配套措施。对于事关证人利益的经济补助规定也过于原则,需要进一步完善。

2. 关于侦查人员出庭作证制度

关于侦查人员出庭作证制度的问题,与会代表主要就以下两个方面的问题展开讨论:

(1) 侦查人员出庭作证的适用性问题。侦查人员出庭作证有利于进一步实现侦查法治化,提高侦查公信力,彰显侦查正义,实现侦查高效化。实务部门认为,新《刑事诉讼法》实施后,侦查人员出庭作证是需要积极面对的一个问题。侦查人员出庭作证的操作程序受到较多关注,首先是启动程序。有学者认为,关涉该程序启动的规定集中在《刑事诉讼法》第57条和第187条,而规定的具体内容存在差异,建议对此作出必要的修改完善。有学者提出,在侦查人员出庭作证制度确立的大背景下,检察人员要注意完整履行检察职能,把握好程序申请条件,做好与侦查人员的庭前沟通。对于侦查人员出庭作证的案件范围以及侦查人员出庭作证对象范围也应有所限制与细化。

(2) 关于侦查人员出庭作证制度的完善问题。与会代表认为,当前司法实践中存在侦查人员出庭作证的相关法律规定的模糊不清,侦查人员思想观念的滞后以及司法机关侦查资源的相对紧张的情况。针对上述问题,实务部门代表认为,完善侦查人员出庭作证制度首先要明确侦查人员"出庭作证"的身份,增加侦查人员出庭作证申请主体的范围,建立相应的侦查人员出庭作证配套机制,规定侦查人员拒绝出庭作证的法律后果,明晰侦查人员作伪证的法律责任。

(十一) 关于未成年人诉讼程序

1. 关于未成年人刑事司法的社会参与机制的构建

(1) 未成年人刑事司法社会参与的主体。有学者认为,社会力量的参与是未成年人刑事司法发展的重要动力之一,同时也是各项未成年人刑事诉讼制度真正落实到实处的重要保障。这些参与的主体不仅包括学校,还应当包括具有保护未成年人职责的社会组织如企业、社区和社会福利机构,以及公益性的社会组织、民办非企业单位及志愿者等。

(2) 未成年人刑事司法社会参与的内容。有学者认为,社会参与应贯穿未成年人刑事司法活动的始终并服务于未成年人犯罪的侦查、起诉、审判、社区矫正等各个环节。

(3) 社会参与未成年人刑事司法的模式。有学者认为,检察院、社会组织等不同机构主导社会参与皆有合理性,但更要注意整合各种社会力量,形成社会组织主导,政府购买服务模式、非政府组织与政府合作模式、检察机关与企业合作模式等多种社会参与未成年人刑事司法模式。

(4) 社会参与未成年人刑事司法的支持机制。有学者认为,社会力量参与未成年人刑事司法的可持续发展需要政策、信息、资金、工作机制及人力等方面的支持,而且要形成自主运行的系统才能确保社会力量参与的运行。

2. 涉罪未成年人社会观察保护体系研究

实务部门代表以上海长宁区的运作模式和经验为样本进行考察研究。长宁区建立了"特殊青少年考察教育基地"和针对外来未成年人的"异地考察"制度,在发展中进一步整合资源构建了"就地观护、跨区协作、异地委托"三层立体式观护体系。此外还建立了"阳光基地",开展心理矫护工作的探索。通过实践,发现涉罪未成年人保护体系尚存在问题。新《刑事诉讼法》明确规定了未成年人刑事诉讼程序后,但在建立健全和规范化过程中,暴露出一些严重制约和影响观护制度发展的问题,例如帮教人员的有关专业知识缺乏、帮教过程中的参与力量不足、刑事诉讼期间国家监护缺位等。

针对这些问题,实务部门代表提出,涉罪未成年社会观护体系应完善观护机构,强化社会观护组织的保障。并科学设定观护内容,注重本土资源和域外经验的良性互动,加强观护员队伍建设,夯实社会观护人力基础。

(十二) 关于强制医疗程序与违法所得没收程序

1. 关于公安机关适用"强制医疗程序"过程中遇到的难题

新《刑事诉讼法》以"特别程序"的形式规定了"依法不负刑事责任精神病人的强制医疗程序"。该程序为公安机关办理精神病人实施暴力行为案件确立了一种新的方式。实践中,对于实施暴力行为的疑似精神病人,公安机关面临诸多困难,针对这些困难,学者对以下几个问题展开了探讨:

(1) 关于精神病人暴力行为危害性的判断问题。有实务部门代表认为,公安执法人员对涉案精神病人行为方式的判断较为容易,而行为结果涉及对精神病人实施暴力行为的危害性判断,较为复杂。有学者认为应结合《刑法》的有关要求对强制医疗程序的适用条件加以理解,而在执法过程中则可以参考《公安机关办理刑事案件程序规定》中有关"严重危害社会的犯罪案件"和"重大犯罪案件"的标准划出特定类型的案件。目前有关精神病人行为危害性相关规范中的适用条件各有不同,《人民警察法》适用精神病人的条件中甚至还存在与《刑事诉讼法》相关法条冲突的情形。对于该问题,与会代表认为需要尽快调整完善立法。

(2) 关于暴力行为实施者精神状态及刑事责任能力的认定问题。与会代表认为,新《刑事诉讼法》没有明确规定公安机关应该主动启动精神病司法鉴定。在公安机关未启动司法鉴定程序之前,或者精神疾病司法鉴定意见未作出之前,依规范,除了按照"强制医疗程序"采取临时的保护性约束措施之外,不能排除执法者依据其他有关规范,采取不同的处理方式。根据目前的"公安规定",实践中常常把"必要时,可以将其送精神病医院"作为"可以采取临时的保护性约束措施"的替代性措施,这在客观上造成中止或者终结强制医疗程序。因此有学者建议,公安机关发现犯罪嫌疑人可能患有精神疾病,应当启动精神病鉴定。

(3) 关于精神病人预期行为危害性评估问题。"有继续危害社会可能"是适用"强制医疗程序"必要条件之一,该条件涉及对涉案精神病人社会危险性的评估。有学者认为,在公安执法实践中,可以将无监护人或者监护人不能够、不愿意监管的精神病人,视为社会危害风险较高的人群来对待,按照有关规定采取相应措施。

2. 关于未成年人适用强制医疗程序司法实务问题

有学者认为,根据相关法律的规定,未成年人犯罪适用强制医疗的范围,即对未成年人适用强制医疗需符合下列条件:未成年人实施了应当承担刑事责任的犯罪行为;未成年人所实施的必须是暴力行为;未成年人实施的暴力行为必须造成较为严重的后果;未成年人须经鉴定为无刑事责任能力人。还有学者提出,在满足上述条件的同时,应当关注未成年人适用强制医疗办案程序的规范问题:未成年人适用强制医疗程序的启动须征得法定代理人的同意;公安机关向检察院提出强制医疗意见书前,必须先撤销案件;在对未成年人适用强制医疗程序进行审查时,要与成年人适用强制医疗程序所进行的审查实质内容一致,同时注意对未成年人的年龄、暴力犯罪行为的构成以及适格法定代理人的同意等内容进行审查。实务部门代表特别提出,在审查中要注意应当采用调查笔录的形式制作笔录,对精神病鉴定应当进行重点审查,对临时性保护性约束措施是否适当也应进行审查。此外,要注意审查未成年人刑事案件的特殊程序是否合法,例如辩护权的落实、调查时法定代理人到场与否、未成年人适用强制医疗程序不公开审理以及办案期限等问题。当审查中发现问题时,要及时启动救济与监督程序。

3. 关于违法所得没收程序的问题

(1) 关于财产没收范围的问题。有实务部门代表认为,根据相关法律的规定,财产没收的范围看似界限比较清晰,但实践中有一些犯罪,特别是经济犯罪,犯罪嫌疑人、被告人的财产来源不清,构成复杂,在适用中存在较大难度。实务部门代表认为,厘清财产没收的范围既要区分是否属于"违法所得及其他涉案财产",更要区分这些财产是否属于"依法应当追缴"的范围。

(2) 关于程序启动的确定性问题。有实务部门代表认为,从一年多的司法实践来看,违法所得没收程序面临最大的问题就是适用率极低,而程序启动的不确定性则是造成这一现状的一个重要因素。修改后的《刑事诉讼法》虽然并未以特别条款排除新原则的适用,但考虑到法不溯及既往的原则,笼统地以法不溯及既往否认违法所得没收程序具有溯及力,或者以刑诉法未有明确规定而以程序从新肯定它的溯及力都是不科学的。因此,有学者认为对该程序的溯及力应持谨慎态度,即使允许一定程度的溯及,也应由最高司法机关确定一个准确的时间点,避免司法实践中的无限溯及。

(3) 关于案件管辖的差异问题。有实务部门代表认为，对于违法所得没收程序的规定，最高人民检察院和公安部在管辖问题上存在冲突。尤其是公安部关于县级公安机关管辖的规定是不合适的。最高人民检察院应当与公安部就此问题按照刑事诉讼管辖的基本原则协调统一，纠正司法实践中的不规范做法。

(4) 关于审查期限的分歧问题。关于违法所得没收程序中检察机关的审查期限，实务部门代表认为，检察机关违法所得没收程序的审查期限最长为45天，期间可以退回公安机关补充证据，补充证据的次数和期限没有限定，补充证据时间不计入检察机关的审查期限，补充证据完毕以后检察机关不能重新计算审查期限。

(5) 关于证明标准的把握问题。修改后的《刑事诉讼法》没有规定违法所得没收程序的证明标准，但根据最高法的相关解释，我国对违法所得没收程序采用的证据标准与普通程序完全相同。有实务部门代表认为这一标准缺乏可操作性，应当根据违法所得没收程序的待证事实的不同，对证据标准有所区分。

(十三) 关于涉案财产处置问题

对于涉案财产的处置，与会代表更为关注的是刑事追缴程序，具体就以下问题展开讨论：

1. 与会代表认为，当前我国刑事追缴制度存在的问题包括：(1) 追缴性质不清。新《刑事诉讼法》针对《刑法》第64条规定的"没收、追缴、责令退赔"措施在诉讼程序中未作进一步的解释和说明，对此学界与实务部门有着不同的理解。有学者认为该措施为"刑事司法没收"，是刑事诉法过程中的司法行为，是一种实体权力；有学者认为"追缴"具有保全性质，是一种保全措施；有实务部门代表则认为"追缴"是程序性措施而非实体处分。(2) 追缴主体不明。司法实践中涉众经济犯罪的被害人认为追缴是法院的职责，要求法院查清赃款赃物去向，但具体是法院执行部门的审判庭的职责还是执行庭的职责，法律未作明确的规定。(3) 涉案财产的第三人问题的立法回避。实践中，根据被害人提供的线索追查时发现了案中案，或涉及善意取得等问题，对于这些问题，立法采取回避态度。

2. 与会代表认为当前刑事涉案财产追缴难的原因主要包括以下几个方面：(1) 传统认识原因。"重实体，轻程序""重打击犯罪，轻财产保护"的思想使得办理案件过程中缺乏必要的程序设置以及执法过程监督。(2) 立法原因。有关追缴的法律规定庞杂无序，参与刑事涉案财产立法的有全国人大及其常委会、地方人大及其常委会、地方人民政府、最高检、最高法，以及公安部、财政部、国家发改委等多个部门。有学者认为，庞杂的立法主体，以及法律相关规定的冗杂冲突不利于涉案财产处置的法治化。(3) 追赃主体多元。追赃主体多元使得法院难以查控审前财产和无法左右追赃结果。公安机关、检察机关以及法院均为法律授权的追赃主体，这在客观上不利于法院查控审前财产以及对追赃结果的依法处置。

3. 与会代表提出刑事涉案追缴制度完善的对策建议,认为:(1)遵循程序法定原则,对赃物进行规制。要遵循主体法定原则、法院认定原则、侦控机关的程序处分原则、司法审查原则和程序参与原则。(2)公检法三家应统一出台司法解释。对刑事涉案追缴制度方面的立法内容陈旧、矛盾冲突等问题要进行清理和整合。(3)财政体制须进行改革。即政法机关的罚没财产应收归国库,政法机关所需费用纳入政法财政预算,防止政法机关权力寻租。

(十四)关于冤、错案件的防范问题

有学者认为,刑事错案之所以发生原因是多方面的,错案的发生是求刑者失重,辩护者失守,裁判者失察,领导者失职等综合因素所致。而要防范错案的发生,要常怀慈悲之心、深藏戒备之心、坚守自重之心。刑事错案发生了,要注意错案追责,完善国家赔偿,加强法律援助。有学者认为防范错案要关注辩护制度,不仅要提升辩护理念,而且要清理"负面清单",认真落实与改革完善当前的辩护制度。也有学者认为,要遏制刑事错案的发生,要从根本上关注司法证明的公正性,具体来说,要注重取证、举证、质证以及认证四个方面对错案防范的积极意义。

有学者认为,新《刑事诉讼法》初步规定了非法证据排除规则,该规则从程序制裁的角度对非法证据的证据能力进行了否定性评价,但该规则只是禁止刑讯逼供的一种事后方式,而遏制刑讯逼供也应当进行事前预防。事前预防主要是要扭转侦查人员"重口供、轻物证"的观念,要落实侦查讯问的全程录音录像制度,侦查机关应客观、全面取证,同时还应强化侦查取证活动的监督。为遏制刑事错案的发生,在举证环节中,需在强调检察机关承担举证责任的同时,加强检察机关对辩护方的证据开示,保障辩护方的阅卷权,通过强化辩护权来防范冤假错案。质证环节对于法官认定案件事实至关重要,有学者认为,要充分发挥质证环节的价值与功能,就必须在法庭审判中贯彻和强化直接言词原则,通过提高法庭对抗性尽可能地消除案件疑点,以避免冤假错案的发生。具体来说,要强化证人出庭作证,在贯彻交叉询问的质证方式的过程中要设立禁止主询问诱导性发问规则和反询问受主询问范围限制规则。有学者认为认证结果、裁判理由公开程度有限,裁判文书中证明事实不够严密,说理不够充分,是错案发生的一个重要原因。因此,要防范错案,就要改变在认证环节出现的"你辩你的,我判我的"这种现象,这就需要不仅要公开认证标准,而且要着力推进认证过程的公开,增加裁判文书的说理性。

(郑未媚、郭烁、宋桂兰、祁建建、胡志风:《法治中国视野下的刑事程序建设——中国刑事诉讼法学研究会2014年年会综述》,摘自中国刑事诉讼法律网。)

全面推进依法治国与刑事诉讼制度改革
——中国刑事诉讼法学研究会 2015 年年会综述

2015 年 11 月 7 日至 8 日,中国刑事诉讼法学研究会 2015 年年会在重庆召开。本次年会由中国刑事诉讼法学研究会和西南政法大学联合主办。中国法学会会长王乐泉出席开幕式并讲话。中国法学会副会长、学术委员会主任张文显,最高人民法院副院长李少平,最高人民检察院副检察长孙谦,重庆市委常委、政法委书记、市法学会会长刘学普,重庆市人民检察院检察长余敏,重庆市政法委常务副书记、市法学会常务副会长袁勤华,重庆市高级人民法院副院长黄明耀,西南政法大学校长付子堂以及中国刑事诉讼法学研究会名誉会长、中国政法大学终身教授陈光中,中国刑事诉讼法学研究会会长卞建林等领导、专家出席开幕式。来自全国各高校、研究院所、司法实务部门的专家、学者 200 多人参加了本次会议。

本次年会的主题是"全面推进依法治国与刑事诉讼制度改革",围绕总议题,下设刑事诉讼基础理论问题研究、以审判为中心的诉讼制度改革研究、涉案财产处置机制研究、腐败犯罪刑事程序问题研究和刑事诉讼法的实施问题研究五个分议题。最高人民法院副院长李少平,最高人民检察院副检察长孙谦以及中国刑事诉讼法学研究会名誉会长、中国政法大学终身教授陈光中分别以"推进以审判为中心的诉讼制度改革""刑事法治任重道远——检察机关执行修改后刑事诉讼法的情况和几点思考""三中四中全会决定与刑事诉讼法新修改"为题作了专题学术报告。与会代表围绕年会议题提交了 90 余篇论文,并在会上进行了深入、全面、富有建设性的讨论。现将讨论的重点问题及主要观点综述如下。

一、关于"以审判为中心的诉讼制度改革"

(一)"以审判为中心的诉讼制度"的基本含义

与会代表认为,"以审判为中心"主要包含三个方面的含义:第一,审判是整个刑事诉讼程序的中心。相对于侦查、审查起诉、执行等程序,审判是定罪量刑的最关键和最重要的环节。侦查、审查起诉等审前程序的开展最终是为审判顺利进行作准备的。不能将侦查和审查起诉中带有明显倾向的意见简单地、不加甄别地转化为法院对被告人的有罪判决。"以审判为中心"就是要改变"以侦查为中心"的诉讼模式。第二,庭审是整个审判活动的中心。庭审是整个审判活动中最公开透明、最含抗辩因素、最中立、最有利于准确认定案件事实和正确适用法律的环节,对于保护诉讼权利和公正裁判发挥着决定性的作用。"以庭审为中心"就是要彻底改变"以卷宗为中心"的审理模式。第三,一审庭审是庭审的中心。相对于二审、再审等庭审程序而言,一审庭审是必经的庭审程序,也是距离还原案件事实真相时差最短的程序。

北京市人民检察院副检察长甄贞教授等代表认为,"以审判为中心"不等于以法院或法官为中心。"以审判为中心"是对"以侦查为中心"的否定,但不是对现行刑事诉讼制度的否定,不等于以法院为中心,也不等于以法官为中心,而是强调以法院的审判活动为中心。

有代表认为,"以审判为中心的诉讼制度"改革是一项系统工程,需要多方的配合和努力。推进该项诉讼制度改革,应重点做好做实以下几方面工作:一是突出庭审的中心地位;二是全面贯彻证据裁判原则;三是切实贯彻疑罪从无原则;四是培育一支精干的法官队伍。有代表认为,"以审判为中心"要求在整个刑事诉讼程序过程中必须贯彻以下三项基本诉讼原则:一是证据裁判原则;二是直接言词原则;三是无罪推定原则。有代表认为,司法系统对内去行政化、对外减少不正当的干预并树立司法权威是建立"以审判为中心的诉讼制度"的前提条件。还有代表认为,"以审判为中心"要求法官在对案件的事实审理和法律适用过程中遵循证据裁判、自由心证、直接言词和集中审理四大原则。

(二)"以审判为中心的诉讼制度"与"分工负责、互相配合、互相制约"原则的关系

部分代表认为,"以审判为中心的诉讼制度"并没有从根本上否定公检法三机关"分工负责、互相配合、互相制约"原则。但是,由于该原则具有一定的不足,在"以审判为中心"的背景下,应当对其进行完善。其不足之处表现为:首先,配合与制约不能兼容;其次,三阶段平分秋色的地位导致诉讼中心发生偏离。有代表认为,"以审判为中心"的理念确立后,需要重新对上述原则进行解释,即合理分工着眼于维护司法裁决功能,有效制约立足于防止侦查权扩张,互相配合突出于保障辩护权行使。还有代表认为,应当切实淡化三机关之间的互相配合机制,强化三机关之间的相互制约机制。

有代表认为,刑事诉讼中"专门机关"的称谓表达了公检法三机关任务一致、分工不同,重打击轻保护,重控诉轻辩护的核心内涵。"专门机关"的称谓虽然具有历史合理性,但是在"以审判为中心"的语境下,则具有现实不合理性。它强化了公检法之间的互相配合关系,消弭了审判权的中立和中心地位。为推进"以审判为中心的诉讼制度"改革,有必要抛弃"专门机关"这一称谓以及建构于其上的不合乎"以审判为中心"的相关制度和观念。

(三)庭审实质化的含义与要求

与会代表认为,"以审判为中心"的重点是庭审活动的实质化。庭审实质化可以被概括为四句话:事实证据调查在法庭,定罪量刑辩论在法庭,裁判结果形成在法庭,裁判理由讲解在法庭。做到后两项是最重要的,否则前两项就失去了

意义，庭审就会沦为形式。

部分代表认为，根除刑事庭审形式化、实现刑事庭审实质化是一项艰巨而又复杂的工程。实现刑事庭审实质化需要做到以下几方面：第一，遵循诉讼规律，革新刑事司法理念，使"以审判为中心"的诉讼理念深入人心。第二，坚持贯彻直接言辞原则。首先，建立双重案卷移送制度。所谓双重案卷移送制度，是指不直接将侦查案卷移送法院，而是制作单独的起诉卷（主要为证明案件事实的证据材料）移送法院，其他非证据材料不再随案移送。其次，把法律援助制度扩大适用于证人，提高证人的出庭作证率。第三，适用证据裁判规则，重视证据适格性审查，完善非法证据排除制度。第四，完善主审法官办案责任制。第五，实现繁简分流，推进庭前会议和刑事速裁程序的发展和完善。

二、证据制度

（一）关于非法证据排除规则

与会代表围绕非法证据排除规则展开了热烈讨论，主要包括非法证据排除的范围、程序与证明标准方面的内容。

1. 关于非法证据排除的范围

多数与会代表认为，现行法律及司法解释对非法证据排除范围的规定有待进一步明确。首先，对"刑讯逼供等非法方法"的判断标准问题，有代表主张，排除的核心标准应当是会不会导致被告人作出不自愿的供述。因此，既要考虑侦查机关的讯问行为是否存在司法解释规定的客观情形，也要考查被告人的供述是否违背其意愿。第二，对于威胁、引诱、欺骗方法获取的口供的排除问题。有代表认为，以威胁、引诱、欺骗方法获取的口供不应一律被禁止。应当根据案件的具体情形、讯问方法对证据真实性与程序公正的影响来确定。还有代表主张，应当区分威胁与引诱、欺骗，对于威胁方法获取口供的应作更严格的限制；明确以欺骗方法获取口供的排除标准，对于以非法利益、不道德的方法欺骗，同时又指供的，获取的口供应当排除。第三，关于非法证据排除规则的规范方法。对于刑讯逼供以外的非法取证方法所获证据的排除问题，在司法实践中处理个案时常有争议。有代表主张，对能达成共识的判断标准，应当制定细化的规则与配套规定，如明确疲劳讯问的时间界限。亦有代表主张，应确立明确、绝对的排除规则，尽可能地列举非法取证的手段，明确规定通过非法限制人身自由的方法获取的供述以及审前重复性供述应予排除，同时，对殴打、冻、饿、晒、烤等非法取证方法不作程度上的要求。

2. 关于非法证据排除的程序

有代表认为，对证据合法性问题的调查，原则上应当先行于案件实体问题，建议在对证据合法性问题作出明确结论前不得对争议证据进行传统的举证、质证。就检察机关在二审举示新证据问题，可以考虑确立二审证据失权制度，例如，规定检察机关在一审期间收集的与证据收集合法性相关的证据材料，未按照法律规定移送、出示的，在二审中不得出示。

3. 关于非法证据排除的证明标准

有代表认为，被告人为启动非法证据排除程序所承担的证明责任，需要达到令法官对侦查行为合法性产生疑问的程度。其判断指标包括：被告人及其辩护人提出的线索或者材料本身是否具体；被告人及其辩护人在提出排除非法证据申请时有无提供相关证据。控方承担的证明系争证据合法性的证明责任，应当坚持二重性证明标准，即：针对言词证据适用"确认合法"之标准，而针对物证、书证则采取"可能合法"之标准。坚持非法证据排除的二重性证明标准，能使非法证据排除规则在司法实践中更具操作性，同时也更好地平衡了刑事诉讼中惩罚犯罪与保障人权的关系。

(二) 关于证据裁判原则

有代表对证据裁判原则的价值展开了深入的分析，认为：刑事诉讼中证据裁判原则之基础价值为理性价值，它同时具有满足结果正义与过程正义的双重价值。证据裁判原则之核心价值为真实性价值，不仅通过证据规则保障证据的可靠性，还通过若干证据调查程序来保障证据的真实性。刑事证据裁判原则之文明体现为正义价值。程序正义在证据裁判中主要通过两个途径来实现：一是证据能力的限制，二是证据调查的程序和内容。刑事证据裁判原则之必要考虑为经济性价值。证据裁判的经济性价值主要通过相关性规定、免证事实和证明方式来实现。

关于如何建立健全证据裁判原则，有代表主张：首先，要改变证据裁判原则在我国高位阶法律上缺位的现状，在《刑事诉讼法》再次修改时明确规定证据裁判原则；其次，要严格贯彻疑罪从无原则和非法证据排除规则，使法官敢于独立、公正地作出无罪判决和排除非法证据，实现法院的审判程序对起诉行为和侦查行为的倒逼；最后，设立预审法庭作为中立的第三方介入到审前程序，对强制侦查行为进行庭前审查，确定侦查机关依据强制侦查行为所获取的证据是否存在合理根据，以维护被追诉人的合法诉讼权利。

(三) 关于讯问录音录像资料

最高人民检察院孙谦副检察长认为，讯问录音录像不仅记载了口供，还记载了侦查行为是否合法的内容，但其本身不能作为证明犯罪事实的证据，而应作为视听资料——证明讯问合法性的证据来使用。主要依据是：其一，讯问录音录像制度的设立目的是保障侦查讯问的合法性。就其设立初衷而言，是作为规范侦查讯问的手段使用，而非记载口供的证据。其二，证据应当是证明内容与法定形式的统一。讯问录音录像并不是每案必录，讯问笔录才是固定犯罪犯罪嫌疑人口供的法定证据种类。其三,讯问录音录像的播放动辄长达几十个小时,在法庭上审查、出示存在现实困难。因此,就目前我国的司法实践现状而言,讯问录音录像应仅作为证明讯问合法性的证据来使用。

有代表认为,讯问录音录像作为言词证据的一种载体,应当区分情形认定其证据属性。第一种情形,当利用讯问录音录像所记载的嫌疑人供述证明案件事实时,该录音录像是犯罪嫌疑人、被告人供述与辩解的载体,是一种实质性证据。第二种情形,当讯问录音录像的证明对象是讯问过程的合法性或是检验是否存在刑讯逼供时,应作为"程序性证据"。第三种情形,如果检察机关利用讯问录音录像"弹劾"被告人在庭审中做出的翻供,从证据功能的角度分析,该录音录像就是一种"弹劾性证据"。讯问录音录像不管属于哪一种证据种类,都应当将其放入侦查外卷随案移送,接受人民检察院、人民法院的审查,同时为公平审判的目的,也应当提供给律师查阅。考虑到犯罪嫌疑人的陈述中可能还包含未侦查终结案件的线索,以及不宜公开的侦查谋略,应对辩护律师阅卷权的行使加以限制,如提供给律师在办案场所查阅,但不能随意复制。

三、关于程序分流与庭前准备

(一) 简易程序、速裁程序

与会代表就刑事诉讼中程序分流所涉及的两个问题展开了讨论。有代表提出,虽然 2012 年新修订的《刑事诉讼法》扩大了刑事简易程序适用范围,但在司法实践中存在适用不均衡的情况。以我国东北地区为例,调研表明,在实践中刑事简易程序总体呈现出适用率不高的地区占多数,适用率高和不适用的地区所占比例相对较小的情况,即"中间大、两头小"的不均衡适用状态。针对该种情况,有代表认为提高刑事简易程序均衡适用率的措施有:(1) 简化刑事简易程序办案机制。(2) 优化案件移送机制,协调法院集中审判。(3) 探索不同模式的公诉人出庭制度。(4) 消除刑事简易程序运行的制度瑕疵。

有代表指出,目前正在开展的刑事案件速裁程序试点工作是以效率价值为导向的,应当坚守四个基本底线:一是被告人自愿认罪,二是被告人同意适用速裁程序,三是对被告人从轻或减轻处罚,四是保持控辩裁的基本程序构造。关于刑事速裁程序的构建,有观点认为:(1) 适用范围应当控制在可能判处一年以下有期徒刑、拘役、管制或者依法单处罚金的案件。(2) 严格控制拘留、逮捕等羁押性强制措施的适用。(3) 沿用基本事实清楚、基本证据确实的证明标准。(4) 法庭审判的重点应放在对被告人是否认罪、是否承认犯罪事实、是否有悔罪表现的审查上,坚持一案一审。(5) 严格值班律师的选任条件,选择业务素质高、责任心强、具备一定年限刑事办案经验的律师,组建全国统一的辩护律师数据库,提高我国的法律援助经费投入。(6) 速裁程序应当适用一审终审。

(7)从量刑上对犯罪嫌疑人、被告人予以优惠。(8)构建一个高标准的速裁程序法官的遴选机制。(9)应当坚持分案制作判决书。也有代表提出,为了开展刑事速裁程序的试点工作,侦查阶段的提速也不容忽视。通过明确适用对象、确定专门办理、缩短办案期限、设立转换程序的方式建立侦查阶段轻微刑事案件快速办理机制。

(二)庭前会议

有代表指出,庭前会议制度是2012年修改后《刑事诉讼法》增加的一项新制度,是庭审制度改革的重要内容之一。当前庭前会议存在功能定位不明确、程序设置存在空白、辩护权保障不到位、法律效力存在争议的问题。对于庭前会议的制度完善,有代表提出如下建议:(1)明确庭前会议为庭审做准备的定位,目的是保证庭审活动的顺利进行。(2)规范庭前会议的程序设置,赋予审判人员召集庭前会议的裁量权,同时也赋予公诉人、当事人及其辩护人、诉讼代理人向人民法院申请召开庭前会议的权利。(3)原则上应当通知被告人并保障其出席庭前会议。(4)庭前会议的召开地点一般应当是法庭,在只有公诉人和辩护人、诉讼代理人参加的特殊情况下,也可以在人民法院的办公室、会议室或审判人员认为合适的地点召开。(5)庭前会议应在法庭上公开进行,并允许社会公众参与旁听。(6)明确庭前会议结果的形式及效力。(7)进一步完善与扩大庭前会议功能,借鉴外国经验,将庭前会议法官与庭审法官相分离,扩大"了解情况、听取意见"的事项范围,结合简易程序和刑事案件速裁程序改革,尝试在庭前会议中设置被告人答辩程序,探索建立认罪认罚从宽制度。

也有代表建议将当前的庭前会议改为预审程序。在法院内部增设刑事预审庭,取消立案庭对本院受理的刑事公诉案件进行立案登记的职责,同时在预审庭配备专门的法官,这些法官不参与案件审查后的审判工作。赋予犯罪嫌疑人程序选择权与程序参与权。明确预审程序的适用范围,将其限定为"犯罪嫌疑人可能判处三年以上有期徒刑、无期徒刑和死刑"。

(三)刑事和解

有代表提出,目前刑事和解数量在不断上升,但与预期还是有差距的。在适用案件范围上,司法实践中对于有些法律规定不能适用的情形有突破。刑事和解试点的省份要比未试点的效果要好。也有代表提出,刑事和解可以解决实践中的精神赔偿执行难的问题。关于刑事和解制度,有代表指出其在实践中面临的主要问题:(1)公检法三家对刑事和解程序的解释不一致,如检察院和法院未界定民间纠纷,公安机关排除了若干案件类型。(2)刑事和解的赔偿数额和从宽处罚有待进一步明确细化。(3)刑事和解占用大量检察资源,检察官沟通协调工作量大,制度激励不足。(4)加害人履行义务方式单一,有违制度初衷。有代表指出完善刑事和解的建议:(1)公检法三家联合解释刑事和解程序以消除分歧。(2)坚持司法机关独立审查、避免过分受当事人影响。(3)充分发挥民间组织在刑事和解中的作用。(4)完善内部监督考核机制。(5)完善刑事和解赔偿标准的规范化和方式的多元化。针对目前在司法实践中出现的有关刑事和解反悔的情形,有代表指出,刑事和解本质上是一种民事契约,可以反悔有无正当理由为标准对刑事和解反悔的类型进行划分,对于有正当理由的反悔,有关专门机关应当接受,并重新根据案件具体情况对被告人的刑事责任和民事责任进行判定。反之,对于无正当理由的反悔原则上不予支持。

四、关于审判制度改革

(一)司法责任制

首先,关于司法责任制的含义。多数代表认为,应当全面界定司法责任制的内涵,但在具体语词的界定上存在分歧。有代表认为,司法责任制主体部分包括三个方面的内容:(1)清晰界定司法人员的权责内容和边界。(2)设置符合司法规律的责任追究规则。(3)切实有效地保障法官依法履职。据此,司法责任制是更为广义的概念,包含了责任追究制。另有代表认为,办案质量终身负责制是一个更为宽泛的概念,以错案倒查的司法责任制为主,配套制度还应当包括预防领导干部干预司法活动或插手具体案件处理的制度、通报和责任追究制度、案件分配制度以及法官履职保障制度等内外部配套制度。第二,关于责任追究制的适用条件。有代表认为,应当采取"主观过错与客观行为相一致原则",即在主观上要求有违法办案的故意或者重大过失,在客观上要求有故意违法办案行为或者有重大过失且造成严重后果。第三,关于对责任追究制的"终身"的理解。有代表认为,"办案质量终身负责制"应当受到追诉时效和诉讼时效的制约。但是中央提出的案件质量终身负责的要求具有积极意义,因为审判事关公民的人身自由、财产甚至生命,需要法官对审判职责心存敬畏,绝不能懈怠。也有代表提出了法官职业风险转移的问题。具体而言,现行司法体制下的裁决签发制度使庭长及分管院长对裁决承担了相应的领导责任,这在某种程度上帮助法官减轻了部分职业风险。此外,下级法院法官就具体案件请示上级法院法官也使法官的职业风险发生了部分转移。

(二)司法人员员额制

与会代表围绕司法人员员额制和人事制度的问题展开了热烈讨论。(1)2016年是司法改革的收官之年,司法改革的效果如何令人担忧。在目前的司改中,法官辞职流失多。22万法官,每年流失百分之五,而且很多是优秀人才。原因大家都不陌生,39%比例的员额制,很多法官成为助理,案子多,工资待遇又较低,但是办案责任大,是终身负责制,因此出现大量法官辞职是可以理解的。(2)改革中涉及的招聘优秀法律学术人才和律师成为法官的问题,目前来看,如果法官的地位和待遇上不去,这一制度也无法实现。(3)关于法官工资待遇低的问题,有代表建议按照案件量来计算工资待遇,超过平均办案量就额外付工资。(4)关于法院领导任免的问题,有代表提出,法院领导主要是从上面空降下来,比如中院院长退休,就是由高院空降人员下来当院长。这样一来,中院人员的工作积极性受挫。(5)对于员额制的可行性问题,有代表指出,员额制限制了法官检察官的数量,对于司法资源的优化配置具有一定的积极意义与作用。关于如何确定员额制中的比例问题,有代表指出,应当综合考虑案件的数量、常住人口、以及外来人口等情况重新加以确定。员额制的确定要解决案多人少的问题,该问题不解决,很难保证案件质量。(6)关于目前员额制存在的消极方面的问题,有代表认为,员额制是法检机关进行的一场自我革命,这场革命中受影响最大的主要是中青年法官、检察官,员额制对该群体具有一定的消极作用,在一定程度上不利于中青年检察官与法官的成长与发展。因此,应调整现行的具体比例,让中青年检察官看到希望,否则会造成大量优秀人才流失。

(三)审判权运行相关问题

有代表指出,目前全国法院案件压力较大,信访对司法的压力也大。司法系统的诸多考核指标制度虽然取消了,但无形压力仍然存在。法院管理还是行政化模式,不符合诉讼规律。年底结案多,案件质量堪忧,来年可能再审的案子就多。此外,对于案件审批制度,有代表分析了其长期存在的原因:(1)案件审批制度与法院内部层级结构相适应。(2)案件审批制度具有内部监督的功能。(3)案件审批制度是法院内部责任追究制度的要求。对此,有代表指出,法院审批管理改革要真正去除行政化,必须彻底取消案件审批制度,重构符合审判权运行规律的裁判文书签发制度。第一,赋予独任法官、合议庭对多数案件裁判文书的签发权。第二,独任法官或合议庭认为难以径行决定的案件,可以要求提交审判专业法官会议讨论,但会议意见只供参考不必服从,讨论后的案件签发权以及案件责任仍归属于独任法官或合议庭。第三,经过专业法官会议讨论仍然难以决定的案件,可由院长提交审判委员会讨论处理。最后,要在制度上明确需要提交专业法官会议、审判委员会讨论的案件范围,对独任法官和合议庭提交讨论案件数量作出限制。

(四)人民陪审员制度的完善

有代表指出,现行的审判活动中存在人民陪审员只陪不审的问题,人民陪审员享有事实审判权和法律审判权,但这项权利只有笼统规定而没有细化、保障,以至于人民陪审员的庭前阅卷权、庭审发问权以及合议时不受诱导等都难以实现。要想全面地完善人民陪审员制度,首先,要处理好法院集体审判与合议庭审判的关系,保障合议庭在专业上的独立性。其次,应当保障陪审员在合议庭中占据数量上的优势。第三,应当严控陪审案件的范围。建立人民陪审制度的制约监督机制。第四，必须进一步构建人民陪审员参与诉讼的具体程序保障细则。

五、关于检察制度改革

(一) 检察官制度改革

中国人民大学陈卫东教授认为，应当将主办检察官制度作为检察官制度改革的方向。党的十八大之后，主任检察官办案责任制改革成为检察官制度改革的一项重要内容。尽管这项改革有其进步意义，但是也存在许多问题。主任检察官制度在试点过程中显示的积极效果包括：第一，简化了案件行政化审批程序，办案效率获得显著提升；第二，进一步提升了案件质量；第三，提升了专业化办案水平，调动了检察官的工作积极性，增强了检察官的职业荣誉感和责任感。但是，主任检察官制度也存在一些从根本上影响改革成效的问题，具体包括：第一，主任检察官改革没有也无法解决与部门行政负责人之间的复杂关系；第二，主任检察官改革没有也不能彰显检察官办案的主体地位；第三，主任检察官改革没有明确主任检察官与检察长、检察委员会在执法办案中的职责权限；第四，主任检察官的称谓，体现的是行政性的上下级关系。与主任检察官制度相比，主办检察官制度的优势在于：第一，主办检察官制度承认了每一个个体检察官的独立性；第二，主办检察官制度削弱了检察内部的行政等级体系；第三，主办检察官制度强调了司法亲历性；第四，主办检察官的称谓更加科学；第五，主办检察官制度真正实现了权责的统一。

(二) 职务犯罪侦查

与会代表认为，我国职务犯罪侦查模式须实现由"传统型"向"现代型"的转型。有代表认为，职务犯罪侦查模式转型必须注重以下三个主要问题：第一，应向审判阶段的证明标准"看齐"，更加严格侦查阶段的证明标准；第二，应真正实现"由供到证""以证印供"向"以证促供""证供互动"的转变，更加注重全面收集各种证据；第三，应更加注重应对刑事辩护问题。有代表提出了职务犯罪侦查模式转型的实现路径：第一，建立健全职务犯罪侦查信息化制度，通过对侦查情报信息的科学利用促使职务犯罪侦查模式向着"由案到案""由案到人"等多元化方向发展；第二，不断增加职务犯罪侦查讯问的科技含量，着力实现先进科学技术与职务犯罪侦查讯问的高度融合，逐步形成"依靠情报做好讯前准备——依靠科技实现讯问突破——依靠评估做好讯后总结"的现代职务犯罪侦查讯问体系；第三，建立健全内部法制审查制度，切实保障侦查程序正义以及侦查结果优质；第四，建立健全侦诉联席会议制度，就重大疑难复杂案件的定性、关键证据和疑难问题进行沟通，确定好侦查取证的方向；第五，建立健全侦辩协调沟通制度，在职务犯罪侦查阶段就形成良性的侦辩对抗关系，增强检察机关自我发现和排除非法证据的能力，真正确保职务犯罪侦查取证的合法性。

（三）审查批捕

有代表指出了审查逮捕中存在的部分问题。这些问题包括：对逮捕刑罚条件的预判不力；扩张解释社会危险性；不当运用逮捕措施维稳和执行政策；逮捕质量评价标准有失科学。该代表认为，应当从以下几方面促进批捕权的科学行使：第一，从制度层面，发挥捕后羁押必要性审查的作用；第二，从解释层面，严格解释社会危险性；第三，从机制层面，注重捕诉沟通，提高刑罚预判能力，统一执法尺度；第四，从评价层面，实现逮捕质量考评科学化；第五，从观念层面，合理认知逮捕措施的功能。

另有代表指出，当前的审查批捕存在如下不合理现象：批捕职能追诉化、治罪化、公诉化、监督化、定罪化以及量刑化。该代表认为，应当通过以下措施回归批捕的应有职能：第一，立法宜采用严格的职能分离原则。这里的职能分离原则是指审查逮捕的司法职能与追诉犯罪的控诉职能相分离、裁决职能与监督职能相分离。司法职能与控诉职能相分离要求肩负审查逮捕任务的检察官不能从方便追诉的角度降低逮捕条件，将逮捕措施演变为侦查机关的一种侦查措施。裁决职能与监督职能相分离主要指检察机关不宜将侦查监督职能融入逮捕审查职能，否则会弱化审查逮捕的司法属性。逮捕审查职能实际上是一种比一般检察监督更加司法化的职能。第二，立法宜将逮捕与羁押分离。第三，立法宜为被追诉方设计救济程序。在保留检察机关对公安机关侦查的案件的批捕权的基础上，宜在审判程序中设计对普通逮捕程序的救济程序。

（四）起诉与撤回公诉

南京师范大学李建明教授等认为，目前检察机关的起诉工作存在以下几方面问题：第一，不愿主动排除非法证据，带病举证；第二，证据不够充分，但依然勉强起诉；第三，并无新的事实或证据，撤诉后重新起诉甚至变更管辖后重新起诉；第四，移送起诉时不全面移送证据材料，将有利被告人的证据隐匿不送。针对起诉工作中存在的上述问题，应当采取如下改革措施：第一，依据审判的要求和标准审查事实和证据；第二，以审判思维决定是否起诉；第三，全面收集和移送证据材料；第四，避免就案件事实认定和定性与法院沟通；第五，客观公正地做出无罪不起诉决定；第六，改革审查起诉工作考评机制。另外，公诉人还应当转变观念，树立当事人的角色意识。

有代表认为，在司法实践中，撤回公诉存在如下不合理现象：第一，事由的脱法化。检察机关撤回公诉的事由往往超出《人民检察院刑事诉讼规则（试行）》规定的范围。第二，功能的变异化。撤回公诉本来主要是基于诉讼经济和使被告人尽早脱离讼累的目的而确立的一项制度，但是，实践中的撤回公诉常常被公诉人员作为规避司法责任或者方便自己灵活处理案件的工具性措施或者手段性程序。第三，撤诉后重新起诉的恣意化。检察机关撤诉后又违反规定重新起诉的行为整体上呈现出较大的随意性。针对上述问题,首先应当按照程序法定原则的要求,尽快实现撤回公诉事由、程序的法定化;其次应当健全撤回公诉的权力制衡机制,强化法官对检察机关撤回公诉请求的实质审查,对于违法提出的请求,法院要坚决否定;再次,应当对撤诉后的重新起诉进行法律规制。

六、其他问题

(一)《刑事诉讼法》再修改

有代表主张,《刑事诉讼法》的再修改是司法改革的必然要求。中国政法大学终身教授陈光中先生认为,十八届三中、四中全会《决定》中关于司法改革的重要内容必须通过制定或修改法律以保证其做到于法有据,以进一步丰富和完善我国的社会主义法律体系。由于司法改革相当多的内容涉及刑事诉讼制度,因此《刑事诉讼法》的第三次修改实际上已步入准备阶段。就修改模式而言,鉴于《刑事诉讼法》于2012年刚作了较大修改,近期再通过全国人大作大修改显然不太现实(前两次修改都相隔16年),因此最为可行的路径是借鉴《刑法》通过全国人大常委会"修正案"方式的成功经验,推动以"修正案"方式在下一届人大期间修改《刑事诉讼法》。就《刑事诉讼法》应当修改的内容而言,应包括如下主要方面:确保依法独立行使审判权、检察权;完善分工负责、互相配合、互相制约原则;庭审实质化与完善证人、鉴定人出庭作证制度;严格实行非法证据排除规则;完善法律援助制度;进一步改革人民陪审员制度;完善审级制度;统一刑罚执行体制。

西南政法大学徐静村教授认为,2012年出台的《刑事诉讼法修正案》虽然在健全证据制度和保障人权等方面有重大进步,但其结构体系和诉讼理念仍是旧的,在这个基础上不可能实行"审判中心主义"。"再修改"的目的,是制定一部以审判为中心的《刑事诉讼法》,以适应加速推进建设社会主义法治国家的需要。实行以审判为中心的诉讼制度,必须首先理顺几个过去一直没有理顺的重要关系:一是"公、检、法"三机关在诉讼程序制度中的关系问题。应由人民检察院负责刑事案件的侦查;人民检察院根据法律的规定,可以授权公安机关对刑事案件实施侦查。二是从"诉审关系"分析,为保证法院的中立立场,法、检两家关系不应再提"分工负责,互相配合,互相制约"。人民法院依法独立行使刑事审判权,只受刑事实体法和刑事程序法的约束与制约,不受其他任何权力的约束与制约。三是鉴于法律监督权对保障司法公正具有重要意义,宜由全国人大直接行使。建议设立全国人大法律监督委员会(常设机构)负责行使法律监督权,凡属全国人大及其常委会现在行使的各项监督权,都可授权这个委员会负责处理。

(二)刑事诉讼中侦、诉、辩、审关系

有代表从检察机关应对以审判为中心的诉讼制度改革出发,主张构建科学合理的新型诉侦、诉审、诉辩关系。公诉工作首先要主动实现三个转变,即从查明事实转变到证明事实,从依赖人证转变到依靠客观性证据,从依赖庭前证据转变到依靠庭审证据,并以此为基础,从以下三个方面构建新型的侦、诉、辩、审关系:一是强化诉前主导,推动建立新型诉侦关系;二是注重审前过滤,推动建立新型诉审关系;三是尊重律师权利,推动建立新型诉辩关系。

有代表认为,就司法实践来看,原有诉侦关系存在法律规范不完备不具体、监督制约机制滞后且被动、多数刑案侦诉脱离或缺乏配合、诉讼目标不统一等问题。以审判为中心的诉讼模式下,应加强侦诉协作,审前程序以公诉为主导,强化监督制约,在此基础上,修改和完善相关法律法规,从立案与侦查监督、介入引导侦查、捕诉衔接、补充侦查、制定证据标准、补正瑕疵证据与排除非法证据、扩大起诉裁量权等方面,细化、量化统一可行的标准。

中华全国律师协会刑事业务委员会副主任李贵方认为,良性的辩审关系应当包含如下基本要素:律师和法官互相尊重;律师和法官都认真严格按法律程序办事;律师有通畅的提出意见及解决问题的通道;法官在法庭上有不容置疑的权威。从制度层面,构建良性的辩审关系,需要制定详尽具体的可操作性庭审规则;法官应尊重和保障律师的各项程序性权利;律师应尊重和维护法庭、法官的权威。此外,辩护律师还应当克服与避免以下行为:用极端的方式阻挠庭审进行,参与当事人组织的各种庭外抗议活动,通过媒体炒作办案。

(三) 被追诉人及刑辩律师权利保障

有代表主张,被追诉人应享有有限阅卷权。在我国大多数刑事案件缺乏辩护律师介入的现状之下,阅卷权是被追诉人实现辩护权实质有效的保障。建议立法明确赋予被追诉人享有阅卷权并规定相应的司法救济。同时,考虑到被告人行使阅卷权的风险,如国家秘密、商业秘密或者个人隐私等信息泄露,有必要对被追诉人阅卷权行使的阶段、范围和方式作出相应规制。

关于辩护律师的诉讼权利,有代表指出,刑诉法修改以来,刑辩律师诉讼权利的保障有了很大的进步,但是在实践中仍然存在辩护律师调查取证难,执业风险大的问题。应当从完善刑辩律师调查取证权立法,明确赋予律师在侦查阶段的调查取证权,建立"调查令"制度,保障辩护律师自行调查取证权,赋予辩护律师强制性取证权及刑事辩护豁免权,完善证人出庭作证制度,改善刑辩律师执业环境,增强刑辩律师取证能力等方面予以完善。

(四) 刑事冤错案件的预防与纠正

1. 关于刑事冤错案件的预防

有代表认为,在造成冤错案的各种因素中,地方权力干预司法是诸因素之要害枢纽。只有着眼于这一因素的治理,刑事诉讼中的控审关系才能回归程序理性。以去地方化的改革举措构建司法独立的制度保障,对冤错案的预防可以起到牵一发动全身的功效。

北京大学陈永生教授认为,导致错案发生的原因大致可以分为直接原因和深层原因两个方面。从导致刑事错案的直接原因出发,提出防范刑事错案的建议:第一,严格落实2012年《刑事诉讼法》的相关规定,有效遏制刑讯逼供。第二,强化对科技手段的运用,对尸体、体液、痕迹等实物证据,能够采用DNA鉴定、指纹鉴定等高精度的鉴定方式的,不得采用辨认、血型鉴定等低精度的鉴定(认定)方式。第三,高度重视对犯罪嫌疑人、被告人有利的证据、事实和理由,驳回辩护方意见必须进行充分说理。第四,严格遵循认定有罪的证明标准,规范口供补强规则的适用。第五,严格贯彻疑罪从无规则,对认定有罪证据不充分的案件必须作无罪处理,不得作留有余地的判决。

2. 关于刑事冤错案件的纠正与赔偿

鉴于刑事冤案再审问题的特殊性,中国政法大学顾永忠教授主张刑事冤案的再审应设立专门、独立、特殊的再审程序,其具体内容包括:第一,刑事冤案的再审法院应当是作出原生效裁判的法院。第二,再审程序的当事人或诉讼主体范围较广,包括原审被告人、上诉人,原审被告人、上诉人的法定代理人、近亲属,还包括原审被害人及其法定代理人、近亲属。第三,再审程序的当事人可以委托律师或者由法律援助机构指派的律师担任代理人。第四,再审案件的审理方式以书面审理为原则,以开庭审理为例外。开庭审理主要适用于已发现的新证据足以推翻原生效判决但尚未达到像"死者复生"、真凶归案那样使人一目了然程度的案件,以及有被害人的案件。第五,再审案件的审理内容是进一步核实、展示足以推翻原生效裁判,证明原审被告人系无罪且无辜的有关证据,因而不需要按照一审、二审的庭审程序全面审理案件事实。第六,检察机关应当全面介入再审案件的审理过程。第七,再审案件判决无罪的直接法律依据应当是《刑事诉讼法》第195条第2项:"依据法律认定被告人无罪的,应当作出无罪判决"。第八,再审案件都应当公开宣判,以消除原有罪判决对原审被告人及家庭造成的严重名誉损害及其他不利影响。

鉴于司法实践中死者"复活"和真凶落网的案件较易平反,而仅仅以事实不清、证据不足为由提出申诉的案件却很难平反的现实,有代表建议借鉴我国古代的虑囚制度,强化再审程序启动的直接性和主动性,即由两高各自选定若干"巡视员",不时对各地监狱进行巡视,接受囚犯申诉,当面聆听其陈述,并在此基础上进行阅卷、审查证据,从而判断案件冤错的可能性。

另有代表指出,我国目前的《国家赔偿法》对违法羁押(拘留)和无罪羁押没有进行区分,造成实践中无论公安、司法人员是否对羁押的适用具有主观上的过错,都会因为国家赔偿的结果而受到消极甚至负面的评价,这种评价机制显然既不公正也不科学。我国应在区分违法羁押和无罪羁押的基础上,对其所引起的国家赔偿予以区别对待,即对于基于司法人员主观故意或者重大过失而导致的违法羁押采取国家赔偿原则,并建立相应的追偿和追责机制;而对于司法人员无主观过错的无罪羁押则采取国家补偿原则,并且不得因此而追究相关办案人员的责任。

(张吉喜、向燕、倪润:《中国刑事诉讼法学研究会2015年年会综述》,载《中国司法》2016年第1期。)

附录二 刑事诉讼法学教材与资料汇编索引(2011—2015年)

一、中国刑事诉讼法教材与著作

3. 艾静:《我国刑事简易程序的改革与完善》,法律出版社2013年版。

4. 白泉民主编:《国家治理与刑事审判功能发挥问题研究》,法律出版社2015年版。

5. 白泉旺:《刑事申诉检察工作实务》,中国检察出版社2015年版。

6. 北京市第一中级人民法院,北京市人民检察院第一分院编:《刑事二审程序深度研讨》,法律出版社2012年版。

7. 北京市律师协会编:《刑事辩护疑难问题与典型案例》,北京大学出版社2012年版。

9. 毕玉谦:《证据制度的核心基础理论》,北京大学出版社2013年版。

10. 卞建林、陈旭主编:《法治中国视野下的刑事程序建设》,中国人民公安大学出版社2015年版。

11. 卞建林、敬大力主编:《刑事诉讼法的实施、问题与对策》,中国人民公安大学出版社2014年版。

12. 卞建林、文晓平主编:《建言献策:刑事诉讼法再修改》,中国人民公安大学出版社2011年版。

13. 卞建林:《论检察》,中国检察出版社2013年版。

14. 卞建林主编:《腐败犯罪诉讼程序专题研究》,中国人民公安大学出版社2014年版。

15. 卞建林主编:《中华人民共和国刑事诉讼法最新解读》,中国人民公安大学出版社2012年版。

16. 蔡春和、马瑞芹主编:《检察实务中的证据问题研究》,中国政法大学出版社2011年版。

17. 蔡世葵主编:《新刑事诉讼法视野下的检察实践研究》,法律出版社2012年版。

18. 蔡枢衡:《刑事诉讼法教程》,中国政法大学出版社2012年版。

19. 蔡艺生:《情态证据研究》,群众出版社2014年版。

20. 操宏均、卢凤英、刘梦甡:《走私犯罪专业化公诉样本》,中国检察出版社

2015 年版。

21. 曹坚:《侵财犯罪案件的证据收集、审查与认定》,中国检察出版社 2015 年版。

22. 曾尔恕主编:《中外司法改革对社会变革影响比较研究》,中国政法大学出版社 2012 年版。

23. 曾明生:《动态刑法的惩教机制研究:刑事守法教育学引论》,中国政法大学出版社 2011 年版。

24. 曾页九主编:《修改后刑诉法实施与检察工作》,中国检察出版社 2013 年版。

25. 常林:《司法鉴定专家辅助人制度研究》,中国政法大学出版社 2012 年版。

26. 陈晨、刘砺兵:《司法改革背景下的刑事审判:主体、路径与方法》,中国政法大学出版社 2015 年版。

27. 陈晨、张东生主编:《公诉环节的诉讼监督》,法律出版社 2015 年版。

28. 陈晨:《刑事法律援助制度新论》,中国检察出版社 2014 年版。

29. 陈晨:《刑事法律援助制度研究》,中国检察出版社 2014 年版。

30. 陈光中:《论检察》,中国检察出版社 2013 年版。

31. 陈光中等:《读懂刑事诉讼法》,江苏人民出版社 2015 年版。

32. 陈光中主编:《〈中华人民共和国刑事诉讼法〉修改条文释义与点评》,人民法院出版社 2012 年版。

33. 陈光中主编:《中国刑事二审程序改革之研究》,北京大学出版社 2011 年版。

34. 陈国庆、王佳编:《外国诉讼程序》,江苏人民出版社 2015 年版。

35. 陈国庆:《论检察》,中国检察出版社 2014 年版。

36. 陈国庆主编:《新刑事诉讼法司法解释及规范性文件适用精解》,中国人民公安大学出版社 2012 年版。

37. 陈国庆主编:《中华人民共和国刑事诉讼法最新释义》,中国人民公安大学出版社 2012 年版。

38. 陈海锋:《刑事审查起诉程序正当性完善研究》,法律出版社 2014 年版。

39. 陈金诗:《控辩审关系的建构:法官庭审语篇处理的框架分析》,科学出版社 2011 年版。

40. 陈京春:《刑事和解制度研究:以刑事实体法为视角》,法律出版社 2014 年版。

41. 陈惊天:《法官证据评判研究》,中国人民公安大学出版社 2012 年版。

42. 陈敏编:《公民参与司法研究:以刑事司法为视角》,西北工业大学出版社 2012 年版。

43. 陈如超：《刑事法官的证据调查权研究》，中国人民公安大学出版社 2011 年版。

44. 陈瑞华、黄永、褚福民：《法律程序改革的突破与限度：2012 年刑事诉讼法修改述评》，中国法制出版社 2012 年版。

45. 陈瑞华：《刑事诉讼的前沿问题·第四版》，中国人民大学出版社 2013 年版。

46. 陈瑞华：《刑事诉讼中的问题与主义》（第二版），中国人民大学出版社 2013 年版。

47. 陈瑞华：《刑事证据法的理论问题》，法律出版社 2015 年版。

48. 陈瑞华：《刑事证据法学》（第二版），北京大学出版社 2014 年版。

49. 陈少林、顾伟、廖礼仲：《刑事诉讼基本原则研究》，中国地质大学出版社有限责任公司 2012 年版。

50. 陈绍斌：《涉罪流动人员取保候审实务》，法律出版社 2014 年版。

51. 陈实：《我国刑事审判制度实效问题研究》，北京大学出版社 2015 年版。

52. 陈为钢、张少林：《刑事证明方法与技巧》（第二版），中国检察出版社 2012 年版。

53. 陈卫东、〔荷〕Taru Spronken 主编：《遏制酷刑的三重路径：程序制裁、羁押场所的预防与警察讯问技能的提升》，中国法制出版社 2012 年版。

54. 陈卫东：《反思与建构：刑事证据的中国问题研究》，中国人民大学出版社 2015 年版。

55. 陈卫东：《转型与变革：中国检察的理论与实践》，中国人民大学出版社 2015 年版。

56. 陈卫东主编：《〈人民检察院刑事诉讼规则（试行）〉析评》，中国民主法制出版社 2013 年版。

57. 陈卫东主编：《2012 刑事诉讼法修改条文理解与适用》，中国法制出版社 2012 年版。

58. 陈卫东主编：《公民参与司法研究》，中国法制出版社 2011 年版。

59. 陈卫东主编：《模范刑事诉讼法典》（第二版），中国人民大学出版社 2011 年版。

60. 陈卫东主编：《刑事诉讼程序论》，中国法制出版社 2011 年版。

61. 陈卫东主编：《刑事诉讼法理解与适用》，人民出版社 2012 年版。

62. 陈卫东主编：《刑事诉讼制度论》，中国法制出版社 2011 年版。

63. 陈晓明：《刑事和解原论》，法律出版社 2011 年版。

64. 陈心歌：《中国刑事二审程序问题研究》，中国政法大学出版社 2013

年版。

65. 陈兴良、张军、胡云腾主编:《人民法院刑事指导案例裁判要旨通纂》,北京大学出版社 2013 年版。

66. 陈兴良编:《人民法院刑事指导案例裁判要旨集成》,北京大学出版社 2013 年版。

67. 陈旭主编:《刑事诉讼法适用手册》,法律出版社 2015 年版。

68. 陈学权:《DNA 证据研究》,中国政法大学出版社 2011 年版。

70. 陈永学、余斌编:《刑事辩护技巧》,中国民主法制出版社 2012 年版。

71. 陈云生:《论检察》,中国检察出版社 2013 年版。

72. 陈泽宪、熊秋红主编:《刑事诉讼法修改建议稿与论证:以人权保障为视角》,中国社会科学出版社 2012 年版。

73. 陈增宝:《法官心理与司法技巧》,中国法制出版社 2012 年版。

74. 成安:《无罪辩护:理论基础与中国实践》,法律出版社 2015 年版。

75. 程龙:《法哲学视野中的程序正义:以程序正义研究中的分析模式为主的考察》,社会科学文献出版社 2011 年版。

76. 程滔、封利强、俞亮:《刑事被害人诉权研究》,中国政法大学出版社 2015 年版。

77. 程滔:《刑事被害人的权利及其救济》,中国法制出版社 2011 年版。

78. 褚福民:《刑事推定的基本理论:以中国问题为中心的理论阐释》,中国人民大学出版社 2012 年版。

79. 崔凯:《社会稳定视角下的刑事疑难案件处理方式研究》,湖北人民出版社 2014 年版。

80. 崔林:《媒体对刑事审判监督及其界限研究》,法律出版社 2013 年版。

81. 崔敏主编:《刑讯考论:历史 现状 未来》,中国人民公安大学出版社 2011 年版。

82. 崔盛钢主编:《刑事审判实务技能》,人民法院出版社 2013 年版。

83. 崔永东主编:《审判管理研究》,人民出版社 2015 年版。

84. 戴莹:《刑事侦查电子取证研究》,中国政法大学出版社 2013 年版。

85. 戴长林主编:《刑事案件涉案财物处理程序:以违法所得特别没收程序为重点的分析》,法律出版社 2014 年版。

86. 邓立军:《全球视野与本土架构:秘密侦查法治化与刑事诉讼法的再修改》,中国社会科学出版社 2012 年版。

87. 邓立军:《突破与局限:新刑事诉讼法视野下的秘密侦查》,中国政法大学出版社 2015 年版。

88. 邓立军:《外国秘密侦查制度》,法律出版社 2013 年版。

89. 邓立军:《中国港澳台地区秘密侦查制度研究》,中国社会科学出版社 2013 年版。

90. 邓思清主编:《检察机关实施新刑事诉讼法问题研究》中国检察出版社 2013 年版。

91. 丁寰翔、刘友水主编:《未成年人司法制度的构建与实践:以尤溪法院为主要视点》,中国民主法制出版社 2012 年版。

92. 丁寿兴主编:《刑事审判前沿》,法律出版社 2011 年版。

93. 董坤:《侦查行为视角下的刑事冤案研究》,中国人民公安大学出版社 2012 年版。

94. 杜宝庆:《刑事实体公正研究》,中国法律出版社 2015 年版。

95. 杜春鹏:《电子证据取证和鉴定》,中国政法大学出版社 2014 年版。

96. 杜国栋:《论证据的完整性》,中国政法大学出版社 2012 年版。

97. 杜辉:《刑事法视野中的出罪研究》,中国政法大学出版社 2012 年版。

98. 杜邈、郝家英:《外国人犯罪专业化公诉样本》,中国检察出版社 2014 年版。

99. 杜雪晶主编:《劳动教养要论》,中国法制出版社 2012 年版。

100. 杜志淳、罗良忠、孙大明:《司法鉴定质量监控研究》,法律出版社 2013 年版。

101. 杜志淳、宋远升:《司法鉴定证据制度的中国模式》,法律出版社 2013 年版。

102. 杜志淳等:《强制医疗司法鉴定研究》,法律出版社 2015 年版。

103. 杜志淳等:《司法鉴定法立法研究》,法律出版社 2011 年版。

104. 樊崇义、兰跃军、潘少华:《刑事证据制度发展与适用》,人民法院出版社 2012 年版。

105. 樊崇义:《论检察》,中国检察出版社 2013 年版。

106. 樊崇义等:《底线:刑事错案防范标准》中国政法大学出版社 2015

107. 樊崇义主编:《最高人民法院关于适用〈中华人民共和国刑事诉讼法〉的解释 释义及实用指南》,中国民主法制出版社 2013 年版。

108. 樊崇义主编:《2012 刑事诉讼法:解读与适用》,法律出版社 2012 年版。

109. 樊崇义主编:《公平正义之路:刑事诉讼法修改决定条文释义与专题解读》,中国人民公安大学出版社 2012 年版。

110. 樊崇义主编:《走向正义:刑事司法改革与刑事诉讼法的修改》,中国政法大学出版社 2011 年版。

111. 范春雪、张世琦编:《刑事法官判案完全实务操作指引》,人民法院出版社,2011 年版。

112. 房保国、陈宏钧主编:《鉴定意见研究》,中国政法大学出版社 2012 年版。

113. 房国宾:《审前羁押与保释》,法律出版社 2011 年版。

114. 封利强:《司法证明过程论:以系统科学为视角》,法律出版社 2012 年版。

115. 冯承远:《新刑事诉讼法证据制度解读与适用》,中国检察出版社 2012 年版。

116. 冯景合:《检察权及其独立行使问题研究》,中国检察出版社 2012 年版。

117. 冯军、卢彦芬等:《刑事诉讼检察监督制度研究》,河北大学出版社 2011 年版。

118. 冯军等:《刑事裁判理论与实务》,中国人民公安大学出版社 2011 年版。

119. 冯喜恒:《刑事速审权利研究》,中国政法大学出版社 2013 年版。

120. 傅宽芝:《论检察》,中国检察出版社 2013 年版。

121. 高景峰、杨雄:《新刑事诉讼法强制措施解读》,中国检察出版社 2012 年版。

122. 高景惠、孙威、王巍:《未成年人犯罪专业化公诉样本》,中国检察出版社 2014 年版。

123. 高丽蓉:《我国刑事司法改革研究》,中国检察出版社 2015 年版。

124. 高明:《刑事诉讼律师实务》,法律出版社 2014 年版。

125. 高权:《审判管理学原理》,人民法院出版社 2014 年版。

126. 高树勇主编:《修改后刑事诉讼法适用与应对研究》,中国检察出版社 2013 年版。

127. 高伟:《刑事执行制度适用》,中国人民公安大学出版社 2012 年版。

128. 高习智:《刑事辩护技巧与经典案例》,电子科技大学出版社 2014 年版。

129. 高一飞、龙飞等:《司法公开基本原理》,中国法制出版社 2012 年版。

131. 高莹主编:《社区矫正工作手册:最新修订版》(第 2 版),法律出版社 2015 年版。

132. 高咏:《非法证据排除的证明问题研究》,中国财政经济出版社 2014 年版。

133. 高咏:《非法证据排除程序研究》,中国法制出版社 2014 年版。

134. 高贞:《法律援助理论与实践》,法律出版社 2014 年版。

135. 葛玲:《论刑事证据排除》,中国人民公安大学出版社 2011 年版。

136. 龚佳禾等:《法律监督的基本原理》,湖南人民出版社 2012 年版。

137. 巩富文:《中国侦查监督制度研究》,法律出版社 2015 年版。

138. 顾军主编:《检察工作新探索》,法律出版社 2015 年版。

139. 顾益军、杨永川、宋蕾编:《计算机取证》(第 2 版),高等教育出版社 2015 年版。

140. 顾永忠等:《刑事辩护:国际标准与中国实践》,北京大学出版社 2012 年版。

141. 顾永忠主编:《2013 中国刑事法律援助面临的机遇、挑战与对策》,中国政法大学出版社 2015 年版。

142. 管元梓:《未成年人刑事案件暂缓判决制度研究》,法律出版社 2015 年版。

143. 郭倍倍:《论刑事裁判的可接受性》,法律出版社 2015 年版。

144. 郭华:《技术侦查的诉讼化控制》,中国人民公安大学出版社 2013 年版。

145. 郭华:《鉴定意见争议解决机制研究》,经济科学出版社 2013 年版。

146. 郭华:《证据法学》,北京师范大学出版社 2011 年版。

147. 郭华:《专家辅助人制度的中国模式》,经济科学出版社 2015 年版。

148. 郭华主编:《辩护与代理制度》,中国人民公安大学出版社 2011 年版。

149. 郭华主编:《起诉与抗诉程序》,中国人民公安大学出版社 2011 年版。

150. 郭华主编:《强制措施制度》,中国人民公安大学出版社 2011 年版。

151. 郭华主编:《涉外刑事诉讼与司法协助程序》,中国人民公安大学出版社 2011 年版。

152. 郭华主编:《审判程序》,中国人民公安大学出版社 2011 年版。

153. 郭华主编:《未成年人刑事诉讼程序》,中国人民公安大学出版社 2011 年版。

154. 郭华主编:《刑事执行程序》,中国人民公安大学出版社 2011 年版。

155. 郭华主编:《侦查程序》,中国人民公安大学出版社 2011 年版。

156. 郭金霞等:《司法鉴定质量控制法律制度研究》,法律出版社 2011 年版。

157. 郭开元主编:《我国未成年人司法制度的实践和探索》,中国人民公安大学出版社 2014 年版。

158. 郭书原主编:《刑事诉讼法修改的深度访谈》,中国检察出版社 2012 年版。

159. 郭烁:《刑事强制措施体系研究:以非羁押性强制措施为重点》,中国法制出版社 2013 年版。

160. 郭松:《中国刑事诉讼运行机制实证研究(四):审查逮捕制度实证研究》,法律出版社 2011 年版。

161. 郭卫华主编:《正义的呼唤:法官品质与司法公信力》,中国法制出版社 2011 年版。

162. 郭欣阳:《刑事错案评析》,中国人民公安大学出版社 2011 年版。

163. 国际刑罚改革协会编:《制定有成效的法律和政策:法律、政策制定者的刑事司法改革和刑罚立法、政策及实践手册》,冯建军、张红玲译,浙江工商大学出版社 2014 年版。

164. 国家发展和改革委员会价格认证中心编:《涉案财物价格认定与鉴定案例选编》,中国市场出版社 2014 年版。

165. 韩波:《审判终极性:路径与体制要素》,法律出版社 2013 年版。

166. 韩成军:《中国检察权配置问题研究》,中国检察出版社 2012 年版。

167. 韩大元:《论检察》,中国检察出版社 2014 年版。

168. 韩红兴:《刑事公诉庭前程序研究》,法律出版社 2011 年版。

169. 韩锦霞、王永慧主编:《检察理论与实务》,法律出版社 2014 年版。

170. 韩旭:《检察官客观义务论》,法律出版社 2013 年版。

171. 韩阳、高咏、孙连钟:《中美刑事诉讼制度比较研究》,中国法制出版社 2013 年版。

172. 韩阳:《刑事诉讼的法哲学反思:从典型制度到基本范畴》,中国人民公安大学出版社 2012 年版。

173. 何家弘、刘品新:《证据法学》(第五版),法律出版社 2013 年版。

174. 何家弘、杨迎泽:《检察证据实用教程》(第二版),中国检察出版社 2014 年版。

175. 何家弘、赵志刚主编:《谁的陪审谁的团:刑事庭审制度改革的虚拟实验》,法律出版社 2011 年版。

176. 何家弘:《短缺证据与模糊事实:证据学精要》,法律出版社 2012 年版。

177. 何家弘:《冤案講述:刑事司法十大誤區》,台湾元照出版有限公司 2014 年版。

178. 何家弘主编:《谁的审判谁的权:刑事庭审制度改革的实证研究》,法律出版社 2011 年版。

179. 何家弘主编:《外国司法判例制度》,中国法制出版社 2014 年版。

180. 何雷:《域外诱惑侦查理论研究》,中国人民公安大学出版社 2013 年版。

181. 何文燕教授七十华诞祝贺文集编委会(中国)编:《诉讼与社会正义》,湘潭大学出版社 2013 年版。

182. 何艳芳:《刑事被害人权利的程序保障研究》,人民法院出版社 2015 年版。

183. 贺寿南:《司法裁判中的理性实现研究》,中国社会科学出版社 2013 年版。

184. 洪浩:《刑事诉讼法学》(第二版),武汉大学出版社 2013 年版。

185. 侯东亮:《少年司法模式研究》,法律出版社 2014 年版。

186. 侯东亮:《刑事证据规则论》,法律出版社 2015 年版。

187. 胡昌明:《社会结构对法官裁判的影响:以 1060 个刑事判决为样本》,社会科学文献出版社 2015 年版。

188. 胡成建、徐院珍、陈雪侠编:《诉讼法实务教程》,清华大学、北京交通大学出版社 2012 年版。

189. 胡敬:《刑事被害人权益保障问题研究》,吉林人民出版社 2014 年版。

190. 胡君:《原则裁判论:基于当代中国司法实践的理论反思》,中国政法大学出版社 2012 年版。

191. 胡帅:《刑事诉讼中的严格证明》,人民法院出版社 2012 年版。

192. 胡献旁:《刑事诉讼二审程序研究》,知识产权出版社 2015 年版。

193. 胡祥甫主编:《法庭风云:刑事辩护证据运用与法庭策略》,法律出版社 2015 年版。

194. 胡向阳:《科学证据与杀人案件侦破》,中国社会科学出版社 2013 年版。

195. 胡学军:《具体举证责任论》,法律出版社 2015 年版。

196. 胡勇:《复合型态的检察权能:中国检察改革再思考》,法律出版社 2014 年版。

197. 胡玉鸿、庞凌主编:《东吴法学先贤文录(司法制度、法学教育卷)》,中国政法大学出版社 2015 年版。

198. 胡云腾主编:《宣告无罪实务指南与案例精析》,法律出版社 2014 年版。

199. 胡志风:《刑事错案的侦查程序分析与控制路径研究》,中国人民公安大学出版社 2012 年版。

200. 胡忠惠、邓陕峡:《刑事瑕疵证据的实证研究与理论阐释》,中国人民公安大学出版社 2014 年版。

201. 胡子君:《公诉权若干基本问题研究》,吉林人民出版社 2014 年版。

202. 胡祖平主编:《出庭质证方法与技巧》,浙江大学出版社 2015 年版。

203. 胡祖平主编:《司法鉴定理论与实践》,浙江大学出版社 2013 年版。

204. 黄豹:《刑事诉权研究》,北京大学出版社 2013 年版。

205. 黄朝义:《无罪推定:论刑事诉讼程序之运作》,台湾五南图书出版股份有限公司 2001 年版。

206. 黄风:《中华人民共和国国际刑事司法协助法立法建议稿及论证》,北京大学出版社 2012 年版。

207. 黄海波:《出庭公诉实战技能》,中国检察出版社 2012 年版。

209. 黄金华:《法庭证人询问中的推理研究》,知识产权出版社 2014 年版。

210. 黄士元:《正义不会缺席:中国刑事错案的成因与纠正》,中国法制出版社 2016 年版。

211. 黄维智:《心证形成过程实证研究:以刑事诉讼程序为主线》,中国检察出版社 2011 年版。

212. 黄祖跃、薛宏伟主编:《公安刑事执法文集:侦查讯问前沿问题研究》,中国人民公安大学出版社 2014 年版。

213. 霍宪丹主编:《司法鉴定管理模式比较研究》,中国政法大学出版社 2014 年版。

214. 陈国庆主编:《新刑事诉讼法与诉讼监督》,中国检察出版社 2012 年版。

215. 季美君:《中澳检察制度比较研究》,北京大学出版社 2013 年版。

216. 冀祥德、方洁主编:《中国刑事诉讼法学发展与瞻望》,方志出版社 2013 年版。

217. 冀祥德等:《新刑事诉讼法实施状况实证研究》,方志出版社 2015 年版。

218. 贾洛川、王志亮主编:《监狱前沿与热点问题研究》,中国法制出版社 2014 年版。

219. 贾宇、舒洪水等:《未成年人犯罪的刑事司法制度研究》,知识产权出版社 2015 年版。

220. 贾宇主编:《中国刑事辩护之路》,知识产权出版社 2015 年版。

221. 江涌:《未决羁押制度的研究》,中国人民公安大学出版社 2011 年版。

222. 江涌:《侦查特别制度新论》,中国人民公安大学出版社 2015 年版。

223. 姜丽娜:《证人证言研究中的心理科学》,中国社会科学出版社 2013 年版。

224. 姜田龙:《无罪推定论》,中国检察出版社 2014 年版。

225. 姜伟等:《公诉制度教程》(第三版),中国检察出版社 2014 年版。

226. 姜伟:《论检察》,中国检察出版社 2014 年版。

227. 蒋德海:《控权型检察制度研究》,人民出版社 2012 年版。

228. 蒋惠岭主编:《司法公开理论问题》,中国法制出版社 2012 年版。

229. 蒋惠琴主编:《审判理论与司法前沿》,法律出版社 2015 年版。

230. 蒋石平:《刑事和解的法制化构建》,中国政法大学出版社 2015 年版。

231. 蒋铁初:《中国传统证据制度的价值基础研究》,法律出版社 2014 年版。

232. 焦鹏:《诉讼证明中的推定研究》,法律出版社 2012 年版。

233. 焦悦勤:《刑事审判监督程序研究》,法律出版社 2013 年版。

234. 金碧华:《支持的"过程":社区矫正假释犯对象的社会支持网络研究》,法律出版社 2014 年版。

235. 荆长岭、易志华、吴兴民:《全球化时代的国际刑事警务合作》,中国人民公安大学出版社 2014 年版。

236. 景汉朝主编:《最高人民法院审判监督指导案例解析》,人民法院出版社 2015 年版。

238. 柯葛壮:《刑事诉讼法比较研究》,法律出版社 2012 年版。

239. 孔红波编:《证据运用案例与实务》,清华大学出版社 2015 年版。

240. 赖玉中:《刑事强制措施体系研究》,中国政法大学出版社 2012 年版。

241. 兰荣杰:《刑事判决是如何形成的?:基于三个基层法院的实证研究》,北京大学出版社 2013 年版。

242. 兰跃军:《刑事被害人人权保障机制研究》,法律出版社 2013 年版。

243. 兰跃军:《刑事被害人作证制度研究》,中国人民公安大学出版社 2011 年版。

244. 兰跃军:《侦查程序被害人权利保护》,社会科学文献出版社 2016 年版。

245. 郎胜主编:《中华人民共和国刑事诉讼法释义:最新修正版》,法律出版社 2012 年版。

246. 郎胜主编:《中华人民共和国刑事诉讼法修改与适用》,新华出版社 2012 年版。

247. 雷连莉:《刑事被害人量刑参与问题研究》,中国政法大学出版社 2014 年版。

248. 李爱君:《公诉中的博弈:我的公诉战争》,中国检察出版社 2011 年版。

249. 李爱君:《审查起诉重点与方法》(修订版),中国检察出版社 2014 年版。

250. 李斌:《能动司法与公诉制度改革》,中国人民公安大学出版社 2012 年版。

251. 李昌盛:《刑事审判:理论与实证》,中国民主法制出版社 2015 年版。

252. 李奋飞:《程序合法性研究:以刑事诉讼法为范例》,法律出版社 2011

年版。

253. 李奋飞:《失灵:中国刑事程序的当代命运》,上海三联书店2013年版。

254. 李国强主编:《新刑事诉讼法理解与适用探索:一个基层检察院的视角》,中国检察出版社2014年版。

255. 李慧:《证据制度的探索与反思》,知识产权出版社2011年版。

256. 李继华:《不起诉的实体根据研究》,中国检察出版社2013年版。

257. 李乐平、吴小强、施飞:《未成年人刑事案件特别程序与社会化保护:以常州市观护矫正工作站为样本的实证研究》,中国政法大学出版社2013年版。

258. 李立景:《犯罪私人追诉的法理逻辑》,中国法制出版社2011年版。

260. 李玫瑾、靳高风主编:《未成年人犯罪与少年司法制度创新》,中国人民公安大学出版社2015年版。

262. 李明:《证据证明力研究》,中国人民公安大学出版社2013年版。

263. 李娜玲:《刑事强制医疗程序研究》,中国检察出版社2011年版。

264. 李世锋:《用程序写下正义:刑事二审专题实证研究》,湘潭大学出版社2015年版。

265. 李树真:《精细化司法证明中逻辑与经验基本问题研究》,中国社会科学出版社2012年版。

266. 李树真:《刑事证据审查判断精细化过程因素与进路》,中国人民公安大学出版社2012年版。

267. 李双其、曹文安、黄云峰:《法治视野下的信息化侦查》,中国检察出版社2011年版

268. 李为民:《唯法是从:一个刑辩工匠的精雕细琢》,新华出版社2015年版。

269. 李卫红:《刑事司法模式的生成与演进》,中国社会科学出版社2012年版。

270. 李翔:《重罪案件刑事和解中的价值冲突和裁判平衡研究》,上海人民出版社2015年版。

271. 李小恺:《证据法视野下的谎言》,中国法制出版社2015年版。

272. 李晓丽:《法院证据调查制度研究》,中国政法大学出版社2014年版。

273. 李新贵、李锦辉:《刑审警钟:刑讯逼供理论与实务研究》,法律出版社2012年版。

274. 李兴友编:《检察调研与执法理念笔记》,中国检察出版社2014年版。

275. 李学军、朱梦妮等:《物证鉴定意见的质证路径和方法研究》,中国人民大学出版社2015年版。

276. 李义凤:《未成年人刑事案件诉讼程序理论与实践研究》,法律出版社

2013 年版。

277. 李勇主编:《审查起诉的原理与方法》,法律出版社 2015 年版。

278. 李玉华、周军、钱志健:《警察出庭作证指南》,中国人民公安大学出版社 2014 年版。

279. 李长城:《刑事立法权的异化:中国地方性刑事诉讼规则研究》,法律出版社 2014 年版。

280. 李长坤:《刑事涉案财物处理制度研究》,上海交通大学出版 2012 年版。

281. 李忠诚、王建林主编:《新刑事诉讼法实施中的人权保障机制建设》,中国检察出版社 2013 年版。

282. 栗峥:《司法证明的逻辑》,中国人民公安大学出版社 2012 年版。

283. 梁坤:《社会科学证据研究》,群众出版社 2014 年版。

284. 梁欣:《刑事诉讼文化论》,北京大学出版社 2011 年版。

285. 梁玉霞、杨胜荣编:《中国刑事诉讼法》,暨南大学出版社 2011 年版。

286. 廖斌、张中等:《技术侦查规范化研究》,法律出版社 2015 年版。

287. 廖福田:《讯问艺术》(增订版),中国方正出版社 2015 年版。

288. 廖根为:《电子数据真实性司法鉴定研究》,法律出版社 2015 年版。

289. 廖明主编:《未成年人刑事司法制度》,对外经济贸易大学出版社 2013 年版。

290. 廖永安、〔美〕彼特·安德森主编:《对话与交融:中美陪审制度论坛》,湘潭大学出版社 2012 年版。

291. 林莉红主编:《程序正义的理想与现实:刑事诉讼相关程序实证研究报告》,北京大学出版社 2011 年版。

292. 林喜芬:《两个证据规定与证据排除规则》,中国人民公安大学出版社 2011 年版。

293. 林喜芬:《中国刑事程序的法治化转型》,上海交通大学出版社 2011 年版。

294. 林喜芬:《转型语境的刑事司法错误论:基于实证与比较的考察》,上海人民出版社 2011 年版。

295. 林孝文:《法官自由裁量权的法理与哲理》,知识产权出版社 2015 年版。

296. 林贻影:《中国检察制度发展、变迁及挑战:以检察权为视角》,中国检察出版社 2012 年版。

297. 林宇:《刑事辩护策略与技巧:寻找辩护视野的公正》,法律出版社 2012 年版。

298. 林鈺雄:《刑事程序與國際人權(二)》,台灣元照出版有限公司 2012 年版。

299. 刘昌强:《检察委员会制度研究》,中国检察出版社 2013 年版。

300. 刘成安:《论裁判规则:以法官适用法律的方法为视角》,法律出版社 2012 年版。

301. 刘春梅:《刑事辩护律师的权利及其保障》,知识产权出版社 2014 年版。

302. 刘东平、赵信会、逯其彦:《人民检察院组织法修改研究》,中国检察出版社 2013 年版。

303. 刘东平、赵信会编:《检察权监督制约机制研究》,中国检察出版社 2015 年版。

304. 刘方:《检察侦查权配置及应用研究》,中国检察出版社 2012 年版。

305. 刘方:《刑事诉讼法适用重点难点问题详解》,法律出版社 2014 年版。

306. 刘方编:《新刑事诉讼法适用疑难问题解答》,中国检察出版社 2012 年版。

307. 刘广三等:《刑事证据定量分析》,北京师范大学出版社 2013 年版。

308. 刘国有编:《刑事诉讼法教程》,清华大学出版社、北京交通大学出版社 2013 年版。

309. 刘好千、王林:《中外监狱比较研究》,法律出版社 2012 年版。

310. 刘红、纪宗宜、姚澜:《司法鉴定证据研究》,法律出版社 2012 年版。

311. 刘辉:《刑事司法改革试点研究》,中国检察出版社 2013 年版。

312. 刘计划:《控审分离论》,法律出版社 2013 年版。

313 刘计划:《刑事公诉案件第一审程序》,中国人民公安大学出版社 2012 年版。

314. 刘继国:《监所检察制度适用》,中国人民公安大学出版社 2012 年版。

315. 刘静坤:《法庭上的真相与正义:最高法院刑庭法官审判笔记》,法律出版社 2014 年版。

316. 刘练军:《司法要论》,中国政法大学出版社 2013 年版。

317. 刘路阳:《中外刑事和解之辩》,中国检察出版社 2013 年版。

318. 刘玫、张建伟、熊秋红:《刑事诉讼法》,高等教育出版社 2014 年版。

319. 刘玫:《刑事诉讼法》(第二版),中国人民大学出版社 2013 年版。

320. 刘玫编:《刑事诉讼法及配套规定分解集成》,北京大学出版社 2013 年版。

321. 刘玫主编:《刑事司法领域中的女性参与》,中国人民公安大学出版社 2011 年版。

322. 刘南男:《台湾地区侦查制度研究》,中国人民公安大学出版社 2011 年版。

323. 刘品新、王燃、陈颖编:《所有人的正义:中国刑事错案预防与救济指南》,中国法制出版社 2015 年版。

324. 刘品新:《反侦查行为:犯罪侦查的新视角》,中国人民大学出版社 2011 年版。

325. 刘晴主编:《侦查监督实务与技巧》(修订版),中国检察出版社 2013 年版。

326. 刘世强:《刑事合议制度研究》,中国政法大学出版社 2014 年版。

327. 刘为军:《侦查中的博弈:侦查对抗与合作》,中国检察出版社 2011 年版。

329. 刘文峰主编:《新刑事诉讼法新增新改条文精解与立法理由》,人民法院出版社 2012 年版。

330. 刘锡秋:《陪审制度的历史研究》,法律出版社 2011 年版。

331. 刘向东:《刑事诉讼法修改决定理论探析:2012》,中国法制出版社 2012 年版。

332. 刘小青:《刑事申诉原理与办案实务》,中国人民公安大学出版社 2011 年版。

333. 刘晓东:《刑事审判程序的经济分析》,中国检察出版社 2014 年版。

334. 刘晓琴、徐文星:《警察刑事裁量权的规制》,中国人民公安大学出版社 2011 年版。

335. 刘英俊:《自白任意性规则研究》,四川大学出版社 2012 年版。

336. 刘莹:《有组织犯罪侦查研究》,中国检察出版社 2011 年版。

337. 刘宇、任继鸿编:《证据法》,中国政法大学出版社 2014 年版。

338. 刘玉民、于海侠编:《刑事证据规则适用》,中国民主法制出版社 2012 年版。

340. 刘振红:《司法鉴定:诉讼专门性问题的展开》,中国政法大学出版社 2015 年版。

341. 龙宗智:《检察官客观义务论》,法律出版社 2014 年版。

342. 龙宗智:《论检察》,中国检察出版社 2013 年版。

343. 龙宗智等:《知识与路径:检察学理论体系及其探索》,中国检察出版社 2011 年版。

344. 娄秋琴:《常见刑事案件辩护要点》,北京大学出版社 2014 年版。

345. 卢上需、熊伟主编:《司法审判的艺术》,法律出版社 2011 年版。

346. 卢少峰:《刑事诉讼法攻略》(第四版),中国财政经济出版社 2014

年版。

347. 卢希起:《检察政策研究》,中国政法大学出版社2013年版。

348. 卢志斌主编:《律师刑事辩护典型案例评析》,宁夏人民出版社2011年版。

349. 鲁千晓:《应用诉讼心理学:诉讼主体心理指南》,法律出版社2012年版。

350. 陆而启:《法官事实认定的心理学分析》,法律出版社2014年版。

351. 罗海敏:《反恐视野中的刑事强制措施研究》,中国人民公安大学出版社2012年版。

352. 罗堂庆主编:《检察机关自侦办案工作转型发展研究》,中国检察出版社2014年版。

353. 骆群:《弱势的镜像:社区矫正对象社会排斥研究》,中国法制出版社2012年版。

354. 吕泽华:《DNA鉴定技术在刑事司法中的运用和规制》,中国人民公安大学出版社2011年版。

355. 马海舰:《侦查措施新论》,法律出版社2012年版。

356. 马海舰主编:《中国侦查主体制度》,法律出版社2011年版。

357. 马江涛:《司法鉴定职业行为规范研究》,法律出版社2015年版。

358. 马静华等:《刑事和解理论基础与中国模式》,中国政法大学出版社2011年版。

359. 马可:《刑事诉讼法律关系客体研究》,方志出版社2014年版。

360. 马秀卿:《公诉权的法律社会学研究》,法律出版社2012年版。

361. 麦永浩等主编:《计算机取证与司法鉴定》(第2版),清华大学出版社2014年版。

362. 麦永浩主编:《电子数据司法鉴定实务》,法律出版社2011年版。

363. 门金玲:《侦审关系研究》,中国社会科学出版社2011年版。

364. 门金玲主编:《刑事辩护操作指引》,法律出版社2015年版。

365. 苗生明、王春风主编:《检察机关案件质量评价体系研究》,法律出版社2013年版。

366. 苗生明、叶文胜主编:《附条件不起诉的理论与实践》,法律出版社2015年版。

367. 闵春雷等:《刑事诉讼证明基本范畴研究》,法律出版社2011年版。

368. 牟军:《权力与结构:刑事侦讯本体论的分析进路》,法律出版社2011年版。

369. 慕平主编:《检察理论探索与机制创新》,法律出版社2012年版。

370. 南英、高憬宏主编:《刑事审判方法》(第二版),法律出版社 2015 年版。
371. 倪春乐:《恐怖主义犯罪特别诉讼程序比较研究》,群众出版社 2013 年版。
372. 倪培兴:《检察理论与刑事法理论的若干基本问题研究》,中国政法大学出版社 2015 年版。
373. 聂洪勇、王琼:《法官自由裁量权之法理分析:以刑事司法为视角》,法律出版社 2011 年版。
374. 聂长建:《司法判决研究》,中国社会科学出版社 2011 年版。
375. 宁松:《刑事举证责任研究》,中国检察出版社 2013 年版。
376. 牛敏主编:《人民法院审判运行机制构建:成都法院的探索与实践》,人民法院出版社 2012 年版。
377. 潘侠:《精神病人强制医疗法治化研究:从中美两国对话展开》,中国政法大学出版社 2015 年版。
378. 裴显鼎、苗有水主编:《知识产权刑事案件办案指南》,法律出版社 2015 年版。
379. 彭海青:《刑事裁判共识论》,法律出版社 2012 年版。
380. 彭小龙:《非职业法官研究:理念、制度与实践》,北京大学出版社 2012 年版。
381. 彭新林:《腐败犯罪案件程序问题要论》,中国政法大学出版社 2013 年版。
382. 钱锋主编:《审判管理的理论与实践》,法律出版社 2012 年版。
383. 乔生彪主编:《疑难案件裁判思路分析》,人民法院出版社 2012 年版。
384. 秦冠英:《诉讼监督程序立法研究》,知识产权出版社 2015 年版。
386. 秦玉海、孙奕主编:《智能手机取证》,清华大学出版社 2014 年版。
387. 邱爱民:《科学证据基础理论研究》,知识产权出版社 2013 年版。
388. 邱爱民:《实物证据鉴真制度研究》,知识产权出版社 2012 年版。
389. 邱飞:《权力制衡与权利保障:侦查程序中的司法审查机制研究》,光明日报出版社 2013 年版。
390. 邱兴隆:《一切为了权利:邱兴隆刑事辩护精选 50 例》,中国检察出版社 2011 年版。
391. 屈新:《刑事诉讼中的权力制衡与权利保障》,中国人民公安大学出版社 2011 年版。
392. 屈新:《证据制度的经济学分析》,中国政法大学出版社 2015 年版。
393. 全国人大常委会法制工作委员会刑法室编:《〈中华人民共和国刑事诉讼法〉释义及实用指南》,中国民主法制出版社 2012 年版。

394. 全国人大常委会法制工作委员会刑法室编:《关于实施刑事诉讼法若干问题的规定解读》,中国法制出版社2013年版。

395. 全亮:《法官惩戒制度比较研究》,法律出版社2011年版。

396. 萨其荣桂:《制度变迁中的国家与行动者:中国刑事和解的制度化实践及其阐释》,中国政法大学出版社2012年版。

397. 桑涛:《公诉语言艺术与运用》,中国检察出版社2012年版。

398. 尚华:《论质证》,中国政法大学出版社2013年版。

400. 沈红卫等:《探求刑事正当程序:刑事诉讼基本问题研究》,法律出版社2015年版。

401. 沈敏:《宪政视野下的中国律师制度研究》,法律出版社2012年版。

402. 沈源洲:《刑事被告人对质询问权研究》,中国政法大学出版社2012年版。

403. 沈志先主编:《法院管理》,法律出版社2013年版。

404. 施光:《中国法庭审判话语的批评性分析》,科学出版社2014年版。

405. 施业家等:《检察机关职能研究》,中国地质大学出版社2013年版。

406. 石浩旭:《刑事程序性证明理论系统研究》,知识产权出版社2013年版。

407. 石少侠主编:《检察学新论》,中国检察出版社2013年版。

408. 石先钰、李凯等:《检察官职业道德建设研究》,华中师范大学出版社2014年版。

409. 石晓波:《公诉裁量权研究》,知识产权出版社2013年版。

410. 时凯、张圣轩主编:《司法鉴定法律法规适用》,郑州大学出版社2014年版。

411. 史景轩、张青主编:《外国矫正制度》,法律出版社2012年版。

412. 史立梅、杨雄、周洋:《刑事诉讼审前羁押替代措施研究》,中国政法大学出版社2015年版。

413. 司法公正权威与司法监督的关系课题组:《司法监督制度研究》,法律出版社2015年版。

414. 宋英辉等:《法律实证研究本土化探索》,北京大学出版社2012年版。

415. 宋英辉、何挺、王贞会等:《未成年人刑事司法改革研究》,北京大学出版社2013年版。

416. 宋英辉、刘广三、何挺等:《刑事诉讼法修改的历史梳理与阐释》,北京大学出版社2014年版。

417. 宋英辉、孙长永、朴宗根等:《外国刑事诉讼法》,北京大学出版社2011年版。

418. 宋英辉、甄贞主编:《未成年人犯罪诉讼程序研究》,北京师范大学出版社 2011 年版。

419. 宋英辉:《论检察》,中国检察出版社 2014 年版。

420. 宋英辉等:《刑事诉讼原理》(第三版),北京大学出版社 2014 年版。

421. 宋英辉主编:《刑事和解制度研究》,北京大学出版社 2011 年版。

422. 宋英辉主编:《中华人民共和国刑事诉讼法精解》,中国政法大学出版社 2012 年版。

423. 宋远升:《法官论》,法律出版社 2012 年版。

424. 宋远升:《检察官论》,法律出版社 2014 年版。

425. 宋远升:《律师论》,中国政法大学出版社 2014 年版。

426. 苏琳伟:《公诉裁量研究:从现象到制度的考察》,中国法制出版社 2014 年版。

428. 孙彩虹、潘牧天:《刑事诉讼法理论与实务专题研究》,苏州大学出版社 2014 年版。

429. 孙春雨、王伟、朱超然编:《刑事和解制度专题整理》,中国人民公安大学出版社 2015 年版。

430. 孙春雨:《刑事和解办案机制理论与实务》,中国人民公安大学出版社 2012 年版。

431. 孙光骏编:《检察权与检察职能理论与实践》,法律出版社 2012 年版。

432. 孙海龙等:《审判权运行机制改革》,法律出版社 2015 年版。

433. 孙洪坤:《刑事诉讼法学》,法律出版社 2014 年版。

434. 孙利编:《刑事诉讼法学》(第 2 版),对外经济贸易大学出版社 2015 年版。

435. 孙茂利主编:《公安机关办理刑事案件程序规定释义与实务指南》,中国人民公安大学出版社 2013 年版。

436. 孙茂利主编:《刑事诉讼法修改的主要内容和贯彻执行的基本要求》,中国人民公安大学出版社 2012 年版。

437. 孙谦、韩大元主编:《司法机构与司法制度:世界各国宪法的规定》,中国检察出版社 2013 年版。

438. 孙谦:《论检察》,中国检察出版社 2013 年版。

439. 孙谦主编:《〈人民检察院刑事诉讼规则(试行)〉理解与适用》,中国检察出版社 2012 年版。

440. 孙谦主编:《新刑事诉讼法条文精解与案例适用》,中国检察出版社 2012 年版。

441. 孙谦主编:《中国特色社会主义检察制度》(修订版),中国检察出版社

2015 年版。

442. 孙青平：《法庭规则与技巧研究》，中国政法大学出版社 2015 年版。

443. 孙锐：《冲突与调适：国家在刑事诉讼中的角色分析》，中国检察出版社 2012 年版。

444. 孙晓冬主编：《网络犯罪侦查》，清华大学出版社 2014 年版。

445. 孙雄编：《监狱学》，商务印书馆 2011 年版。

446. 孙延庆主编：《侦查措施与策略》，法律出版社 2015 年版。

447. 孙应征：《法治视野下的检察实践与创新发展》，知识产权出版社 2014 年版。

448. 孙应征等：《刑事诉讼法律监督新论》，法律出版社 2013 年版。

450. 孙应征主编：《刑事诉讼法律监督理论与实务》，武汉大学出版社 2011 年版。

451. 孙应征主编：《刑事诉讼法实施与检察工作配套机制研究》，法律出版社 2014 年版。

452. 孙瑜：《认罪案件审判程序研究》，对外经济贸易大学出版社 2012 年版。

453. 孙煜华：《侦查权的宪法控制》，法律出版社 2014 年版。

454. 谭长志、郭华、王纪起主编：《未成年人刑事检察的临沂模式》，中国检察出版社 2014 年版。

455. 汤艳君主编：《电子物证检验与分析》，清华大学出版社 2014 年版。

456. 汤忠赞：《律师方法论》，法律出版社 2012 年版。

457. 唐雪莲：《公安机关刑事案件审核制度实证研究：以侦查权力的控制为视角》，北京大学出版社 2015 年版。

458. 陶杨：《刑事诉权研究》，中国人民公安大学出版社 2011 年版。

459. 陶杨编：《新刑事诉讼法适用集成》，中国法制出版社 2013 年版。

461. 田禾主编：《司法透明国际比较》，社会科学文献出版社 2013 年版。

462. 田力男、郑曦：《非法证据排除规则的理论与实践》，中国政法大学出版社 2015 年版。

463. 田力男：《刑事法官角色论：以初审程序为视角》，中国政法大学出版社 2015 年版。

464. 田文昌、陈瑞华：《刑事辩护的中国经验：田文昌 陈瑞华对话录》，北京大学出版社 2012 年版。

465. 田文昌、陈瑞华主编：《〈中华人民共和国刑事诉讼法〉再修改律师建议稿与论证》（增补版），法律出版社 2012 年版。

466. 田文昌主编：《新刑事诉讼法热点问题及辩护应对策略》，中国法制出版社 2013 年版。

467. 童建明:《论检察》,中国检察出版社 2013 年版。
468. 童建明主编:《新刑事诉讼法理解与适用》,中国检察出版社 2012 年版。
469. 万春、黄建波主编:《未成年人刑事检察论纲》,中国检察出版社 2013 年版。
470. 万春:《检察实践的理论思考》,中国长安出版社 2015 年版。
471. 万国营主编:《审判的理性与智慧》,人民法院出版社 2012 年版。
472. 万毅、艾明、刘宁等:《盘查程序研究》,上海三联书店 2015 年版。
473. 万毅:《微观刑事诉讼法学:法解释学视野下的〈刑事诉讼法修正案〉》,中国检察出版社 2012 年版。
474. 万毅等:《刑事诉讼法 2012 年修正案实施情况调研:以四川省眉山市人民检察院为样本》,上海三联书店 2015 年版。
475. 万应君编:《刑事指导案例裁判要旨与法律依据》(第二版),法律出版社 2015 年版。
476. 汪东升、孙晴、张启明:《金融犯罪专业化公诉样本》,中国检察出版社 2015 年版。
477. 汪海燕、马明亮、向高甲:《刑事诉讼法》,中国政法大学出版社 2015 年版。
478. 汪海燕:《刑事诉讼法律移植研究》,中国政法大学出版社 2015 年版。
479. 王昌奎:《参与式侦查研究:我国"诱惑侦查"的困局与出路》,中国检察出版社 2015 年版。
480. 王超:《排除非法证据的乌托邦》,法律出版社 2014 年版。
481. 王达人、曾粤兴:《正义的诉求:美国辛普森案与中国杜培武案的比较》(修订版),北京大学出版社 2012 年版。
482. 王德光:《反贪侦查僵局的破解》,中国检察出版社 2011 年版。
483. 王定顺、陈祖德等:《职务犯罪侦查机制的实践与反思》,中国检察出版社 2012 年版。
484. 王福成主编:《检察官札记》,中国检察出版社 2014 年版。
485. 王高生主编:《控告举报工作重点与方法》,中国检察出版社 2013 年版。
486. 王舸:《案件事实推理论》,中国政法大学出版社 2013 年版。
487. 王公义主编:《刑事执行法学》,法律出版社 2013 年版。
488. 王公义主编:《中外司法体制比较研究》,法律出版社 2013 年版。
489. 王冠卿:《法庭证据的理论与实践新探》,北京大学出版社 2014 年版。

490. 王桂芳:《证据法精要》,法律出版社 2015 年版。
491. 王桂五:《论检察》,中国检察出版社 2013 年版。
492. 王国龙:《守法主义与能动司法:基于中国法律方法论研究视野的展开》,法律出版社 2013 年版。
493. 王国民:《控制下交付研究》,中国检察出版社 2011 年版。
494. 王海军:《刑事审判模式的经济分析——以当事人主义为中心》,中国政法大学出版社 2013 年版。
495. 王佳:《刑事辨认的原理与规制》,北京大学出版社 2011 年版。
496. 王佳:《追寻正义:法治视野下的刑事错案》,中国人民公安大学出版社 2011 年版。
497. 王戬:《不同权力结构模式下的检察权研究》,法律出版社 2011 年版。
498. 王戬:《论宪政与权利维度的刑事诉讼》,法律出版社 2012 年版。
499. 王戬:《刑事程序改革续留问题研究》,上海人民出版社 2013 年版。
500. 王建平主编:《新刑事诉讼法的实施与完善》,方志出版社 2013 年版。
501. 王晋主编:《检察机关案件管理工作理论与实务》,法律出版社 2013 年版。
502. 王景翰、杨鸣编:《有色纺织纤维检验在法庭科学中的应用》,科学出版社 2014 年版。
503. 王君祥:《违法所得没收特别程序问题研究》,法律出版社 2015 年版。
504. 王俊、曾哲:《中国检察权论略》,中国检察出版社 2012 年版。
505. 王俊民:《辩护人庭审发问原理与方法》,上海人民出版社 2012 年版。
506. 王乐龙:《刑事错案:症结与对策》,中国人民公安大学出版社 2011 年版。
507. 王丽华等:《犯罪被害救济制度》,社会科学文献出版社 2013 年版。
508. 王禄生:《刑事诉讼的案件过滤机制:基于中美两国实证材料的考察》,北京大学出版社 2014 年版。
509. 王茂华、吴艳华主编:《刑事诉讼法总注释》,中国人民公安大学出版社 2011 年版。
510. 王敏远:《一个谬误、两句废话、三种学说:对案件事实及证据的哲学、历史学分析》,中国政法大学出版社 2013 年版。
512. 王明明:《诉讼程序若干前沿问题研究》,哈尔滨工业大学出版社 2015 年版。
513. 王平、何显兵、郝方昉:《理想主义的〈社区矫正法〉:学者建议稿及说明》,中国政法大学出版社 2012 年版。
514. 王平主编:《社区矫正制度研究》,中国政法大学出版社 2012 年版。

515. 王尚新、雷建斌主编:《最新刑事诉讼法修改实用问答》,人民法院出版社 2012 年版。

516. 王尚新、李寿伟主编:《〈关于修改刑事诉讼法的决定〉释解与适用》,人民法院出版社 2012 年版。

517. 王圣扬:《诉讼证明责任与证明标准研究》,中国人民公安大学出版社 2012 年版。

518. 王守安、阮丹生主编:《检察工作实践与理论研究》(2015 年第 2 期),中国检察出版社 2015 年版。

519. 王守安主编:《检察公信力研究》,中国检察出版社 2015 年版。

520. 王顺义:《检察学论集》,法律出版社 2013 年版。

521. 王颂勃:《刑事诉讼法庭质证规则研究》,中国人民公安大学出版社 2015 年版。

522. 王素芳:《诉讼视角下的司法鉴定制度研究:以刑事诉讼为出发点》,上海大学出版社 2012 年版。

523. 王天民:《实质真实论》,法律出版社 2013 年版。

524. 王晓华:《我国刑事被告人质证权研究》,中国政法大学出版社 2014 年版。

525. 王新清、李蓉、穆远征编:《刑事诉讼法》(第三版),中国人民大学出版社 2014 年版。

526. 王新清、甄贞、高通编:《刑事诉讼法》,中国人民大学出版社 2012 年版。

527. 王杏飞:《能动司法的表达与实践》,厦门大学出版社 2014 年版。

528. 王玄玮:《中国检察权转型问题研究》,法律出版社 2013 年版。

529. 王学棉:《诉讼证明原理研究》,中国电力出版社 2013 年版。

530. 王亚林:《刑事辩护:执业现状与经验技巧》,法律出版社 2011 年版。

531. 王耀世、侯东亮:《未成年人刑事案件社会·司法模式研究》,中国检察出版社 2015 年版。

532. 王永杰:《从讯问到询问:关键证人出庭作证制度研究》,法律出版社 2013 年版。

533. 王煜、赵福杰、徐华编:《控告申诉检察学》,天津社会科学院出版社 2013 年版。

534. 王贞会:《羁押替代性措施改革与完善》,中国人民公安大学出版社 2012 年版。

535. 王振川主编:《刺贪:职务犯罪侦查范例选》,中国民主法制出版社 2011 年版。

536. 王志刚:《DNA证据的应用与规制》,知识产权出版社2015年版。

537. 王志刚:《刑事人身检查制度研究》,中国人民公安大学出版社2011年版。

538. 王志亮、袁远:《监狱学理论与实务》,中国法制出版社2015年版。

539. 王志祥主编:《刑事和解制度的多维探究》,北京师范大学出版社2013年版。

540. 位鲁刚:《毒品犯罪专业化公诉样本》,中国检察出版社2014年版。

541. 魏晓娜:《背叛程序正义:协商性刑事司法研究》,法律出版社2014年版。

542. 吴光升:《刑事诉讼程序的人性分析》,中国人民公安大学出版社2011年版。

543. 吴海涛:《检察官办案思维》,中国检察出版社2015年版。

544. 吴宏耀、种松志主编:《中国刑事诉讼法典百年(1906—2012年)》,中国政法大学出版社2012年版。

545. 吴洪淇:《转型的逻辑:证据法的运行环境与内部结构》,中国政法大学出版社2013年版。

546. 吴建雄:《检察工作科学发展实证调研》,中南大学出版社2013年版。

547. 吴克利:《审讯心理学》(修订版),中国检察出版社2012年版。

548. 吴卫军、肖仕卫:《刑事自诉制度研究:基于文本与实证的双重分析》,中国政法大学出版社2014年版。

549. 吴羽:《公设辩护人制度研究》,中国政法大学出版社2015年版。

550. 吴宗宪等:《刑事执行法学》(第二版),中国人民大学出版社2013年版。

551. 伍浩鹏:《刑事诉讼中权力与权利的冲突与平衡:以当事人诉讼权利保护为分析视角》,湘潭大学出版社2012年版。

552. 席建声主编:《少年审判一线实录:普陀法院1991—2014年》,法律出版社2014年版。

553. 夏勤:《刑事诉讼法要论》,中国政法大学出版社2012年版。

554. 夏永全:《条解刑事诉讼法(主旨·释评)》,西南交通大学出版社2014年版。

555. 向高甲:《刑事诉讼法》,法律出版社2014年版。

556. 向燕:《刑事经济性处分研究:以被追诉人财产权保障为视角》,经济管理出版社2012年版。

557. 向泽选、骆磊:《检察:理念更新与制度变迁》,中国法制出版社2013年版。

558. 肖波：《刑事庭审调查制度的正当性》，上海人民出版社 2015 年版。

559. 肖汉强：《治安部门管辖的常见刑事案件侦查取证实务》，中国人民公安大学出版社 2013 年版。

560. 肖军：《欧洲主要国家与欧盟侦诉主体研究》，群众出版社 2015 年版。

561. 肖沛权：《排除合理怀疑研究》，法律出版社 2015 年版。

562. 肖仕卫、冯露、成安：《新刑事诉讼法适用问答》，法律出版社 2012 年版。

563. 谢安平、郭华：《刑事证据的争鸣与探索：新刑事诉讼法证据问题的展开》，法律出版社 2013 年版。

564. 谢安平、郭华：《证据法学》（第 2 版），法律出版社 2014 年版。

565. 谢安平、郭华主编：《未成年人刑事诉讼程序探究》，中国政法大学出版社 2015 年版。

566. 谢进杰：《刑事审判对象理论》，中国政法大学出版社 2011 年版。

567. 谢鹏程：《论检察》，中国检察出版社 2014 年版。

568. 谢小剑：《检察制度的中国图景》，中国政法大学出版社 2014 年版。

569. 熊秋红主编：《刑事诉讼法学的新发展》，中国社会科学出版社 2013 年版。

570. 〔日〕冈田朝太朗：《刑事诉讼法》，熊元襄整理，中国政法大学出版社 2012 年版。

571. 熊志海：《网络证据收集与保全法律制度研究》，法律出版社 2013 年版。

572. 熊志海：《信息视野下的证据法学》，法律出版社 2014 年版。

573. 徐朝阳：《刑事诉讼法通义》，中国政法大学出版社 2012 年版。

574. 徐汉明、李满旺、刘大举等：《中国检务保障理论与应用研究．修订版》，知识产权出版社 2013 年版。

575. 徐鹤喃等：《检察改革与刑事诉讼法修改问题研究》，中国检察出版社 2015 年版。

576. 徐雁：《知识产权"三合一"诉讼制度研究：以平行程序和技术问题为切入点》，厦门大学出版社 2014 年版。

577. 徐益初：《论检察》，中国检察出版社 2013 年版。

578. 徐志新主编：《刑事诉讼与辩护代理》，中国民主法制出版社 2014 年版。

579. 孙光永主编：《未成年人刑事法律选编》，人民出版社 2013 年版。

580. 徐宗新：《刑事辩护实务操作技能与执业风险防范》（2014 修订版），法律出版社 2014 年版。

581. 许爱东、廖根为编:《网络犯罪侦查实验基础》,北京大学出版社2011年版。

582. 许前飞主编:《审判监督与司法公信》,法律出版社2012年版。

583. 许前飞主编:《审判监督与严格程序法律适用》,法律出版社2013年版。

584. 许永勤:《未成年人供述行为的心理学研究》,中国人民公安大学出版社2011年版。

585. 薛潮平:《毁灭证据论》,中国法制出版社2015年版。

586. 薛伟宏、杨迎泽主编:《中国检察文献研究》,中国检察出版社2014年版。

587. 薛伟宏:《中外检察法律研究》,中国检察出版社2013年版。

588. 闫辐:《模拟法庭刑事审判概论》,中国政法大学出版社2012年版。

590. 闫召华:《口供中心主义研究》,法律出版社2013年版。

591. 颜飞:《书面证言使用规则研究:程序法视野下的证据问题》,中国法制出版社2012年版。

592. 杨东亮:《刑事诉讼中的司法审查》,法律出版社2014年版。

593. 杨帆:《我国监狱服刑人员权利保障研究》,知识产权出版社2013年版。

594. 杨金钟:《辩护如是:刑事辩护证据运用与法庭技巧》,法律出版社2013年版。

595. 杨良胜主编:《刑事附带民事诉讼理论与实践探索》,人民法院出版社2015年版。

596. 杨书怀:《法务会计鉴定的采信机制研究》,经济科学出版社2014年版。

597. 杨雄编:《刑事诉讼法教学法条》,中国人民大学出版社2014年版。

598. 杨迎泽、薛伟宏主编:《诉讼监督研究:中国检察诉讼监督视角》,法律出版社2012年版。

599. 杨宇冠等:《非法证据排除规则在中国的实施问题研究》,中国检察出版社2015年版。

600. 杨振江主编:《检察委员会理论与实务研究》,中国检察出版社2012年版。

601. 姚宝华:《间接受害人研究》,法律出版社2011年版。

602. 姚建龙主编:《合适成年人与刑事诉讼:制度渊源、演进与未来》,中国人民公安大学出版社2014年版。

603. 姚建涛主编:《刑事诉讼法理论与实务》,山东人民出版社2011年版。

605. 姚显森:《当事人和解的公诉案件诉讼程序研究》,法律出版社 2015 年版。

605. 叶青、阮忠良主编:《我国审判公开实证问题考察与对策研究》,法律出版社 2011 年版。

606. 叶青等:《证据法学:问题与阐述》,北京大学出版社 2012 年版。

607. 叶文胜主编:《检察机关适用新刑事诉讼法热点难点问题研究》,中华书局 2013 年版。

608. 叶小琴、李婕、王少博:《看守所检察监督实证与比较研究》,中国检察出版社 2014 年版。

609. 叶自强:《法庭审判中的科学证据》,中国社会科学出版社 2012 年版。

610. 叶自强:《举证责任》,法律出版社 2011 年版。

611. 易延友:《沉默的自由:反对强迫自证其罪的历史、价值与规则构建.修订版》,北京大学出版社 2015 年版。

612. 易延友:《刑事诉讼法:规则、原理与应用》(第四版),法律出版社 2013 年版。

613. 易延友:《刑事诉讼法精义》,北京大学出版社 2013 年版。

614. 易延友主编:《刑事审判制度研究:公正刑事程序学术与实践研讨文集》,中国民主法制出版社 2011 年版。

615. 殷宪龙、李继刚编:《证据法学》,法律出版社 2014 年版。

616. 尹晓红:《我国宪法中被追诉人获得辩护权之保障》,中国政法大学出版社 2013 年版。

617. 印波:《刑事诉讼行为瑕疵的程序性后果:一项统一、科学的理论》,中国人民公安大学出版社 2012 年版。

618. 印仕柏主编:《侦查活动监督重点与方法》,中国检察出版社 2014 年版。

619. 尤志安:《晚清刑事司法改革整体性探究》,中国政法大学出版社 2013 年版。

620. 游巳春、李乐平等:《新刑事诉讼法视野下的检察实务前瞻》,中国政法大学出版社 2012 年版。

621. 于国旦、许身健:《少年司法制度理论与实务》,中国人民公安大学出版社 2012 年版。

622. 于南生主编:《在理论的边际:检察官眼中的新刑事诉讼法实施》,中国检察出版社 2014 年版。

623. 余素青:《法庭审判中事实构建的叙事理论研究》,北京大学出版社 2013 年版。

624. 俞波涛:《游走在权力与权利的边界:反贪案件侦查得失谈》,中国检察出版社2012年版。

625. 俞新尧、何鑑伟主编:《审判监督工作实务技能》,人民法院出版社2013年版。

626. 虞浔、潘国华:《刑事司法改革制度创新研究》,吉林大学出版社2012年版。

627. 袁坚:《刑事审判合议制度研究》,法律出版社2014年版。

628. 袁其国、胡卫列主编:《刑事执行检察业务教程》,中国检察出版社2015年版。

629. 袁小刚:《无罪裁判研究》,人民法院出版社2014年版。

630. 岳军要:《司法鉴定程序法规与实务》,郑州大学出版社2014年版。

631. 岳平主编:《特殊类型罪犯矫治》,中国法制出版社2012年版。

632. 臧德胜:《法官如何思考:刑事审判思维与方法》,中国法制出版社2015年版。

633. 翟建明等:《信息引导侦查实务指引》,中国检察出版社2015年版。

634. 翟金鹏:《诱惑侦查中的刑法问题研究》,法律出版社2012年版。

635. 翟中东:《矫正的变迁》,中国人民公安大学出版社2013年版。

636. 詹复亮:《新刑事诉讼法与职务犯罪侦查适用》,中国检察出版社2012年版。

637. 詹建红、吴家峰等:《人本法律观下的检察职权配置及其实现》,法律出版社2014年版。

638. 占善刚、刘显鹏:《证据法论》(第三版),武汉大学出版社2013年版。

639. 张保生等:《证据法学》,高等教育出版社2013年版。

640. 张斌、黄维智主编:《公诉阅卷的重点与方法》,中国检察出版社2012年版。

641. 张斌:《科学证据采信基本原理研究》,中国政法大学出版社2012年版。

642. 张步文:《司法证明原论》,商务印书馆2014年版。

643. 张纯辉:《司法判决书可接受性的修辞研究》,法律出版社2012年版。

644. 张琮军:《秦汉刑事证据制度研究》,中国政法大学出版社2013年版。

645. 张翠松:《侦查监督制度理论与实践》,中国人民公安大学出版社2012年版。

646. 张大春:《走私犯罪刑事程序研究》,中国海关出版社2013年版。

647. 张栋:《中国死刑错案的发生与治理:与美国死刑程序比较》,上海人民出版社2011年版。

649. 张继成:《证据基础理论的逻辑、哲学分析》,法律出版社 2011 年版。

650. 张建伟:《论检察》,中国检察出版社 2014 年版。

652. 张建伟:《证据的容颜 司法的场域》,法律出版社 2015 年版。

653. 张建伟:《证据法要义》(第 2 版),北京大学出版社 2014 年版。

654. 张晶:《深读矫正:现代监狱制度的理论逻辑》,江苏人民出版社 2013 年版。

655. 张军、陈卫东主编:《新刑事诉讼法案例解读》,人民法院出版社 2012 年版。

656. 张军、陈卫东主编:《新刑事诉讼法实务见解》,人民法院出版社 2012 年版。

657. 张军、陈卫东主编:《新刑事诉讼法疑难释解》,人民法院出版社 2012 年版。

658. 张军、陈卫东主编:《刑事诉讼法新制度讲义》,人民法院出版社 2012 年版。

659. 张军、陈卫东主编:《刑事诉讼规则适用指引》,人民法院出版社 2012 年版。

660. 张军、陈卫东主编:《域外刑事诉讼专题概览》,人民法院出版社 2012 年版。

661. 张军、江必新主编:《新刑事诉讼法及司法解释适用解答》,人民法院出版社 2013 年版。

662. 张军、姜伟、田文昌:《新控辩审三人谈》,北京大学出版社 2014 年版。

663. 张军主编:《〈中华人民共和国刑事诉讼法〉适用解答》,人民法院出版社 2012 年版。

664. 张黎:《法治视野下的秘密侦查》,知识产权出版社 2013 年版。

665. 张利兆主编:《公诉案件控审观点分歧辩析》,中国检察出版社 2012 年版。

666. 张亮:《反贪侦查岗位必备素能全书》,中国检察出版社 2014 年版。

667. 张千帆、包万超、王卫明:《司法审查制度比较研究》,译林出版社 2012 年版。

668. 张少林、王延祥、张亮:《审查逮捕证据审查与判断要点》(修订版),中国检察出版社 2014 年版。

669. 张少林:《被害人行为刑法意义之研究:以司法实例为研究样本》法律出版社 2015 年版。

670. 张书杰、王震、刘代富编:《刑事科学技术发展简史》,中国人民公安大学出版社 2014 年版。

671. 张书铭:《理性法律监督论纲》,中国人民公安大学出版社 2014 年版。

672. 张铁英主编:《检察理念与实务研究集萃》,中国检察出版社 2013 年版。

673. 张武举等:《刑事诉讼业务办理规范与技能》,法律出版社 2013 年版。

674. 张小海:《无罪推定权利论》,中国民主法制出版社 2015 年版。

675. 张心向:《在遵从与超越之间:社会学视域下刑法裁判规范实践建构研究》,法律出版社 2012 年版。

676. 张忻如:《判裁 理性 酌量:疑案与思辨》,中国法制出版社 2012 年版。

677. 张新宪主编:《捕后无罪处理案件解析》,中国检察出版社 2011 年版。

678. 张学军:《检察官的智慧》,中国检察出版社 2013 年版。

679. 张学群主编:《审判监督与诉讼法实施》,法律出版社 2014 年版。

680. 张雪纯:《合议制裁判研究:基于决策理论的分析》,法律出版社 2013 年版。

681. 张雪纯:《刑事裁判形成机制研究》,中国法制出版社 2013 年版。

682. 张亚东:《经验法则:自由心证的尺度》,北京大学出版社 2012 年版。

683. 张言民:《阐释与建构:非法证据排除规则》,中国言实出版社 2014 年版。

684. 张艳丽、彭海青、丛青茹:《诉讼程序与制度前沿专论》,中国法制出版社 2012 年版。

685. 张跃进、陆晓等:《公安刑事和解》,苏州大学出版社 2015 年版。

686. 张云鹏:《刑事推定论》,法律出版社 2011 年版。

687. 张湛、武春岭主编:《计算机取证与司法鉴定》,中国水利水电出版社 2014 年版。

688. 张兆松:《中国检察权监督制约机制研究》,清华大学出版社 2014 年版。

689. 张智辉:《论检察》,中国检察出版社 2013 年版。

690. 张智辉主编:《附条件不起诉制度研究》,中国检察出版社 2011 年版。

691. 张智辉主编:《检察权优化配置研究》,中国检察出版社 2014 年版。

692. 张中:《实践证据法:法官运用证据经验规则实证研究》,中国政法大学出版社 2015 年版。

693. 张中剑主编:《未成年人检察工作综合创新理论与实践》,中国检察出版社 2015 年版。

694. 张中主编:《中国司法文明指数调查数据挖掘报告(2014)》,中国人民大学出版社 2015 年版。

695. 赵承寿:《司法裁判中的事实问题》,中国政法大学出版社 2015 年版。

696. 赵春玲:《刑事强制医疗程序研究》,中国人民公安大学出版社 2014 年版。

697. 赵国玲主编:《未成年人司法制度改革研究》,北京大学出版社 2011 年版。

698. 赵开年:《刑事司法行为研究:以刑事司法行为正当化为中心》,中国政法大学出版社 2012 年版。

699. 赵信会、韩清主编:《检察机关证据调查制度理论与实务》,法律出版社 2013 年版。

700. 赵信会、刘东平、赵东:《证据法专论》,中国检察出版社 2013 年版。

701. 赵旭光:《刑事侦查的正当性问题研究》,中国法制出版社 2013 年版。

702. 赵长江、刘冉冉编:《刑事诉讼法最新修改实用问答》,法律出版社 2012 年版。

703. 甄贞主编:《刑事诉讼法修改与诉讼监督》(上、下卷),法律出版社 2011 年版。

704. 甄贞主编:《刑事诉讼监督的机遇与挑战:以贯彻新刑诉法为背景》,法律出版社 2012 年版。

705. 诊所法律教育专业委员会主编:《刑事诊所工作手册》,中国长安出版社 2013 年版。

706. 郑鄂主编:《刑事审判中的社会矛盾化解与机制构建研究》,法律出版社 2011 年版。

707. 郑可悌主编:《中华人民共和国刑事诉讼法分解实用全书》,法律出版社 2014 年版。

708. 郑妮:《示范诉讼制度研究》,四川大学出版社 2014 年版。

709. 郑青主编:《诉讼监督的范围与方式》,中国检察出版社 2012 年版。

710. 郑曦:《侦查讯问程序研究》,北京大学出版社 2015 年版。

711. 郑旭:《刑事诉讼法学》(第四版),中国人民大学出版社 2014 年版。

712. 中国法学会检察学研究会检察基础理论专业委员会编:《诉讼规律和诉讼监督规律与检察职能的优化配置》,湖北人民出版社 2011 年版。

713. 中国人民大学律师学院组编:《刑事辩护律师实务》,法律出版社 2014 年版。

714. 钟朝阳:《侦查讯问中的指供问题研究》,中国检察出版社 2015 年版。

715. 周登谅编:《刑事诉讼法》,华东理工大学出版社 2014 年版。

716. 周登谅编:《刑事诉讼实务教程》,华东理工大学出版社 2014 年版。

717. 周登谅编:《中国刑事诉讼:理论与实践》,华东理工大学出版社 2015 年版。

718. 周军、高维俭等:《未成年人刑事检察制度研究》,中国检察出版社 2014 年版。

719. 周荣编:《证据法要论》,中国政法大学出版社 2012 年版。

720. 周欣主编:《外国刑事诉讼特色制度与变革》,中国人民公安大学出版社 2014 年版。

721. 周迅:《审判规则与方式》,法律出版社 2013 年版。

722. 周永年主编:《刑事抗诉重点与方法》(第 2 版),中国检察出版社 2013 年版。

723. 周泽民主编:《国外法官管理制度观察》,人民法院出版社 2012 年版。

724. 周长军等:《刑事裁量权规制的实证研究》,中国法制出版社 2011 年版。

725. 周祖勇:《环境改造:现代中国监狱改造罪犯的重要路径》,法律出版社 2012 年版。

726. 朱立恒:《法院裁判与民意冲突的解决机制》,中国政法大学出版社 2014 年版。

727. 朱明勇:《无罪辩护》,清华大学出版社 2015 年版。

728. 朱秋卫:《我国检察权的定位及职权配置研究》,中国政法大学出版社 2012 年版。

729. 朱孝清:《论检察》,中国检察出版社 2014 年版。

730. 庄洪胜编:《精神病司法鉴定与强制医疗》,中国法制出版社 2012 年版。

731. 庄乾龙:《境外卧底侦查比较研究》,中国人民公安大学出版社 2012 年版。

732. 庄乾龙:《刑事电子邮件证据论》,社会科学文献出版社 2013 年版。

733. 庄晓华:《法官自由裁量权及其限制:以法律方法为主要分析视角》,中国政法大学出版社 2013 年版。

734. 祖伟:《中国古代证据制度及其理据研究》,法律出版社 2013 年版。

735. 最高人民法院办公厅编:《大法官论审判管理》,法律出版社 2011 年版。

736. 最高人民法院刑事审判第一庭编:《新刑事诉讼法及司法解释:案例精析与理解适用》,法律出版社 2013 年版。

737. 最高人民法院刑事审判第一庭编:《新刑事诉讼法配套规则与裁判要点适用全书》,法律出版社 2013 年版。

738. 最高人民法院研究室编著:《〈最高人民法院关于适用〈中华人民共和国刑事诉讼法〉的解释〉理解与适用》,中国法制出版社 2013 年版。

739. 最高人民法院研究室编:《新刑事诉讼法司法解释理解与适用》,法律出版社 2013 年版。

740. 最高人民法院研究室编:《刑事办案实用手册》(修订第 3 版),人民法院出版社 2016 年版。

741. 最高人民法院研究室编:《刑事办案实用手册》(2013 年修订版),人民法院出版社 2013 年版。

742. 最高人民法院研究室编:《刑事办案实用手册:依据 2012 年刑事诉讼法精编》,人民法院出版社 2012 年版。

743. 最高人民检察院法律政策研究室编:《人民检察院刑事诉讼程序与文书制作》,中国人民公安大学出版社 2012 年版。

744. 最高人民检察院刑事申诉检察厅编:《〈人民检察院复查刑事申诉案件规定〉条文释义与刑事申诉检察文书制作》,中国检察出版社 2014 年版。

745. 最高人民检察院刑事申诉检察厅编:《刑事申诉检察工作手册》,中国人民公安大学出版社 2012 年版。

746. 最高人民检察院刑事申诉检察厅编:《刑事申诉检察理论与实务研究》,法律出版社 2014 年版。

747. 最高人民检察院侦查监督厅编:《全国检察机关侦查监督检察建议书精选》,中国检察出版社 2013 年版。

748. 左宁:《中国刑事非法证据排除规则研究》,中国政法大学出版社 2013 年版。

749. 左卫民、马静华、白国华:《中国刑事诉讼运行机制实证研究(六):以新〈刑事诉讼法〉实施中的重点问题为关注点》,法律出版社 2015 年版。

750. 左卫民、周长军:《刑事诉讼的理念:最新版》,北京大学出版社 2014 年版。

751. 左卫民:《现实与理想:关于中国刑事诉讼的思考》,北京大学出版社 2013 年版。

752. 左卫民等:《中国刑事诉讼运行机制实证研究(五):以一审程序为侧重点》,法律出版社 2012 年版。

二、外国刑事诉讼法教程和译著

1. 〔澳〕安德鲁·帕尔玛:《证明:如何进行庭前证据分析》,林诗蕴等译,中国检察出版社 2015 年版。

2. 〔德〕阿克赛尔·文德勒、赫尔穆特·霍夫曼:《审判中询问的技巧与策略》,丁强、高莉译,中国政法大学出版社 2012 年版。

3. 〔法〕勒内·弗洛里奥:《错案》,赵淑美、张洪竹译,法律出版社 2013

年版。

4. 〔加〕道格拉斯·沃尔顿:《品性证据:一种设证法理论》,张中译,中国人民大学出版社2012年版。

5. 〔美〕阿尔伯特·J.马赛拉、弗雷德里克·吉罗索:《网络取证:从数据到电子证据》,高洪涛等译,中国人民公安大学出版社2015年版。

6. 〔美〕安东尼·雷耶斯等:《网络犯罪侦查:在安全专家、执法人员和检察官之间架起沟通的桥梁》,李娜等译,中国人民公安大学出版社2015年版。

7. 〔美〕柏纳德·罗伯逊、G. A.维尼奥:《证据解释:庭审过程中科学证据的评价》,王元凤译,中国政法大学出版社2015年版。

8. 〔美〕彼得·巴尼特:《法证科学职业道德:刑事技术职业标准》,王进喜译,中国法制出版社2013年版。

9. 〔美〕佛瑞德·E.英鲍等:《刑事审讯与供述》,刘涛等译,中国人民公安大学出版社2015年版。

10. 〔美〕拉里·劳丹:《错案的哲学:刑事诉讼认识论》,李昌盛译,北京大学出版社2015年版。

11. 〔美〕劳伦斯·鲍姆:《法官的裁判之道:以社会心理学视角探析》,李国庆译,北京大学出版社2014年版。

12. 〔美〕雷蒙德·默里:《源自地球的证据:法庭地质学与犯罪侦查》,王元凤、金振奎译,中国人民大学出版社2013年版。

13. 〔美〕理查德·A.利奥:《警察审讯与美国刑事司法》,刘方权、朱奎彬译,中国政法大学出版社2012年版。

14. 〔美〕罗杰·帕克、迈克尔·萨克斯:《证据法学反思:跨学科视角的转型》,吴洪淇译,中国政法大学出版社2015年版。

15. 〔美〕罗纳德·J.艾伦:《理性 认知 证据》,栗峥、王佳译,法律出版社2013年版。

16. 〔美〕罗纳德·J.艾伦:《艾伦教授论证据法》(上),张保生等译,中国人民大学出版社2014年版。

17. 〔美〕米尔伊安·R.达玛什卡:《司法和国家权力的多种面孔:比较视野中的法律程序》,郑戈译,中国政法大学出版社2015年版。

18. 〔美〕尼古拉·雷舍尔:《推定和临时性认知实践》,王进喜译,中国法制出版社2013年版。

19. 〔美〕史蒂文·F.莫罗、詹姆斯·R.费格利罗主编:《对方证人:芝加哥著名刑辩律师论交叉询问与人生的经验教训》,吴宏耀、云翀译,中国人民大学出版社2013年版。

20. 〔美〕特伦斯·安德森、〔美〕戴维·舒姆、〔英〕威廉·特文宁:《证据分析》,张保生等译,中国人民大学出版社2012年版。

21. 〔美〕约翰·马丁格:《私密线人:最有价值的执法工具》,张辉等译,新华出版社2012年版。

22. 〔美〕虞平、郭志媛编译:《争鸣与思辨:刑事诉讼模式经典论文选译》,北京大学出版社2013年版。

23. 〔美〕詹姆斯·E.吉拉德:《刑事技术学:法庭科学、犯罪与恐怖主义》,刘丽等译,中国人民公安大学出版社2015年版。

24. 〔美〕詹姆斯·W.奥斯特伯格、理查德·H.华特:《侦查:重建过去的方法》(第7版),刘为军译,中国人民公安大学出版社2015年版。

25. 〔挪威〕托马斯·马蒂森:《受审判的监狱》,胡菀如译,北京大学出版社2014年版。

26. 〔日〕佐藤博史:《刑事辩护的技术与伦理:刑事辩护的心境、技巧和体魄》,于秀峰、张凌译,法律出版社2012年版。

27. 〔以〕巴拉克:《民主国家的法官》,毕洪海译,法律出版社2011年版。

28. 〔英〕萨达卡特·卡德里:《审判为什么不公正》,杨雄译,新星出版社2014年版。

29. 〔英〕威廉·特文宁:《证据理论:边沁与威格摩尔》,吴洪淇、杜国栋译,中国人民大学出版社2015年版。

30. 〔英〕威廉·特文宁:《反思证据:开拓性论著》,吴洪淇等译,中国人民大学出版社2015年版。

31. 〔英〕休·斯玛特、约翰·沃特森:《2014布莱克斯通之警察问答:证据及程序》,李玉华、田力男等译,中国人民公安大学出版社2015年版。

三、诉讼证据法学教材和著作

1. 卞建林、刘玫主编:《证据法学案例教程》,知识产权出版社2012年版。

2. 卞建林、谭世贵主编:《证据法学》(第三版),中国政法大学出版社2014年版。

3. 卞建林、杨宇冠主编:《非法证据排除规则实证研究》,中国政法大学出版社2012年版。

4. 卞建林主编:《证据法:原理·图解·案例·司考》,中国民主法制出版社2015年版。

5. 蔡春和、马瑞芹主编:《检察实务中的证据问题研究》,中国政法大学出版社2011年版。

6. 常林、张中主编:《证据理论与科学:第四届国际研讨会论文集》,中国政法大学出版社2014年版。

7. 陈光中主编:《证据法学》(第三版),法律出版社 2015 年版。

8. 陈光中主编:《非法证据排除规则实施问题研究》,北京大学出版社 2014 年版。

9. 陈一云、王新清主编:《证据学》(第五版),中国人民大学出版社 2013 年版。

10. 戴士剑、刘品新主编:《电子证据调查指南》,中国检察出版社 2014 年版。

11. 樊崇义主编:《证据法学》,法律出版社 2012 年版。

12. 樊崇义主编:《刑事证据规则研究》,中国人民公安大学出版社 2014 年版。

13. 房保国、陈宏钧主编:《证据法学研修案例》,中国政法大学出版社 2013 年版。

14. 房保国主编:《言词证据研究》,知识产权出版社 2012 年版。

15. 房保国主编:《科学证据研究》,中国政法大学出版社 2012 年版。

16. 房保国主编:《刑事证据潜规则研究》,知识产权出版社 2011 年版。

17. 高保京主编:《暴力犯罪案件的证据收集、审查与认定》,中国检察出版社 2015 年版。

18. 郭成伟主编:《中国证据制度的传统与近代化》,中国检察出版社 2013 年版。

19. 郭华主编:《刑事证据制度》,中国人民公安大学出版社 2011 年版。

20. 郭天武主编:《刑事证据法学:原理·案例·实验》,中国法制出版社 2015 年版。

21. 何家弘主编:《刑事诉讼中科学证据的审查规则与采信标准》,中国人民公安大学出版社 2014 年版。

22. 胡祥甫主编:《法庭风云:刑事辩护证据运用与法庭策略》,法律出版社 2015 年版。

23. 李明主编:《证据法学》,厦门大学出版社 2014 年版。

24. 李棠洁、刘丹主编:《实用证据法学》,合肥工业大学出版社 2015 年版。

25. 李玉华、王册主编:《证据法学》,中国人民公安大学出版社 2014 年版。

26. 刘广三主编:《刑事证据法学》(第二版),中国人民大学出版社 2015 年版。

27. 刘万奇主编:《证据法学》,中国人民公安大学出版社 2014 年版。

28. 刘玉民主编:《刑事证据收集、审查、排除》,中国民主法制出版社 2014 年版。

29. 龙宗智、夏黎阳主编:《中国刑事证据规则研究:以刑事证据的"两个规定"为中心》,中国检察出版社 2011 年版。

30. 潘金贵主编:《证据法学》,法律出版社 2013 年版。

31. 沈志先主编:《刑事证据规则研究》,法律出版社 2011 年版。

32. 沈志先主编:《刑事证据规则研究》(第 2 版),法律出版社 2014 年版。

33. 王彬主编:《刑事证据学》,郑州大学出版社 2013 年版。

34. 王进喜主编:《刑事证据法的新发展》,法律出版社 2013 年版。

35. 魏虹主编:《证据法学》,中国政法大学出版社 2015 年版。

36. 杨迎泽、孙锐主编:《刑事证据的收集、审查与运用》,中国检察出版社 2013 年版。

37. 叶青主编:《诉讼证据法学》(第二版),北京大学出版社 2013 年版。

38. 叶青主编:《刑事证据制度新探:"两个证据规定"实证研究》,法律出版社 2015 年版。

39. 张保生、常林主编:《中国证据法治发展报告(2012)》,中国政法大学出版社 2014 年版。

40. 张保生主编:《证据法学》(第二版),中国政法大学出版社 2014 年版。

41. 赵信会、韩清主编:《检察机关证据调查制度理论与实务》,法律出版社 2013 年版。

42. 最高人民检察院公诉厅编:《刑事公诉案件证据审查指引》,中国检察出版社 2015 年版。

43. 最高人民检察院公诉厅编:《公诉案件证据参考标准》(最新修订版),法律出版社 2014 年版。